江西省圖書館古籍普查登記目録（五）

全國古籍普查登記目録

國家圖書館出版社
National Library of China Publishing House

360000－1901－0041105　304745－1
諭摺彙存不分卷　（清）□□編　清末鉛印本　四十八册

360000－1901－0041106　304745－2
諭摺彙存不分卷　（清）□□編　清末鉛印本　十二册

360000－1901－0041107　304746
諭摺彙存不分卷　（清）□□編　清末鉛印本　五十八册

360000－1901－0041108　304746－1
諭摺彙存不分卷　（清）□□編　清末鉛印本　十八册

360000－1901－0041109　304747
諭摺彙存不分卷　（清）□□編　清末鉛印本　五十八册

360000－1901－0041110　304748
諭摺彙存不分卷　（清）□□編　清末鉛印本　七十册

360000－1901－0041111　304749
諭摺彙存不分卷　（清）□□編　清末鉛印本　七十二册

360000－1901－0041112　304750
諭摺彙存不分卷　（清）□□編　清末鉛印本　二十七册

360000－1901－0041113　304751
諭摺彙存不分卷　（清）□□編　清末鉛印本　十二册

360000－1901－0041114　304752
諭摺彙存不分卷　（清）□□編　清末鉛印本　二十四册

360000－1901－0041115　304753
諭摺彙存不分卷　（清）□□編　清末鉛印本　二十八册

360000－1901－0041116　304754
諭摺彙存不分卷　（清）□□編　清末鉛印本　六十册

360000－1901－0041117　304755
諭摺彙存不分卷　（清）□□編　清末鉛印本　四十六册

360000－1901－0041118　401675
諭摺彙存不分卷　（清）□□輯　清光緒鉛印本　五十七册　存光緒二十一年七月十五日至二十四日，光緒二十八年八月、九月初一日至九月二十三日、十月至十二月十八日、二十四日至三十日，光緒二十九年正月十六日至正月二十九日，光緒三十年四月至七月，光緒三十三年七月、八月初一日至初六日、八月十七日至二十九日、九月

360000－1901－0041119　401675－1
諭摺彙存不分卷　（清）□□輯　清光緒鉛印本　二册　存光緒三十三年七月政治館

360000－1901－0041120　401675－2
諭摺彙存不分卷　（清）□□輯　清光緒鉛印本　一册　存光緒三十三年九月初一日至初六日

360000－1901－0041121　401675－3
諭摺彙存不分卷　（清）□□輯　清末擷華書局鉛印本　一册　存光緒三十年六月至八月

360000－1901－0041122　401675－4
諭摺彙存不分卷　（清）□□輯　清末擷華書局鉛印本　十三册　存光緒二十九年二月

360000－1901－0041123　401675－5
諭摺彙存不分卷　（清）□□輯　清末擷華書局鉛印本　十四册　存光緒二十九年二月

360000－1901－0041124　302949
鬱華閣遺集四卷　（清）盛昱撰　清光緒三十一年（1905）刻本　一册

360000－1901－0041125　412849
鬱華閣遺集四卷　（清）盛昱撰　清末有正書局石印本　一册

360000－1901－0041126　801423
籲請崇祀一卷　（清）□□録　清抄本　一册

360000－1901－0041127　408461－1

臨證指南醫案十卷　(清)葉桂撰　(清)徐大椿評　清刻本　一冊　存一卷(九)

360000－1901－0041128　230079
淵鑒齋御纂朱子全書六十六卷　(宋)朱熹撰　(清)李光地等輯　清康熙五十三年(1714)刻本　四十冊

360000－1901－0041129　230080
淵鑒齋御纂朱子全書六十六卷　(宋)朱熹撰　(清)李光地等輯　清康熙五十三年(1714)刻本　二十五冊

360000－1901－0041130　230081
淵鑒齋御纂朱子全書六十六卷　(宋)朱熹撰　(清)李光地等輯　清康熙五十三年(1714)刻本　二十五冊

360000－1901－0041131　230078
淵鑒齋御纂朱子全書六十六卷　(宋)朱熹撰　(清)李光地等輯　清康熙五十三年(1714)武英殿刻本　三十二冊

360000－1901－0041132　601232
淵鑒齋御纂朱子全書六十六卷　(宋)朱熹撰　(清)李光地等輯　清康熙五十三年(1714)武英殿刻本　二十五冊　存六十二卷(一至二十三、二十八至六十六)

360000－1901－0041133　403039
淵鑒齋御纂朱子全書六十六卷　(宋)朱熹撰　(清)李光地等輯　清刻本　三十二冊

360000－1901－0041134　403040
淵鑒齋御纂朱子全書六十六卷　(宋)朱熹撰　(清)李光地等輯　清刻本　十四冊　存三十卷(三十三至三十八、四十一至五十、五十三至六十六)

360000－1901－0041135　403041
淵鑒齋御纂朱子全書六十六卷　(宋)朱熹撰　(清)李光地等輯　清刻本　十六冊　存二十九卷(一、四至五、七至十九、二十三至二十四、三十三至三十九、四十二至四十三、四十七至四十八)

360000－1901－0041136　403041－1
淵鑒齋御纂朱子全書六十六卷　(宋)朱熹撰　(清)李光地等輯　清刻本　一冊　存五卷(四十二至四十六)

360000－1901－0041137　403041－2
淵鑒齋御纂朱子全書六十六卷　(宋)朱熹撰　(清)李光地等輯　清刻本　三冊　存五卷(十八至二十、二十六至二十七)

360000－1901－0041138　403042
淵鑒齋御纂朱子全書六十六卷　(宋)朱熹撰　(清)李光地等輯　清刻本　六冊　存十卷(一至十)

360000－1901－0041139　403043
淵鑒齋御纂朱子全書六十六卷　(宋)朱熹撰　(清)李光地等輯　清刻本　十五冊　存二十五卷(十至十四、十八至十九、四十九至六十六)

360000－1901－0041140　403044
淵鑒齋御纂朱子全書六十六卷　(宋)朱熹撰　(清)李光地等輯　清刻本　三十二冊

360000－1901－0041141　403045
淵鑒齋御纂朱子全書六十六卷　(宋)朱熹撰　(清)李光地等輯　清刻本　十六冊　存三十二卷(一至十、十八至十九、二十三至三十二、四十三至四十七、五十一至五十二、五十四至五十六)

360000－1901－0041142　403045－1
淵鑒齋御纂朱子全書六十六卷　(宋)朱熹撰　(清)李光地等輯　清刻本　一冊　存二卷(一至二)

360000－1901－0041143　403045－2
淵鑒齋御纂朱子全書六十六卷　(宋)朱熹撰　(清)李光地等輯　清刻本　一冊　存二卷(四十二至四十三)

360000－1901－0041144　403046
淵鑒齋御纂朱子全書六十六卷　(宋)朱熹撰　(清)李光地等輯　清刻本　九冊　存二十九卷(七至二十三、三十五至四十四、四十九

至五十)

360000－1901－0041145　250064
淵鑑類函四百五十卷目録四卷　(清)張英(清)王士禛等輯　清康熙四十九年(1710)内府刻本　二百册

360000－1901－0041146　250065
淵鑑類函四百五十卷目録四卷　(清)張英(清)王士禛等輯　清康熙四十九年(1710)内府刻本　一百六十册

360000－1901－0041147　250066
淵鑑類函四百五十卷目録四卷　(清)張英(清)王士禛等輯　清康熙四十九年(1710)内府刻本　一百四十册

360000－1901－0041148　250067
淵鑑類函四百五十卷目録四卷　(清)張英(清)王士禛等輯　清康熙四十九年(1710)内府刻本　一百四十册

360000－1901－0041149　250068
淵鑑類函四百五十卷目録四卷　(清)張英(清)王士禛等輯　清康熙四十九年(1710)内府刻本　一百二十一册　缺九十卷(四十至四十三、一百二十四至一百二十六、一百八十一至二百六十、三百五十三至三百五十五)

360000－1901－0041150　250069
淵鑑類函四百五十卷目録四卷　(清)張英(清)王士禛等輯　清康熙四十九年(1710)内府刻本　二十五册　存八十四卷(一至十九、六十八至一百九、一百十二至一百十四、一百三十至一百三十七、一百四十二至一百五十三)

360000－1901－0041151　307804
淵鑑類函四百五十卷目録四卷　(清)張英(清)王士禛等輯　清光緒二十三年(1897)上海點石齋石印本　十六册

360000－1901－0041152　312838
淵鑑類函四百五十卷目録四卷　(清)張英(清)王士禛等輯　清光緒二十一年(1895)上海點石齋石印本　十册

360000－1901－0041153　312837
淵鑑類函四百五十卷目録四卷　(清)張英(清)王士禛等輯　清光緒九年(1883)上海點石齋石印本　十册

360000－1901－0041154　314069
淵鑑類函四百五十卷目録四卷　(清)張英(清)王士禛等輯　清光緒十八年(1892)上海同文書局石印本　六十册　存四百二十四卷(一至四百二十、目録四卷)

360000－1901－0041155　317533
淵鑑類函四百五十卷目録四卷　(清)張英(清)王士禛等輯　清光緒十三年(1887)上海同文書局石印本　四十八册

360000－1901－0041156　313332
淵鑑類函四百五十卷目録四卷　(清)張英(清)王士禛等輯　清光緒十三年(1887)同文書局石印本　四十八册

360000－1901－0041157　313333
淵鑑類函四百五十卷目録四卷　(清)張英(清)王士禛等輯　清光緒十三年(1887)同文書局石印本　四十八册

360000－1901－0041158　421940
淵鑑類函四百五十卷目録四卷　(清)張英(清)王士禛等輯　清康熙刻本　五十二册　存一百六十七卷(四十七至一百六十九、二百六十至二百六十二、二百九十六至二百九十九、三百七至三百八、三百十二至三百四十六)

360000－1901－0041159　421941
淵鑑類函四百五十卷目録四卷　(清)張英(清)王士禛等輯　清康熙刻本　三十册　存八十八卷(三十至四十五、五十至八十六、九十至九十二、一百二十七至一百二十九、一百六十六至一百六十九、一百八十七至一百九十三、二百六十二至二百六十三、二百六十五至二百六十九、二百八十三至二百八十五、二百八十九至二百九十、二百九十三至二百九十六、三百八至三百九)

360000－1901－0041160　421942
淵鑑類函四百五十卷目錄四卷　（清）張英（清）王士禛等輯　清康熙刻本　二十九册　存九十八卷（九十六至一百二十六、一百三十至一百五十八、二百二十至二百五十七）

360000－1901－0041161　417919
淵鑑類函四百五十卷目錄四卷　（清）張英（清）王士禛等輯　清康熙清吟堂刻本　三十九册　存一百三十八卷（一至十六、一百七十四至一百八十六、二百二十至二百五十三、三百八十至四百五十，目錄四卷）

360000－1901－0041162　417920
淵鑑類函四百五十卷目錄四卷　（清）張英（清）王士禛等輯　清康熙清吟堂刻本　一百十六册　存三百七十六卷（一至四十六、八十七至一百二十六、一百五十九至三百十一、三百十八至四百五十，目錄四卷）

360000－1901－0041163　417921
淵鑑類函四百五十卷目錄四卷　（清）張英（清）王士禛等輯　清康熙清吟堂刻本　五十九册　存一百四十三卷（六至八、十七至十九、二十七至二十九、五十至五十一、五十七至五十八、六十四至七十五、九十至九十二、九十六至一百六、一百三十至一百四十五、一百五十至一百五十五、一百六十六至一百六十九、二百二十三至二百二十九、二百四十六至二百五十三、二百六十一至二百六十四、二百九十二至二百九十五、三百十二至三百十七、三百四十七至三百四十九、三百五十三至三百六十二、三百七十七至三百八十五、三百八十八至三百九十、四百十三至四百十六、四百二十四至四百二十八、四百三十三至四百四十七）

360000－1901－0041164　305497
淵鑑類函四百五十卷目錄四卷　（清）張英（清）王士禛等輯　清康熙四十九年（1710）刻本　一册　存三卷（二百四十六至二百四十八）

360000－1901－0041165　305496
淵鑑類函四百五十卷目錄四卷　（清）張英（清）王士禛等輯　清刻本　五十册　存一百五十六卷（一百五十至二百九、三百二十一至四百十六）

360000－1901－0041166　308236
淵鑑類函四百五十卷目錄四卷　（清）張英（清）王士禛等輯　清刻本　十二册　存三十八卷（一百九十四至一百九十六、二百十三至二百十六、二百七十七至二百七十九、三百三至三百五、三百八至三百九、三百十二至三百十五、三百三十三至三百四十二、三百四十七至三百四十九、三百七十四至三百七十六、三百九十四至三百九十六）

360000－1901－0041167　309705
淵鑑類函四百五十卷目錄四卷　（清）張英（清）王士禛等輯　清刻本　五十九册　存一百九十卷（一百五十四至一百五十五、二百十七至二百十九、二百四十二至二百四十五、二百五十至二百五十七、二百六十一至三百二、三百六至三百七、三百十至四百四、四百九至四百十六、四百二十五至四百五十）

360000－1901－0041168　314006
淵鑑類函四百五十卷目錄四卷　（清）張英（清）王士禛等輯　清刻本　一册　存三卷（十六至十八）

360000－1901－0041169　417922
淵鑑類函四百五十卷目錄四卷　（清）張英（清）王士禛等輯　清刻本　二十四册　存六十五卷（二百十一至二百十三、二百二十至二百二十二、二百二十六至二百三十四、二百四十二至二百四十四、二百四十八至二百七十一、二百七十七至二百八十一、二百八十五至二百八十七、二百九十一至二百九十六、三百三至三百九、三百十二至三百十三）

360000－1901－0041170　603721
淵鑑類函四百五十卷目錄四卷　（清）張英（清）王士禛等輯　清刻本　十二册　存四十一卷（十七至二十九、四十二至四十六、一百七十至一百七十三、三百十至三百十一、三百

四十七至三百四十九、三百六十六至三百六十七、四百一至四百四、四百二十一至四百二十四，目錄四卷）

360000－1901－0041171　603721－1
淵鑑類函四百五十卷目錄四卷　（清）張英　（清）王士禛等輯　清刻本　一册　存四卷（二百三十至二百三十三）

360000－1901－0041172　417927
淵鑑類函四百五十卷目錄四卷　（清）張英　（清）王士禛等輯　清末石印本　二十二册　存一百九十九卷（八十五至一百十、一百二十至一百三十六、一百八十三至一百九十一、二百二十七至三百二十、三百五十至三百七十三、四百十四至四百三十一、四百四十至四百五十）

360000－1901－0041173　310575
淵鑑類函四百五十卷目錄四卷　（清）張英　（清）王士禛等輯　清同治九年（1870）刻本　一百六十册

360000－1901－0041174　317530
淵鑑類函四百五十卷目錄四卷　（清）張英　（清）王士禛等輯　清同治九年（1870）刻本　一百六十册

360000－1901－0041175　162690
淵鑑類函四百五十卷目錄四卷　（清）張英　（清）王士禛等輯　清同治九年（1870）三元堂刻本　一百六十册

360000－1901－0041176　162691
淵鑑類函四百五十卷目錄四卷　（清）張英　（清）王士禛等輯　清同治九年（1870）三元堂刻本　三十九册　存一百四卷（一至三、九至十二、十九至二十二、二十六至三十六、四十至四十一、四十六至四十七、五十三至七十八、三百十四至三百十六、三百十九至三百五十八、三百六十二至三百六十六，目錄四卷）

360000－1901－0041177　417491
淵穎集十二卷　（元）吴萊撰　清光緒元年（1875）永康胡氏退補齋刻金華叢書本　四册

360000－1901－0041178　405330
鴛鴦宜福館吹月詞二卷　（清）陳元鼎撰　清同治元年（1862）刻本　一册

360000－1901－0041179　241149
元白長慶集　（明）馬元調編　明萬曆三十二年至三十四年（1604－1606）松江馬元調刻本　六册

360000－1901－0041180　312621
元朝祕史十五卷首一卷　（元）□□撰　（清）李文田注　清光緒二十二年（1896）通隱堂刻本　四册

360000－1901－0041181　402809
元朝祕史十五卷首一卷　（元）□□撰　（清）李文田注　清光緒二十九年（1903）上海文瑞樓石印本　一册　存三卷（一至三）

360000－1901－0041182　300701
元朝祕史十五卷首一卷　（元）□□撰　（清）李文田注　清光緒二十九年（1903）石印本　四册

360000－1901－0041183　317699－1
元朝祕史十五卷首一卷　（元）□□撰　（清）李文田注　清末石印本　二册

360000－1901－0041184　604055
元朝名臣事略十五卷　（元）蘇天爵撰　清刻本　八册

360000－1901－0041185　220402
元朝名臣事略十五卷　（元）蘇天爵撰　清乾隆三十九年（1774）武英殿木活字印武英殿聚珍版書本　四册

360000－1901－0041186　416313
元城語錄解三卷　（宋）馬永卿輯　（明）王崇慶解　**行錄解一卷**　（明）崔銑輯　（明）王崇慶解　清道光二十年（1840）刻惜陰軒叢書本　二册

360000－1901－0041187　120216
元豐金石跋尾一卷　（宋）曾鞏撰　清光緒八年（1882）葛氏學古齋刻本　一册

360000－1901－0041188　161580

元豐九域志十卷　(宋)王存等纂修　清光緒八年(1882)金陵書局刻本　四冊

360000－1901－0041189　162015

元豐九域志十卷　(宋)王存等纂修　清光緒八年(1882)金陵書局刻本　四冊

360000－1901－0041190　162016

元豐九域志十卷　(宋)王存等纂修　清光緒八年(1882)金陵書局刻本　四冊

360000－1901－0041191　300712

元豐九域志十卷　(宋)王存等纂修　清光緒八年(1882)金陵書局刻本　四冊

360000－1901－0041192　604054

元豐九域志十卷　(宋)王存等纂修　清刻本　三冊　存八卷(三至十)

360000－1901－0041193　121645

元豐類稿五十卷　(宋)曾鞏撰　清光緒十六年(1890)刻本　九冊　缺一卷(一)

360000－1901－0041194　240216

元豐類稿五十卷　(宋)曾鞏撰　清康熙三十九年(1700)查溪特祠刻本　十冊

360000－1901－0041195　240217

元豐類稿五十卷　(宋)曾鞏撰　清康熙三十九年(1700)查溪特祠刻本　十冊

360000－1901－0041196　240218

元豐類稿五十卷　(宋)曾鞏撰　清康熙四十九年(1710)長嶺曾國光刻本　二十冊

360000－1901－0041197　240219

元豐類稿五十卷　(宋)曾鞏撰　清康熙四十九年(1710)長嶺曾國光刻本　十二冊

360000－1901－0041198　240220

元豐類稿五十卷　(宋)曾鞏撰　清康熙四十九年(1710)長嶺曾國光刻本　六冊

360000－1901－0041199　603450

元豐類稿五十卷　(宋)曾鞏撰　清康熙四十九年(1710)刻本　八冊

360000－1901－0041200　413821

元豐類稿五十卷　(宋)曾鞏撰　清刻本　六冊

360000－1901－0041201　413822

元豐類稿五十卷　(宋)曾鞏撰　清刻本　十冊

360000－1901－0041202　601113

元豐類稿五十卷　(宋)曾鞏撰　清刻本　十二冊

360000－1901－0041203　240221

元豐類稿五十卷　(宋)曾鞏撰　清乾隆二十八年(1763)查溪曾氏祠堂刻本　十二冊

360000－1901－0041204　240222

元豐類稿五十卷　(宋)曾鞏撰　清乾隆二十八年(1763)查溪曾氏祠堂刻本　十二冊

360000－1901－0041205　240223

元豐類稿五十卷　(宋)曾鞏撰　清乾隆二十八年(1763)查溪曾氏祠堂刻本　八冊

360000－1901－0041206　240224

元豐類稿五十卷　(宋)曾鞏撰　清乾隆二十八年(1763)查溪曾氏祠堂刻本　十冊

360000－1901－0041207　240225

元豐類稿五十卷　(宋)曾鞏撰　清乾隆二十八年(1763)查溪曾氏祠堂刻本　十一冊

360000－1901－0041208　240226

元豐類稿五十卷　(宋)曾鞏撰　清乾隆二十八年(1763)查溪曾氏祠堂刻本　十二冊

360000－1901－0041209　240227

元豐類稿五十卷　(宋)曾鞏撰　清乾隆二十八年(1763)查溪曾氏祠堂刻本　十二冊

360000－1901－0041210　240228

元豐類稿五十卷　(宋)曾鞏撰　清乾隆二十八年(1763)查溪曾氏祠堂刻本　十二冊

360000－1901－0041211　240229

元豐類稿五十卷　(宋)曾鞏撰　清乾隆二十八年(1763)查溪曾氏祠堂刻本　十二冊

360000－1901－0041212　413823
元豐類稿五十卷　(宋)曾鞏撰　清乾隆二十八年(1763)刻本　十二册

360000－1901－0041213　601849
元豐類稿五十卷　(宋)曾鞏撰　清乾隆二十八年(1763)刻本　一册　存目録

360000－1901－0041214　902455
元豐類稿五十卷首一卷　(宋)曾鞏撰　清光緒十六年(1890)慈利漁浦書院刻本　一册　存二卷(一、首一卷)

360000－1901－0041215　230583
元豐題跋一卷　(宋)曾鞏撰　明崇禎虞山毛氏汲古閣刻津逮祕書本　一册

360000－1901－0041216　163823
元和郡縣補志九卷　(清)嚴觀輯　清光緒八年(1882)金陵書局刻本　二册

360000－1901－0041217　161608
元和郡縣圖志闕卷逸文三卷　(唐)李吉甫撰　繆荃孫輯　清光緒七年(1881)繆氏刻朱印雲自在龕叢書本　一册

360000－1901－0041218　311867
元和郡縣圖志四十卷　(唐)李吉甫撰　**闕卷逸文一卷**　(清)孫星衍輯　清光緒六年(1880)金陵書局刻本　十册

360000－1901－0041219　312681
元和郡縣圖志四十卷　(唐)李吉甫撰　**闕卷逸文一卷**　(清)孫星衍輯　清光緒六年(1880)金陵書局刻本　八册

360000－1901－0041220　312168
元和郡縣圖志四十卷　(唐)李吉甫撰　**闕卷逸文一卷**　(清)孫星衍輯　清嘉慶二年(1797)陽湖孫星衍刻岱南閣叢書本　八册

360000－1901－0041221　220545
元和郡縣志四十卷　(唐)李吉甫撰　清乾隆四十四年(1779)武英殿木活字印武英殿聚珍版書本　十册

360000－1901－0041222　312124
元和姓纂十卷　(唐)林寶撰　(清)孫星衍(清)洪瑩校補　清光緒六年(1880)金陵書局刻本　四册

360000－1901－0041223　402090
元和姓纂十卷　(唐)林寶撰　(清)孫星衍(清)洪瑩校補　清光緒六年(1880)金陵書局刻本　四册

360000－1901－0041224　402091
元和姓纂十卷　(唐)林寶撰　(清)孫星衍(清)洪瑩校補　清光緒六年(1880)金陵書局刻本　二册　存五卷(一至五)

360000－1901－0041225　300718
元和姓纂十卷　(唐)林寶撰　(清)孫星衍(清)洪瑩校補　清嘉慶七年(1802)洪氏刻本　四册

360000－1901－0041226　164711
元亨繪圖療牛馬全集　(明)喻仁　(明)喻傑撰　清善成堂刻本　八册

360000－1901－0041227　164709
元亨療馬集四卷　(明)喻仁　(明)喻傑撰　清刻本　二册　存三卷(二至四)

360000－1901－0041228　407597
元亨療馬集四卷　(明)喻仁　(明)喻傑撰　清刻本　一册　存二卷(三至四)

360000－1901－0041229　802832－1
元亨療馬集四卷　(明)喻仁　(明)喻傑撰　清刻本　一册　存一卷(四)

360000－1901－0041230　407598
元亨療馬集四卷　(明)喻仁　(明)喻傑撰　清吳恒隆刻本　三册

360000－1901－0041231　802830
元亨療馬集四卷圖像水黃牛經大全二卷　(明)喻仁　(明)喻傑撰　清刻本　一册　存四卷(三至四、圖像水黃牛經大全二卷)

360000－1901－0041232　802832
元亨療馬集四卷圖像水黃牛經大全二卷　(明)喻仁　(明)喻傑撰　清刻本　二册　存

三卷(三至四、圖像水黄牛經大全一)

360000－1901－0041233　164710
元亨療牛集二卷附駝經一卷　(明)喻仁(明)喻傑撰　清刻本　一册

360000－1901－0041234　416377
元經十卷　(晉)郭璞撰　(晉)趙載注　清乾隆五十五年(1790)顧氏樂真堂刻陰陽五要奇書本　二册

360000－1901－0041235　300720
元經薛氏傳十卷　(隋)王通撰　(唐)薛收傳　(宋)阮逸注　清嘉慶元年(1796)掃葉山房刻本　二册

360000－1901－0041236　300719
元經薛氏傳十卷　(隋)王通撰　(唐)薛收傳　(宋)阮逸注　清乾隆刻本　三册

360000－1901－0041237　409399
元明七大家古文十三卷　(清)劉肇虞輯並評　清乾隆二十九年(1764)步月樓刻本　三册　存七卷(一至五、十至十一)

360000－1901－0041238　408461－2
臨證指南醫案十卷　(清)葉桂撰　(清)徐大椿評　清刻本　一册　存一卷(十)

360000－1901－0041239　709398
元明七大家古文十三卷　(清)劉肇虞輯並評　清乾隆二十九年(1764)步月樓刻本　二册　存六卷(一至三、六至八)

360000－1901－0041240　709399
元明七大家古文十三卷　(清)劉肇虞輯並評　清乾隆二十九年(1764)步月樓刻本　二册　存四卷(八至十一)

360000－1901－0041241　709400
元明七大家古文十三卷　(清)劉肇虞輯並評　清乾隆二十九年(1764)步月樓刻本　一册　存二卷(四至五)

360000－1901－0041242　300707
元穆文鈔一卷　(清)杜俞撰　清光緒十四年(1888)成都刻本　一册

360000－1901－0041243　801411
元年九月分大建征收厘金報銷日稿一卷　(清)□□撰　稿本　一册

360000－1901－0041244　409416
元曲選　(明)臧懋循輯　清刻本　一册　存一種

360000－1901－0041245　721644
元曲選　(明)臧懋循輯　清末石印本　一册　存二種

360000－1901－0041246　241170
元人十種詩　(明)毛晉輯　明崇禎十一年(1638)海虞毛氏汲古閣刻清初增刻本　二十册

360000－1901－0041247　409400
元山詩鈔一卷　(清)潛兆穀撰　清嘉慶刻寶研堂遺稿四種本　一册

360000－1901－0041248　409411
元詩百一鈔八卷補遺一卷　(清)張景星(清)姚培謙　(清)王永祺輯　清刻本　二册　存六卷(一、四至八)

360000－1901－0041249　409411－1
元詩百一鈔八卷補遺一卷　(清)張景星(清)姚培謙　(清)王永祺輯　清刻本　一册　存二卷(七至八)

360000－1901－0041250　409411－2
元詩百一鈔八卷補遺一卷　(清)張景星(清)姚培謙　(清)王永祺輯　清刻本　一册　存三卷(七至八、補遺一卷)

360000－1901－0041251　300698
元詩別裁集八卷補遺一卷　(清)張景星等輯　清刻本　二册

360000－1901－0041252　304912
元詩別裁集八卷補遺一卷　(清)張景星等輯　清刻本　一册　存五卷(五至八、補遺一卷)

360000－1901－0041253　409409
元詩別裁集八卷補遺一卷　(清)張景星等輯

清刻本　四冊

360000－1901－0041254　409410
元詩別裁集八卷補遺一卷　(清)張景星等輯　清刻本　四冊

360000－1901－0041255　409413
元詩別裁集八卷補遺一卷　(清)張景星等輯　清刻本　二冊

360000－1901－0041256　409414
元詩別裁集八卷補遺一卷　(清)張景星等輯　清刻本　二冊　缺一卷(補遺一卷)

360000－1901－0041257　150671
元詩選　(清)顧嗣立輯　清康熙長洲顧氏秀野草堂刻本　四十四冊

360000－1901－0041258　241171
元詩選　(清)顧嗣立輯　清康熙長洲顧氏秀野草堂刻本　七十冊

360000－1901－0041259　241172
元詩選　(清)顧嗣立輯　清康熙長洲顧氏秀野草堂刻本　四十冊

360000－1901－0041260　409401
元詩選　(清)顧嗣立輯　清康熙長洲顧氏秀野草堂刻本　四冊　存十八種

360000－1901－0041261　409401－1
元詩選　(清)顧嗣立輯　清康熙長洲顧氏秀野草堂刻本　一冊　存二種

360000－1901－0041262　805483
元詩選　(清)顧嗣立輯　清康熙長洲顧氏秀野草堂刻本　二十三冊　存一百二十八種

360000－1901－0041263　805484
元詩選　(清)顧嗣立輯　清康熙長洲顧氏秀野草堂刻本　十七冊　存一百十二種

360000－1901－0041264　900901
元詩選　(清)顧嗣立輯　清康熙長洲顧氏秀野草堂刻本　十四冊　存一百四十七種

360000－1901－0041265　900902
元詩選　(清)顧嗣立輯　清康熙長洲顧氏秀野草堂刻本　十八冊　存六十八種

360000－1901－0041266　900903
元詩選　(清)顧嗣立輯　清康熙長洲顧氏秀野草堂刻本　二十六冊　存一百九十三種

360000－1901－0041267　900904
元詩選　(清)顧嗣立輯　清康熙長洲顧氏秀野草堂刻本　二十冊　存一百九十九種

360000－1901－0041268　900905－1
元詩選　(清)顧嗣立輯　清康熙長洲顧氏秀野草堂刻本　一冊　存十一種

360000－1901－0041269　150166
元詩選癸集十卷　(清)顧嗣立輯　(清)席世臣補輯　清嘉慶三年(1798)南沙席氏刻本　九冊　存七卷(甲集、丙集、丁集、戊集、己集下、辛集上、壬集下)

360000－1901－0041270　900905
元詩選癸集十卷　(清)顧嗣立輯　(清)席世臣補輯　清嘉慶三年(1798)南沙席氏刻本　十一冊　缺一卷(壬集上)

360000－1901－0041271　320573
元詩選癸集十卷　(清)顧嗣立輯　(清)席世臣補輯　清嘉慶三年(1798)南沙席氏刻光緒十四年(1888)增修本　十六冊

360000－1901－0041272　241386
元詩選六卷補遺一卷　(清)顧奎光輯　清乾隆十六年(1751)刻本　四冊

360000－1901－0041273　241387
元詩選六卷補遺一卷　(清)顧奎光輯　清乾隆十六年(1751)刻本　四冊

360000－1901－0041274　241388
元詩選六卷補遺一卷　(清)顧奎光輯　清乾隆十六年(1751)刻本　四冊

360000－1901－0041275　241389
元詩選六卷補遺一卷　(清)顧奎光輯　清乾隆十六年(1751)刻本　四冊

360000－1901－0041276　306104－2
元史二百十卷附考證　(明)宋濂　(明)王禕

等撰　清同治十三年(1874)江蘇書局刻本　二十八册　存一百八十二卷(一至一百十九、一百三十至一百九十二)

360000－1901－0041277　310996
元史二百十卷附考證　(明)宋濂　(明)王禕等撰　清同治十三年(1874)江蘇書局刻本　四十七册　存二百五卷(一至一百八十四、一百九十至二百十)

360000－1901－0041278　600368－1
元史二百十卷附考證　(明)宋濂　(明)王禕等撰　清同治十三年(1874)江蘇書局刻本　六十册

360000－1901－0041279　603114
元史二百十卷附考證　(明)宋濂　(明)王禕等撰　清同治十三年(1874)江蘇書局刻本　四十九册

360000－1901－0041280　164329
元史二百十卷目録二卷　(明)宋濂　(明)王禕等撰　明刻明清遞修本　四十九册　缺四卷(十九至二十二)

360000－1901－0041281　300736
元史二百十卷目録二卷　(明)宋濂　(明)王禕等撰　清道光四年(1824)刻本(卷十二至十三配清抄本)　五十四册

360000－1901－0041282　306103
元史二百十卷目録二卷　(明)宋濂　(明)王禕等撰　清光緒十年(1884)上海同文書局石印本　二十三册　存九十一卷(一至五、九十三至一百十三、一百三十一至一百六十七、一百七十三至一百七十七、一百八十四至二百六)

360000－1901－0041283　309080
元史二百十卷目録二卷　(明)宋濂　(明)王禕等撰　清光緒十四年(1888)上海圖書集成印書局鉛印二十四史本　二十四册

360000－1901－0041284　306104
元史二百十卷目録二卷　(明)宋濂　(明)王禕等撰　清湖南經綸元記刻本　四十册　存一百八十八卷(一至三十九、五十至八十四、八十八至九十、一百至二百十)

360000－1901－0041285　304920
元史二百十卷目録二卷　(明)宋濂　(明)王禕等撰　清刻本　十二册　存四十一卷(五十至九十)

360000－1901－0041286　309332
元史二百十卷目録二卷　(明)宋濂　(明)王禕等撰　清刻本　二册　存十八卷(一百九十三至二百十)

360000－1901－0041287　405748
元史二百十卷目録二卷　(明)宋濂　(明)王禕等撰　清刻本　一册　存四卷(一百七十二至一百七十五)

360000－1901－0041288　902488
元史二百十卷目録二卷　(明)宋濂　(明)王禕等撰　清刻本　十三册　存四十三卷(五至二十二、二十八至四十六、五十至五十五)

360000－1901－0041289　902497
元史二百十卷目録二卷　(明)宋濂　(明)王禕等撰　清刻本　六册　存十四卷(五十七至七十)

360000－1901－0041290　220232
元史紀事本末二十七卷　(明)陳邦瞻撰　(明)臧懋循補　(明)張溥論正　明張溥刻本　二册

360000－1901－0041291　120215
元史紀事本末二十七卷　(明)陳邦瞻撰　(明)張溥論正　清光緒十四年(1888)廣雅書局刻紀事本末彙刻本　三册

360000－1901－0041292　120211
元史紀事本末二十七卷　(明)陳邦瞻撰　(明)張溥論正　清刻本　三册

360000－1901－0041293　120212
元史紀事本末二十七卷　(明)陳邦瞻撰　(明)張溥論正　清同治十三年(1874)江西書局刻紀事本末五種本　四册

360000－1901－0041294　120213
元史紀事本末二十七卷　(明)陳邦瞻撰　(明)張溥論正　清同治十三年(1874)江西書局刻紀事本末五種本　四册

360000－1901－0041295　120214
元史紀事本末二十七卷　(明)陳邦瞻撰　(明)張溥論正　清同治十三年(1874)江西書局刻紀事本末五種本　四册

360000－1901－0041296　400214
元史紀事本末二十七卷　(明)陳邦瞻撰　(明)張溥論正　清同治十三年(1874)江西書局刻紀事本末五種本　四册

360000－1901－0041297　400216
元史紀事本末二十七卷　(明)陳邦瞻撰　(明)張溥論正　清同治十三年(1874)江西書局刻紀事本末五種本　四册

360000－1901－0041298　402996
元史紀事本末二十七卷　(明)陳邦瞻撰　(明)張溥論正　清同治十三年(1874)江西書局刻紀事本末五種本　四册

360000－1901－0041299　601102
元史紀事本末二十七卷　(明)陳邦瞻撰　(明)張溥論正　清同治十三年(1874)江西書局刻紀事本末五種本　四册

360000－1901－0041300　601103
元史紀事本末二十七卷　(明)陳邦瞻撰　(明)張溥論正　清同治十三年(1874)江西書局刻紀事本末五種本　四册

360000－1901－0041301　601104
元史紀事本末二十七卷　(明)陳邦瞻撰　(明)張溥論正　清同治十三年(1874)江西書局刻紀事本末五種本　四册

360000－1901－0041302　601105
元史紀事本末二十七卷　(明)陳邦瞻撰　(明)張溥論正　清同治十三年(1874)江西書局刻紀事本末五種本　四册

360000－1901－0041303　601106
元史紀事本末二十七卷　(明)陳邦瞻撰　(明)張溥論正　清同治十三年(1874)江西書局刻紀事本末五種本　四册

360000－1901－0041304　601107
元史紀事本末二十七卷　(明)陳邦瞻撰　(明)張溥論正　清同治十三年(1874)江西書局刻紀事本末五種本　四册

360000－1901－0041305　601108
元史紀事本末二十七卷　(明)陳邦瞻撰　(明)張溥論正　清同治十三年(1874)江西書局刻紀事本末五種本　四册

360000－1901－0041306　601109
元史紀事本末二十七卷　(明)陳邦瞻撰　(明)張溥論正　清同治十三年(1874)江西書局刻紀事本末五種本　四册

360000－1901－0041307　601110
元史紀事本末二十七卷　(明)陳邦瞻撰　(明)張溥論正　清同治十三年(1874)江西書局刻紀事本末五種本　四册

360000－1901－0041308　603115
元史紀事本末二十七卷　(明)陳邦瞻撰　(明)張溥論正　清同治十三年(1874)江西書局刻紀事本末五種本　四册

360000－1901－0041309　220115
元史類編四十二卷　(清)邵遠平撰　清乾隆六十年(1795)南沙席氏掃葉山房刻宋遼金元別史本　十四册

360000－1901－0041310　220116
元史類編四十二卷　(清)邵遠平撰　清乾隆六十年(1795)南沙席氏掃葉山房刻宋遼金元別史本　一册　存四卷(十七至二十)

360000－1901－0041311　318301
劉公葬法不分卷　(唐)劉江東撰　清抄本　一册

360000－1901－0041312　311033
元史類編四十二卷　(清)邵遠平撰　清掃葉山房刻本　十六册

360000－1901－0041313　163786
元史新編九十五卷　（清）魏源撰　清光緒三十一年（1905）邵陽魏氏慎微堂刻本　十三册　存三十七卷（一至四、二十三至二十七、四十七至四十九、七十一至九十五）

360000－1901－0041314　163787
元史新編九十五卷　（清）魏源撰　清光緒三十一年（1905）邵陽魏氏慎微堂刻本　三十一册　存九十卷（一至八十九、九十五）

360000－1901－0041315　161581
元史藝文志四卷宋遼金元四史朔閏考二卷　（清）錢大昕撰　清光緒十年（1884）長沙龍氏家塾刻嘉定錢氏潛研堂全書本　二册

360000－1901－0041316　308267
元史譯文證補三十卷　（清）洪鈞撰　清光緒二十三年（1897）石印本　四册

360000－1901－0041317　304904
元史譯文證補三十卷　（清）洪鈞撰　清末石印本　一册　存四卷（二十六至二十七、二十九至三十）

360000－1901－0041318　164326
元氏長慶集六十卷　（唐）元稹撰　明刻本　二册　存二十二卷（二十六至三十五、四十九至六十）

360000－1901－0041319　164325
元氏長慶集六十卷　（唐）元稹撰　明萬曆三十二年（1604）刻本　六册

360000－1901－0041320　805160
元氏長慶集六十卷補遺六卷附録一卷　（唐）元稹撰　清刻本　一册

360000－1901－0041321　241390
元文類七十卷目録三卷　（元）蘇天爵輯　明嘉靖十六年（1537）晉藩刻本　二十四册

360000－1901－0041322　241391
元文類七十卷目録三卷　（元）蘇天爵輯　明嘉靖十六年（1537）晉藩刻本　二十册

360000－1901－0041323　241392
元文類七十卷目録三卷　（元）蘇天爵輯　明末修德堂刻本　十六册

360000－1901－0041324　241393
元文類七十卷目録三卷　（元）蘇天爵輯　明末修德堂刻本　十六册

360000－1901－0041325　300711
元文類七十卷目録三卷　（元）蘇天爵輯　清光緒十五年（1889）江蘇書局刻本　十册

360000－1901－0041326　163595
元憲集三十六卷　（宋）宋庠撰　清刻本　八册

360000－1901－0041327　300722
元遺山詩集箋注十四卷附録一卷補載一卷　（金）元好問撰　（元）張德輝類次　（清）施國祁箋注　清道光二年（1822）南潯瑞松堂蔣氏刻本　六册

360000－1901－0041328　300723
元遺山詩集箋注十四卷附録一卷補載一卷　（金）元好問撰　（元）張德輝類次　（清）施國祁箋注　清道光二年（1822）南潯瑞松堂蔣氏刻本　六册

360000－1901－0041329　300734
元遺山詩集箋注十四卷附録一卷補載一卷　（金）元好問撰　（元）張德輝類次　（清）施國祁箋注　清道光二年（1822）南潯瑞松堂蔣氏刻本　六册

360000－1901－0041330　300724
元遺山先生集四十卷首一卷　（金）元好問撰　**附録一卷**　（明）儲瓘輯　（明）華希閔增　（清）施國祁續增　**補載一卷**　（清）施國祁輯　（清）張穆補輯　**續夷堅志四卷新樂府四卷**　（金）元好問撰　**年譜一卷**　（清）翁方綱編　**年譜一卷**　（清）施國祁編　**年譜二卷**　（清）淩廷堪編　清道光二十六年至三十年（1846－1850）平定張穆陽泉山莊刻本　十五册　缺四卷（續夷堅志四卷）

360000－1901－0041331　304919
元遺山先生集四十卷首一卷　（金）元好問撰

附録一卷 (明)儲瓘輯 (明)華希閔增(清)施國祁續增 **補載一卷** (清)施國祁輯 (清)張穆補輯 **續夷堅志四卷新樂府四卷** (金)元好問撰 **年譜一卷** (清)翁方綱編 **年譜一卷** (清)施國祁編 **年譜二卷** (清)淩廷堪編 清道光二十六年至三十年(1846－1850)平定張穆陽泉山莊刻本 九册 存三十六卷(一至三十六)

360000－1901－0041332 150129
元遺山先生全集 (金)元好問撰 清光緒七年(1881)讀書山房刻本 二十八册

360000－1901－0041333 150130
元遺山先生全集 (金)元好問撰 清光緒七年(1881)讀書山房刻本 二十八册

360000－1901－0041334 410229－1
元遺山先生文選七卷 (金)元好問撰 (清)李祖陶評點 清道光二十五年(1845)刻金元明八大家文選本 二册 存五卷(三至七)

360000－1901－0041335 709395
元宰必讀書一卷 (清)彭定求輯 (清)丁煦注 清刻本 一册

360000－1901－0041336 709396
元宰必讀書一卷 (清)彭定求輯 (清)丁煦注 清刻本 一册

360000－1901－0041337 162083
元宰必讀書一卷彭凝祉先生雜説一卷 (清)彭定求輯 清嘉慶五年(1800)聚經堂刻本 一册

360000－1901－0041338 721843－1
元宰必讀書原編一卷彭凝祉先生雜説附編二卷 (清)彭定求輯 (清)丁煦注 清光緒十二年(1886)餘姚施氏叢桂堂刻杭省同善齋善書坊印本 一册

360000－1901－0041339 312924
沅湘耆舊集二百卷 (清)鄧顯鶴輯 清道光二十三年至二十四年(1843－1844)鄧氏南邨草堂刻本 五十六册

360000－1901－0041340 301862
沅湘耆舊集前編四十卷 (清)鄧琮輯 清道光二十三年至二十四年(1843－1844)鄧氏南邨草堂刻本 九册

360000－1901－0041341 301858
沅湘通藝録八卷 (清)江標編 清光緒二十三年(1897)長沙使院刻本 八册

360000－1901－0041342 163997
袁督師事蹟一卷 (清)□□撰 清嘉慶刻本 一册

360000－1901－0041343 401545
袁公製錦徵信初政不分卷 (清)劉世英撰 清刻本 一册

360000－1901－0041344 302556
袁簡齋文集不分卷 (清)袁枚撰 清刻本 六册

360000－1901－0041345 901477
袁郡林氏牌冊不分卷 (清)□□撰 清忠孝堂刻本 一册

360000－1901－0041346 500350
[江西宜春]袁郡劉氏族譜三十一卷 (清)劉士彦等纂修 清同治彭城堂木活字印本 七册 存七卷(六、十二、十八至十九、二十一、二十五、二十七)

360000－1901－0041347 417325
袁柳莊先生神相全編三卷 (明)袁忠徹撰 清刻本 一册 存一卷(上)

360000－1901－0041348 500174
袁氏十四修宗譜□□卷 (清)□□纂修 清光緒敦本堂木活字印本 二册 存二卷(九、十一)

360000－1901－0041349 401547
袁氏世考十六卷 (清)袁錫光纂修 清道光八年(1828)江城喻聚文堂刻本 七册 存十三卷(二至十一、十四至十六)

360000－1901－0041350 401548
袁氏世考十六卷 (清)袁錫光纂修 清道光

八年(1828)江城喻聚文堂刻本　二册　存三卷(一、二上、三上)

360000－1901－0041351　404945
袁叔論稿不分卷　(清)袁守定撰　清刻本　一册

360000－1901－0041352　404946
袁叔論稿不分卷　(清)袁守定撰　清刻本　二册

360000－1901－0041353　302609
袁太史詩文遺鈔不分卷　(清)袁鵬圖撰　清末鉛印本　一册

360000－1901－0041354　711181
袁太史時文一卷　(清)袁枚撰　清乾隆五十一年(1786)刻本　一册

360000－1901－0041355　301639
袁王綱鑑合編三十九卷首一卷　(明)袁黄(明)王世貞編　**御撰明紀綱目二十卷**　(清)張廷玉等輯　清光緒三十年(1904)上海商務印書館鉛印本　十六册

360000－1901－0041356　305355
袁王綱鑑合編三十九卷首一卷　(明)袁黄(明)王世貞編　**御撰明紀綱目二十卷**　(清)張廷玉等輯　清光緒三十年(1904)上海商務印書館鉛印本　十一册　存四十五卷(袁王綱鑑合編一至四、八至十、十七至二十三、二十九至三十九,御撰明紀綱目二十卷)

360000－1901－0041357　308612
袁王綱鑑合編三十九卷首一卷　(明)袁黄(明)王世貞編　**御撰明紀綱目二十卷**　(清)張廷玉等輯　清光緒三十年(1904)上海商務印書館鉛印本　十六册

360000－1901－0041358　411919
袁王綱鑑合編三十九卷首一卷　(明)袁黄(明)王世貞編　**御撰明紀綱目二十卷**　(清)張廷玉等輯　清光緒三十年(1904)上海商務印書館鉛印本　十六册

360000－1901－0041359　411920
袁王綱鑑合編三十九卷首一卷　(明)袁黄(明)王世貞編　**御撰明紀綱目二十卷**　(清)張廷玉等輯　清光緒三十年(1904)上海商務印書館鉛印本　十四册　缺八卷(袁王綱鑑合編五至十二)

360000－1901－0041360　411921
袁王綱鑑合編三十九卷首一卷　(明)袁黄(明)王世貞編　**御撰明紀綱目二十卷**　(清)張廷玉等輯　清光緒三十年(1904)上海商務印書館鉛印本　十四册　缺三卷(二十四至二十六)

360000－1901－0041361　411922
袁王綱鑑合編三十九卷首一卷　(明)袁黄(明)王世貞編　**御撰明紀綱目二十卷**　(清)張廷玉等輯　清光緒三十年(1904)上海商務印書館鉛印本　十五册　缺二卷(二十二至二十三)

360000－1901－0041362　411923
袁王綱鑑合編三十九卷首一卷　(明)袁黄(明)王世貞編　**御撰明紀綱目二十卷**　(清)張廷玉等輯　清光緒三十年(1904)上海商務印書館鉛印本　十四册　缺七卷(袁王綱鑑合編十一至十三、十七至二十)

360000－1901－0041363　411924
袁王綱鑑合編三十九卷首一卷　(明)袁黄(明)王世貞編　**御撰明紀綱目二十卷**　(清)張廷玉等輯　清光緒三十年(1904)上海商務印書館鉛印本　七册　存二十七卷(一至十一、二十九至三十、三十七至三十九,首一卷,御撰明紀綱目一至十)

360000－1901－0041364　411925
袁王綱鑑合編三十九卷首一卷　(明)袁黄(明)王世貞編　**御撰明紀綱目二十卷**　(清)張廷玉等輯　清光緒三十年(1904)上海商務印書館鉛印本　十三册　存二十三卷(一至三、十七至二十八、三十至三十六,首一卷)

360000－1901－0041365　411925－1
袁王綱鑑合編三十九卷首一卷　(明)袁黄(明)王世貞編　**御撰明紀綱目二十卷**　(清)

張廷玉等輯　清光緒三十年(1904)上海商務印書館鉛印本　十二册　缺十三卷(袁王綱鑑合編八至二十)

360000－1901－0041366　411925－2
袁王綱鑑合編三十九卷首一卷　(明)袁黄(明)王世貞編　**御撰明紀綱目二十卷**　(清)張廷玉等輯　清光緒三十年(1904)上海商務印書館鉛印本　四册　存十一卷(袁王綱鑑合編十六至二十一、二十六至二十八,御撰明紀綱目一至二)

360000－1901－0041367　411926
袁王綱鑑合編三十九卷首一卷　(明)袁黄(明)王世貞編　**御撰明紀綱目二十卷**　(清)張廷玉等輯　清光緒三十年(1904)上海商務印書館鉛印本　十六册

360000－1901－0041368　411927
袁王綱鑑合編三十九卷首一卷　(明)袁黄(明)王世貞編　**御撰明紀綱目二十卷**　(清)張廷玉等輯　清光緒三十一年(1905)上海商務印書館鉛印本　十四册　缺三卷(袁王綱鑑合編八至十)

360000－1901－0041369　318341
六壬斷訣不分卷　(□)□□輯　清抄本　一册

360000－1901－0041370　411928
袁王綱鑑合編三十九卷首一卷　(明)袁黄(明)王世貞編　**御撰明紀綱目二十卷**　(清)張廷玉等輯　清光緒三十一年(1905)上海商務印書館鉛印本　九册　存二十九卷(袁王綱鑑合編二至四、十九至二十一、二十七至二十九,御撰明紀綱目二十卷)

360000－1901－0041371　411929
袁王綱鑑合編三十九卷首一卷　(明)袁黄(明)王世貞編　**御撰明紀綱目二十卷**　(清)張廷玉等輯　清光緒三十一年(1905)上海商務印書館鉛印本　七册　存二十六卷(袁王綱鑑合編三十一至三十六、御撰明紀綱目二十卷)

360000－1901－0041372　801031
袁王綱鑑合編三十九卷首一卷　(明)袁黄(明)王世貞編　**御撰明紀綱目二十卷**　(清)張廷玉等輯　清末鉛印本　一册　存三卷(二十四至二十六)

360000－1901－0041373　711898
袁王綱鑑合編三十九卷首一卷　(明)袁黄(明)王世貞編　**御撰明紀綱目二十卷**　(清)張廷玉等輯　清末石印本　一册　存五卷(二十九至三十三)

360000－1901－0041374　722048
袁王綱鑑合編三十九卷首一卷　(明)袁黄(明)王世貞編　**御撰明紀綱目二十卷**　(清)張廷玉等輯　清末石印本　一册　存三卷(袁王綱鑑合編七至九)

360000－1901－0041375　722338
袁王綱鑑合編三十九卷首一卷　(明)袁黄(明)王世貞編　**御撰明紀綱目二十卷**　(清)張廷玉等輯　清末石印本　十册　存三十卷(三至三十二)

360000－1901－0041376　722338－1
袁王綱鑑合編三十九卷首一卷　(明)袁黄(明)王世貞編　**御撰明紀綱目二十卷**　(清)張廷玉等輯　清末石印本　一册　存三卷(二十六至二十八)

360000－1901－0041377　722339
袁王綱鑑合編三十九卷首一卷　(明)袁黄(明)王世貞編　**御撰明紀綱目二十卷**　(清)張廷玉等輯　清末石印本　四册　存三卷(袁王綱鑑合編三至五)

360000－1901－0041378　804109
袁王綱鑑合編三十九卷首一卷　(明)袁黄(明)王世貞編　**御撰明紀綱目二十卷**　(清)張廷玉等輯　清末石印本　二册　存六卷(十三至十五、十九至二十一)

360000－1901－0041379　711897
袁王綱鑑合編三十九卷首一卷　(明)袁黄(明)王世貞編　**御撰明紀綱目二十卷**　(清)

張廷玉等輯　清宣統三年(1911)育文書局石印本　二册　存二十卷(御撰明紀綱目二十卷)

360000－1901－0041380　302607
袁文合箋十六卷　(清)袁枚撰　(清)王廣業合箋　(清)于振煦參訂　清光緒八年(1882)刻本　六册

360000－1901－0041381　402030
袁文箋正補□□卷　(清)袁枚撰　(清)趙汝令　(清)項邇英補箋　清道光刻本　一册　存一卷(一)

360000－1901－0041382　302591
袁文箋正十六卷補注一卷　(清)袁枚撰　(清)石韞玉箋　清光緒八年(1882)汗青簃刻本　八册

360000－1901－0041383　402022
袁文箋正十六卷補注一卷　(清)袁枚撰　(清)石韞玉箋　清光緒十三年(1887)刻本　五册　存十四卷(一至二、六至十六,補注一卷)

360000－1901－0041384　316467
袁文箋正十六卷補注一卷　(清)袁枚撰　(清)石韞玉箋　清光緒十四年(1888)上海蜚英館石印本　四册

360000－1901－0041385　402027
袁文箋正十六卷補注一卷　(清)袁枚撰　(清)石韞玉箋　清光緒十四年(1888)上海蜚英館石印本　二册

360000－1901－0041386　163268
袁文箋正十六卷補注一卷　(清)袁枚撰　(清)石韞玉箋　清嘉慶十七年(1812)鶴壽山堂刻本　三册

360000－1901－0041387　163269
袁文箋正十六卷補注一卷　(清)袁枚撰　(清)石韞玉箋　清嘉慶十七年(1812)鶴壽山堂刻本　六册

360000－1901－0041388　316454
袁文箋正十六卷補注一卷　(清)袁枚撰　(清)石韞玉箋　清嘉慶十七年(1812)鶴壽山堂刻本　八册

360000－1901－0041389　316914
袁文箋正十六卷補注一卷　(清)袁枚撰　(清)石韞玉箋　清嘉慶十七年(1812)鶴壽山堂刻本　六册

360000－1901－0041390　402023－1
袁文箋正十六卷補注一卷　(清)袁枚撰　(清)石韞玉箋　清刻本　一册　存四卷(九至十二)

360000－1901－0041391　402024－1
袁文箋正十六卷補注一卷　(清)袁枚撰　(清)石韞玉箋　清刻本　二册　存四卷(九至十、十五至十六)

360000－1901－0041392　402028
袁文箋正十六卷補注一卷　(清)袁枚撰　(清)石韞玉箋　清末上海文瑞樓石印本　一册　存六卷(一至六)

360000－1901－0041393　402023
袁文箋正十六卷補注一卷　(清)袁枚撰　(清)石韞玉箋　清同治四年(1865)刻本　七册　存十五卷(一至十、十三至十六,補注一卷)

360000－1901－0041394　402024
袁文箋正十六卷補注一卷　(清)袁枚撰　(清)石韞玉箋　清同治四年(1865)刻本　三册　存九卷(一至八、補注一卷)

360000－1901－0041395　402025
袁文箋正十六卷補注一卷　(清)袁枚撰　(清)石韞玉箋　清同治四年(1865)刻本　一册　存四卷(五至八)

360000－1901－0041396　402026
袁文箋正十六卷補注一卷　(清)袁枚撰　(清)石韞玉箋　清同治四年(1865)刻本　七册　存十五卷(一至二、五至十六,補注一卷)

360000－1901－0041397　121317

袁袁山遺集四卷 （明）袁繼咸撰 清咸豐九年（1859）忠毅祠刻本 四冊

360000－1901－0041398 404948
袁袁山遺集四卷 （明）袁繼咸撰 清咸豐九年（1859）忠毅祠刻本 一冊 存一卷（一）

360000－1901－0041399 240732
袁中郎全集四十卷 （明）袁宏道撰 （明）鍾惺定 明崇禎二年（1629）武林佩蘭居刻本 明佚名題識 五冊

360000－1901－0041400 404947
袁忠節公遺詩三卷 （清）袁昶撰 清宣統元年（1909）中國圖書公司鉛印本 一冊

360000－1901－0041401 121316
袁州漢後七代集署内編二卷外録六卷 （清）袁錫光輯 清道光元年（1821）尋根書屋刻本 六冊

360000－1901－0041402 710946
袁州漢後七代集署内編二卷外録六卷 （清）袁錫光輯 清道光元年（1821）尋根書屋刻本 六冊

360000－1901－0041403 710947
袁州漢後七代集署内編二卷外録六卷 （清）袁錫光輯 清道光元年（1821）尋根書屋刻本 五冊 存七卷（袁州漢後七代集署内編一、外録六卷）

360000－1901－0041404 710948
袁州漢後七代集署内編二卷外録六卷 （清）袁錫光輯 清道光元年（1821）尋根書屋刻本 二冊 存四卷（外録一至二、五至六）

360000－1901－0041405 710677
袁州唐集内編八卷外録八卷三徐事實一卷徐鼎臣詩集四卷附録詩一卷 （清）袁寧珍輯 清嘉慶二十年（1815）刻本 二冊 存九卷（袁州唐集内編二至四、三徐事實一卷、徐鼎臣詩集四卷、附録詩一卷）

360000－1901－0041406 710677－1
袁州唐集内編八卷外録八卷三徐事實一卷徐鼎臣詩集四卷附録詩一卷 （清）袁寧珍輯 清嘉慶二十年（1815）刻本 二冊 存九卷（袁州唐集内編二至四、三徐事實一卷、徐鼎臣詩集四卷、附録詩一卷）

360000－1901－0041407 710677－2
袁州唐集内編八卷外録八卷三徐事實一卷徐鼎臣詩集四卷附録詩一卷 （清）袁寧珍輯 清嘉慶二十年（1815）刻本 一冊 存四卷（徐鼎臣詩集四卷）

360000－1901－0041408 710677－3
袁州唐集内編八卷外録八卷三徐事實一卷徐鼎臣詩集四卷附録詩一卷 （清）袁寧珍輯 清嘉慶二十年（1815）刻本 一冊 存四卷（徐鼎臣詩集四卷）

360000－1901－0041409 718307
袁州唐集内編八卷外録八卷三徐事實一卷徐鼎臣詩集四卷附録詩一卷 （清）袁寧珍輯 清嘉慶二十年（1815）刻本 四冊 存十二卷（袁州唐集内編二至八、外録四至八）

360000－1901－0041410 722035
袁州唐集内編八卷外録八卷三徐事實一卷徐鼎臣詩集四卷附録詩一卷 （清）袁寧珍輯 清嘉慶二十年（1815）刻本 一冊 存一卷（袁州唐集内編一）

360000－1901－0041411 410943
袁州唐集内編八卷外録八卷三徐事實一卷徐鼎臣詩集四卷附録詩一卷 （清）袁寧珍輯 清嘉慶二十年（1815）尋根書屋刻本 六冊

360000－1901－0041412 721639
原本海公大紅袍傳六十卷六十回 （明）李春芳編 清刻本 一冊 存十卷（十一至二十）十回（十一至二十）

360000－1901－0041413 417437
原本直指算法統宗十二卷首一卷 （明）程大位撰 清光緒二十三年（1897）江南製造局刻本 一冊 存三卷（一至二、首一卷）

360000－1901－0041414 162410
原本直指算法統宗十二卷首一卷 （明）程大

位撰　清乾隆六十年(1795)刻本　六冊

360000－1901－0041415　603509
原病集六卷　(明)唐椿輯　清刻本　一冊　存一卷(元類要法上)

360000－1901－0041416　304291
原富八卷　(英國)斯密亞丹撰　嚴復譯　清光緒二十七年(1901)清芬書屋刻本　十二冊

360000－1901－0041417　306547
原富八卷中西年表一卷　(英國)斯密亞丹撰　嚴復譯　清光緒二十八年(1902)上海南洋公學譯書館鉛印本　六冊　存七卷(甲上、乙、丁上下、戊上下,中西年表一卷)

360000－1901－0041418　404400
原富八卷中西年表一卷　(英國)斯密亞丹撰　嚴復譯　清光緒二十七年(1901)刻本　七冊

360000－1901－0041419　404403
原富八卷中西年表一卷　(英國)斯密亞丹撰　嚴復譯　清刻本　八冊

360000－1901－0041420　404404
原富八卷中西年表一卷　(英國)斯密亞丹撰　嚴復譯　清刻本　七冊　缺一卷(丙)

360000－1901－0041421　404405
原富八卷中西年表一卷　(英國)斯密亞丹撰　嚴復譯　清刻本　二冊　存二卷(丁上下)

360000－1901－0041422　404405－1
原富八卷中西年表一卷　(英國)斯密亞丹撰　嚴復譯　清刻本　一冊　存二卷(丁上下)

360000－1901－0041423　303888
原富三卷　(英國)斯密亞丹撰　嚴復譯　清光緒二十八年(1902)南洋公學譯書院鉛印本　七冊

360000－1901－0041424　303889
原富三卷　(英國)斯密亞丹撰　嚴復譯　清光緒二十八年(1902)南洋公學譯書院鉛印本　八冊

360000－1901－0041425　404401
原富三卷　(英國)斯密亞丹撰　嚴復譯　清光緒二十九年(1903)南洋公學譯書院鉛印本　七冊

360000－1901－0041426　404402
原富三卷　(英國)斯密亞丹撰　嚴復譯　清光緒二十九年(1903)南洋公學譯書院鉛印本　二冊　存一卷(甲)

360000－1901－0041427　404402－2
原富三卷　(英國)斯密亞丹撰　嚴復譯　清光緒二十九年(1903)南洋公學譯書院鉛印本　一冊　存一卷(甲)

360000－1901－0041428　304195
原富三卷　(英國)斯密亞丹撰　嚴復譯　清光緒二十七年(1901)南洋公學譯書院鉛印本　三冊

360000－1901－0041429　304196
原富三卷　(英國)斯密亞丹撰　嚴復譯　清光緒二十七年(1901)南洋公學譯書院鉛印本　三冊

360000－1901－0041430　308124
原富三卷　(英國)斯密亞丹撰　嚴復譯　清光緒二十七年(1901)南洋公學譯書院鉛印本　八冊

360000－1901－0041431　308125
原富三卷　(英國)斯密亞丹撰　嚴復譯　清光緒二十七年(1901)南洋公學譯書院鉛印本　七冊

360000－1901－0041432　404402－1
原富三卷　(英國)斯密亞丹撰　嚴復譯　清光緒二十七年(1901)南洋公學譯書院鉛印本　二冊　存一卷(甲)

360000－1901－0041433　801888
原理二卷　(清)夏力恕撰　清抄本　一冊　存一卷(下)

360000－1901－0041434　404439
原強一卷　嚴復撰　清光緒二十七年(1901)南昌讀有用書齋刻本　一冊

360000－1901－0041435　406923
原人論一卷　(唐)釋宗密撰　清同治十三年(1874)雞園刻經處刻大方廣佛華嚴經著述集要本　一冊

360000－1901－0041436　406923－1
原人論一卷　(唐)釋宗密撰　清同治十三年(1874)雞園刻經處刻大方廣佛華嚴經著述集要本　一冊

360000－1901－0041437　303887
原人三卷原人後編一卷晦堂書錄一卷　陳澹然撰　清光緒三十二年(1906)武昌刻本　二冊

360000－1901－0041438　313654
援鶉堂筆記刊誤一卷補遺一卷　(清)方東樹撰　清道光十八年(1838)刻本　一冊

360000－1901－0041439　162687
援鶉堂筆記五十卷　(清)姚範撰　清道光十六年(1836)刻本　十六冊

360000－1901－0041440　306328
援鶉堂筆記五十卷　(清)姚範撰　清道光十五年(1835)淮南監掣官署刻本　十二冊　存三十六卷(十五至五十)

360000－1901－0041441　405551
圓機活法十八卷　(明)王世貞校正　清嘉慶二十二年(1817)刻本　一冊　存一卷(十三)

360000－1901－0041442　704097
圓機活法十八卷　(明)王世貞校正　清嘉慶二十二年(1817)文淵堂刻本　五冊　存五卷(三、十二至十五)

360000－1901－0041443　404098
圓機活法十八卷　(明)王世貞校正　清嘉慶二十一年(1816)刻本　三冊　存六卷(三至六、九至十)

360000－1901－0041444　404099
圓機活法十八卷　(明)王世貞校正　清嘉慶二十一年(1816)刻本　五冊　存五卷(五、七至九、十一)

360000－1901－0041445　404100
圓機活法十八卷　(明)王世貞校正　清嘉慶二十一年(1816)刻本　三冊　存四卷(五至八)

360000－1901－0041446　404101
圓機活法十八卷　(明)王世貞校正　清嘉慶二十一年(1816)刻本　五冊　存七卷(二至三、五、十一、十三至十五)

360000－1901－0041447　404102
圓機活法十八卷　(明)王世貞校正　清嘉慶二十一年(1816)刻本　三冊　存三卷(八、十一、十五)

360000－1901－0041448　404103
圓機活法十八卷　(明)王世貞校正　清嘉慶二十一年(1816)刻本　八冊　存十卷(一至四、七至十二)

360000－1901－0041449　309396
圓覺經析義疏四卷大義一卷懸示一卷　(唐)釋佛陀多羅譯　(清)釋通理述　清光緒三十三年(1907)刻本　四冊

360000－1901－0041450　317829
圓錐曲線說三卷　(英國)艾約瑟口譯　(清)李善蘭筆述　清刻本　一冊

360000－1901－0041451　317737
圓錐曲線一卷　(美國)求德生譯　(清)劉維師筆述　(清)張寶善校閱　清光緒二十四年(1898)上海益智書局石印本　一冊

360000－1901－0041452　122300
緣督集十二卷附錄一卷　(宋)曾豐撰　清咸豐元年(1851)善和培德堂刻本　四冊

360000－1901－0041453　122301
緣督集十二卷附錄一卷　(宋)曾豐撰　清咸豐元年(1851)善和培德堂刻本　三冊　存十二卷(二至十二、附錄一卷)

360000－1901－0041454　413692
緣督集十二卷附錄一卷　(宋)曾豐撰　清咸豐元年(1851)善和培德堂刻本　一冊　存二

卷(一至二)

360000－1901－0041455　303389
轅下吟編不分卷　(清)吴繡虎撰　清刻本　一册

360000－1901－0041456　417008
遠色編不分卷　(清)彭啓豐輯　清嘉慶十八年(1813)金谿王裕常刻本　一册

360000－1901－0041457　417004
遠色編三卷　(清)彭啓豐輯　清乾隆五十五年(1790)刻本　一册

360000－1901－0041458　417004－1
遠色編三卷　(清)彭啓豐輯　清乾隆五十五年(1790)刻本　一册

360000－1901－0041459　241062
遠香亭詩鈔四卷　(清)楊有涵撰　清乾隆五十九年(1794)楊懋珩等刻本　二册

360000－1901－0041460　305977
苑洛集二十二卷　(明)韓邦奇撰　清道光八年(1828)朝邑西河書院刻本　九册　存十九卷(一至二、六至二十二)

360000－1901－0041461　305940
苑洛集二十二卷　(明)韓邦奇撰　清刻本　一册　存三卷(三至五)

360000－1901－0041462　413196
苑洛集二十二卷　(明)韓邦奇撰　清刻本　八册　存十八卷(一至七、十至十六、十九至二十二)

360000－1901－0041463　314224
願體集二卷　(清)李仲麟輯　清道光十二年(1832)刻本　四册

360000－1901－0041464　802611
願效籍□□卷　(清)□□輯　清刻本　一册　存一卷(三)

360000－1901－0041465　900761
願效籍□□卷　(清)□□輯　清刻本　一册　存一卷(三)

360000－1901－0041466　240706
願學集八卷　(明)鄒元標撰　清乾隆十二年(1747)吉水鄒氏刻鄒忠介公全集本　六册

360000－1901－0041467　240707
願學集八卷　(明)鄒元標撰　清乾隆十二年(1747)吉水鄒氏刻鄒忠介公全集本　六册

360000－1901－0041468　240708
願學集八卷　(明)鄒元標撰　清乾隆十二年(1747)吉水鄒氏刻鄒忠介公全集本　五册　缺二卷(七至八)

360000－1901－0041469　240709
願學集八卷　(明)鄒元標撰　清乾隆十二年(1747)吉水鄒氏刻鄒忠介公全集本　六册

360000－1901－0041470　240710
願學集八卷　(明)鄒元標撰　清乾隆十二年(1747)吉水鄒氏刻鄒忠介公全集本　六册

360000－1901－0041471　412848
願學集會課鈔不分卷　(清)□□輯　清抄本　一册

360000－1901－0041472　301621
約兵指南十卷　(清)劉福松撰　清光緒十二年(1886)刻本　四册

360000－1901－0041473　409923
約書十二卷　(清)謝階樹撰　清道光二十四年(1844)謝熉、謝煌刻本　四册

360000－1901－0041474　409923－1
約書十二卷　(清)謝階樹撰　清道光二十四年(1844)謝熉、謝煌刻本　一册　存三卷(一至三)

360000－1901－0041475　121702
約書十二卷　(清)謝階樹撰　清道光二十四年(1844)宜黄謝氏刻本　四册

360000－1901－0041476　121257
約書十二卷　(清)謝階樹撰　清光緒二十八年(1902)杜璘光刻知聖教齋叢書本　四册

360000－1901－0041477　121258
約書十二卷　(清)謝階樹撰　清光緒二十八

年(1902)杜璘光刻知聖教齋叢書本　四冊

360000－1901－0041478　121487
約書十二卷　(清)謝階樹撰　清光緒二十八年(1902)杜璘光刻知聖教齋叢書本　四冊

360000－1901－0041479　121703
約書十二卷　(清)謝階樹撰　清光緒二十八年(1902)杜璘光刻知聖教齋叢書本　四冊

360000－1901－0041480　409919
約書十二卷　(清)謝階樹撰　清光緒二十八年(1902)杜璘光刻知聖教齋叢書本　四冊

360000－1901－0041481　409920
約書十二卷　(清)謝階樹撰　清光緒二十八年(1902)杜璘光刻知聖教齋叢書本　四冊

360000－1901－0041482　409921
約書十二卷　(清)謝階樹撰　清光緒二十八年(1902)杜璘光刻知聖教齋叢書本　二冊　存六卷(四至六、十至十二)

360000－1901－0041483　409921－1
約書十二卷　(清)謝階樹撰　清光緒二十八年(1902)杜璘光刻知聖教齋叢書本　一冊　存三卷(十至十二)

360000－1901－0041484　409921－2
約書十二卷　(清)謝階樹撰　清光緒二十八年(1902)杜璘光刻知聖教齋叢書本　一冊　存三卷(十至十二)

360000－1901－0041485　121255
約園詩存二十四卷附紅杏遺音一卷　(清)宋九芝撰　清道光三十年(1850)刻本　六冊

360000－1901－0041486　121256
約園詩存二十四卷附紅杏遺音一卷　(清)宋九芝撰　清道光三十年(1850)刻本　六冊

360000－1901－0041487　601462
約園詩存二十四卷附紅杏遺音一卷　(清)宋九芝撰　清道光三十年(1850)刻本　四冊　存十七卷(一至四、九至十七、二十二至二十四,紅杏遺音一卷)

360000－1901－0041488　305366
約章成案匯覽甲篇十卷　(清)北洋洋務局輯　清光緒三十一年(1905)上海點石齋石印本　六冊　存六卷(四至九)

360000－1901－0041489　305367
約章成案匯覽甲篇十卷　(清)北洋洋務局輯　清光緒三十一年(1905)上海點石齋石印本　九冊　存九卷(一、三至十)

360000－1901－0041490　301617
約章成案匯覽甲篇十卷乙篇四十二卷　(清)北洋洋務局輯　清光緒三十一年(1905)上海點石齋石印本　四十六冊

360000－1901－0041491　301617－1
約章成案匯覽甲篇十卷乙篇四十二卷　(清)北洋洋務局輯　清光緒三十一年(1905)上海點石齋石印本　二冊　存一卷(乙篇三)

360000－1901－0041492　301624
約章成案匯覽甲篇十卷乙篇四十二卷　(清)北洋洋務局輯　清光緒三十一年(1905)上海點石齋石印本　四十六冊

360000－1901－0041493　401758
約章成案匯覽甲篇十卷乙篇四十二卷　(清)北洋洋務局輯　清光緒三十一年(1905)上海點石齋石印本　二十七冊　存三十卷(甲篇三至四、六至八,乙篇三、八至十五、二十三至二十四、二十六至三十八、四十二)

360000－1901－0041494　902397
約章成案匯覽甲篇十卷乙篇四十二卷　(清)北洋洋務局輯　清光緒三十一年(1905)上海點石齋石印本　十冊　存十卷(約章成案匯覽甲篇十卷)

360000－1901－0041495　305368
約章成案匯覽乙篇四十二卷　(清)北洋洋務局輯　清光緒三十一年(1905)上海點石齋石印本　三冊　存四卷(十、二十三上、三十三至三十四下)

360000－1901－0041496　305369
約章成案匯覽乙篇四十二卷　(清)北洋洋務局輯　清光緒三十一年(1905)上海點石齋石

印本　二十八冊　存三十四卷(一至五、八至十五、十九至二十九、三十三至四十二)

360000－1901－0041497　305370
約章成案匯覽乙篇四十二卷　(清)北洋洋務局輯　清光緒三十一年(1905)上海點石齋石印本　三十四冊　存四十卷(一至二、四至三十八、四十至四十二)

360000－1901－0041498　401759
約章分類輯要三十八卷首一卷　蔡乃煌輯　清光緒二十六年(1900)湖南商務局刻本　二冊　存二卷(六、九)

360000－1901－0041499　401762
約章分類輯要三十八卷首一卷　蔡乃煌輯　清光緒二十七年(1901)上海緯文閣石印本　三十二冊

360000－1901－0041500　305371
約章分類輯要三十八卷首一卷　蔡乃煌輯　清刻本　三冊　存四卷(十至十二、二十七)

360000－1901－0041501　304002
月波洞中記一卷　清刻本　一冊

360000－1901－0041502　303672
月滄文集八卷首一卷　(清)呂璜撰　清道光二十一年(1841)桂林刻本　二冊

360000－1901－0041503　402128
月川府君[王友端]行述一卷　(清)王恩晉(清)王恩咸撰　清咸豐刻本　一冊

360000－1901－0041504　410787
月宮僊度一卷　(清)□□撰　清道光元年(1821)桂香堂刻本　一冊

360000－1901－0041505　150514
月河精舍叢鈔　(清)丁寶書輯　清光緒四年至十二年(1878－1886)苕溪丁氏刻本　三冊　存三種

360000－1901－0041506　802452
月令粹編不分卷　(清)秦嘉謨撰　清光緒婺源程嘉謨抄本　一冊　存辰誕、節候

360000－1901－0041507　304000
月令粹編二十四卷圖說一卷　(清)秦嘉謨撰　清嘉慶十七年(1812)琳琅仙館刻本　八冊

360000－1901－0041508　304001
月令粹編二十四卷圖說一卷　(清)秦嘉謨撰　清嘉慶十七年(1812)琳琅仙館刻本　六冊

360000－1901－0041509　401818
月令粹編二十四卷圖說一卷　(清)秦嘉謨撰　清嘉慶十七年(1812)秦氏琳琅仙館刻本　四冊

360000－1901－0041510　401819
月令粹編二十四卷圖說一卷　(清)秦嘉謨撰　清嘉慶十七年(1812)秦氏琳琅仙館刻本　六冊

360000－1901－0041511　401820
月令粹編二十四卷圖說一卷　(清)秦嘉謨撰　清嘉慶十七年(1812)秦氏琳琅仙館刻本　六冊

360000－1901－0041512　401821
月令粹編二十四卷圖說一卷　(清)秦嘉謨撰　清嘉慶十七年(1812)秦氏琳琅仙館刻本　三冊　存十二卷(一至三、七至十一、二十二至二十四,圖說一卷)

360000－1901－0041513　220533
月令廣義二十四卷首一卷　(明)馮應京撰　明萬曆三十年(1602)刻本　十冊

360000－1901－0041514　220534
月令廣義二十四卷首一卷　(明)馮應京撰　明萬曆三十年(1602)刻本　二冊　存二卷(一、首一卷)

360000－1901－0041515　220537
月令輯要二十四卷首一卷　(清)李光地等輯　清康熙五十五年(1716)內府刻本　十二冊

360000－1901－0041516　401822
月令輯要二十四卷圖說一卷　(清)李光地等輯　清康熙刻本　十三冊　存二十三卷(二至二十四)

360000－1901－0041517　401823

月令輯要二十四卷圖說一卷 (清)李光地等輯 清康熙刻本 六册 存七卷(一、五、七、十六、十九、二十一、二十三)

360000－1901－0041518 401825

月令精鈔二卷附唐虞三代考徵一卷 (清)鄭泰 (清)吳振撰 清康熙三十五年(1696)刻本 一册

360000－1901－0041519 304281

月令七十二候贊一卷 (清)葉志詵撰 清道光三十年(1850)刻本 一册

360000－1901－0041520 303397

月鹿堂文集八卷 (明)張師繹撰 清道光六年(1826)刻本 四册

360000－1901－0041521 230456

月滿樓甄藻錄四卷 (清)顧宗泰撰 清乾隆二十八年(1763)刻本 一册 存三卷(一至三)

360000－1901－0041522 404519

月湄詞四卷 (清)陸求可撰 清康熙休寧孫氏留松閣刻國朝名家詩餘本 一册 存一卷(三)

360000－1901－0041523 320544

月日紀古十二卷 (清)蕭智漢撰 清道光二十八年(1848)經元堂刻本 十 册 存十卷(一至八、十至十二)

360000－1901－0041524 220541

月日紀古十二卷 (清)蕭智漢撰 清乾隆五十九年(1794)刻本 十一册 缺一卷(三)

360000－1901－0041525 401824

月日紀古十二卷 (清)蕭智漢撰 清乾隆五十九年(1794)刻本 一册 存一卷(九)

360000－1901－0041526 163593

月山書堂吟稿一卷 (清)胡元熙撰 清末石印本 一册

360000－1901－0041527 316428

月塘書屋詩存十一卷 (清)楊延亮撰 清同治十二年(1873)嫏嬛別館刻本 二册

360000－1901－0041528 401356

月塘香草集二卷 (清)邢晉咸撰 清光緒十九年(1893)月塘寄廬刻本 一册

360000－1901－0041529 163597

月午樓古詩十九首詳解二卷 (清)饒學斌撰 清光緒二年(1876)刻本 二册

360000－1901－0041530 220436

岳鄂王金陀稡編二十卷首一卷續編八卷拾遺二卷 (宋)岳珂 (清)岳士景編 清乾隆四年(1739)刻本 六册

360000－1901－0041531 800375

岳麓課藝□□卷 (清)李光熙等撰 清抄本 一册 存一卷(二)

360000－1901－0041532 311745

岳廟志畧十卷首一卷 (清)馮培輯 清光緒五年(1879)浙江書局刻本 四册

360000－1901－0041533 311746

岳廟志畧十卷首一卷 (清)馮培輯 清光緒五年(1879)浙江書局刻本 四册

360000－1901－0041534 311744

岳廟志畧十卷首一卷 (清)馮培輯 清嘉慶八年(1803)刻本 四册

360000－1901－0041535 241404

岳石帆先生鑒定四六宙函三十卷 (明)李自榮輯 (明)王世茂注 明天啓六年(1626)蔣時機刻本 一册 存二卷(四至五)

360000－1901－0041536 409931

岳武穆精忠傳六卷六十八回 (明)□□刪訂 (明)鄒元標編訂 清刻本 一册 存三卷(四至六)三十五回(三十四至六十八)

360000－1901－0041537 409931－1

岳武穆精忠傳六卷六十八回 (明)□□刪訂 (明)鄒元標編訂 清刻本 一册 存一卷(六)十二回(五十七至六十八)

360000－1901－0041538 421582

岳武穆精忠傳六卷六十八回 (明)□□刪訂 (明)鄒元標編訂 清刻本 一册 存一卷

(五)十回(四十六至五十五)

360000－1901－0041539　410226
嶽雲詩鈔四卷　(清)朱福田撰　清嘉慶刻本　二册

360000－1901－0041540　161763
岳忠武王初瘞志一卷　(□)□□撰　清光緒元年(1875)刻本　一册

360000－1901－0041541　303928
岳忠武王文集八卷　(宋)岳飛撰　**年譜一卷末一卷**　(清)黄邦寧輯　清道光二十七年(1847)揚州刻本　四册

360000－1901－0041542　315723
岳忠武王文集八卷　(宋)岳飛撰　**年譜一卷末一卷**　(清)黄邦寧輯　清同治十二年(1873)刻新刻諸葛宗岳史四公文集本　四册

360000－1901－0041543　409419
岳忠武王文集八卷　(宋)岳飛撰　**年譜一卷末一卷**　(清)黄邦寧輯　清同治十二年(1873)三原劉質慧刻本　四册

360000－1901－0041544　409420
岳忠武王文集八卷　(宋)岳飛撰　**年譜一卷末一卷**　(清)黄邦寧輯　清同治十二年(1873)三原劉質慧刻本　四册

360000－1901－0041545　901587
悦城龍母廟志二卷附刻一卷　(清)黄應奎輯　清刻本　一册

360000－1901－0041546　162665
悦心集四卷　(清)世宗胤禛輯　清光緒鉛印本　二册

360000－1901－0041547　162664
悦心集四卷　(清)世宗胤禛撰　清雍正四年(1726)刻本　一册

360000－1901－0041548　164113
越風三十卷　(清)商盤輯　清乾隆三十七年(1772)王大治刻嘉慶十六年(1811)徐氏重修本　八册

360000－1901－0041549　405531
越雋新華不分卷　(清)孫德祖　(清)馬毓騏評選　清光緒十一年(1885)刻本　二册

360000－1901－0041550　220265
越絕書十五卷　(漢)袁康撰　(明)鍾惺評　明刻本　一册

360000－1901－0041551　302684
越縵堂駢體文四卷散體文一卷　(清)李慈銘撰　(清)曾之撰編　清光緒二十三年(1897)常熟曾氏刻虛霩居叢書本　二册

360000－1901－0041552　418448
越縵堂駢體文四卷散體文一卷　(清)李慈銘撰　(清)曾之撰編　清光緒二十三年(1897)常熟曾氏刻虛霩居叢書本　四册

360000－1901－0041553　421776
越縵堂駢體文四卷散體文一卷　(清)李慈銘撰　(清)曾之撰編　清光緒二十三年(1897)常熟曾氏刻虛霩居叢書本　四册

360000－1901－0041554　121652
越南地輿圖説六卷首一卷　(清)盛慶紱撰　清光緒九年(1883)求忠堂刻本　二册

360000－1901－0041555　121653
越南地輿圖説六卷首一卷　(清)盛慶紱撰　清光緒九年(1883)求忠堂刻本　二册

360000－1901－0041556　121654
越南地輿圖説六卷首一卷　(清)盛慶紱撰　清光緒九年(1883)求忠堂刻本　四册

360000－1901－0041557　305902
越南輯畧二卷　(清)徐延旭撰　清光緒三年(1877)梧州郡署刻本　一册　存一卷(一)

360000－1901－0041558　302680
越南紀畧一卷　(清)寶清撰　清道光二十二年(1842)廣西省城上十字街湯日新堂刻本　一册

360000－1901－0041559　302681
越女表微録五卷　(清)汪輝祖撰　清乾隆四十五年(1780)刻本　二册

360000－1901－0041560　163548

越諺三卷　(清)范寅輯　清光緒八年(1882)谷應山房刻本　三冊

360000 - 1901 - 0041561　163549
越諺三卷　(清)范寅輯　清光緒八年(1882)谷應山房刻本　三冊

360000 - 1901 - 0041562　303310
越吟新坿一卷附存友作一卷春渚艸堂居士[朱彭年]年譜一卷　(清)朱彭年撰　清光緒二十二年(1896)刻本　一冊

360000 - 1901 - 0041563　123032
越中從政錄一卷　(清)王鳳生撰　清道光刻本　一冊

360000 - 1901 - 0041564　405056
粵東筆記十六卷　(清)李調元輯　清文畲堂刻本　二冊　存六卷(一至六)

360000 - 1901 - 0041565　405559
粵東勦匪紀畧五卷　(清)陳坤撰　(清)鄭洪淮輯錄　清同治十年(1871)刻如不及齋叢書本　一冊　存一卷(三)

360000 - 1901 - 0041566　301489
粵氛紀事十三卷　(清)夏燮撰　清同治八年(1869)刻本　八冊

360000 - 1901 - 0041567　301491
粵氛紀事十三卷　(清)夏燮撰　清同治八年(1869)刻本　六冊

360000 - 1901 - 0041568　309298
粵氛紀事十三卷　(清)夏燮撰　清同治八年(1869)刻本　五冊　存十卷(四至十三)

360000 - 1901 - 0041569　409476
粵氛紀事十三卷　(清)夏燮撰　清同治八年(1869)刻本　八冊

360000 - 1901 - 0041570　220717
粵閩巡視紀略三卷圖一卷　(清)杜臻撰　清康熙三十八年(1699)刻本　三冊

360000 - 1901 - 0041571　305287
粵十三家集　(清)伍崇曜輯　清道光二十年(1840)南海伍氏詩雪軒刻本　九冊　存四種

360000 - 1901 - 0041572　301486
粵西筆述一卷　(清)張祥河輯　清光緒二十二年(1896)刻本　一冊

360000 - 1901 - 0041573　121780
粵西金石畧十五卷　(清)謝啓昆撰　清嘉慶六年(1801)銅鼓亭刻本　四冊

360000 - 1901 - 0041574　121781
粵西金石畧十五卷　(清)謝啓昆撰　清嘉慶六年(1801)銅鼓亭刻本　六冊

360000 - 1901 - 0041575　121782
粵西金石畧十五卷　(清)謝啓昆撰　清嘉慶六年(1801)銅鼓亭刻本　六冊

360000 - 1901 - 0041576　409440
粵西金石畧十五卷　(清)謝啓昆撰　清嘉慶六年(1801)銅鼓亭刻本　四冊

360000 - 1901 - 0041577　601567
粵西金石畧十五卷　(清)謝啓昆撰　清嘉慶六年(1801)銅鼓亭刻本　四冊

360000 - 1901 - 0041578　601568
粵西金石畧十五卷　(清)謝啓昆撰　清嘉慶六年(1801)銅鼓亭刻本　四冊

360000 - 1901 - 0041579　601873
粵西金石畧十五卷　(清)謝啓昆撰　清嘉慶六年(1801)銅鼓亭刻本　六冊

360000 - 1901 - 0041580　150375
粵雅堂叢書　(清)伍崇曜輯　清道光二十九年至光緒十一年(1849 - 1885)南海伍氏刻彙印本　四百七十九冊　存一百八十七種

360000 - 1901 - 0041581　150376
粵雅堂叢書　(清)伍崇曜輯　清道光二十九年至光緒十一年(1849 - 1885)南海伍氏刻彙印本　二百九十二冊

360000 - 1901 - 0041582　150377
粵雅堂叢書　(清)伍崇曜輯　清道光二十九年至光緒十一年(1849 - 1885)南海伍氏刻彙印本　三百冊

360000 - 1901 - 0041583　150378

粵雅堂叢書　(清)伍崇曜輯　清道光二十九年至光緒十一年(1849－1885)南海伍氏刻彙印本　九十一册　存四十九種

360000－1901－0041584　163064
粵雅堂叢書　(清)伍崇曜輯　清道光二十九年至光緒十一年(1849－1885)南海伍氏刻彙印本　十三册　存三種

360000－1901－0041585　410691
粵雅堂叢書　(清)伍崇曜輯　清道光二十九年至光緒十一年(1849－1885)南海伍氏刻彙印本　三十七册　存十五種

360000－1901－0041586　600311
粵雅堂叢書　(清)伍崇曜輯　清道光二十九年至光緒十一年(1849－1885)南海伍氏刻彙印本　二百六十三册　存一百三十四種

360000－1901－0041587　600312
粵雅堂叢書　(清)伍崇曜輯　清道光二十九年至光緒十一年(1849－1885)南海伍氏刻彙印本　四十三册　存二十二種

360000－1901－0041588　600312－1
粵雅堂叢書　(清)伍崇曜輯　清道光二十九年至光緒十一年(1849－1885)南海伍氏刻彙印本　十二册　存十一種

360000－1901－0041589　600312－2
粵雅堂叢書　(清)伍崇曜輯　清道光二十九年至光緒十一年(1849－1885)南海伍氏刻彙印本　四册　存二種

360000－1901－0041590　600312－3
粵雅堂叢書　(清)伍崇曜輯　清道光二十九年至光緒十一年(1849－1885)南海伍氏刻彙印本　六册　存二種

360000－1901－0041591　722004
粵雅堂叢書　(清)伍崇曜輯　清道光二十九年至光緒十一年(1849－1885)南海伍氏刻彙印本　二十一册　存十七種

360000－1901－0041592　722513
粵雅堂叢書　(清)伍崇曜輯　清道光二十九年至光緒十一年(1849－1885)南海伍氏刻彙印本　九册　存九種

360000－1901－0041593　722514
粵雅堂叢書　(清)伍崇曜輯　清道光二十九年至光緒十一年(1849－1885)南海伍氏刻彙印本　六册　存二種

360000－1901－0041594　407765
粵政務實鈔一卷　(清)□□撰　清光緒刻本　一册

360000－1901－0041595　310116
閱藏知津四十四卷總目四卷　(清)釋智旭輯　清光緒十八年(1892)金陵刻經處刻本　十册

360000－1901－0041596　250204
閱史約書　(明)王光魯撰　明崇禎十六年(1643)刻本　二册

360000－1901－0041597　250205
閱史約書　(明)王光魯撰　明崇禎十六年(1643)刻本　一册　存二種

360000－1901－0041598　162824
閱微草堂筆記二十四卷　(清)紀昀撰　清道光二十七年(1847)小蓬萊山館刻本　十二册

360000－1901－0041599　162825
閱微草堂筆記二十四卷　(清)紀昀撰　清道光二十七年(1847)小蓬萊山館刻本　六册　缺十卷(槐西雜志一至四、灤楊續錄一至六)

360000－1901－0041600　417718
閱微草堂筆記二十四卷　(清)紀昀撰　清道光二十七年(1847)小蓬萊山館刻本　八册　存十八卷(灤陽消夏錄一至六、如是我聞一至四、槐西雜志三至四、灤陽續錄一至六)

360000－1901－0041601　308173
閱微草堂筆記二十四卷　(清)紀昀撰　清道光十五年(1835)刻本　九册　存二十一卷(一至十八、二十二至二十四)

360000－1901－0041602　417719
閱微草堂筆記二十四卷　(清)紀昀撰　清光

緒二十四年(1898)宏文閣鉛印本　四册

360000－1901－0041603　417720
閱微草堂筆記二十四卷　(清)紀昀撰　清光緒二十四年(1898)宏文閣鉛印本　四册　存十六卷(灤陽消夏錄一至六、如是我聞一至四、槐西雜志一至二、姑妄聽之二至四、灤陽續錄一)

360000－1901－0041604　162826
閱微草堂筆記二十四卷　(清)紀昀撰　清光緒上海圖書集成局鉛印本　四册

360000－1901－0041605　317329
閱微草堂筆記二十四卷　(清)紀昀撰　清嘉慶二十一年(1816)北平盛氏刻本　十册

360000－1901－0041606　317394
閱微草堂筆記二十四卷　(清)紀昀撰　清嘉慶二十一年(1816)北平盛氏刻本　十册

360000－1901－0041607　417717
閱微草堂筆記二十四卷　(清)紀昀撰　清嘉慶二十一年(1816)北平盛氏刻本　十册

360000－1901－0041608　417715
閱微草堂筆記二十四卷　(清)紀昀撰　清刻本　六册　存十二卷(五至十、十四、十七至二十一)

360000－1901－0041609　417716
閱微草堂筆記二十四卷　(清)紀昀撰　清刻本　三册　存六卷(七至十二)

360000－1901－0041610　417721
閱微草堂筆記二十四卷　(清)紀昀撰　清刻本　八册　存二十卷(灤陽消夏錄一至六、如是我聞一至四、槐西雜志一至四、灤陽續錄一至六)

360000－1901－0041611　802440－1
閱微草堂筆記二十四卷　(清)紀昀撰　清末石印本　一册　存三卷(十八至二十)

360000－1901－0041612　405693
樂邦文類五卷　(宋)釋宗曉輯　清刻本　三册　存三卷(一至二、四)

360000－1901－0041613　720960
樂府標源二卷　(清)汪汲撰輯　清乾隆古愚山房刻古愚老人消夏錄本　一册

360000－1901－0041614　405665
樂府傳聲一卷　(清)徐大椿撰　清乾隆十三年(1748)刻本　一册

360000－1901－0041615　241211
樂府詩集一百卷目錄二卷　(宋)郭茂倩輯　明崇禎海虞毛氏汲古閣刻本　十六册

360000－1901－0041616　241212
樂府詩集一百卷目錄二卷　(宋)郭茂倩輯　明崇禎海虞毛氏汲古閣刻本　十六册

360000－1901－0041617　301309
樂府詩集一百卷目錄二卷　(宋)郭茂倩輯　清光緒元年(1875)湖北崇文書局刻本　十六册

360000－1901－0041618　308548
樂府詩集一百卷目錄二卷　(宋)郭茂倩輯　清光緒元年(1875)湖北崇文書局刻本　八册　存五十八卷(四十三至一百)

360000－1901－0041619　301307
樂府詩集一百卷目錄二卷　(宋)郭茂倩輯　清同治十三年(1874)湖北崇文書局刻本　十六册

360000－1901－0041620　301308
樂府詩集一百卷目錄二卷　(宋)郭茂倩輯　清同治十三年(1874)湖北崇文書局刻本　十六册

360000－1901－0041621　316260
樂府詩集一百卷目錄二卷　(宋)郭茂倩輯　清同治十三年(1874)湖北崇文書局刻本　十六册

360000－1901－0041622　417796
樂府詩集一百卷目錄二卷　(宋)郭茂倩輯　清同治十三年(1874)湖北崇文書局刻本　十六册

360000－1901－0041623　123066

樂府外集琴譜四卷首一卷　(清)汪烜輯　清光緒二十年(1894)刻本　一册

360000 - 1901 - 0041624　410897
樂府外集琴譜四卷首一卷　(清)汪烜輯　清光緒九年(1883)紫陽書院刻本　一册

360000 - 1901 - 0041625　410897 - 1
樂府外集琴譜四卷首一卷　(清)汪烜輯　清光緒九年(1883)紫陽書院刻本　一册

360000 - 1901 - 0041626　410897 - 2
樂府外集琴譜四卷首一卷　(清)汪烜輯　清光緒九年(1883)紫陽書院刻本　一册

360000 - 1901 - 0041627　721884
樂府外集琴譜四卷首一卷　(清)汪烜輯　清光緒九年(1883)紫陽書院刻本　一册

360000 - 1901 - 0041628　404992 - 1
樂府雅詞三卷拾遺二卷　(宋)曾慥輯　清刻詞學叢書本　一册　存一卷(樂府雅詞上)

360000 - 1901 - 0041629　315915
樂府雅詞拾遺二卷　(宋)曾慥輯　清刻詞學叢書本　一册

360000 - 1901 - 0041630　713636
樂府遺聲一卷　(清)汪汲撰　清乾隆古愚山房刻古愚老人消夏錄本　一册

360000 - 1901 - 0041631　161262
樂經律吕通解五卷　(清)汪紱撰　清光緒九年(1883)婺源紫陽書院刻本　一册

360000 - 1901 - 0041632　410890
樂經律吕通解五卷　(清)汪紱撰　清光緒九年(1883)婺源紫陽書院刻本　五册

360000 - 1901 - 0041633　410891
樂經律吕通解五卷　(清)汪紱撰　清光緒九年(1883)婺源紫陽書院刻本　五册

360000 - 1901 - 0041634　410892
樂經律吕通解五卷　(清)汪紱撰　清光緒九年(1883)婺源紫陽書院刻本　五册

360000 - 1901 - 0041635　410893
樂經律吕通解五卷　(清)汪紱撰　清光緒九年(1883)婺源紫陽書院刻本　五册

360000 - 1901 - 0041636　410894
樂經律吕通解五卷　(清)汪紱撰　清光緒九年(1883)婺源紫陽書院刻本　四册　存四卷(一至四)

360000 - 1901 - 0041637　410895
樂經律吕通解五卷　(清)汪紱撰　清光緒九年(1883)婺源紫陽書院刻本　四册　存四卷(一至三、五)

360000 - 1901 - 0041638　410896
樂經律吕通解五卷　(清)汪紱撰　清光緒九年(1883)婺源紫陽書院刻本　三册　存二卷(一、三)

360000 - 1901 - 0041639　721883
樂經律吕通解五卷　(清)汪紱撰　清光緒九年(1883)婺源紫陽書院刻本　五册

360000 - 1901 - 0041640　603850
樂經律吕通解五卷　(清)汪紱撰　清刻本　一册　存一卷(四)

360000 - 1901 - 0041641　403855
樂律表微八卷　(清)胡彦昇撰　清乾隆二十八年(1763)耆學齋刻本　二册　存六卷(三至八)

360000 - 1901 - 0041642　210219
樂律全書　(明)朱載堉撰　明萬曆二十四年(1596)鄭藩刻本　十九册

360000 - 1901 - 0041643　210220
樂律全書　(明)朱載堉撰　明萬曆二十四年(1596)鄭藩刻本　四十七册

360000 - 1901 - 0041644　210221
樂律全書　(明)朱載堉撰　明萬曆二十四年(1596)鄭藩刻本　八册　存五種

360000 - 1901 - 0041645　900102
樂泮堂圖册不分卷　(清)□□輯　清同治十二年(1873)刻本　三册

360000 - 1901 - 0041646　405666

樂潛堂詩二集六卷首一卷　(清)趙函撰　清道光刻本　二册

360000－1901－0041647　301306
樂山集二卷　(清)王崧撰　清嘉慶刻本　二册

360000－1901－0041648　316919－1
樂山堂文鈔八卷詩鈔四卷　(清)曾興仁撰　清道光二十年(1840)刻本　二册

360000－1901－0041649　416675
樂善録一卷　(宋)李昌齡撰　**厚德録一卷**　(宋)李元綱撰　清光緒九年(1883)刻本　一册

360000－1901－0041650　305225
樂善堂全集定本三十卷　(清)高宗弘曆撰　清刻本　一册　存二卷(二十三至二十四)

360000－1901－0041651　315584
樂善堂全集定本三十卷　(清)高宗弘曆撰　清乾隆二十三年(1758)刻本　一册　存目録

360000－1901－0041652　410134
樂善堂全集定本三十卷　(清)高宗弘曆撰　清乾隆二十三年(1758)刻本　七册

360000－1901－0041653　410135
樂善堂全集定本三十卷　(清)高宗弘曆撰　清乾隆二十三年(1758)刻本　六册　存十八卷(十三至三十)

360000－1901－0041654　410136
樂善堂全集定本三十卷　(清)高宗弘曆撰　清乾隆二十三年(1758)刻本　九册　存十四卷(三至十、十五至十六、十九至二十二)

360000－1901－0041655　410133
樂善堂全集四十卷目録四卷　(清)高宗弘曆撰　清乾隆二年(1737)武英殿刻本　五册　存八卷(一至六、目録三至四)

360000－1901－0041656　801040
樂善堂全集四十卷目録四卷　(清)高宗弘曆撰　清乾隆刻本　四册　存八卷(二十三至二十四、二十七至三十二)

360000－1901－0041657　900108
樂英堂補册一卷　(清)□□輯　清同治六年(1867)刻本　一册

360000－1901－0041658　900109
樂英堂補册一卷　(清)□□輯　清同治六年(1867)刻本　一册

360000－1901－0041659　900105
樂英堂圖册不分卷　(清)□□輯　清同治元年(1862)刻本　二册

360000－1901－0041660　900105－1
樂英堂圖册不分卷　(清)□□輯　清同治元年(1862)刻本　三册

360000－1901－0041661　900106
樂英堂圖册不分卷　(清)□□輯　清同治元年(1862)刻本　三册

360000－1901－0041662　900107
樂英堂續捐圖册一卷　(清)□□輯　清光緒十三年(1887)刻本　一册

360000－1901－0041663　241478
樂遊聯唱集二卷　(清)畢沅輯　清乾隆四十七年(1782)刻本　一册

360000－1901－0041664　163204
樂餘静廉齋詩稿初集一卷二集一卷　(清)顧復初撰　清同治六年(1867)刻本　二册

360000－1901－0041665　405426
樂餘静廉齋文稿一卷　(清)顧復初撰　清同治六年(1867)刻本　一册

360000－1901－0041666　240933
樂餘園百一偶存集三十二卷　(清)鄒山撰　清乾隆四年(1739)樂餘園刻本　八册

360000－1901－0041667　901412
樂育堂課草不分卷　(清)范鎔經撰　清道光二十五年(1845)英德堂刻本　四册

360000－1901－0041668　163203
樂園文鈔八卷詩集六卷　(清)嚴如熤撰　清道光二十四年(1844)刻本　四册

360000－1901－0041669　301312
樂章集校勘記一卷補遺一卷逸詞一卷　繆荃孫撰　清刻本　一冊

360000－1901－0041670　405664
樂章集一卷　（宋）柳永撰　清光緒二十七年（1901）海豐吳氏刻本　一冊

360000－1901－0041671　122271
樂知堂詩集□□卷　（清）袁潛撰　清光緒十年（1884）刻本　一冊　存一卷（一）

360000－1901－0041672　305224
樂至堂文略四卷　（清）譚瑩撰　清刻本　一冊　存二卷（一至二）

360000－1901－0041673　404791
躍劍山房較刻啟彙函□□卷　（明）張一中選注　明躍劍山房刻本　一冊　存四卷（一至四）

360000－1901－0041674　406563
芸窗易草四卷　（清）閻斌撰　清同治十二年（1873）刻本　三冊　存三卷（二至四）

360000－1901－0041675　901625
芸館試律鈔一卷　（清）潘世恩輯　清嘉慶五年（1800）刻本　一冊

360000－1901－0041676　901626
芸館試律續鈔二卷補鈔一卷　（清）潘世恩輯　清刻本　一冊　存二卷（芸館試律續鈔二、補鈔一卷）

360000－1901－0041677　120851
芸海閣文集不分卷　（清）吳覺撰　清同治八年（1869）梅雪草堂刻本　五冊

360000－1901－0041678　123072
芸輝堂賦稿二卷　（清）程烈光撰　清刻本　一冊

360000－1901－0041679　413881
芸輝堂賦稿二卷　（清）程烈光撰　清刻本　二冊

360000－1901－0041680　413881－1
芸輝堂賦稿二卷　（清）程烈光撰　清刻本　一冊　存一卷（二）

360000－1901－0041681　123071
芸輝堂詩集四卷　（清）程烈光撰　清道光二十二年（1842）刻本　一冊　存二卷（三至四）

360000－1901－0041682　413877
芸輝堂詩集四卷　（清）程烈光撰　清道光二十七年（1847）刻本　二冊

360000－1901－0041683　413878
芸輝堂詩集四卷　（清）程烈光撰　清道光二十七年（1847）刻本　二冊

360000－1901－0041684　413879
芸輝堂詩集四卷　（清）程烈光撰　清道光二十七年（1847）刻本　二冊

360000－1901－0041685　413880
芸輝堂詩集四卷　（清）程烈光撰　清道光二十七年（1847）刻本　二冊

360000－1901－0041686　123070
芸輝堂文集二卷　（清）程烈光撰　清道光二十二年（1842）刻本　二冊

360000－1901－0041687　601748
芸輝堂文集二卷　（清）程烈光撰　清道光二十二年（1842）刻本　一冊　存一卷（一）

360000－1901－0041688　711742
芸經樓綱鑑易知錄九十二卷明鑑易知錄十五卷　（清）吳乘權等輯　清刻本　一冊　存三卷（芸經樓綱鑑易知錄七十八至八十）

360000－1901－0041689　411766
芸居樓綱鑑易知錄九十二卷明鑑易知錄十五卷　（清）吳乘權等輯　清光緒四年（1878）芸居樓刻本　五十冊

360000－1901－0041690　220305
芸圃史略標題不分卷　（清）□□撰　清抄本　六冊

360000－1901－0041691　403300－1
芸生堂四書體註合講十九卷　（清）翁復編　清道光十六年（1836）芸生堂刻本　五冊　存十四卷（大學一、中庸一、論語六至十、孟子一

至七）

360000－1901－0041692　403301
芸生堂四書體註合講十九卷　（清）翁復編　清道光十六年（1836）芸生堂刻本　六冊

360000－1901－0041693　804801
芸香閣詩□□卷　（□）□□輯　清抄本　一冊　存一卷（二）

360000－1901－0041694　401950
芸香館重刊正字略一卷補編一卷　（清）王筠撰　清道光二十九年（1849）粵東楊正文堂刻本　一冊

360000－1901－0041695　802205
雲程畢備十卷　（清）望棵道人輯　清末石印本　九冊　存九卷（二至十）

360000－1901－0041696　902180
雲程堂冊不分卷　（清）□□輯　清光緒九年（1883）薦裡雲程堂刻本　一冊

360000－1901－0041697　800300
雲川義倉貳號滾存正簿不分卷（清咸豐八年至光緒十年）　（清）雲川義倉貳號管理輯　稿本　一冊

360000－1901－0041698　803429
雲川義倉印言不分卷　（□）□□輯　清抄本　一冊

360000－1901－0041699　304865
雲舫文稿一卷　（清）□□撰　稿本　一冊

360000－1901－0041700　405450
雲峰胡先生文集十卷　（元）胡炳文撰　清刻本　一冊　存六卷（五至十）

360000－1901－0041701　902187－1
雲公墳山印信不分卷　（清）□□編　清光緒四年（1878）王敘倫堂刻本　一冊

360000－1901－0041702　902187
雲公墳山印信不分卷　（清）□□編　清刻本　八冊

360000－1901－0041703　230408
雲谷雜紀四卷首一卷末一卷　（宋）張淏撰　清乾隆武英殿木活字印武英殿聚珍版書本　二冊

360000－1901－0041704　121648
雲錦集十卷首一卷末一卷　（清）彭銓撰　清道光二十一年（1841）古香閣刻本　四冊

360000－1901－0041705　410970
雲錦集十卷首一卷末一卷　（清）彭銓撰　清刻本　五冊　存八卷（三至十）

360000－1901－0041706　413071
龍川先生詩鈔一卷　（清）李光炘撰　清光緒三十三年（1907）鉛印佚叢甲集本　一冊

360000－1901－0041707　163518
雲林別墅繪像妥注第六才子書六卷首一卷附醉心篇一卷　（元）王德信撰　（清）金人瑞評　（清）鄒聖脈注　清刻本　六冊

360000－1901－0041708　404040
龍文鞭影二卷　（明）蕭良有撰　（清）楊臣諍增訂　清刻本　二冊

360000－1901－0041709　421505
雲林別墅繪像妥註第六才子書六卷　（元）王德信撰　（清）金人瑞評　（清）鄒聖脈注　清刻本　五冊

360000－1901－0041710　421506
雲林別墅繪像妥註第六才子書六卷　（元）王德信撰　（清）金人瑞評　（清）鄒聖脈注　清刻本　三冊　存四卷（一、三、五至六）

360000－1901－0041711　801263
雲林別墅繪像妥註第六才子書六卷　（元）王德信撰　（清）金人瑞評　（清）鄒聖脈注　清刻本　二冊　存三卷（一、五至六）

360000－1901－0041712　801263－1
雲林別墅繪像妥註第六才子書六卷　（元）王德信撰　（清）金人瑞評　（清）鄒聖脈注　清刻本　一冊　存一卷（四）

360000－1901－0041713　801264
雲林別墅繪像妥註第六才子書六卷　（元）王

德信撰　(清)金人瑞評　(清)鄒聖脈注　清刻本　一冊　存四卷(三至六)

360000－1901－0041714　801265
雲林別墅繪像妥註第六才子書六卷　(元)王德信撰　(清)金人瑞評　(清)鄒聖脈注　清刻本　一冊　存二卷(二至三)

360000－1901－0041715　802839
雲林別墅繪像妥註第六才子書六卷　(元)王德信撰　(清)金人瑞評　(清)鄒聖脈注　清刻本　三冊　存二卷(二至三)

360000－1901－0041716　802839－1
雲林別墅繪像妥註第六才子書六卷　(元)王德信撰　(清)金人瑞評　(清)鄒聖脈注　清刻本　三冊　存五卷(一至三、五至六)

360000－1901－0041717　803514
雲林別墅繪像妥註第六才子書六卷　(元)王德信撰　(清)金人瑞評　(清)鄒聖脈注　清刻本　一冊　存一卷(三)

360000－1901－0041718　900954
雲林別墅繪像妥註第六才子書六卷　(元)王德信撰　(清)金人瑞評　(清)鄒聖脈注　清刻本　一冊　存一卷(四)

360000－1901－0041719　800236
雲林別墅繪像妥註第六才子書六卷　(元)王德信撰　(清)金人瑞評　(清)鄒聖脈注　清同治元年(1862)寶文堂刻本　六冊

360000－1901－0041720　421497
雲林別墅繪像妥註第六才子書六卷首一卷　(元)王德信撰　(清)金人瑞評　(清)鄒聖脈注　清道光八年(1828)刻本　三冊

360000－1901－0041721　800797
雲林別墅繪像妥註第六才子書六卷首一卷　(元)王德信撰　(清)金人瑞評　(清)鄒聖脈注　清刻本　三冊

360000－1901－0041722　241583
雲林別墅繪像妥註第六才子書六卷首一卷　(元)王德信撰　(清)金人瑞評　(清)鄒聖脈注　清乾隆刻本　六冊

360000－1901－0041723　800804
雲林別墅新輯酬世錦囊採輯新聯二卷　(清)鄒景揚輯　清刻本　二冊

360000－1901－0041724　800424
雲林別墅新輯酬世錦囊初集八卷　(清)鄒景揚輯　清刻本　二冊　存四卷(一至四)

360000－1901－0041725　800419
雲林別墅新輯酬世錦囊初集八卷二集七卷　(清)鄒景揚輯　清刻本　三冊　存六卷(初集一至二、七至八,二集五至六)

360000－1901－0041726　800420
雲林別墅新輯酬世錦囊初集八卷二集七卷　(清)鄒景揚輯　清刻本　四冊　存七卷(初集五至八,二集三至四、七)

360000－1901－0041727　800803
雲林別墅新輯酬世錦囊二集七卷　(清)鄒景揚輯　清刻本　一冊　存二卷(一至二)

360000－1901－0041728　801285
雲林別墅新輯酬世錦囊二集七卷　(清)鄒景揚輯　清刻本　一冊　存五卷(三至七)

360000－1901－0041729　416764
雲林別墅新輯酬世錦囊家禮集成二集七卷　(清)鄒景揚輯　清刻本　一冊　存三卷(一至三)

360000－1901－0041730　902477
雲林別墅新輯酬世錦囊家禮集成二集七卷　(清)鄒景揚輯　清刻本　一冊　存三卷(一至三)

360000－1901－0041731　800717
雲林別墅新輯酬世錦囊全集十九卷　(清)鄒景揚輯　清大文堂刻本　六冊　存十三卷(初集一至二、五至八,二集一至七)

360000－1901－0041732　402774
雲林別墅新輯酬世錦囊全集十九卷　(清)鄒景揚輯　清光緒二十六年(1900)鴻寶齋石印本　五冊　缺三卷(二集五至七)

360000－1901－0041733　402774－1
雲林別墅新輯酬世錦囊全集十九卷　(清)鄒景揚輯　清光緒二十六年(1900)鴻寶齋石印本　二册　存八卷(初集五至八、二集一至四)

360000－1901－0041734　800720
雲林別墅新輯酬世錦囊全集十九卷　(清)鄒景揚輯　清光緒二十年(1894)鴻寶齋石印本　三册　存九卷(初集一至四、二集五至七、三集一至二)

360000－1901－0041735　800725
雲林別墅新輯酬世錦囊全集十九卷　(清)鄒景揚輯　清光緒三十二年(1906)鉛印本　一册　存四卷(初集一至四)

360000－1901－0041736　402771
雲林別墅新輯酬世錦囊全集十九卷　(清)鄒景揚輯　清刻本　八册

360000－1901－0041737　402772
雲林別墅新輯酬世錦囊全集十九卷　(清)鄒景揚輯　清刻本　十册

360000－1901－0041738　402773
雲林別墅新輯酬世錦囊全集十九卷　(清)鄒景揚輯　清刻本　十册

360000－1901－0041739　800421
雲林別墅新輯酬世錦囊全集十九卷　(清)鄒景揚輯　清刻本　三册　存六卷(初集三至四、七至八,四集一至二)

360000－1901－0041740　800422
雲林別墅新輯酬世錦囊全集十九卷　(清)鄒景揚輯　清刻本　二册　存六卷(二集一至四、四集一至二)

360000－1901－0041741　800423
雲林別墅新輯酬世錦囊全集十九卷　(清)鄒景揚輯　清刻本　一册　存二卷(四集一至二)

360000－1901－0041742　800715
雲林別墅新輯酬世錦囊全集十九卷　(清)鄒景揚輯　清刻本　四册　存十六卷(初集一至八、二集三至七、三集一至二、四集一)

360000－1901－0041743　800716
雲林別墅新輯酬世錦囊全集十九卷　(清)鄒景揚輯　清刻本　五册　存九卷(初集一至二、五至八,二集七,三集一至二)

360000－1901－0041744　800718
雲林別墅新輯酬世錦囊全集十九卷　(清)鄒景揚輯　清刻本　五册　存十一卷(二集一至七、三集一至二、四集一至二)

360000－1901－0041745　800719
雲林別墅新輯酬世錦囊全集十九卷　(清)鄒景揚輯　清刻本　二册　存五卷(初集一至五)

360000－1901－0041746　800722
雲林別墅新輯酬世錦囊全集十九卷　(清)鄒景揚輯　清刻本　三册　存七卷(初集五至六,二集一至三、七,三集一)

360000－1901－0041747　800723
雲林別墅新輯酬世錦囊全集十九卷　(清)鄒景揚輯　清刻本　一册　存三卷(二集一至三)

360000－1901－0041748　800724
雲林別墅新輯酬世錦囊全集十九卷　(清)鄒景揚輯　清刻本　一册　存二卷(初集七至八)

360000－1901－0041749　800724－1
雲林別墅新輯酬世錦囊全集十九卷　(清)鄒景揚輯　清刻本　一册　存一卷(初集八)

360000－1901－0041750　800735
雲林別墅新輯酬世錦囊全集十九卷　(清)鄒景揚輯　清刻本　一册　存四卷(二集一至四)

360000－1901－0041751　800736
雲林別墅新輯酬世錦囊全集十九卷　(清)鄒景揚輯　清刻本　二册　存三卷(初集八、二集一至二)

360000－1901－0041752　800737
雲林別墅新輯酬世錦囊全集十九卷　(清)鄒景揚輯　清刻本　一冊　存二卷(二集五至六)

360000－1901－0041753　800737－1
雲林別墅新輯酬世錦囊全集十九卷　(清)鄒景揚輯　清刻本　一冊　存一卷(二集六)

360000－1901－0041754　800738
雲林別墅新輯酬世錦囊全集十九卷　(清)鄒景揚輯　清刻本　一冊　存二卷(三集一至二)

360000－1901－0041755　800739
雲林別墅新輯酬世錦囊全集十九卷　(清)鄒景揚輯　清刻本　一冊　存二卷(二集五至六)

360000－1901－0041756　800740
雲林別墅新輯酬世錦囊全集十九卷　(清)鄒景揚輯　清刻本　二冊　存四卷(初集五至六、二集三至四)

360000－1901－0041757　800741
雲林別墅新輯酬世錦囊全集十九卷　(清)鄒景揚輯　清刻本　一冊　存二卷(三集一至二)

360000－1901－0041758　800742
雲林別墅新輯酬世錦囊全集十九卷　(清)鄒景揚輯　清刻本　二冊　存三卷(二集三至四、七)

360000－1901－0041759　405948
雲林別墅新輯酬世錦囊全集十九卷　(清)鄒景揚輯　清末石印本　六冊

360000－1901－0041760　800721
雲林別墅新輯酬世錦囊全集十九卷　(清)鄒景揚輯　清末石印本　三冊　存六卷(初集七至八、三集一至二、四集一至二)

360000－1901－0041761　800806
雲林別墅新輯酬世錦囊全集十九卷　(清)鄒景揚輯　清末石印本　二冊　存七卷(初集五至八、二集五至七)

360000－1901－0041762　902514
雲林別墅新輯酬世錦囊全集十九卷　(清)鄒景揚輯　清末石印本　一冊　存四卷(初集一至四)

360000－1901－0041763　800805
雲林別墅新輯酬世錦囊三集二卷　(清)鄒景揚輯　清刻本　一冊

360000－1901－0041764　804800
雲林別墅新輯酬世錦囊三集二卷　(清)鄒景揚輯　清刻本　一冊

360000－1901－0041765　162941
雲林別墅新輯酬世錦囊書啓合編初集八卷二集七卷　(清)鄒景揚輯　清乾隆三十六年(1771)刻本　四冊

360000－1901－0041766　412786
雲林別墅新輯酬世錦囊帖式三集二卷　(清)謝梅林選　(清)鄒可庭輯　清末上海普益書局石印本　一冊

360000－1901－0041767　800727－2
雲林別墅纂輯酬世錦囊稱呼帖式續編三卷　(清)鄒景揚輯　清刻本　一冊

360000－1901－0041768　800728
雲林別墅纂輯酬世錦囊稱呼帖式續編三卷天下路程續編二卷　(清)鄒景揚輯　清刻本　二冊　存四卷(雲林別墅纂輯酬世錦囊稱呼帖式續編三卷、天下路程續編一)

360000－1901－0041769　800726－4
雲林別墅纂輯酬世錦囊對聯雋句續編五卷　(清)鄒景揚輯　清刻本　一冊

360000－1901－0041770　800726
雲林別墅纂輯酬世錦囊書啟續編四卷　(清)鄒景揚輯　清光緒二年(1876)勤思堂刻本　一冊　存二卷(一至二)

360000－1901－0041771　800726－1
雲林別墅纂輯酬世錦囊書啟續編四卷　(清)鄒景揚輯　清刻本　一冊　存一卷(三)

360000－1901－0041772　800734
雲林別墅纂輯酬世錦囊書啟續編四卷家禮纂要續編五卷對聯雋句續編五卷　（清）鄒景揚輯　清刻本　四冊　存九卷（雲林別墅纂輯酬世錦囊書啟續編一至二、家禮纂要續編四至五、對聯雋句續編五卷）

360000－1901－0041773　800729
雲林別墅纂輯酬世錦囊天下路程續編二卷　（清）鄒景揚輯　清刻本　一冊

360000－1901－0041774　800730
雲林別墅纂輯酬世錦囊天下路程續編二卷　（清）鄒景揚輯　清刻本　一冊

360000－1901－0041775　800731
雲林別墅纂輯酬世錦囊天下路程續編二卷　（清）鄒景揚輯　清刻本　一冊

360000－1901－0041776　800732
雲林別墅纂輯酬世錦囊天下路程續編二卷　（清）鄒景揚輯　清刻本　一冊

360000－1901－0041777　800733
雲林別墅纂輯酬世錦囊天下路程續編二卷　（清）鄒景揚輯　清刻本　一冊

360000－1901－0041778　800726－3
雲林別墅纂輯酬世錦囊天下路程續編二卷稱呼帖式續編三卷　（清）鄒景揚輯　清刻本　一冊

360000－1901－0041779　300910
雲南風土紀事詩一卷　（清）彭崧毓撰並注　清同治刻本　一冊

360000－1901－0041780　420152
雲南勘界籌邊記二卷　姚文棟撰　清光緒二十三年（1897）湖南新學書局刻本　一冊

360000－1901－0041781　404668
雲蕡酬唱集一卷　（清）葉蘭生　（清）伊佐圻輯　清道光二十八年（1848）刻本　一冊

360000－1901－0041782　717792
雲棲法彙　（明）釋袾宏輯　明萬曆刻本　十五冊　存十六種

360000－1901－0041783　707492
雲棲法彙　（明）釋袾宏輯　清刻本　八冊　存六種

360000－1901－0041784　412718
雲氣占候二卷　（清）汪宗沂撰　清光緒桐廬袁氏刻漸西村舍彙刊本　一冊

360000－1901－0041785　417355
雲氣占候二卷　（清）汪宗沂撰　清光緒桐廬袁氏刻漸西村舍彙刊本　一冊

360000－1901－0041786　121649
雲樵詩稿注釋八卷首一卷末一卷　（元）韓璧撰　（清）王朝瑞注釋　清嘉慶十九年（1814）尺木山房刻本　四冊

360000－1901－0041787　220735
雲臺山志八卷首一卷末一卷　（清）崔應階輯　清乾隆三十七年（1772）研露樓刻本　二冊

360000－1901－0041788　121650
雲巖采藥山人詩草五卷　（清）徐啓運撰　清同治三年（1864）刻本　二冊

360000－1901－0041789　300908
雲陽集四卷　（元）李祁撰　清嘉慶十九年（1814）茶陵劉之屏刻本　四冊

360000－1901－0041790　404667
雲樣集八卷　（清）高陳謨編　清嘉慶刻本　二冊　存四卷（一至四）

360000－1901－0041791　404666
雲樣集八卷　（清）高陳謨編　清嘉慶六年（1801）四友堂刻本　一冊　存四卷（一至四）

360000－1901－0041792　404666－1
雲樣集八卷　（清）高陳謨編　清刻本　三冊　存六卷（三至八）

360000－1901－0041793　805096
雲樣集八卷　（清）高陳謨編　清刻本　一冊　存一卷（一）

360000－1901－0041794　150357
雲自在龕叢書　繆荃孫輯　清光緒江陰繆氏刻本　二十一冊　存十八種

360000－1901－0041795　150358
雲自在龕叢書　繆荃孫輯　清光緒江陰繆氏刻本　八冊　存九種

360000－1901－0041796　313167
雲自在龕叢書　繆荃孫輯　清光緒江陰繆氏刻本　一冊　存二種

360000－1901－0041797　304171
篔谷詩鈔二十卷文鈔十二卷　(清)查揆撰　清道光十五年(1835)菽原堂刻本　十冊

360000－1901－0041798　304476
惲子居文鈔四卷　(清)惲敬撰　清宣統元年(1909)國學扶輪社石印本　四冊

360000－1901－0041799　705430
運漕遍覽編句一卷節省附錄一卷　(清)張賁園編　清嘉慶八年至道光二十六年(1803－1846)孝友堂刻本　一冊

360000－1901－0041800　312710
運瀆橋道小志一卷　陳作霖撰　清光緒十年(1884)江寧陳氏可園刻金陵瑣志五種本　一冊

360000－1901－0041801　401713
運規約指三卷　(英國)白起德輯　(英國)傅蘭雅譯　(清)徐建寅筆述　清光緒二十六年(1900)香港文運書局石印本　一冊

360000－1901－0041802　401713－1
運規約指三卷　(英國)白起德輯　(英國)傅蘭雅譯　(清)徐建寅筆述　清光緒江南製造總局刻本　一冊

360000－1901－0041803　220723
運河紀略□□卷　(清)孫步瀛編　(清)張世清訂　清抄本　一冊　存一卷(四)

360000－1901－0041804　303052
韞山堂詩集十六卷　(清)管世銘撰　清光緒二十年(1894)刻本　三冊

360000－1901－0041805　303053
韞山堂詩集十六卷　(清)管世銘撰　清光緒二十年(1894)刻本　三冊

360000－1901－0041806　315798
韞山堂詩集十六卷文集八卷　(清)管世銘撰　清光緒二十年(1894)刻本　五冊

360000－1901－0041807　805393
韞山堂時文初集一卷二集二卷三集一卷　(清)管世銘撰　清光緒十四年(1888)刻本　二冊

360000－1901－0041808　303054
韞山堂時文初集一卷二集二卷三集一卷　(清)管世銘撰　清光緒十五年(1889)雲陽刻本　四冊

360000－1901－0041809　900466
韞山堂時文初集一卷二集二卷三集一卷　(清)管世銘撰　清刻本　二冊　存二卷(二集二卷)

360000－1901－0041810　900466－1
韞山堂時文初集一卷二集二卷三集一卷　(清)管世銘撰　清刻本　二冊　存二卷(二集二、三集一卷)

360000－1901－0041811　900467
韞山堂時文初集一卷二集二卷三集一卷　(清)管世銘撰　清刻本　三冊　存三卷(韞山堂時文初集一卷、二集二、三集一卷)

360000－1901－0041812　900435
韞山堂時文初集一卷二集一卷三集一卷　(清)管世銘撰　清光緒二十年(1894)上海文盛堂石印本　四冊

360000－1901－0041813　900462
韞山堂時文初集一卷二集一卷三集一卷　(清)管世銘撰　清刻本　一冊　存一卷(三集一卷)

360000－1901－0041814　900436
韞山堂時文初集一卷二集一卷三集一卷　(清)管世銘撰　清末石印本　一冊　存二卷(韞山堂時文初集一卷、二集一卷)

360000－1901－0041815　409777
韞山堂文集八卷　(清)管世銘撰　清光緒十

七年(1891)刻本　四冊

360000－1901－0041816　800283
韞山堂選本不分卷　(清)管世銘撰　清抄本　一冊

360000－1901－0041817　161345
韻辨附文五卷　(清)沈兆霖輯　清道光二十三年(1843)刻本　五冊

360000－1901－0041818　161346
韻辨附文五卷　(清)沈兆霖輯　清同治十二年(1873)刻本　五冊

360000－1901－0041819　415247
韻辨附文五卷　(清)沈兆霖輯　清同治十三年(1874)黔陽官署刻本　六冊

360000－1901－0041820　415227
韻辨摘要一卷　(清)徐鄘輯　清同治七年(1868)刻本　一冊

360000－1901－0041821　415227－1
韻辨摘要一卷　(清)徐鄘輯　清同治七年(1868)刻本　一冊

360000－1901－0041822　210455
韻補五卷　(宋)吳棫撰　明刻本　五冊　缺一卷(五)

360000－1901－0041823　304711
韻典析疑六卷　(清)高從龍撰　清刻本　一冊　存一卷(三)

360000－1901－0041824　122597
韻典雜字四卷　(清)劉嶸撰　清嘉慶十三年(1808)刻本　四冊

360000－1901－0041825　802737
韻法横圖一卷　(明)李世澤撰　清抄本　一冊

360000－1901－0041826　161307
韻法横圖一卷　(明)李世澤撰　**韻法直圖一卷**　(明)梅膺祚撰　清刻本　一冊

360000－1901－0041827　406056
韻法横圖一卷　(明)李世澤撰　**韻法直圖一卷**　(明)梅膺祚撰　清刻本　一冊

360000－1901－0041828　406056－1
韻法横圖一卷　(明)李世澤撰　**韻法直圖一卷**　(明)梅膺祚撰　清刻本　一冊

360000－1901－0041829　406056－2
韻法横圖一卷　(明)李世澤撰　**韻法直圖一卷**　(明)梅膺祚撰　清刻本　一冊

360000－1901－0041830　406056－3
韻法横圖一卷　(明)李世澤撰　**韻法直圖一卷**　(明)梅膺祚撰　清刻本　一冊

360000－1901－0041831　801451
韻法一卷　(□)□□撰　清抄本　一冊

360000－1901－0041832　802089
韻法一卷　(□)□□撰　清抄本　一冊

360000－1901－0041833　415224
韻府對語四卷　(清)馬俊良輯　清經國堂刻本　二冊

360000－1901－0041834　415225
韻府對語四卷　(清)馬俊良輯　**聞孝女詩鈔一卷**　(清)聞璞輯　清刻本　二冊

360000－1901－0041835　162896
韻府鉤沈五卷　(清)雷濬撰　清光緒十三年(1887)刻雷刻八種本　二冊

360000－1901－0041836　162897
韻府鉤沈五卷　(清)雷濬撰　清光緒十三年(1887)刻雷刻八種本　三冊

360000－1901－0041837　722104
韻府羣玉二十卷　(元)陰時夫輯　(元)陰中夫注　清刻本　六冊　存十二卷(九至二十)

360000－1901－0041838　413453
韻府拾遺一百六卷　(清)汪灝　(清)何焯等輯　清刻本　十九冊　存一百卷(一至一百)

360000－1901－0041839　415339
韻府拾遺一百六卷　(清)汪灝　(清)何焯等輯　清刻本　九冊　存二十六卷(五至七、七十一至七十八、九十至九十八、一百一至一百

六）

360000－1901－0041840　603387－3
韻府拾遺一百六卷　（清）汪灝　（清）何焯等輯　清末石印本　十册

360000－1901－0041841　415226
韻府一隅十六卷　（清）顔懋功輯　清嘉慶八年（1803）雲留堂刻本　四册　存十卷（一至八、十三至十四）

360000－1901－0041842　162903
韻府一隅十六卷　（清）顔懋功輯　清嘉慶九年（1804）蘇州閶門外上塘街譚一夔刻本　六册

360000－1901－0041843　413066
韻府一隅十六卷　（清）顔懋功輯　清刻本　一册　存二卷（十一至十二）

360000－1901－0041844　415263
韻府約編二十四卷　（清）鄧愷輯　清聚學堂刻本　二十四册

360000－1901－0041845　415264
韻府約編二十四卷　（清）鄧愷輯　清聚學堂刻本　二十三册　存二十三卷（二至二十四）

360000－1901－0041846　415258
韻府約編二十四卷　（清）鄧愷輯　清刻本　二十二册

360000－1901－0041847　415259
韻府約編二十四卷　（清）鄧愷輯　清刻本　二十一册

360000－1901－0041848　415260
韻府約編二十四卷　（清）鄧愷輯　清刻本　二十册　存二十卷（一至十、十三至十五、十八至二十四）

360000－1901－0041849　415261
韻府約編二十四卷　（清）鄧愷輯　清刻本　二十四册

360000－1901－0041850　415262
韻府約編二十四卷　（清）鄧愷輯　清刻本　十七册　存二十二卷（一至五、七至二十一、二十三至二十四）

360000－1901－0041851　415265
韻府約編二十四卷　（清）鄧愷輯　清刻本　九册　存八卷（五至七、十八至十九、二十一至二十三）

360000－1901－0041852　415265－1
韻府約編二十四卷　（清）鄧愷輯　清刻本　三册　存四卷（六至七、二十三至二十四）

360000－1901－0041853　415265－2
韻府約編二十四卷　（清）鄧愷輯　清刻本　一册　存二卷（二十三至二十四）

360000－1901－0041854　415266
韻府約編二十四卷　（清）鄧愷輯　清刻本　十一册　存二十卷（三至八、十至十五、十七至二十四）

360000－1901－0041855　415267
韻府約編二十四卷　（清）鄧愷輯　清刻本　十七册　存十六卷（四至八、十、十三至十四、十七至二十四）

360000－1901－0041856　415268
韻府約編二十四卷　（清）鄧愷輯　清刻本　十九册　存十八卷（二、四至十、十三至十四、十七至二十四）

360000－1901－0041857　713447
韻府約編二十四卷　（清）鄧愷輯　清刻本　二册　存二卷（一、三）

360000－1901－0041858　308301
韻海大全　（清）仁壽室主人輯　清光緒十二年（1886）上海積山堂石印本　六册

360000－1901－0041859　404811
韻海大全　（清）仁壽室主人輯　清光緒石印本　三册

360000－1901－0041860　412796
韻海鴛鴦十六卷仄聲四十二卷　（清）崔騏輯　清道光二十五年（1845）仙源崔氏尋樂軒刻本　八册　存五十五卷（韻海鴛鴦四至十六、仄聲四十二卷）

360000－1901－0041861　421956
龍文鞭影二卷　(明)蕭良有撰　(清)楊臣諍增訂　清文德堂刻本　一册　存一卷(下)

360000－1901－0041862　412797
韻海鴛鴦十六卷仄聲四十二卷　(清)崔騏輯　清道光二十五年(1845)仙源崔氏尋樂軒刻本　九册　存三十三卷(韻海鴛鴦五至六、九至十六,仄聲一至十五、二十五至三十二)

360000－1901－0041863　412797－1
韻海鴛鴦十六卷仄聲四十二卷　(清)崔騏輯　清道光二十五年(1845)仙源崔氏尋樂軒刻本　一册　存二卷(韻海鴛鴦十一至十二)

360000－1901－0041864　603930
韻蘭賦二卷　(清)王家相輯　清刻本　一册　存一卷(下)

360000－1901－0041865　901353
韻蘭集賦鈔不分卷　(清)陸雲槎輯　清刻本　一册

360000－1901－0041866　901350
韻蘭集賦鈔二卷　(清)金鎮注　清道光二年(1822)刻本　四册

360000－1901－0041867　300447
韻蘭集賦鈔二卷　(清)金鎮注　清道光二年(1822)謙益堂刻本　二册

360000－1901－0041868　901352
韻蘭集賦鈔二卷　(清)金鎮注　清道光二年(1822)謙益堂刻本　一册　存一卷(一)

360000－1901－0041869　901349
韻蘭集賦鈔六卷　(清)陸雲槎輯　清兩儀堂刻本　三册

360000－1901－0041870　901351
韻蘭集賦鈔六卷　(清)陸雲槎輯　清務本堂刻本　二册　存三卷(一至二、四)

360000－1901－0041871　122598
韻蘭女史詩鈔不分卷　(清)黄韻蘭撰　清宣統三年(1911)刻本　一册

360000－1901－0041872　210460
韻母五卷　(明)吕維祺撰　明刻音韻日月燈本　一册

360000－1901－0041873　413365
韻圃羣芳八卷　(清)姚焜撰　清乾隆刻本　一册　存二卷(三至四)

360000－1901－0041874　300444
韻岐五卷　(清)江昱撰　清光緒七年(1881)刻本　二册

360000－1901－0041875　304184
韻岐五卷　(清)江昱撰　清光緒七年(1881)刻本　二册

360000－1901－0041876　415248
韻切指歸二卷　(清)吳遐齡撰　清康熙四十九年(1710)刻本　六册

360000－1901－0041877　415228
韻史二卷　(清)許遯翁撰　**韻史補一卷**　(清)朱玉岑撰　清光緒十三年(1887)上海廣百宋齋鉛印本　一册

360000－1901－0041878　415244
韻史二卷　(清)許遯翁撰　**韻史補一卷**　(清)朱玉岑撰　清同治五年(1866)皖城藩署刻本　一册

360000－1901－0041879　713750
韻銜遺稿不分卷　(清)潘鳴龢撰　清光緒二十一年(1895)刻本　一册

360000－1901－0041880　713751
韻銜遺稿不分卷　(清)潘鳴龢撰　清光緒二十一年(1895)刻本　一册

360000－1901－0041881　713752
韻銜遺稿不分卷　(清)潘鳴龢撰　清光緒二十一年(1895)刻本　一册

360000－1901－0041882　713753
韻銜遺稿不分卷　(清)潘鳴龢撰　清光緒二十一年(1895)刻本　一册

360000－1901－0041883　713754
韻銜遺稿不分卷　(清)潘鳴龢撰　清光緒二十一年(1895)刻本　一册

360000－1901－0041884　718195
韻學蠡言舉要五卷　（清）丁顯撰　清光緒二十六年(1900)刻丁西圃叢書本　一冊

360000－1901－0041885　160467
韻學全書不分卷　（□）□□撰　清錦里遺人墨農抄本　一冊

360000－1901－0041886　415359
韻雪廬詩草三卷　（清）周靜儀撰　清光緒三十二年(1906)刻本　一冊

360000－1901－0041887　314491
韻藻述五卷　（明）楊慎撰　（清）福申校定　清道光七年(1827)長白福申刻本　四冊

360000－1901－0041888　413353
韻字辨同五卷　（清）彭元瑞撰　（清）翁方綱參校補正　清刻本　一冊

360000－1901－0041889　210463
韻字辯同五卷　（清）彭元瑞撰　清抄本　二冊

360000－1901－0041890　415246
韻字急就篇十卷　（清）迮鶴壽　（清）沈懋悳輯　清咸豐元年(1851)蓬萊山房刻本　十冊

360000－1901－0041891　164220
韻字略十二卷　（清）毛謨撰　清光緒元年(1875)湖北崇文書局刻本　二冊

360000－1901－0041892　164221
韻字略十二卷　（清）毛謨撰　清光緒元年(1875)湖北崇文書局刻本　二冊

360000－1901－0041893　406045
韻字略十二卷　（清）毛謨撰　清刻本　一冊　存六卷(七至十二)

360000－1901－0041894　300445
韻綜五卷集字五卷檢字一卷　（清）陳詒厚輯　清嘉慶十七年(1812)刻本　八冊

360000－1901－0041895　801842
雜筆錄稿不分卷　（清）金夢蘭氏輯　清抄本　一冊

360000－1901－0041896　420745
雜病源流犀燭三十卷首二卷　（清）沈金鰲撰　清末石印沈氏尊生書本　一冊　存六卷(七至十二)

360000－1901－0041897　902270
雜病證治類方八卷　（明）王肯堂撰　清刻本　一冊　存四卷(一至四)

360000－1901－0041898　408443
雜病證治準繩八卷　（明）王肯堂撰　清刻本　十二冊

360000－1901－0041899　803217
雜詞不分卷　（□）□□輯　清抄本　一冊

360000－1901－0041900　801291
雜錦羣芳尺牘□□卷　（□）□□撰　清刻本　二冊　存四卷(二至五)

360000－1901－0041901　410721
雜聯一卷　（清）胡錦鑾輯　清抄本　一冊

360000－1901－0041902　800262
雜錄錦囊不分卷　（清）胡錦鑾輯　清抄本　一冊

360000－1901－0041903　805214
雜錄醫方不分卷　（清）楊思順輯　清抄本　一冊

360000－1901－0041904　404762
雜體文四卷附外集一卷　（清）孔長因撰　清刻本　一冊　存三卷(三至四、外集一卷)

360000－1901－0041905　802710
雜要不分卷　（清）□□輯　清詹步抄本　一冊

360000－1901－0041906　408755
雜症會心錄二卷　（清）汪文綺撰　清乾隆刻本　一冊　存一卷(下)

360000－1901－0041907　803442
雜證謨不分卷　（□）□□輯　清抄本　一冊

360000－1901－0041908　417241
雜著合刻二卷　（清）余斯颺　（清）吳文煥撰

（清）吳文然輯　清康熙四十六年（1707）刻本　一册

360000－1901－0041909　801867
雜字旁通二卷　（清）吕獻潤撰　清抄本　一册　存一卷（上）

360000－1901－0041910　162875
雜字旁通二卷　（清）吕獻潤撰　清刻本　一册

360000－1901－0041911　803551
雜字求真不分卷　（□）□□輯　清咸豐二年（1852）抄本　一册

360000－1901－0041912　416462－1
栽苧麻法略一卷　（清）黄厚裕撰　（清）辛觀濤廣義　清萬邑農務局木活字印本　一册

360000－1901－0041913　413178
麓樵小草二卷　（清）胡傳釗撰　清同治九年（1870）刻本　一册　存一卷（下）

360000－1901－0041914　416462
栽苧麻法略一卷栽麻利益淺説一卷　（清）黄厚裕撰　清光緒二十七年（1901）刻本　一册

360000－1901－0041915　421316
載咏樓增訂詩經衍義正彙名解六卷　（清）沈李龍增訂　（清）顧目庵鑑定　清刻本　一册　存三卷（一至三）

360000－1901－0041916　403380
載詠樓重鎸硃批孟子二卷　（宋）蘇洵撰　清嘉慶元年（1796）刻朱墨套印本　二册

360000－1901－0041917　403380－1
載詠樓重鎸硃批孟子二卷　（宋）蘇洵撰　清嘉慶元年（1796）刻朱墨套印本　一册　存一卷（上孟）

360000－1901－0041918　407754
載詠樓重鎸硃批孟子二卷　（宋）蘇洵撰　清康熙三十三年（1694）載詠樓刻朱墨套印本　一册　存一卷（上孟）

360000－1901－0041919　721640－2
再生緣全傳二十卷　（清）陳端生撰　清刻本　二册　存二卷（十七至十八）

360000－1901－0041920　721695－1
再生緣全傳二十卷　（清）陳端生撰　清刻本　一册　存一卷（四）

360000－1901－0041921　721695－2
再生緣全傳二十卷　（清）陳端生撰　清刻本　一册　存一卷（十三）

360000－1901－0041922　721695
再生緣全傳二十卷　（清）陳端生撰　清同治二年（1863）刻本　十六册　存十六卷（一至十六）

360000－1901－0041923　230212
再重訂傷寒集注十五卷　（清）舒詔撰　清乾隆三十五年（1770）刻本　三册

360000－1901－0041924　408120
再重訂傷寒集註十卷附五卷　（清）舒詔撰　清刻本　四册

360000－1901－0041925　408121
再重訂傷寒集註十卷附五卷　（清）舒詔撰　清刻本　四册

360000－1901－0041926　900989－2
再重訂傷寒集註十卷附五卷　（清）舒詔撰　清刻本　一册　存一卷（再重訂傷寒集註二）

360000－1901－0041927　408103
再重訂傷寒集註十卷附五卷　（清）舒詔撰　清令德堂刻本　四册

360000－1901－0041928　408105
再重訂傷寒集註十卷附五卷　（清）舒詔撰　清令德堂刻本　三册

360000－1901－0041929　408104
再重訂傷寒集註十卷附五卷　（清）舒詔撰　清乾隆四十六年（1781）刻本　五册

360000－1901－0041930　408113
再重訂傷寒集註十卷附五卷　（清）舒詔撰　清乾隆四十六年（1781）刻本　四册

360000－1901－0041931　408112

再重訂傷寒集註十卷附五卷　（清）舒詔撰　清三讓堂刻本　四冊

360000－1901－0041932　408119
再重訂傷寒集註十卷附五卷　（清）舒詔撰　清三讓堂刻本　四冊

360000－1901－0041933　408106
再重訂傷寒集註十卷附五卷　（清）舒詔撰　清英德堂刻本　四冊

360000－1901－0041934　408107
再重訂傷寒集註十卷附五卷　（清）舒詔撰　清英德堂刻本　四冊

360000－1901－0041935　408111
再重訂傷寒集註十卷附五卷　（清）舒詔撰　清英德堂刻本　五冊

360000－1901－0041936　802578
再重訂傷寒集註十五卷　（清）舒詔撰　清經國堂刻本　二冊　存四卷（一至二、十四至十五）

360000－1901－0041937　318756
再重訂傷寒集註十五卷　（清）舒詔撰　清刻本　一冊　存四卷（十一至十四）

360000－1901－0041938　900689
再重訂傷寒集註十五卷　（清）舒詔撰　清刻本　一冊　存四卷（三至六）

360000－1901－0041939　900690
再重訂傷寒集註十五卷　（清）舒詔撰　清刻本　一冊　存四卷（九至十二）

360000－1901－0041940　900691
再重訂傷寒集註十五卷　（清）舒詔撰　清刻本　一冊　存三卷（七至九）

360000－1901－0041941　900692
再重訂傷寒集註十五卷　（清）舒詔撰　清刻本　一冊　存二卷（三至四）

360000－1901－0041942　900693
再重訂傷寒集註十五卷　（清）舒詔撰　清刻本　一冊　存二卷（十四至十五）

360000－1901－0041943　900694
再重訂傷寒集註十五卷　（清）舒詔撰　清刻本　一冊　存一卷（一）

360000－1901－0041944　900695
再重訂傷寒集註十五卷　（清）舒詔撰　清刻本　一冊　存五卷（一至五）

360000－1901－0041945　900696
再重訂傷寒集註十五卷　（清）舒詔撰　清刻本　一冊　存五卷（三至七）

360000－1901－0041946　901801
再重訂傷寒集註十五卷　（清）舒詔撰　清刻本　一冊　存六卷（九至十四）

360000－1901－0041947　901802
再重訂傷寒集註十五卷　（清）舒詔撰　清刻本　一冊　存六卷（九至十四）

360000－1901－0041948　901803
再重訂傷寒集註十五卷　（清）舒詔撰　清刻本　一冊　存二卷（九至十）

360000－1901－0041949　901804
再重訂傷寒集註十五卷　（清）舒詔撰　清刻本　一冊　存五卷（八至十二）

360000－1901－0041950　901805
再重訂傷寒集註十五卷　（清）舒詔撰　清刻本　一冊　存五卷（八至十二）

360000－1901－0041951　901806
再重訂傷寒集註十五卷　（清）舒詔撰　清刻本　一冊　存三卷（三至五）

360000－1901－0041952　901807
再重訂傷寒集註十五卷　（清）舒詔撰　清刻本　一冊　存七卷（四至十）

360000－1901－0041953　901808
再重訂傷寒集註十五卷　（清）舒詔撰　清刻本　一冊　存四卷（七至十）

360000－1901－0041954　901809
再重訂傷寒集註十五卷　（清）舒詔撰　清刻本　一冊　存三卷（七至九）

360000－1901－0041955　901810
再重訂傷寒集註十五卷　(清)舒詔撰　清刻本　一冊　存三卷(八至十)

360000－1901－0041956　901811
再重訂傷寒集註十五卷　(清)舒詔撰　清刻本　一冊　存五卷(三至七)

360000－1901－0041957　408114
再重訂傷寒集註十五卷　(清)舒詔撰　清南城崇德堂刻本　三冊　存十二卷(一至十二)

360000－1901－0041958　408115
再重訂傷寒集註十五卷　(清)舒詔撰　清南城崇德堂刻本　二冊

360000－1901－0041959　408116
再重訂傷寒集註十五卷　(清)舒詔撰　清南城崇德堂刻本　二冊

360000－1901－0041960　804512
再重訂傷寒集註十五卷　(清)舒詔撰　清南城崇德堂刻本　一冊　存三卷(十三至十五)

360000－1901－0041961　408101
再重訂傷寒集註十五卷　(清)舒詔撰　清乾隆三餘堂刻本　四冊

360000－1901－0041962　408118
再重訂傷寒集註十五卷　(清)舒詔撰　清文富堂刻本　四冊

360000－1901－0041963　408102
再重訂傷寒集註十五卷　(清)舒詔撰　清文光堂刻本　一冊

360000－1901－0041964　408108
再重訂傷寒集註十五卷　(清)舒詔撰　清文光堂刻本　四冊

360000－1901－0041965　408109
再重訂傷寒集註十五卷　(清)舒詔撰　清文光堂刻本　四冊　缺一卷(六)

360000－1901－0041966　408110
再重訂傷寒集註十五卷　(清)舒詔撰　清文光堂刻本　三冊　存九卷(一至三、十至十五)

360000－1901－0041967　408117
再重訂傷寒集註十五卷　(清)舒詔撰　清務本堂刻本　四冊

360000－1901－0041968　416965－1
在官法戒錄四卷　(清)陳弘謀撰　清光緒五年(1879)江西書局刻五種遺規本　一冊　存二卷(一至二)

360000－1901－0041969　314305
在官法戒錄四卷　(清)陳弘謀撰　清刻本　二冊

360000－1901－0041970　220507
在官法戒錄四卷　(清)陳弘謀撰　清乾隆八年(1743)南昌李安民刻五種遺規本　二冊

360000－1901－0041971　403469
在官法戒錄四卷　(清)陳弘謀撰　清同治七年(1868)楚北崇文書局刻本　二冊

360000－1901－0041972　416965
在官法戒錄摘鈔四卷　(清)陳弘謀撰　(清)劉肇紳摘抄　清同治七年(1868)楚北崇文書局刻五種遺規摘鈔本　二冊

360000－1901－0041973　402812
在陸草堂史記選八卷　(清)儲欣輯　(清)李敬躋增訂　清刻本　一冊　存二卷(七至八)

360000－1901－0041974　315877
在陸草堂文集六卷　(清)儲欣撰　清光緒十七年(1891)刻本　六冊

360000－1901－0041975　240869
在陸草堂文集六卷　(清)儲欣撰　清雍正元年(1723)儲掌文淑慎堂刻本　四冊

360000－1901－0041976　240870
在陸草堂文集六卷　(清)儲欣撰　清雍正元年(1723)吳之彥刻本　二冊

360000－1901－0041977　230431
在園雜志四卷　(清)劉廷璣撰　清抄本　三冊　存三卷(一、三至四)

360000－1901－0041978　230430
在園雜志四卷　(清)劉廷璣撰　清康熙五十

四年(1715)自刻本　一册　存二卷(一至二)

360000－1901－0041979　405159
在園雜志四卷　(清)劉廷璣撰　清末鉛印本　一册

360000－1901－0041980　901677
簪花集五經會課藝不分卷　(清)胡乙照等撰　清刻本　一册

360000－1901－0041981　804606
暫記草流(同治六年)　(清)□□輯　稿本　一册

360000－1901－0041982　122175
暫留軒詩鈔八卷　(清)尹繼隆撰　清咸豐四年(1854)刻本　三册

360000－1901－0041983　804946
葬書校注一卷　(晉)郭璞撰　(宋)蔡發編　(元)吳澄敘錄　(清)汪宗沂校注　清光緒十四年(1888)皖歙汪氏弢盧刻本　一册

360000－1901－0041984　417354
葬書一卷　(晉)郭璞撰　清刻本　一册

360000－1901－0041985　803306
臟府經絡先後病脈證不分卷　(□)□□輯　清抄本　一册

360000－1901－0041986　230205
臟腑證治圖説人鏡經八卷　(□)□□撰　**附錄二卷**　(明)錢雷撰　**續錄二卷**　(明)張俊英撰　清雍正十一年(1733)刻本　四册

360000－1901－0041987　314190
棗林雜俎六卷　(明)談遷撰　清宣統三年(1911)國學扶輪社鉛印本　六册

360000－1901－0041988　314354
澡雪堂文鈔十卷　(清)鍾體志撰　清光緒二十二年(1896)刻本　五册

360000－1901－0041989　316364
澡雪堂文鈔十卷　(清)鍾體志撰　清光緒二十年(1894)灌城刻本　五册

360000－1901－0041990　409708
澡雪堂文鈔十卷詩鈔一卷聯語一卷籌海蠡言一卷綿江別話一卷　(清)鍾體志撰　清光緒二十年(1894)刻本　六册

360000－1901－0041991　409709
澡雪堂文鈔十卷詩鈔一卷聯語一卷籌海蠡言一卷綿江別話一卷　(清)鍾體志撰　清光緒二十年(1894)刻本　五册　缺二卷(一至二)

360000－1901－0041992　413728
澡雪堂文鈔十卷詩鈔一卷聯語一卷籌海蠡言一卷綿江別話一卷　(清)鍾體志撰　清光緒二十年(1894)刻本　一册　存一卷(綿江別話一卷)

360000－1901－0041993　163281
藻香館詩鈔六卷　(清)鄧承宗撰　清刻本　一册

360000－1901－0041994　802127
造命衍義不分卷　(□)□□輯　清抄本　一册

360000－1901－0041995　230119
則古編四卷　(清)周璘編　清乾隆十五年(1750)刻本　四册

360000－1901－0041996　303714
則古昔齋算學　(清)李善蘭撰　清同治六年(1867)海寧李善蘭金陵刻本　六册

360000－1901－0041997　306473
則古昔齋算學　(清)李善蘭撰　清同治六年(1867)海寧李善蘭金陵刻本　六册

360000－1901－0041998　306474
則古昔齋算學　(清)李善蘭撰　清同治六年(1867)海寧李善蘭金陵刻本　六册

360000－1901－0041999　306474－1
則古昔齋算學　(清)李善蘭撰　清同治六年(1867)海寧李善蘭金陵刻本　一册　存三種

360000－1901－0042000　308194
則古昔齋算學　(清)李善蘭撰　清同治六年(1867)海寧李善蘭金陵刻本　五册　存十二種

360000－1901－0042001　317827
則古昔齋算學　(清)李善蘭撰　清同治六年(1867)海寧李善蘭金陵刻本　六冊

360000－1901－0042002　306468
則克錄三卷　(德國)湯若望授　(明)焦勗纂　清道光二十一年(1841)刻本　一冊

360000－1901－0042003　902454
則堂先生春秋集傳詳說三十卷綱領一卷　(宋)家鉉翁撰　清康熙十九年(1680)納蘭成德刻通志堂經解本　一冊　存三卷(十至十二)

360000－1901－0042004　302094
澤古齋文鈔三卷詩鈔一卷　(清)吳士模撰　清道光十九年(1839)刻本　一冊

360000－1901－0042005　302093
澤雅堂文集八卷　(清)施補華撰　清光緒十九年(1893)刻本　二冊

360000－1901－0042006　417858
蘀石齋詩集五十卷　(清)錢載撰　清乾隆刻本　六冊

360000－1901－0042007　402221
增補安樂銘不分卷　(清)王正朋輯　清光緒二十四年(1898)善慶堂刻本　一冊

360000－1901－0042008　420885
增補本草備要八卷　(清)汪昂撰　清光緒三十三年(1907)上海同文書局石印本　一冊　存一卷(一)

360000－1901－0042009　420885－1
增補本草備要八卷　(清)汪昂撰　清末石印本　一冊　存三卷(二至四)

360000－1901－0042010　901955
增補本草備要八卷　(清)汪昂撰　清末石印本　一冊　存三卷(二至四)

360000－1901－0042011　902223
增補本草備要八卷　(清)汪昂撰　清末石印本　二冊　存七卷(二至八)

360000－1901－0042012　162244
增補本草備要四卷　(清)汪昂撰　清康熙三十三年(1694)還讀齋刻本　三冊

360000－1901－0042013　902227
增補本草圖說□□卷　(清)□□撰　清末石印本　一冊　存一卷(上)

360000－1901－0042014　716954
增補策學總纂大全五十卷目錄二卷　(清)蔡壽祺輯　(清)枕善山房增輯　清刻本　八冊　存十八卷(一至二、四、七至八、十八至二十五、二十九至三十、四十八至五十)

360000－1901－0042015　415866
增補春秋經傳左繡滙參三十卷首一卷　(清)馮李驊　(清)陸浩評輯　清乾隆五十三年(1788)華川書屋刻友益齋印本　九冊

360000－1901－0042016　230551
增補地理直指原真大全三卷首一卷　(清)釋徹瑩撰　清康熙三十五年(1696)四明山指歸菴刻本　八冊

360000－1901－0042017　302699
增補地理直指原真大全十卷　(清)釋徹瑩撰　清道光十年(1830)品蓮堂刻本　二冊

360000－1901－0042018　417146
增補地理直指原真三卷首一卷　(清)釋徹瑩撰　清光緒十四年(1888)掃葉山房石印本　三冊　存三卷(上、下,首一卷)

360000－1901－0042019　417132
增補地理直指原真三卷首一卷　(清)釋徹瑩撰　清嘉慶十五年(1810)金閶巽記刻本　八冊

360000－1901－0042020　417133
增補地理直指原真三卷首一卷　(清)釋徹瑩撰　清康熙三十五年(1696)四明山指歸菴刻本　二冊　存二卷(下、首一卷)

360000－1901－0042021　417130－1
增補地理直指原真三卷首一卷　(清)釋徹瑩撰　清刻本　三冊　存三卷(中、下,首一卷)

360000－1901－0042022　417131

增補地理直指原真三卷首一卷 （清）釋徹瑩撰　清刻本　四冊

360000－1901－0042023　417133－1
增補地理直指原真三卷首一卷 （清）釋徹瑩撰　清刻本　一冊　存一卷（下）

360000－1901－0042024　417130
增補地理直指原真三卷首一卷 （清）釋徹瑩撰　清四明山指歸菴刻本　三冊　存三卷（中、下，首一卷）

360000－1901－0042025　408376
增補痘疹玉髓金鏡錄二卷 （明）翁仲仁撰　清宣統二年（1910）石印本　一冊

360000－1901－0042026　408380
增補痘疹玉髓金鏡錄四卷 （明）翁仲仁撰　清康熙二十九年（1690）刻本　一冊

360000－1901－0042027　408379
增補痘疹玉髓金鏡錄四卷首一卷 （明）翁仲仁撰　清光緒三十年（1904）上海書局石印本　一冊　存三卷（一至二、首一卷）

360000－1901－0042028　408379－1
增補痘疹玉髓金鏡錄四卷首一卷 （明）翁仲仁撰　清末石印本　一冊　存二卷（三至四）

360000－1901－0042029　408379－2
增補痘疹玉髓金鏡錄四卷首一卷 （明）翁仲仁撰　清末石印本　一冊　存二卷（三至四）

360000－1901－0042030　408377
增補痘疹玉髓金鏡錄四卷首一卷 （明）翁仲仁撰　清宣統二年（1910）石印本　二冊

360000－1901－0042031　408378
增補痘疹玉髓金鏡錄四卷首一卷 （明）翁仲仁撰　清宣統二年（1910）石印本　二冊

360000－1901－0042032　408382
增補痘疹玉髓金鏡錄真本四卷 （明）翁仲仁撰　（清）陸道元補遺　（清）陸道光參補　清春江姿事堂刻本　一冊　存二卷（三至四）

360000－1901－0042033　403465
增補二論典故最豁集四卷 （清）劉珍輯　清末上海中原書局鉛印本　三冊　存三卷（二至四）

360000－1901－0042034　230307
增補古今醫鑑八卷 （明）龔信輯　（明）龔廷賢續　明刻本　一冊　存一卷（八）

360000－1901－0042035　418788
增補古文合評十二卷 （清）王步青等輯　清經綸堂刻本　五冊　存五卷（一、三、五、九、十一）

360000－1901－0042036　418787
增補古文合評十二卷 （清）王步青等輯　清乾隆十年（1745）刻本　六冊

360000－1901－0042037　163619
增補郭洙源先生彙輯十太史四書主意寶藏十卷 （明）郭偉輯　（明）宋鳳祥評　（明）翁鴻業增補　清刻本　二冊

360000－1901－0042038　721564
增補箋註繪像第六才子書西廂記釋解八卷 （元）王德信撰　（清）金人瑞評　清刻本　六冊

360000－1901－0042039　417320
增補敬竈全書不分卷 （清）惕心憫世道人輯　清咸豐元年（1851）刻本　一冊

360000－1901－0042040　162899
增補齊省堂儒林外史六卷六十回 （清）吳敬梓撰　清光緒二十九年（1903）石印本　六冊

360000－1901－0042041　317312
增補齊省堂儒林外史六卷六十回 （清）吳敬梓撰　清光緒三十二年（1906）上海海左書局石印本　六冊

360000－1901－0042042　400748
增補清史攬要六卷 （日本）增田貢撰　（清）毛淦編補　清末鉛印本　一冊　存二卷（一至二）

360000－1901－0042043　411313
增補羣玉府二集二卷 （清）織墨齋主人輯　清光緒十四年（1888）石印本　二冊

360000－1901－0042044　411314
增補羣玉府二集二卷　(清)織墨齋主人輯　清光緒十四年(1888)石印本　一冊

360000－1901－0042045　413706
增補如面談新集十卷首一卷　(清)李光祚輯　清積秀堂刻本　一冊　存五卷(一至四、首一卷)

360000－1901－0042046　804243
增補如面談新集十卷首一卷　(清)李光祚輯　清書林刻本　一冊　存四卷(七至十)

360000－1901－0042047　413708
增補如面譚新集十卷　(清)李光祚輯　清刻本　二冊　存八卷(一至八)

360000－1901－0042048　413709
增補如面譚新集十卷　(清)李光祚輯　清刻本　二冊　存五卷(射集、御集、書集、元集、亨集)

360000－1901－0042049　416373
增補儒林寶筏不分卷　(清)守樸山人輯　清同治七年(1868)刻本　一冊

360000－1901－0042050　408985
增補儒門本草不分卷　(明)盧和撰　清光緒七年(1881)袁增齡抄本　一冊

360000－1901－0042051　404353
增補三字經一卷　(宋)王應麟撰　清刻本　一冊

360000－1901－0042052　404353－1
增補三字經一卷　(宋)王應麟撰　清刻本　一冊

360000－1901－0042053　404358－1
增補三字經一卷　(宋)王應麟撰　清刻本　一冊

360000－1901－0042054　800762
增補三字經一卷　(宋)王應麟撰　清刻本　一冊

360000－1901－0042055　800765
增補三字經一卷　(宋)王應麟撰　清刻本　一冊

360000－1901－0042056　800767
增補三字經一卷　(宋)王應麟撰　清刻本　一冊

360000－1901－0042057　800769
增補三字經一卷　(宋)王應麟撰　清刻本　一冊

360000－1901－0042058　404247
增補詩句題解彙編二十二卷　(清)葉湘秋　(清)陳劍芝　(清)顧芷卿輯　(清)朱春舫增輯　清刻本　十一冊　存十六卷(四、六至十、十三至二十二)

360000－1901－0042059　404248
增補詩句題解彙編二十二卷　(清)葉湘秋　(清)陳劍芝　(清)顧芷卿輯　(清)朱春舫增輯　清刻本　十五冊　存十六卷(三至四、六至十、十二、十五至二十二)

360000－1901－0042060　704248
增補詩句題解彙編二十二卷　(清)葉湘秋　(清)陳劍芝　(清)顧芷卿輯　(清)朱春舫增輯　清刻本　二冊　存二卷(九、二十)

360000－1901－0042061　704249
增補詩句題解彙編二十二卷　(清)葉湘秋　(清)陳劍芝　(清)顧芷卿輯　(清)朱春舫增輯　清刻本　十三冊　存十四卷(二至三、六至七、九至十一、十五、十七至二十二)

360000－1901－0042062　420850
增補食物本草備考二卷　(清)何克諫撰　清刻本　一冊　存一卷(下)

360000－1901－0042063　902444
增補事類統編九十三卷首一卷　(清)黃葆真輯　清道光二十九年(1849)丹陽黃氏粵東敦好堂刻本　三冊　存九卷(三十二至四十)

360000－1901－0042064　306231
增補事類統編九十三卷首一卷　(清)黃葆真輯　清道光二十九年(1849)丹陽黃氏粵東敦好堂刻本　三十四冊　存七十九卷(一至三

十五、三十九至四十九、五十二至五十八、六十一至六十八、七十一至七十二、七十六至八十四、八十七至九十三）

360000－1901－0042065　407434
增補事類統編九十三卷首一卷　（清）黄葆真輯　清道光二十九年（1849）丹陽黄氏粤東敦好堂刻本　二十四册

360000－1901－0042066　407435
增補事類統編九十三卷首一卷　（清）黄葆真輯　清道光二十九年（1849）丹陽黄氏粤東敦好堂刻本　三十册　存六十九卷（一至二、六至三十一、四十三至八十二，首一卷）

360000－1901－0042067　407436
增補事類統編九十三卷首一卷　（清）黄葆真輯　清道光二十九年（1849）丹陽黄氏粤東敦好堂刻本　二十册　存六十一卷（一至十三、十七至二十四、二十七至三十、四十四至四十九、五十九至七十九、八十六至九十三，首一卷）

360000－1901－0042068　407440
增補事類統編九十三卷首一卷　（清）黄葆真輯　清道光二十九年（1849）丹陽黄氏粤東敦好堂刻本　十七册　存七十九卷（一至四、十五至三十三、三十九至九十三，首一卷）

360000－1901－0042069　407442
增補事類統編九十三卷首一卷　（清）黄葆真輯　清道光二十九年（1849）丹陽黄氏粤東敦好堂刻本　二十一册　存五十三卷（一至三、十至十六、三十六至三十九、四十五至五十一、五十四至六十六、七十三至八十一、八十五至九十三，首一卷）

360000－1901－0042070　407443
增補事類統編九十三卷首一卷　（清）黄葆真輯　清道光二十九年（1849）丹陽黄氏粤東敦好堂刻本　二十一册　存六十卷（一、五至七、九至十一、二十八至四十二、四十九至六十三、七十至七十四、七十七至九十三，首一卷）

360000－1901－0042071　407445
增補事類統編九十三卷首一卷　（清）黄葆真輯　清道光二十九年（1849）丹陽黄氏粤東敦好堂刻本　三十册　存五十四卷（一、五至七、十八至三十九、四十二至四十六、四十九至五十、五十二至五十三、五十六至五十九、六十四至六十五、六十八至七十、七十八至八十四、九十至九十一，首一卷）

360000－1901－0042072　407441
增補事類統編九十三卷首一卷　（清）黄葆真輯　清道光二十六年（1846）丹陽黄氏粤東敦好堂刻本　二十册　存四十六卷（一至四十五、首一卷）

360000－1901－0042073　407433
增補事類統編九十三卷首一卷　（清）黄葆真輯　清敦好堂刻本　三十四册　存七十二卷（二至四、十至十六、二十七至三十三、三十七至八十一、八十四至九十三）

360000－1901－0042074　802644
增補事類統編九十三卷首一卷　（清）黄葆真輯　清敦好堂刻本　二册　存四卷（六十六至六十七、八十七至八十八）

360000－1901－0042075　902509
增補事類統編九十三卷首一卷　（清）黄葆真輯　清敦好堂刻本　四册　存十卷（八十二至八十四、八十七至九十三）

360000－1901－0042076　407459
增補事類統編九十三卷首一卷　（清）黄葆真輯　清光緒三年（1877）羣玉閣刻本　二十册　存四十八卷（一至七、十一至二十三、二十九、三十七至三十九、四十七至六十九，首一卷）

360000－1901－0042077　162384
增補事類統編九十三卷首一卷　（清）黄葆真輯　清光緒十八年（1892）上海鴻寶齋石印本　十二册

360000－1901－0042078　805428
增補事類統編九十三卷首一卷　（清）黄葆真

輯　清光緒十八年(1892)上海鴻寶齋石印本　十二冊

360000－1901－0042079　162385
增補事類統編九十三卷首一卷　(清)黄葆真輯　清光緒十八年(1892)上海雨記書局石印本　十二冊

360000－1901－0042080　404964
增補事類統編九十三卷首一卷　(清)黄葆真輯　清光緒十二年(1886)上海廣百宋齋石印本　十二冊

360000－1901－0042081　407463
增補事類統編九十三卷首一卷　(清)黄葆真輯　清光緒十二年(1886)上海同文書局石印本　十二冊

360000－1901－0042082　407464
增補事類統編九十三卷首一卷　(清)黄葆真輯　清光緒十二年(1886)上海同文書局石印本　十二冊

360000－1901－0042083　308426
增補事類統編九十三卷首一卷　(清)黄葆真輯　清光緒十年(1884)滋德山房刻本　四十冊

360000－1901－0042084　407465
增補事類統編九十三卷首一卷　(清)黄葆真輯　清光緒十年(1884)滋德山房刻本　三十八冊　存七十七卷(一、五至十四、十七至四十一、四十四至四十五、四十八至六十、六十五至六十八、七十一至七十六、七十九至九十三,首一卷)

360000－1901－0042085　407466
增補事類統編九十三卷首一卷　(清)黄葆真輯　清光緒十年(1884)滋德山房刻本　四十七冊　存九十二卷(一至五十九、六十二至九十三,首一卷)

360000－1901－0042086　407470
增補事類統編九十三卷首一卷　(清)黄葆真輯　清光緒十四年(1888)上海點石齋石印本　十二冊

360000－1901－0042087　407468
增補事類統編九十三卷首一卷　(清)黄葆真輯　清光緒十四年(1888)上海廣百宋齋石印本　九冊　存七十六卷(一至十七、二十八至五十八、六十七至九十三,首一卷)

360000－1901－0042088　407468－1
增補事類統編九十三卷首一卷　(清)黄葆真輯　清光緒十四年(1888)上海廣百宋齋石印本　一冊　存九卷(六十七至七十五)

360000－1901－0042089　308451
增補事類統編九十三卷首一卷　(清)黄葆真輯　清光緒十四年(1888)上海積山書局石印本　十二冊

360000－1901－0042090　317607
增補事類統編九十三卷首一卷　(清)黄葆真輯　清光緒十四年(1888)上海積山書局石印本　十二冊

360000－1901－0042091　407467
增補事類統編九十三卷首一卷　(清)黄葆真輯　清光緒十四年(1888)上海積山書局石印本　四冊　存三十六卷(一至十七、七十六至九十三,首一卷)

360000－1901－0042092　407469
增補事類統編九十三卷首一卷　(清)黄葆真輯　清光緒十四年(1888)上海積山書局石印本　六冊　存四十九卷(一至二十二、三十五至四十二、七十六至九十三,首一卷)

360000－1901－0042093　603816
增補事類統編九十三卷首一卷　(清)黄葆真輯　清光緒十四年(1888)上海積山書局石印本　十二冊

360000－1901－0042094　307877
增補事類統編九十三卷首一卷　(清)黄葆真輯　清嘉慶十六年(1811)三讓堂刻本　四十冊

360000－1901－0042095　707454
增補事類統編九十三卷首一卷　(清)黄葆真輯　清經韻樓刻本　十冊　存二十卷(一至

十五、十八至二十二)

360000－1901－0042096　707455

增補事類統編九十三卷首一卷　(清)黄葆真輯　清經韻樓刻本　十五册　存三十二卷(二至六、十一至十七、十九至二十五、二十九至三十六、三十九至四十一、七十至七十一)

360000－1901－0042097　407432

增補事類統編九十三卷首一卷　(清)黄葆真輯　清刻本　三十六册　存七十卷(一、五至五十、五十三至六十二、六十五至六十六、七十九至八十、八十三至八十四、八十八至九十三,首一卷)

360000－1901－0042098　407444

增補事類統編九十三卷首一卷　(清)黄葆真輯　清刻本　十八册　存四十五卷(十二至十四、十七至二十二、二十五、二十九至三十、三十四至三十六、三十八至四十、四十五至四十七、五十一至五十二、五十七至五十九、六十三至六十四、七十二至八十三、八十七至八十九、九十二至九十三)

360000－1901－0042099　407446

增補事類統編九十三卷首一卷　(清)黄葆真輯　清刻本　三十册　存七卷(二十九、三十四至三十六、七十二至七十四)

360000－1901－0042100　407447

增補事類統編九十三卷首一卷　(清)黄葆真輯　清刻本　十一册　存三十二卷(四十九至六十、六十二至六十四、七十至七十二、七十七至七十九、八十三至九十三)

360000－1901－0042101　407447－1

增補事類統編九十三卷首一卷　(清)黄葆真輯　清刻本　六册　存二十八卷(六十一至八十八)

360000－1901－0042102　407448

增補事類統編九十三卷首一卷　(清)黄葆真輯　清刻本　二十册　存六十二卷(三至十四、十七至十八、二十四至二十七、三十至三十二、三十七至四十五、四十九至五十二、五十五至七十六、八十至八十二、八十六至八十八)

360000－1901－0042103　407458

增補事類統編九十三卷首一卷　(清)黄葆真輯　清刻本　三十册　存五十六卷(十五至二十三、四十七至九十三)

360000－1901－0042104　407461

增補事類統編九十三卷首一卷　(清)黄葆真輯　清刻本　十三册　存二十九卷(二至四、十二至十五、十九至二十三、三十七至四十四、四十七至五十、七十二至七十四、七十八至七十九)

360000－1901－0042105　407461－1

增補事類統編九十三卷首一卷　(清)黄葆真輯　清刻本　一册　存五卷(三十四至三十八)

360000－1901－0042106　407462

增補事類統編九十三卷首一卷　(清)黄葆真輯　清刻本　十册　存二十一卷(二十四至二十六、三十二至三十六、三十九至四十、四十五至四十六、四十九至五十、五十二至五十三、七十四至七十六、九十二至九十三)

360000－1901－0042107　407470－1

增補事類統編九十三卷首一卷　(清)黄葆真輯　清刻本　一册　存八卷(八十五至九十二)

360000－1901－0042108　714834

增補事類統編九十三卷首一卷　(清)黄葆真輯　清刻本　八册　存二十三卷(六十六至七十七、八十至八十八、九十二至九十三)

360000－1901－0042109　722283

增補事類統編九十三卷首一卷　(清)黄葆真輯　清刻本　一册　存三卷(三至五)

360000－1901－0042110　802643－1

增補事類統編九十三卷首一卷　(清)黄葆真輯　清刻本　一册　存二卷(六十二至六十三)

360000－1901－0042111　714833
增補事類統編九十三卷首一卷　（清）黄葆真輯　清末石印本　四册　存三十三卷（九至十七、二十八至三十四、五十一至五十八、八十五至九十三）

360000－1901－0042112　722058
增補事類統編九十三卷首一卷　（清）黄葆真輯　清末石印本　二册　存十六卷（三十五至五十）

360000－1901－0042113　315804
增補事類統編九十三卷首一卷　（清）黄葆真輯　清同治六年（1867）鴻漸書林刻本　四十册

360000－1901－0042114　407430
增補事類統編九十三卷首一卷　（清）黄葆真輯　清同治十年（1871）三讓堂刻本　三十三册　存七十六卷（一至十八、二十一至二十八、三十至五十四、五十七至六十一、六十四至六十九、七十六至八十、八十二至八十三、八十七至九十三）

360000－1901－0042115　407431
增補事類統編九十三卷首一卷　（清）黄葆真輯　清同治十年（1871）三讓堂刻本　四十五册　存八十九卷（一至十四、十六至二十一、二十四至七十八、八十一至九十三，首一卷）

360000－1901－0042116　407439
增補事類統編九十三卷首一卷　（清）黄葆真輯　清同治十年（1871）三讓堂刻本　九册　存二十五卷（一至四、八至十四、二十四、二十九至三十七、四十六至四十八，首一卷）

360000－1901－0042117　704799
增補事類統編九十三卷首一卷　（清）黄葆真輯　清文選樓刻本　十七册　存四十五卷（二十五至三十六、三十九至四十六、五十至五十一、五十七至六十一、六十四至六十九、七十五至八十、八十五至八十八、九十二至九十三）

360000－1901－0042118　706730
增補事類統編九十三卷首一卷　（清）黄葆真輯　清文選樓刻本　八册　存十九卷（七十二至八十六、九十至九十三）

360000－1901－0042119　714835
增補事類統編九十三卷首一卷　（清）黄葆真輯　清文選樓刻本　四册　存十卷（四十二至四十九、五十二至五十三）

360000－1901－0042120　722061
增補事類統編九十三卷首一卷　（清）黄葆真輯　清文選樓刻本　五册　存十六卷（五十四至六十九）

360000－1901－0042121　407460
增補事類統編九十三卷首一卷　（清）黄葆真輯　清咸豐十年（1860）丹陽黄氏文選樓刻本　十七册　存四十八卷（一至二十四、二十九至五十一，首一卷）

360000－1901－0042122　706729
增補事類統編九十三卷首一卷　（清）黄葆真輯　（清）王鳳喈選注　清道光聖蔭堂刻本　十七册　存三十八卷（二十三至三十一、三十四至五十七、六十一至六十五）

360000－1901－0042123　714832
增補事類統編九十三卷首一卷　（清）黄葆真輯　（清）王鳳喈選注　清道光聖蔭堂刻本　五册　存九卷（十四至十九、二十二至二十四）

360000－1901－0042124　408307
增補壽世保元十卷附太乙神鍼一卷　（清）龔廷賢撰　清光緒三十二年（1906）上海圖書集成局鉛印本　二册　存四卷（一至四）

360000－1901－0042125　403333
增補四書典故註釋圖考不分卷　（清）呂官山等撰　清福省芸經堂刻本　一册

360000－1901－0042126　405798
增補四書經史摘證二十九卷　（清）宋繼穜輯　清光緒二十八年（1902）刻本　四册

360000－1901－0042127　405798－1

增補四書經史摘證二十九卷　(清)宋繼穜輯　清光緒二十八年(1902)刻本　一冊　存十卷(十三至二十二)

360000－1901－0042128　210357
增補四書精繡圖像人物備考十二卷　(明)薛應旂撰　(明)陳仁錫增定　清康熙五十八年(1719)光霽堂刻本　六冊

360000－1901－0042129　421981
呂祖全書三十二卷　(清)劉體恕輯　清刻本　一冊　存二卷(二十九至三十)

360000－1901－0042130　802265
增補四書精繡圖像人物備考十二卷圖一卷　(明)薛應旂撰　(明)陳仁錫增訂　清刻本　一冊　存二卷(七至八)

360000－1901－0042131　802293
增補四書精繡圖像人物備考十二卷圖一卷　(明)薛應旂撰　(明)陳仁錫增訂　清刻本　一冊　存四卷(一至三、圖一卷)

360000－1901－0042132　403289
增補四書精繡圖像人物備考十二卷圖一卷　(明)薛應旂撰　(明)陳仁錫增訂　清乾隆五十一年(1786)刻本　七冊　存十二卷(一至九、十一至十二,圖一卷)

360000－1901－0042133　802264－1
增補四書精繡圖像人物備考十二卷圖一卷　(明)薛應旂撰　(明)陳仁錫增訂　清中和堂刻本　一冊　存三卷(一至二、圖一卷)

360000－1901－0042134　403134
增補四書類典賦二十四卷　(清)甘紱撰　清嘉慶十年(1805)錦盛堂刻本　九冊　存十八卷(一至三、六至十一、十四至十五、十八至二十四)

360000－1901－0042135　403136－1
增補四書類典賦二十四卷　(清)甘紱撰　清刻本　一冊　存三卷(八至十)

360000－1901－0042136　403136
增補四書類典賦二十四卷　(清)甘紱撰　清乾隆五十五年(1790)龍江書屋刻本　八冊　存十四卷(一、三至四、六至八、十一至十四、十九至二十二)

360000－1901－0042137　403137
增補四書類典賦二十四卷　(清)甘紱撰　清乾隆五十五年(1790)龍江書屋刻本　七冊　存十九卷(二至十二、十七至二十四)

360000－1901－0042138　250150
增補四書類典賦二十四卷　(清)甘紱撰　**附聖門年譜二卷**　(明)包大爣編　(清)甘紱編　清乾隆十一年(1746)文富堂刻本　七冊　缺四卷(八至十一)

360000－1901－0042139　403282
增補四書人物聚考二十二卷圖考一卷　(明)鍾惺增訂　(明)黃澍參訂　清聚寶樓刻本　十二冊

360000－1901－0042140　403291－1
增補四書人物聚考二十二卷圖考一卷　(明)鍾惺增訂　(明)黃澍參訂　清刻本　一冊　存二卷(十九至二十)

360000－1901－0042141　403292
增補四書人物聚考二十二卷圖考一卷　(明)鍾惺增訂　(明)黃澍參訂　清刻本　四冊　存七卷(十一至十七)

360000－1901－0042142　403292－1
增補四書人物聚考二十二卷圖考一卷　(明)鍾惺增訂　(明)黃澍參訂　清刻本　五冊　存十一卷(七至九、十二至十三、十七至二十二)

360000－1901－0042143　403283
增補四書人物聚考二十二卷圖考一卷　(明)鍾惺增訂　(明)黃澍參訂　清龍江書屋修文堂刻本　十八冊　存二十卷(二至五、七至二十二)

360000－1901－0042144　403283－1
增補四書人物聚考二十二卷圖考一卷　(明)鍾惺增訂　(明)黃澍參訂　清龍江書屋修文堂刻本　二冊　存四卷(一、十九至二十,圖

考一卷)

360000－1901－0042145　403291
增補四書人物聚考二十二卷圖考一卷　(明)鍾惺增訂　(明)黄澍參訂　清乾隆六年(1741)刻本　七册　存十二卷(一、四至五、十二至十七、十九、二十一至二十二)

360000－1901－0042146　160477
增補蘇批孟子二卷　(宋)蘇洵撰　(清)趙大浣增補　清道光五年(1825)霞漳文林堂刻朱墨套印本　二册

360000－1901－0042147　403375
增補蘇批孟子二卷附孟子年譜一卷　(宋)蘇洵撰　(清)趙大浣增補　清聚祜堂刻朱墨套印本　二册

360000－1901－0042148　403374
增補蘇批孟子二卷附孟子年譜一卷　(宋)蘇洵撰　(清)趙大浣增補　清刻朱墨套印本　二册　存二卷(增補蘇批孟子二卷)

360000－1901－0042149　802292
增補蘇批孟子二卷附孟子年譜一卷　(宋)蘇洵撰　(清)趙大浣增補　清刻朱墨套印本　一册　存一卷(增補蘇批孟子下)

360000－1901－0042150　404080
增補萬寶全書二十卷　(明)陳繼儒撰　(清)毛焕文增補　清道光九年(1829)刻本　四册

360000－1901－0042151　413424－2
增補萬寶全書二十卷　(明)陳繼儒撰　(清)毛焕文增補　清嘉慶元年(1796)友益堂刻本　一册　存五卷(一至五)

360000－1901－0042152　413424－3
增補萬寶全書二十卷　(明)陳繼儒撰　(清)毛焕文增補　清經文堂刻本　二册　存八卷(一至二、四至九)

360000－1901－0042153　404079
增補萬寶全書二十卷　(明)陳繼儒撰　(清)毛焕文增補　清刻本　三册

360000－1901－0042154　404082
增補萬寶全書二十卷　(明)陳繼儒撰　(清)毛焕文增補　清刻本　四册

360000－1901－0042155　413422
增補萬寶全書二十卷　(明)陳繼儒撰　(清)毛焕文增補　清刻本　二册

360000－1901－0042156　413423
增補萬寶全書二十卷　(明)陳繼儒撰　(清)毛焕文增補　清刻本　四册

360000－1901－0042157　413424
增補萬寶全書三十卷　(明)陳繼儒撰　(清)毛焕文增補　清刻本　二册　存十四卷(一至七、十五至二十一)

360000－1901－0042158　413424－1
增補萬寶全書二十卷　(明)陳繼儒撰　(清)毛焕文增補　清刻本　二册　存九卷(一至九)

360000－1901－0042159　413424－4
增補萬寶全書三十卷　(明)陳繼儒撰　(清)毛焕文增補　清刻本　一册　存七卷(十八至二十四)

360000－1901－0042160　413424－5
增補萬寶全書三十卷　(明)陳繼儒撰　(清)毛焕文增補　清刻本　一册　存五卷(二十至二十四)

360000－1901－0042161　804317
增補萬寶全書二十卷　(明)陳繼儒撰　(清)毛焕文增補　清刻本　一册　存五卷(十六至二十)

360000－1901－0042162　804319
增補萬寶全書二十卷　(明)陳繼儒撰　(清)毛焕文增補　清刻本　三册　存十九卷(一至九、十一至二十)

360000－1901－0042163　804321
增補萬寶全書二十卷　(明)陳繼儒撰　(清)毛焕文增補　清刻本　二册　存十一卷(三至八、十六至二十)

360000－1901－0042164　804322

增補萬寶全書二十卷 （明）陳繼儒撰 （清）毛焕文增補 清刻本 一册 存六卷（四至九）

360000－1901－0042165 804418
增補萬寶全書二十卷 （明）陳繼儒撰 （清）毛焕文增補 清刻本 一册 存六卷（四至九）

360000－1901－0042166 804419
增補萬寶全書二十卷 （明）陳繼儒撰 （清）毛焕文增補 清刻本 一册 存六卷（十一至十六）

360000－1901－0042167 804420
增補萬寶全書二十卷 （明）陳繼儒撰 （清）毛焕文增補 清刻本 一册 存十卷（十一至二十）

360000－1901－0042168 804421
增補萬寶全書二十卷 （明）陳繼儒撰 （清）毛焕文增補 清刻本 一册 存六卷（四至九）

360000－1901－0042169 804422
增補萬寶全書二十卷 （明）陳繼儒撰 （清）毛焕文增補 清刻本 一册 存五卷（十六至二十）

360000－1901－0042170 900743
增補萬寶全書二十卷 （明）陳繼儒撰 （清）毛焕文增補 清刻本 一册 存六卷（九至十四）

360000－1901－0042171 804425
增補萬寶全書二十卷 （明）陳繼儒撰 （清）毛焕文增補 清末石印本 一册 存四卷（十一至十四）

360000－1901－0042172 407264
增補萬寶全書二十卷 （明）陳繼儒撰 （清）毛焕文增補 清三讓堂刻本 四册

360000－1901－0042173 413412
增補萬寶全書二十卷 （明）陳繼儒撰 （清）毛焕文增補 清同文堂刻本 一册 存七卷（一至七）

360000－1901－0042174 404081
增補萬寶全書二十卷 （明）陳繼儒撰 （清）毛焕文增補 清同治十年（1871）刻本 二册

360000－1901－0042175 804318
增補萬寶全書二十卷 （明）陳繼儒撰 （清）毛焕文增補 清同治十三年（1874）愛日堂刻本 一册 存三卷（一至三）

360000－1901－0042176 804320
增補萬寶全書二十卷 （明）陳繼儒撰 （清）毛焕文增補 清萬古堂刻本 一册 存四卷（一至四）

360000－1901－0042177 160132
增補五經備旨精萃 （清）鄒聖脈纂輯 清末善成堂刻本 十二册 存三種

360000－1901－0042178 804705
增補五經文體二十四卷 （清）顔伯燾等撰 清刻本 一册 存二卷（十五至十六）

360000－1901－0042179 230164
增補武經講意備旨真本六卷 （清）周亮輔撰 **附科場射法指南車一卷** （清）程錡編 （清）周亮輔增注 **科場射法指南車一卷** （清）劉奇編 （清）周亮輔增注 **醉古園秘擬鄉會兩闈標題詳解文訣一卷** （清）周亮士等訂 清康熙四十五年（1706）刻本 六册

360000－1901－0042180 805034
增補詳注秋水軒尺牘四卷首一卷 （清）許思湄撰 （清）婁世瑞注 （清）寄鴻軒主人輯 清宣統二年（1910）上海龍文書局石印本 一册

360000－1901－0042181 417198
增補星平會海命學全書十卷首一卷 （清）水中龍輯 清乾隆十五年（1750）刻本 一册 存三卷（一至二、首一卷）

360000－1901－0042182 802825
增補選擇通書廣玉匣記二卷 題（晉）許遜撰 （清）□□增補 清大盛堂刻本 一册

360000－1901－0042183　162855
增補藥性雷公炮製十卷　(清)張光斗撰　清嘉慶十四年(1809)春華堂刻本　八冊

360000－1901－0042184　407642
增補藥性雷公炮製十卷　(清)張光斗撰　清書林陳國旺刻本　二冊　存五卷(四至八)

360000－1901－0042185　407643
增補藥性雷公炮製十卷　(清)張光斗撰　清書林陳國旺刻本　二冊　存四卷(五至八)

360000－1901－0042186　800114
增補醫方一盤珠全集十卷　(清)洪金鼎撰　清嘉慶二十三年(1818)致和堂刻本(卷六至七配清刻本)　二冊　存四卷(一至二、六至七)

360000－1901－0042187　420645
增補醫方一盤珠全集十卷　(清)洪金鼎撰　清嘉慶二十三年(1818)致和堂刻本(卷六至十配清刻本)　五冊

360000－1901－0042188　420651
增補醫方一盤珠全集十卷　(清)洪金鼎撰　清嘉慶七年(1802)錦盛堂刻本　四冊

360000－1901－0042189　420652
增補醫方一盤珠全集十卷　(清)洪金鼎撰　清嘉慶七年(1802)錦盛堂刻本　一冊

360000－1901－0042190　420662
增補醫方一盤珠全集十卷　(清)洪金鼎撰　清嘉慶四年(1799)萬卷樓刻本(卷六至十配清刻本)　二冊

360000－1901－0042191　420638
增補醫方一盤珠全集十卷　(清)洪金鼎撰　清刻本　二冊

360000－1901－0042192　420639
增補醫方一盤珠全集十卷　(清)洪金鼎撰　清刻本　四冊

360000－1901－0042193　420640
增補醫方一盤珠全集十卷　(清)洪金鼎撰　清刻本　四冊

360000－1901－0042194　420641
增補醫方一盤珠全集十卷　(清)洪金鼎撰　清刻本　四冊

360000－1901－0042195　420642
增補醫方一盤珠全集十卷　(清)洪金鼎撰　清刻本　四冊

360000－1901－0042196　420643
增補醫方一盤珠全集十卷　(清)洪金鼎撰　清刻本　四冊

360000－1901－0042197　420644
增補醫方一盤珠全集十卷　(清)洪金鼎撰　清刻本　四冊

360000－1901－0042198　420646
增補醫方一盤珠全集十卷　(清)洪金鼎撰　清刻本　四冊

360000－1901－0042199　420647
增補醫方一盤珠全集十卷　(清)洪金鼎撰　清刻本　四冊

360000－1901－0042200　420649
增補醫方一盤珠全集十卷　(清)洪金鼎撰　清刻本　四冊

360000－1901－0042201　420650
增補醫方一盤珠全集十卷　(清)洪金鼎撰　清刻本　二冊

360000－1901－0042202　420653
增補醫方一盤珠全集十卷　(清)洪金鼎撰　清刻本　二冊

360000－1901－0042203　420655
增補醫方一盤珠全集十卷　(清)洪金鼎撰　清刻本　四冊

360000－1901－0042204　420657
增補醫方一盤珠全集十卷　(清)洪金鼎撰　清刻本　五冊

360000－1901－0042205　420658
增補醫方一盤珠全集十卷　(清)洪金鼎撰　清刻本　四冊

360000－1901－0042206　420659
增補醫方一盤珠全集十卷　(清)洪金鼎撰
清刻本　三冊

360000－1901－0042207　420660
增補醫方一盤珠全集十卷　(清)洪金鼎撰
清刻本　四冊

360000－1901－0042208　420663
增補醫方一盤珠全集十卷　(清)洪金鼎撰
清刻本　二冊

360000－1901－0042209　420664
增補醫方一盤珠全集十卷　(清)洪金鼎撰
清刻本　二冊

360000－1901－0042210　420665
增補醫方一盤珠全集十卷　(清)洪金鼎撰
清刻本　二冊

360000－1901－0042211　420666
增補醫方一盤珠全集十卷　(清)洪金鼎撰
清刻本　二冊

360000－1901－0042212　420667
增補醫方一盤珠全集十卷　(清)洪金鼎撰
清刻本　四冊

360000－1901－0042213　420668
增補醫方一盤珠全集十卷　(清)洪金鼎撰
清刻本　四冊　存九卷(一至七、九至十)

360000－1901－0042214　420669
增補醫方一盤珠全集十卷　(清)洪金鼎撰
清刻本　四冊

360000－1901－0042215　420670
增補醫方一盤珠全集十卷　(清)洪金鼎撰
清刻本　二冊

360000－1901－0042216　420671
增補醫方一盤珠全集十卷　(清)洪金鼎撰
清刻本　二冊

360000－1901－0042217　420672
增補醫方一盤珠全集十卷　(清)洪金鼎撰
清刻本　二冊

360000－1901－0042218　420673
增補醫方一盤珠全集十卷　(清)洪金鼎撰
清刻本　二冊　存六卷(一至三、六至八)

360000－1901－0042219　420674
增補醫方一盤珠全集十卷　(清)洪金鼎撰
清刻本　三冊

360000－1901－0042220　420675
增補醫方一盤珠全集十卷　(清)洪金鼎撰
清刻本　二冊　存六卷(一至六)

360000－1901－0042221　420676
增補醫方一盤珠全集十卷　(清)洪金鼎撰
清刻本　三冊

360000－1901－0042222　420677
增補醫方一盤珠全集十卷　(清)洪金鼎撰
清刻本　三冊

360000－1901－0042223　420678
增補醫方一盤珠全集十卷　(清)洪金鼎撰
清刻本　四冊

360000－1901－0042224　420679
增補醫方一盤珠全集十卷　(清)洪金鼎撰
清刻本　四冊　存九卷(一至八、十)

360000－1901－0042225　420680
增補醫方一盤珠全集十卷　(清)洪金鼎撰
清刻本　四冊

360000－1901－0042226　420681
增補醫方一盤珠全集十卷　(清)洪金鼎撰
清刻本　四冊

360000－1901－0042227　420682
增補醫方一盤珠全集十卷　(清)洪金鼎撰
清刻本　四冊

360000－1901－0042228　420683
增補醫方一盤珠全集十卷　(清)洪金鼎撰
清刻本　四冊

360000－1901－0042229　420684
增補醫方一盤珠全集十卷　(清)洪金鼎撰
清刻本　四冊

360000－1901－0042230　420684－1
增補醫方一盤珠全集十卷　（清）洪金鼎撰
清刻本　二冊　存四卷（五至六、九至十）

360000－1901－0042231　420684－2
增補醫方一盤珠全集十卷　（清）洪金鼎撰
清刻本　一冊　存五卷（六至十）

360000－1901－0042232　420695
增補醫方一盤珠全集十卷　（清）洪金鼎撰
清刻本　三冊　存七卷（一至五、七至八）

360000－1901－0042233　420696
增補醫方一盤珠全集十卷　（清）洪金鼎撰
清刻本　三冊　存四卷（一至二、八至九）

360000－1901－0042234　420696－1
增補醫方一盤珠全集十卷　（清）洪金鼎撰
清刻本　一冊　存二卷（一至二）

360000－1901－0042235　420696－2
增補醫方一盤珠全集十卷　（清）洪金鼎撰
清刻本　二冊　存四卷（六、八至十）

360000－1901－0042236　800037
增補醫方一盤珠全集十卷　（清）洪金鼎撰
清刻本　二冊　存四卷（五至八）

360000－1901－0042237　800106
增補醫方一盤珠全集十卷　（清）洪金鼎撰
清刻本　二冊　存五卷（三至七）

360000－1901－0042238　800107
增補醫方一盤珠全集十卷　（清）洪金鼎撰
清刻本　二冊　存六卷（三至六、九至十）

360000－1901－0042239　800109
增補醫方一盤珠全集十卷　（清）洪金鼎撰
清刻本　一冊　存五卷（一至二、六至八）

360000－1901－0042240　800110
增補醫方一盤珠全集十卷　（清）洪金鼎撰
清刻本　一冊　存四卷（一至二、六至七）

360000－1901－0042241　800111
增補醫方一盤珠全集十卷　（清）洪金鼎撰
清刻本　四冊

360000－1901－0042242　800112
增補醫方一盤珠全集十卷　（清）洪金鼎撰
清刻本　二冊

360000－1901－0042243　800113
增補醫方一盤珠全集十卷　（清）洪金鼎撰
清刻本　一冊　存五卷（三至五、九至十）

360000－1901－0042244　800115
增補醫方一盤珠全集十卷　（清）洪金鼎撰
清刻本　三冊　存八卷（一至六、九至十）

360000－1901－0042245　800117
增補醫方一盤珠全集十卷　（清）洪金鼎撰
清刻本　三冊　存八卷（二至七、九至十）

360000－1901－0042246　801227
增補醫方一盤珠全集十卷　（清）洪金鼎撰
清刻本　一冊　存四卷（七至十）

360000－1901－0042247　801229
增補醫方一盤珠全集十卷　（清）洪金鼎撰
清刻本　一冊　存三卷（六至八）

360000－1901－0042248　801230
增補醫方一盤珠全集十卷　（清）洪金鼎撰
清刻本　一冊　存三卷（八至十）

360000－1901－0042249　801231
增補醫方一盤珠全集十卷　（清）洪金鼎撰
清刻本　一冊　存三卷（六至八）

360000－1901－0042250　801232
增補醫方一盤珠全集十卷　（清）洪金鼎撰
清刻本　一冊　存三卷（六至八）

360000－1901－0042251　801233
增補醫方一盤珠全集十卷　（清）洪金鼎撰
清刻本　一冊　存三卷（六至八）

360000－1901－0042252　801234
增補醫方一盤珠全集十卷　（清）洪金鼎撰
清刻本　一冊　存三卷（六至八）

360000－1901－0042253　420654
增補醫方一盤珠全集十卷　（清）洪金鼎撰
清刻本（卷一至二配清光緒三十三年尚德堂刻本）　四冊

360000－1901－0042254　420656
增補醫方一盤珠全集十卷　(清)洪金鼎撰　清刻本(卷一至二配清嘉慶十三年集古堂刻本)　五冊

360000－1901－0042255　420661
增補醫方一盤珠全集十卷　(清)洪金鼎撰　清刻本(卷一至三配清經綸堂刻本)　四冊

360000－1901－0042256　801240
增補醫方一盤珠全集十卷　(清)洪金鼎撰　清末石印本　一冊　存二卷(三至四)

360000－1901－0042257　800108
增補醫方一盤珠全集十卷　(清)洪金鼎撰　清四教堂刻本　二冊　存七卷(一至七)

360000－1901－0042258　800116
增補醫方一盤珠全集十卷　(清)洪金鼎撰　清四教堂刻本(卷六至十配清刻本)　三冊

360000－1901－0042259　420648
增補醫方一盤珠十卷　(清)洪金鼎撰　清刻本　三冊

360000－1901－0042260　801226
增補醫方一盤珠十卷　(清)洪金鼎撰　清刻本　三冊　存八卷(三至十)

360000－1901－0042261　801228
增補醫方一盤珠十卷　(清)洪金鼎撰　清刻本　一冊　存三卷(三至五)

360000－1901－0042262　403874
增補幼學六卷首一卷　(明)程登吉撰　清刻本　四冊

360000－1901－0042263　404741
增補類體廣類集四卷　(清)史典輯　(清)汪瑞齡重輯　(清)蔣岳增輯　清刻本　二冊　存二卷(一、四)

360000－1901－0042264　421372
增補重訂千家詩注解二卷　(宋)謝枋得選　(清)王相注　**諸名家百壽詩一卷百花詩一卷**　(清)王相選注　清道光七年(1827)刻本　一冊

360000－1901－0042265　421372－1
增補重訂千家詩注解二卷　(宋)謝枋得選　(清)王相注　**諸名家百壽詩一卷百花詩一卷**　(清)王相選注　清道光七年(1827)刻本　一冊　存二卷(增補重訂千家詩注解上、諸名家百壽詩一卷)

360000－1901－0042266　123264
增補重訂千家詩注解二卷　(宋)謝枋得選　(清)王相注　**諸名家百壽詩一卷百花詩一卷**　(清)王相選注　清光緒二年(1876)文星堂刻本　一冊

360000－1901－0042267　421461
增補重訂千家詩注解二卷　(宋)謝枋得選　(清)王相注　**諸名家百壽詩一卷百花詩一卷**　(清)王相選注　清嘉慶二十二年(1817)刻本　一冊

360000－1901－0042268　421371
增補重訂千家詩注解二卷　(宋)謝枋得選　(清)王相注　**諸名家百壽詩一卷百花詩一卷**　(清)王相選注　清刻本　一冊　存二卷(增補重訂千家詩注解上、諸名家百壽詩一卷)

360000－1901－0042269　421454
增補重訂千家詩注解二卷　(宋)謝枋得選　(清)王相注　**諸名家百壽詩一卷百花詩一卷**　(清)王相選注　清刻本　一冊　存二卷(增補重訂千家詩注解下、百花詩一卷)

360000－1901－0042270　421455
增補重訂千家詩注解二卷　(宋)謝枋得選　(清)王相注　**諸名家百壽詩一卷百花詩一卷**　(清)王相選注　清刻本　一冊　存二卷(增補重訂千家詩注解下、百花詩一卷)

360000－1901－0042271　421456
增補重訂千家詩注解二卷　(宋)謝枋得選　(清)王相注　**諸名家百壽詩一卷百花詩一卷**　(清)王相選注　清刻本　一冊

360000－1901－0042272　421457
增補重訂千家詩注解二卷　(宋)謝枋得選

（清）王相注　**諸名家百壽詩一卷百花詩一卷**　（清）王相選注　清刻本　一冊

360000－1901－0042273　421458
增補重訂千家詩注解二卷　（宋）謝枋得選　（清）王相注　**諸名家百壽詩一卷百花詩一卷**　（清）王相選注　清刻本　一冊

360000－1901－0042274　421458－1
增補重訂千家詩注解二卷　（宋）謝枋得選　（清）王相注　**諸名家百壽詩一卷百花詩一卷**　（清）王相選注　清刻本　一冊

360000－1901－0042275　421459
增補重訂千家詩注解二卷　（宋）謝枋得選　（清）王相注　**諸名家百壽詩一卷百花詩一卷**　（清）王相選注　清刻本　一冊

360000－1901－0042276　421373
增補重訂千家詩注解二卷　（宋）謝枋得選　（清）王相注　**諸名家百壽詩一卷百花詩一卷**　（清）王相選注　清致和堂刻本　一冊

360000－1901－0042277　720891
律賦衡裁六卷　（清）周嘉猷輯　（清）周鈖輯　（清）湯聘評　清文富堂刻本　一冊　存三卷（一至三）

360000－1901－0042278　301449
增補注釋故事白眉十卷　（明）許以忠輯　清刻本　四冊

360000－1901－0042279　162423
增補註釋故事白眉十卷　（明）許以忠輯　清雍正十三年（1735）素味堂刻本　四冊

360000－1901－0042280　404875
增補註釋故事白眉十卷　（明）許以忠輯　清光緒二年（1876）經濟堂刻本　三冊　存七卷（一至五、九至十）

360000－1901－0042281　250048
增補註釋故事白眉十卷　（明）許以忠輯　清康熙四十一年（1702）聚錦堂刻本　四冊

360000－1901－0042282　404990
增補註釋故事白眉十卷　（明）許以忠輯　清康熙四十一年（1702）聚錦堂刻本　二冊　存四卷（一至二、九至十）

360000－1901－0042283　404990－1
增補註釋故事白眉十卷　（明）許以忠輯　清刻本　一冊　存二卷（二至三）

360000－1901－0042284　805045
增補註釋故事白眉十卷　（明）許以忠輯　清刻本　三冊　存六卷（三至八）

360000－1901－0042285　160417
增補字彙十二卷首一卷末一卷　（清）梅膺祚撰　清嘉慶十三年（1808）聚文堂刻本　十三冊

360000－1901－0042286　401979
增補字學舉隅不分卷　（清）王維珍輯　清光緒二年（1876）刻本　一冊

360000－1901－0042287　401979－1
增補字學舉隅不分卷　（清）王維珍輯　清光緒二年（1876）刻本　一冊

360000－1901－0042288　404826
增城縣修學宫解惑十説一卷　（清）晏紫垣撰　清光緒十三年（1887）刻本　一冊

360000－1901－0042289　404826－1
增城縣修學宫解惑十説一卷　（清）晏紫垣撰　清光緒十三年（1887）刻本　一冊

360000－1901－0042290　404826－2
增城縣修學宫解惑十説一卷　（清）晏紫垣撰　清光緒十三年（1887）刻本　一冊

360000－1901－0042291　404826－3
增城縣修學宫解惑十説一卷　（清）晏紫垣撰　清光緒十三年（1887）刻本　一冊

360000－1901－0042292　420746
增定便攷萬病回春善本八卷　（明）龔廷賢輯　清初刻本　二冊　存三卷（二、四至五）

360000－1901－0042293　250158
增定古今逸史　（明）吳琯編　明刻本　一冊　存三種

360000－1901－0042294　415795
增定鑑畧妥註讀本三卷總論一卷　(明)李廷機撰　(明)張瑞圖校正　清光緒三十年(1904)上海同文社鉛印本　二册

360000－1901－0042295　415796
增定鑑畧妥註讀本三卷總論一卷　(明)李廷機撰　(明)張瑞圖校正　清末上海廣益書局石印本　一册

360000－1901－0042296　415797
增定鑑畧妥註讀本三卷總論一卷　(明)李廷機撰　(明)張瑞圖校正　清末石印本　一册

360000－1901－0042297　415798
增定鑑畧妥註讀本三卷總論一卷　(明)李廷機撰　(明)張瑞圖校正　清末石印本　一册　存二卷(中、下)

360000－1901－0042298　220283
增定課兒鑑畧妥注善本五卷　(明)李廷機撰　(明)張瑞圖校正　清乾隆十三年(1748)兩儀堂刻本　二册

360000－1901－0042299　304428
增定課兒鑑畧妥注善本五卷　(明)李廷機撰　(清)鄒聖脈增訂　清愛日堂刻本　二册

360000－1901－0042300　304429
增定課兒鑑畧妥注善本五卷　(明)李廷機撰　(清)鄒聖脈增訂　清敦仁堂刻本　二册

360000－1901－0042301　304425
增定課兒鑑畧妥注善本五卷　(明)李廷機撰　(清)鄒聖脈增訂　清光緒二十九年(1903)文奎堂石印本　二册

360000－1901－0042302　415805
增定課兒鑑畧妥注善本五卷　(明)李廷機撰　(清)鄒聖脈增訂　清石渠閣刻本　一册

360000－1901－0042303　415809
增定課兒鑑畧妥注善本五卷　(明)李廷機撰　(清)鄒聖脈增訂　清文奎堂刻本　二册

360000－1901－0042304　415810
增定課兒鑑畧妥注善本五卷　(明)李廷機撰　(清)鄒聖脈增訂　清文奎堂刻本　二册

360000－1901－0042305　415806
增定課兒鑑畧妥注善本五卷　(明)李廷機撰　(清)鄒聖脈增訂　清文理堂刻本　二册

360000－1901－0042306　415811
增定課兒鑑畧妥注善本五卷　(明)李廷機撰　(清)鄒聖脈增訂　清務本堂刻本　二册　存三卷(一、四至五)

360000－1901－0042307　418518
增訂暗室燈註解二卷　(清)深山居士輯　(清)紀立身增訂　清光緒七年(1881)江西刻本　一册

360000－1901－0042308　801317
增訂柏韞臯先生文稿不分卷　(清)柏謙撰　清刻本　一册

360000－1901－0042309　420910
增訂本草備要八卷湯頭歌訣一卷　(清)汪昂撰　清同治元年(1862)文成堂刻本(卷二至三配清刻本)　五册

360000－1901－0042310　162246
增訂本草備要六卷醫方集解六卷　(清)汪昂撰　清文光堂刻本　六册

360000－1901－0042311　420917
增訂本草備要四卷　(清)汪昂撰　清光緒三十年(1904)刻本　四册

360000－1901－0042312　420918
增訂本草備要四卷　(清)汪昂撰　清康熙三十三年(1694)還讀齋刻本　三册

360000－1901－0042313　420916
增訂本草備要四卷　(清)汪昂撰　清刻本　四册

360000－1901－0042314　420919
增訂本草備要四卷　(清)汪昂撰　清刻本　一册

360000－1901－0042315　420923
增訂本草備要四卷　(清)汪昂撰　清刻本　四册

360000－1901－0042316　420924
增訂本草備要四卷　(清)汪昂撰　清刻本　三册

360000－1901－0042317　420925－1
增訂本草備要四卷　(清)汪昂撰　清刻本　一册　存二卷(二至三)

360000－1901－0042318　902218
增訂本草備要四卷　(清)汪昂撰　清刻本　二册

360000－1901－0042319　902219
增訂本草備要四卷　(清)汪昂撰　清刻本　一册

360000－1901－0042320　420914
增訂本草備要四卷　(清)汪昂撰　清乾隆四十九年(1784)刻本(卷三至四配清刻本)　二册

360000－1901－0042321　420925
增訂本草備要四卷　(清)汪昂撰　清乾隆四十五年(1780)刻本　一册

360000－1901－0042322　420920
增訂本草備要四卷　(清)汪昂撰　清乾隆五十九年(1794)刻本(卷四配清刻本)　二册

360000－1901－0042323　420921
增訂本草備要四卷　(清)汪昂撰　清英華樓刻本(卷四配清刻本)　三册

360000－1901－0042324　420922
增訂本草備要四卷附經絡歌訣一卷湯頭歌訣一卷　(清)汪昂撰　清廣德堂刻本　二册

360000－1901－0042325　420915
增訂本草備要四卷附湯頭歌訣一卷　(清)汪昂撰　清嘉慶五年(1800)刻本(卷四配清刻本)　二册

360000－1901－0042326　420912
增訂本草備要四卷湯頭歌訣一卷　(清)汪昂撰　清光緒七年(1881)蘇城緑慎堂刻本　五册

360000－1901－0042327　420913
增訂本草備要四卷湯頭歌訣一卷　(清)汪昂撰　清桂華樓刻本　一册

360000－1901－0042328　420911
增訂本草備要四卷湯頭歌訣一卷　(清)汪昂撰　清刻本　三册　存四卷(一至二、四,湯頭歌訣一卷)

360000－1901－0042329　312245
增訂本國中等地理教科書三卷　張相文撰　清光緒二十八年(1902)南洋公學石印本　三册

360000－1901－0042330　804995
增訂本國中等地理教科書三卷　張相文撰　清光緒二十八年(1902)南洋公學石印本　三册

360000－1901－0042331　163921
增訂春秋衡庫三十一卷綱領一卷提要一卷兩周事考一卷列國始末一卷　(明)馮夢龍輯　明末余璟刻本　十册

360000－1901－0042332　163922
增訂春秋衡庫三十一卷綱領一卷提要一卷兩周事考一卷列國始末一卷　(明)馮夢龍輯　清末石印本　八册　缺二卷(綱領一卷、提要一卷)

360000－1901－0042333　160676
增訂春秋世族源流圖考六卷　(清)陳厚耀撰　(清)常茂徠增訂　清道光三十年(1850)夷門常氏怡古堂刻本　三册

360000－1901－0042334　407553
增訂達生編二卷婦科雜證一卷　(清)文晟輯　清同治四年(1865)萍鄉文慶堂刻六種新編本　一册

360000－1901－0042335　407553－1
增訂達生編二卷婦科雜證一卷　(清)文晟輯　清同治四年(1865)萍鄉文慶堂刻六種新編本　一册　存二卷(增訂達生編二卷)

360000－1901－0042336　304117
增訂丹桂籍十二卷　(明)顔正輯　清同治十

二年(1873)刻本　十二册

360000－1901－0042337　164854
增訂痘疹輯要四卷　(清)白振斯撰　清光緒二十四年(1898)南海梁承志堂刻本　二册

360000－1901－0042338　401390
增訂二論詳解四卷　(清)劉忠輯　清愛日堂刻本　二册

360000－1901－0042339　401386
增訂二論詳解四卷　(清)劉忠輯　清道光二十八年(1848)松盛堂刻本　二册

360000－1901－0042340　401388
增訂二論詳解四卷　(清)劉忠輯　清光緒三十三年(1907)兩儀堂刻本　二册

360000－1901－0042341　401389
增訂二論詳解四卷　(清)劉忠輯　清光緒三十三年(1907)兩儀堂刻本　二册

360000－1901－0042342　401390－1
增訂二論詳解四卷　(清)劉忠輯　清刻本　一册　存二卷(三至四)

360000－1901－0042343　401391
增訂二論詳解四卷　(清)劉忠輯　清宣統元年(1909)上海育文書局石印本　一册

360000－1901－0042344　401392
增訂二論詳解四卷　(清)劉忠輯　清宣統元年(1909)上海育文書局石印本　二册　存二卷(三至四)

360000－1901－0042345　401393
增訂二論詳解四卷　(清)劉忠輯　清狀元閣刻本　四册

360000－1901－0042346　401394
增訂二論詳解四卷　(清)劉忠輯　清狀元閣刻本　四册

360000－1901－0042347　250041
增訂二三場羣書備考四卷　(明)袁黄撰　(明)袁儼注　(明)沈昌世增　明崇禎十五年(1642)沈昌世刻本　四册

360000－1901－0042348　220482
增訂改元考同一卷　(清)吳肅公撰　(清)張潮輯　(清)田國榮增訂　清乾隆四十九年(1784)刻本　一册

360000－1901－0042349　305372－1
綠蘿山莊文集二十四卷　(清)胡浚撰注　清嘉慶元年(1796)刻本　七册　存十二卷(一至六、十九至二十四)

360000－1901－0042350　309211
增訂格物入門七卷　(美國)丁韙良撰　清光緒二十二年(1896)刻本　七册

360000－1901－0042351　405070－1
增訂畊餘瑣錄十二卷　(清)馮世瀛輯　清刻本　一册　存六卷(七至十二)

360000－1901－0042352　802214
增訂畊餘瑣錄十二卷　(清)馮世瀛輯　清刻本　二册　存六卷(七至十二)

360000－1901－0042353　405070
增訂畊餘瑣錄十二卷　(清)馮世瀛輯　清同治八年(1869)刻本　三册

360000－1901－0042354　411310
增訂古今秘苑四卷二集四卷　(清)許之鳳輯　清刻本　一册　存二卷(增訂古今秘苑一至二)

360000－1901－0042355　411308
增訂古今秘苑四卷二集四卷　(清)許之鳳輯　清同治元年(1862)刻本　四册

360000－1901－0042356　405053
增訂古詩摘鈔十卷　(清)朱之荆集注　清乾隆十五年(1750)南屏草堂刻本　一册　存四卷(一至四)

360000－1901－0042357　150413
增訂漢魏叢書　(清)王謨輯　清光緒二十一年(1895)古越黄氏石印本　十六册

360000－1901－0042358　150414
增訂漢魏叢書　(清)王謨輯　清光緒二十一年(1895)古越黄氏石印本　十六册

360000－1901－0042359　150415
增訂漢魏叢書　(清)王謨輯　清光緒二十一年(1895)古越黄氏石印本　十六册

360000－1901－0042360　600322
增訂漢魏叢書　(清)王謨輯　清光緒二十一年(1895)古越黄氏石印本　十四册　存八十二種

360000－1901－0042361　304495
增訂漢魏叢書　(清)王謨輯　清刻本　一册　存四種

360000－1901－0042362　407621
增訂漢魏叢書　(清)王謨輯　清刻本　四十九册　存四十二種

360000－1901－0042363　407621－1
增訂漢魏叢書　(清)王謨輯　清刻本　十九册　存十九種

360000－1901－0042364　407621－2
增訂漢魏叢書　(清)王謨輯　清刻本　二册　存三種

360000－1901－0042365　407621－3
增訂漢魏叢書　(清)王謨輯　清刻本　一册　存四種

360000－1901－0042366　416491
增訂漢魏叢書　(清)王謨輯　清刻本　一册　存三種

360000－1901－0042367　600317
增訂漢魏叢書　(清)王謨輯　清刻本　五十七册　存六十三種

360000－1901－0042368　600320
增訂漢魏叢書　(清)王謨輯　清刻本　三十三册　存十九種

360000－1901－0042369　600320－1
增訂漢魏叢書　(清)王謨輯　清刻本　十一册　存七種

360000－1901－0042370　603591
增訂漢魏叢書　(清)王謨輯　清刻本　一册　存五種

360000－1901－0042371　603877
增訂漢魏叢書　(清)王謨輯　清刻本　一册　存五種

360000－1901－0042372　722262
增訂漢魏叢書　(清)王謨輯　清刻本　三册　存三種

360000－1901－0042373　722262－1
增訂漢魏叢書　(清)王謨輯　清刻本　五册　存二種

360000－1901－0042374　722304
增訂漢魏叢書　(清)王謨輯　清刻本　一册　存二種

360000－1901－0042375　150410
增訂漢魏叢書　(清)王謨輯　清乾隆五十六年(1791)金谿王氏刻本　八十册

360000－1901－0042376　150411
增訂漢魏叢書　(清)王謨輯　清乾隆五十六年(1791)金谿王氏刻本　八十册

360000－1901－0042377　150412
增訂漢魏叢書　(清)王謨輯　清乾隆五十六年(1791)金谿王氏刻本　八十二册　存八十種

360000－1901－0042378　407620
增訂漢魏叢書　(清)王謨輯　清乾隆五十六年(1791)金谿王氏刻本　四十六册　存六十九種

360000－1901－0042379　600315
增訂漢魏叢書　(清)王謨輯　清乾隆五十六年(1791)金谿王氏刻本　七十三册　存八十種

360000－1901－0042380　600316
增訂漢魏叢書　(清)王謨輯　清乾隆五十六年(1791)金谿王氏刻本　六十九册　存七十一種

360000－1901－0042381　600318
增訂漢魏叢書　(清)王謨輯　清乾隆五十六年(1791)金谿王氏刻本　六十八册　存七十

一種

360000－1901－0042382　600319
增訂漢魏叢書　(清)王謨輯　清乾隆五十六年(1791)金谿王氏刻本　三十七册　存五十四種

360000－1901－0042383　707622
增訂漢魏叢書　(清)王謨輯　清乾隆五十六年(1791)金谿王氏刻本　七册　存十三種

360000－1901－0042384　721841
增訂漢魏叢書　(清)王謨輯　清乾隆五十六年(1791)金谿王氏刻本　六册　存十一種

360000－1901－0042385　721841－1
增訂漢魏叢書　(清)王謨輯　清乾隆五十六年(1791)金谿王氏刻本　三册　存七種

360000－1901－0042386　901013－2
增訂漢魏叢書　(清)王謨輯　清乾隆五十六年(1791)金谿王氏刻本　四册　存四種

360000－1901－0042387　150416
增訂漢魏叢書　(清)王謨輯　清宣統三年(1911)上海大通書局石印本　三十二册

360000－1901－0042388　150417
增訂漢魏叢書　(清)王謨輯　清宣統三年(1911)上海大通書局石印本　三十二册

360000－1901－0042389　150418
增訂漢魏叢書　(清)王謨輯　清宣統三年(1911)上海大通書局石印本　三十二册

360000－1901－0042390　600321
增訂漢魏叢書　(清)王謨輯　清宣統三年(1911)上海大通書局石印本　二十七册　存七十七種

360000－1901－0042391　406000
增訂合聲簡字譜一卷　勞乃宣撰　清光緒三十二年(1906)刻本　一册

360000－1901－0042392　421664
增訂繪圖精忠說岳全傳八卷八十回　(清)錢彩撰　(清)金豐增訂　清末石印本　七册　存七卷(二至八)七十二回(九至八十)

360000－1901－0042393　421666
增訂繪圖精忠說岳全傳八卷八十回　(清)錢彩撰　(清)金豐增訂　清末石印本　一册　存一卷(五)十回(四十一至五十)

360000－1901－0042394　421665
增訂繪圖精忠說岳全傳八卷八十回　(清)錢彩撰　(清)金豐增訂　清末天寶書局石印本　三册　存五卷(二、五至八)五十二回(九至二十、四十一至八十)

360000－1901－0042395　901381
增訂集錄十二卷　(清)于光華編　清刻本　十册　存十卷(一至十)

360000－1901－0042396　901904
增訂寄嶽雲齋試體詩選四卷　(清)聶銑敏撰　(清)朱兆鳳評　清刻本　二册　存二卷(三至四)

360000－1901－0042397　901906
增訂寄嶽雲齋試體詩選四卷　(清)聶銑敏撰　(清)朱兆鳳評　清刻本　三册　存三卷(一至二、四)

360000－1901－0042398　901905
增訂寄嶽雲齋試體詩選四卷　(清)聶銑敏撰　(清)朱兆鳳評　清蘇州掃葉山房刻本　二册　存二卷(一、三)

360000－1901－0042399　412749
增訂今雨堂詩墨註四卷　(清)金甡撰　(清)洪鐘注　清石渠閣刻本　二册

360000－1901－0042400　412749－1
增訂今雨堂詩墨註四卷　(清)金甡撰　(清)洪鐘注　清石渠閣刻本　一册　存二卷(三至四)

360000－1901－0042401　800816
增訂今雨堂詩墨註四卷　(清)金甡撰　(清)洪鐘注　清石渠閣刻本　一册

360000－1901－0042402　210492
增訂金壺字考十九卷　(宋)釋適之編　(清)田朝恒增訂　**二集二十一卷補錄一卷補註一**

卷　(清)田朝恒編　清乾隆二十四年至二十七年(1759－1762)貽安堂刻本　四冊

360000－1901－0042403　409437
增訂金壺字考十九卷　(宋)釋適之編　(清)田朝恒增訂　**二集二十一卷補錄一卷補註一卷**　(清)田朝恒編　清乾隆二十四年至二十七年(1759－1762)貽安堂刻本　四冊

360000－1901－0042404　409438
增訂金壺字考十九卷　(宋)釋適之編　(清)田朝恒增訂　**二集二十一卷補錄一卷補註一卷**　(清)田朝恒編　清乾隆二十四年至二十七年(1759－1762)貽安堂刻本　四冊

360000－1901－0042405　409439
增訂金壺字考十九卷　(宋)釋適之編　(清)田朝恒增訂　**二集二十一卷補錄一卷補註一卷**　(清)田朝恒編　清乾隆二十四年至二十七年(1759－1762)貽安堂刻本　四冊

360000－1901－0042406　160566
增訂金壺字考一卷古體假借字一卷　(清)郝在田撰　清光緒二年(1876)刻本　一冊

360000－1901－0042407　409436
增訂金壺字考一卷古體假借字一卷　(清)郝在田撰　清同治十三年(1874)刻本　一冊

360000－1901－0042408　409436－1
增訂金壺字考一卷古體假借字一卷　(清)郝在田撰　清同治十三年(1874)刻本　一冊

360000－1901－0042409　122018
增訂經籍舉要一卷　(清)龍啓瑞撰　(清)袁昶增訂　清光緒二十四年(1898)山西使署刻本　一冊

360000－1901－0042410　122279
增訂經籍舉要一卷　(清)龍啓瑞撰　(清)袁昶增訂　清光緒二十四年(1898)山西使署刻本　一冊

360000－1901－0042411　408831
增訂經驗良方十四卷　(清)沈肇元重訂　清刻本　一冊　存四卷(五至八)

360000－1901－0042412　805062
增訂精忠演義說本全傳二十卷八十回　(清)錢彩撰　(清)金豐增訂　清晉祁書業堂刻本　五冊　存八卷(一至三、七至八、十三至十四、十六)二十五回(一至十、二十五至三十、五十二至五十六、六十一至六十四)

360000－1901－0042413　804127
增訂精忠演義說本全傳二十卷八十回　(清)錢彩撰　(清)金豐增訂　清刻本　一冊　存一卷(十)四回(三十七至四十)

360000－1901－0042414　804132
增訂精忠演義說本全傳二十卷八十回　(清)錢彩撰　(清)金豐增訂　清刻本　一冊　存二卷(七至八)八回(二十五至三十二)

360000－1901－0042415　804133
增訂精忠演義說本全傳二十卷八十回　(清)錢彩撰　(清)金豐增訂　清奎元堂刻本　一冊　存二卷(一至二)八回(一至八)

360000－1901－0042416　805111
增訂敬信錄一卷　(清)周鼎臣輯　清道光十三年(1833)五桂樓刻本　一冊

360000－1901－0042417　162753
增訂敬信錄一卷　(清)周鼎臣輯　清道光四年(1824)聚賢堂刻本　一冊

360000－1901－0042418　805110
增訂敬信錄一卷　(清)周鼎臣輯　清嘉慶二十年(1815)刻本　一冊

360000－1901－0042419　417351
增訂敬信錄一卷　(清)周鼎臣輯　清刻本　一冊

360000－1901－0042420　417364
增訂敬信錄一卷　(清)周鼎臣輯　清刻本　一冊

360000－1901－0042421　805112
增訂敬信錄一卷　(清)周鼎臣輯　清刻本　一冊

360000－1901－0042422　230434

增訂敬信録一卷　(清)周鼎臣輯　清乾隆五十五年(1790)種德堂刻本　一册

360000－1901－0042423　404754
增訂臨文便覽不分卷　(清)張啓泰輯　(清)怡雲仙館主人重訂　清光緒二年(1876)刻本　一册

360000－1901－0042424　161247
增訂臨文便覽不分卷　(清)張啓泰輯　(清)怡雲仙館主人重訂　清光緒二年(1876)怡雲仙館刻本　四册

360000－1901－0042425　404763
增訂臨文便覽不分卷　(清)張啓泰輯　(清)怡雲仙館主人重訂　清同治十三年(1874)刻本　一册

360000－1901－0042426　711173
增訂南城張太史稿六卷　(清)張江撰　清乾隆十四年(1749)刻本　五册

360000－1901－0042427　711174
增訂南城張太史稿六卷　(清)張江撰　清乾隆十四年(1749)刻本　二册　存四卷(上論、下論,上孟、下孟)

360000－1901－0042428　400605
增訂南詔野史二卷　(明)楊慎撰　(清)胡蔚訂正　清光緒六年(1880)雲南書局刻本　一册　存一卷(上)

360000－1901－0042429　601192
增訂批點四書讀本十九卷　(宋)朱熹章句　(清)裘紹箕增訂　清光緒二十年(1894)刻本　五册

360000－1901－0042430　403339
增訂批點四書讀本十九卷　(宋)朱熹章句　(清)裘紹箕增訂　清同治四年(1865)廣豐至誠堂刻本　四册　存九卷(大學章句一、中庸章句一、孟子集註一至七)

360000－1901－0042431　603245
增訂批點四書讀本十九卷　(宋)朱熹章句　(清)裘紹箕增訂　清同治四年(1865)廣豐至誠堂刻本　六册

360000－1901－0042432　900211
增訂七家詩選註釋七卷　(清)張熙宇輯評　(清)王植桂輯注　清咸豐九年(1859)刻朱墨套印本　四册

360000－1901－0042433　900212
增訂七家詩選註釋七卷　(清)張熙宇輯評　(清)王植桂輯注　清咸豐九年(1859)刻朱墨套印本　二册

360000－1901－0042434　900213
增訂七家詩選註釋七卷　(清)張熙宇輯評　(清)王植桂輯注　清咸豐十年(1860)刻朱墨套印本　二册

360000－1901－0042435　901410
增訂入泮採芹捷訣五卷首一卷　(清)吴肖元評選　清乾隆三十八年(1773)漁古山房刻本　四册

360000－1901－0042436　120034
增訂三字鑑注釋一卷　(清)萬青銓撰　清道光二十九年(1849)芋栗園刻本　一册

360000－1901－0042437　120035
增訂三字鑑注釋一卷　(清)萬青銓撰　清道光二十九年(1849)芋栗園刻本　一册

360000－1901－0042438　120036
增訂三字鑑注釋一卷　(清)萬青銓撰　清道光二十九年(1849)芋栗園刻本　一册

360000－1901－0042439　418549－1
增訂三字鑑註釋一卷　(清)萬青銓撰　清道光二十九年(1849)刻本　一册

360000－1901－0042440　418549－2
增訂三字鑑註釋一卷　(清)萬青銓撰　清道光二十九年(1849)刻本　一册

360000－1901－0042441　418549－3
增訂三字鑑註釋一卷　(清)萬青銓撰　清道光二十九年(1849)刻本　一册

360000－1901－0042442　404364
增訂三字鑑註釋一卷　(清)萬青銓撰　清刻

本　一冊

360000－1901－0042443　404365
增訂三字鑑註釋一卷　（清）萬青銓撰　清刻本　一冊

360000－1901－0042444　415185
增訂三字鑑註釋一卷　（清）萬青銓撰　清兩儀堂刻本　一冊

360000－1901－0042445　405859
增訂四書典故快觀圖考不分卷　（清）呂官山撰　清益善堂刻本　一冊

360000－1901－0042446　603218
增訂四書集註大全四十二卷　（明）胡廣等輯　（清）汪份增訂　清康熙長洲汪氏遄喜齋刻本　二十六冊　存三十一卷（大學或問一、大學章句大全一至三，中庸章句大全一至二，論語集註大全一至十四，孟子集註大全三至十三）

360000－1901－0042447　403081
增訂四書集註大全四十二卷　（明）胡廣等輯　（清）汪份增訂　清刻本　十五冊　存二十一卷（論語集註大全十四至二十、孟子集註大全十四卷）

360000－1901－0042448　403082
增訂四書集註大全四十二卷　（明）胡廣等輯　（清）汪份增訂　清刻本　七冊　存八卷（論語集註大全八、十至十一、十三、十七至二十）

360000－1901－0042449　403138
增訂四書類典賦六十六卷　（清）甘紱撰　清嘉慶七年（1802）刻本　十二冊

360000－1901－0042450　901190
增訂四書類典賦六十六卷　（清）甘紱撰　清嘉慶十年（1805）刻本　一冊　存四卷（一至四）

360000－1901－0042451　404755
增訂四書類典賦六十六卷　（清）甘紱撰　清刻本　二冊　存十四卷（十至十二、二十一至三十一）

360000－1901－0042452　413282
增訂四書類典賦六十六卷　（清）甘紱撰　清刻本　一冊　存七卷（五至十一）

360000－1901－0042453　901187
增訂四書類典賦六十六卷　（清）甘紱撰　清刻本　四冊　存三十五卷（十一至十七、二十至二十九、四十七至五十五、五十八至六十六）

360000－1901－0042454　901191
增訂四書類典賦六十六卷　（清）甘紱撰　清刻本　一冊　存四卷（十二至十五）

360000－1901－0042455　901192
增訂四書類典賦六十六卷　（清）甘紱撰　清刻本　一冊　存三卷（十二至十四）

360000－1901－0042456　901193
增訂四書類典賦六十六卷　（清）甘紱撰　清刻本　一冊　存五卷（四十二至四十六）

360000－1901－0042457　901188
增訂四書類典賦六十六卷　（清）甘紱撰　清英德堂刻本　四冊　存九卷（一、十二至十三、十九至二十四）

360000－1901－0042458　403364
增訂四書析疑二十二卷　（清）張權時輯　清文盛堂刻本　三冊　存四卷（論語二、九至十，孟子二）

360000－1901－0042459　420906
增訂童氏本草備要八卷　（清）汪昂輯　（清）李保常增輯　清光緒二十二年（1896）上海圖書集成印書局鉛印本　二冊

360000－1901－0042460　420907
增訂童氏本草備要八卷　（清）汪昂輯　（清）李保常增輯　清光緒三十年（1904）上海六藝書局石印本　二冊

360000－1901－0042461　902217
增訂童氏本草備要八卷圖一卷　（清）汪昂輯　（清）李保常增輯　清光緒二十六年（1900）

上海文宜書局石印本　一冊　存二卷(一、圖一卷)

360000－1901－0042462　160145
增訂五經體注大全　(清)來爾繩等輯　清光緒五年(1879)慈水古草堂刻本　二十四冊

360000－1901－0042463　305428
增訂西學富強叢書　(清)日新社輯　清光緒二十七年(1901)上海日新社石印本　六十一冊

360000－1901－0042464　304631
增訂刑部説帖八卷增訂通行條例二卷　(清)國英等纂修　清光緒九年(1883)廣西臬署刻本　七冊　存七卷(一至二、四至七,增訂通行條例二)

360000－1901－0042465　305593
增訂刑部説帖八卷增訂通行條例二卷　(清)國英等纂修　清刻本　三冊　存三卷(三、八,增訂通行條例一)

360000－1901－0042466　722139
增訂醫方易簡十卷　(清)龔自璋　(清)黄統輯　清刻本　一冊　存一卷(二)

360000－1901－0042467　411454
增訂易經存疑的藁十二卷　(明)林希元撰　清康熙十七年(1678)刻本　五冊

360000－1901－0042468　402029
增訂袁文箋正四卷　(清)袁枚撰　(清)魏大縉箋正　清末石印本　一冊

360000－1901－0042469　402029－1
增訂袁文箋正四卷　(清)袁枚撰　(清)魏大縉箋正　清末石印本　一冊

360000－1901－0042470　162355
增訂治疔彙要三卷附近診醫案一卷　(清)過鑄撰　清光緒二十四年(1898)刻本　三冊

360000－1901－0042471　405283
增訂周犢山全稿不分卷　(清)周鎬撰　清光緒二年(1876)刻本　二冊

360000－1901－0042472　160586
增訂周易去疑十一卷首一卷末一卷　(明)舒宏諤撰　(清)李龍吟增訂　清光緒八年(1882)江右養雲書屋刻本　十二冊

360000－1901－0042473　160587
增訂周易去疑十一卷首一卷末一卷　(明)舒宏諤撰　(清)李龍吟增訂　清光緒八年(1882)江右養雲書屋刻本　十二冊

360000－1901－0042474　160588
增訂周易去疑十一卷首一卷末一卷　(明)舒宏諤撰　(清)李龍吟增訂　清光緒八年(1882)江右養雲書屋刻本　十二冊

360000－1901－0042475　603364
增訂周易去疑十一卷首一卷末一卷　(明)舒宏諤撰　(清)李龍吟增訂　清光緒八年(1882)江右養雲書屋刻本　十二冊

360000－1901－0042476　164740
增廣本草綱目五十二卷圖三卷　(明)李時珍撰　清光緒二十年(1894)上海圖書集成印書局鉛印本　二十三冊　存五十三卷(增廣本草綱目三至五十二、圖三卷)

360000－1901－0042477　722207
增廣策學總纂大成四十八卷　(清)蔡壽祺輯　**增補全蜀水利攷四卷**　(清)陳登龍撰　清光緒十五年(1889)上海點石齋石印本　四冊　存二十八卷(一至八、二十二至三十二、四十四至四十八,增補全蜀水利攷四卷)

360000－1901－0042478　307774
增廣策學總纂大成四十六卷　(清)蔡壽祺輯　清光緒十四年(1888)聞見齋石印本　六冊

360000－1901－0042479　716971
增廣策學總纂大成四十六卷　(清)蔡壽祺輯　**全蜀水利攷四卷**　(清)陳登龍撰　清光緒十一年(1885)上海聞見齋石印本　四冊　存三十一卷(一至三、二十三至四十六,全蜀水利攷四卷)

360000－1901－0042480　901524
增廣尺牘句解初集三卷末一卷　(清)桃花館主編　清光緒三十年(1904)屯溪三元書局刻

本　二册

360000－1901－0042481　901520
增廣尺牘句解初集三卷末一卷　(清)桃花館主編　清末鉛印本　二册

360000－1901－0042482　901521
增廣尺牘句解初集三卷末一卷　(清)桃花館主編　清末鉛印本　一册　存二卷(三、末一卷)

360000－1901－0042483　901522
增廣尺牘句解二集三卷末一卷　(清)桃花館主編　清光緒三十四年(1908)上海商務印書館鉛印本　二册

360000－1901－0042484　901523
增廣尺牘句解二集三卷末一卷　(清)桃花館主編　清光緒三十一年(1905)上海商務印書館鉛印本　二册

360000－1901－0042485　901433
增廣大題文初集不分卷　(清)□□撰　清末石印本　一册

360000－1901－0042486　901434
增廣大題文初集不分卷　(清)□□撰　清末石印本　一册

360000－1901－0042487　901436
增廣大題文二集不分卷　(清)□□撰　清末石印本　一册

360000－1901－0042488　901268
增廣賦海大全三十卷首一卷　(清)張承臚輯　清光緒十七年(1891)上海鴻寶齋石印本　九册　存十九卷(一至八、十至十七、二十三至二十五)

360000－1901－0042489　603819
增廣賦海統編三十卷　(清)二雲樓主人輯　清光緒十二年(1886)上海保文書局石印本　五册　存十卷(十六至二十五)

360000－1901－0042490　901266
增廣賦海統編三十卷　(清)二雲樓主人輯　清光緒十四年(1888)石印本　七册　存十一卷(一至四、七、十至十五)

360000－1901－0042491　302593
增廣古今人物論三十六卷　(明)鄭賢編　**增廣古今人物續編十二卷**　(清)願學齋同人輯　清光緒二十八年(1902)富文書局石印本　十二册

360000－1901－0042492　309474
增廣古今人物論三十六卷　(明)鄭賢編　**增廣古今人物續編十二卷**　(清)願學齋同人輯　清光緒二十八年(1902)富文書局石印本　四册　存三十六卷(增廣古今人物論一至二十四、增廣古今人物續編十二卷)

360000－1901－0042493　401354
增廣古今人物論三十六卷　(明)鄭賢編　**增廣古今人物續編十二卷**　(清)願學齋同人輯　清光緒二十八年(1902)富文書局石印本　六册　存二十二卷(增廣古今人物論一至三、十一至十四、二十三至二十五,增廣古今人物續編十二卷)

360000－1901－0042494　401353
增廣古今人物論三十六卷　(明)鄭賢編　**增廣古今人物續編十二卷**　(清)願學齋同人輯　清末石印本　四册　存十八卷(五至二十二)

360000－1901－0042495　401355
增廣古今人物論三十六卷　(明)鄭賢編　**增廣古今人物續編十二卷**　(清)願學齋同人輯　清末石印本　六册　存二十二卷(增廣古今人物論五至十一、十四至二十二,增廣古今人物續編一至二、六至九)

360000－1901－0042496　401355－1
增廣古今人物論三十六卷　(明)鄭賢編　**增廣古今人物續編十二卷**　(清)願學齋同人輯　清末石印本　四册　存二十七卷(增廣古今人物論九至十三、二十七至三十六,增廣古今人物續編十二卷)

360000－1901－0042497　401355－2
增廣古今人物論三十六卷　(明)鄭賢編　**增**

廣古今人物續編十二卷　（清）願學齋同人輯　清末石印本　二冊　存十卷（七至十、三十一至三十六）

360000－1901－0042498　305849

增廣古今人物論三十六卷　（明）鄭元直輯　**續編十二卷**　（清）願學齋同人輯　清光緒二十五年（1899）杭州衢尊書局石印本　八冊　存三十三卷（增廣古今人物論一至八、十四至二十六、三十二至三十六，增廣古今人物續編六至十二）

360000－1901－0042499　401346

增廣古今人物論續編十二卷　（清）願學齋同人輯　清光緒石印本　二冊

360000－1901－0042500　404778

增廣臨文寶笈二卷　（清）顧紹鼎輯　清光緒十一年（1885）石印本　一冊　存一卷（上）

360000－1901－0042501　306650

增廣留青新集二十四卷　（清）陳枚輯　清光緒二十五年（1899）石印本　十一冊　存二十三卷（一至十三、十五至二十四）

360000－1901－0042502　309343

增廣留青新集二十四卷　（清）陳枚輯　清光緒二十五年（1899）石印本　十二冊

360000－1901－0042503　800770

增廣留青新集二十四卷　（清）陳枚輯　清末石印本　四冊　存七卷（十至十三、十九至二十、二十四）

360000－1901－0042504　406863

增廣龍舒浄土文十四卷首一卷　（宋）王日休撰　清咸豐元年（1851）刻本　四冊

360000－1901－0042505　406864

增廣龍舒浄土文十四卷首一卷　（宋）王日休撰　清咸豐元年（1851）刻本　三冊　存十一卷（一至十、首一卷）

360000－1901－0042506　800492

增廣龍舒淨土文十四卷首一卷　（宋）王日休撰　清刻本　一冊　存六卷（七至十二）

360000－1901－0042507　716940

增廣羣策滙源五十卷首一卷　（清）張甦卿輯　清光緒十五年（1889）上海檢古齋石印本　二冊　存十九卷（一至十八、首一卷）

360000－1901－0042508　304041

增廣尚友錄統編二十二卷　（清）應祖錫輯　清光緒二十八年（1902）鴻寶齋石印本　十二冊

360000－1901－0042509　307619

增廣尚友錄統編二十二卷　（清）應祖錫輯　清光緒二十八年（1902）鴻寶齋石印本　十二冊

360000－1901－0042510　309381

增廣尚友錄統編二十二卷　（清）應祖錫輯　清光緒二十八年（1902）鴻寶齋石印本　十二冊

360000－1901－0042511　402118

增廣尚友錄統編二十二卷　（清）應祖錫輯　清光緒石印本　三冊　存五卷（十一、十五至十六、十八至十九）

360000－1901－0042512　704259

增廣詩句題解彙編四卷附姓氏考不分卷　（清）同文書局編　清光緒二十一年（1895）積山書局石印本　四冊

360000－1901－0042513　704260

增廣詩句題解彙編四卷附姓氏考不分卷　（清）同文書局編　清光緒十年（1884）上海同文書局石印本　四冊

360000－1901－0042514　162701

增廣詩句題解彙編四卷附姓氏考不分卷　（清）同文書局編　清光緒十年（1884）同文書局石印本　四冊

360000－1901－0042515　162700

增廣詩句題解彙編四卷附姓氏考不分卷　（清）同文書局編　清光緒十七年（1891）同文書局石印本　四冊

360000－1901－0042516　404256

增廣詩句題解彙編四卷附姓氏考不分卷 (清)同文書局編 清光緒十三年(1887)上海大同書局石印本 四冊

360000－1901－0042517 603633
增廣詩句題解彙編四卷附姓氏考不分卷 (清)同文書局編 清光緒十三年(1887)上海大同書局石印本 三冊 存四卷(一、三至四,姓氏考不分卷)

360000－1901－0042518 901719
增廣詩律大觀彙編四卷 (清)補蟲書屋主人編 清光緒十二年(1886)上海同文書局石印本 四冊

360000－1901－0042519 162708
增廣詩韻合璧五卷 (清)湯文潞輯 清光緒十四年(1888)松筠書屋石印本 六冊

360000－1901－0042520 714436
增廣詩韻合璧五卷 (清)湯祥瑟輯 清末石印本 一冊 存一卷(三)

360000－1901－0042521 714437
增廣詩韻合璧五卷附汪立名論古韻通轉一卷 (清)湯祥瑟輯 清光緒十二年(1886)上海積山書局石印本 一冊 存一卷(一)

360000－1901－0042522 300340
增廣詩韻全璧五卷 (清)湯祥瑟輯 (清)惜陰主人等增輯 清光緒十六年(1890)上海鴻寶齋石印本 六冊

360000－1901－0042523 900338
增廣試帖三萬選五卷 (清)吟香館主輯 清光緒十九年(1893)滬上石印本 三冊 存二卷(一至二)

360000－1901－0042524 900118
增廣試帖詩海三十二卷 (清)經訓堂主人輯 清光緒十四年(1888)石印本 六冊 存二十六卷(一至三、十至三十二)

360000－1901－0042525 900349
增廣試帖五卷續集二卷三集三卷 (清)點石齋主人輯 清光緒十五年(1889)上海點石齋石印本 八冊 存八卷(增廣試帖三至五、續集二卷、三集三卷)

360000－1901－0042526 163564
增廣試帖玉芙蓉三卷續集二卷 (清)鴻寶齋主人輯 清光緒十四年(1888)上海鴻寶齋書局石印本 八冊

360000－1901－0042527 900354
增廣試帖玉芙蓉三卷續集二卷 (清)鴻寶齋主人輯 清光緒十四年(1888)上海鴻寶齋書局石印本 八冊

360000－1901－0042528 900350
增廣試帖玉芙蓉三卷續集二卷三集四卷 (清)鴻寶齋主人輯 清光緒十七年(1891)上海鴻寶齋石印本 三冊 存三卷(增廣試帖玉芙蓉一,三集一、四)

360000－1901－0042529 900351
增廣試帖玉芙蓉三卷續集二卷三集四卷 (清)鴻寶齋主人輯 清末石印本 二冊 存二卷(增廣試帖玉芙蓉一至二)

360000－1901－0042530 405874
增廣四書五經典林十二卷 (清)求是齋主人輯 清光緒十五年(1889)上海積山書局石印本 六冊

360000－1901－0042531 405874－1
增廣四書五經典林十二卷 (清)求是齋主人輯 清光緒十五年(1889)上海積山書局石印本 一冊

360000－1901－0042532 162848
增廣四體書法不分卷 (清)丁康輯 **正字千文一卷** (清)李登輯 清咸豐二年(1852)友于堂刻本 三冊

360000－1901－0042533 300213
增廣文選六種 (清)王毓俊輯 清光緒二十一年(1895)上海鴻寶齋石印本 六冊

360000－1901－0042534 401193－1
增廣文選六種 (清)王毓俊輯 清光緒二十一年(1895)上海鴻寶齋石印本 十一冊

360000－1901－0042535　720703
增廣驗方新編十八卷　(清)鮑相璈輯　清刻本　二冊　存五卷(二至四、十五至十六)

360000－1901－0042536　420709
增廣驗方新編十六卷　(清)鮑相璈輯　清刻本　七冊　存十二卷(一、五至七、九至十六)

360000－1901－0042537　420708
增廣驗方新編十六卷　(清)鮑相璈輯　清同治九年(1870)刻本　七冊

360000－1901－0042538　421429
增廣驗方新編十六卷首一卷　(清)鮑相璈輯　清刻本　七冊　存十六卷(一至八、十至十六,首一卷)

360000－1901－0042539　804831
增廣玉匣記通書二卷　題(晉)許遜撰　清末石印本　一冊　存一卷(下)

360000－1901－0042540　404502
增廣玉匣記通書六卷　題(晉)許遜撰　清金陵存古堂刻本　一冊

360000－1901－0042541　404503
增廣玉匣記通書六卷　題(晉)許遜撰　清刻本　二冊

360000－1901－0042542　800833－1
增廣玉匣記通書六卷　題(晉)許遜撰　清文富堂刻本　一冊

360000－1901－0042543　404503－1
增廣玉匣記通書六卷　題(晉)許遜撰　清文玉堂刻本　一冊　存二卷(一至二)

360000－1901－0042544　900819
增廣元魁墨萃不分卷　(清)王竣等撰　清末石印本　三冊

360000－1901－0042545　804782
增廣智囊補二十八卷　(明)馮夢龍輯　清光緒二十一年(1895)上海文海書局石印本　二冊　存十卷(一至四、十五至二十)

360000－1901－0042546　416899
增廣智囊補二十八卷　(明)馮夢龍輯　清光緒三十四年(1908)上海文盛書局石印本　五冊　存二十五卷(一至二十一、二十五至二十八)

360000－1901－0042547　804783
增廣智囊補二十八卷　(明)馮夢龍輯　清末石印本　一冊　存七卷(十五至二十一)

360000－1901－0042548　401988
增廣字學舉隅四卷　(清)鐵珊輯　清同治十三年(1874)蘭州郡署刻本　三冊　存三卷(一至三)

360000－1901－0042549　163717
增批輯注東萊博議四卷　(宋)呂祖謙撰　(清)劉鍾英輯注　清宣統二年(1910)鉛印本　四冊

360000－1901－0042550　418686
增批輯註東萊博議四卷　(宋)呂祖謙撰　(清)劉鍾英輯注　**增批輯註東萊博議註釋一卷**　(清)劉鍾英輯注　清末上海書局石印本　一冊　存二卷(一、增批輯註東萊博議註釋一卷)

360000－1901－0042551　418676
增批輯註東萊博議四卷　(宋)呂祖謙撰　(清)劉鍾英輯注　**增批輯註東萊博議註釋一卷**　(清)劉鍾英輯注　清末上海文瑞樓石印本　四冊

360000－1901－0042552　418677
增批輯註東萊博議四卷　(宋)呂祖謙撰　(清)劉鍾英輯注　**增批輯註東萊博議註釋一卷**　(清)劉鍾英輯注　清末石印本　一冊

360000－1901－0042553　418678
增批輯註東萊博議四卷　(宋)呂祖謙撰　(清)劉鍾英輯注　**增批輯註東萊博議註釋一卷**　(清)劉鍾英輯注　清末石印本　四冊

360000－1901－0042554　418679
增批輯註東萊博議四卷　(宋)呂祖謙撰　(清)劉鍾英輯注　**增批輯註東萊博議註釋一卷**　(清)劉鍾英輯注　清末石印本　四冊

360000－1901－0042555　307680
增批輯註東萊博議四卷　(宋)吕祖謙撰　(清)劉鍾英輯注　**增批輯註東萊博議註釋一卷**　(清)劉鍾英輯注　清宣統三年(1911)上海會文堂書局石印本　四册

360000－1901－0042556　804108
增批加評歷史綱鑑補注三十九卷首一卷　(明)王世貞　(明)袁黄纂　清末石印本　一册　存二卷(一至二)

360000－1901－0042557　711816
增批增補了凡綱鑑四十卷首一卷　(明)袁黄纂　清刻本　三册　存五卷(三十四至三十六、三十九至四十)

360000－1901－0042558　711818
增批增補了凡綱鑑四十卷首一卷　(明)袁黄纂　清刻本　二册　存二卷(十五、二十八)

360000－1901－0042559　711821
增批增補了凡綱鑑四十卷首一卷　(明)袁黄纂　清刻本　一册　存一卷(六)

360000－1901－0042560　711823
增批增補了凡綱鑑四十卷首一卷　(明)袁黄纂　清刻本　一册　存二卷(二十至二十一)

360000－1901－0042561　711825
增批增補了凡綱鑑四十卷首一卷　(明)袁黄纂　清刻本　二册　存四卷(十八至十九、三十八至三十九)

360000－1901－0042562　711826
增批增補了凡綱鑑四十卷首一卷　(明)袁黄纂　清刻本　一册　存二卷(十八至十九)

360000－1901－0042563　712813
增批增補了凡綱鑑四十卷首一卷　(明)袁黄纂　清刻本　一册　存二卷(二十至二十一)

360000－1901－0042564　718098
增批增補了凡綱鑑四十卷首一卷　(明)袁黄纂　清刻本　二册　存四卷(二十四至二十七)

360000－1901－0042565　722052
增批增補了凡綱鑑四十卷首一卷　(明)袁黄纂　清刻本　二册　存四卷(三十四至三十五、三十八至三十九)

360000－1901－0042566　803131
增批增補了凡綱鑑四十卷首一卷　(明)袁黄纂　清末石印本　一册　存二卷(一、首一卷)

360000－1901－0042567　411874
增批增補了凡綱鑑四十卷首一卷　(明)袁黄纂　**御撰資治通鑑綱目三編二十卷末一卷**　(清)張廷玉等撰　清光緒二十四年(1898)益元書局刻本　二十八册

360000－1901－0042568　411861
增批增補了凡綱鑑四十卷首一卷　(明)袁黄纂　**御撰資治通鑑綱目三編二十卷末一卷**　(清)張廷玉等撰　清刻本　三十册　缺十卷(御撰資治通鑑綱目三編一至十)

360000－1901－0042569　411862
增批增補了凡綱鑑四十卷首一卷　(明)袁黄纂　**御撰資治通鑑綱目三編二十卷末一卷**　(清)張廷玉等撰　清刻本　二十九册　存五十四卷(增批增補了凡綱鑑一至二十、二十三至二十六、三十一至四十,御撰資治通鑑綱目三編二十卷)

360000－1901－0042570　411863
增批增補了凡綱鑑四十卷首一卷　(明)袁黄纂　**御撰資治通鑑綱目三編二十卷末一卷**　(清)張廷玉等撰　清刻本　二十二册　存四十四卷(增批增補了凡綱鑑十三至四十,御撰資治通鑑綱目三編六至二十、末一卷)

360000－1901－0042571　411866
增批增補了凡綱鑑四十卷首一卷　(明)袁黄纂　**御撰資治通鑑綱目三編二十卷末一卷**　(清)張廷玉等撰　清刻本　三十一册　缺八卷(御撰資治通鑑綱目三編四至七、十五至十八)

360000－1901－0042572　411867
增批增補了凡綱鑑四十卷首一卷　(明)袁黄

纂　御撰資治通鑑綱目三編二十卷末一卷　(清)張廷玉等撰　清刻本　十三冊　存三十一卷(增批增補了凡綱鑑一至二十二、三十五,首一卷;御撰資治通鑑綱目三編十五至二十、末一卷)

360000－1901－0042573　411868
增批增補了凡綱鑑四十卷首一卷　(明)袁黄纂　**御撰資治通鑑綱目三編二十卷末一卷**　(清)張廷玉等撰　清刻本　三十一冊

360000－1901－0042574　411869
增批增補了凡綱鑑四十卷首一卷　(明)袁黄纂　**御撰資治通鑑綱目三編二十卷末一卷**　(清)張廷玉等撰　清刻本　三十二冊　缺十五卷(御撰資治通鑑綱目三編二至五、十一至二十,末一卷)

360000－1901－0042575　411870
增批增補了凡綱鑑四十卷首一卷　(明)袁黄纂　**御撰資治通鑑綱目三編二十卷末一卷**　(清)張廷玉等撰　清刻本　三十八冊

360000－1901－0042576　411871
增批增補了凡綱鑑四十卷首一卷　(明)袁黄纂　**御撰資治通鑑綱目三編二十卷末一卷**　(清)張廷玉等撰　清刻本　九冊　存十三卷(增批增補了凡綱鑑十七至十九、二十二至二十七,御撰資治通鑑綱目三編十八至二十、末一卷)

360000－1901－0042577　411872
增批增補了凡綱鑑四十卷首一卷　(明)袁黄纂　**御撰資治通鑑綱目三編二十卷末一卷**　(清)張廷玉等撰　清刻本　三十三冊　存四十七卷(增批增補了凡綱鑑一至八、十一至二十四、二十六至四十;御撰資治通鑑綱目三編十一至十四、十六至二十,末一卷)

360000－1901－0042578　411873
增批增補了凡綱鑑四十卷首一卷　(明)袁黄纂　**御撰資治通鑑綱目三編二十卷末一卷**　(清)張廷玉等撰　清刻本　十六冊　存十九卷(六至七、十一至十六、十九、二十二至二十四、三十二、三十四、三十六至四十)

360000－1901－0042579　411875
增批增補了凡綱鑑四十卷首一卷　(明)袁黄纂　**御撰資治通鑑綱目三編二十卷末一卷**　(清)張廷玉等撰　清刻本　十九冊　存二十四卷(一至二十三、首一卷)

360000－1901－0042580　711799
增批增補了凡綱鑑四十卷首一卷　(明)袁黄纂　**御撰資治通鑑綱目三編二十卷末一卷**　(清)張廷玉等撰　清刻本　十二冊　存三十二卷(增批增補了凡綱鑑二十四至二十七、三十三至四十,御撰資治通鑑綱目三編二十卷)

360000－1901－0042581　711810
增批增補了凡綱鑑四十卷首一卷　(明)袁黄纂　**御撰資治通鑑綱目三編二十卷末一卷**　(清)張廷玉等撰　清刻本　四冊　存十一卷(增批增補了凡綱鑑二至五、三十九至四十,御撰資治通鑑綱目三編一至五)

360000－1901－0042582　711814
增批增補了凡綱鑑四十卷首一卷　(明)袁黄纂　**御撰資治通鑑綱目三編二十卷末一卷**　(清)張廷玉等撰　清刻本　四冊　存十三卷(增批增補了凡綱鑑三十五、四十,御撰資治通鑑綱目三編一至六、八至十二)

360000－1901－0042583　711819
增批增補了凡綱鑑四十卷首一卷　(明)袁黄纂　**御撰資治通鑑綱目三編二十卷末一卷**　(清)張廷玉等撰　清刻本　二冊　存六卷(增批增補了凡綱鑑三十七、御撰資治通鑑綱目三編一至五)

360000－1901－0042584　711822
增批增補了凡綱鑑四十卷首一卷　(明)袁黄纂　**御撰資治通鑑綱目三編二十卷末一卷**　(清)張廷玉等撰　清刻本　一冊　存一卷(二十五)

360000－1901－0042585　411860
增批增補了凡綱鑑四十卷首一卷　(明)袁黄纂　**御撰資治通鑑綱目三編二十卷末一卷**　(清)張廷玉等撰　清兩儀堂刻本　二十二冊

360000－1901－0042586　900620
增批直省闈墨□□卷　張謇編　清刻本　一冊　存一卷(十一)

360000－1901－0042587　900619
增批直省闈墨不分卷　張謇編　清光緒三十年(1904)上海書局石印本　八冊

360000－1901－0042588　901732
增批直省闈墨不分卷　張謇編　清末石印本　一冊

360000－1901－0042589　162259
增評補圖石頭記一百二十回首一卷　(清)曹霑　(清)高鶚撰　(清)王希廉　(清)姚燮評　清光緒二十六年(1900)石印本　十六冊

360000－1901－0042590　401402
增評補像金玉緣圖說一百二十回　(清)曹霑　(清)高鶚撰　清末石印本　二冊　存五十一回(一至八、七十八至一百二十)

360000－1901－0042591　401402－1
增評補像全圖金玉緣十五卷一百二十回　(清)曹霑　(清)高鶚撰　清末石印本　三冊　存十二卷(四至十五)九十二回(二十五至五十六、六十一至一百二十)

360000－1901－0042592　163838
增評補像仝圖金玉緣一百二十回首一卷　(清)曹霑　(清)高鶚撰　(清)王希廉　(清)張新之　(清)姚燮評　清光緒十四年(1888)上海書局石印本　十六冊

360000－1901－0042593　801950
增評補像全圖金玉緣一百二十回首一卷　(清)曹霑　(清)高鶚撰　(清)王希廉　(清)張新之　(清)姚燮評　清光緒石印本　二冊　存十三回(十七至十八、二十九至三十一、三十三至四十)

360000－1901－0042594　802951
增評補像全圖金玉緣一百二十回首一卷　(清)曹霑　(清)高鶚撰　(清)王希廉　(清)張新之　(清)姚燮評　清末石印本　一冊　存八回(九至十六)

360000－1901－0042595　162431
增評加批金玉緣圖說十六卷首一卷　(清)曹霑　(清)高鶚撰　(清)蝶薌仙史評訂　清光緒三十二年(1906)桐陰軒石印本　十六冊

360000－1901－0042596　162432
增評加批金玉緣圖說十六卷首一卷　(清)曹霑　(清)高鶚撰　(清)蝶薌仙史評訂　清光緒三十四年(1908)求志齋石印本　十六冊

360000－1901－0042597　162433
增評加批金玉緣圖說十六卷首一卷　(清)曹霑　(清)高鶚撰　(清)蝶薌仙史評訂　清末石印本　八冊

360000－1901－0042598　401401
增評加批金玉緣圖說十六卷首一卷一百二十回　(清)曹霑　(清)高鶚撰　(清)蝶薌仙史評訂　清光緒石印本　二冊　存五卷(一至四、首一卷)二十四回(一至二十四)

360000－1901－0042599　711895
增評加批歷史綱鑑補三十九卷首一卷　(明)王世貞　(明)袁黃纂　**御撰資治通鑑綱目三編六卷**　(清)張廷玉等撰　清末石印本　六冊　存二十二卷(增評加批歷史綱鑑補三至七、十二至十五、二十四至三十,御撰資治通鑑綱目三編六卷)

360000－1901－0042600　711896
增評加批歷史綱鑑補三十九卷首一卷　(明)王世貞　(明)袁黃纂　**御撰資治通鑑綱目三編六卷**　(清)張廷玉等撰　清末石印本　七冊　存二十七卷(八至三十四)

360000－1901－0042601　711896－1
增評加批歷史綱鑑補三十九卷首一卷　(明)王世貞　(明)袁黃纂　**御撰資治通鑑綱目三編六卷**　(清)張廷玉等撰　清末石印本　一冊　存四卷(十二至十五)

360000－1901－0042602　411891
增評加批歷史綱鑑補三十九卷首一卷　(明)王世貞　(明)袁黃纂　**資治明紀綱目二十卷附福唐桂三王本末一卷**　(清)張廷玉等撰

清末上海文瑞樓石印本　十四册　存三十卷(增評加批歷史綱鑑補一至十五、十八至十九、三十至三十一,資治明紀綱目一至十,福唐桂三王本末一卷)

360000－1901－0042603　411897
增評加批歷史綱鑑補三十九卷首一卷　(明)王世貞　(明)袁黄纂　**資治明紀綱目二十卷附福唐桂三王本末一卷**　(清)張廷玉等撰　清末上海文瑞樓石印本　三十二册　存四十卷(增評加批歷史綱鑑補十八至二十七、三十一至三十九,資治明紀綱目二十卷,福唐桂三王本末一卷)

360000－1901－0042604　411892
增評加批歷史綱鑑補三十九卷首一卷　(明)王世貞　(明)袁黄纂　**資治明紀綱目三編六卷**　(清)張廷玉等撰　清光緒二十八年(1902)上海富強齋石印本　十四册

360000－1901－0042605　603627
增評加批歷史綱鑑補三十九卷首一卷　(明)王世貞　(明)袁黄纂　**資治明紀綱目三編六卷**　(清)張廷玉等撰　清光緒二十八年(1902)上海富強齋石印本　十册　存二十九卷(增評加批歷史綱鑑補十七至三十九、資治明治綱目三編六卷)

360000－1901－0042606　420949
增評童氏醫方集解二十三卷　(清)汪昂撰　清光緒二十二年(1896)上海圖書集成局鉛印本　二册　存二十二卷(一至九、十一至二十三)

360000－1901－0042607　805119
增評童氏醫方集解二十三卷　(清)汪昂撰　清光緒三十二年(1906)上海圖書集成印書局石印本　四册

360000－1901－0042608　800202
增評童氏醫方集解二十三卷　(清)汪昂撰　清末石印本　一册　存九卷(十五至二十三)

360000－1901－0042609　800203
增評童氏醫方集解二十三卷　(清)汪昂撰　清末石印本　一册　存十四卷(十至二十三)

360000－1901－0042610　805118
增評童氏醫方集解二十三卷　(清)汪昂撰　清末石印本　一册　存五卷(四至八)

360000－1901－0042611　721720
增評興替金鑑二十卷一百五十四回　(清)夏敬渠撰　清末石印本　一册　存一卷(十九)八回(一百三十八至一百四十五)

360000－1901－0042612　711505
增删卜易六卷　(清)丁耀亢撰　(清)李文輝增删　清初刻本　一册　存二卷(一至二)

360000－1901－0042613　309588
增删卜易六卷　(清)丁耀亢撰　(清)李文輝增删　清道光刻本　一册　存一卷(五)

360000－1901－0042614　301323
增删卜易六卷　(清)丁耀亢撰　(清)李文輝增删　清刻本　二册

360000－1901－0042615　711506
增删卜易六卷　(清)丁耀亢撰　(清)李文輝增删　清刻本　一册　存一卷(一)

360000－1901－0042616　711508
增删卜易六卷　(清)丁耀亢撰　(清)李文輝增删　清刻本　二册

360000－1901－0042617　411507
增删卜易六卷　(清)丁耀亢撰　(清)李文輝增删　清兩儀堂刻本　一册

360000－1901－0042618　230571
增删卜易六卷　(清)丁耀亢撰　(清)李文輝增删　清乾隆五十三年(1788)刻本　六册

360000－1901－0042619　711504
增删卜易十二卷首一卷　(清)丁耀亢撰　(清)李文輝增删　清刻本　一册　存一卷(二)

360000－1901－0042620　711504－1
增删卜易十二卷首一卷　(清)丁耀亢撰　(清)李文輝增删　清刻本　二册　存四卷(四至五、十一至十二)

360000－1901－0042621　711503
增刪卜易十二卷首一卷　(清)丁耀亢撰　(清)李文輝增刪　清慶雲樓刻本　五冊　存十一卷(一至二、五至十二,首一卷)

360000－1901－0042622　711507
增刪卜易六卷　(清)丁耀亢撰　(清)李文輝增刪　清刻本　二冊　存二卷(三至四)

360000－1901－0042623　160314
增刪四書大全正解　(清)吳荃彙輯　清深柳堂刻本　十八冊　存二種

360000－1901－0042624　403182－1
增刪四書朱子大全精言四十一卷　(清)周大璋輯　清刻本　一冊　存二卷(論語六至七)

360000－1901－0042625　403182
增刪四書朱子大全精言四十一卷　(清)周大璋輯　清乾隆三年(1738)刻本　二十冊　存三十一卷(大學一至二,中庸一、三至四,論語二至二十,孟子三、五、七至八、十一至十三)

360000－1901－0042626　307625－1
增刪算法統宗十一卷　(明)程大位撰　(清)梅轂成增刪　**校算記一卷**　(清)賈步緯撰　清光緒二十四年(1898)新學書局刻本　六冊

360000－1901－0042627　417459
增刪算法統宗十一卷　(明)程大位撰　(清)梅轂成增刪　**校算記一卷**　(清)賈步緯撰　清光緒二十四年(1898)新學書局刻本　五冊　存十卷(一、四至十一,校算記一卷)

360000－1901－0042628　717503
增刪算法統宗十一卷首一卷　(明)程大位撰　(清)梅轂成增刪　清光緒三年(1877)刻本　四冊

360000－1901－0042629　801349
增刪通書不分卷　(清)羅傳褘等編　清道光二十八年(1848)集福堂刻本　一冊

360000－1901－0042630　901379
增刪通書不分卷　(清)羅傳褘等編　清道光二十八年(1848)集福堂刻本　一冊

360000－1901－0042631　801052
增刪通書不分卷　(清)羅傳褘等編　清光緒集福堂球記刻本　一冊

360000－1901－0042632　801052－1
增刪通書不分卷　(清)羅傳褘等編　清光緒集福堂球記刻本　一冊

360000－1901－0042633　801052－2
增刪通書不分卷　(清)羅傳褘等編　清光緒集福堂球記刻本　一冊

360000－1901－0042634　804226
增刪通書不分卷　(清)羅傳褘等編　清光緒集福堂球記刻本　一冊

360000－1901－0042635　801346
增刪通書不分卷　(清)羅傳褘等編　清集福堂刻本　一冊

360000－1901－0042636　802567
增刪通書不分卷　(清)羅傳褘等編　清集福堂刻本　一冊

360000－1901－0042637　802845
增刪通書不分卷　(清)羅傳褘等編　清集福堂刻本　四冊

360000－1901－0042638　802993
增刪通書不分卷　(清)羅傳褘等編　清刻本　四冊

360000－1901－0042639　804258
增刪通書不分卷　(清)羅傳褘等編　清乾隆三十三年(1768)集福堂貴記刻本　一冊

360000－1901－0042640　804259
增刪通書不分卷　(清)羅傳褘等編　清同治八年(1869)集福堂刻本　一冊

360000－1901－0042641　802662
增刪韻府羣玉定本二十卷　(元)陰時夫輯　(元)陰中夫注　(清)徐人鳳增刪　清抄本　一冊　存一卷(十三)

360000－1901－0042642　418074
增刪韻府羣玉定本二十卷　(元)陰時夫輯　(元)陰中夫注　(清)徐人鳳增刪　清康熙十

九年(1680)刻本　十九冊　存十九卷(一、三至二十)

360000－1901－0042643　418075
增刪韻府羣玉定本二十卷　(元)陰時夫輯　(元)陰中夫注　(清)徐人鳳增刪　清康熙五十六年(1717)刻本　八冊　存十六卷(一至十六)

360000－1901－0042644　418079－1
增刪韻府羣玉定本二十卷　(元)陰時夫輯　(元)陰中夫注　(清)徐人鳳增刪　清刻本　一冊　存二卷(九至十)

360000－1901－0042645　418078
增刪韻府羣玉定本二十卷　(元)陰時夫輯　(元)陰中夫注　(清)徐人鳳增刪　清孔三立堂刻本　十九冊　存十九卷(一至十、十二至二十)

360000－1901－0042646　418076
增刪韻府羣玉定本二十卷　(元)陰時夫輯　(元)陰中夫注　(清)徐人鳳增刪　清立本堂刻本　十冊

360000－1901－0042647　418077
增刪韻府羣玉定本二十卷　(元)陰時夫輯　(元)陰中夫注　(清)徐人鳳增刪　清立本堂刻本　十冊

360000－1901－0042648　418079
增刪韻府羣玉定本二十卷　(元)陰時夫輯　(元)陰中夫注　(清)徐人鳳增刪　清立本堂刻本　七冊　存十五卷(一至八、十三至十六、十八至二十)

360000－1901－0042649　801946
增圖石頭記後編八卷三十二回　(清)逍遙子撰　清末鉛印本　一冊　存二卷(五至六)八回(十七至二十四)

360000－1901－0042650　421499
增像第六才子書五卷首一卷　(元)王德信撰　(清)金人瑞評　清光緒三十一年(1905)上海育文書局石印本　四冊　存四卷(一至三、首一卷)

360000－1901－0042651　804807
增像第六才子書五卷首一卷　(元)王德信撰　(清)金人瑞評　清刻本　二冊　存二卷(三至四)

360000－1901－0042652　300849
增像第六才子書五卷首一卷　(元)王德信撰　(清)金人瑞評　清末石印本　五冊

360000－1901－0042653　802555
增像第六才子書五卷首一卷　(元)王德信撰　(清)金人瑞評　清末石印本　一冊　存一卷(四)

360000－1901－0042654　804808
增像第六才子書五卷首一卷　(元)王德信撰　(清)金人瑞評　清末石印本　一冊　存一卷(三)

360000－1901－0042655　804809
增像第六才子書五卷首一卷　(元)王德信撰　(清)金人瑞評　清末石印本　二冊　存二卷(一、三)

360000－1901－0042656　721648
增像全圖東漢演義四卷六十四回　(明)謝詔撰　清光緒三十年(1904)上海書局石印本　一冊　存三卷(一至三)四十三回(一至四十三)

360000－1901－0042657　803700
增像全圖東漢演義四卷六十四回　(明)謝詔撰　清宣統元年(1909)上海育文書局石印本　一冊　存三卷(一至三)四十三回(一至四十三)

360000－1901－0042658　162402
增像全圖東周列國志二十七卷一百八回　(清)蔡奡評點　清光緒三十一年(1905)廣益書局石印本　八冊

360000－1901－0042659　721684
增像全圖加批西遊記八卷一百回　(明)吳承恩撰　(清)陳士斌詮解　清末上海天寶書局石印本　五冊　存五卷(二、四至五、七至八)六十四回(十一至二十二、三十七至六十二、

七十五至一百）

360000－1901－0042660　721684－1
增像全圖加批西遊記八卷一百回　（明）吳承恩撰　（清）陳士斌詮解　清末上海天寶書局石印本　二册　存二卷（四、八）二十七回（三十七至五十、八十八至一百）

360000－1901－0042661　804138
增像全圖加批西遊記八卷一百回　（明）吳承恩撰　（清）陳士斌詮解　清末石印本　二册　存二卷（七至八）十四回（七十三至八十六）

360000－1901－0042662　900712
增像全圖三國演義六十卷一百二十回　（明）羅本撰　（清）金人瑞　（清）毛宗崗評　清刻本　二册　存十二卷（一至六、四十一至四十六）十八回（一至十、八十五至九十二）

360000－1901－0042663　402311
增像全圖三國演義十卷一百二十回　（明）羅本撰　（清）毛宗崗評　清光緒三十年（1904）上海永記石印本　九册　存九卷（一、三至十）一百四回（一至四、二十一至一百二十）

360000－1901－0042664　402312
增像全圖三國演義十六卷一百二十回　（明）羅本撰　（清）毛宗崗評　清光緒三十三年（1907）上海鴻寶書局石印本　八册

360000－1901－0042665　900711
增像全圖三國演義十六卷一百二十回　（明）羅本撰　（清）毛宗崗評　清刻本　一册　存二卷（五至六）十六回（二十五至四十）

360000－1901－0042666　900409
增像全圖三國演義十六卷一百二十回　（明）羅本撰　（清）毛宗崗評　清末商務印書館石印本　二册　存四卷（一至二、十五至十六）二十三回（一至七、一百五至一百二十）

360000－1901－0042667　603064
增像全圖三國演義十六卷一百二十回　（明）羅本撰　（清）毛宗崗評　清末上海廣益書局石印本　一册　存二卷（五至六）十六回（二十五至四十）

360000－1901－0042668　900412
增像全圖三國演義十六卷一百二十回　（明）羅本撰　（清）毛宗崗評　清末上海廣益書局石印本　一册　存二卷（三至四）十六回（九至二十四）

360000－1901－0042669　900412－1
增像全圖三國演義十六卷一百二十回　（明）羅本撰　（清）毛宗崗評　清末上海鴻寶齋石印本　一册　存二卷（九至十）十六回（五十七至七十二）

360000－1901－0042670　402313－1
增像全圖三國演義十六卷一百二十回　（明）羅本撰　（清）毛宗崗評　清末上海錦章書局石印本　一册　存二卷（十三至十四）十六回（八十九至一百四）

360000－1901－0042671　900412－2
增像全圖三國演義十六卷一百二十回　（明）羅本撰　（清）毛宗崗評　清末上海錦章書局石印本　一册　存二卷（十三至十四）十六回（八十九至一百四）

360000－1901－0042672　900730
增像全圖三國演義十六卷一百二十回　（明）羅本撰　（清）毛宗崗評　清末上海錦章書局石印本　一册　存二卷（三至四）十六回（九至二十四）

360000－1901－0042673　402313
增像全圖三國演義十六卷一百二十回　（明）羅本撰　（清）毛宗崗評　清末上海天寶書局石印本　九册　存九卷（四至五、七至十二、十五）七十二回（十七至三十二、四十一至八十八、一百五至一百十二）

360000－1901－0042674　722109
增像全圖三國演義十六卷一百二十回　（明）羅本撰　（清）毛宗崗評　清末上海天寶書局石印本　一册　存一卷（十六）八回（一百十三至一百二十）

360000－1901－0042675　900408
增像全圖三國演義十六卷一百二十回　（明）

羅本撰　(清)毛宗崗評　清末上海天寶書局石印本　二册　存四卷(一至二、五至六)二十四回(一至八、二十五至四十)

360000－1901－0042676　603063
增像全圖三國演義十六卷一百二十回　(明)羅本撰　(清)毛宗崗評　清末石印本　一册　存二卷(十三至十四)十六回(八十九至一百四)

360000－1901－0042677　900407
增像全圖三國演義十六卷一百二十回　(明)羅本撰　(清)毛宗崗評　清末石印本　二册　存二卷(七、十五)十七回(四十一至四十九、一百五至一百十二)

360000－1901－0042678　900413
增像全圖三國演義十六卷一百二十回　(明)羅本撰　(清)毛宗崗評　清末石印本　二册　存四卷(三至四、十五至十六)三十二回(九至二十四、一百五至一百二十)

360000－1901－0042679　900415－4
增像全圖三國演義十六卷一百二十回　(明)羅本撰　(清)毛宗崗評　清末石印本　三册　存六卷(五至六、九至十、十五至十六)四十八回(二十五至四十、五十七至七十二、一百五至一百二十)

360000－1901－0042680　900725
增像全圖三國演義十六卷一百二十回　(明)羅本撰　(清)毛宗崗評　清末石印本　一册　存二卷(十三至十四)十六回(八十九至一百四)

360000－1901－0042681　900410
增像全圖三國演義十六卷一百二十回　(明)羅本撰　(清)毛宗崗評　清末鑄記書局石印本　七册　存十四卷(三至十六)一百十二回(九至一百二十)

360000－1901－0042682　162119
增像全圖三國志演義第一才子書八卷一百二十回　(明)羅本撰　(清)金人瑞　(清)毛宗崗評　清光緒三十三年(1907)文新書局石印本　七册

360000－1901－0042683　900405
增像全圖三國志演義第一才子書十二卷一百二十回　(明)羅本撰　(清)金人瑞　(清)毛宗崗評　清末上海廣益書局石印本　四册　存四卷(六、九、十一至十二)三十六回(四十九至五十六、八十一至八十八、一百一至一百二十)

360000－1901－0042684　900406
增像全圖三國志演義第一才子書十二卷一百二十回　(明)羅本撰　(清)金人瑞　(清)毛宗崗評　清末上海廣益書局石印本　一册　存一卷(十一)八回(一百一至一百八)

360000－1901－0042685　900726
增像全圖三國志演義十六卷一百二十回　(明)羅本撰　(清)毛宗崗評　清末石印本　四册　存八卷(三至六、十一至十四)六十四回(九至四十、七十三至一百四)

360000－1901－0042686　900727
增像全圖三國志演義十六卷一百二十回　(明)羅本撰　(清)毛宗崗評　清末石印本　四册　存八卷(三至六、九至十、十五至十六)六十四回(九至四十、五十七至七十二、一百五至一百二十)

360000－1901－0042687　900728
增像全圖三國志演義十六卷一百二十回　(明)羅本撰　(清)毛宗崗評　清末石印本　一册　存二卷(九至十)十六回(五十七至七十二)

360000－1901－0042688　900729
增像全圖三國志演義十六卷一百二十回　(明)羅本撰　(清)毛宗崗評　清末石印本　一册　存二卷(三至四)十六回(九至二十四)

360000－1901－0042689　900731
增像全圖三國志演義十六卷一百二十回　(明)羅本撰　(清)毛宗崗評　清末石印本　一册　存一卷(十二)八回(八十一至八十八)

360000－1901－0042690　304488

增修籌餉事例條款二卷籌餉事例一卷　（清）戶部編　清同治五年（1866）刻本　三冊

360000－1901－0042691　210074
增修東萊書說三十五卷首一卷　（宋）呂祖謙撰　（宋）時瀾修定　清康熙十九年（1680）納蘭成德刻通志堂經解本　三冊

360000－1901－0042692　305066
增修現行常例不分卷　（清）戶部編　清刻本　一冊

360000－1901－0042693　802053
增選本草製藥法不分卷　（□）□□輯　清抄本　一冊

360000－1901－0042694　301207
增選加註能與集二卷　（清）李秬香輯　清同治八年（1869）刻本　二冊

360000－1901－0042695　901921
增選巧搭網珊不分卷　（清）□□輯　清末袖海山房石印本　一冊

360000－1901－0042696　407733
增選縮本多寶船不分卷　（清）□□編　清末石印本　四冊

360000－1901－0042697　160414
增注字詁義府合按　（清）黃承吉輯　清光緒三年（1877）歙西黃氏刻本　四冊

360000－1901－0042698　406037
增注字類標韻六卷　（清）華綱輯　（清）范多珏重訂　清光緒二年（1876）石印本　二冊

360000－1901－0042699　406038
增注字類標韻六卷　（清）華綱輯　（清）范多珏重訂　清光緒二年（1876）石印本　二冊

360000－1901－0042700　160427
增注字類標韻六卷　（清）華綱輯　（清）范多珏重訂　清光緒二年（1876）四明范氏刻本　二冊

360000－1901－0042701　406035
增注字類標韻六卷　（清）華綱輯　（清）范多珏重訂　清光緒二十二年（1896）煥文書局石印本　一冊

360000－1901－0042702　160428
增注字類標韻六卷　（清）華綱輯　（清）范多珏重訂　清光緒九年（1883）來青閣刻本　二冊

360000－1901－0042703　406034
增注字類標韻六卷　（清）華綱輯　（清）范多珏重訂　清光緒十二年（1886）上海石印本　一冊

360000－1901－0042704　406040
增注字類標韻六卷　（清）華綱輯　（清）范多珏重訂　清光緒十六年（1890）上海鴻寶齋石印本　二冊

360000－1901－0042705　406041
增注字類標韻六卷　（清）華綱輯　（清）范多珏重訂　清光緒十六年（1890）上海鴻寶齋石印本　二冊

360000－1901－0042706　406042
增注字類標韻六卷　（清）華綱輯　（清）范多珏重訂　清光緒十六年（1890）上海鴻寶齋石印本　一冊　存三卷（一至三）

360000－1901－0042707　406039
增注字類標韻六卷　（清）華綱輯　（清）范多珏重訂　清光緒十三年（1887）石印本　一冊　存三卷（一至三）

360000－1901－0042708　412812
增注字類標韻六卷　（清）華綱輯　（清）范多珏重訂　清末鉛印本　一冊　存三卷（四至六）

360000－1901－0042709　406036
增注字類標韻六卷　（清）華綱輯　（清）范多珏重訂　清末善成堂石印本　二冊

360000－1901－0042710　900647
增註八銘塾鈔初集不分卷二集不分卷　（清）吳懋政輯　清光緒十四年（1888）萬珍書局鉛印本　二冊

360000－1901－0042711　900206

增註分類飲香尺牘四卷首一卷 （清）飲香居士編 （清）白下慵隱子箋釋 清光緒十八年(1892)上海圖書集成印書局鉛印本 一冊 存二卷(一、首一卷)

360000－1901－0042712 404652
增註分類飲香尺牘四卷首一卷 （清）飲香居士編 （清）白下慵隱子箋釋 清末鉛印本 三冊 存三卷(二至四)

360000－1901－0042713 901363
增註賦學指南十六卷 （清）余丙照輯 清大經堂刻本 四冊

360000－1901－0042714 901269
增註賦學指南十六卷 （清）余丙照輯 清末鉛印本 三冊 存十三卷(一至十三)

360000－1901－0042715 404366
增註蒙學三字經歷史圖說一卷 （□）□□撰 清刻本 一冊

360000－1901－0042716 802244
增註四書合講□□卷 （清）□□輯 清末石印本 一冊 存五卷(一至五)

360000－1901－0042717 403238
增註四書人物類典串珠四十卷 （清）臧志仁輯 清光緒十八年(1892)上海點石齋石印本 四冊

360000－1901－0042718 901469
增註寫信必讀□□卷 （□）□□撰 清末鉛印本 一冊 存三卷(三至五)

360000－1901－0042719 901341
增註韻蘭賦鈔初集二卷 （清）王家相輯 清刻本 六冊

360000－1901－0042720 901342
增註韻蘭賦鈔初集二卷 （清）王家相輯 清刻本 四冊

360000－1901－0042721 901343
增註韻蘭賦鈔初集二卷 （清）王家相輯 清刻本 三冊

360000－1901－0042722 901344
增註韻蘭賦鈔初集二卷 （清）王家相輯 清刻本 五冊

360000－1901－0042723 901345
增註韻蘭賦鈔初集二卷 （清）王家相輯 清刻本 四冊

360000－1901－0042724 901346
增註韻蘭賦鈔初集二卷 （清）王家相輯 清刻本 三冊 存一卷(一)

360000－1901－0042725 901346－1
增註韻蘭賦鈔初集二卷 （清）王家相輯 清刻本 二冊 存一卷(一)

360000－1901－0042726 901346－2
增註韻蘭賦鈔初集二卷 （清）王家相輯 清刻本 一冊 存一卷(一)

360000－1901－0042727 901348
增註韻蘭賦鈔初集二卷 （清）王家相輯 清四知堂刻本 二冊

360000－1901－0042728 901347
增註韻蘭賦鈔初集二卷 （清）王家相輯 清英德堂刻本 七冊

360000－1901－0042729 901343－1
增註韻蘭賦鈔二集二卷 （清）王家相輯 清刻本 五冊

360000－1901－0042730 901346－3
增註韻蘭賦鈔二集二卷 （清）王家相輯 清刻本 一冊

360000－1901－0042731 160871
增篆康熙字典四十二卷 （清）張玉書等纂修 清光緒三十年(1904)上海錦章書局石印本 六冊

360000－1901－0042732 160869
增篆康熙字典四十二卷 （清）張玉書等纂修 清末上海鴻寶書局石印本 六冊

360000－1901－0042733 122462
甑峰先生遺稿二卷 （清）何輝寧撰 清嘉慶二十年(1815)刻本 一冊

360000－1901－0042734　122463
甑峰先生遺稿二卷　(清)何輝寧撰　清嘉慶二十年(1815)刻本　一册

360000－1901－0042735　803227
劄課册□□卷　(□)□□輯　清黄麟抄本　二册　存二卷(鄭注周禮、經類撮要)

360000－1901－0042736　305473
札樸十卷　(清)桂馥撰　清光緒九年(1883)長洲蔣氏刻心矩齋叢書本　九册　存九卷(二至十)

360000－1901－0042737　402906
札樸十卷　(清)桂馥撰　清光緒九年(1883)長洲蔣氏刻心矩齋叢書本　十册

360000－1901－0042738　405144
札樸十卷　(清)桂馥撰　清光緒九年(1883)長洲蔣氏刻心矩齋叢書本　一册　存一卷(一)

360000－1901－0042739　313861
札樸十卷　(清)桂馥撰　清光緒七年(1881)刻本　五册

360000－1901－0042740　302657
札樸十卷　(清)桂馥撰　清嘉慶十八年(1813)小李山房刻本　五册

360000－1901－0042741　309227
札樸十卷　(清)桂馥撰　清嘉慶十八年(1813)小李山房刻本　六册

360000－1901－0042742　304321
乍浦九山補志十二卷　(清)李確撰　清道光十一年(1831)凝厚堂刻本　二册

360000－1901－0042743　420238
乍浦竹枝詞一卷　(清)鄒璟　(清)王文海撰　清道光七年(1827)刻本　一册

360000－1901－0042744　162483
柞蠶簡法一卷　(清)徐瀾輯　清宣統元年(1909)安徽勸業道署鉛印本　一册

360000－1901－0042745　802112
摘抄納書楹曲譜不分卷　(清)葉堂撰　清嘉慶十九年(1814)蟾光氏抄本　一册

360000－1901－0042746　802440
摘抄數書九章不分卷　(宋)秦九韶撰　清抄本　一册

360000－1901－0042747　803241
摘抄小倉山房詩集不分卷　(清)袁枚撰　清抄本　一册

360000－1901－0042748　800400
摘抄薛氏醫按一卷　(明)王綸撰　(明)薛己注　清抄本　一册

360000－1901－0042749　408974
摘錦胎產萬全一卷　(清)習瑞洪撰　清乾隆十五年(1750)刻本　一册

360000－1901－0042750　164920
脈理摘要不分卷　(□)□□輯　清抄本　一册

360000－1901－0042751　122081
摘錄科場事例二卷　(清)梅啓照輯　清同治十二年(1873)刻本　二册

360000－1901－0042752　123057
摘錄科場事例二卷　(清)梅啓照輯　清同治十二年(1873)刻本　二册

360000－1901－0042753　161811
摘錄科場事例二卷　(清)梅啓照輯　清同治十一年(1872)刻本　二册

360000－1901－0042754　164977
摘星樓治痘全書十八卷　(明)朱一麟撰　(清)朱法訂補　清光緒十二年(1886)朱歙成刻本　十册

360000－1901－0042755　164978
摘星樓治痘全書十八卷　(明)朱一麟撰　(清)朱法訂補　清光緒十二年(1886)朱歙成刻本　十册

360000－1901－0042756　803108
摘選文章不分卷　(□)□□輯　清日新氏抄本　一册

360000－1901－0042757　162697
摘要良方一卷　(清)怡情館主　(清)修竹居士輯　清光緒二十二年(1896)石印本　一冊

360000－1901－0042758　800353
摘要星期二卷　(清)李盛蘭輯　清道光二十年(1840)王三槐堂李廷玉抄本　一冊

360000－1901－0042759　314028
摘造惠廣章德四門城外未稅契據業戶清冊一卷　(清)勞鼎勛等纂　清光緒三十三年(1907)木活字印本　一冊

360000－1901－0042760　314029
摘造惠廣章德四門城外未驗契據業戶清冊一卷　(清)勞鼎勛等纂　清光緒三十三年(1907)木活字印本　一冊

360000－1901－0042761　417294
宅譜邇言二卷　(清)魏青江撰　清大文堂刻陽宅大成本　一冊　存一卷(一)

360000－1901－0042762　408197
宅譜修方五卷　(清)魏青江撰　清刻本　二冊　存四卷(二至五)

360000－1901－0042763　230555
宅譜修方五卷　(清)魏青江撰　清乾隆懷德堂刻陽宅大成本　一冊　存四卷(一至四)

360000－1901－0042764　408198
宅譜修方五卷　(清)魏青江撰　清雍正二年(1724)刻本　三冊

360000－1901－0042765　305434
宅譜指要四卷　(清)魏青江撰　清刻本　一冊　存二卷(三至四)

360000－1901－0042766　417317－1
宅譜指要四卷　(清)魏青江撰　清刻本　一冊　存二卷(三至四)

360000－1901－0042767　417317
宅譜指要四卷　(清)魏青江撰　清乾隆六年(1741)刻本　二冊　存二卷(一至二)

360000－1901－0042768　402266
翟誥奏稿一卷　(清)翟誥撰　清咸豐刻本　一冊

360000－1901－0042769　411125
詹元善先生遺集二卷　(宋)詹體仁撰　清嘉慶十九年(1814)浦城祝氏留香室刻浦城遺書本　一冊

360000－1901－0042770　315801
瞻衮堂文集十卷　(清)袁鈞撰　清光緒三十三年(1907)袁可烺刻本　四冊

360000－1901－0042771　405389
瞻岵詩話二卷　(清)蔡常雲撰　清刻本　一冊　存一卷(下)

360000－1901－0042772　121346
展峰詩草六卷　(清)伍兆鼇撰　清光緒二十四年(1898)刻本　二冊

360000－1901－0042773　122837
佔畢叢談六卷附勸學卮言一卷時文蠡測一卷　(清)袁守定撰　清光緒十二年(1886)刻本　四冊

360000－1901－0042774　122838
佔畢叢談六卷附勸學卮言一卷時文蠡測一卷　(清)袁守定撰　清光緒十二年(1886)刻本　四冊

360000－1901－0042775　413711
佔畢叢談六卷附勸學卮言一卷時文蠡測一卷　(清)袁守定撰　清光緒十二年(1886)刻本　一冊　存二卷(一至二)

360000－1901－0042776　413712
佔畢叢談六卷附勸學卮言一卷時文蠡測一卷　(清)袁守定撰　清光緒十年(1884)刻本　三冊　缺一卷(五)

360000－1901－0042777　122836
佔畢叢談六卷附勸學卮言一卷時文蠡測一卷　(清)袁守定撰　清嘉慶十九年(1814)刻本　二冊

360000－1901－0042778　415202
湛甘泉先生文集三十二卷　(明)湛若水撰　清同治五年(1866)資政堂刻本　三冊　存八

卷(六至十一、十八至十九)

360000－1901－0042779　301973
湛然居士文集十四卷　(元)耶律楚材撰　清光緒二十一年(1895)桐廬袁氏刻漸西村舍彙刊本　四册

360000－1901－0042780　240865
湛園未定藁六卷　(清)姜宸英撰　清康熙二十年(1681)二老閣刻本　六册

360000－1901－0042781　404676
湛園未定藁六卷　(清)姜宸英撰　清刻本　一册　存一卷(二)

360000－1901－0042782　603595
湛園未定藁六卷　(清)姜宸英撰　清刻本　二册　存二卷(三、五)

360000－1901－0042783　301972
湛園札記四卷　(清)姜宸英撰　清光緒七年(1881)刻本　二册

360000－1901－0042784　303719
戰法學二卷　(日本)石井忠利撰　清光緒二十三年(1897)武昌質學會刻本　一册

360000－1901－0042785　400694
戰國策九卷　(清)俞長城評點　清乾隆二十四年(1759)刻本　一册

360000－1901－0042786　400694－1
戰國策九卷　(清)俞長城評點　清乾隆二十四年(1759)刻本　一册　存四卷(周策、秦策、齊策、楚策)

360000－1901－0042787　220287
戰國策奇鈔八卷　(明)陳仁錫輯　明末天繪閣刻本　三册　缺二卷(三至四)

360000－1901－0042788　164253
戰國策去毒二卷　(清)陸隴其撰　清刻本　二册

360000－1901－0042789　162042
戰國策去毒二卷首一卷　(清)陸隴其撰　清同治九年(1870)六安求我齋刻本　二册

360000－1901－0042790　400677
戰國策三十三卷　(漢)高誘注　清抄本　三册

360000－1901－0042791　400697
戰國策三十三卷　(漢)高誘注　清乾隆刻本　二册　存十八卷(十至十八、二十五至三十三)

360000－1901－0042792　603866
戰國策三十三卷　(漢)高誘注　(宋)姚宏校正　清刻本　一册　存二卷(四至五)

360000－1901－0042793　400692
戰國策三十三卷　(漢)高誘注　**重刻剡川姚氏本戰國策札記三卷**　(清)黄丕烈撰　清光緒二十七年(1901)上海鴻寶齋石印本　五册

360000－1901－0042794　311090
戰國策三十三卷　(漢)高誘注　**重刻剡川姚氏本戰國策札記三卷**　(清)黄丕烈撰　清光緒三年(1877)永康胡氏退補齋刻本　六册

360000－1901－0042795　161624
戰國策三十三卷　(漢)高誘注　**重刻剡川姚氏本戰國策札記三卷**　(清)黄丕烈撰　清嘉慶八年(1803)吳門黄氏讀未見書齋刻士禮居黄氏叢書本　六册　存十六卷(一至十六)

360000　1901　0042796　306475
戰國策三十三卷　(漢)高誘注　**重刻剡川姚氏本戰國策札記三卷**　(清)黄丕烈撰　清嘉慶八年(1803)吳門黄氏讀未見書齋刻士禮居黄氏叢書本　七册

360000－1901－0042797　307931
戰國策三十三卷　(漢)高誘注　**重刻剡川姚氏本戰國策札記三卷**　(清)黄丕烈撰　清嘉慶八年(1803)吳門黄氏讀未見書齋刻士禮居黄氏叢書本　五册

360000－1901－0042798　308115
戰國策三十三卷　(漢)高誘注　**重刻剡川姚氏本戰國策札記三卷**　(清)黄丕烈撰　清嘉慶八年(1803)吳門黄氏讀未見書齋刻士禮居黄氏叢書本　三册

360000－1901－0042799　400679
戰國策三十三卷　(漢)高誘注　**重刻剡川姚氏本戰國策札記三卷**　(清)黄丕烈撰　清嘉慶八年(1803)吴門黄氏讀未見書齋刻士禮居黄氏叢書本　一册　存三卷(戰國策一至三)

360000－1901－0042800　308079
戰國策三十三卷　(漢)高誘注　**重刻剡川姚氏本戰國策札記三卷**　(清)黄丕烈撰　清同治八年(1869)湖北崇文書局刻本　五册

360000－1901－0042801　312616
戰國策三十三卷　(漢)高誘注　**重刻剡川姚氏本戰國策札記三卷**　(清)黄丕烈撰　清同治八年(1869)湖北崇文書局刻本　五册

360000－1901－0042802　400680
戰國策三十三卷　(漢)高誘注　**重刻剡川姚氏本戰國策札記三卷**　(清)黄丕烈撰　清同治八年(1869)湖北崇文書局刻本　五册

360000－1901－0042803　400681
戰國策三十三卷　(漢)高誘注　**重刻剡川姚氏本戰國策札記三卷**　(清)黄丕烈撰　清同治八年(1869)湖北崇文書局刻本　二册　存十八卷(一至九、二十五至三十三)

360000－1901－0042804　310936
戰國策三十三卷　(漢)高誘注　**重刻剡川姚氏本戰國策札記三卷**　(清)黄丕烈撰　清同治八年(1869)刻本　五册

360000－1901－0042805　400678
戰國策十八卷　(清)張星徽評點　清雍正十三年(1735)溫陵張星徽塞翁亭刻本　五册　存十五卷(一至十、十四至十八)

360000－1901－0042806　400678－1
戰國策十八卷　(清)張星徽評點　清雍正十三年(1735)溫陵張星徽塞翁亭刻本　一册　存四卷(十四至十七)

360000－1901－0042807　164082
戰國策十二卷　(明)陳仁錫　(明)鍾惺評　明刻本　四册　存八卷(三、六至十二)

360000－1901－0042808　220246
戰國策十卷　(宋)鮑彪校注　明天啓三年(1623)鍾人傑刻本　五册

360000－1901－0042809　220248
戰國策十卷　(宋)鮑彪校注　(元)吴師道補正　明刻本(卷三配另一明刻本)　二册　存三卷(三至五)

360000－1901－0042810　220247
戰國策十卷　(宋)鮑彪校注　(元)吴師道補正　明萬曆九年(1581)張一鯤刻本　八册

360000－1901－0042811　400683
戰國策十卷　(宋)鮑彪校注　(元)吴師道補正　清姑蘇書業堂刻本　八册

360000－1901－0042812　400682
戰國策十卷　(宋)鮑彪校注　(元)吴師道補正　清刻本　八册

360000－1901－0042813　400684
戰國策十卷　(宋)鮑彪校注　(元)吴師道補正　清刻本　八册

360000－1901－0042814　400685
戰國策十卷　(宋)鮑彪校注　(元)吴師道補正　清刻本　八册

360000－1901－0042815　400689
戰國策十卷　(宋)鮑彪校注　(元)吴師道補正　清刻本　三册　存五卷(四、七至十)

360000－1901－0042816　400690
戰國策十卷　(宋)鮑彪校注　(元)吴師道補正　清刻本　三册　存四卷(四、八至十)

360000－1901－0042817　400698
戰國策十卷　(宋)鮑彪校注　(元)吴師道補正　清刻本　五册

360000－1901－0042818　400699
戰國策十卷　(宋)鮑彪校注　(元)吴師道補正　清刻本　八册

360000－1901－0042819　400700
戰國策十卷　(宋)鮑彪校注　(元)吴師道補正　清刻本　五册　存九卷(一至二、四至

十）

360000－1901－0042820　400700－1
戰國策十卷　（宋）鮑彪校注　（元）吳師道補正　清刻本　二冊　存二卷（六至七）

360000－1901－0042821　400686
戰國策十卷　（宋）鮑彪校注　（元）吳師道補正　清乾隆二十七年（1762）刻本　七冊

360000－1901－0042822　400688
戰國策十卷　（宋）鮑彪校注　（元）吳師道補正　清乾隆二十七年（1762）刻本　六冊　存八卷（一至二、四、六至十）

360000－1901－0042823　400687
戰國策十卷　（宋）鮑彪校注　（元）吳師道補正　清乾隆三十年（1765）刻本　七冊　存九卷（一至二、四至十）

360000－1901－0042824　220249
戰國策十卷　（宋）鮑彪校注　（元）吳師道補正　清乾隆三十年（1765）文盛堂刻本　八冊

360000－1901－0042825　400695
戰國策選四卷　（清）儲欣評選　清乾隆十年（1745）刻本　一冊

360000－1901－0042826　400696
戰國策選四卷　（清）儲欣評選　清乾隆五十年（1785）□南堂刻本　□冊

360000－1901－0042827　121658
戰書十七卷兵經百篇三卷　（清）揭暄撰　清咸豐九年（1859）濠塘刻本　十冊

360000－1901－0042828　411273
章大力先生全稿一卷　（明）章世純撰　（清）呂留良評　清初文盛堂刻本　三冊

360000－1901－0042829　314031
章江門外沿河兩岸碼頭店鋪房屋地基清冊二卷　（清）勞鼎勛等纂　清光緒三十三年（1907）木活字印本　二冊

360000－1901－0042830　121427
章介庵文集十一卷　（明）章衮撰　清光緒元年（1875）刻本　六冊

360000－1901－0042831　121428
章介庵文集十一卷　（明）章衮撰　清光緒元年（1875）刻本　六冊

360000－1901－0042832　240618
章介庵文集十一卷　（明）章衮撰　清乾隆十八年（1753）章文先刻本　四冊

360000－1901－0042833　240737
章柳州集四卷　（明）章世純撰　清康熙三年（1664）刻臨川文選本　四冊

360000－1901－0042834　121429
章門萍約詩選　（清）黃桂林輯　清道光二年（1822）文壽齋刻本　四冊

360000－1901－0042835　121430
章門萍約詩選　（清）黃桂林輯　清道光二年（1822）文壽齋刻本　六冊

360000－1901－0042836　121433
章圃文蛻八卷首一卷末一卷　（清）姜曾撰　（清）姜應門輯　清同治三年（1864）姜應門刻本　四冊

360000－1901－0042837　121434
章圃文蛻八卷首一卷末一卷　（清）姜曾撰　（清）姜應門輯　清同治三年（1864）姜應門刻本　四冊

360000－1901－0042838　121435
章圃文蛻八卷首一卷末一卷　（清）姜曾撰　（清）姜應門輯　清同治三年（1864）姜應門刻本　四冊

360000－1901－0042839　411151
章圃文蛻八卷首一卷末一卷　（清）姜曾撰　（清）姜應門輯　清同治三年（1864）姜應門刻本　二冊　存六卷（二至七）

360000－1901－0042840　150294
章氏遺書　（清）章學誠撰　清光緒三年（1877）貴陽章氏刻十九年（1893）補刻本　五冊

360000－1901－0042841　150295
章氏遺書　（清）章學誠撰　清光緒三年

(1877)貴陽章氏刻十九年(1893)補刻本　四冊

360000－1901－0042842　900469
張百川時文不分卷　(清)張江撰　清刻本　一冊　存孟子

360000－1901－0042843　711175
張百川先生塾課注釋八卷　(清)張江撰　(清)周汝調編　(清)陳觀民注釋　清嘉慶四年(1799)聚蘭堂刻本　五冊

360000－1901－0042844　300972
張蒼水集二卷附北征錄一卷　(明)張煌言撰　清光緒鉛印本　一冊

360000－1901－0042845　240970
張處士遺藁一卷　(清)張奇撰　清康熙二十年(1681)刻本　一冊

360000－1901－0042846　300966
張大司馬奏稿四卷　(清)張亮基撰　清光緒十七年(1891)刻本　四冊

360000－1901－0042847　300967
張大司馬奏稿四卷　(清)張亮基撰　清光緒十七年(1891)刻本　四冊

360000－1901－0042848　122600
張光弼詩集四卷　(元)張昱撰　清末抄本　五冊

360000－1901－0042849　403802
張翰林校正禮記大全三十卷　(明)胡廣撰　(明)張瑞圖　(明)沈正宗校正　清康熙二十六年(1687)刻本　九冊　存十六卷(一至二、四至十、十七至十八、二十三至二十五、二十九至三十)

360000－1901－0042850　603576
張亨甫全集二十七卷文集六卷首一卷　(清)張際亮撰　(清)李雲誥輯　清刻本　一冊　存四卷(二十四至二十七)

360000－1901－0042851　300941
張亨甫全集二十七卷文集六卷首一卷　(清)張際亮撰　(清)李雲誥輯　清咸豐建寧孔慶衢刻同治六年(1867)李雲誥補修本　八冊

360000－1901－0042852　163540
張橫渠先生集十二卷　(宋)張載撰　(清)張伯行輯釋　清康熙四十七年(1708)儀封張伯行正誼堂刻本　二冊

360000－1901－0042853　306403
張謇批選四書義六卷　張謇批選　清光緒二十七年(1901)申江石印本　一冊　存一卷(一)

360000－1901－0042854　403356
張謇批選四書義六卷　張謇批選　清光緒三十年(1904)上海書局石印本　四冊　存四卷(一至二、四至五)

360000－1901－0042855　306425
張謇批選四書義六卷　張謇批選　清末石印本　一冊　存一卷(四)

360000－1901－0042856　403356－1
張謇批選四書義六卷　張謇批選　清末石印本　二冊　存二卷(二、六)

360000－1901－0042857　403356－2
張謇批選四書義六卷　張謇批選　清末石印本　一冊　存一卷(二)

360000－1901－0042858　306426
張謇批選續四書義六卷　張謇批選　清光緒二十九年(1903)上海書局石印本　一冊　存一卷(一)

360000－1901－0042859　802449
張景陽集一卷　(晉)張協撰　清抄本　一冊

360000－1901－0042860　240473
張來儀先生文集一卷　(明)張羽撰　民國抄本　一冊

360000－1901－0042861　240604
張龍湖先生文集十五卷詩餘一卷　(明)張治撰　清雍正四年(1726)彭思眷刻本　三冊　缺六卷(七至十一、詩餘一卷)

360000－1901－0042862　220286
張陸二先生批評戰國策抄四卷　(明)阮宗孔

刪注　(明)張居正　(明)陸深評　明刻本　一册　存二卷(一至二)

360000－1901－0042863　220285
張陸二先生批評戰國策抄四卷　(明)阮宗孔刪注　(明)張居正　(明)陸深評　明萬曆六年(1578)王篆刻本　四册

360000－1901－0042864　412973
張茂先勵志詩帖一卷　(清)李樹人書　清刻本　一册

360000－1901－0042865　802466
張孟陽集一卷　(晉)張載撰　清抄本　一册

360000－1901－0042866　164874
張卿子經驗方不分卷　(清)張遂辰輯　清粤東富文齋刻本　一册

360000－1901－0042867　305154
張三丰祖師無根樹詞注解一卷　(清)劉一明注　(清)李西月增解　清刻本　一册

360000－1901－0042868　804432
張三丰祖師元要編不分卷　(明)張幺素撰　清道光六年(1826)傲雪山房刻本　一册

360000－1901－0042869　410065－1
邁堂時文一卷　(清)李祖陶撰　清同治七年(1868)尚友樓刻本　一册

360000－1901－0042870　164871
張氏醫書七種　(清)張璐等撰　清光緒二十年(1894)上海圖書集成印書局鉛印本　十册　存六種

360000－1901－0042871　420768－1
張氏醫書七種　(清)張璐等撰　清刻本　七册　存三種

360000－1901－0042872　721998－1
張氏醫書七種　(清)張璐等撰　清刻本　三册　存二種

360000－1901－0042873　420766
張氏醫書七種　(清)張璐等撰　清明德堂刻本　十九册　存二種

360000－1901－0042874　420768
張氏醫書七種　(清)張璐等撰　清三元堂刻本　十八册　存四種

360000－1901－0042875　420765
張氏醫書七種　(清)張璐等撰　清同德堂刻本　二十册　存五種

360000－1901－0042876　420767
張氏醫書七種　(清)張璐等撰　清同德堂刻本　二十二册　存四種

360000－1901－0042877　721998
張氏醫書七種　(清)張璐等撰　清同德堂刻本　二十四册　存五種

360000－1901－0042878　164870
張氏醫通十六卷　(清)張璐撰　清光緒二十年(1894)上海圖書集成印書局鉛印本　九册　存十五卷(一至十五)

360000－1901－0042879　164869
張氏醫通十六卷　(清)張璐撰　清光緒三十三年(1907)上海書局石印本　七册　存十四卷(一至十四)

360000－1901－0042880　164868
張氏醫通十六卷　(清)張璐撰　清嘉慶七年(1802)思德堂刻本　十一册　缺四卷(十三至十六)

360000－1901－0042881　164867
張氏醫通十六卷　(清)張璐撰　清刻本　十四册

360000－1901－0042882　164872
張氏醫通十六卷　(清)張璐撰　清刻本　十一册　存十一卷(六至十六)

360000－1901－0042883　708137
張氏醫通十六卷　(清)張璐撰　清刻本　一册　存一卷(十五)

360000－1901－0042884　720761
張氏醫通十六卷　(清)張璐撰　清刻本　十一册　存九卷(四至五、七至十一、十三至十四)

360000－1901－0042885　721741
張氏醫通十六卷　(清)張璐撰　清刻本　十一册　存七卷(九、十一至十六)

360000－1901－0042886　722102
張氏醫通十六卷　(清)張璐撰　清刻本　四册　存三卷(十四至十六)

360000－1901－0042887　802635
張氏醫通十六卷　(清)張璐撰　清刻本　二册　存二卷(八至九)

360000－1901－0042888　802636
張氏醫通十六卷　(清)張璐撰　清刻本　三册　存三卷(四、十三、十六)

360000－1901－0042889　405516
張説之文集二十五卷　(唐)張説撰　清刻本　二册　存八卷(五至十二)

360000－1901－0042890　300956
張説之文集二十五卷補遺五卷　(唐)張説撰　清光緒三十一年(1905)仁和朱氏刻結一廬朱氏賸餘叢書本　三册　缺五卷(補遺五卷)

360000－1901－0042891　241539
張太史塾課八卷　(清)張江撰　清乾隆三十年(1765)刻本　三册

360000－1901－0042892　210077
張太史硃訂秘笥書經講意綱目集註六卷　(宋)蔡沈集傳　(明)張侗初硃訂　(明)陳台輯　明天啓五年(1625)吴郡周鳴岐刻朱墨套印本　二册　存二卷(一至二)

360000－1901－0042893　150313
張文端集　(清)張英撰　清光緒二十三年(1897)桐城張氏刻本　二十册

360000－1901－0042894　150314
張文端集　(清)張英撰　清光緒二十三年(1897)桐城張氏刻本　二十册

360000－1901－0042895　163501
張文烈公遺詩一卷　(明)張家玉撰　清光緒二十九年(1903)刻本　一册

360000－1901－0042896　220335
張文僖公詠史遺編四卷　(明)張昇撰　清雍正六年(1728)刻本　一册

360000－1901－0042897　300963
張文襄公詩集四卷　(清)張之洞撰　清宣統二年(1910)鉛印本　二册

360000－1901－0042898　300948
張文襄公手劄不分卷　(清)張之洞撰　(清)沈秉模輯　清宣統二年(1910)敦藝廬影印本　二册

360000－1901－0042899　300949
張文襄幕府紀聞二卷　辜鴻銘撰　清宣統二年(1910)鉛印本　二册

360000－1901－0042900　803122
張小山小令二卷　(元)張可久撰　(明)李開先輯　清刻本　一册　存一卷(下)

360000－1901－0042901　411275
張曉樓先生二集不分卷　(清)張江撰　清雍正九年(1731)慶餘堂刻本　二册

360000－1901－0042902　240690
張陽和先生不二齋文選七卷附一卷　(明)張元忭撰　(明)鄒元標輯　明萬曆三十年(1602)山陰張汝霖、張汝懋刻本　一册　存二卷(三至四)

360000－1901－0042903　300973
張楊園[履祥]年譜一卷附錄一卷　(清)蘇惇元編　清同治三年(1864)錢塘丁氏刻當歸草堂叢書本　一册

360000－1901－0042904　413965
張楊園先生全集　(清)張履祥撰　清刻本　六册

360000－1901－0042905　150555
張楊園先生全集　(清)張履祥撰　清同治九年(1870)山東尚志堂刻本　六册

360000－1901－0042906　413703
張藥房遺稿一卷　(清)張天棟撰　清刻本　一册

360000－1901－0042907　241031

張藥房遺稿一卷　(清)張天棟撰　清雍正十二年(1734)桑梓園刻本　一册

360000－1901－0042908　163545
張忠敏公遺集十卷首一卷附錄六卷　(明)張國維撰　(清)張振珂輯　清咸豐十年(1860)刻本　六册

360000－1901－0042909　420569
張仲景金匱要畧論註二十四卷　(清)徐彬撰　清康熙十年(1671)刻本　六册

360000－1901－0042910　804836
張仲景傷寒六經辨證治法八卷　(漢)張機撰　(清)沈明宗編注　清刻本　一册　存二卷(五至六)

360000－1901－0042911　230221
張仲景傷寒論遙問十三卷原方遙問一卷平脈法一卷　(清)徐行撰　清抄本　胡思敬題識　四册

360000－1901－0042912　802248
張仲景傷寒論原文淺注六卷　(清)陳念祖集注　清末鉛印本　一册　存三卷(四至六)

360000－1901－0042913　408072
張仲景傷寒論原文淺註六卷　(清)陳念祖集注　清刻本　三册

360000－1901－0042914　408073
張仲景傷寒論原文淺註六卷　(清)陳念祖集注　清同治元年(1862)恭壽堂刻本　三册

360000－1901－0042915　408074
張仲景傷寒論原文淺註六卷　(清)陳念祖集注　清同治元年(1862)務本山房刻本　三册　存四卷(一至三、六)

360000－1901－0042916　408018
張仲景傷寒論原文淺註六卷長沙方歌括六卷　(清)陳念祖集注　清光緒二十九年至三十年(1903－1904)湖南益元書局刻本　四册

360000－1901－0042917　150312
張子全書十五卷　(宋)張載撰　(宋)朱熹注　清光緒二十三年(1897)刻本　六册

360000－1901－0042918　415274
張子全書十五卷　(宋)張載撰　(宋)朱熹注　清光緒二十三年(1897)刻本　五册　存十一卷(一至十一)

360000－1901－0042919　150311
張子全書十五卷　(宋)張載撰　(宋)朱熹注　清光緒十七年(1891)三原劉氏傳經堂刻本　六册

360000－1901－0042920　250181
張子全書十五卷　(宋)張載撰　(宋)朱熹注　清康熙五十八年(1719)高安朱軾刻朱文端公藏書本　六册

360000－1901－0042921　415269
張子全書十五卷　(宋)張載撰　(宋)朱熹注　清康熙五十八年(1719)高安朱軾刻朱文端公藏書本　五册

360000－1901－0042922　415270
張子全書十五卷　(宋)張載撰　(宋)朱熹注　清康熙五十八年(1719)高安朱軾刻朱文端公藏書本　三册

360000－1901－0042923　415271
張子全書十五卷　(宋)張載撰　(宋)朱熹注　清康熙五十八年(1719)高安朱軾刻朱文端公藏書本　四册

360000－1901－0042924　415272
張子全書十五卷　(宋)張載撰　(宋)朱熹注　清康熙五十八年(1719)高安朱軾刻朱文端公藏書本　六册

360000－1901－0042925　415273
張子全書十五卷　(宋)張載撰　(宋)朱熹注　清康熙五十八年(1719)高安朱軾刻朱文端公藏書本　五册　存十四卷(二至十五)

360000－1901－0042926　600220
張子全書十五卷　(宋)張載撰　(宋)朱熹注　清康熙五十八年(1719)高安朱軾刻朱文端公藏書本　四册　存八卷(一至五、十至十二)

360000－1901－0042927　600220－1
張子全書十五卷　(宋)張載撰　(宋)朱熹注　清康熙五十八年(1719)高安朱軾刻朱文端公藏書本　三冊　存八卷(一至二、十至十五)

360000－1901－0042928　603575
張子全書十五卷　(宋)張載撰　(宋)朱熹注　清康熙五十八年(1719)高安朱軾刻朱文端公藏書本　二冊　存九卷(一至九)

360000－1901－0042929　600220－2
張子全書十五卷　(宋)張載撰　(宋)朱熹注　清刻本　一冊　存四卷(十二至十五)

360000－1901－0042930　150310
張子全書十五卷　(宋)張載撰　(宋)朱熹注　清同治九年(1870)刻本　八冊

360000－1901－0042931　300957
張子釋要　(宋)張載撰　(清)李元春注　清朝邑蒙天庥刻本　一冊

360000－1901－0042932　307822
張子正蒙注九卷　(清)王夫之撰　清同治四年(1865)湘鄉曾氏金陵刻光緒十三年(1887)船山書院補刻船山遺書本　三冊

360000－1901－0042933　302664
張宗道先生地理全書四卷　(明)張亙撰　清道光四年(1824)英華堂刻本　二冊

360000－1901－0042934　407230
張宗道先生地理全書四卷　(明)張亙撰　清刻本　二冊　存三卷(二至四)

360000－1901－0042935　407230－1
張宗道先生地理全書四卷　(明)張亙撰　清刻本　一冊　存三卷(二至四)

360000－1901－0042936　413200
彰德府七縣水道圖不分卷　(清)□□撰　清刻本　一冊

360000－1901－0042937　405386
帳墨居詩鈔一卷　(清)范其駿撰　清光緒十六年(1890)刻本　一冊

360000－1901－0042938　405386－1
帳墨居詩鈔一卷　(清)范其駿撰　清光緒十六年(1890)刻本　一冊

360000－1901－0042939　308227
昭代詞選三十八卷　(清)蔣重光輯　清刻本　一冊　存三卷(十九至二十一)

360000－1901－0042940　150261
昭代叢書　(清)張潮　(清)張漸輯　(清)楊復吉　(清)沈懋悳續輯　清道光吳江沈氏世楷堂刻本　一百六十冊

360000－1901－0042941　150149
昭代叢書　(清)張潮輯　清康熙三十六年至四十二年(1697－1703)詒清堂刻本　六冊　存五十種

360000－1901－0042942　402768
昭代叢書　(清)張潮輯　清康熙三十六年至四十二年(1697－1703)詒清堂刻本　十二冊　存九十種

360000－1901－0042943　150259
昭代叢書　(清)張潮輯　清刻本　十四冊　存九十種

360000－1901－0042944　150260
昭代叢書　(清)張潮輯　清刻本　十六冊　存九十種

360000－1901－0042945　901023
昭代叢書　(清)張潮輯　清刻本　五冊　存二十一種

360000－1901－0042946　220211
昭代典則二十八卷　(明)黃光昇撰　明萬曆二十八年(1600)周曰校萬卷樓刻本　佚名批點　二冊　存六卷(五至七、十五至十七)

360000－1901－0042947　309392
昭代名人尺牘續集二十四卷　陶湘輯　清宣統三年(1911)天寶石印局影印本　六冊　存十二卷(十三至二十四)

360000－1901－0042948　401364
昭代名人尺牘續集二十四卷　陶湘輯　清宣

統三年(1911)影印本　二十四冊

360000－1901－0042949　150397－1
昭德先生郡齋讀書志二十卷　(宋)晁公武撰　(宋)姚應績編　**附志二卷**　(宋)趙希弁撰　**考證一卷考異一卷校補一卷**　王先謙撰　清光緒十年(1884)長沙王氏刻本　十冊　缺二卷(考證一卷、校補一卷)

360000－1901－0042950　303579
昭德先生郡齋讀書志二十卷　(宋)晁公武撰　(宋)姚應績編　**附志二卷**　(宋)趙希弁撰　**考證一卷考異一卷校補一卷**　王先謙撰　清光緒十年(1884)長沙王氏刻本　十冊　缺二卷(考證一卷、校補一卷)

360000－1901－0042951　308838
昭德先生郡齋讀書志二十卷　(宋)晁公武撰　(宋)姚應績編　**附志二卷**　(宋)趙希弁撰　**考證一卷考異一卷校補一卷**　王先謙撰　清光緒十年(1884)長沙王氏刻本　五冊　存十四卷(一至十三、考證一卷)

360000－1901－0042952　320240
昭德先生郡齋讀書志二十卷　(宋)晁公武撰　(宋)姚應績編　**附志二卷**　(宋)趙希弁撰　**考證一卷考異一卷校補一卷**　王先謙撰　清光緒十年(1884)長沙王氏刻本　十冊　缺二卷(考證一卷、校補一卷)

360000－1901－0042953　405775
昭德先生郡齋讀書志二十卷　(宋)晁公武撰　(宋)姚應績編　**附志二卷**　(宋)趙希弁撰　**考證一卷考異一卷校補一卷**　王先謙撰　清刻本　一冊　存三卷(十一至十三)

360000－1901－0042954　405775－1
昭德先生郡齋讀書志二十卷　(宋)晁公武撰　(宋)姚應績編　**附志二卷**　(宋)趙希弁撰　**考證一卷考異一卷校補一卷**　王先謙撰　清刻本　一冊　存一卷(昭德先生郡齋讀書志一)

360000－1901－0042955　405776
昭德先生郡齋讀書志二十卷　(宋)晁公武撰　(宋)姚應績編　**附志二卷**　(宋)趙希弁撰　**考證一卷考異一卷校補一卷**　王先謙撰　清刻本　一冊　存三卷(七至九)

360000－1901－0042956　412275－1
昭德先生郡齋讀書志二十卷　(宋)晁公武撰　(宋)姚應績編　**附志二卷**　(宋)趙希弁撰　**考證一卷考異一卷校補一卷**　王先謙撰　清刻本　一冊　存一卷(五上)

360000－1901－0042957　312113
昭陵碑攷十二卷　(清)孫三錫撰　清咸豐八年(1858)刻本　六冊

360000－1901－0042958　401144
昭昧詹言二十一卷　(清)方東樹撰　吳闓生評　清末刻本　一冊　存二卷(二十至二十一)

360000－1901－0042959　401142
昭明文選集成六十卷　(南朝梁)蕭統輯　(清)方廷珪評點　清乾隆倣范軒刻本　五冊　存十二卷(二至六、二十二至二十四、四十二至四十五)

360000－1901－0042960　401302
昭明文選六臣彙註疏解三十九卷　(清)顧施禎輯　清耕心堂刻本　九冊　存十八卷(二至十三、十七至十八、三十三至三十四、三十八至三十九)

360000－1901－0042961　401303
昭明文選六臣彙註疏解三十九卷　(清)顧施禎輯　清耕心堂刻本　四冊　存七卷(三至四、二十五至二十六、三十一、三十四至三十五)

360000－1901－0042962　401294
昭明文選六臣彙註疏解十九卷　(清)顧施禎輯　清耕心堂刻本　十冊

360000－1901－0042963　401295
昭明文選六臣彙註疏解十九卷　(清)顧施禎輯　清耕心堂刻本　九冊　存十七卷(一至十五、十八至十九)

360000－1901－0042964　401296
昭明文選六臣彙註疏解十九卷　(清)顧施禎輯　清耕心堂刻本　七册　存七卷(一、九至十一、十五至十七)

360000－1901－0042965　401297
昭明文選六臣彙註疏解十九卷　(清)顧施禎輯　清耕心堂刻本　八册　存十五卷(一至七、十至十五、十八至十九)

360000－1901－0042966　401298
昭明文選六臣彙註疏解十九卷　(清)顧施禎輯　清耕心堂刻本　四册　存十卷(一至七、十七至十九)

360000－1901－0042967　401299
昭明文選六臣彙註疏解十九卷　(清)顧施禎輯　清耕心堂刻本　二册　存二卷(二、六)

360000－1901－0042968　401303－21
昭明文選六臣彙註疏解十九卷　(清)顧施禎輯　清耕心堂刻本　四册　存十卷(四至十、十七至十九)

360000－1901－0042969　401303－22
昭明文選六臣彙註疏解十九卷　(清)顧施禎輯　清耕心堂刻本　七册　存十四卷(二至七、十二至十九)

360000－1901－0042970　401303－23
昭明文選六臣彙註疏解十九卷　(清)顧施禎輯　清耕心堂刻本　三册　存六卷(六至九、十六至十七)

360000－1901－0042971　801050
昭明文選六十卷　(南朝梁)蕭統輯　(明)張鳳翼纂注　清刻本　二册　存二卷(二十三、二十五)

360000－1901－0042972　163998
昭明文選三十卷　(南朝梁)蕭統輯　(明)張鳳翼纂注　明萬曆三十三年(1605)刻本　二十三册　存二十三卷(二至十四、十六至十七、十九至二十二、二十四、二十六、二十九至三十)

360000－1901－0042973　800233
昭明文選十二卷　(南朝梁)蕭統輯　(明)張鳳翼纂注　清抄本　一册　存一卷(一)

360000－1901－0042974　163438
昭明選詩初學讀本四卷　(清)孫人龍輯　清刻本　二册

360000－1901－0042975　163439
昭明選詩初學讀本四卷　(清)孫人龍輯　清刻本　二册

360000－1901－0042976　401143
昭明選詩初學讀本四卷　(清)孫人龍輯　清刻本　一册　存一卷(四)

360000－1901－0042977　418032
昭明選詩三卷　(南朝梁)蕭統輯　(唐)李善注　(明)張鳳翼纂注　明萬曆刻本　一册　存一卷(一)

360000－1901－0042978　316758
趙恭毅公集□□卷　(清)趙申喬撰　(清)趙侗斆編　清刻本　一册　存神道碑、墓志銘、白雲舊人傳

360000－1901－0042979　307641
趙恭毅公賸稾八卷　(清)趙申喬撰　清光緒十八年(1892)浙江書局刻本　四册

360000－1901－0042980　316328
趙恭毅公賸稾八卷　(清)趙申喬撰　清乾隆刻本　四册

360000－1901－0042981　306192
趙清獻公集十卷　(宋)趙抃撰　清光緒三年(1877)刻本　四册

360000－1901－0042982　315438
趙清獻公集十卷　(宋)趙抃撰　清光緒三年(1877)刻本　四册

360000－1901－0042983　316255－1
趙裘萼公剩稿三卷　(清)趙熊詔撰　清乾隆二年(1737)刻本　一册

360000－1901－0042984　420149
趙氏藏書　(清)趙承恩輯　清同治、光緒金

谿趙氏紅杏山房刻本　三冊　存二種

360000－1901－0042985　317224
趙氏淵源集十卷附消暑錄一卷　（清）趙紹祖輯　清光緒十三年（1887）小古墨齋刻本　六冊

360000－1901－0042986　120616
趙太史竹岡齋九種附三種　（清）趙敬襄撰　清嘉慶至道光襲日省堂刻本　六冊　存十種

360000－1901－0042987　120622
趙太史竹岡齋九種附三種　（清）趙敬襄撰　清嘉慶至道光襲日省堂刻本　八冊　存十種

360000－1901－0042988　123239
趙太史竹岡齋九種附三種　（清）趙敬襄撰　清嘉慶至道光襲日省堂刻本　六冊　存九種

360000－1901－0042989　412731
趙太史竹岡齋九種附三種　（清）趙敬襄撰　清嘉慶至道光襲日省堂刻本　七冊　存七種

360000－1901－0042990　603284
趙太史竹岡齋九種附三種　（清）趙敬襄撰　清刻本　一冊　存二種

360000－1901－0042991　306188
趙文敏公松雪齋全集十卷外集一卷續集一卷附錄一卷　（元）趙孟頫撰　清光緒八年（1882）洞庭楊氏刻本　一冊　存一卷（六）

360000－1901－0042992　306189
趙文敏公松雪齋全集十卷外集一卷續集一卷附錄一卷　（元）趙孟頫撰　清光緒八年（1882）洞庭楊氏刻本　二冊

360000－1901－0042993　240430
趙文敏公松雪齋全集十卷外集一卷續集一卷附錄一卷　（元）趙孟頫撰　清康熙五十二年（1713）曹培廉城書室刻本　四冊

360000－1901－0042994　405084
趙忠節公祠題壁錄存一卷　（清）蕭治輝輯　清光緒二十六年（1900）刻本　一冊

360000－1901－0042995　415420
趙子常選杜律五言註三卷虞伯生選杜律七言註三卷　（唐）杜甫撰　（元）虞集　（元）趙汸注　（清）查弘道　（清）金集補注　清康熙亦山草堂刻本　二冊

360000－1901－0042996　310148
肇論略注六卷　（明）釋德清撰　清光緒十四年（1888）金陵刻經處刻本　二冊

360000－1901－0042997　303364
折疑論集註二卷　（元）釋子成撰　（明）釋師子注　清道光十年（1830）刻本　二冊

360000－1901－0042998　165078
折獄龜鑑八卷　（宋）鄭克撰　**折獄龜鑑補六卷**　（清）胡文炳輯　清光緒四年（1878）蘭石齋刻本　八冊

360000－1901－0042999　165079
折獄龜鑑八卷　（宋）鄭克撰　**折獄龜鑑補六卷**　（清）胡文炳輯　清光緒四年（1878）蘭石齋刻本　八冊

360000－1901－0043000　406472
折獄龜鑑八卷首一卷　（宋）鄭克撰　清光緒十六年（1890）粵東撫署刻本　二冊

360000－1901－0043001　406471
折獄龜鑑八卷首一卷　（宋）鄭克撰　清雙峰書屋刻本　三冊

360000－1901－0043002　303369
哲學要領前編十章後編十二章　（日本）井上圓了撰　（清）羅伯雅譯　清末鉛印本　二冊

360000－1901－0043003　412748
蟄庵詩錄一卷　曾習經撰　稿本　一冊

360000－1901－0043004　240786
蟄菴存稿不分卷　（清）蕭震撰　清康熙十一年（1672）刻本　一冊

360000－1901－0043005　150486
蟄雲雷齋叢書　（清）□□輯　清光緒刻本　三冊　存三種

360000－1901－0043006　300242
謫麐堂遺集四卷　（清）戴望撰　清光緒元年（1875）刻本　一冊

360000－1901－0043007　316494
讁麐堂遺集四卷　(清)戴望撰　清光緒元年(1875)刻本　一册

360000－1901－0043008　407905
浙東籌防錄四卷籌洋芻議一卷　(清)薛福成撰　清光緒刻本　二册

360000－1901－0043009　402042
浙江八旗殉難錄四卷　(清)徐圓成編　清光緒九年(1883)杭城八旗會館刻十三年(1887)補刻本　一册

360000－1901－0043010　301920
浙江海運漕糧全案新編八卷　(清)左宗棠(清)吳棠等撰　清同治浙江糧儲道庫刻本　六册

360000－1901－0043011　123001
浙江平湖縣查編保甲事宜一卷　(清)王鳳生撰　清嘉慶二十年(1815)刻本　一册

360000－1901－0043012　301921
浙江全省輿圖並水陸道里記不分卷　(清)宗源瀚等纂　清光緒二十年(1894)浙江官書局石印本　二十册

360000－1901－0043013　802907
浙江試牘不分卷　(清)徐致祥輯　清光緒二十四年(1898)石印本　三册

360000－1901－0043014　802908
浙江試牘立誠編□□卷　(清)汪廷珍輯　清刻本　一册　存一卷(四)

360000－1901－0043015　901369
浙江試牘立誠編不分卷　(清)汪廷珍輯　清嘉慶二十年(1815)刻本　六册

360000－1901－0043016　802909
浙江試牘立誠編不分卷　(清)汪廷珍輯　清嘉慶十九年至二十一年(1814－1816)刻本　七册

360000－1901－0043017　802910
浙江試牘立誠編不分卷　(清)汪廷珍輯　清嘉慶十九年至二十一年(1814－1816)刻本　四册

360000－1901－0043018　402041
浙江四大家史論合編四卷　(清)李蔭鑾輯　清光緒二十八年(1902)刻本　一册　存二卷(一至二)

360000－1901－0043019　161805
浙江通省房捐章程一卷　(清)浙江布政使司(清)浙江省防軍支應善後總局頒定　清光緒刻本　一册

360000－1901－0043020　115149
浙江通省志圖說一卷　(清)沈德潛撰　(清)周準評點　清刻本　一册

360000－1901－0043021　300986
浙江圖攷一卷　(清)阮元撰　清嘉慶八年(1803)刻本　一册

360000－1901－0043022　900740
浙江闈墨不分卷　(清)□□撰　清刻本　一册

360000－1901－0043023　301918
浙江沿海圖說一卷附海島表一卷　(清)朱正元撰　清光緒二十五年(1899)上海鉛印本　一册

360000－1901－0043024　312158
浙江忠義錄十卷表八卷又一卷續編二卷續表九卷　(清)浙江采訪忠義總局編　清同治七年(1868)浙江采訪忠義總局刻光緒元年(1875)續刻本　三十二册

360000－1901－0043025　402043
浙江諮議局議員質問書一卷附巡撫諮詢事件一卷　(清)浙江諮議局編　清宣統三年(1911)鉛印本　一册

360000－1901－0043026　722170－3
浙刻雙池遺書八種　(清)汪紱撰　清光緒二十一年至二十二年(1895－1896)刻本　三册　存四種

360000－1901－0043027　722420
浙刻雙池遺書八種　(清)汪紱撰　清光緒二

十一年至二十二年(1895－1896)刻本　一册　存二種

360000－1901－0043028　801826
浙紹奎照樓新增繪圖幼學故事瓊林四卷首一卷　(明)程登吉撰　(清)鄒聖脈增補　清末浙紹奎照樓石印本　一册

360000－1901－0043029　417923
浙西六家詩鈔六卷　(清)吳應和　(清)馬洵輯　清道光七年(1827)紫微山館刻本　六册

360000－1901－0043030　121301
浙西水利備考不分卷　(清)王鳳生撰　清道光四年(1824)江聲帆影閣刻本　三册

360000－1901－0043031　123115
浙西水利備考不分卷　(清)王鳳生撰　清道光四年(1824)江聲帆影閣刻本　三册

360000－1901－0043032　302120
浙西水利備考不分卷　(清)王鳳生撰　清道光四年(1824)刻朱墨套印本　一册

360000－1901－0043033　311876
浙西水利備考不分卷　(清)王鳳生撰　清光緒四年(1878)浙江書局刻朱墨套印本　四册

360000－1901－0043034　220730
浙西水利書三卷　(明)姚文灝撰　民國抄本(豫章叢書底本)　二册

360000－1901－0043035　801159
浙西校士錄不分卷　(清)浙江提督學院錄　清光緒三十年(1904)石印本　一册

360000－1901－0043036　301908
淛嘐存愚二卷　(清)李清植撰　清刻本　一册

360000－1901－0043037　210349
淛嘐存愚二卷　(清)李清植撰　清乾隆三十一年(1766)武林試院刻本　一册

360000－1901－0043038　306513
蔗餘偶筆一卷　(清)方士淦撰　清同治十一年(1872)兩淮運署刻本　一册

360000－1901－0043039　314044
鷓言内篇一卷外篇一卷雜錄一卷　(清)朱克敬撰　清光緒十年(1884)湘南刻本　一册

360000－1901－0043040　309800
珍重廬山一瓣香八卷　(清)鶴洞子輯　清咸豐九年(1859)刻本　二册　存二卷(五至六)

360000－1901－0043041　307645－1
珍重廬山一瓣香十三卷　(清)鶴洞子輯　清光緒十八年(1892)刻本　八册　存八卷(一至八)

360000－1901－0043042　803578
珍珠囊藥性賦醫方捷徑合編二卷　(明)羅必煒訂　清刻本　一册　存一卷(下)

360000－1901－0043043　409128
珍珠囊藥性賦醫方捷徑合編二卷　(明)羅必煒訂　清文奎堂刻本　一册

360000－1901－0043044　409144
珍珠囊藥性賦醫方捷徑合編二卷　(明)羅必煒訂　清文奎堂刻本　一册

360000－1901－0043045　230240
珍珠囊指掌補遺藥性賦四卷　(金)李杲輯　清康熙三十二年(1693)文盛堂刻本　一册

360000－1901－0043046　407523
珍珠囊指掌補遺藥性賦四卷　(金)李杲輯
雷公炮製藥性解六卷　(明)李中梓輯　清初杏園刻本　一册

360000－1901－0043047　407938
珍珠囊指掌補遺藥性賦四卷　(金)李杲輯
雷公炮製藥性解六卷　(明)李中梓輯　清光緒二十年(1894)上海文瑞樓石印本　一册　存四卷(珍珠囊指掌補遺藥性賦四卷)

360000－1901－0043048　407939
珍珠囊指掌補遺藥性賦四卷　(金)李杲輯
雷公炮製藥性解六卷　(明)李中梓輯　清光緒二十年(1894)上海文瑞樓石印本　二册

360000－1901－0043049　407940
珍珠囊指掌補遺藥性賦四卷　(金)李杲輯

雷公炮製藥性解六卷　(明)李中梓輯　清光緒二十年(1894)上海文瑞樓石印本　二冊

360000－1901－0043050　407935
珍珠囊指掌補遺藥性賦四卷　(金)李杲輯
雷公炮製藥性解六卷　(明)李中梓輯　清光緒三十三年(1907)錦文堂石印本　一冊　存四卷(珍珠囊指掌補遺藥性賦四卷)

360000－1901－0043051　407513
珍珠囊指掌補遺藥性賦四卷　(金)李杲輯
雷公炮製藥性解六卷　(明)李中梓輯　清光緒十三年(1887)蘇州掃葉山房刻本　一冊　存四卷(珍珠囊指掌補遺藥性賦四卷)

360000－1901－0043052　407514
珍珠囊指掌補遺藥性賦四卷　(金)李杲輯
雷公炮製藥性解六卷　(明)李中梓輯　清桂華樓刻本　二冊

360000－1901－0043053　407515
珍珠囊指掌補遺藥性賦四卷　(金)李杲輯
雷公炮製藥性解六卷　(明)李中梓輯　清桂華樓刻本　二冊　存七卷(珍珠囊指掌補遺藥性賦四卷、雷公炮製藥性解四至六)

360000－1901－0043054　407519
珍珠囊指掌補遺藥性賦四卷　(金)李杲輯
雷公炮製藥性解六卷　(明)李中梓輯　清桂華樓刻本　一冊　存四卷(珍珠囊指掌補遺藥性賦四卷)

360000－1901－0043055　407521
珍珠囊指掌補遺藥性賦四卷　(金)李杲輯
雷公炮製藥性解六卷　(明)李中梓輯　清桂華樓刻本　一冊　存四卷(珍珠囊指掌補遺藥性賦四卷)

360000－1901－0043056　407517
珍珠囊指掌補遺藥性賦四卷　(金)李杲輯
雷公炮製藥性解六卷　(明)李中梓輯　清經綸堂刻本　二冊　存七卷(珍珠囊指掌補遺藥性賦四卷、雷公炮製藥性解四至六)

360000－1901－0043057　407516
珍珠囊指掌補遺藥性賦四卷　(金)李杲輯
雷公炮製藥性解六卷　(明)李中梓輯　清刻本　二冊

360000－1901－0043058　407522
珍珠囊指掌補遺藥性賦四卷　(金)李杲輯
雷公炮製藥性解六卷　(明)李中梓輯　清刻本　一冊

360000－1901－0043059　407955
珍珠囊指掌補遺藥性賦四卷　(金)李杲輯
雷公炮製藥性解六卷　(明)李中梓輯　清刻本　一冊　存四卷(珍珠囊指掌補遺藥性賦四卷)

360000－1901－0043060　407956
珍珠囊指掌補遺藥性賦四卷　(金)李杲輯
雷公炮製藥性解六卷　(明)李中梓輯　清刻本　一冊　存四卷(珍珠囊指掌補遺藥性賦四卷)

360000－1901－0043061　162457
珍珠囊指掌補遺藥性賦四卷　(金)李杲輯
雷公炮製藥性解六卷　(明)李中梓輯　清綠潤堂刻本　二冊　存四卷(珍珠囊指掌補遺藥性賦四卷)

360000－1901－0043062　407951
珍珠囊指掌補遺藥性賦四卷　(金)李杲輯
雷公炮製藥性解六卷　(明)李中梓輯　清末育文書局石印本　二冊

360000－1901－0043063　407952
珍珠囊指掌補遺藥性賦四卷　(金)李杲輯
雷公炮製藥性解六卷　(明)李中梓輯　清末煥文石印書局石印本　二冊

360000－1901－0043064　318276
毛晉汲古閣珍藏秘本書目不分卷　(□)□□輯　清抄本　一冊

360000－1901－0043065　407518
珍珠囊指掌補遺藥性賦四卷　(金)李杲輯
雷公炮製藥性解六卷　(明)李中梓輯　清三讓堂刻本　二冊　存七卷(珍珠囊指掌補遺藥性賦一至三、雷公炮製藥性解三至六)

360000－1901－0043066　902272

珍珠囊指掌補遺藥性賦四卷　(金)李杲輯　**雷公炮製藥性解六卷**　(明)李中梓輯　清文盛堂刻本　一册　存二卷(珍珠囊指掌補遺藥性賦一至二)

360000－1901－0043067　405075

貞白堂詩刻三種　(清)恩錫撰　清同治刻本　一册

360000－1901－0043068　405074

貞白先生遺稿十卷　(明)程通撰　清嘉慶十一年(1806)刻本　二册　存五卷(一至五)

360000－1901－0043069　402133

貞觀政要十卷　(唐)吳兢撰　(元)戈直集論　清南沙席氏掃葉山房刻本　四册

360000－1901－0043070　313130

貞觀政要十卷　(唐)吳兢撰　(元)戈直集論　清康熙十八年(1679)徐悝大易閣刻本　六册

360000－1901－0043071　314312

貞觀政要十卷　(唐)吳兢撰　(元)戈直集論　清刻本　二册

360000－1901－0043072　404879

貞烈編不分卷　(清)潘鍾瑞輯　清光緒十年(1884)刻香禪精舍集本　一册

360000－1901－0043073　121186

貞木篇一卷　(清)聶秉誠輯　清同治七年(1868)靖安學署刻本　一册

360000－1901－0043074　407726

貞木吟三卷　(清)龍書麟輯　清光緒二十一年(1895)洣江龍氏刻本　一册　存一卷(一)

360000－1901－0043075　121187

貞石山房詩鈔三卷　(清)王邦璽撰　清光緒十九年(1893)王氏刻本　一册

360000－1901－0043076　121188

貞石山房奏議四卷　(清)王邦璽撰　清光緒十九年(1893)王氏刻本　二册

360000－1901－0043077　404487

貞壽節錄一卷　(清)張明經撰　清光緒二十一年(1895)刻本　一册

360000－1901－0043078　804850

貞祥堂彙纂警世選言集六卷貞祥堂鐫李笠翁先生集古今聯藪一卷　(清)李漁輯　清刻本　一册　存三卷(五至六、貞祥堂鐫李笠翁先生集古今聯藪一卷)

360000－1901－0043079　421260

貞祥堂鐫李笠翁先生彙纂怡情集□□卷　(清)李漁輯　清刻本　一册　存一卷(一)

360000－1901－0043080　241522

貞一齋詩説一卷　(清)李重華撰　清乾隆刻本　一册

360000－1901－0043081　800364

真傳一線一卷　(清)江大川撰　(清)江上琴輯　清咸豐四年(1854)抄本　一册

360000－1901－0043082　230635

真誥二十卷　(南朝梁)陶弘景撰　明萬曆二十八年(1600)刻三十二年(1604)俞安期重修本(卷一至二、十九至二十配清抄本)　十册

360000－1901－0043083　230601

真賞齋印林一卷　(清)董士標篆刻　(清)郎遂輯　清雍正鈐印本　一册

360000－1901－0043084　400884

真文忠公心經一卷　(宋)真德秀撰　清康熙五十四年(1715)刻本　一册

360000－1901－0043085　900799

真文忠公政經一卷　(宋)真德秀撰　清刻本　一册

360000－1901－0043086　302639

真文忠公政經一卷心經一卷　(宋)真德秀撰　清光緒二十二年(1896)武英殿刻本　二册

360000－1901－0043087　230034

真西山讀書記乙集上大學衍義四十三卷　(宋)真德秀撰　明刻本　二十册

360000－1901－0043088　150546

真西山全集　(宋)真德秀撰　清刻本　一百

冊　存六種

360000－1901－0043089　401122
真西山先生集八卷　(宋)真德秀撰　(清)張伯行訂　清同治福州刻正誼堂全書本　三冊　存六卷(三至八)

360000－1901－0043090　309908
真心直說一卷　(高麗)釋知訥撰　清同治三年(1864)刻本　一冊

360000－1901－0043091　405572
真一酒二卷　(清)張紹先撰　(清)張紹芳校注　**題辭一卷**　(清)吕庭栩等撰　清嘉慶二十一年(1816)刻本　一冊　存二卷(真一酒二、題辭一卷)

360000－1901－0043092　162879
真珠船二十卷　(清)黄焜輯　清刻本　十冊

360000－1901－0043093　230229
針灸甲乙經十二卷　(晉)皇甫謐撰　明刻本　三冊　存六卷(一至六)

360000－1901－0043094　230230
針灸問對三卷　(明)汪機輯　明嘉靖十一年(1532)刻本　一冊

360000－1901－0043095　164983
針灸擇日編集一卷　(明)金循義等輯　清光緒十六年(1890)上杭羅氏刻本　一冊

360000－1901－0043096　416762
箴銘不分卷　(清)□□輯　清刻本　一冊

360000－1901－0043097　416762－1
箴銘不分卷　(清)□□輯　清刻本　一冊

360000－1901－0043098　416762－2
箴銘不分卷　(清)□□輯　清刻本　一冊

360000－1901－0043099　416762－3
箴銘不分卷　(清)□□輯　清刻本　一冊

360000－1901－0043100　716719
箴銘約編一卷附修齊纂要一卷　(清)淨意居士輯　清同治八年(1869)木活字印本　一冊

360000－1901－0043101　805001
鍼砭俚歌不分卷　(□)□□輯　清末上海宏大善書局石印本　一冊

360000－1901－0043102　804650
鍼刺手法不分卷　(□)□□輯　清抄本　一冊

360000－1901－0043103　408327
鍼灸大成十卷　(明)楊繼洲撰　清嘉慶二年(1797)刻本　五冊　存五卷(一、五至七、十)

360000－1901－0043104　408328
鍼灸大成十卷　(明)楊繼洲撰　清嘉慶二年(1797)刻本　六冊　存八卷(一、三至七、九至十)

360000－1901－0043105　411132
鍼灸大成十卷　(明)楊繼洲撰　清嘉慶六年(1801)英秀堂刻本　四冊

360000－1901－0043106　164982
鍼灸大成十卷　(明)楊繼洲撰　清京都善成堂刻本　八冊　存八卷(一至四、六、八至十)

360000－1901－0043107　408324
鍼灸大成十卷　(明)楊繼洲撰　清刻本　十冊

360000－1901－0043108　408325
鍼灸大成十卷　(明)楊繼洲撰　清刻本　一冊　存三卷(一、四至五)

360000－1901－0043109　408326
鍼灸大成十卷　(明)楊繼洲撰　清刻本　五冊　存五卷(四至七、十)

360000－1901－0043110　411131
鍼灸大成十卷　(明)楊繼洲撰　清刻本　七冊　存七卷(一、四至九)

360000－1901－0043111　411133
鍼灸大成十卷　(明)楊繼洲撰　清刻本　二冊　存三卷(七至九)

360000－1901－0043112　411134
鍼灸大成十卷　(明)楊繼洲撰　清刻本　三冊　存三卷(七至九)

360000－1901－0043113　802590
鍼灸大成十卷　(明)楊繼洲撰　清刻本　一冊　存一卷(五)

360000－1901－0043114　408323
鍼灸大成十卷　(明)楊繼洲撰　清乾隆五十九年(1794)同文堂刻本　九冊　存九卷(一、三至十)

360000－1901－0043115　164882
鍼灸甲乙經十二卷　(晉)皇甫謐撰　清光緒十三年(1887)行素堂刻本　四冊

360000－1901－0043116　421340
鍼灸甲乙經十二卷　(晉)皇甫謐撰　清刻本　一冊　存四卷(九至十二)

360000－1901－0043117　805216
鍼灸甲乙經十二卷　(晉)皇甫謐撰　清刻本　二冊　存六卷(七至十二)

360000－1901－0043118　421339
鍼灸全生二卷　(清)蕭福庵撰　清同治八年(1869)刻本　一冊　存一卷(下)

360000－1901－0043119　801395
鍼科一卷　(清)□□撰　清抄本　一冊

360000－1901－0043120　300026
枕經堂文鈔二卷　(清)方朔撰　清同治十一年(1872)刻本　一冊

360000－1901－0043121　163728
枕善堂尺牘一隅二十卷　(清)陳大溶撰　清道光二十二年(1842)大文堂刻本　十冊

360000－1901－0043122　163729
枕善堂尺牘一隅二十卷　(清)陳大溶撰　清道光十六年(1836)刻本　八冊

360000－1901－0043123　315698
枕善堂尺牘一隅二十卷　(清)陳大溶撰　清道光十六年(1836)刻本　十冊

360000－1901－0043124　802194
枕善堂尺牘一隅二十卷　(清)陳大溶撰　清刻本　一冊　存四卷(八至十一)

360000－1901－0043125　805148
枕善堂尺牘一隅二十卷　(清)陳大溶撰　清刻本　十二冊

360000－1901－0043126　901451
枕善堂尺牘一隅二十卷　(清)陳大溶撰　清刻本　四冊　存十卷(一至二、十三至二十)

360000－1901－0043127　304013
枕善齋集十三卷附一卷　(清)周爲漢撰　清道光六年(1826)刻本　二冊

360000－1901－0043128　409505
枕善齋遺詩四卷　(清)周爲漢撰　清道光二年(1822)古雪山房刻本　一冊

360000－1901－0043129　409505－1
枕善齋遺詩四卷　(清)周爲漢撰　清道光二年(1822)古雪山房刻本　一冊

360000－1901－0043130　409505－10
枕善齋遺詩四卷　(清)周爲漢撰　清道光二年(1822)古雪山房刻本　一冊

360000－1901－0043131　409505－11
枕善齋遺詩四卷　(清)周爲漢撰　清道光二年(1822)古雪山房刻本　一冊

360000－1901－0043132　409505－12
枕善齋遺詩四卷　(清)周爲漢撰　清道光二年(1822)古雪山房刻本　一冊

360000－1901－0043133　409505－13
枕善齋遺詩四卷　(清)周爲漢撰　清道光二年(1822)古雪山房刻本　一冊

360000－1901－0043134　409505－2
枕善齋遺詩四卷　(清)周爲漢撰　清道光二年(1822)古雪山房刻本　一冊

360000－1901－0043135　409505－3
枕善齋遺詩四卷　(清)周爲漢撰　清道光二年(1822)古雪山房刻本　一冊

360000－1901－0043136　409505－4
枕善齋遺詩四卷　(清)周爲漢撰　清道光二年(1822)古雪山房刻本　一冊

360000－1901－0043137　409505－5
枕善齋遺詩四卷　(清)周爲漢撰　清道光二年(1822)古雪山房刻本　一册

360000－1901－0043138　409505－6
枕善齋遺詩四卷　(清)周爲漢撰　清道光二年(1822)古雪山房刻本　一册

360000－1901－0043139　409505－7
枕善齋遺詩四卷　(清)周爲漢撰　清道光二年(1822)古雪山房刻本　一册

360000－1901－0043140　409505－8
枕善齋遺詩四卷　(清)周爲漢撰　清道光二年(1822)古雪山房刻本　一册

360000－1901－0043141　409505－9
枕善齋遺詩四卷　(清)周爲漢撰　清道光二年(1822)古雪山房刻本　一册

360000－1901－0043142　408375
疹科纂要一卷　(明)馬之騏撰　(明)翟良編　清刻本　一册

360000－1901－0043143　408265
診家正眼二卷　(明)李中梓撰　(清)尤乘增補　清醉經樓刻本　一册

360000－1901－0043144　408266
診家正眼二卷　(明)李中梓撰　(清)尤乘增補　清刻本　一册　存一卷(上)

360000－1901－0043145　408264
診家正眼二卷　(明)李中梓撰　(清)尤乘增補　清三讓堂刻士材三書本　一册

360000－1901－0043146　123010
陣法直指一卷　(明)鄧子龍撰　清道光二十七年(1847)刻本　一册

360000－1901－0043147　150278
振綺堂叢書　(清)汪康年輯　清光緒二十年(1894)泉唐汪氏振綺堂刻本　八册　存十二種

360000－1901－0043148　405623
賑捐歌一卷　(清)釋了凡頭陀編　清光緒十一年(1885)刻本　一册

360000－1901－0043149　417955
震川大全集三十卷補集八卷别集十卷餘集八卷　(明)歸有光撰　清宣統二年(1910)國學扶輪社石印本　十二册

360000－1901－0043150　301549
震川先生集三十卷别集十卷附録一卷　(明)歸有光撰　清光緒元年(1875)常熟歸氏刻本　十六册

360000－1901－0043151　240630
震川先生集三十卷别集十卷附録一卷補編一卷　(明)歸有光撰　清康熙十年至十四年(1671－1675)常熟歸莊、歸玠等刻本　八册

360000－1901－0043152　240632
震川先生集三十卷别集十卷附録一卷補編一卷　(明)歸有光撰　清康熙十年至十四年(1671－1675)常熟歸莊、歸玠等刻本　十二册　缺二卷(附録一卷、補編一卷)

360000－1901－0043153　417651
震川先生集三十卷别集十卷附録一卷補編一卷　(明)歸有光撰　清康熙十年至十四年(1671－1675)常熟歸莊、歸玠等刻本　六册

360000－1901－0043154　417652
震川先生集三十卷别集十卷附録一卷補編一卷　(明)歸有光撰　清康熙十年至十四年(1671－1675)常熟歸莊、歸玠等刻本　五册　存二十六卷(震川先生集三至十七、二十四至三十,别集一至四)

360000－1901－0043155　417652－1
震川先生集三十卷别集十卷附録一卷補編一卷　(明)歸有光撰　清康熙十年至十四年(1671－1675)常熟歸莊、歸玠等刻本　三册　存六卷(震川先生集十四至十六,别集三、七至八)

360000－1901－0043156　240631
震川先生集三十卷别集十卷附録一卷補編一卷　(明)歸有光撰　清康熙十年至十四年(1671－1675)常熟歸莊、歸玠等刻本(附録配清抄本)　十册

360000－1901－0043157　417957
震川先生文集二十卷　(明)歸有光撰　(明)歸道傳輯　清乾隆二十三年(1758)刻本　八冊

360000－1901－0043158　405606
震鐸集五卷　(□)□□撰　清同治二年(1863)刻本　一冊

360000－1901－0043159　722381
拯嬰彙編不分卷　(清)黄鳴珂輯　清刻本　一冊

360000－1901－0043160　720346
拯嬰彙編不分卷　(清)黄鳴珂輯　清同治四年(1865)刻本　一冊

360000－1901－0043161　720346－1
拯嬰彙編不分卷　(清)黄鳴珂輯　清同治四年(1865)刻本　一冊

360000－1901－0043162　720346－2
拯嬰彙編不分卷　(清)黄鳴珂輯　清同治四年(1865)刻本　一冊

360000－1901－0043163　722379
拯嬰彙編不分卷　(清)黄鳴珂輯　清同治四年(1865)刻本　一冊

360000－1901－0043164　722380
拯嬰彙編不分卷　(清)黄鳴珂輯　清同治四年(1865)刻本　一冊

360000－1901－0043165　240546
整庵先生存稿二十卷　(明)羅欽順撰　清乾隆二十一年(1756)闕成房刻嘉慶四年(1799)補刻本　五冊

360000－1901－0043166　417577
整庵先生存稿二十卷整庵續稿十三卷　(明)羅欽順撰　**整翁儀訓録一卷**　(明)羅欽藹編　清乾隆二十一年(1756)闕成房刻嘉慶四年(1799)補刻本　八冊

360000－1901－0043167　240544
整庵先生存稿二十卷整庵續稿十三卷　(明)羅欽順撰　**整翁儀訓録一卷**　(明)羅欽藹編　清乾隆二十一年(1756)闕成房刻嘉慶四年(1799)補刻本(整庵續稿卷一至十三、整翁儀訓録卷一配清乾隆二十一年闕成房刻道光六年重修本)　十冊

360000－1901－0043168　240545
整庵先生存稿二十卷整庵續稿十三卷　(明)羅欽順撰　**整翁儀訓録一卷**　(明)羅欽藹編　清乾隆二十一年(1756)闕成房刻嘉慶四年(1799)補刻本(整庵續稿卷一至十三、整翁儀訓録卷一配清乾隆二十一年闕成房刻道光六年重修本)　十冊

360000－1901－0043169　300599
正安集二卷　(清)于鍾岳撰　清刻本　一冊

360000－1901－0043170　162459
正訛八卷　(清)劉沅撰　清咸豐四年(1854)豫誠堂刻本　四冊

360000－1901－0043171　804700
正教奉褒不分卷　(清)黄伯禄編　清末鉛印本　一冊

360000－1901－0043172　604028
正覺樓叢刻　(清)崇文書局輯　清光緒崇文書局刻本　一冊　存二種

360000－1901－0043173　417248
正蒙二卷　(宋)張載撰　(清)李光地注　清初刻本　一冊

360000－1901－0043174　230072
正蒙二卷　(宋)張載撰　(清)李光地注　清康熙、雍正刻本　二冊

360000－1901－0043175　804689
正蒙二卷　(宋)張載撰　(清)李光地注　清刻本　一冊　存一卷(一)

360000－1901－0043176　804690
正蒙輯釋四卷　(清)華希閔輯　清刻本　一冊　存二卷(三至四)

360000－1901－0043177　802612
正蒙十七卷　(宋)張載撰　清刻本　一冊　存四卷(七至十)

360000－1901－0043178　230073
正蒙釋四卷　（明）高攀龍集注　（明）徐必達發明　清康熙刻本　二册

360000－1901－0043179　402934
正氣集三卷　（清）王夫之　（清）黄宗羲　（清）顧炎武撰　（清）陳慶林輯　清光緒三十年（1904）刻本　三册

360000－1901－0043180　316173
正氣堂集十七卷近稿一卷餘集五卷續集七卷洗海近事二卷　（明）俞大猷撰　清道光二十一年至二十四年（1841－1844）孫氏味古書室刻本　十四册

360000－1901－0043181　402935
正氣堂集十七卷近稿一卷餘集五卷續集七卷洗海近事二卷　（明）俞大猷撰　清道光二十一年至二十四年（1841－1844）孫氏味古書室刻本　二册　存三卷（餘集三至四、續集一）

360000－1901－0043182　603167
正氣堂集十七卷近稿一卷餘集五卷續集七卷洗海近事二卷　（明）俞大猷撰　清道光二十一年至二十四年（1841－1844）孫氏味古書室刻本　九册　存二十二卷（正氣堂集五至十七、近稿一卷、餘集一至三、續集二至六）

360000－1901－0043183　805366
正氣堂集十七卷近稿一卷餘集五卷續集七卷洗海近事二卷　（明）俞大猷撰　清道光二十一年至二十四年（1841－1844）孫氏味古書室刻本　三册　存四卷（正氣堂集一至四）

360000－1901－0043184　241265
正續名世文宗十六卷　題（明）王世貞輯　（明）錢允治續輯　（明）陳繼儒校注　明萬曆四十五年（1617）刻本　四册

360000－1901－0043185　900152
正誼書院課選不分卷　（清）朱琦選　（清）歐陽泉編　清咸豐二年（1852）刻本　六册

360000－1901－0043186　150153
正誼堂全書　（清）張伯行輯　（清）楊浚重編　清同治五年（1866）福州正誼書院刻同治八年至光緒十三年（1869－1887）續刻本　一百五十九册

360000－1901－0043187　150154
正誼堂全書　（清）張伯行輯　（清）楊浚重編　清同治五年（1866）福州正誼書院刻同治八年至光緒十三年（1869－1887）續刻本　一百五十九册　存六十六種

360000－1901－0043188　304803
正誼堂全書　（清）張伯行輯　（清）楊浚重編　清同治五年（1866）福州正誼書院刻同治八年至光緒十三年（1869－1887）續刻本　三十四册　存十九種

360000－1901－0043189　317232
正誼堂全書　（清）張伯行輯　（清）楊浚重編　清同治五年（1866）福州正誼書院刻同治八年至光緒十三年（1869－1887）續刻本　七十三册　存二種

360000－1901－0043190　413084
正誼堂全書　（清）張伯行輯　（清）楊浚重編　清同治五年（1866）福州正誼書院刻同治八年至光緒十三年（1869－1887）續刻本　十三册　存五種

360000－1901－0043191　603168
正誼堂全書　（清）張伯行輯　（清）楊浚重編　清同治五年（1866）福州正誼書院刻同治八年至光緒十三年（1869－1887）續刻本　一百八十八册　存四十八種

360000－1901－0043192　800166
正誼堂全書　（清）張伯行輯　（清）楊浚重編　清同治五年（1866）福州正誼書院刻同治八年至光緒十三年（1869－1887）續刻本　三十册　存十三種

360000－1901－0043193　900921
正誼堂全書　（清）張伯行輯　（清）楊浚重編　清同治五年（1866）福州正誼書院刻同治八年至光緒十三年（1869－1887）續刻本　一百五十九册　存五十二種

360000－1901－0043194　402936

正誼堂文集四十卷首二卷　(清)張伯行撰　清光緒二年(1876)吳江費氏刻本　十四冊　存二十七卷(一至八、十二至十三、二十六至四十,首二卷)

360000－1901－0043195　150155
正誼齋叢書　(清)汪昌序編　清康熙至道光二十年(1840)刻彙印本　二十三冊　存七種

360000－1901－0043196　401974
正音咀華三卷續編一卷　(清)莎彝尊撰　清咸豐三年(1853)麈談軒刻朱墨套印本　二冊

360000－1901－0043197　410213
蒙齋集二十卷　(宋)袁甫撰　清刻本　五冊　存十七卷(四至二十)

360000－1901－0043198　410213－1
蒙齋集二十卷　(宋)袁甫撰　清刻本　一冊　存四卷(四至七)

360000－1901－0043199　161491
正字通十二集三十六卷　(清)張自烈撰　(清)廖文英輯　清刻本　二十四冊

360000－1901－0043200　230277
正宗幼科四卷　(清)余濟川撰　清乾隆三十年(1765)梘溪德星堂刻本　四冊

360000－1901－0043201　403971
正祖聖德堂詳訂古文評註全集十卷　(清)過珙　(清)黄越評選　清嘉慶二年(1797)正祖聖德堂刻本　十冊

360000－1901－0043202　301201
政學錄初稾七卷　(清)陸言纂輯　清道光十三年(1833)刻本　六冊

360000－1901－0043203　902500
政藝通報　(清)上海政藝通報局輯　清光緒二十九年(1903)鉛印本　八冊　存六種

360000－1901－0043204　163332
政餘書屋文鈔二十卷　(清)王泉之撰　清道光十年(1830)刻本　十冊

360000－1901－0043205　163961
政治官報　(清)官報局編　清光緒三十年至宣統二年(1904－1910)鉛印本　一百三十五冊　存清光緒三十年九月至宣統二年八月

360000－1901－0043206　122172
鄭靜菴先生詩文集十二卷　(清)鄭日奎撰　清康熙木活字印本　四冊

360000－1901－0043207　164521
鄭容閒居士詩集略十五卷　(明)鄭惇典撰　清抄本　三冊

360000－1901－0043208　304406
鄭少谷先生全集二十四卷首一卷　(明)鄭善夫撰　清道光四年(1824)桑苧古園刻本　六冊

360000－1901－0043209　160706
鄭氏詩箋禮注異義考一卷　(清)桂文燦撰　清咸豐七年(1857)刻南海桂氏經學叢書本　一冊

360000－1901－0043210　161157
鄭氏佚書　(漢)鄭玄撰　(清)袁鈞輯　清光緒十四年(1888)浙江書局刻本　十冊

360000－1901－0043211　304536
鄭司農[玄]年譜一卷　(清)孫星衍輯　清道光甘泉黄氏刻光緒印高密遺書本　一冊

360000－1901－0043212　304494
鄭小谷先生全集　(清)鄭獻甫撰　清光緒五年(1879)黔南節署刻本　二十六冊　存四種

360000－1901－0043213　161159
鄭學彙函　(漢)鄭玄撰　(清)□□輯　清光緒定州王氏刻本　三冊

360000－1901－0043214　304403
鄭學錄四卷　(清)鄭珍撰　清同治四年(1865)刻本　二冊

360000－1901－0043215　405046
鄭學錄四卷　(清)鄭珍撰　清同治五年(1866)成山唐氏刻本　二冊

360000－1901－0043216　161158
鄭志三卷附錄一卷　(漢)鄭玄注　(三國魏)鄭小同編　(清)錢東垣等按語　清光緒十年

(1884)常熟鮑氏後知不足齋刻本　一冊

360000－1901－0043217　400876
鄭志三卷附録一卷　(漢)鄭玄注　(三國魏)鄭小同編　(清)錢東垣等按語　清光緒十年(1884)常熟鮑氏後知不足齋刻本　一冊

360000－1901－0043218　722515
鄭志三卷附録一卷　(漢)鄭玄注　(三國魏)鄭小同編　(清)錢東垣等按語　清咸豐三年(1853)南海伍氏刻粤雅堂叢書本　一冊

360000－1901－0043219　803463
證因脈治□卷　(明)秦昌遇撰　(清)秦之禎輯　清抄本　一冊　存一卷(下)

360000－1901－0043220　420319
證因脈治四卷　(明)秦昌遇撰　(清)秦之禎輯　清乾隆十八年(1753)攸寧堂刻本　二冊　存二卷(一、三)

360000－1901－0043221　420319－1
證因脈治四卷　(明)秦昌遇撰　(清)秦之禎輯　清乾隆十八年(1753)攸寧堂刻本　一冊　存一卷(一)

360000－1901－0043222　722462
證治要訣類方四卷　(明)戴元禮撰　清刻本　一冊　存二卷(三至四)

360000－1901－0043223　802599
證治要義十卷　(清)陳當務輯　清刻本　一冊　存二卷(二至三)

360000－1901－0043224　408173
證治要義十卷　(清)陳當務輯　清乾隆五十年(1785)惠民堂刻本　六冊

360000－1901－0043225　408436
證治準繩　(明)王肯堂輯　明刻本　十一冊　存二種

360000－1901－0043226　408445
證治準繩　(明)王肯堂輯　清光緒十八年(1892)上海圖書集成印書局鉛印本　十冊

360000－1901－0043227　408442
證治準繩　(明)王肯堂輯　清九思堂刻本　六冊　存四種

360000－1901－0043228　408439
證治準繩　(明)王肯堂輯　清康熙五十年(1711)金壇虞氏刻本　三十冊　存四種

360000－1901－0043229　408441
證治準繩　(明)王肯堂輯　清康熙五十年(1711)金壇虞氏刻本　十二冊　存三種

360000－1901－0043230　230192
證治準繩　(明)王肯堂撰　明萬曆三十年至三十六年(1602－1608)刻本　二十五冊　存六種

360000－1901－0043231　000988
證治準繩八卷　(明)王肯堂撰　清刻本　一冊　存一卷(七)

360000－1901－0043232　120831
孟子年譜一卷　(清)張宿煌撰　清光緒二十三年(1897)清江東齋刻本　一冊

360000－1901－0043233　414747
之游唾餘録二卷不夜書屋試律偶存一卷　(清)孫福海撰　清光緒十六年(1890)刻本　一冊

360000－1901－0043234　120223
支機石傳奇一卷　(清)蔡榮蓮撰　清光緒十七年(1891)新建蔡希邠刻本　一冊

360000－1901－0043235　161586
支那文明史論一卷　(日本)中西牛郎撰　清光緒二十七年(1901)上海商務印書館鉛印本　一冊

360000－1901－0043236　411224
只可編五卷　(清)王綿翰撰　清抄本　一冊

360000－1901－0043237　800275
只可編五卷　(清)王綿翰撰　清抄本　一冊　存三卷(一至三)

360000－1901－0043238　162408
芝庵雜記四卷　(清)陸雲錦撰　清嘉慶八年(1803)刻本　二冊

360000－1901－0043239　800378
芝蘭室存藁一卷　(清)□□撰　清抄本　一冊

360000－1901－0043240　802743
芝蘭室隨錄資摩不分卷　(清)□□輯　清抄本　二冊

360000－1901－0043241　405261
芝霞莊詩存五卷　(清)黄錫彤撰　清光緒九年(1883)善化黄氏刻本　一冊　存二卷(一至二)

360000－1901－0043242　302787
芝隱室詩存七卷續存一卷附存一卷首一卷　(清)長善撰　清同治十年(1871)廣州將軍節署怡遜主人芝隱居室刻本　六冊

360000－1901－0043243　120963
知白齋詩鈔五卷附詩草附存一卷　(清)江人鏡撰　清光緒二十三年(1897)刻本　二冊

360000－1901－0043244　120964
知白齋詩鈔五卷附詩草附存一卷　(清)江人鏡撰　清光緒二十三年(1897)刻本　二冊

360000－1901－0043245　405328
知本堂四六五集　(清)汪灝撰　清康熙刻本　四冊　存四集(仁、義、禮、智)

360000－1901－0043246　406212
知不足齋叢書　(清)鮑廷博輯　(清)鮑志祖續輯　清刻本　二冊　存四種

360000－1901－0043247　407082
知不足齋叢書　(清)鮑廷博輯　(清)鮑志祖續輯　清刻本　一冊　存二種

360000－1901－0043248　804921
知不足齋叢書　(清)鮑廷博輯　(清)鮑志祖續輯　清刻本　一冊　存三種

360000－1901－0043249　150231
知不足齋叢書　(清)鮑廷博輯　(清)鮑志祖續輯　清乾隆三十七年至道光三年(1772－1823)長塘鮑氏刻彙印本　二百三十六冊

360000－1901－0043250　300434
知不足齋叢書　(清)鮑廷博輯　(清)鮑志祖續輯　清乾隆三十七年至道光三年(1772－1823)長塘鮑氏刻彙印本　一冊　存二種

360000－1901－0043251　413102
知不足齋叢書　(清)鮑廷博輯　(清)鮑志祖續輯　清乾隆三十七年至道光三年(1772－1823)長塘鮑氏刻彙印本　二百八十二冊　存一百十七種

360000－1901－0043252　150232
知不足齋叢書　(清)鮑廷博輯　(清)鮑志祖續輯　清同治八年(1869)刻本　二百四十冊

360000－1901－0043253　800295
知恥軒詩鈔不分卷　(清)□□輯　清抄本　一冊

360000－1901－0043254　416251
知非錄一卷　(清)龐鍾璐撰　(清)龐鴻文　(清)龐鴻書補編　清光緒常熟龐氏刻本　一冊

360000－1901－0043255　150233
知服齋叢書　(清)龍鳳鑣輯　清光緒順德龍氏刻本　二十冊　存二十一種

360000－1901－0043256　120966
知稼軒詩六卷　(清)王泰甡撰　清道光十九年(1839)刻本　六冊

360000－1901－0043257　120967
知稼軒詩六卷　(清)王泰甡撰　清道光十九年(1839)刻本　六冊

360000－1901－0043258　407681
知愧軒尺牘十六卷　(清)管士駿撰　清光緒五年(1879)羣玉山房刻本　三冊　存十二卷(一至十二)

360000－1901－0043259　800692
知愧軒尺牘十六卷　(清)管士駿撰　清刻本　一冊　存四卷(五至八)

360000－1901－0043260　901525
知愧軒尺牘十六卷　(清)管士駿撰　清刻本　一冊　存一卷(三)

360000－1901－0043261　220809
知聖道齋讀書跋尾二卷　(清)彭元瑞撰　清乾隆刻本　一册

360000－1901－0043262　401996
知聖篇二卷　廖平撰　清光緒二十八年(1902)刻本　一册

360000－1901－0043263　120965
知退齋詩四卷　(清)譚光祥撰　清同治十三年(1874)刻本　一册

360000－1901－0043264　407679
知味軒稟言四卷啟事四卷　(清)陳毓靈撰　清道光二十六年至二十七年(1846－1847)文德堂刻本　五册

360000－1901－0043265　407680
知味軒稟言四卷啟事四卷　(清)陳毓靈撰　清道光二十六年至二十七年(1846－1847)文德堂刻本　四册　存四卷(知味軒稟言一至三、啟事一)

360000－1901－0043266　309887
知新錄一卷　(清)俞省三編　清刻本　一册

360000－1901－0043267　803136
知一子内書不分卷　(□)□□輯　清抄本　一册

360000－1901－0043268　163289
知止齋外編一卷　(清)任重光撰　清光緒十八年(1892)刻本　一册

360000－1901－0043269　413229
知足齋詩集二十卷　(清)朱珪撰　清嘉慶十年(1805)大興朱氏刻本　八册

360000－1901－0043270　316733
知足齋詩集二十卷　(清)朱珪撰　**年譜三卷**　(清)朱錫經撰　清嘉慶刻本　二十册

360000－1901－0043271　304392
知足齋文集六卷　(清)朱珪撰　清刻本　三册

360000－1901－0043272　803090
織簾書屋詩草不分卷　(清)沈兆澐撰　清抄本　一册

360000－1901－0043273　240808
織水齋集不分卷　(清)李煥章撰　清讀易樓抄本　六册

360000－1901－0043274　421721
直省考卷詩賦鳧藻集不分卷　(清)顧宗泰評選　清乾隆二十六年(1761)刻本　一册

360000－1901－0043275　900631
直省考卷所見錄三集　(清)□□編　清刻本　八册

360000－1901－0043276　901197
直省墨鯖二編不分卷　(清)□□輯　清刻本　二册

360000－1901－0043277　313078
直省釋奠禮樂記六卷首一卷末一卷　(清)應寶時等輯　清光緒十七年(1891)廣東藩署刻本　三册　存五卷(一至二、六,首一卷,末一卷)

360000－1901－0043278　312133
直省釋奠禮樂記六卷首一卷末一卷　(清)應寶時等輯　清同治十二年(1873)吳恒、顧澐刻本　六册

360000－1901－0043279　313077
直省釋奠禮樂記六卷首一卷末一卷　(清)應寶時等輯　清同治十二年(1873)吳恒、顧澐刻本　七册

360000－1901－0043280　406417
直省司法行政各官廳互相行文公式不分卷　(□)□□輯　清宣統二年(1910)刻本　二册

360000－1901－0043281　301249
直省同年齒錄不分卷　(清)□□輯　清光緒五年(1879)刻本　三册

360000－1901－0043282　900621
直省闈墨□□卷　(清)□□輯　清刻本　一册　存一卷(八)

360000－1901－0043283　900622
直省闈墨□□卷　(清)□□輯　清末上海煥

文書局石印本　一冊　存一卷(三)

360000－1901－0043284　901761－1
直省闈墨□□卷　(清)宜今室主人輯　清末石印本　五冊　存九卷(二至七、十至十二)

360000－1901－0043285　900626
直省闈塾合璧不分卷　(清)梁廷華等撰　清光緒三十年(1904)星沙勸學社刻本　四冊

360000－1901－0043286　901761－2
直省闈藝□□卷　(清)□□輯　清末石印本　一冊　存一卷(三)

360000－1901－0043287　900625
直省闈藝大全□□卷　(清)□□輯　清末石印本　二冊　存二卷(五、八)

360000－1901－0043288　901395
直省鄉墨不分卷　(□)□□輯　清刻本　一冊

360000－1901－0043289　901762
直省鄉墨不分卷甲午恩科會墨不分卷　(清)□□輯　清光緒石印本　三冊

360000－1901－0043290　900632
直省鄉墨精鋭不分卷　(清)梁葆慶輯　清刻本　三冊

360000－1901－0043291　805280
直省鄉墨聯珠同治癸酉科四卷　(清)秦煥等選輯　清刻本　二冊

360000－1901－0043292　413395
直齋書録解題二十二卷　(宋)陳振孫撰　清光緒九年(1883)江蘇書局刻本　六冊

360000－1901－0043293　310932
直齋書録解題二十二卷　(宋)陳振孫撰　清刻本　八冊

360000－1901－0043294　805081
直齋書録解題二十二卷　(宋)陳振孫撰　清刻本　一冊　存三卷(八至十)

360000－1901－0043295　800517
直指原真立向消水要訣一卷　(□)□□撰　清抄本　一冊

360000－1901－0043296　409210
執齋集二十卷　(明)劉玉撰　清道光十年(1830)孝友堂刻本　四冊

360000－1901－0043297　121467
執齋集二十卷　(明)劉玉撰　清刻本　四冊

360000－1901－0043298　121466
執齋集二十卷　(明)劉玉撰　清同治十三年(1874)刻本　六冊

360000－1901－0043299　306133
植物名實圖考長編二十二卷　(清)吳其濬撰　清刻本　四十五冊

360000－1901－0043300　415447
植物名實圖考三十八卷　(清)吳其濬撰　清道光二十八年(1848)陸應穀刻本　五十九冊

360000－1901－0043301　716310
植物名實圖考三十八卷　(清)吳其濬撰　清道光二十八年(1848)陸應穀刻本　十六冊　存七卷(一至六、十九)

360000－1901－0043302　722449
植物名實圖考三十八卷長編二十二卷　(清)吳其濬撰　清道光二十八年(1848)陸應穀刻本　二十二冊　存十卷(長編十至十三、十七至二十二)

360000－1901－0043303　711712
植物名實圖考三十八卷長編二十二卷　(清)吳其濬撰　清刻本　二冊　存一卷(植物名實圖考二十一)

360000－1901－0043304　721778
植物名實圖考三十八卷長編二十二卷　(清)吳其濬撰　清刻本　二十四冊　存九卷(長編六至十、十四至十七)

360000－1901－0043305　416209
植物圖説四卷　(英國)傅蘭雅撰　清光緒二十一年(1895)上海益智書會刻本　一冊

360000－1901－0043306　405806
殖學齋編訂四書大全不分卷　(清)王文烜輯

清雍正十一年(1733)古吳三樂齋刻本　二十二册

360000－1901－0043307　220503
職官考四十一卷　(清)李繩遠輯　清抄本　四册

360000－1901－0043308　301195
止園筆談八卷　(清)史夢蘭撰　清光緒四年(1878)刻本　四册

360000－1901－0043309　305127
止齋先生文集五十二卷附錄一卷　(宋)陳傅良撰　清光緒五年(1879)瑞安孫氏詒善祠塾刻本　八册　存四十二卷(一至九、二十一至五十二,附錄一卷)

360000－1901－0043310　162407
芷園素社痎瘧疏方一卷　(明)盧之頤撰　清刻本　一册

360000－1901－0043311　417277
指迷錄一卷附良方一卷　(清)周元溪輯　清光緒十年(1884)刻本　一册

360000－1901－0043312　417276
指迷忠告一卷　(清)劉花唐輯　清咸豐七年(1857)樂善書院刻本　一册

360000－1901－0043313　417275
指迷忠告一卷　(清)劉花唐輯　清咸豐十一年(1861)刻本　一册

360000－1901－0043314　804819
指明算法不分卷　(□)□□撰　清刻本　一册

360000－1901－0043315　162544
指玄篇一卷　題(唐)呂嵒撰　(清)滄海老人注　清乾隆五十八年(1793)刻本　一册

360000－1901－0043316　164009
指月錄三十二卷　(明)瞿汝稷撰　明釋弘禮刻本　十册

360000－1901－0043317　121169
咫聞軒賸稿四卷　(清)帥方蔚撰　清同治五年(1866)奉新帥氏綠滿窗刻本　四册

360000－1901－0043318　121170
咫聞軒賸稿四卷　(清)帥方蔚撰　清同治五年(1866)奉新帥氏綠滿窗刻本　四册

360000－1901－0043319　121171
咫聞軒賸稿四卷　(清)帥方蔚撰　清同治五年(1866)奉新帥氏綠滿窗刻本　四册

360000－1901－0043320　123303
咫聞軒賸稿四卷　(清)帥方蔚撰　清同治五年(1866)奉新帥氏綠滿窗刻本　八册

360000－1901－0043321　410534
咫聞軒賸稿四卷　(清)帥方蔚撰　清同治五年(1866)奉新帥氏綠滿窗刻本　四册

360000－1901－0043322　410535
咫聞軒賸稿四卷　(清)帥方蔚撰　清同治五年(1866)奉新帥氏綠滿窗刻本　三册　存三卷(一至三)

360000－1901－0043323　410539
咫聞軒賸稿四卷　(清)帥方蔚撰　清同治五年(1866)奉新帥氏綠滿窗刻本　四册

360000－1901－0043324　410540
咫聞軒賸稿四卷　(清)帥方蔚撰　清同治五年(1866)奉新帥氏綠滿窗刻本　四册

360000－1901－0043325　410541
咫聞軒賸稿四卷　(清)帥方蔚撰　清同治五年(1866)奉新帥氏綠滿窗刻本　四册

360000－1901－0043326　410542
咫聞軒賸稿四卷　(清)帥方蔚撰　清同治五年(1866)奉新帥氏綠滿窗刻本　四册

360000－1901－0043327　410543
咫聞軒賸稿四卷　(清)帥方蔚撰　清同治五年(1866)奉新帥氏綠滿窗刻本　四册

360000－1901－0043328　710543
咫聞軒賸稿四卷　(清)帥方蔚撰　清同治五年(1866)刻帥氏清芬集本　一册　存一卷(三)

360000－1901－0043329　710544
咫聞軒賸稿四卷　(清)帥方蔚撰　清同治五

年(1866)刻帥氏清芬集本　一册　存一卷(三)

360000－1901－0043330　601444
咫聞軒詩草二卷賸稿四卷　(清)帥方蔚撰　清帥之憲、帥汝蟨刻本　四册　存五卷(咫聞軒詩草二卷、賸稿二至四)

360000－1901－0043331　121168
咫聞軒詩草十卷　(清)帥方蔚撰　清同治元年(1862)奉新帥氏綠滿窗刻本　四册

360000－1901－0043332　123245
咫聞軒詩草十卷　(清)帥方蔚撰　清同治元年(1862)奉新帥氏綠滿窗刻本　四册

360000－1901－0043333　410531
咫聞軒詩草十卷　(清)帥方蔚撰　清同治元年(1862)奉新帥氏綠滿窗刻本　四册

360000－1901－0043334　410532
咫聞軒詩草十卷　(清)帥方蔚撰　清同治元年(1862)奉新帥氏綠滿窗刻本　四册

360000－1901－0043335　410533
咫聞軒詩草十卷　(清)帥方蔚撰　清同治元年(1862)奉新帥氏綠滿窗刻本　三册　存七卷(一至二、六至十)

360000－1901－0043336　410533－1
咫聞軒詩草十卷　(清)帥方蔚撰　清同治元年(1862)奉新帥氏綠滿窗刻本　二册　存五卷(六至十)

360000－1901－0043337　404481
紙上春臺新小說錦綉衣四卷十二回　(清)竹軒居士撰　清鳳樓刻本　二册

360000－1901－0043338　800312
徵訪明季遺書目一卷　劉世瑗編　清宣統二年(1910)鉛印本　一册

360000－1901－0043339　301032
徵君孫先生[奇逢]年譜二卷　(清)湯斌等編　清光緒十三年(1887)成都高繼善堂刻本　二册

360000－1901－0043340　314194
至聖林廟碑目六卷　(清)孔昭薰　(清)孔憲庚撰　清光緒二十二年(1896)南陵徐乃昌積學齋刻本　一册

360000－1901－0043341　122811
至堂詩鈔六卷　(清)艾暢撰　清道光三十年(1850)可添齋刻本　四册

360000－1901－0043342　163864
至游子二卷　(明)□□撰　清光緒元年(1875)湖北崇文書局刻本　一册

360000－1901－0043343　300660
至正庚辛唱和集一卷　(元)郁遵編　(清)朱彝尊重編　清刻本　一册

360000－1901－0043344　300544
至正集八十一卷　(元)許有壬撰　清宣統三年(1911)河南教育總會石印本　十册

360000－1901－0043345　120665
志學編二卷　(清)余寅止輯　清嘉慶十七年(1812)敬義堂刻本　一册

360000－1901－0043346　230109
志學編一卷附編一卷　(清)李紱撰　清雍正十三年(1735)刻本　一册

360000－1901－0043347　407728
志學錄八卷　(清)方宗誠撰　清光緒三年(1877)刻本　二册

360000－1901－0043348　900786
志學社不分卷　(清)□□撰　清康熙五十一年(1712)抄本　一册

360000－1901－0043349　120664
志遠堂文集十卷　(清)鄒鍾撰　清光緒十二年(1886)山東王少南德華堂刻本　六册

360000－1901－0043350　160436
志樂輯略三卷　(清)倪元坦輯　清嘉慶十五年(1810)刻本　一册

360000－1901－0043351　318118－16
志雲賦稿不分卷　(清)□□撰　清抄本　一册

360000－1901－0043352　301166
豸華堂文鈔八卷　(清)金應麟撰　清道光二十六年(1846)刻本　二册

360000－1901－0043353　301165
豸華堂奏議十二卷　(清)金應麟撰　清咸豐元年(1851)刻本　四册

360000－1901－0043354　414599
制服成誦編一卷　(清)周保珪撰　清光緒十三年(1887)武林王氏紅蝠山房刻本　一册

360000－1901－0043355　414599－1
制服成誦編一卷　(清)周保珪撰　清光緒十三年(1887)武林王氏紅蝠山房刻本　一册

360000－1901－0043356　414599－2
制服成誦編一卷　(清)周保珪撰　清光緒十三年(1887)武林王氏紅蝠山房刻本　一册

360000－1901－0043357　414599－3
制服成誦編一卷　(清)周保珪撰　清光緒十三年(1887)武林王氏紅蝠山房刻本　一册

360000－1901－0043358　414599－4
制服成誦編一卷　(清)周保珪撰　清光緒十三年(1887)武林王氏紅蝠山房刻本　一册

360000－1901－0043359　414599－5
制服成誦編一卷　(清)周保珪撰　清光緒十三年(1887)武林王氏紅蝠山房刻本　一册

360000－1901－0043360　414599－6
制服成誦編一卷　(清)周保珪撰　清光緒十三年(1887)武林王氏紅蝠山房刻本　一册

360000－1901－0043361　163416
制義叢話二十四卷附題名一卷　(清)梁章鉅撰　清咸豐九年(1859)知足知不足齋刻本　八册

360000－1901－0043362　163417
制義叢話二十四卷附題名一卷　(清)梁章鉅撰　清咸豐九年(1859)知足知不足齋刻本　八册

360000－1901－0043363　308282
制義叢話二十四卷附題名一卷　(清)梁章鉅撰　清咸豐九年(1859)知足知不足齋刻本　六册　存十九卷(一至四、八至二十二)

360000－1901－0043364　308461
制義叢話二十四卷附題名一卷　(清)梁章鉅撰　清咸豐九年(1859)知足知不足齋刻本　八册

360000－1901－0043365　415299
制義叢話二十四卷附題名一卷　(清)梁章鉅撰　清咸豐九年(1859)知足知不足齋刻本　八册

360000－1901－0043366　415300
制義叢話二十四卷附題名一卷　(清)梁章鉅撰　清咸豐九年(1859)知足知不足齋刻本　八册

360000－1901－0043367　415301
制義叢話二十四卷附題名一卷　(清)梁章鉅撰　清咸豐九年(1859)知足知不足齋刻本　八册

360000－1901－0043368　415302
制義叢話二十四卷附題名一卷　(清)梁章鉅撰　清咸豐九年(1859)知足知不足齋刻本　七册　存十八卷(一至三、七至二十一)

360000－1901－0043369　805245
制義叢話二十四卷附題名一卷　(清)梁章鉅撰　清咸豐九年(1859)知足知不足齋刻本　四册

360000－1901－0043370　805246
制義叢話二十四卷附題名一卷　(清)梁章鉅撰　清咸豐九年(1859)知足知不足齋刻本　八册

360000－1901－0043371　900423
制義金繩初集不分卷　(清)□□輯　清刻本　二册

360000－1901－0043372　900456
制義偶存四卷　(清)符兆綸撰　清咸豐七年(1857)刻本　四册

360000－1901－0043373　900457

制義偶存四卷 （清）符兆綸撰　清咸豐七年(1857)刻本　四册

360000－1901－0043374　900424
制義勝金集一卷 （清）黄恩彤撰　清光緒四年(1878)刻本　一册

360000－1901－0043375　805159
制義文鈔不分卷 （清）岳正等撰　清抄本　四册

360000－1901－0043376　305195
制藝博鈔□□卷 （清）吳世恭輯　清道光五年(1825)余九萬刻本　一册　存四卷(大學一至三、論語一)

360000－1901－0043377　802903
制藝萃珍八卷 （清）懷芳居士輯　清咸豐十一年(1861)刻本　四册

360000－1901－0043378　802904
制藝集腋不分卷 （清）朱蓉初　（清）朱伯珉輯　清咸豐十一年(1861)刻本　一册　存論語

360000－1901－0043379　802901
制藝精華前編三十二卷二編十二卷 （清）李鏡山輯　清末鉛印本　二册　存二十三卷(前編十一至二十一、二編十二卷)

360000－1901－0043380　802902
制藝鄉嬛不分卷 （清）□□輯　清刻本　二册

360000－1901－0043381　900455
制藝偶存二卷 （清）錫之撰　清同治六年(1867)刻本　二册

360000－1901－0043382　123152
制藝遺簪二卷 （清）伍兆鼇撰　清光緒三十三年(1907)刻本　一册

360000－1901－0043383　230429
炙硯瑣談三卷 （清）湯大奎撰　清乾隆五十七年(1792)武進趙懷玉亦有生齋刻本　一册

360000－1901－0043384　220505
治安文獻十卷 （清）陸壽名　（清）韓訥輯　清康熙三年(1664)刻本　二册　存二卷(一、九)

360000－1901－0043385　803713
治安文讞不分卷 （清）□□輯　清抄本　一册

360000－1901－0043386　421338
治蠱新方一卷 （清）路順德輯　清道光三年(1823)刻本　一册

360000－1901－0043387　421341
治蠱新方一卷 （清）路順德輯　清道光三年(1823)刻本　一册

360000－1901－0043388　408363
治痘十全三卷 （明）翟良撰　（明）懷幼山人增纂　清道光八年(1828)刻本　四册

360000－1901－0043389　230309
治法彙八卷 （明）張三錫撰　明刻本　一册　存一卷(七)

360000－1901－0043390　803599
治法摭要一卷 （□）□□輯　清抄本　一册

360000－1901－0043391　410583
治河方畧十卷首一卷 （清）靳輔撰　清嘉慶四年(1799)刻本　一册　存一卷(二)

360000－1901－0043392　301952
治河管見一卷 （清）董毓琦撰　清光緒刻本　一册

360000－1901－0043393　301950
治蝗全法四卷 （清）顔彦撰　清光緒十四年(1888)猶白雪齋刻本　一册

360000－1901－0043394　162353
治家格言繹義二卷首一卷 （清）戴翊清撰　清光緒二十三年(1897)刻本　一册

360000－1901－0043395　416676
治家格言繹義一卷 （清）戴翊清撰　清刻本　一册

360000－1901－0043396　416676－1
治家格言繹義一卷 （清）戴翊清撰　清刻本

一册

360000－1901－0043397　421342
治瘧痢屢驗奇方一卷　(清)倪宗賢撰　清刻本　一册

360000－1901－0043398　164788
治瘧痢屢驗奇方一卷　(清)倪宗賢撰　清末江西南昌學院前翰墨居刻本　一册

360000－1901－0043399　401526
治平大略四卷　(清)張秉直撰　清光緒元年(1875)傳經堂刻本　二册

360000－1901－0043400　230169
治平勝算全書十四卷　(清)年羹堯編　清抄本(有圖表)　十八册

360000－1901－0043401　401527
治平通議八卷　(清)陳虬撰　清光緒十九年(1893)歐雅堂刻本　四册

360000－1901－0043402　120743
治平言二卷　(明)曾大奇撰　清刻本　二册

360000－1901－0043403　120744
治平言二卷　(明)曾大奇撰　清刻本　二册

360000－1901－0043404　120745
治平言二卷　(明)曾大奇撰　清刻本　二册

360000－1901－0043405　601295
治平言二卷　(明)曾大奇撰　清刻本　二册

360000－1901－0043406　601296
治平言二卷　(明)曾大奇撰　清刻本　二册

360000－1901－0043407　601297
治平言二卷　(明)曾大奇撰　清刻本　二册

360000－1901－0043408　163887
治臺必告錄八卷　(清)丁日健輯　清同治六年(1867)知足知止園刻本　八册

360000－1901－0043409　163888
治臺必告錄八卷　(清)丁日健輯　清同治六年(1867)知足知止園刻本　八册

360000－1901－0043410　401009
治臺必告錄八卷　(清)丁日健輯　清同治六年(1867)知足知止園刻本　一册　存一卷(一)

360000－1901－0043411　802135
治痧撮要一卷　(□)□□輯　清抄本　一册

360000－1901－0043412　162443
治症節略一卷　(清)潘家仁輯　清咸豐三年(1853)南昌李慎堂潘家仁刻本　一册

360000－1901－0043413　421344
治症節略一卷　(清)潘家仁輯　清咸豐三年(1853)南昌李慎堂潘家仁刻本　一册

360000－1901－0043414　421343
治症目錄一卷　(清)潘家濟撰　清末潘家濟敬慎堂石印本　一册

360000－1901－0043415　421343－1
治症目錄一卷　(清)潘家濟撰　清末潘家濟敬慎堂石印本　一册

360000－1901－0043416　802746
致敬錄一卷　(清)□□輯　清程繼志堂抄本　一册

360000－1901－0043417　403861
致中堂精輯學庸爽心三卷　(清)孔棨咸輯　清乾隆五十七年(1792)刻本　一册

360000－1901－0043418　803945
智案會不分卷(乾隆三十六年至五十六年)　(清)□□撰　稿本　一册

360000－1901－0043419　416896
智囊補二十八卷　(明)馮夢龍輯　明末刻本　十二册

360000－1901－0043420　416896－1
智囊補二十八卷　(明)馮夢龍輯　明末刻本　二册　存九卷(十至十四、二十五至二十八)

360000－1901－0043421　416897
智囊補二十八卷　(明)馮夢龍輯　清初刻本　十二册　存十九卷(一至十、十四至十五、十八至二十二、二十五至二十六)

360000 - 1901 - 0043422　416898
智囊補二十八卷　(明)馮夢龍輯　清初刻本　八册　存十五卷(一至二、五至十、十五至十七、二十一至二十四)

360000 - 1901 - 0043423　416898 - 1
智囊補二十八卷　(明)馮夢龍輯　清初刻本　二册　存三卷(九至十、二十二)

360000 - 1901 - 0043424　162660
智囊補二十八卷　(明)馮夢龍輯　清刻本　十三册

360000 - 1901 - 0043425　162661
智囊補二十八卷　(明)馮夢龍輯　清刻本　四册　存十六卷(一至三、十至二十二)

360000 - 1901 - 0043426　416903
智囊補二十八卷　(明)馮夢龍輯　清刻本　六册　存十四卷(八至九、十五至二十一、二十四至二十八)

360000 - 1901 - 0043427　416904
智囊補二十八卷　(明)馮夢龍輯　清刻本　二册　存九卷(五至八、十五至十九)

360000 - 1901 - 0043428　416906
智囊補二十八卷　(明)馮夢龍輯　清刻本　六册　存二十卷(一至十六、二十一至二十四)

360000 - 1901 - 0043429　416907
智囊補二十八卷　(明)馮夢龍輯　清刻本　七册　存二十三卷(一至五、九至二十二、二十五至二十八)

360000 - 1901 - 0043430　416909
智囊補二十八卷　(明)馮夢龍輯　清刻本　八册

360000 - 1901 - 0043431　416910
智囊補二十八卷　(明)馮夢龍輯　清刻本　十册　存十卷(一至七、十至十二)

360000 - 1901 - 0043432　416911 - 1
智囊補二十八卷　(明)馮夢龍輯　清刻本　四册　存十五卷(三至五、八至十九)

360000 - 1901 - 0043433　416911 - 2
智囊補二十八卷　(明)馮夢龍輯　清刻本　四册　存十三卷(五至八、十至十五、十九至二十一)

360000 - 1901 - 0043434　416911 - 3
智囊補二十八卷　(明)馮夢龍輯　清刻本　一册　存二卷(十九至二十)

360000 - 1901 - 0043435　803095
智囊補二十八卷　(明)馮夢龍輯　清刻本　一册　存二卷(十一至十二)

360000 - 1901 - 0043436　804781
智囊補二十八卷　(明)馮夢龍輯　清刻本　三册　存三卷(七、十一至十二)

360000 - 1901 - 0043437　900747
智囊補二十八卷　(明)馮夢龍輯　清刻本　二册　存四卷(十六至十七、二十七至二十八)

360000 - 1901 - 0043438　416908
智囊補二十八卷　(明)馮夢龍輯　清兩儀堂刻本　四册　存十卷(一至三、七至十、二十四至二十六)

360000 - 1901 - 0043439　416905
智囊補二十八卷　(明)馮夢龍輯　清乾隆五十九年(1794)刻本　八册　存二十一卷(一至十、十五至二十五)

360000 - 1901 - 0043440　416911
智囊補二十八卷　(明)馮夢龍輯　清同文堂刻本　二册　存六卷(一至二、十六至十九)

360000 - 1901 - 0043441　230450
智囊二十八卷　(明)馮夢龍輯　明末刻本　二册　存七卷(三至九)

360000 - 1901 - 0043442　230451
智囊二十八卷　(明)馮夢龍輯　明末刻本　二册　存九卷(三至六、十四至十八)

360000 - 1901 - 0043443　164269
智囊二十八卷　(明)馮夢龍輯　明末集古堂刻本　一册　存二卷(一至二)

360000－1901－0043444　406856
智證傳一卷　(宋)釋惠洪撰　(宋)釋覺慈輯　清光緒二年(1876)金陵刻經處刻本　一册

360000－1901－0043445　803732
稚言雜録不分卷　(清)俞本撰　清抄本　一册

360000－1901－0043446　902115
製火藥法三卷　(英國)利稼孫　(英國)華得斯輯　(英國)傅蘭雅口譯　(清)丁樹棠筆述　清江南製造總局刻本　一册

360000－1901－0043447　162803
製造火藥圖説一卷　(清)吴鶚撰　清光緒六年(1880)石印本　一册

360000－1901－0043448　805024
製造火藥圖説一卷　(清)吴鶚撰　清光緒六年(1880)石印本　一册

360000－1901－0043449　802450
摯仲洽集一卷　(晉)摯虞撰　清抄本　一册

360000－1901－0043450　410978
質孚詩稿二卷　(清)辛文彬撰　清嘉慶十九年(1814)刻本　一册

360000－1901－0043451　240685
�餘音三卷　(明)管志道撰　明萬曆刻本　三册

360000－1901－0043452　304968
質學叢書　(清)武昌質學會輯　清光緒二十二年至二十三年(1896－1897)質學會刻本　十六册　存八種

360000－1901－0043453　306553
質學叢書　(清)武昌質學會輯　清光緒二十二年至二十三年(1896－1897)質學會刻本　四册　存五種

360000－1901－0043454　309460
質疑删存三卷　(清)張宗泰撰　清光緒十八年(1892)聚學軒刻本　一册

360000－1901－0043455　303927
質園詩集三十二卷　(清)商盤撰　清乾隆斠雉山房刻本　八册

360000－1901－0043456　417687
質園詩集三十二卷　(清)商盤撰　清乾隆斠雉山房刻本　七册

360000－1901－0043457　802071
擲地金聲不分卷　汪鏡芙撰　稿本　一册

360000－1901－0043458　420306
中藏經八卷　題(漢)華佗撰　清光緒十一年(1885)江陰朱氏刻本　一册

360000－1901－0043459　409511
中等教育倫理學二編　(日本)元良勇次郎撰　(清)麥鼎華譯　清光緒三十年(1904)上海廣智書局鉛印本　一册

360000－1901－0043460　802432
中等教育倫理學二編　(日本)元良勇次郎撰　(清)麥鼎華譯　清光緒三十年(1904)上海廣智書局鉛印本　一册

360000－1901－0043461　161592
中等教育日本歷史二卷　(日本)荻野由之撰　劉大猷譯　清光緒二十七年(1901)教育世界社石印本　五册

360000－1901－0043462　308887
中等教育日本歷史二卷　(日本)荻野由之撰　劉大猷譯　清光緒二十七年(1901)教育世界社石印本　五册

360000－1901－0043463　309617
中東戰紀本末八卷續編四卷三編四卷　(美國)林樂知撰並譯　蔡爾康輯　清光緒二十二年至二十六年(1896－1900)上海圖書集成局鉛印本　六册　存六卷(一、四至八)

360000－1901－0043464　400845
中東戰紀本末八卷續編四卷三編四卷　(美國)林樂知撰並譯　蔡爾康輯　清光緒二十二年至二十六年(1896－1900)上海圖書集成局鉛印本　十二册

360000－1901－0043465　306206
中東戰紀本末八卷續編四卷三編四卷　(美

國)林樂知撰並譯　蔡爾康輯　清光緒二十二年至二十六年(1896－1900)圖書集成局鉛印本　五册　存五卷(中東戰紀本末四、六,續編一,三編二至三)

360000－1901－0043466　163799
中俄改訂條約一卷　(清)□□編　清光緒七年(1881)刻本　一册

360000－1901－0043467　400841
中俄和約一卷　(清)□□編　清光緒石印本　一册

360000－1901－0043468　400841－1
中俄和約一卷　(清)□□編　清光緒石印本　一册

360000－1901－0043469　161599
中俄交涉記四卷　(清)楊楷撰　清光緒二十二年(1896)積山書局石印本　四册

360000－1901－0043470　401599
中俄交涉史一卷　董鴻禕輯　清光緒二十九年(1903)上海明權社鉛印本　一册

360000－1901－0043471　161600
中俄界約斠注七卷首一卷　錢恂撰　清光緒二十年(1894)蘇城郡廟東首謝文翰齋刻本　二册

360000－1901－0043472　306210
中俄界約斠注七卷首一卷　錢恂撰　清光緒二十年(1894)蘇城郡廟東首謝文翰齋刻本　一册　存四卷(四至七)

360000－1901－0043473　400830
中俄界約斠注七卷首一卷　錢恂撰　清光緒二十年(1894)蘇城郡廟東首謝文翰齋刻本　二册

360000－1901－0043474　400832
中法俄英歷年交涉事宜章程條約一卷　(清)□□輯　清末鉛印本　一册

360000－1901－0043475　306307
中復堂全集　(清)姚瑩撰　清道光刻本　八册　存二種

360000－1901－0043476　150134
中復堂全集　(清)姚瑩撰　清同治六年(1867)姚濬昌安福縣署刻本　二十八册

360000－1901－0043477　150135
中復堂全集　(清)姚瑩撰　清同治六年(1867)姚濬昌安福縣署刻本　二十四册

360000－1901－0043478　150136
中復堂全集　(清)姚瑩撰　清同治六年(1867)姚濬昌安福縣署刻本　二十七册

360000－1901－0043479　303142
中復堂遺稿五卷續編二卷附年譜一卷　(清)姚瑩撰　清同治六年(1867)姚濬昌安福縣署刻本　三册

360000－1901－0043480　401894
中國朝鮮商民水陸貿易章程一卷　(清)總理各國事務衙門輯　清光緒刻本　一册

360000－1901－0043481　800621
中國地理不分卷　(清)徐念慈編　清光緒三十二年(1906)上海商務印書館鉛印本　一册

360000－1901－0043482　307933
中國地理教科書四卷附錄一卷　(清)王達編　清宣統元年(1909)刻本　四册

360000－1901－0043483　800612
中國地理課本二卷　(清)馬曾褰撰　(清)江蘇通州師範學校編　清光緒三十年(1904)翰墨林編譯印書局鉛印本　一册　存一卷(下)

360000－1901－0043484　900840
中國地理問答不分卷　(清)馬晉羲撰　清光緒三十一年(1905)鉛印本　一册

360000－1901－0043485　302668
中國地理新編四卷　(□)□□編　清光緒三十一年(1905)古皖雙桂山房刻本　二册

360000－1901－0043486　302669
中國地理新編四卷　(□)□□編　清光緒三十一年(1905)古皖雙桂山房刻本　二册

360000－1901－0043487　402152
中國電報新編一卷　(清)上海電報局編　清

光緒鉛印本　一冊

360000－1901－0043488　404995
中國魂二卷　梁啓超輯　清光緒二十九年(1903)上海廣智書局刻本　一冊　存一卷(下)

360000－1901－0043489　800614
中國歷史講義不分卷　(清)安徽師範學堂編　清末鉛印本　一冊

360000－1901－0043490　800613
中國歷史教科書七卷　商務印書館編　清光緒三十一年(1905)上海商務印書館鉛印本　二冊

360000－1901－0043491　800636
中國歷史教科書四卷　姚祖義編　清光緒刻本　一冊　存一卷(四)

360000－1901－0043492　161516
中國名畫集不分卷　狄葆賢輯　清宣統元年(1909)平等閣影印本　二冊

360000－1901－0043493　401860－4
中國能化舊爲新乃能以新存舊論一卷　(美國)李佳白撰　清光緒二十三年(1897)尚賢堂鉛印本　一冊

360000－1901－0043494　400736
中國女史二十一卷　金炳麟　王以銓輯　清宣統元年(1909)杭州中合公司鉛印本　一冊　存五卷(三至七)

360000－1901－0043495　400737
中國文明小史十五章一卷　(日本)田口卯吉撰　(清)劉陶譯　清末鉛印本　二冊

360000－1901－0043496　401860－3
中國宜廣新學以輔舊學説一卷　(美國)李佳白撰　清光緒二十三年(1897)尚賢堂鉛印本　一冊

360000－1901－0043497　401896
中國政治一卷　(清)顧厚焜輯　清光緒二十七年(1901)石印本　一冊

360000－1901－0043498　420304
中和堂商芝館揀選上藥精製各項蠟丸一卷　(清)中和堂主人編　清光緒二十三年(1897)刻本　一冊

360000－1901－0043499　720041
中華古今注三卷　(五代)馬縞撰　明刻本　一冊

360000－1901－0043500　165112
中華古今注三卷　(五代)馬縞撰　清抄本　一冊

360000－1901－0043501　410244
中華古今注三卷　(五代)馬縞撰　清刻本　一冊

360000－1901－0043502　410245
中華古今注三卷　(五代)馬縞撰　清刻本　一冊

360000－1901－0043503　720040
中華古今注三卷　(五代)馬縞撰　**古今注三卷**　(晉)崔豹撰　清刻本　一冊

360000－1901－0043504　307653
中皇明聖經一卷　(□)□□撰　清宣統三年(1911)江右仁化文社刻本　一冊

360000－1901－0043505　307654
中皇明聖經一卷　(□)□□撰　清宣統三年(1911)江右仁化文社刻本　一冊

360000－1901－0043506　802157
中卷經一卷　(□)□□撰　清王仲山抄本　一冊

360000－1901－0043507　416306
中論二卷　(漢)徐幹撰　清刻本　一冊

360000－1901－0043508　603140
中論二卷　(漢)徐幹撰　清刻本　一冊

360000－1901－0043509　401663
中日修好條規一卷通商章程一卷中國海關稅則一卷日本國海關稅則一卷　(清)□□輯　清同治十年(1871)刻本　一冊

360000－1901－0043510　303439

中日修好條約不分卷 (清)□□輯 清同治十年(1871)刻本 一冊

360000－1901－0043511 416310
中說二卷 題(隋)王通撰 (宋)阮逸注 清刻本 一冊

360000－1901－0043512 603139
中說二卷 題(隋)王通撰 (宋)阮逸注 清刻本 一冊

360000－1901－0043513 603139－1
中說二卷 題(隋)王通撰 (宋)阮逸注 清刻本 一冊

360000－1901－0043514 230028
中說十卷 題(隋)王通撰 (宋)阮逸注 明初刻本 四冊

360000－1901－0043515 230029
中說十卷 題(隋)王通撰 (宋)阮逸注 明嘉靖十二年(1533)顧春世德堂刻六子書本 四冊

360000－1901－0043516 416309
中說十卷 題(隋)王通撰 (宋)阮逸注 明敬忍居刻本 一冊 存二卷(九至十)

360000－1901－0043517 230030
中說十卷 題(隋)王通撰 (宋)阮逸注 明刻六子書本 六冊

360000－1901－0043518 230031
中說十卷 題(隋)王通撰 (宋)阮逸注 明刻六子書本 二冊

360000－1901－0043519 303130
中說十卷 題(隋)王通撰 (宋)阮逸注 清光緒十六年(1890)貴陽陳氏刻本 一冊

360000－1901－0043520 162236
中說十卷 題(隋)王通撰 (宋)阮逸注 清嘉慶九年(1804)寶慶經綸堂刻本 一冊

360000－1901－0043521 405393
中說十卷 題(隋)王通撰 (宋)阮逸注 清敬忍居刻本 二冊 存六卷(三至八)

360000－1901－0043522 720043
中唐孟郊詩一卷 (唐)孟郊撰 清康熙半畝園刻中晚唐詩紀本 一冊

360000－1901－0043523 241151
中唐十二家詩集 (明)朱之蕃編 明萬曆書林王世茂金陵刻本 十一冊

360000－1901－0043524 317290
中外策問類編三十二卷首一卷 (清)求是齋主人輯 清光緒二十九年(1903)求是齋石印本 十二冊

360000－1901－0043525 313502
中外地輿圖說集成一百三十卷皇輿全圖一卷首三卷 (清)同康廬主人輯 清光緒二十年(1894)上海積山書局石印本 三十一冊

360000－1901－0043526 306202
中外地輿圖說集成一百三十卷皇輿全圖一卷首三卷 (清)同康廬主人輯 清光緒二十年(1894)上海順成書局石印本 二十二冊 存一百二十一卷(一至三十四、四十一至六十八、七十六至一百三十,皇輿全圖一卷,首三卷)

360000－1901－0043527 306203
中外地輿圖說集成一百三十卷皇輿全圖一卷首三卷 (清)同康廬主人輯 清光緒二十年(1894)上海順成書局石印本 十二冊 存五十八卷(三十五至三十九、六十二至六十七、七十九至一百八、一百十至一百二十六)

360000－1901－0043528 308773
中外地輿圖說集成一百三十卷皇輿全圖一卷首三卷 (清)同康廬主人輯 清光緒二十年(1894)上海順成書局石印本 二十四冊

360000－1901－0043529 420131
中外地輿圖說集成一百三十卷皇輿全圖一卷首三卷 (清)同康廬主人輯 清光緒二十年(1894)上海順成書局石印本 十一冊 存五十四卷(十一至三十四、四十一至五十四、六十九至七十五、九十三至九十八,首三卷)

360000－1901－0043530 306198

中外紀年通表六卷　(清)齊召南輯　清光緒二十三年(1897)上海著易堂石印本　五冊　存五卷(一、三至六)

360000－1901－0043531　303146
中外交涉類要表不分卷　(清)錢學嘉撰　清光緒十四年(1888)刻本　二冊

360000－1901－0043532　400831
中外交涉類要表四卷光緒通商綜覈表十六卷附中西紀年周始表一卷　(清)錢學嘉撰　清光緒二十年(1894)刻本　二冊

360000－1901－0043533　400837
中外經世緒言十六卷續編八卷　(清)余貽範撰　清光緒二十三年(1897)石印本　八冊　存十四卷(中外經世緒言一至五、十二至十六,續編一、四至六)

360000－1901－0043534　400835
中外經世緒言十六卷續編八卷　(清)余貽範撰　清光緒二十一年(1895)上海文盛堂石印本　九冊　存十五卷(中外經世緒言一至四、七至八、十一至十六,續編六至八)

360000－1901－0043535　400836
中外經世緒言十六卷續編八卷　(清)余貽範撰　清光緒二十一年(1895)上海文盛堂石印本　二冊　存八卷(九至十六)

360000－1901－0043536　400836－1
中外經世緒言十六卷續編八卷　(清)余貽範撰　清光緒二十一年(1895)上海文盛堂石印本　一冊　存二卷(十五至十六)

360000－1901－0043537　400838
中外經世緒言十六卷續編八卷　(清)余貽範撰　清末石印本　一冊　存四卷(十三至十六)

360000－1901－0043538　306194
中外時務策府統宗四十四卷附讀西學書法一卷西學書目表四卷　(清)上海文盛書局編　清光緒二十三年(1897)上海文盛堂石印本　六冊　存十八卷(一至三、十一至十五、二十五至二十八、四十四,讀西學書法一卷,西學書目表四卷)

360000－1901－0043539　306197
中外時務策府統宗四十四卷附讀西學書法一卷西學書目表四卷　(清)上海文盛書局編　清光緒二十三年(1897)上海文盛堂石印本　十九冊　存四十七卷(一至二十、二十三至四十四,讀西學書法一卷,西學書目表四卷)

360000－1901－0043540　317293
中外時務策府統宗四十四卷附讀西學書法一卷西學書目表四卷　(清)上海文盛書局編　清光緒二十三年(1897)上海文盛堂石印本　十四冊　存三十四卷(一至十五、二十一至二十五、三十四至三十九、四十二至四十四,讀西學書法一卷,西學書目表四卷)

360000－1901－0043541　400849
中外時務策府統宗四十四卷附讀西學書法一卷西學書目表四卷　(清)上海文盛書局編　清光緒二十三年(1897)上海文盛堂石印本　十九冊

360000－1901－0043542　400850
中外時務策府統宗四十四卷附讀西學書法一卷西學書目表四卷　(清)上海文盛書局編　清光緒二十三年(1897)上海文盛堂石印本　十五冊　存三十四卷(三至十八、二十一至二十五、二十九至三十、三十四至四十四)

360000－1901－0043543　400851
中外時務策府統宗四十四卷附讀西學書法一卷西學書目表四卷　(清)上海文盛書局編　清光緒二十三年(1897)上海文盛堂石印本　八冊　存二十卷(三至十八、二十一至二十二、四十一至四十二)

360000－1901－0043544　400852
中外時務策府統宗四十四卷附讀西學書法一卷西學書目表四卷　(清)上海文盛書局編　清光緒二十三年(1897)上海文盛堂石印本　二冊　存五卷(三至七)

360000－1901－0043545　400853
中外時務經濟統宗十八卷　(清)□□輯　清

光緒鉛印本　十五冊　存十七卷(二至十八)

360000－1901－0043546　400854
中外時務經濟統宗十八卷　(清)□□輯　清光緒鉛印本　十四冊　存十五卷(二至十、十三至十八)

360000－1901－0043547　400854－1
中外時務經濟統宗十八卷　(清)□□輯　清光緒鉛印本　一冊　存二卷(八至九)

360000－1901－0043548　162005
中外通商始末記二十卷　(清)王之春輯　清光緒二十一年(1895)寶善書局石印本　六冊

360000－1901－0043549　303141
中外衛生要旨四卷　(清)鄭官應輯　清光緒十九年(1893)刻本　四冊

360000－1901－0043550　400826
中外藝學新策四卷　(清)瑤林館主輯　清光緒二十八年(1902)觀瀾書局石印本　四冊

360000－1901－0043551　303140
中外政俗異同考二卷　(清)桂坫撰　清光緒二十四年(1898)石印本　二冊

360000－1901－0043552　400846
中外政學五種　錢恂撰　清光緒二十九年(1903)石印本　五冊　存四卷(中俄界務一至四)

360000－1901－0043553　400842
中外政治策論彙編二十四卷　(清)何懼學輯　清光緒二十七年(1901)鴻寶書局石印本　二十四冊

360000－1901－0043554　400843
中外政治策論彙編二十四卷　(清)何懼學輯　清光緒二十七年(1901)鴻寶書局石印本　八冊　存八卷(一至二、四、六、十六、十九、二十三至二十四)

360000－1901－0043555　161594
中外政治類編十五卷　(清)□□輯　清光緒二十七年(1901)上海漢讀樓石印本　十二冊

360000－1901－0043556　400825
中外政治藝學策論三卷　(清)瑤林館主輯　清光緒石印本　三冊

360000－1901－0043557　712964
中晚唐詩紀六十二卷　(清)龔賢輯　清康熙半畝園刻本　一冊　存二卷(中唐張籍詩、中唐賈島詩)

360000－1901－0043558　241352
中晚唐詩叩彈集十二卷續集三卷　(清)杜詔(清)杜庭珠輯　清康熙四十三年(1704)采山亭刻本　五冊

360000－1901－0043559　241353
中晚唐詩叩彈集十二卷續集三卷　(清)杜詔(清)杜庭珠輯　清康熙四十三年(1704)采山亭刻本　八冊

360000－1901－0043560　418127
中晚唐詩叩彈集十二卷續集三卷　(清)杜詔(清)杜庭珠輯　清康熙四十三年(1704)采山亭刻本　四冊

360000－1901－0043561　418127－1
中晚唐詩叩彈集十二卷續集三卷　(清)杜詔(清)杜庭珠輯　清康熙四十三年(1704)采山亭刻本　一冊　存三卷(九至十一)

360000－1901－0043562　418128
中晚唐詩叩彈集十二卷續集三卷　(清)杜詔(清)杜庭珠輯　清康熙四十三年(1704)采山亭刻本　四冊　存十三卷(中晚唐詩叩彈集一至三、六至十二,續集三卷)

360000－1901－0043563　603214
中晚唐詩叩彈集十二卷續集三卷　(清)杜詔(清)杜庭珠輯　清康熙四十三年(1704)采山亭刻本　四冊

360000－1901－0043564　241354
中晚唐詩叩彈集十二卷續集三卷　(清)杜詔(清)杜庭珠輯　清康熙四十三年(1704)采山亭刻嘉慶二十二年至二十五年(1817－1820)補刻本　十冊

360000－1901－0043565　418468

中晚唐詩五十一卷　(清)劉雲份編　清康熙貞隱堂刻本　七册

360000－1901－0043566　716808
中晚唐詩五十一卷　(清)劉雲份輯　清康熙刻本　一册　存九卷(李嘉祐詩、于鵠詩、秦系詩、戎昱詩、儲嗣宗詩、唐球詩、劉言史詩、劉義詩、韓翃詩)

360000－1901－0043567　712962
中晚唐詩五十一卷　(清)劉雲份輯　清康熙野香堂、貞隱堂、玉持堂、夢香閣刻本　一册　存十卷(張祐詩、竇常詩、竇庠詩、竇羣詩、竇鞏詩、竇牟詩、竇叔向詩、歐陽詹詩、鄭谷詩、陳陶詩)

360000－1901－0043568　400829
中西互論一卷　(美國)林樂知撰　清光緒二十一年(1895)上海廣學會鉛印本　一册

360000－1901－0043569　163036
中西匯通醫經精義二卷　(清)唐宗海撰　清光緒二十年(1894)石印本　一册

360000－1901－0043570　421349
中西匯通醫經精義二卷　(清)唐宗海撰　清光緒三十四年(1908)上海千頃堂書局石印中西匯通醫書五種本　二册

360000－1901－0043571　421349－1
中西匯通醫經精義二卷　(清)唐宗海撰　清光緒三十四年(1908)上海千頃堂書局石印中西匯通醫書五種本　一册　存一卷(上)

360000－1901－0043572　803521
中西匯通醫經精義二卷　(清)唐宗海撰　清光緒三十四年(1908)上海千頃堂書局石印中西匯通醫書五種本　一册　存一卷(上)

360000－1901－0043573　421350
中西匯通醫經精義二卷　(清)唐宗海撰　清末石印本　二册

360000－1901－0043574　150712
中西匯通醫書五種　(清)唐宗海撰　清光緒二十年(1894)申江順成書局石印本　十一册

360000－1901－0043575　150600
中西匯通醫書五種　(清)唐宗海撰　清光緒三十四年(1908)上海千頃堂石印本　十二册

360000－1901－0043576　150601
中西匯通醫書五種　(清)唐宗海撰　清光緒三十四年(1908)上海千頃堂石印本　十二册

360000－1901－0043577　312854
中西紀事二十四卷　(清)夏燮撰　清光緒十三年(1887)鉛印申報館叢書本　八册

360000－1901－0043578　303133
中西紀事二十四卷　(清)夏燮撰　清同治四年(1865)刻本　八册

360000－1901－0043579　303134
中西紀事二十四卷　(清)夏燮撰　清同治四年(1865)刻本　六册

360000－1901－0043580　303135
中西紀事二十四卷　(清)夏燮撰　清同治四年(1865)刻本　六册

360000－1901－0043581　303136
中西紀事二十四卷　(清)夏燮撰　清同治四年(1865)刻本　六册

360000－1901－0043582　303137
中西紀事二十四卷　(清)夏燮撰　清同治四年(1865)刻本　八册

360000－1901－0043583　303138
中西紀事二十四卷　(清)夏燮撰　清同治四年(1865)刻本　六册

360000－1901－0043584　303139
中西紀事二十四卷　(清)夏燮撰　清同治四年(1865)刻本　六册

360000－1901－0043585　400833
中西紀事二十四卷　(清)夏燮撰　清同治四年(1865)刻本　六册

360000－1901－0043586　400834
中西紀事二十四卷　(清)夏燮撰　清同治四年(1865)刻本　四册　存十二卷(十三至二十四)

360000－1901－0043587　310434
中西紀事二十四卷　(清)夏燮撰　清同治七年(1868)刻本　六册

360000－1901－0043588　313503
中西人物通考一百卷　(清)葉逢時輯　清光緒二十九年(1903)杭州史學齋石印本　二十册

360000－1901－0043589　400827
中西時務策論正宗一卷　(清)龔爾位輯　清光緒二十八年(1902)刻本　一册

360000－1901－0043590　400827－1
中西時務策論正宗一卷　(清)龔爾位輯　清光緒二十八年(1902)刻本　一册

360000－1901－0043591　400828
中西時務策論正宗一卷　(清)龔爾位輯　清光緒二十八年(1902)刻本　二册

360000－1901－0043592　161595
中西時務類考九卷　(清)華金昆輯　清光緒二十四年(1898)上海鴻文書局石印本　八册

360000－1901－0043593　400839
中西時務類考九卷　(清)資敬書屋輯　清光緒二十四年(1898)石印本　三册　存八卷(一至八)

360000－1901－0043594　306193
中西算學叢書初編　(清)求敏齋主人輯　清光緒二十二年(1896)上海鴻寶齋石印本　三十五册

360000－1901－0043595　306195
中西算學大成一百卷　(清)陳維祺等撰　清光緒二十七年(1901)陳氏辮貞諒室石印本　九册　存四十六卷(九至四十五、九十至九十八)

360000－1901－0043596　312238
中西算學大成一百卷　(清)陳維祺等撰　清光緒二十七年(1901)陳氏辮貞諒室石印本　十九册　存九十五卷(一至五十二、五十八至一百)

360000－1901－0043597　417404
中西算學大成一百卷　(清)陳維祺等撰　清光緒二十七年(1901)陳氏辮貞諒室石印本　十八册　存八十七卷(一至五十二、五十八至七十一、八十至一百)

360000－1901－0043598　717403
中西算學大成一百卷　(清)陳維祺等撰　清光緒二十七年(1901)陳氏辮貞諒室石印本　十七册　存八十三卷(一至十七、二十五至三十、三十五至五十七、六十四至一百)

360000－1901－0043599　802973
中西算學大成一百卷　(清)陳維祺等撰　清光緒十五年(1889)同文書局石印本　二册　存十一卷(九至十三、九十至九十五)

360000－1901－0043600　717404
中西算學大成一百卷　(清)陳維祺等撰　清末石印本　七册　存四十二卷(二十五至三十四、三十九至五十七、七十二至八十四)

360000－1901－0043601　417407
中西算學集要五種　(清)周毓英撰　清刻本　四册

360000－1901－0043602　417410
中西算學題鏡八卷　(清)陳平瑛撰　清光緒刻本　二册　存四卷(一至四)

360000－1901－0043603　416484
中西武備新書甲集□□卷　(清)□□輯　清刻本　一册　存三卷(三至五)

360000－1901－0043604　164715
中西醫解二卷　(清)唐宗海撰　清光緒十八年(1892)石印本　二册

360000－1901－0043605　400840
中西政學問對三十六卷　王仁俊撰　清光緒二十三年(1897)實學報館石印本　六册

360000－1901－0043606　417251
中星表一卷　(清)馮桂芬編　(清)葉寬甫等推算　清咸豐六年(1856)吳縣馮桂芬校邠廬刻本　一册

360000－1901－0043607　720042
中興間氣集二卷　(唐)高仲武輯　明崇禎元年(1628)海虞毛氏汲古閣刻唐人選唐詩本　一冊

360000－1901－0043608　303154
中興名臣事略八卷　朱孔彰撰　清光緒二十七年(1901)上海書局石印本　三冊

360000－1901－0043609　309698
中興名臣事略八卷　朱孔彰撰　清光緒二十七年(1901)上海書局石印本　四冊

360000－1901－0043610　308881
中興名臣事略八卷　朱孔彰撰　清光緒二十四年(1898)上海書局石印本　一冊　存二卷(一至二)

360000－1901－0043611　400731
中興名臣事略八卷　朱孔彰撰　清光緒二十四年(1898)上海書局石印本　四冊

360000－1901－0043612　400732
中興名臣事略八卷　朱孔彰撰　清光緒二十四年(1898)上海書局石印本　四冊

360000－1901－0043613　120824
孟子七卷　(宋)朱熹集注　清漁古山房刻本　三冊

360000－1901－0043614　306212
中興小紀四十卷　(宋)熊克撰　清光緒十七年(1891)廣雅書局刻本　一冊　存六卷(三十五至四十)

360000－1901－0043615　800627
中學中國歷史教科書不分卷　章嶔編　清光緒三十四年(1908)上海文明書局鉛印本　一冊

360000－1901－0043616　305236
中亞洲俄屬游記二卷　(英國)蘭士德撰　(清)莫鎮藩　(清)楊樞譯　清光緒二十年(1894)上海時務報館石印本　一冊　存一卷(上)

360000－1901－0043617　306200
中亞洲俄屬游記二卷　(英國)蘭士德撰　(清)莫鎮藩　(清)楊樞譯　清光緒二十年(1894)石印本　一冊　存一卷(下)

360000－1901－0043618　302895
中英條約一卷　清末鉛印本　一冊

360000－1901－0043619　160170
中庸闡要一卷　(清)張恩霨撰　清光緒九年(1883)刻本　一冊

360000－1901－0043620　120258
中庸闡義七卷　(清)陳之蘭撰　清乾隆十九年(1754)太乙山房刻本　四冊

360000－1901－0043621　415370
中庸闡義七卷　(清)陳之蘭撰　清乾隆十九年(1754)太乙山房刻本　一冊　存三卷(一至三)

360000－1901－0043622　403065
中庸大全章句二卷　(清)陸隴其輯　清刻三魚堂四書大全本　一冊　存一卷(上)

360000－1901－0043623　403513
中庸或問三卷　(宋)朱熹撰　清刻本　一冊

360000－1901－0043624　800438
中庸集說啓蒙一卷　(元)景星撰　清康熙十九年(1680)納蘭成德刻通志堂經解本　一冊

360000－1901－0043625　403515
中庸集說三卷　(清)陳鑑輯　清康熙三十年(1691)刻本　一冊

360000－1901－0043626　403504
中庸輯畧二卷　(宋)朱熹撰　清刻本　一冊

360000－1901－0043627　405932
中庸講義三十三卷　(□)□□撰　清刻本　一冊　存十一卷(二十三至三十三)

360000－1901－0043628　403514
中庸切己錄不分卷　(清)謝文洊撰　清刻本　一冊　存五十二葉(六十至一百十一)

360000－1901－0043629　403511
中庸剩義四卷　(清)汪于沚撰　清刻本　二

冊

360000－1901－0043630　403502
中庸示掌一卷　（清）湯自銘撰　清刻本　二冊

360000－1901－0043631　160171
中庸釋一卷　（清）郭階撰　清光緒三年(1877)刻本　一冊

360000－1901－0043632　120253
中庸述朱大全三卷　（宋）朱熹撰　（清）周亦魯輯　清刻本　三冊

360000－1901－0043633　403505
中庸四記一卷　（清）李光地撰　清光緒五年(1879)刻本　一冊

360000－1901－0043634　403507
中庸閒筆講義後集一卷　（清）鄧逢光撰　清刻本　一冊

360000－1901－0043635　415367
中庸衍義十七卷　（明）夏良勝撰　清道光三十年(1850)刻本　二冊　存二卷(一、十二)

360000－1901－0043636　120254
中庸衍義十七卷　（明）夏良勝撰　清同治十年(1871)江西撫署刻本　十冊

360000－1901－0043637　120255
中庸衍義十七卷　（明）夏良勝撰　清同治十年(1871)江西撫署刻本　十冊

360000－1901－0043638　120256
中庸衍義十七卷　（明）夏良勝撰　清同治十年(1871)江西撫署刻本　十二冊

360000－1901－0043639　161484
中庸衍義十七卷　（明）夏良勝撰　清同治十年(1871)江西撫署刻本　十二冊

360000－1901－0043640　601121
中庸衍義十七卷　（明）夏良勝撰　清同治十年(1871)江西撫署刻本　六冊　存九卷(一至二、五至九、十六至十七)

360000－1901－0043641　601122
中庸衍義十七卷　（明）夏良勝撰　清同治十年(1871)江西撫署刻本　七冊　存八卷(五至十二)

360000－1901－0043642　601123
中庸衍義十七卷　（明）夏良勝撰　清同治十年(1871)江西撫署刻本　十二冊

360000－1901－0043643　601124
中庸衍義十七卷　（明）夏良勝撰　清同治十年(1871)江西撫署刻本　十二冊

360000－1901－0043644　601125
中庸衍義十七卷　（明）夏良勝撰　清同治十年(1871)江西撫署刻本　十二冊

360000－1901－0043645　601126
中庸衍義十七卷　（明）夏良勝撰　清同治十年(1871)江西撫署刻本　七冊　存九卷(一至六、九至十一)

360000－1901－0043646　601127
中庸衍義十七卷　（明）夏良勝撰　清同治十年(1871)江西撫署刻本　十冊

360000－1901－0043647　601128
中庸衍義十七卷　（明）夏良勝撰　清同治十年(1871)江西撫署刻本　十二冊

360000－1901－0043648　802267
中庸一卷　（宋）朱熹章句　清光緒九年(1883)麟玉山房刻本　一冊

360000－1901－0043649　802246
中庸一卷　（宋）朱熹章句　清光緒三十三年(1907)石印本　一冊

360000－1901－0043650　803790
中庸一卷　（宋）朱熹章句　清光緒三十三年(1907)學部圖書局影印本　一冊

360000－1901－0043651　802299
中庸一卷　（宋）朱熹章句　清立文堂刻本　一冊

360000－1901－0043652　802289
中庸一卷　（宋）朱熹章句　清慎怡堂刻本　一冊

360000－1901－0043653　802290
中庸一卷　(宋)朱熹章句　清遵訓堂刻四書集註本　一册

360000－1901－0043654　802291
中庸一卷　(宋)朱熹章句　清遵訓堂刻四書集註本　一册

360000－1901－0043655　415369
中庸意讀一卷　(清)蕭光浩輯　清刻本　一册

360000－1901－0043656　403500
中庸義疏三卷　(清)吴槃輯　清静隱樓刻本　一册

360000－1901－0043657　801322
中庸章句本義匯參六卷首一卷　(清)王步青輯　清刻四書朱子本義匯參本　一册　存三卷(一至二、首一卷)

360000－1901－0043658　160165
中庸直指不分卷　(明)釋德清撰　清光緒十年(1884)金陵刻經處刻本　一册

360000－1901－0043659　403509
中庸直指不分卷　(明)釋德清撰　清光緒十年(1884)金陵刻經處刻本　一册

360000－1901－0043660　403499
中庸指掌二卷　(清)汪瑞堂撰　清龍文齋刻本　二册

360000－1901－0043661　160166
中庸注一卷　康有爲撰　清光緒二十七年(1901)鉛印本　一册

360000－1901－0043662　241573
中原音韻二卷　(元)周德清撰　(明)王文璧增注　明刻本　二册

360000－1901－0043663　241571
中原音韻二卷　(元)周德清撰　(明)王文璧增注　明萬曆二十九年(1601)檇李卜氏刻本　二册

360000－1901－0043664　241572
中原音韻二卷　(元)周德清撰　(明)王文璧增注　明萬曆二十九年(1601)檇李卜氏刻本　一册

360000－1901－0043665　000112
中州集十卷首一卷中州樂府一卷　(金)元好問輯　明末毛氏汲古閣刻本　二十册

360000－1901－0043666　164327
中州集十卷首一卷中州樂府一卷　(金)元好問輯　明末毛氏汲古閣刻本　十册　缺一卷(中州樂府一卷)

360000－1901－0043667　241378
中州集十卷首一卷中州樂府一卷　(金)元好問輯　明末毛氏汲古閣刻本　十二册

360000－1901－0043668　241379
中州集十卷首一卷中州樂府一卷　(金)元好問輯　明末毛氏汲古閣刻本　十一册

360000－1901－0043669　241380
中州集十卷首一卷中州樂府一卷　(金)元好問輯　明末毛氏汲古閣刻本　十册

360000－1901－0043670　412374
中州集十卷首一卷中州樂府一卷　(金)元好問輯　明末毛氏汲古閣刻本　十册

360000－1901－0043671　712879
中州集一卷　(清)程含章撰　清刻本　一册

360000－1901－0043672　303144
中州金石記五卷　(清)畢沅撰　清刻本　一册

360000－1901－0043673　409448
中州金石記五卷　(清)畢沅撰　清刻本　二册

360000－1901－0043674　409449
中州金石記五卷　(清)畢沅撰　清刻本　二册

360000－1901－0043675　303143
中州金石記五卷　(清)畢沅撰　清木活字印本　一册

360000－1901－0043676　241450

中州名賢文表内集三十卷　（明）劉昌輯　清康熙四十五年(1706)錢塘汪氏刻本　八册

360000－1901－0043677　415195
中州全韻二十二卷首一卷　（清）周昂輯　清此宜閣刻本　一册　存四卷(十九至二十二)

360000－1901－0043678　400847
中州人物考八卷　（清）孫奇逢輯　清刻本　一册　存一卷(五)

360000－1901－0043679　400848
中州同官録不分卷　（清）□□編　清末刻本　二册

360000－1901－0043680　415344
中州音韻一卷　（明）王文璧撰　（清）張漢校　**司馬溫公切韻一卷**　（宋）司馬光撰　清末石印本　一册

360000－1901－0043681　410016
中洲草堂遺集二十三卷首一卷末一卷　（明）陳子升撰　清詩雪軒刻本　三册　存二十卷(一至六、十二至二十三,首一卷,末一卷)

360000－1901－0043682　804860
忠誥二卷　（清）陳瑞慶輯　清刻本　一册

360000－1901－0043683　803464
忠集雜録□□卷　（□）□□輯　清抄本　一册　存一卷(三)

360000－1901－0043684　163100
忠經集註一卷　（漢）馬融撰　（漢）鄭玄集注　**孝經集註一卷**　（明）陳選集注　清刻本　一册

360000－1901－0043685　416737
忠經集註一卷　（漢）馬融撰　（漢）鄭玄集注　**孝經集註一卷**　（明）陳選集注　清刻本　一册

360000－1901－0043686　416737－1
忠經集註一卷　（漢）馬融撰　（漢）鄭玄集注　**孝經集註一卷**　（明）陳選集注　清刻本　一册

360000－1901－0043687　405303
忠敬堂彙録八卷　（明）胡煜輯　**新編一卷**　（清）胡嗣運輯　清光緒十三年(1887)績溪胡氏刻本　一册

360000－1901－0043688　721293
忠烈俠義傳一百二十回　（清）石玉崑撰　清光緒五年(1879)刻本　十一册　存八十二回(一至四、十一至五十六、六十五至七十二、八十至八十六、九十五至一百十一)

360000－1901－0043689　000598
忠愍公詩三卷　（宋）寇準撰　民國三年(1914)南城李氏宜秋館抄本　李振唐校並跋　一册

360000－1901－0043690　401698
忠王李秀成自述一卷　（清）李秀成撰　清京都坊刻本　一册

360000－1901－0043691　220433
忠武誌八卷　（清）張鵬翮輯　清康熙刻本　八册

360000－1901－0043692　311736
忠武誌八卷　（清）張鵬翮輯　清同治八年(1869)刻本　八册

360000－1901－0043693　404438
忠武誌十卷　（清）張鵬翮輯　清嘉慶刻本　五册　存八卷(一至八)

360000－1901－0043694　300396
忠武誌十卷　（清）張鵬翮輯　清嘉慶十九年(1814)麻城周氏刻本　四册

360000－1901－0043695　311735
忠武誌十卷　（清）張鵬翮輯　清刻本　四册

360000－1901－0043696　415199
忠武誌十卷　（清）張鵬翮輯　清刻本　一册　存二卷(五至六)

360000－1901－0043697　162435
忠孝誥六卷　（清）陳洵慶撰　清光緒二十四年(1898)刻本　一册

360000－1901－0043698　721281
忠孝節義二度梅全傳六卷四十回　（清）惜陰

堂主人撰　(清)繡虎堂主人評　清刻本　一册　存二卷(五至六)十四回(二十七至四十)

360000－1901－0043699　802169
忠孝節義二度梅全傳六卷四十回　(清)惜陰堂主人撰　(清)繡虎堂主人評　清刻本　二册　存二卷(一、五)十三回(一至六、二十七至三十三)

360000－1901－0043700　802170
忠孝節義二度梅全傳六卷四十回　(清)惜陰堂主人撰　(清)繡虎堂主人評　清同慎堂刻本　一册　存三卷(四至六)二十回(二十一至四十)

360000－1901－0043701　417079
忠孝録節訓二卷　(清)長春仙館輯　清咸豐五年(1855)刻本　一册

360000－1901－0043702　120916
忠孝堂文集四卷　(清)擴成春撰　清光緒六年(1880)刻本　二册

360000－1901－0043703　123320
忠雅堂詞集二卷　(清)蔣士銓撰　清咸豐刻本　一册

360000－1901－0043704　120924
忠雅堂集三十卷　(清)蔣士銓撰　清刻本　十册

360000－1901－0043705　410167
忠雅堂集三十卷　(清)蔣士銓撰　清刻本　十三册

360000－1901－0043706　410168
忠雅堂集三十卷　(清)蔣士銓撰　清刻本　七册

360000－1901－0043707　601357
忠雅堂集三十卷　(清)蔣士銓撰　清刻本　五册　存二十卷(四至十五、十九至二十三、二十八至三十)

360000－1901－0043708　721849
忠雅堂集三十卷　(清)蔣士銓撰　清刻本　七册　存十四卷(一至三、五至八、十一至十二、二十五至二十九)

360000－1901－0043709　721849－1
忠雅堂集三十卷　(清)蔣士銓撰　清刻本　一册　存三卷(四至六)

360000－1901－0043710　710170
忠雅堂評選四六法海八卷　(清)蔣士銓評選　清光緒十八年(1892)湖南書局刻本　五册　存五卷(一、四、六至八)

360000－1901－0043711　601356
忠雅堂評選四六法海八卷　(清)蔣士銓評選　清光緒十年(1884)深柳讀書堂刻朱墨套印本　六册　存六卷(一、四至八)

360000－1901－0043712　710171
忠雅堂評選四六法海八卷　(清)蔣士銓評選　清光緒十年(1884)深柳讀書堂刻朱墨套印本　八册

360000－1901－0043713　710172
忠雅堂評選四六法海八卷　(清)蔣士銓評選　清光緒十年(1884)深柳讀書堂刻朱墨套印本　二册　存二卷(五、七)

360000－1901－0043714　122848
忠雅堂評選四六法海八卷　(清)蔣士銓評選　清光緒元年(1875)寄螺齋刻本　八册

360000－1901－0043715　601888
忠雅堂評選四六法海八卷　(清)蔣士銓評選　清刻本　七册　存七卷(一至七)

360000－1901－0043716　601180
忠雅堂評選四六法海八卷　(清)蔣士銓評選　清刻朱墨套印本　二册　存三卷(二至三、七)

360000－1901－0043717　601179
忠雅堂評選四六法海八卷　(清)蔣士銓評選　清末上海文瑞樓石印本　八册

360000－1901－0043718　710173
忠雅堂評選四六法海八卷　(清)蔣士銓評選　清末石印本　一册　存一卷(五)

360000－1901－0043719　601164

忠雅堂評選四六法海八卷　（清）蔣士銓評選　清同治刻朱墨套印本　八冊

360000－1901－0043720　601165
忠雅堂評選四六法海八卷　（清）蔣士銓評選　清同治刻朱墨套印本　八冊

360000－1901－0043721　601166
忠雅堂評選四六法海八卷　（清）蔣士銓評選　清同治刻朱墨套印本　八冊

360000－1901－0043722　601167
忠雅堂評選四六法海八卷　（清）蔣士銓評選　清同治刻朱墨套印本　八冊

360000－1901－0043723　601168
忠雅堂評選四六法海八卷　（清）蔣士銓評選　清同治刻朱墨套印本　八冊

360000－1901－0043724　601169
忠雅堂評選四六法海八卷　（清）蔣士銓評選　清同治刻朱墨套印本　十冊

360000－1901－0043725　601170
忠雅堂評選四六法海八卷　（清）蔣士銓評選　清同治刻朱墨套印本　七冊　存七卷（一至七）

360000－1901－0043726　601171
忠雅堂評選四六法海八卷　（清）蔣士銓評選　清同治刻朱墨套印本　一冊　存一卷（八）

360000－1901－0043727　601172
忠雅堂評選四六法海八卷　（清）蔣士銓評選　清同治刻朱墨套印本　八冊

360000－1901－0043728　601173
忠雅堂評選四六法海八卷　（清）蔣士銓評選　清同治刻朱墨套印本　八冊

360000－1901－0043729　601174
忠雅堂評選四六法海八卷　（清）蔣士銓評選　清同治刻朱墨套印本　八冊

360000－1901－0043730　601175
忠雅堂評選四六法海八卷　（清）蔣士銓評選　清同治刻朱墨套印本　八冊

360000－1901－0043731　601176
忠雅堂評選四六法海八卷　（清）蔣士銓評選　清同治刻朱墨套印本　七冊　存七卷（一至七）

360000－1901－0043732　601177
忠雅堂評選四六法海八卷　（清）蔣士銓評選　清同治刻朱墨套印本　八冊

360000－1901－0043733　601178
忠雅堂評選四六法海八卷　（清）蔣士銓評選　清同治刻朱墨套印本　四冊　存四卷（一至四）

360000－1901－0043734　120409
忠雅堂評選四六法海八卷　（清）蔣士銓評選　清同治十年（1871）藏園刻朱墨套印本　十冊

360000－1901－0043735　120410
忠雅堂評選四六法海八卷　（清）蔣士銓評選　清同治十年（1871）藏園刻朱墨套印本　八冊

360000－1901－0043736　120933
忠雅堂評選四六法海八卷　（清）蔣士銓評選　清同治十年（1871）藏園刻朱墨套印本　八冊

360000－1901－0043737　123220
忠雅堂評選四六法海八卷　（清）蔣士銓評選　清同治十年（1871）萃文堂刻朱墨套印本　八冊

360000－1901－0043738　410174
忠雅堂評選四六法海八卷　（清）蔣士銓評選　清同治十年（1871）刻朱墨套印本　八冊

360000－1901－0043739　410175
忠雅堂評選四六法海八卷　（清）蔣士銓評選　清同治十年（1871）刻朱墨套印本　八冊

360000－1901－0043740　410176
忠雅堂評選四六法海八卷　（清）蔣士銓評選　清同治十年（1871）刻朱墨套印本　八冊

360000－1901－0043741　120925

忠雅堂詩集二十七卷詞集二卷附清容居士行年錄一卷附南北曲一卷　（清）蔣士銓撰　清嘉慶二十二年（1817）藏園刻光緒十四年（1888）蔣賓補刻本　八冊

360000－1901－0043742　120926
忠雅堂詩集二十七卷詩補遺二卷詞集二卷　（清）蔣士銓撰　清道光二十三年（1843）藏園刻本　六冊

360000－1901－0043743　120932
忠雅堂詩集二十七卷詩補遺二卷詞集二卷　（清）蔣士銓撰　清紅杏山房刻本　十冊

360000－1901－0043744　122917
忠雅堂詩集二十七卷詩補遺二卷詞集二卷　（清）蔣士銓撰　清紅杏山房刻本　二冊　存二十二卷（一至二十二）

360000－1901－0043745　120928
忠雅堂詩集二十七卷詩補遺二卷詞集二卷　（清）蔣士銓撰　清嘉慶三年（1798）刻本　八冊

360000－1901－0043746　120929
忠雅堂詩集二十七卷詩補遺二卷詞集二卷　（清）蔣士銓撰　清嘉慶三年（1798）刻本　十冊

360000－1901－0043747　123216
忠雅堂詩集二十七卷詩補遺二卷詞集二卷　（清）蔣士銓撰　清嘉慶三年（1798）刻本　六冊

360000－1901－0043748　123363
忠雅堂詩集二十七卷詩補遺二卷詞集二卷　（清）蔣士銓撰　清嘉慶三年（1798）刻本　八冊

360000－1901－0043749　120930
忠雅堂詩集二十七卷詩補遺二卷詞集二卷　（清）蔣士銓撰　清同治九年（1870）楊會元堂刻本　六冊

360000－1901－0043750　120931
忠雅堂詩集二十七卷詩補遺二卷詞集二卷　（清）蔣士銓撰　清同治九年（1870）楊會元堂刻本　八冊

360000－1901－0043751　601353
忠雅堂詩集二十七卷詩補遺二卷銅絃詞二卷　（清）蔣士銓撰　清刻本　五冊　存二十卷（一至二十）

360000－1901－0043752　601890
忠雅堂詩集二十七卷詩補遺二卷銅絃詞二卷附南北曲二卷　（清）蔣士銓撰　清刻本　十冊

360000－1901－0043753　601890－1
忠雅堂詩集二十七卷詩補遺二卷銅絃詞二卷附南北曲二卷　（清）蔣士銓撰　清刻本　十冊

360000－1901－0043754　601890－2
忠雅堂詩集二十七卷詩補遺二卷銅絃詞二卷附南北曲二卷　（清）蔣士銓撰　清刻本　十冊

360000－1901－0043755　710168
忠雅堂詩集二十七卷詩補遺二卷銅絃詞二卷附南北曲二卷　（清）蔣士銓撰　清刻本　一冊　存三卷（四至六）

360000－1901－0043756　710169
忠雅堂詩集二十七卷詩補遺二卷銅絃詞二卷附南北曲二卷　（清）蔣士銓撰　清刻本　二冊　存四卷（三至四、九至十）

360000－1901－0043757　710169－1
忠雅堂詩集二十七卷詩補遺二卷銅絃詞二卷附南北曲二卷　（清）蔣士銓撰　清刻本　一冊　存三卷（七至九）

360000－1901－0043758　710169－2
忠雅堂詩集二十七卷詩補遺二卷銅絃詞二卷附南北曲二卷　（清）蔣士銓撰　清刻本　一冊　存五卷（九至十三）

360000－1901－0043759　710163
忠雅堂文集三十卷　（清）蔣士銓撰　清嘉慶二十二年（1817）藏園刻本　八冊

360000－1901－0043760　120921
忠雅堂文集十二卷　(清)蔣士銓撰　清道光二十三年(1843)藏園刻本　六册

360000－1901－0043761　120922
忠雅堂文集十二卷　(清)蔣士銓撰　清嘉慶二十一年(1816)藏園刻本　六册

360000－1901－0043762　120923
忠雅堂文集十二卷　(清)蔣士銓撰　清嘉慶二十一年(1816)藏園刻本　十册

360000－1901－0043763　710166
忠雅堂文集十二卷　(清)蔣士銓撰　清嘉慶二十一年(1816)藏園刻本　五册　存十卷(一至十)

360000－1901－0043764　710167
忠雅堂文集十二卷　(清)蔣士銓撰　清嘉慶二十一年(1816)藏園刻本　六册

360000－1901－0043765　601345
忠雅堂文集十二卷　(清)蔣士銓撰　清嘉慶二十一年(1816)刻本　八册

360000－1901－0043766　601889
忠雅堂文集十二卷　(清)蔣士銓撰　清刻本　八册

360000－1901－0043767　601889－1
忠雅堂文集十二卷　(清)蔣士銓撰　清刻本　八册

360000－1901－0043768　601889－2
忠雅堂文集十二卷　(清)蔣士銓撰　清刻本　八册

360000－1901－0043769　601889－3
忠雅堂文集十二卷　(清)蔣士銓撰　清刻本　八册

360000－1901－0043770　601889－4
忠雅堂文集十二卷　(清)蔣士銓撰　清刻本　八册

360000－1901－0043771　601889－5
忠雅堂文集十二卷　(清)蔣士銓撰　清刻本　八册

360000－1901－0043772　722127
忠雅堂文集十二卷　(清)蔣士銓撰　清刻本　一册　存二卷(十一至十二)

360000－1901－0043773　120917
忠雅堂文集十二卷詩集二十七卷詩補遺二卷銅絃詞二卷　(清)蔣士銓撰　清道光二十三年(1843)藏園蔣志章刻本　十八册

360000－1901－0043774　120918
忠雅堂文集十二卷詩集二十七卷詩補遺二卷銅絃詞二卷　(清)蔣士銓撰　清道光二十三年(1843)藏園蔣志章刻本　十八册

360000－1901－0043775　120919
忠雅堂文集十二卷詩集二十七卷詩補遺二卷銅絃詞二卷　(清)蔣士銓撰　清道光二十三年(1843)藏園蔣志章刻本　十八册　缺二卷(詩集二十六至二十七)

360000－1901－0043776　120927
忠雅堂文集十二卷詩集二十七卷詩補遺二卷銅絃詞二卷　(清)蔣士銓撰　清道光二十三年(1843)藏園蔣志章刻本　八册

360000－1901－0043777　601342
忠雅堂文集十二卷詩集二十七卷詩補遺二卷銅絃詞二卷　(清)蔣士銓撰　清道光二十三年(1843)藏園蔣志章刻本　六册　存十二卷(忠雅堂文集十二卷)

360000－1901－0043778　601348
忠雅堂文集十二卷詩集二十七卷詩補遺二卷銅絃詞二卷　(清)蔣士銓撰　清道光二十三年(1843)藏園蔣志章刻本　十六册

360000－1901－0043779　601349
忠雅堂文集十二卷詩集二十七卷詩補遺二卷銅絃詞二卷　(清)蔣士銓撰　清道光二十三年(1843)藏園蔣志章刻本　十四册

360000－1901－0043780　601350
忠雅堂文集十二卷詩集二十七卷詩補遺二卷銅絃詞二卷　(清)蔣士銓撰　清道光二十三年(1843)藏園蔣志章刻本　十三册　存三十二卷(忠雅堂文集十二卷、詩集五至二十四)

360000－1901－0043781　601355
忠雅堂文集十二卷詩集二十七卷詩補遺二卷銅絃詞二卷　(清)蔣士銓撰　清道光二十三年(1843)藏園蔣志章刻本　六册　存十二卷(忠雅堂文集十二卷)

360000－1901－0043782　120920
忠雅堂文集十二卷詩集二十七卷詩補遺二卷銅絃詞二卷　(清)蔣士銓撰　清同治九年(1870)藏園蔣志章刻本　十册

360000－1901－0043783　601343
忠雅堂文集十二卷詩集二十七卷詩補遺二卷銅絃詞二卷　(清)蔣士銓撰　清同治楊會元堂刻本　七册　存二十三卷(詩集一至十五、十七至二十四)

360000－1901－0043784　601344
忠雅堂文集十二卷詩集二十七卷詩補遺二卷銅絃詞二卷　(清)蔣士銓撰　清同治楊會元堂刻本　七册　存十九卷(忠雅堂文集三至六、十一至十二,詩集五至八、二十一至二十七,銅絃詞二卷)

360000－1901－0043785　601346
忠雅堂文集十二卷詩集二十七卷詩補遺二卷銅絃詞二卷　(清)蔣士銓撰　清同治楊會元堂刻本　三册　存十六卷(詩集十六至二十七、詩補遺二卷、銅絃詞二卷)

360000－1901－0043786　601347
忠雅堂文集十二卷詩集二十七卷詩補遺二卷銅絃詞二卷　(清)蔣士銓撰　清同治楊會元堂刻本　六册　存三十一卷(詩集二十七卷、詩補遺二卷、銅絃詞二卷)

360000－1901－0043787　601358
忠雅堂文集十二卷詩集二十七卷詩補遺二卷銅絃詞二卷　(清)蔣士銓撰　清同治楊會元堂刻本　三册　存十一卷(詩集二十一至二十七、詩補遺二卷、銅絃詞二卷)

360000－1901－0043788　120934
忠義集十卷首一卷　(元)趙景良輯　清道光十三年(1833)刻本　四册

360000－1901－0043789　122902
忠義集十卷首一卷　(元)趙景良輯　清道光十三年(1833)刻本　三册　存六卷(一至二、四至六,首一卷)

360000－1901－0043790　120935
忠義録一卷首一卷末一卷　(清)余瓚馨輯　清咸豐四年(1854)刻本　一册

360000－1901－0043791　303238
忠正德文集十卷附録一卷　(宋)趙鼎撰　清光緒二年(1876)刻本　四册

360000－1901－0043792　210242
鍾伯敬先生纂輯標題左傳句解必讀十卷　(明)鍾惺輯　明末刻本　三册　缺二卷(一至二)

360000－1901－0043793　412899
鍾嶸詩品評議三卷　陳衍撰　清刻本　一册

360000－1901－0043794　901679
鍾山書院乙未課藝一卷　(清)梁星海輯　清光緒二十一年(1895)刻本　一册

360000－1901－0043795　500399
鍾氏族譜□□卷首一卷　(清)□□纂修　清光緒十八年(1892)穎川堂木活字印本　一册　存一卷(首一卷)

360000－1901－0043796　500397
[福建長樂]鍾氏族譜十卷首一卷　(清)鍾高价等纂修　清道光十年(1830)穎川堂木活字印本　九册　存十卷(一、三至十,首一卷)

360000－1901－0043797　802358
螽斯集一卷　(明)姚言撰　清抄本　一册

360000－1901－0043798　161313
鐘鼎字源五卷　(清)汪立名撰　清光緒二年(1876)洞庭秦氏麟慶堂刻本　二册

360000－1901－0043799　161314
鐘鼎字源五卷　(清)汪立名撰　清光緒二年(1876)洞庭秦氏麟慶堂刻本　二册

360000－1901－0043800　123258
鍾石先生文集三十四卷　(明)費寀撰　清刻

本　一册　存四卷(三至六)

360000－1901－0043801　416447
種茶良法一卷　(英國)高葆真撰　清宣統二年(1910)上海廣學會鉛印本　一册

360000－1901－0043802　408374
種痘方法一卷　(清)黄安敏輯　清光緒十九年(1893)永豐縣署刻本　一册

360000－1901－0043803　230266
種痘全書四卷　(清)朱純嘏輯　清乾隆刻本　四册

360000－1901－0043804　408398
種痘新書十二卷　(清)張琰撰　清道光十二年(1832)桂芳齋刻本　四册

360000－1901－0043805　408399
種痘新書十二卷　(清)張琰撰　清道光十二年(1832)桂芳齋刻本　四册

360000－1901－0043806　162800
種痘新書十二卷　(清)張琰撰　清嘉慶八年(1803)義經堂刻本　四册

360000－1901－0043807　164992
種痘新書十二卷　(清)張琰撰　清經文堂刻本　五册　存九卷(一至五、九至十二)

360000－1901－0043808　408395
種痘新書十二卷　(清)張琰撰　清刻本　四册

360000－1901－0043809　408396
種痘新書十二卷　(清)張琰撰　清刻本　三册　存七卷(五至十一)

360000－1901－0043810　408397
種痘新書十二卷　(清)張琰撰　清刻本　二册　存六卷(六至十一)

360000－1901－0043811　408402
種痘新書十二卷　(清)張琰撰　清刻本　四册

360000－1901－0043812　408406
種痘新書十二卷　(清)張琰撰　清刻本　五册　存十卷(一至二、五至十二)

360000－1901－0043813　408407
種痘新書十二卷　(清)張琰撰　清刻本　五册

360000－1901－0043814　408409
種痘新書十二卷　(清)張琰撰　清刻本　四册　存九卷(一至二、四至六、九至十二)

360000－1901－0043815　408410
種痘新書十二卷　(清)張琰撰　清刻本　二册　存七卷(六至十二)

360000－1901－0043816　802575
種痘新書十二卷　(清)張琰撰　清刻本　一册　存一卷(十二)

360000－1901－0043817　408411
種痘新書十二卷　(清)張琰撰　清末上海錦章書局石印本　一册

360000－1901－0043818　802580
種痘新書十二卷　(清)張琰撰　清末石印本　一册　存二卷(四至五)

360000－1901－0043819　802581
種痘新書十二卷　(清)張琰撰　清末石印本　一册　存二卷(四至五)

360000－1901－0043820　408400
種痘新書十二卷　(清)張琰撰　清乾隆二十四年(1759)聚錦堂刻本　三册

360000－1901－0043821　408408
種痘新書十二卷　(清)張琰撰　清乾隆二十四年(1759)聚錦堂刻本　四册　存十一卷(一至六、八至十二)

360000－1901－0043822　162799
種痘新書十二卷　(清)張琰撰　清乾隆六年(1741)刻本　六册

360000－1901－0043823　408394
種痘新書十二卷　(清)張琰撰　清乾隆六年(1741)刻本　五册

360000－1901－0043824　408401

種痘新書十二卷　(清)張琰撰　清乾隆五十一年(1786)刻本　四册

360000－1901－0043825　164994
種痘新書十二卷　(清)張琰撰　清同治十年(1871)刻本　六册

360000－1901－0043826　408403
種痘新書十二卷　(清)張琰撰　清種福堂刻本　四册

360000－1901－0043827　408404
種痘新書十二卷　(清)張琰撰　清種福堂刻本　五册

360000－1901－0043828　408405
種痘新書十二卷　(清)張琰撰　清種福堂刻本　五册

360000－1901－0043829　802565
種福堂公選良方兼刻古吳名醫精論四卷　(清)葉桂撰　清刻本　一册　存二卷(三至四)

360000－1901－0043830　802566
種福堂公選良方兼刻古吳名醫精論四卷　(清)葉桂撰　清刻本　一册　存二卷(三至四)

360000－1901－0043831　420596
種福堂公選良方兼刻古吳名醫精論四卷　(清)葉桂撰　清乾隆四十二年(1777)刻本　三册　存三卷(一至三)

360000－1901－0043832　408466
種福堂公選溫熱論醫案四卷　(清)葉桂撰　清刻本　二册

360000－1901－0043833　408468
種福堂公選溫熱論醫案四卷　(清)葉桂撰　清刻本　二册

360000－1901－0043834　408470
種福堂公選溫熱論醫案四卷　(清)葉桂撰　清刻本　二册

360000－1901－0043835　408471
種福堂公選溫熱論醫案四卷　(清)葉桂撰　清刻本　二册

360000－1901－0043836　408472
種福堂公選溫熱論醫案四卷　(清)葉桂撰　清刻本　二册

360000－1901－0043837　408467
種福堂公選溫熱論醫案四卷　(清)葉桂撰　清維揚文福堂刻本　二册

360000－1901－0043838　408464
種福堂精選良方兼刻古吳名醫精論四卷　(清)葉桂撰　清武林文苑堂刻本　二册

360000－1901－0043839　408465
種福堂精選良方兼刻古吳名醫精論四卷　(清)葉桂撰　清武林文苑堂刻本　二册

360000－1901－0043840　162645
種福堂續選臨證指南四卷　(清)葉桂撰　清刻本　一册

360000－1901－0043841　240980
種松園集十二卷補編一卷　(清)湯大坊撰　清乾隆十四年(1749)清嘯齋刻本　十二册

360000－1901－0043842　421698
種榆仙館印譜不分卷　(清)陳鴻壽篆　清道光元年(1821)鈐印本　四册

360000－1901－0043843　416210
種植芻言一卷　(清)江召棠撰　清光緒二十三年(1897)上高縣署刻本　一册

360000－1901－0043844　416210－1
種植芻言一卷　(清)江召棠撰　清光緒二十三年(1897)上高縣署刻本　一册

360000－1901－0043845　416210－10
種植芻言一卷　(清)江召棠撰　清光緒二十三年(1897)上高縣署刻本　一册

360000－1901－0043846　416210－11
種植芻言一卷　(清)江召棠撰　清光緒二十三年(1897)上高縣署刻本　一册

360000－1901－0043847　416210－12
種植芻言一卷　(清)江召棠撰　清光緒二十

三年(1897)上高縣署刻本　一册

360000－1901－0043848　416210－13
種植芻言一卷　(清)江召棠撰　清光緒二十三年(1897)上高縣署刻本　一册

360000－1901－0043849　416210－2
種植芻言一卷　(清)江召棠撰　清光緒二十三年(1897)上高縣署刻本　一册

360000－1901－0043850　416210－3
種植芻言一卷　(清)江召棠撰　清光緒二十三年(1897)上高縣署刻本　一册

360000－1901－0043851　416210－4
種植芻言一卷　(清)江召棠撰　清光緒二十三年(1897)上高縣署刻本　一册

360000－1901－0043852　416210－5
種植芻言一卷　(清)江召棠撰　清光緒二十三年(1897)上高縣署刻本　一册

360000－1901－0043853　416210－6
種植芻言一卷　(清)江召棠撰　清光緒二十三年(1897)上高縣署刻本　一册

360000－1901－0043854　416210－7
種植芻言一卷　(清)江召棠撰　清光緒二十三年(1897)上高縣署刻本　一册

360000－1901－0043855　416210－8
種植芻言一卷　(清)江召棠撰　清光緒二十三年(1897)上高縣署刻本　一册

360000－1901－0043856　416210－9
種植芻言一卷　(清)江召棠撰　清光緒二十三年(1897)上高縣署刻本　一册

360000－1901－0043857　405358
種竹山房稿五卷　(清)岳禮撰　清刻本　一册　存三卷(三至五)

360000－1901－0043858　802146
仲景傷寒論不分卷　(漢)張機撰　清抄本　一册

360000－1901－0043859　305335
仲實詩存二卷類稿一卷右軍年譜一卷　(清)魯蕡撰　清刻本　二册

360000－1901－0043860　120568
仲脩先生詩文遺集八卷　(明)劉永之撰　清道光二十九年(1849)羅謙益堂刻本　三册

360000－1901－0043861　805194
仲脩先生詩文遺集八卷　(明)劉永之撰　清道光二十九年(1849)羅謙益堂刻本　一册　存二卷(七至八)

360000－1901－0043862　122817
仲脩先生詩文遺集八卷　(明)劉永之撰　清道光二十九年(1849)羅謙益堂刻本　二册

360000－1901－0043863　402652
重編九經字樣一卷　(唐)唐玄度撰　(清)孫偘編　清嘉慶八年(1803)刻正誼齋叢書本　一册

360000－1901－0043864　405719
重編留青新集二十四卷　(清)馮善長輯　清光緒鉛印本　九册　存二十卷(一至二、五至十二、十四至十五、十七至二十四)

360000－1901－0043865　306648
重編留青新集二十四卷　(清)馮善長輯　清光緒三十二年(1906)上海廣益書局鉛印本　六册　存十三卷(一至二、九至十、十四、十六、十八至二十四)

360000－1901－0043866　404450
重編留青新集二十四卷　(清)馮善長輯　清光緒三十四年(1908)上海廣益書局鉛印本　十二册

360000－1901－0043867　404451
重編留青新集二十四卷　(清)馮善長輯　清光緒三十四年(1908)上海廣益書局鉛印本　九册　存十七卷(一至十三、十五、十八至二十)

360000－1901－0043868　404452
重編留青新集二十四卷　(清)馮善長輯　清光緒三十四年(1908)上海廣益書局鉛印本　三册　存五卷(五至八、十)

360000－1901－0043869　404453
重編留青新集二十四卷　(清)馮善長輯　清光緒三十四年(1908)上海廣益書局鉛印本　五册　存七卷(四至五、八至十一、十三)

360000－1901－0043870　404448
重編留青新集二十四卷　(清)馮善長輯　清光緒十六年(1890)鉛印本　十四册

360000－1901－0043871　404449
重編留青新集二十四卷　(清)馮善長輯　清光緒十六年(1890)鉛印本　十三册

360000－1901－0043872　404446
重編留青新集二十四卷　(清)馮善長輯　清光緒十四年(1888)鉛印本　十二册

360000－1901－0043873　404447
重編留青新集二十四卷　(清)馮善長輯　清光緒十四年(1888)鉛印本　十一册　存二十三卷(一至十三、十五至二十四)

360000－1901－0043874　402375
重編五經文字三卷　(唐)張參撰　(清)孫偘編　清嘉慶八年(1803)天心閣刻本　一册　存一卷(上)

360000－1901－0043875　313916
重定金石契不分卷附石鼓文釋存一卷補注一卷　(清)張燕昌撰　清光緒二十二年(1896)貴池劉世珩聚學軒刻本　五册

360000－1901－0043876　150746
重訂本草從新六卷　(清)吳儀洛撰　清大文堂刻本　四册

360000－1901－0043877　210025
重訂蔡虚齋先生易經蒙引二十四卷　(明)蔡清撰　(明)宋兆禴重訂　清康熙四年(1665)必興堂刻本　十册　缺一卷(二十四)

360000－1901－0043878　308797
重訂法國志略二十四卷　(清)王韜撰　清光緒十六年(1890)長洲王韜淞隱廬鉛印本　十册

360000－1901－0043879　308859
重訂法國志略二十四卷　(清)王韜撰　清光緒十六年(1890)長洲王韜淞隱廬鉛印本　十册

360000－1901－0043880　313411
重訂法國志略二十四卷　(清)王韜撰　清光緒十六年(1890)長洲王韜淞隱廬鉛印本　十册

360000－1901－0043881　420234
重訂法國志略二十四卷　(清)王韜撰　清光緒十六年(1890)長洲王韜淞隱廬鉛印本　十册

360000－1901－0043882　420235
重訂法國志略二十四卷　(清)王韜撰　清光緒十五年(1889)鉛印本　三册　存九卷(一至三、十二至十四、十九至二十一)

360000－1901－0043883　419010－4
重訂古文釋義新編八卷　(清)余誠評注　清金谿周光霽刻本　一册　存二卷(三至四)

360000－1901－0043884　419010－6
重訂古文釋義新編八卷　(清)余誠評注　清金谿周光霽刻本　一册　存二卷(三至四)

360000－1901－0043885　800704
重訂古文釋義新編八卷　(清)余誠評注　清金谿周光霽刻本　一册　存二卷(三至四)

360000－1901－0043886　404345
重訂古文釋義新編八卷　(清)余誠評註　清光緒十二年(1886)京都老二酉堂刻本　一册　存一卷(一)

360000－1901－0043887　302553
重訂古文雅正十四卷　(清)蔡世遠輯　清刻本　六册

360000－1901－0043888　302554
重訂古文雅正十四卷　(清)蔡世遠輯　清刻本　四册

360000－1901－0043889　418797
重訂古文雅正十四卷　(清)蔡世遠輯　清乾隆四十二年(1777)刻本　八册

360000－1901－0043890　418798
重訂古文雅正十四卷　(清)蔡世遠輯　清乾隆四十二年(1777)刻本　二冊　存三卷(一、六至七)

360000－1901－0043891　418798－1
重訂古文雅正十四卷　(清)蔡世遠輯　清乾隆四十二年(1777)刻本　一冊　存一卷(六)

360000－1901－0043892　241288
重訂古文雅正十四卷　(清)蔡世遠輯　(清)林有席参評　清乾隆四十二年(1777)刻本　五冊　缺二卷(十三至十四)

360000－1901－0043893　407331
重訂廣事類賦四十卷　(清)華希閔撰　清道光二十七年(1847)善成堂刻本　十冊

360000－1901－0043894　407323
重訂廣事類賦四十卷　(清)華希閔撰　清道光六年(1826)刻本　八冊

360000－1901－0043895　407330
重訂廣事類賦四十卷　(清)華希閔撰　清道光十七年(1837)刻本　八冊

360000－1901－0043896　407332
重訂廣事類賦四十卷　(清)華希閔撰　清道光十七年(1837)刻本　四冊

360000－1901－0043897　407335
重訂廣事類賦四十卷　(清)華希閔撰　清道光十七年(1837)刻本　十冊

360000－1901－0043898　407344
重訂廣事類賦四十卷　(清)華希閔撰　清道光十七年(1837)刻本　五冊　存十九卷(一至五、二十七至四十)

360000－1901－0043899　303195
重訂廣事類賦四十卷　(清)華希閔撰　清道光十七年(1837)務本堂刻本　八冊

360000－1901－0043900　162817
重訂廣事類賦四十卷　(清)華希閔撰　清光緒二年(1876)經元堂刻本　十四冊

360000－1901－0043901　407334
重訂廣事類賦四十卷　(清)華希閔撰　清嘉慶二十三年(1818)刻本　六冊　存三十九卷(一至八、十至四十)

360000－1901－0043902　407343
重訂廣事類賦四十卷　(清)華希閔撰　清嘉慶二十三年(1818)英德堂刻本　五冊　存二十五卷(一至十二、二十四至三十六)

360000－1901－0043903　162820
重訂廣事類賦四十卷　(清)華希閔撰　清嘉慶六年(1801)劍光閣刻本　六冊　存十七卷(一至十七)

360000－1901－0043904　407325
重訂廣事類賦四十卷　(清)華希閔撰　清嘉慶十八年(1813)刻本　五冊　存二十三卷(一至八、十四至二十八)

360000－1901－0043905　407333
重訂廣事類賦四十卷　(清)華希閔撰　清嘉慶十三年(1808)刻本　十冊

360000－1901－0043906　407376
重訂廣事類賦四十卷　(清)華希閔撰　清嘉慶十三年(1808)刻本　七冊　存二十八卷(一至七、十六至十八、二十三至四十)

360000－1901－0043907　303194
重訂廣事類賦四十卷　(清)華希閔撰　清康熙三十八年(1699)芸生堂刻本　八冊

360000－1901－0043908　407326
重訂廣事類賦四十卷　(清)華希閔撰　清刻本　五冊

360000－1901－0043909　407328
重訂廣事類賦四十卷　(清)華希閔撰　清刻本　五冊　存三十五卷(六至四十)

360000－1901－0043910　407329
重訂廣事類賦四十卷　(清)華希閔撰　清刻本　十冊

360000－1901－0043911　407336
重訂廣事類賦四十卷　(清)華希閔撰　清刻本　五冊　存二十五卷(四至十二、十九至三

十四）

360000－1901－0043912　407337
重訂廣事類賦四十卷　（清）華希閔撰　清刻本　三冊　存二十三卷（十八至四十）

360000－1901－0043913　407338
重訂廣事類賦四十卷　（清）華希閔撰　清刻本　六冊　存二十二卷（七至二十八）

360000－1901－0043914　407340
重訂廣事類賦四十卷　（清）華希閔撰　清刻本　七冊　存二十三卷（三至八、十二至十七、二十二至三十二）

360000－1901－0043915　407341
重訂廣事類賦四十卷　（清）華希閔撰　清刻本　九冊　存三十八卷（一至二十六、二十九至四十）

360000－1901－0043916　407342
重訂廣事類賦四十卷　（清）華希閔撰　清刻本　五冊　存二十五卷（八至二十三、三十二至四十）

360000－1901－0043917　407345
重訂廣事類賦四十卷　（清）華希閔撰　清刻本　五冊　存十九卷（十一至十七、二十二至二十九、三十七至四十）

360000－1901－0043918　407346
重訂廣事類賦四十卷　（清）華希閔撰　清刻本　五冊　存二十三卷（三至五、二十一至四十）

360000－1901－0043919　407346－1
重訂廣事類賦四十卷　（清）華希閔撰　清刻本　三冊　存十六卷（十三至十七、二十三至三十三）

360000－1901－0043920　407346－2
重訂廣事類賦四十卷　（清）華希閔撰　清刻本　三冊　存二十二卷（十二至二十五、三十三至四十）

360000－1901－0043921　407346－3
重訂廣事類賦四十卷　（清）華希閔撰　清刻本　四冊　存十七卷（一至三、八至十一、十三至十七、二十二至二十六）

360000－1901－0043922　407346－4
重訂廣事類賦四十卷　（清）華希閔撰　清刻本　二冊　存六卷（一至二、十七至二十）

360000－1901－0043923　407371
重訂廣事類賦四十卷　（清）華希閔撰　清刻本　八冊

360000－1901－0043924　407372
重訂廣事類賦四十卷　（清）華希閔撰　清刻本　八冊

360000－1901－0043925　407374
重訂廣事類賦四十卷　（清）華希閔撰　清刻本　七冊　存三十八卷（一至三、六至四十）

360000－1901－0043926　407375
重訂廣事類賦四十卷　（清）華希閔撰　清刻本　三冊　存十六卷（一至四、十九至二十四、三十五至四十）

360000－1901－0043927　722005－1
重訂廣事類賦四十卷　（清）華希閔撰　清刻本　四冊　存十八卷（二十三至四十）

360000－1901－0043928　805050
重訂廣事類賦四十卷　（清）華希閔撰　清刻本　三冊　存十七卷（一至十七）

360000－1901－0043929　407373
重訂廣事類賦四十卷　（清）華希閔撰　清刻本（卷一至三配清嘉慶十八年刻本）　五冊　存二十九卷（一至七、十三至二十二、二十九至四十）

360000－1901－0043930　407327
重訂廣事類賦四十卷　（清）華希閔撰　清竹圃山房刻本　八冊　存三十九卷（一至三十四、三十六至四十）

360000－1901－0043931　407339
重訂廣事類賦四十卷　（清）華希閔撰　清竹圃山房刻本　五冊　存十八卷（一至十八）

360000－1901－0043932　309612

重訂廣事類賦四十卷 (清)華希閔撰 **重訂事類賦三十卷** (宋)吳淑撰並注 清刻本 九冊 存五十三卷(重訂廣事類賦四至四十、重訂事類賦十五至三十)

360000－1901－0043933 163985
重訂合刻春秋公穀二傳二十四卷 (明)錢受益閱 明末刻本 四冊

360000－1901－0043934 406876
重訂教乘法數十二卷附翻譯名義集選一卷 (清)釋超海等輯 清雍正十三年(1735)刻本 四冊 存十卷(一至二、六至十二,翻譯名義集選一卷)

360000－1901－0043935 160468
重訂空谷傳聲一卷 (清)汪鎏撰 清光緒八年(1882)刻本 一冊

360000－1901－0043936 160469
重訂空谷傳聲一卷 (清)汪鎏撰 清光緒八年(1882)刻本 一冊

360000－1901－0043937 803092
重訂空谷傳聲一卷 (清)汪鎏撰 清光緒八年(1882)李光明莊刻本 一冊

360000－1901－0043938 316536
重訂李義山詩集箋注三卷 (唐)李商隱撰 (清)朱鶴齡箋注 (清)程夢星刪補 **集外詩箋注一卷詩話一卷** (清)程夢星輯 清紅杏山房刻本 四冊

360000－1901－0043939 308842
重訂李義山詩集箋注三卷 (唐)李商隱撰 (清)朱鶴齡箋注 (清)程夢星刪補 **集外詩箋注一卷詩話一卷** (清)程夢星輯 清刻本 六冊

360000－1901－0043940 401908
重訂立憲國民讀本二卷 商務印書館編譯所編 清宣統元年(1909)上海商務印書館鉛印本 二冊

360000－1901－0043941 404043－1
重訂龍文鞭影四卷 (明)蕭良有撰 (清)楊臣諍增訂 (清)李恩授校補 清光緒二十年(1894)京口善化書局刻本 四冊

360000－1901－0043942 121975
重訂路史全本四十七卷 (宋)羅泌撰 (宋)羅苹注 (明)吳弘基等重編 清光緒二十年(1894)文瑞樓石印本 六冊

360000－1901－0043943 121976
重訂路史全本四十七卷 (宋)羅泌撰 (宋)羅苹注 (明)吳弘基等重編 清光緒二十年(1894)文瑞樓石印本 六冊

360000－1901－0043944 220084
重訂路史全本四十七卷 (宋)羅泌撰 (宋)羅苹注 (明)吳弘基等重編 明刻本 十冊 缺十七卷(後紀五至九、十四,國名紀七,發揮一至二、五至六,餘論五至十)

360000－1901－0043945 220085
重訂路史全本四十七卷 (宋)羅泌撰 (宋)羅苹注 (明)吳弘基等重編 明刻本 七冊 存二十三卷(前紀五至九、後紀一至十四、國名紀一至四)

360000－1901－0043946 220086
重訂路史全本四十七卷 (宋)羅泌撰 (宋)羅苹注 (明)吳弘基等重編 明刻本 八冊 存二十三卷(前紀四至六、後紀一至十四、國名紀一至六)

360000－1901－0043947 220082
重訂路史全本四十七卷 (宋)羅泌撰 (宋)羅苹注 (明)吳弘基等重編 明刻本(發揮卷一至二、六配清乾隆元年刻本) 十九冊

360000－1901－0043948 220083
重訂路史全本四十七卷 (宋)羅泌撰 (宋)羅苹注 (明)吳弘基等重編 明刻本(前紀卷一至三,後紀卷五至八,國名紀卷五至六,餘論卷一至四、十配清乾隆元年刻本) 十五冊 缺四卷(發揮一至三、六)

360000－1901－0043949 400730
重訂路史全本四十七卷 (宋)羅泌撰 (宋)羅苹注 (明)吳弘基等重編 清光緒二十年

(1894)文瑞樓石印本　六冊

360000－1901－0043950　121970
重訂路史全本四十七卷　(宋)羅泌撰　(宋)羅苹注　(明)吳弘基等重編　清嘉慶六年(1801)酉山堂刻本　二十冊

360000－1901－0043951　121971
重訂路史全本四十七卷　(宋)羅泌撰　(宋)羅苹注　(明)吳弘基等重編　清嘉慶六年(1801)酉山堂刻本　六冊　缺十二卷(後紀九至十四、餘論五至十)

360000－1901－0043952　220087
重訂路史全本四十七卷　(宋)羅泌撰　(宋)羅苹注　(明)吳弘基等重編　清乾隆元年(1736)刻本　二十一冊

360000－1901－0043953　220088
重訂路史全本四十七卷　(宋)羅泌撰　(宋)羅苹注　(明)吳弘基等重編　清乾隆元年(1736)刻本　五冊　存八卷(國名紀八卷)

360000－1901－0043954　405028
重訂梅花軒遺稿二卷　(清)張取撰　(清)張宿煌輯　**崔進士本事傳一卷**　(清)崔謨撰　清光緒十五年(1889)退思堂刻本　一冊

360000－1901－0043955　121481
重訂梅花軒遺稿二卷　(清)張取撰　(清)張宿煌輯　**崔進士本事傳一卷**　(清)崔謨撰　**附問花樓遺稿一卷**　(清)許權撰　**芙蓉山房詩草一卷**　(清)周皇翊撰　清光緒十四年(1888)退思堂刻本　一冊

360000－1901－0043956　405968
重訂批點春秋左傳詳節句解六卷首一卷　(宋)朱申注釋　(明)孫鑛批點　清道光十六年(1836)澹雅局刻本　三冊　存四卷(一、三、五,首一卷)

360000－1901－0043957　803167
重訂批點春秋左傳詳節句解六卷首一卷　(宋)朱申注釋　(明)孫鑛批點　清刻本　一冊　存一卷(五)

360000－1901－0043958　405967
重訂批點春秋左傳詳節句解六卷首一卷　(宋)朱申注釋　(明)孫鑛批點　清乾隆三十九年(1774)刻本　四冊　存五卷(一至二、四至五,首一卷)

360000－1901－0043959　405963
重訂批點春秋左傳詳節句解六卷首一卷　(宋)朱申注釋　(明)孫鑛批點　清乾隆四十九年(1784)桂月樓刻本　六冊

360000－1901－0043960　405962
重訂批點春秋左傳詳節句解六卷首一卷　(宋)朱申注釋　(明)孫鑛批點　清乾隆四十七年(1782)中和堂刻本　六冊

360000－1901－0043961　405965
重訂批點春秋左傳詳節句解六卷首一卷　(宋)朱申注釋　(明)孫鑛批點　清乾隆四十一年(1776)刻本　五冊

360000－1901－0043962　405966
重訂批點春秋左傳詳節句解六卷首一卷　(宋)朱申注釋　(明)孫鑛批點　清乾隆四十一年(1776)刻本　六冊

360000－1901－0043963　210238
重訂批點春秋左傳詳節句解三十五卷　(宋)朱申注釋　(明)孫鑛批點　明末刻本　四冊　缺十二卷(四至十五)

360000－1901－0043964　210237
重訂批點春秋左傳詳節句解三十五卷　(宋)朱申注釋　(明)孫鑛批點　明末刻本(卷二十一至三十五配清刻本)　七冊

360000－1901－0043965　416176－2
重訂批點春秋左傳詳節句解三十五卷　(宋)朱申注釋　(明)孫鑛批點　清刻本　一冊　存一卷(三)

360000－1901－0043966　416186
重訂批點春秋左傳詳節句解三十五卷　(宋)朱申注釋　(明)孫鑛批點　清刻本　二冊　存十五卷(一至十五)

360000－1901－0043967　402633
重訂七經精義　(清)黄淦撰　清嘉慶十二年(1807)令德堂刻本　七册

360000－1901－0043968　402634
重訂七經精義　(清)黄淦撰　清嘉慶十二年(1807)令德堂刻本　六册　存六種

360000－1901－0043969　402635
重訂七經精義　(清)黄淦撰　清嘉慶十三年(1808)刻本　十四册

360000－1901－0043970　402636
重訂七經精義　(清)黄淦撰　清刻本　四册　存四種

360000－1901－0043971　402638
重訂七經精義　(清)黄淦撰　清刻本　五册　存五種

360000－1901－0043972　305879
重訂七政臺曆萬年書不分卷　(清)楊天爵編　清刻本　一册

360000－1901－0043973　802523
重訂七政臺曆萬年書不分卷　(清)楊天爵編　(清)楊寅續編　清清照齋刻本　一册

360000－1901－0043974　802525
重訂七政臺曆萬年書不分卷　(清)楊天爵編　(清)楊寅續編　清清照齋刻本　一册

360000－1901－0043975　414604
重訂七種文選　(清)儲欣評　清乾隆四十九年(1784)金閶書業堂刻本　十七册

360000－1901－0043976　414601
重訂七種文選　(清)儲欣評　清乾隆五十年(1785)二南堂刻本　十二册　存四種

360000－1901－0043977　120046
重訂三國志辨微六卷　(清)尚鎔撰　清道光十三年(1833)刻本　一册

360000－1901－0043978　803472
重訂少嵒賦草四卷　(清)夏思沺撰　(清)姜兆蘭釋　清道光九年(1829)刻本　一册　存二卷(一至二)

360000－1901－0043979　302201
重訂少嵒賦草四卷　(清)夏思沺撰　(清)姜兆蘭釋　清道光十六年(1836)英德堂刻本　一册

360000－1901－0043980　902302
重訂詩經衍義合糸集註八卷　(清)江晉雲輯　**詩經八卷**　(宋)朱熹集傳　清刻本　一册　存六卷(重訂詩經衍義合糸集註六至八、詩經六至八)

360000－1901－0043981　902324
重訂詩經衍義合糸集註八卷　(清)江晉雲輯　**詩經八卷**　(宋)朱熹集傳　清刻本　一册　存六卷(重訂詩經衍義合糸集註六至八、詩經六至八)

360000－1901－0043982　419663
重訂詩經衍義合糸集註八卷　(宋)江晉雲輯　**詩經八卷**　(宋)朱熹集傳　清刻本　四册

360000－1901－0043983　419646
重訂詩經衍義合糸集註八卷　(清)江晉雲輯　**詩經八卷**　(宋)朱熹集傳　清刻本　四册

360000－1901－0043984　419647
重訂詩經衍義合糸集註八卷　(清)江晉雲輯　**詩經八卷**　(宋)朱熹集傳　清刻本　四册

360000－1901－0043985　804780
重訂詩料詳注四卷　(清)秦照　(清)郭一經輯　(清)陳風增釋　清刻本　一册　存二卷(三至四)

360000－1901－0043986　803069－1
重訂時務新策十二卷　(清)□□輯　清光緒十九年(1893)上海江左書林石印本　一册　存八卷(一至八)

360000－1901－0043987　707311
重訂事類賦三十卷　(宋)吳淑撰並注　清大文堂刻本　五册　存二十五卷(一至二十五)

360000－1901－0043988　407292
重訂事類賦三十卷　(宋)吳淑撰並注　清道光七年(1827)刻本　四册

360000－1901－0043989　407293
重訂事類賦三十卷　(宋)吳淑撰並注　清道光十七年(1837)刻本　三册　存二十五卷(一至二十五)

360000－1901－0043990　407295
重訂事類賦三十卷　(宋)吳淑撰並注　清道光十七年(1837)刻本　四册

360000－1901－0043991　303189
重訂事類賦三十卷　(宋)吳淑撰並注　清道光十七年(1837)務本堂刻本　六册

360000－1901－0043992　407296
重訂事類賦三十卷　(宋)吳淑撰並注　清嘉慶二十三年(1818)刻本　三册　存二十三卷(一至二十三)

360000－1901－0043993　407297
重訂事類賦三十卷　(宋)吳淑撰並注　清嘉慶二十三年(1818)刻本　六册

360000－1901－0043994　407297－1
重訂事類賦三十卷　(宋)吳淑撰並注　清嘉慶二十三年(1818)刻本　三册

360000－1901－0043995　712881
重訂事類賦三十卷　(宋)吳淑撰並注　清嘉慶二十三年(1818)刻本　一册　存六卷(一至六)

360000－1901－0043996　407301
重訂事類賦三十卷　(宋)吳淑撰並注　清嘉慶六年(1801)刻本　四册

360000－1901－0043997　407287
重訂事類賦三十卷　(宋)吳淑撰並注　清嘉慶六年(1801)友益齋刻本　四册

360000－1901－0043998　707307
重訂事類賦三十卷　(宋)吳淑撰並注　清嘉慶十八年(1813)刻本　三册　存十三卷(一至十三)

360000－1901－0043999　707310
重訂事類賦三十卷　(宋)吳淑撰並注　清嘉慶十三年(1808)刻本　二册　存九卷(一至九)

360000－1901－0044000　303193
重訂事類賦三十卷　(宋)吳淑撰並注　清刻本　六册

360000－1901－0044001　407294
重訂事類賦三十卷　(宋)吳淑撰並注　清刻本　四册

360000－1901－0044002　407302
重訂事類賦三十卷　(宋)吳淑撰並注　清刻本　四册

360000－1901－0044003　407303
重訂事類賦三十卷　(宋)吳淑撰並注　清刻本　三册　存十六卷(十五至三十)

360000－1901－0044004　407304
重訂事類賦三十卷　(宋)吳淑撰並注　清刻本　二册　存十一卷(十四至十八、二十五至三十)

360000－1901－0044005　407305
重訂事類賦三十卷　(宋)吳淑撰並注　清刻本　一册　存九卷(二十二至三十)

360000－1901－0044006　407306
重訂事類賦三十卷　(宋)吳淑撰並注　清刻本　一册　存十卷(十八至二十七)

360000－1901－0044007　407306－1
重訂事類賦三十卷　(宋)吳淑撰並注　清刻本　一册　存十三卷(十八至三十)

360000－1901－0044008　407309
重訂事類賦三十卷　(宋)吳淑撰並注　清刻本　六册

360000－1901－0044009　407315
重訂事類賦三十卷　(宋)吳淑撰並注　清刻本　四册　存二十三卷(一至二十三)

360000－1901－0044010　407317
重訂事類賦三十卷　(宋)吳淑撰並注　清刻本　三册　存十五卷(十至十八、二十五至三十)

360000－1901－0044011　707303
重訂事類賦三十卷　（宋）吳淑撰並注　清刻本　六册

360000－1901－0044012　707304
重訂事類賦三十卷　（宋）吳淑撰並注　清刻本　四册

360000－1901－0044013　707305
重訂事類賦三十卷　（宋）吳淑撰並注　清刻本　四册

360000－1901－0044014　707306
重訂事類賦三十卷　（宋）吳淑撰並注　清刻本　三册　存二十一卷（一至二十一）

360000－1901－0044015　707308
重訂事類賦三十卷　（宋）吳淑撰並注　清刻本　二册　存十二卷（六至十七）

360000－1901－0044016　707308－1
重訂事類賦三十卷　（宋）吳淑撰並注　清刻本　二册　存十二卷（十九至三十）

360000－1901－0044017　707309
重訂事類賦三十卷　（宋）吳淑撰並注　清刻本　三册　存十五卷（十一至十九、二十五至三十）

360000－1901－0044018　707312
重訂事類賦三十卷　（宋）吳淑撰並注　清刻本　二册　存十四卷（一至四、二十一至三十）

360000－1901－0044019　707313
重訂事類賦三十卷　（宋）吳淑撰並注　清刻本　二册　存十五卷（六至二十）

360000－1901－0044020　707316
重訂事類賦三十卷　（宋）吳淑撰並注　清刻本　一册　存五卷（一至五）

360000－1901－0044021　802645
重訂事類賦三十卷　（宋）吳淑撰並注　清刻本　一册　存四卷（十至十三）

360000－1901－0044022　407377
重訂事類賦三十卷　（宋）吳淑撰並注　清刻本（卷一至六配清嘉慶二十一年刻本）　六册

360000－1901－0044023　407300
重訂事類賦三十卷　（宋）吳淑撰並注　清三讓堂刻本　四册

360000－1901－0044024　707318
重訂事類賦三十卷　（宋）吳淑撰並注　清文立堂刻本　二册　存六卷（一至六）

360000－1901－0044025　707314
重訂事類賦三十卷　（宋）吳淑撰並注　清芸生堂刻本　四册　存二十一卷（一至二十一）

360000－1901－0044026　220182
重訂蘇紫溪先生會纂標題歷朝綱鑑紀要十六卷首一卷附論策題意一卷　（明）蘇濬輯　明崇禎十六年（1643）刻本　佚名批校　一册　存三卷（一至二、首一卷）

360000－1901－0044027　418593
重訂唐詩别裁集二十卷　（清）沈德潛輯　清刻本　十册

360000－1901－0044028　418594
重訂唐詩别裁集二十卷　（清）沈德潛輯　清刻本　九册

360000－1901－0044029　418595
重訂唐詩别裁集二十卷　（清）沈德潛輯　清刻本　七册　存十八卷（一至十四、十七至二十）

360000－1901－0044030　418596
重訂唐詩别裁集二十卷　（清）沈德潛輯　清刻本　六册　存九卷（一至三、六至八、十八至二十）

360000－1901－0044031　418596－1
重訂唐詩别裁集二十卷　（清）沈德潛輯　清刻本　二册　存三卷（一、七至八）

360000－1901－0044032　241360
重訂唐詩别裁集二十卷　（清）沈德潛輯　清乾隆二十八年（1763）教忠堂刻本　十册

360000－1901－0044033　241361
重訂唐詩别裁集二十卷　（清）沈德潛輯　清

乾隆二十八年(1763)教忠堂刻本　六冊

360000－1901－0044034　418583
重訂唐詩別裁集二十卷　(清)沈德潛輯　清乾隆二十八年(1763)教忠堂刻本　十冊

360000－1901－0044035　418584
重訂唐詩別裁集二十卷　(清)沈德潛輯　清乾隆二十八年(1763)教忠堂刻本　十冊

360000－1901－0044036　418585
重訂唐詩別裁集二十卷　(清)沈德潛輯　清乾隆二十八年(1763)教忠堂刻本　五冊

360000－1901－0044037　418586
重訂唐詩別裁集二十卷　(清)沈德潛輯　清乾隆二十八年(1763)教忠堂刻本　八冊

360000－1901－0044038　418587
重訂唐詩別裁集二十卷　(清)沈德潛輯　清乾隆二十八年(1763)教忠堂刻本　四冊　存十一卷(二至五、九至十五)

360000－1901－0044039　163366
重訂唐詩別裁集二十卷　(清)沈德潛輯　清乾隆二十八年(1763)芥子園刻本　十冊

360000－1901－0044040　317286
重訂唐詩別裁集二十卷　(清)沈德潛輯　**宋詩別裁集八卷元詩別裁集八卷補遺一卷**　(清)張景星等輯　**明詩別裁集十二卷**　(清)沈德潛　(清)周準輯　**國朝詩別裁集三十二卷**　(清)沈德潛輯　清刻本　三十六冊

360000－1901－0044041　164762
重訂外科正宗十二卷　(明)陳實功撰　清刻本　四冊

360000－1901－0044042　902452
重訂外科正宗十二卷　(明)陳實功撰　清嘉慶二十四年(1819)刻本　三冊　存九卷(一至九)

360000－1901－0044043　719988
重訂外科正宗十二卷　(明)陳實功撰　清刻本　三冊　存六卷(五至六、九至十二)

360000－1901－0044044　720604－1
重訂外科正宗十二卷　(明)陳實功撰　清刻本　三冊　存九卷(四至十二)

360000－1901－0044045　720612－1
重訂外科正宗十二卷　(明)陳實功撰　清刻本　一冊　存二卷(一至二)

360000－1901－0044046　720613
重訂外科正宗十二卷　(明)陳實功撰　清刻本　三冊

360000－1901－0044047　720616
重訂外科正宗十二卷　(明)陳實功撰　清刻本　二冊　存四卷(一至二、七至八)

360000－1901－0044048　801522
重訂外科正宗十二卷　(明)陳實功撰　清刻本　一冊　存六卷(一至六)

360000－1901－0044049　801524
重訂外科正宗十二卷　(明)陳實功撰　清刻本　一冊　存十卷(一至十)

360000－1901－0044050　801525
重訂外科正宗十二卷　(明)陳實功撰　清刻本　一冊　存四卷(五至八)

360000－1901－0044051　801526
重訂外科正宗十二卷　(明)陳實功撰　清刻本　一冊　存四卷(五至八)

360000－1901－0044052　801530
重訂外科正宗十二卷　(明)陳實功撰　清刻本　二冊　存四卷(三、七至九)

360000－1901－0044053　801531－2
重訂外科正宗十二卷　(明)陳實功撰　清刻本　一冊　存二卷(七至八)

360000－1901－0044054　803165
重訂外科正宗十二卷　(明)陳實功撰　清刻本　一冊　存二卷(九至十)

360000－1901－0044055　720607
重訂外科正宗十二卷　(明)陳實功撰　清同文堂刻本　二冊　存三卷(一至三)

360000－1901－0044056　122959

重訂汪子遺書　(清)汪紱撰　清同治十二年(1873)曲水書局李振儒木活字印本　三十四冊　存四種

360000－1901－0044057　123147
重訂汪子遺書　(清)汪紱撰　清同治十二年(1873)曲水書局李振儒木活字印本　十五冊　存二種

360000－1901－0044058　123148
重訂汪子遺書　(清)汪紱撰　清同治十二年(1873)曲水書局李振儒木活字印本　十五冊　存一種

360000－1901－0044059　123149
重訂汪子遺書　(清)汪紱撰　清同治十二年(1873)曲水書局李振儒木活字印本　十五冊　存一種

360000－1901－0044060　161574
重訂王鳳洲綱鑑會纂四十六卷續二十三卷　(明)王世貞撰　**資治通鑑綱目三編四卷**　(清)張廷玉等撰　清光緒十八年(1892)上海點石齋石印本　四冊

360000－1901－0044061　305354
重訂王鳳洲先生綱鑑會纂四十六卷　(明)王世貞撰　清刻本　一冊　存二卷(十八至十九)

360000－1901－0044062　220184
重訂王鳳洲先生綱鑑會纂四十六卷續宋元紀二十三卷　(明)王世貞撰　(明)陳仁錫訂　明末刻本　十七冊　存二十三卷(九至十四、十九至二十九、三十八至三十九、四十二至四十五)

360000－1901－0044063　305365
重訂王鳳洲先生綱鑑會纂四十六卷續宋元紀二十三卷　(明)王世貞撰　(明)陳仁錫訂　明末刻本　四十六冊　存六十六卷(重訂王鳳洲先生綱鑑會纂四十六卷,續宋元紀一至十三、十七至二十三)

360000－1901－0044064　411949
重訂王鳳洲先生綱鑑會纂四十六卷續宋元紀二十三卷　(明)王世貞撰　(明)陳仁錫訂　清光緒二十五年(1899)上海萃文齋石印本　九冊　存六十二卷(重訂王鳳洲先生綱鑑會纂八至四十六、續宋元紀二十三卷)

360000－1901－0044065　411950
重訂王鳳洲先生綱鑑會纂四十六卷續宋元紀二十三卷　(明)王世貞撰　(明)陳仁錫訂　清光緒十八年(1892)上海點石齋石印本　六冊　存六十一卷(重訂王鳳洲先生綱鑑會纂一至十二、二十一至四十六,續宋元紀二十三卷)

360000－1901－0044066　308560
重訂王鳳洲先生綱鑑會纂四十六卷續宋元紀二十三卷　(明)王世貞撰　(明)陳仁錫訂　清刻本　三十六冊

360000－1901－0044067　411947
重訂王鳳洲先生綱鑑會纂四十六卷續宋元紀二十三卷　(明)王世貞撰　(明)陳仁錫訂　清末上海章福記書局石印本　十四冊

360000－1901－0044068　411948
重訂王鳳洲先生綱鑑會纂四十六卷續宋元紀二十三卷　(明)王世貞撰　(明)陳仁錫訂　清末上海章福記書局石印本　四冊　存十九卷(一至七、十八至二十、三十八至四十六)

360000－1901－0044069　411951
重訂王鳳洲先生綱鑑會纂四十六卷續宋元紀二十三卷　(明)王世貞撰　(明)陳仁錫訂　**御撰資治通鑑綱目三編二十卷**　(清)張廷玉等撰　清金玉樓刻本　四十冊

360000－1901－0044070　411952
重訂王鳳洲先生綱鑑會纂四十六卷續宋元紀二十三卷　(明)王世貞撰　(明)陳仁錫訂　**御撰資治通鑑綱目三編二十卷**　(清)張廷玉等撰　清刻本　四十冊

360000－1901－0044071　411953
重訂王鳳洲先生綱鑑會纂四十六卷續宋元紀二十三卷　(明)王世貞撰　(明)陳仁錫訂　**御撰資治通鑑綱目三編二十卷**　(清)張廷玉

等撰　清刻本　四十二册

360000－1901－0044072　411954

重訂王鳳洲先生綱鑑會纂四十六卷續宋元紀二十三卷　(明)王世貞撰　(明)陳仁錫訂　**御撰資治通鑑綱目三編二十卷**　(清)張廷玉等撰　清刻本　四十七册

360000－1901－0044073　411956

重訂王鳳洲先生綱鑑會纂四十六卷續宋元紀二十三卷　(明)王世貞撰　(明)陳仁錫訂　**御撰資治通鑑綱目三編二十卷**　(清)張廷玉等撰　清刻本　四十册

360000－1901－0044074　411957

重訂王鳳洲先生綱鑑會纂四十六卷續宋元紀二十三卷　(明)王世貞撰　(明)陳仁錫訂　**御撰資治通鑑綱目三編二十卷**　(清)張廷玉等撰　清刻本　五十一册　存六十六卷(重訂王鳳洲先生綱鑑會纂一至二十六、四十五至四十六,續宋元紀一至十八,御撰資治通鑑綱目三編二十卷)

360000－1901－0044075　411958

重訂王鳳洲先生綱鑑會纂四十六卷續宋元紀二十三卷　(明)王世貞撰　(明)陳仁錫訂　**御撰資治通鑑綱目三編二十卷**　(清)張廷玉等撰　清刻本　十六册　存四十一卷(重訂王鳳洲先生綱鑑會纂二至七、三十一至三十二、三十九至四十、四十六,續宋元紀一至十,御撰資治通鑑綱目三編二十卷)

360000－1901－0044076　411959

重訂王鳳洲先生綱鑑會纂四十六卷續宋元紀二十三卷　(明)王世貞撰　(明)陳仁錫訂　**御撰資治通鑑綱目三編二十卷**　(清)張廷玉等撰　清刻本　十八册　存三十二卷(重訂王鳳洲先生綱鑑會纂二至五、八至九、十一至十六、十九至二十、二十二至二十三、三十二至三十三、三十八至四十六,續宋元紀六至八、十三至十四)

360000－1901－0044077　411960

重訂王鳳洲先生綱鑑會纂四十六卷續宋元紀二十三卷　(明)王世貞撰　(明)陳仁錫訂　**御撰資治通鑑綱目三編二十卷**　(清)張廷玉等撰　清刻本　十三册　存二十一卷(重訂王鳳洲先生綱鑑會纂二至三、五至六、八至十五、十八至十九、三十二至三十三、四十三,續宋元紀二十至二十三)

360000－1901－0044078　411961

重訂王鳳洲先生綱鑑會纂四十六卷續宋元紀二十三卷　(明)王世貞撰　(明)陳仁錫訂　**御撰資治通鑑綱目三編二十卷**　(清)張廷玉等撰　清刻本　六册　存九卷(二至三、五至六、八至九、十四、二十三、四十三)

360000－1901－0044079　411962

重訂王鳳洲先生綱鑑會纂四十六卷續宋元紀二十三卷　(明)王世貞撰　(明)陳仁錫訂　**御撰資治通鑑綱目三編二十卷**　(清)張廷玉等撰　清刻本　七十一册

360000－1901－0044080　411955

重訂王鳳洲先生綱鑑會纂四十六卷續宋元紀二十三卷　(明)王世貞撰　(明)陳仁錫訂　**御撰資治通鑑綱目三編二十卷**　(清)張廷玉等撰　清謙益堂刻本　六十册

360000－1901－0044081　301627

重訂王鳳洲先生綱鑑會纂四十六卷續宋元紀二十三卷　(明)王世貞撰　(明)陳仁錫訂　**御撰資治通鑑綱目三編二十卷**　(清)張廷玉等撰　清刻本　四十册

360000－1901－0044082　301638

重訂王鳳洲先生綱鑑會纂四十六卷續宋元紀二十三卷　(明)王世貞撰　(明)陳仁錫訂　**御撰資治通鑑綱目三編四卷**　(清)張廷玉等撰　清光緒元年(1875)上海富文書局石印本　八册

360000－1901－0044083　401261

重訂文選集評十五卷首一卷末一卷　(南朝梁)蕭統輯　(清)于光華編　清崇儒書屋刻本　七册　存十五卷(一至五、八至十五,首一卷,末一卷)

360000－1901－0044084　401263

重訂文選集評十五卷首一卷末一卷 （南朝梁）蕭統輯 （清）于光華編 清崇儒書屋刻本 十三册 存十三卷（一至五、七至八、十至十四，首一卷）

360000－1901－0044085 401264
重訂文選集評十五卷首一卷末一卷 （南朝梁）蕭統輯 （清）于光華編 清崇儒書屋刻本 十册 存十一卷（一至五、七至十一，首一卷）

360000－1901－0044086 304607
重訂文選集評十五卷首一卷末一卷 （南朝梁）蕭統輯 （清）于光華編 清大成齋刻本 十四册 存十五卷（二至六、八至十五，首一卷，末一卷）

360000－1901－0044087 401274
重訂文選集評十五卷首一卷末一卷 （南朝梁）蕭統輯 （清）于光華編 清大成齋刻本 十三册 缺一卷（九）

360000－1901－0044088 401270
重訂文選集評十五卷首一卷末一卷 （南朝梁）蕭統輯 （清）于光華編 清嘉慶二十一年（1816）寶經堂刻本 十六册

360000－1901－0044089 401273
重訂文選集評十五卷首一卷末一卷 （南朝梁）蕭統輯 （清）于光華編 清嘉慶十二年（1807）懷德堂刻本 八册

360000－1901－0044090 316118
重訂文選集評十五卷首一卷末一卷 （南朝梁）蕭統輯 （清）于光華編 清經綸堂刻本 十六册

360000－1901－0044091 401269
重訂文選集評十五卷首一卷末一卷 （南朝梁）蕭統輯 （清）于光華編 清經綸堂刻本 十五册 缺一卷（十二）

360000－1901－0044092 401262
重訂文選集評十五卷首一卷末一卷 （南朝梁）蕭統輯 （清）于光華編 清刻本 十五册 缺一卷（首一卷）

360000－1901－0044093 401271
重訂文選集評十五卷首一卷末一卷 （南朝梁）蕭統輯 （清）于光華編 清刻本 一册 存四卷（一至四）

360000－1901－0044094 401278
重訂文選集評十五卷首一卷末一卷 （南朝梁）蕭統輯 （清）于光華編 清刻本 十三册 缺三卷（六、九，首一卷）

360000－1901－0044095 401279
重訂文選集評十五卷首一卷末一卷 （南朝梁）蕭統輯 （清）于光華編 清刻本 十册 存十一卷（一至二、五至八、十一至十三、十五，末一卷）

360000－1901－0044096 401282
重訂文選集評十五卷首一卷末一卷 （南朝梁）蕭統輯 （清）于光華編 清刻本 九册 存九卷（一至二、五、七至十、十二至十三）

360000－1901－0044097 401286
重訂文選集評十五卷首一卷末一卷 （南朝梁）蕭統輯 （清）于光華編 清刻本 二册 存二卷（一、五）

360000－1901－0044098 401288
重訂文選集評十五卷首一卷末一卷 （南朝梁）蕭統輯 （清）于光華編 清刻本 十册 存十一卷（三、五至六、九至十二、十四至十五，首一卷，末一卷）

360000－1901－0044099 401289
重訂文選集評十五卷首一卷末一卷 （南朝梁）蕭統輯 （清）于光華編 清刻本 四册 存五卷（三、七、十四至十五，末一卷）

360000－1901－0044100 401290
重訂文選集評十五卷首一卷末一卷 （南朝梁）蕭統輯 （清）于光華編 清刻本 十二册 存十三卷（一至三、五至九、十一至十四，首一卷）

360000－1901－0044101 401291
重訂文選集評十五卷首一卷末一卷 （南朝梁）蕭統輯 （清）于光華編 清刻本 十册

存十卷(一至五、八至十二)

360000－1901－0044102　401293
重訂文選集評十五卷首一卷末一卷　(南朝梁)蕭統輯　(清)于光華編　清刻本　十三冊　缺三卷(七、九,首一卷)

360000－1901－0044103　401303－1
重訂文選集評十五卷首一卷末一卷　(南朝梁)蕭統輯　(清)于光華編　清刻本　十一冊　存十二卷(三至七、九至十一、十三至十五,末一卷)

360000－1901－0044104　401303－10
重訂文選集評十五卷首一卷末一卷　(南朝梁)蕭統輯　(清)于光華編　清刻本　三冊　存三卷(三、五、九)

360000－1901－0044105　401303－11
重訂文選集評十五卷首一卷末一卷　(南朝梁)蕭統輯　(清)于光華編　清刻本　二冊　存二卷(六、首一卷)

360000－1901－0044106　401303－12
重訂文選集評十五卷首一卷末一卷　(南朝梁)蕭統輯　(清)于光華編　清刻本　二冊　存二卷(九、十二)

360000－1901－0044107　401303－13
重訂文選集評十五卷首一卷末一卷　(南朝梁)蕭統輯　(清)于光華編　清刻本　二冊　存二卷(五、十三)

360000－1901－0044108　401303－14
重訂文選集評十五卷首一卷末一卷　(南朝梁)蕭統輯　(清)于光華編　清刻本　二冊　存二卷(四、十)

360000－1901－0044109　401303－15
重訂文選集評十五卷首一卷末一卷　(南朝梁)蕭統輯　(清)于光華編　清刻本　二冊　存二卷(一、十一)

360000－1901－0044110　401303－17
重訂文選集評十五卷首一卷末一卷　(南朝梁)蕭統輯　(清)于光華編　清刻本　二冊　存二卷(六、十二)

360000－1901－0044111　401303－18
重訂文選集評十五卷首一卷末一卷　(南朝梁)蕭統輯　(清)于光華編　清刻本　二冊　存二卷(七、十)

360000－1901－0044112　401303－19
重訂文選集評十五卷首一卷末一卷　(南朝梁)蕭統輯　(清)于光華編　清刻本　六冊　存八卷(三至五、八、十一至十二、十五,末一卷)

360000－1901－0044113　401303－2
重訂文選集評十五卷首一卷末一卷　(南朝梁)蕭統輯　(清)于光華編　清刻本　十二冊　存十三卷(一、三至四、六至十一、十三至十五,末一卷)

360000－1901－0044114　401303－20
重訂文選集評十五卷首一卷末一卷　(南朝梁)蕭統輯　(清)于光華編　清刻本　三冊　存五卷(一至四、八)

360000－1901－0044115　401303－3
重訂文選集評十五卷首一卷末一卷　(南朝梁)蕭統輯　(清)于光華編　清刻本　五冊　存六卷(一、五、十一、十四至十五,末一卷)

360000－1901－0044116　401303－4
重訂文選集評十五卷首一卷末一卷　(南朝梁)蕭統輯　(清)于光華編　清刻本　九冊　存九卷(一至五、七至八、十至十一)

360000－1901－0044117　401303－5
重訂文選集評十五卷首一卷末一卷　(南朝梁)蕭統輯　(清)于光華編　清刻本　十二冊　存十三卷(一、四至七、九至十五,末一卷)

360000－1901－0044118　401303－6
重訂文選集評十五卷首一卷末一卷　(南朝梁)蕭統輯　(清)于光華編　清刻本　三冊　存六卷(二至五、十至十一)

360000－1901－0044119　401303－7

重訂文選集評十五卷首一卷末一卷　(南朝梁)蕭統輯　(清)于光華編　清刻本　七册　存七卷(二、四、九、十一至十四)

360000－1901－0044120　401303－8
重訂文選集評十五卷首一卷末一卷　(南朝梁)蕭統輯　(清)于光華編　清刻本　五册　存六卷(九、十一至十二、十四至十五,末一卷)

360000－1901－0044121　401303－9
重訂文選集評十五卷首一卷末一卷　(南朝梁)蕭統輯　(清)于光華編　清刻本　三册　存五卷(六至七、十二至十四)

360000－1901－0044122　401309
重訂文選集評十五卷首一卷末一卷　(南朝梁)蕭統輯　(清)于光華編　清刻本　二册　存四卷(三至四、八至九)

360000－1901－0044123　401310
重訂文選集評十五卷首一卷末一卷　(南朝梁)蕭統輯　(清)于光華編　清刻本　一册　存一卷(四)

360000－1901－0044124　401310－1
重訂文選集評十五卷首一卷末一卷　(南朝梁)蕭統輯　(清)于光華編　清刻本　三册　存十三卷(四至十五、末一卷)

360000－1901－0044125　401310－2
重訂文選集評十五卷首一卷末一卷　(南朝梁)蕭統輯　(清)于光華編　清刻本　二册　存二卷(四、七)

360000－1901－0044126　401310－3
重訂文選集評十五卷首一卷末一卷　(南朝梁)蕭統輯　(清)于光華編　清刻本　二册　存二卷(十、十四)

360000－1901－0044127　401310－4
重訂文選集評十五卷首一卷末一卷　(南朝梁)蕭統輯　(清)于光華編　清刻本　三册　存六卷(二至三、六至七、十至十一)

360000－1901－0044128　902069
重訂文選集評十五卷首一卷末一卷　(南朝梁)蕭統輯　(清)于光華編　清刻本　十五册　缺一卷(首一卷)

360000－1901－0044129　241198
重訂文選集評十五卷首一卷末一卷　(南朝梁)蕭統輯　(清)于光華編　清乾隆四十三年(1778)啓秀堂刻本　十六册

360000－1901－0044130　241199
重訂文選集評十五卷首一卷末一卷　(南朝梁)蕭統輯　(清)于光華編　清乾隆四十三年(1778)啓秀堂刻本　十六册

360000－1901－0044131　307863
重訂文選集評十五卷首一卷末一卷　(南朝梁)蕭統輯　(清)于光華編　清乾隆四十五年(1780)刻本　十六册

360000－1901－0044132　401277
重訂文選集評十五卷首一卷末一卷　(南朝梁)蕭統輯　(清)于光華編　清乾隆五十四年(1789)有懷堂刻本　十二册　缺四卷(一至三、十一)

360000－1901－0044133　401292
重訂文選集評十五卷首一卷末一卷　(南朝梁)蕭統輯　(清)于光華編　清乾隆五十四年(1789)有懷堂刻本　四册　存四卷(一至二、四,首一卷)

360000－1901－0044134　401303－16
重訂文選集評十五卷首一卷末一卷　(南朝梁)蕭統輯　(清)于光華編　清乾隆五十四年(1789)有懷堂刻本　三册　存三卷(六、八,首一卷)

360000－1901－0044135　401305
重訂文選集評十五卷首一卷末一卷　(南朝梁)蕭統輯　(清)于光華編　清乾隆五十一年(1786)金閶書業堂刻本　九册　存十一卷(一至二、九至十五,首一卷,末一卷)

360000－1901－0044136　163578
重訂文選集評十五卷首一卷末一卷　(南朝梁)蕭統輯　(清)于光華編　清乾隆五十一

年(1786)刻本　十六册

360000－1901－0044137　401280
重訂文選集評十五卷首一卷末一卷　(南朝梁)蕭統輯　(清)于光華編　清三樂堂刻本　七册　存七卷(二至三、八、十一至十三,首一卷)

360000－1901－0044138　401275
重訂文選集評十五卷首一卷末一卷　(南朝梁)蕭統輯　(清)于光華編　清天禄閣刻本　十五册　缺一卷(十一)

360000－1901－0044139　401276
重訂文選集評十五卷首一卷末一卷　(南朝梁)蕭統輯　(清)于光華編　清天禄閣刻本　二册　存二卷(四、首一卷)

360000－1901－0044140　308602
重訂文選集評十五卷首一卷末一卷　(南朝梁)蕭統輯　(清)于光華編　清同治九年(1870)刻本　十四册　存十三卷(一至九、十一至十三、十五)

360000－1901－0044141　401281
重訂文選集評十五卷首一卷末一卷　(南朝梁)蕭統輯　(清)于光華編　清同治三年(1864)刻本　十五册　缺一卷(一)

360000－1901－0044142　308368
重訂文選集評十五卷首一卷末一卷　(南朝梁)蕭統輯　(清)于光華編　清同治十一年(1872)江蘇書局刻本　十五册

360000－1901－0044143　316367
重訂文選集評十五卷首一卷末一卷　(南朝梁)蕭統輯　(清)于光華編　清同治十一年(1872)江蘇書局刻本　十六册

360000－1901－0044144　401265
重訂文選集評十五卷首一卷末一卷　(南朝梁)蕭統輯　(清)于光華編　清味經堂刻本　十三册　存十三卷(一至七、九、十一至十四,首一卷)

360000－1901－0044145　401285
重訂文選集評十五卷首一卷末一卷　(南朝梁)蕭統輯　(清)于光華編　清文德堂刻本　十一册　存十二卷(一至六、九、十二、十四至十五,首一卷,末一卷)

360000－1901－0044146　401283
重訂文選集評十五卷首一卷末一卷　(南朝梁)蕭統輯　(清)于光華編　清咸豐九年(1859)六也樓刻本　六册　存六卷(二、四至五、七至八,首一卷)

360000－1901－0044147　401272
重訂文選集評十五卷首一卷末一卷　(南朝梁)蕭統輯　(清)于光華編　清咸豐十年(1860)右文堂刻本　十六册

360000－1901－0044148　401266
重訂文選集評十五卷首一卷末一卷　(南朝梁)蕭統輯　(清)于光華編　清義經堂刻本　五册　存六卷(二、十一至十二、十五,首一卷,末一卷)

360000－1901－0044149　401267
重訂文選集評十五卷首一卷末一卷　(南朝梁)蕭統輯　(清)于光華編　清義經堂刻本　十四册　缺二卷(二、五)

360000－1901－0044150　401284
重訂文選集評十五卷首一卷末一卷　(南朝梁)蕭統輯　(清)于光華編　清義經堂刻本　八册　存八卷(一、三、五、九至十、十二至十三,首一卷)

360000－1901－0044151　401268
重訂文選集評十五卷首一卷末一卷　(南朝梁)蕭統輯　(清)于光華編　清英德堂刻本　十五册　存一卷(八)

360000－1901－0044152　401287
重訂文選集評十五卷首一卷末一卷　(南朝梁)蕭統輯　(清)于光華編　清漁古山房刻本　十五册　缺一卷(七)

360000－1901－0044153　309278
重訂西方公據二卷　(清)彭際清輯　清光緒四年(1878)金陵刻經處刻本　一册

360000－1901－0044154　163857

重訂西青散記八卷　(清)史震林撰　清末鉛印本　二册　存四卷(三至四、七至八)

360000－1901－0044155　801916

重訂相宅造福全書不分卷　(清)黄一鳳撰　(清)龔居中增補　清抄本　一册

360000－1901－0044156　420723

重訂驗方新編十八卷　(清)鮑相璈輯　清光緒三十三年(1907)上海鑄記書局石印本　六册

360000－1901－0044157　420724

重訂驗方新編十八卷　(清)鮑相璈輯　清光緒三十三年(1907)上海鑄記書局石印本　六册

360000－1901－0044158　603959

重訂驗方新編十八卷　(清)鮑相璈輯　清末石印本　四册　存十二卷(四至十五)

360000－1901－0044159　603960

重訂驗方新編十八卷　(清)鮑相璈輯　清末石印本　二册　存六卷(九至十、十二至十五)

360000－1901－0044160　162924

重訂驗方新編十八卷　(清)鮑相璈輯　清宣統二年(1911)上海鴻寶齋書局石印本　六册

360000－1901－0044161　603959－1

重訂驗方新編十八卷　(清)鮑相璈輯　清宣統三年(1911)上海鴻寶齋書局石印本　一册　存五卷(四至八)

360000－1901－0044162　603962

重訂驗方新編十八卷　(清)鮑相璈輯　清宣統三年(1911)上海鴻寶齋書局石印本　二册　存八卷(一至八)

360000－1901－0044163　150386

重訂楊園先生全集　(清)張履祥撰　清同治十年(1871)江蘇書局刻本　十六册

360000－1901－0044164　403880

重訂幼學須知句解四卷　(明)程登吉撰　(清)錢元龍校　清刻本　四册

360000－1901－0044165　230125

重訂幼學須知句解四卷　(明)程登吉撰　(清)錢元龍校　清乾隆二十二年(1757)李光明刻本　四册

360000－1901－0044166　410335

重訂裕復後知不分卷　(清)王孟英撰　清咸豐七年(1857)刻本　一册

360000－1901－0044167　250040

重訂袁了凡註釋羣書備考八卷　(明)袁黄撰　(明)葉世儉增注　明末刻本　一册　存一卷(二)

360000－1901－0044168　163062

重訂增補陶朱公致富全書四卷　(明)陳繼儒輯　(清)石巖逸叟增定　清大經堂刻本　一册

360000－1901－0044169　402226

重訂增補陶朱公致富全書四卷　(明)陳繼儒輯　(清)石巖逸叟增定　清大文堂刻本　三册

360000－1901－0044170　402227

重訂增補陶朱公致富全書四卷　(明)陳繼儒輯　(清)石巖逸叟增定　清刻本　一册　存二卷(二至四)

360000－1901－0044171　402228

重訂增補陶朱公致富全書四卷　(明)陳繼儒輯　(清)石巖逸叟增定　清刻本　四册

360000－1901－0044172　402229

重訂增補陶朱公致富全書四卷　(明)陳繼儒輯　(清)石巖逸叟增定　清刻本　三册　存三卷(二至四)

360000－1901－0044173　402230

重訂增補陶朱公致富全書四卷　(明)陳繼儒輯　(清)石巖逸叟增定　清刻本　二册　存二卷(三至四)

360000－1901－0044174　900345

重訂增廣試帖玉芙蓉七卷　(清)希古室主人

輯　清光緒十五年(1889)秀文書局石印本　八冊

360000－1901－0044175　900336
重訂增廣試帖玉芙蓉七卷　(清)希古室主人輯　清末石印本　二冊　存二卷(四、六)

360000－1901－0044176　900346
重訂增廣試帖玉芙蓉七卷　(清)希古室主人輯　清末石印本　七冊

360000－1901－0044177　900347
重訂增廣試帖玉芙蓉七卷　(清)希古室主人輯　清末石印本　五冊　存五卷(二至六)

360000－1901－0044178　900348
重訂增廣試帖玉芙蓉七卷　(清)希古室主人輯　清末石印本　三冊　存三卷(三至四、六)

360000－1901－0044179　900352
重訂增廣試帖玉芙蓉七卷　(清)希古室主人輯　清末石印本　二冊　存二卷(三、六)

360000－1901－0044180　707678
重訂增注知愧軒尺牘十六卷　(清)管斯駿撰　(清)姚印詮注　清光緒十一年(1885)申江文海書局刻朱墨套印本　六冊

360000－1901－0044181　306512
重訂昭陽扶雅集六卷　(清)徐榦輯　清光緒八年(1882)邵武徐氏刻本　五冊　存五卷(二至六)

360000－1901－0044182　303156
重訂中晚唐詩主客圖二卷　(清)李懷民撰　清嘉慶十年(1805)劉大觀刻本　四冊

360000－1901－0044183　421518
重訂綴白裘新集合編十二集四十八卷　(清)玩花主人輯　(清)錢德蒼增輯　清道光三年(1823)刻本　六冊　存六集十二卷(一集一至二、五集一至二、六集一至二、七集一至二、八集一至二、十一集一至二)

360000－1901－0044184　721206
重光義學志四卷　(清)劉皎然等修　清光緒二十九年(1903)賴一本堂刻本　四冊

360000－1901－0044185　230197
重廣補註黄帝内經素問二十四卷　(唐)王冰注　明萬曆二十九年(1601)新安吳勉學刻清初步月樓重修古今醫統正脈全書本　五冊

360000－1901－0044186　405609
重行行唱酬集一卷　江峰青輯　清光緒二十三年(1897)刻本　一冊

360000－1901－0044187　405609－1
重行行唱酬集一卷　江峰青輯　清光緒二十三年(1897)刻本　一冊

360000－1901－0044188　405609－2
重行行唱酬集一卷　江峰青輯　清光緒二十三年(1897)刻本　一冊

360000－1901－0044189　900274
重建豐濟倉圖案不分卷　(清)慶裕等輯　清光緒八年(1882)刻十一年(1885)增刻本　一冊

360000－1901－0044190　421184
重建修仁橋志一卷　(清)張拱辰等修　清光緒三十三年(1907)刻本　一冊

360000－1901－0044191　900279
重建修仁橋志一卷　(清)張拱辰等修　清光緒三十三年(1907)木活字印本　一冊

360000－1901－0044192　303832
重建昭忠祠爵秩姓名錄六卷附碑文　(清)鹿傳霖撰　清光緒三十四年(1908)刻本　六冊

360000－1901－0044193　165065
重鐫本草醫方合編　(清)汪昂輯　清刻本　四冊

360000－1901－0044194　230320
重鐫本草醫方合編　(清)汪昂輯　清乾隆長沙積經堂刻本　五冊

360000－1901－0044195　230321
重鐫本草醫方合編　(清)汪昂輯　清乾隆聚盛堂刻本　六冊

360000－1901－0044196　230319

重鐫本草醫方合編　(清)汪昂輯　清乾隆令德堂刻益元堂印本　六冊

360000－1901－0044197　230541

重鐫官板地理天機會元三十五卷　(唐)卜應天等撰　(明)顧乃德輯　(明)徐之鏌重編　明萬曆書林陳孫賢刻本　十二冊

360000－1901－0044198　230542

重鐫官板地理天機會元續篇雜録備覽三十五卷　(宋)廖瑀撰　明刻本　一冊　存一卷(二十)

360000－1901－0044199　417134

重鐫官板地理天機會元續篇雜録備覽三十五卷　(宋)廖瑀撰　清刻本　一冊　存三卷(二十五至二十七)

360000－1901－0044200　804871

重鐫官板地理天機會元續篇雜録備覽三十五卷　(宋)廖瑀撰　清刻本　一冊　存二卷(二十四至二十五)

360000－1901－0044201　804872

重鐫官板地理天機會元續篇雜録備覽三十五卷　(宋)廖瑀撰　清刻本　一冊　存一卷(二十四)

360000－1901－0044202　804873

重鐫官板地理天機會元續篇雜録備覽三十五卷　(宋)廖瑀撰　清刻本　一冊　存一卷(三十二)

360000－1901－0044203　804874

重鐫官板地理天機會元續篇雜録備覽三十五卷　(宋)廖瑀撰　清刻本　一冊　存二卷(二十三至二十四)

360000－1901－0044204　309652

重鐫航中帆原本四卷附一卷　(清)趙殿撰　清刻本　四冊

360000－1901－0044205　404593

重鐫航中帆原本四卷附一卷　(清)趙殿撰　清刻本　三冊　存二卷(三至四)

360000－1901－0044206　404593－1

重鐫航中帆原本四卷附一卷　(清)趙殿撰　清刻本　一冊　存一卷(三)

360000－1901－0044207　801498

重鐫神峯通考命理正宗六卷　(明)張楠撰　清抄本　一冊　存二卷(一至二)

360000－1901－0044208　416194

重鐫神峯通考命理正宗六卷　(明)張楠撰　清道光四年(1824)刻本　六冊

360000－1901－0044209　416195

重鐫神峯通考命理正宗六卷　(明)張楠撰　清道光四年(1824)刻本　五冊　存五卷(一至五)

360000－1901－0044210　417203－1

重鐫神峯通考命理正宗六卷　(明)張楠撰　清桂芳齋刻本　二冊　存二卷(四至五)

360000－1901－0044211　417204－6

重鐫神峯通考命理正宗六卷　(明)張楠撰　清桂芳齋刻本　一冊　存一卷(五)

360000－1901－0044212　410807

重鐫神峯通考命理正宗六卷　(明)張楠撰　清嘉慶十五年(1810)文德堂刻本　三冊

360000－1901－0044213　410807－1

重鐫神峯通考命理正宗六卷　(明)張楠撰　清刻本　一冊　存二卷(一至二)

360000－1901－0044214　417203

重鐫神峯通考命理正宗六卷　(明)張楠撰　清刻本　二冊　存二卷(一、三)

360000－1901－0044215　417203－2

重鐫神峯通考命理正宗六卷　(明)張楠撰　清刻本　一冊　存一卷(二)

360000－1901－0044216　417203－3

重鐫神峯通考命理正宗六卷　(明)張楠撰　清刻本　一冊　存一卷(六)

360000－1901－0044217　417204

重鐫神峯通考命理正宗六卷　(明)張楠撰　清刻本　五冊　存五卷(二至六)

360000－1901－0044218　417204－1
重鐫神峯通考命理正宗六卷　（明）張楠撰　清刻本　四册　存四卷（二至四、六）

360000－1901－0044219　417204－2
重鐫神峯通考命理正宗六卷　（明）張楠撰　清刻本　四册　存四卷（三至六）

360000－1901－0044220　417204－3
重鐫神峯通考命理正宗六卷　（明）張楠撰　清刻本　三册　存三卷（二、四、六）

360000－1901－0044221　417204－4
重鐫神峯通考命理正宗六卷　（明）張楠撰　清刻本　二册　存四卷（三至六）

360000－1901－0044222　417204－5
重鐫神峯通考命理正宗六卷　（明）張楠撰　清刻本　四册　存四卷（二至四、六）

360000－1901－0044223　417204－8
重鐫神峯通考命理正宗六卷　（明）張楠撰　清刻本　二册　存二卷（二至三）

360000－1901－0044224　417208
重鐫神峯通考命理正宗六卷　（明）張楠撰　清刻本　三册

360000－1901－0044225　417210－5
重鐫神峯通考命理正宗六卷　（明）張楠撰　清刻本　一册　存二卷（三至四）

360000－1901－0044226　417210－6
重鐫神峯通考命理正宗六卷　（明）張楠撰　清刻本　一册　存一卷（三）

360000－1901－0044227　417210－8
重鐫神峯通考命理正宗六卷　（明）張楠撰　清刻本　一册　存二卷（五至六）

360000－1901－0044228　417204－7
重鐫神峯通考命理正宗六卷　（明）張楠撰　清懋齋刻本　一册　存一卷（六）

360000－1901－0044229　413394
重鐫香雪文鈔十二卷　（清）曹學詩撰　清刻本　四册　存四卷（三至六）

360000－1901－0044230　241061
重鐫香雪文鈔十二卷　（清）曹學詩撰　清乾隆三十五年（1770）刻本　八册　缺四卷（三至六）

360000－1901－0044231　413426
孟子學一卷　（清）沈夢蘭撰　清光緒刻所願學齋書鈔本　一册

360000－1901－0044232　210043
重鐫易經體注大全會解四卷　（清）范紫登原本　（清）來爾繩輯　清乾隆二十六年（1761）金谷園刻本　四册

360000－1901－0044233　409603
重鐫朱子註解小學六卷　（清）曹鼎望　（清）高暐編　清乾隆三十四年（1769）彊善堂刻本　二册

360000－1901－0044234　409604
重鐫朱子註解小學六卷　（清）曹鼎望　（清）高暐編　清乾隆三十四年（1769）彊善堂刻本　二册

360000－1901－0044235　409605
重鐫朱子註解小學六卷　（清）曹鼎望　（清）高暐編　清乾隆三十四年（1769）彊善堂刻本　二册

360000－1901－0044236　409606
重鐫朱子註解小學六卷　（清）曹鼎望　（清）高暐編　清乾隆三十四年（1769）刻本　一册　存四卷（一至四）

360000－1901－0044237　164827
重刊補注洗冤録集證四卷　（宋）宋慈撰　（清）王又槐增輯　（清）阮其新補注　**重刊洗冤録彙纂補輯一卷**　（清）李觀瀾補輯　**洗冤録辨正一卷**　（清）瞿中溶撰　清道光二十七年（1847）刻三色套印本　五册

360000－1901－0044238　164815
重刊補注洗冤録集證四卷　（宋）宋慈撰　（清）王又槐增輯　（清）阮其新補注　**重刊洗冤録彙纂補輯一卷**　（清）李觀瀾補輯　**洗冤録辨正一卷**　（清）瞿中溶撰　清道光二十四

年(1844)大雅堂、醇文堂刻三色套印本　五冊

360000－1901－0044239　164816
重刊補注洗冤錄集證四卷　(宋)宋慈撰　(清)王又槐增輯　(清)阮其新補注　**重刊洗冤錄彙纂補輯一卷**　(清)李觀瀾補輯　**洗冤錄辨正一卷**　(清)瞿中溶撰　清道光二十四年(1844)大雅堂、醇文堂刻三色套印本　三冊　存四卷(重刊補注洗冤錄集證四卷)

360000－1901－0044240　164825
重刊補注洗冤錄集證四卷　(宋)宋慈撰　(清)王又槐增輯　(清)阮其新補注　**重刊洗冤錄彙纂補輯一卷**　(清)李觀瀾補輯　**洗冤錄辨正一卷**　(清)瞿中溶撰　清道光二十四年(1844)翰墨園刻三色套印本　五冊

360000－1901－0044241　164826
重刊補注洗冤錄集證四卷　(宋)宋慈撰　(清)王又槐增輯　(清)阮其新補注　**重刊洗冤錄彙纂補輯一卷**　(清)李觀瀾補輯　**洗冤錄辨正一卷**　(清)瞿中溶撰　清道光二十四年(1844)翰墨園刻三色套印本　三冊　存四卷(重刊補注洗冤錄集證四卷)

360000－1901－0044242　164828
重刊補注洗冤錄集證四卷　(宋)宋慈撰　(清)王又槐增輯　(清)阮其新補注　**重刊洗冤錄彙纂補輯一卷**　(清)李觀瀾補輯　**洗冤錄辨正一卷**　(清)瞿中溶撰　清光緒二年(1876)刻三色套印本　五冊

360000－1901－0044243　161771
重刊補注洗冤錄集證四卷附檢骨圖格一卷　(宋)宋慈撰　(清)王又槐增輯　(清)阮其新補注　**重刊洗冤錄彙纂補輯一卷**　(清)李觀瀾輯　**寶鑑編一卷**　(清)廖章輯　**急救方一卷**　(清)李達春編　**石香秘錄一卷**　(清)仲振履校訂　**洗冤錄解一卷**　(清)姚德豫撰　(清)文晟校訂　清道光十七年(1837)刻本　四冊

360000－1901－0044244　161770
重刊補注洗冤錄集證四卷附檢骨圖格一卷　(宋)宋慈撰　(清)王又槐增輯　(清)阮其新補注　**作吏要言一卷**　(清)葉鎮撰　(清)朱椿增補　清道光二十三年(1843)刻三色套印本　四冊

360000－1901－0044245　404785
重刊補注洗冤錄集證五卷附檢骨圖格一卷　(宋)宋慈撰　(清)王又槐增輯　(清)李觀瀾補輯　(清)阮其新補注　**附刊寶鑑編一卷附刊急救方一卷附刊石香秘錄一卷**　**附刊洗冤錄解一卷**　(清)姚德豫撰　清道光刻朱墨套印本　一冊　存四卷(附刊寶鑑編一卷、附刊急救方一卷、附刊石香秘錄一卷、附刊洗冤錄解一卷)

360000－1901－0044246　161767
重刊補注洗冤錄集證五卷附檢骨圖格一卷　(宋)宋慈撰　(清)王又槐增輯　(清)李觀瀾補輯　(清)阮其新補注　**附續增洗冤錄辨正一卷**　(清)瞿中溶撰　**附刊檢驗合參一卷**　(清)郎錦麒撰　**附刊洗冤錄解一卷**　(清)姚德豫撰　清光緒二十一年(1895)上海書局石印本　五冊

360000－1901－0044247　161769
重刊補注洗冤錄集證五卷附檢骨圖格一卷　(宋)宋慈撰　(清)王又槐增輯　(清)李觀瀾補輯　(清)阮其新補注　**附續增洗冤錄辨正一卷**　(清)瞿中溶撰　**附刊檢驗合參一卷**　(清)郎錦麒撰　**附刊洗冤錄解一卷**　(清)姚德豫撰　清同治四年(1865)刻三色套印本　五冊

360000－1901－0044248　164817
重刊補注洗冤錄集證五卷附檢骨圖格一卷　(宋)宋慈撰　(清)王又槐增輯　(清)李觀瀾補輯　(清)阮其新補注　**附續增洗冤錄辨正一卷**　(清)瞿中溶撰　**附刊檢驗合參一卷**　(清)郎錦麒撰　**附刊洗冤錄解一卷**　(清)姚德豫撰　清同治四年(1865)粵東省署刻三色套印本　四冊

360000－1901－0044249　418498
重刊補註洗冤錄集證六卷　(清)王又槐增輯

（清）李觀瀾補輯　清道光二十四年（1844）刻四色套印本　一册　存一卷（一）

360000－1901－0044250　418498－3
重刊補註洗冤録集證六卷　（清）王又槐增輯　（清）李觀瀾補輯　清同治四年（1865）刻三色套印本　二册　存二卷（一至二）

360000－1901－0044251　417055
重刊補註洗冤録集證六卷　（宋）宋慈撰　（清）王又槐輯　（清）李觀瀾補輯　（清）阮其新補注　（清）張錫蕃重訂　（清）文晟續輯　清道光二十四年（1844）廣州翰墨園刻四色套印本　五册

360000－1901－0044252　417053
重刊補註洗冤録集證六卷　（宋）宋慈撰　（清）王又槐輯　（清）李觀瀾補輯　（清）阮其新補注　（清）張錫蕃重訂　（清）文晟續輯　清道光二十四年（1844）刻三色套印本　五册

360000－1901－0044253　417054
重刊補註洗冤録集證六卷　（宋）宋慈撰　（清）王又槐輯　（清）李觀瀾補輯　（清）阮其新補注　（清）張錫蕃重訂　（清）文晟續輯　清光緒八年（1882）京都文寶堂刻四色套印本　五册

360000－1901－0044254　417068
重刊補註洗冤録集證六卷　（宋）宋慈撰　（清）王又槐輯　（清）李觀瀾補輯　（清）阮其新補注　（清）張錫蕃重訂　（清）文晟續輯　清光緒十八年（1892）上海圖書集成印書局鉛印本　三册　存五卷（一至五）

360000－1901－0044255　418498－1
重刊補註洗冤録集證六卷　（宋）宋慈撰　（清）王又槐增輯　（清）李觀瀾補輯　清道光刻三色套印本　一册　存一卷（一）

360000－1901－0044256　418498－2
重刊補註洗冤録集證六卷　（宋）宋慈撰　（清）王又槐增輯　（清）李觀瀾補輯　清刻三色套印本　一册　存一卷（三）

360000－1901－0044257　417056
重刊補註洗冤録集證五卷　（宋）宋慈撰　（清）王又槐輯　（清）李觀瀾補輯　（清）阮其新補注　（清）張錫蕃重訂　清道光二十四年（1844）大雅堂、醉文堂刻四色套印本　三册　存四卷（二至五）

360000－1901－0044258　417069
重刊補註洗冤録集證五卷　（宋）宋慈撰　（清）王又槐輯　（清）李觀瀾補輯　（清）阮其新補注　（清）張錫蕃重訂　清光緒三十年（1904）石印本　三册

360000－1901－0044259　417065
重刊補註洗冤録集證五卷　（宋）宋慈撰　（清）王又槐輯　（清）李觀瀾補輯　（清）阮其新補注　（清）張錫蕃重訂　清光緒文盛書局石印本　四册

360000－1901－0044260　417065－1
重刊補註洗冤録集證五卷　（宋）宋慈撰　（清）王又槐輯　（清）李觀瀾補輯　（清）阮其新補注　（清）張錫蕃重訂　清光緒文盛書局石印本　二册　存三卷（一、三至四）

360000－1901－0044261　417065－2
重刊補註洗冤録集證五卷　（宋）宋慈撰　（清）王又槐輯　（清）李觀瀾補輯　（清）阮其新補注　（清）張錫蕃重訂　清光緒文盛書局石印本　一册　存一卷（一）

360000－1901－0044262　417051
重刊補註洗冤録集證五卷　（宋）宋慈撰　（清）王又槐輯　（清）李觀瀾補輯　（清）阮其新補注　（清）張錫蕃重訂　清光緒浙江醉古軒刻本　三册　存三卷（一、三至四）

360000－1901－0044263　417051－1
重刊補註洗冤録集證五卷　（宋）宋慈撰　（清）王又槐輯　（清）李觀瀾補輯　（清）阮其新補注　（清）張錫蕃重訂　清刻本　三册　存四卷（二至五）

360000－1901－0044264　417067
重刊補註洗冤録集證五卷　（宋）宋慈撰

（清）王又槐輯　（清）李觀瀾補輯　（清）阮其新補注　（清）張錫蕃重訂　清末石印本　一册

360000－1901－0044265　417071
重刊補註洗冤録集證五卷　（宋）宋慈撰　（清）王又槐輯　（清）李觀瀾補輯　（清）阮其新補注　（清）張錫蕃重訂　清末石印本　一册　存一卷（五）

360000－1901－0044266　417071－1
重刊補註洗冤録集證五卷　（宋）宋慈撰　（清）王又槐輯　（清）李觀瀾補輯　（清）阮其新補注　（清）張錫蕃重訂　清末石印本　一册　存一卷（五）

360000－1901－0044267　417071－2
重刊補註洗冤録集證五卷　（宋）宋慈撰　（清）王又槐輯　（清）李觀瀾補輯　（清）阮其新補注　（清）張錫蕃重訂　清末石印本　一册　存一卷（五）

360000－1901－0044268　802583
重刊補註洗冤録集證五卷　（宋）宋慈撰　（清）王又槐增輯　（清）李觀瀾補輯　清刻本　一册　存一卷（三）

360000－1901－0044269　802678
重刊補註洗冤録集證五卷　（宋）宋慈撰　（清）王又槐增輯　（清）李觀瀾補輯　清刻本　一册　存一卷（二）

360000－1901－0044270　164856
重刊巢氏諸病源侯總論五十卷　（隋）巢元方等撰　清光緒十二年（1886）湖北官書處刻本　八册

360000－1901－0044271　407018
重刊道藏輯要　（清）彭定求輯　（清）閻永和增　清光緒三十二年（1906）成都二仙庵刻本　十三册　存十五種

360000－1901－0044272　400388
重刊讀史論畧一卷　（清）杜詔撰　清道光二十三年（1843）刻本　一册

360000－1901－0044273　400388－1
重刊讀史論畧一卷　（清）杜詔撰　清道光二十三年（1843）刻本　一册

360000－1901－0044274　400383
重刊讀史論畧一卷　（清）杜詔撰　清光緒二十一年（1895）文奎堂刻本　一册

360000－1901－0044275　400383－1
重刊讀史論畧一卷　（清）杜詔撰　清光緒二十一年（1895）文奎堂刻本　一册

360000－1901－0044276　400383－2
重刊讀史論畧一卷　（清）杜詔撰　清光緒二十一年（1895）文奎堂刻本　一册

360000－1901－0044277　400383－3
重刊讀史論畧一卷　（清）杜詔撰　清光緒二十一年（1895）文奎堂刻本　一册

360000－1901－0044278　400383－4
重刊讀史論畧一卷　（清）杜詔撰　清光緒二十一年（1895）文奎堂刻本　一册

360000－1901－0044279　400383－5
重刊讀史論畧一卷　（清）杜詔撰　清光緒二十一年（1895）文奎堂刻本　一册

360000－1901－0044280　400391
重刊讀史論畧一卷　（清）杜詔撰　清同治五年（1866）養氣齋刻本　一册

360000－1901－0044281　400391－1
重刊讀史論畧一卷　（清）杜詔撰　清同治五年（1866）養氣齋刻本　一册

360000－1901－0044282　400391－2
重刊讀史論畧一卷　（清）杜詔撰　清同治五年（1866）養氣齋刻本　一册

360000－1901－0044283　150015
武英殿本二十四史附考證　清同治八年（1869）嶺南葄古堂刻本　八百五十册

360000－1901－0044284　400004
武英殿本二十四史附考證　清同治八年（1869）嶺南葄古堂刻本　五百五十三册　存二十種

360000－1901－0044285　805489
武英殿本二十四史附考證　清同治八年(1869)嶺南葄古堂刻本　七百九十七冊　存二十三種

360000－1901－0044286　162068
重刊二十一膏良方不分卷　(清)安業氏撰　清光緒四年(1878)刻本　一冊

360000－1901－0044287　162069
重刊二十一膏良方不分卷　(清)安業氏撰　清光緒四年(1878)刻本　一冊

360000－1901－0044288　162070
重刊二十一膏良方不分卷　(清)安業氏撰　清光緒四年(1878)刻本　一冊

360000－1901－0044289　603003
重刊二十一膏良方不分卷　(清)安業氏撰　清光緒四年(1878)刻本　一冊

360000－1901－0044290　603004
重刊二十一膏良方不分卷　(清)安業氏撰　清光緒四年(1878)刻本　一冊

360000－1901－0044291　240053
重刊分類補註李詩全集二十五卷　(唐)李白撰　(宋)楊齊賢集注　(元)蕭士贇補注　**重刊分類編次李太白文集五卷**　(唐)李白撰　(明)郭雲鵬編次　明刻本　三冊　缺十三卷(重刊分類補註李詩全集一、十三至十九,重刊分類編次李太白文集五卷)

360000－1901－0044292　162344
重刊貴中孚戒溺女文不分卷　(清)吳楚材輯　清同治六年(1867)刻本　一冊

360000－1901－0044293　210412
重刊許氏說文解字五音韻譜十二卷　(宋)李燾撰　明刻本　六冊

360000－1901－0044294　210413
重刊許氏說文解字五音韻譜十二卷　(宋)李燾撰　明刻本　三冊　存六卷(一至六)

360000－1901－0044295　210414
重刊許氏說文解字五音韻譜十二卷　(宋)李燾撰　明刻本　一冊　存二卷(五至六)

360000－1901－0044296　240206
重刊嘉祐集十五卷　(宋)蘇洵撰　明嘉靖十一年(1532)太原張鏜刻本　宋育德校並跋　四冊

360000－1901－0044297　123472
重刊麻姑山志十二卷首一卷　(清)黄家駒編　清同治五年(1866)黄氏洞天書屋刻本　六冊

360000－1901－0044298　123445
重刊麻姑山志十二卷首一卷　(清)黄家駒編　清同治五年(1866)黄氏漢臯督銷局刻本　六冊

360000－1901－0044299　123446
重刊麻姑山志十二卷首一卷　(清)黄家駒編　清同治五年(1866)黄氏漢臯督銷局刻本　六冊

360000－1901－0044300　123471
重刊麻姑山志十二卷首一卷　(清)黄家駒編　清同治五年(1866)黄氏漢臯督銷局刻本　六冊

360000－1901－0044301　123519
重刊麻姑山志十二卷首一卷　(清)黄家駒編　清同治五年(1866)黄氏漢臯督銷局刻本　六冊

360000－1901－0044302　602040
重刊麻姑山志十二卷首一卷　(清)黄家駒編　清同治五年(1866)黄氏漢臯督銷局刻本　四冊　存八卷(五至十二)

360000－1901－0044303　602042
重刊麻姑山志十二卷首一卷　(清)黄家駒編　清同治五年(1866)黄氏漢臯督銷局刻本　三冊　存七卷(一至三、五至七,首一卷)

360000－1901－0044304　162193
重刊牛痘新書一卷　(清)邱熺撰　(清)王惇甫增補　(清)俞世球校注　清光緒十七年(1891)集古山房刻本　一冊

360000－1901－0044305　162194
重刊牛痘新書一卷　(清)邱熺撰　(清)王惇甫增補　(清)俞世球校注　清光緒十七年(1891)集古山房刻本　一册

360000－1901－0044306　408384
重刊牛痘新書一卷　(清)邱熺撰　(清)王惇甫增補　(清)俞世球校注　清光緒十七年(1891)刻本　一册

360000－1901－0044307　408384－1
重刊牛痘新書一卷　(清)邱熺撰　(清)王惇甫增補　(清)俞世球校注　清光緒十七年(1891)刻本　一册

360000－1901－0044308　408544
重刊牛痘新書一卷　(清)邱熺撰　(清)王惇甫增補　(清)俞世球校注　清光緒十七年(1891)刻本　一册

360000－1901－0044309　417160－1
重刊人子須知資孝地理心學統宗八卷　(明)徐善繼　(明)徐善述撰　明刻本　六册　存四卷(一、五、七至八)

360000－1901－0044310　417160
重刊人子須知資孝地理心學統宗八卷　(明)徐善繼　(明)徐善述撰　明萬曆刻清初古吳文盛堂重修本　六册　存四卷(一、三、五、七)

360000－1901－0044311　417159
重刊人子須知資孝地理心學統宗八卷　(明)徐善繼　(明)徐善述撰　明萬曆十一年(1583)曾璠刻本　八册

360000－1901－0044312　417161
重刊人子須知資孝地理心學統宗八卷　(明)徐善繼　(明)徐善述撰　清刻本　二册　存二卷(二、八)

360000－1901－0044313　417161－1
重刊人子須知資孝地理心學統宗八卷　(明)徐善繼　(明)徐善述撰　清刻本　一册　存一卷(七)

360000－1901－0044314　417161－2
重刊人子須知資孝地理心學統宗八卷　(明)徐善繼　(明)徐善述撰　清刻本　一册　存一卷(七)

360000－1901－0044315　417161－3
重刊人子須知資孝地理心學統宗八卷　(明)徐善繼　(明)徐善述撰　清刻本　一册　存一卷(一)

360000－1901－0044316　417164
重刊人子須知資孝地理心學統宗八卷　(明)徐善繼　(明)徐善述撰　清刻本　十六册

360000－1901－0044317　802955
重刊人子須知資孝地理心學統宗三十九卷　(明)徐善繼　(明)徐善述撰　清友于堂刻本　二册　存七卷(一至三、三十四至三十七)

360000－1901－0044318　417165
重刊人子須知資孝地理心學統宗十六卷　(明)徐善繼　(明)徐善述撰　清大文堂刻本　十六册

360000－1901－0044319　417166
重刊人子須知資孝地理心學統宗十六卷　(明)徐善繼　(明)徐善述撰　清刻本　十三册　存十三卷(一至五、七至八、十至十四、十六)

360000－1901－0044320　417166－1
重刊人子須知資孝地理心學統宗十六卷　(明)徐善繼　(明)徐善述撰　清刻本　三册　存三卷(一、九、十五)

360000－1901－0044321　417167
重刊人子須知資孝地理心學統宗十六卷　(明)徐善繼　(明)徐善述撰　清刻本　七册　存七卷(二、五、九至十二、十五)

360000－1901－0044322　722103
重刊宋本十三經注疏　附校勘記　(清)阮元撰　(清)盧宣旬摘録　清光緒二十九年(1903)點石齋石印本　三十一册　存十一種

360000－1901－0044323　801046

重刊宋本十三經注疏　附校勘記　（清）阮元撰　（清）盧宣旬摘録　清光緒二十九年（1903）上海點石齋石印本　二十册　存七種

360000－1901－0044324　150057
重刊宋本十三經注疏　附校勘記　（清）阮元撰　（清）盧宣旬摘録　清光緒二十四年（1898）上海點石齋石印本　三十二册

360000－1901－0044325　150058
重刊宋本十三經注疏　附校勘記　（清）阮元撰　（清）盧宣旬摘録　清光緒二十四年（1898）上海點石齋石印本　三十二册

360000－1901－0044326　411683
重刊宋本十三經注疏　附校勘記　（清）阮元撰　（清）盧宣旬摘録　清光緒二十四年（1898）上海點石齋石印本　二十四册　存十三種

360000－1901－0044327　411698－1
重刊宋本十三經注疏　附校勘記　（清）阮元撰　（清）盧宣旬摘録　清光緒二十四年（1898）上海點石齋石印本　九册　存八種

360000－1901－0044328　411682
重刊宋本十三經注疏　附校勘記　（清）阮元撰　（清）盧宣旬摘録　清光緒三十年（1904）同文升記石印本　十三册

360000－1901－0044329　150056
重刊宋本十三經注疏　附校勘記　（清）阮元撰　（清）盧宣旬摘録　清光緒十三年（1887）上海點石齋石印本　二十五册

360000－1901－0044330　714831
重刊宋本十三經注疏　附校勘記　（清）阮元撰　（清）盧宣旬摘録　清光緒十三年（1887）上海點石齋石印本　七册　存三種

360000－1901－0044331　150053
重刊宋本十三經注疏　附校勘記　（清）阮元撰　（清）盧宣旬摘録　清光緒十三年（1887）上海脈望仙館石印本　三十二册

360000－1901－0044332　150054
重刊宋本十三經注疏　附校勘記　（清）阮元撰　（清）盧宣旬摘録　清光緒十三年（1887）上海脈望仙館石印本　三十二册

360000－1901－0044333　150055
重刊宋本十三經注疏　附校勘記　（清）阮元撰　（清）盧宣旬摘録　清光緒十三年（1887）上海脈望仙館石印本　三十二册

360000－1901－0044334　411663－1
重刊宋本十三經注疏　附校勘記　（清）阮元撰　（清）盧宣旬摘録　清光緒十三年（1887）上海脈望仙館石印本　八册　存四種

360000－1901－0044335　411673
重刊宋本十三經注疏　附校勘記　（清）阮元撰　（清）盧宣旬摘録　清光緒十三年（1887）上海脈望仙館石印本　二十册　存十種

360000－1901－0044336　411675
重刊宋本十三經注疏　附校勘記　（清）阮元撰　（清）盧宣旬摘録　清光緒十三年（1887）上海脈望仙館石印本　三十二册

360000－1901－0044337　411676
重刊宋本十三經注疏　附校勘記　（清）阮元撰　（清）盧宣旬摘録　清光緒十三年（1887）上海脈望仙館石印本　三十二册

360000－1901－0044338　411677
重刊宋本十三經注疏　附校勘記　（清）阮元撰　（清）盧宣旬摘録　清光緒十三年（1887）上海脈望仙館石印本　三十二册

360000－1901－0044339　411678
重刊宋本十三經注疏　附校勘記　（清）阮元撰　（清）盧宣旬摘録　清光緒十三年（1887）上海脈望仙館石印本　二十九册　存十三種

360000－1901－0044340　411679
重刊宋本十三經注疏　附校勘記　（清）阮元撰　（清）盧宣旬摘録　清光緒十三年（1887）上海脈望仙館石印本　二十一册　存十二種

360000－1901－0044341　411680
重刊宋本十三經注疏　附校勘記　（清）阮元

撰　(清)盧宣旬摘錄　清光緒十三年(1887)上海脈望仙館石印本　十九册　存十一種

360000－1901－0044342　411681
重刊宋本十三經注疏　附校勘記　(清)阮元撰　(清)盧宣旬摘錄　清光緒十三年(1887)上海脈望仙館石印本　八册　存三種

360000－1901－0044343　900417
重刊宋本十三經注疏　附校勘記　(清)阮元撰　(清)盧宣旬摘錄　清光緒十三年(1887)上海脈望仙館石印本　十四册　存六種

360000－1901－0044344　901031
重刊宋本十三經注疏　附校勘記　(清)阮元撰　(清)盧宣旬摘錄　清光緒十三年(1887)上海脈望仙館石印本　二十二册　存八種

360000－1901－0044345　902350
重刊宋本十三經注疏　附校勘記　(清)阮元撰　(清)盧宣旬摘錄　清光緒十三年(1887)上海脈望仙館石印本　二十册　存十一種

360000－1901－0044346　902398
重刊宋本十三經注疏　附校勘記　(清)阮元撰　(清)盧宣旬摘錄　清光緒十三年(1887)上海脈望仙館石印本　三十二册

360000－1901－0044347　902399
重刊宋本十三經注疏　附校勘記　(清)阮元撰　(清)盧宣旬摘錄　清光緒十三年(1887)上海脈望仙館石印本　三十二册　存十二種

360000－1901－0044348　902402
重刊宋本十三經注疏　附校勘記　(清)阮元撰　(清)盧宣旬摘錄　清光緒十三年(1887)上海脈望仙館石印本　十八册　存八種

360000－1901－0044349　902349
重刊宋本十三經注疏　附校勘記　(清)阮元撰　(清)盧宣旬摘錄　清嘉慶二十年(1815)江西南昌府學刻本　五十六册　存十二種

360000－1901－0044350　902404
重刊宋本十三經注疏　附校勘記　(清)阮元撰　(清)盧宣旬摘錄　清嘉慶二十年(1815)江西南昌府學刻本　一百四十九册

360000－1901－0044351　902406
重刊宋本十三經注疏　附校勘記　(清)阮元撰　(清)盧宣旬摘錄　清嘉慶二十年(1815)江西南昌府學刻本　九十一册　存六種

360000－1901－0044352　902407
重刊宋本十三經注疏　附校勘記　(清)阮元撰　(清)盧宣旬摘錄　清嘉慶二十年(1815)江西南昌府學刻本　一百六十四册　存十三種

360000－1901－0044353　902410
重刊宋本十三經注疏　附校勘記　(清)阮元撰　(清)盧宣旬摘錄　清嘉慶二十年(1815)江西南昌府學刻本　十八册　存二種

360000－1901－0044354　902422
重刊宋本十三經注疏　附校勘記　(清)阮元撰　(清)盧宣旬摘錄　清嘉慶二十年(1815)江西南昌府學刻本　五册　存一種

360000－1901－0044355　902423－1
重刊宋本十三經注疏　附校勘記　(清)阮元撰　(清)盧宣旬摘錄　清嘉慶二十年(1815)江西南昌府學刻本　三十一册　存四種

360000－1901－0044356　902423－2
重刊宋本十三經注疏　附校勘記　(清)阮元撰　(清)盧宣旬摘錄　清嘉慶二十年(1815)江西南昌府學刻本　十七册　存三種

360000－1901－0044357　150047
重刊宋本十三經注疏　附校勘記　(清)阮元撰　(清)盧宣旬摘錄　清嘉慶二十年(1815)江西南昌府學刻本　一百十册

360000－1901－0044358　150048
重刊宋本十三經注疏　附校勘記　(清)阮元撰　(清)盧宣旬摘錄　清嘉慶二十年(1815)江西南昌府學刻本　二百九册

360000－1901－0044359　150049
重刊宋本十三經注疏　附校勘記　(清)阮元撰　(清)盧宣旬摘錄　清嘉慶二十年(1815)

江西南昌府學刻本　一百八十五冊　存十三種

360000－1901－0044360　411689
重刊宋本十三經注疏　附校勘記　（清）阮元撰　（清）盧宣旬摘錄　清嘉慶二十年(1815)江西南昌府學刻本　一百五十一冊

360000－1901－0044361　603028
重刊宋本十三經注疏　附校勘記　（清）阮元撰　（清）盧宣旬摘錄　清嘉慶二十年(1815)江西南昌府學刻本　八十二冊　存九種

360000－1901－0044362　603029
重刊宋本十三經注疏　附校勘記　（清）阮元撰　（清）盧宣旬摘錄　清嘉慶二十年(1815)江西南昌府學刻本　一百十五冊　存十二種

360000－1901－0044363　603030
重刊宋本十三經注疏　附校勘記　（清）阮元撰　（清）盧宣旬摘錄　清嘉慶二十年(1815)江西南昌府學刻本　九十三冊　存九種

360000－1901－0044364　603031
重刊宋本十三經注疏　附校勘記　（清）阮元撰　（清）盧宣旬摘錄　清嘉慶二十年(1815)江西南昌府學刻本　十八冊　存五種

360000－1901－0044365　603032
重刊宋本十三經注疏　附校勘記　（清）阮元撰　（清）盧宣旬摘錄　清嘉慶二十年(1815)江西南昌府學刻本　五十三冊　存四種

360000－1901－0044366　603033
重刊宋本十三經注疏　附校勘記　（清）阮元撰　（清）盧宣旬摘錄　清嘉慶二十年(1815)江西南昌府學刻本　四十一冊　存五種

360000－1901－0044367　603034
重刊宋本十三經注疏　附校勘記　（清）阮元撰　（清）盧宣旬摘錄　清嘉慶二十年(1815)江西南昌府學刻本　二十六冊　存三種

360000－1901－0044368　603036
重刊宋本十三經注疏　附校勘記　（清）阮元撰　（清）盧宣旬摘錄　清嘉慶二十年(1815)江西南昌府學刻本　二十九冊　存三種

360000－1901－0044369　603037
重刊宋本十三經注疏　附校勘記　（清）阮元撰　（清）盧宣旬摘錄　清嘉慶二十年(1815)江西南昌府學刻本　三十四冊　存七種

360000－1901－0044370　717937
重刊宋本十三經注疏　附校勘記　（清）阮元撰　（清）盧宣旬摘錄　清嘉慶二十年(1815)江西南昌府學刻本　十六冊　存四種

360000－1901－0044371　411690
重刊宋本十三經注疏　附校勘記　（清）阮元撰　（清）盧宣旬摘錄　清刻本　一百五十四冊

360000－1901－0044372　411691
重刊宋本十三經注疏　附校勘記　（清）阮元撰　（清）盧宣旬摘錄　清刻本　一百四十冊

360000－1901－0044373　411692
重刊宋本十三經注疏　附校勘記　（清）阮元撰　（清）盧宣旬摘錄　清刻本　一百二十二冊

360000－1901－0044374　411693
重刊宋本十三經注疏　附校勘記　（清）阮元撰　（清）盧宣旬摘錄　清刻本　六十一冊　存十一種

360000－1901－0044375　411694
重刊宋本十三經注疏　附校勘記　（清）阮元撰　（清）盧宣旬摘錄　清刻本　一百八冊

360000－1901－0044376　411695
重刊宋本十三經注疏　附校勘記　（清）阮元撰　（清）盧宣旬摘錄　清刻本　七十二冊　存十種

360000－1901－0044377　411696
重刊宋本十三經注疏　附校勘記　（清）阮元撰　（清）盧宣旬摘錄　清刻本　十三冊　存五種

360000－1901－0044378　411697
重刊宋本十三經注疏　附校勘記　（清）阮元

撰　(清)盧宣旬摘錄　清刻本　三十五冊　存七種

360000－1901－0044379　411698－2
重刊宋本十三經注疏　附校勘記　(清)阮元撰　(清)盧宣旬摘錄　清刻本　二十二冊　存四種

360000－1901－0044380　603030－2
重刊宋本十三經注疏　附校勘記　(清)阮元撰　(清)盧宣旬摘錄　清刻本　十一冊　存三種

360000－1901－0044381　603035
重刊宋本十三經注疏　附校勘記　(清)阮元撰　(清)盧宣旬摘錄　清刻本　二十四冊　存三種

360000－1901－0044382　902419
重刊宋本十三經注疏　附校勘記　(清)阮元撰　(清)盧宣旬摘錄　清刻本　十五冊　存一種

360000－1901－0044383　902420
重刊宋本十三經注疏　附校勘記　(清)阮元撰　(清)盧宣旬摘錄　清刻本　七冊　存一種

360000－1901－0044384　150050
重刊宋本十三經注疏　附校勘記　(清)阮元撰　(清)盧宣旬摘錄　清同治十二年(1873)江西書局刻本　一百八十二冊

360000－1901－0044385　150051
重刊宋本十三經注疏　附校勘記　(清)阮元撰　(清)盧宣旬摘錄　清同治十二年(1873)江西書局刻本　一百八十二冊

360000－1901－0044386　150052
重刊宋本十三經注疏　附校勘記　(清)阮元撰　(清)盧宣旬摘錄　清同治十二年(1873)江西書局刻本　一百八十二冊

360000－1901－0044387　411671
重刊宋本十三經注疏　附校勘記　(清)阮元撰　(清)盧宣旬摘錄　清同治十二年(1873)江西書局刻本　一百七十四冊

360000－1901－0044388　411672
重刊宋本十三經注疏　附校勘記　(清)阮元撰　(清)盧宣旬摘錄　清同治十二年(1873)江西書局刻本　一百十九冊

360000－1901－0044389　411674
重刊宋本十三經注疏　附校勘記　(清)阮元撰　(清)盧宣旬摘錄　清同治十二年(1873)江西書局刻本　三十七冊　存八種

360000－1901－0044390　421937
重刊宋本十三經注疏　附校勘記　(清)阮元撰　(清)盧宣旬摘錄　清同治十二年(1873)江西書局刻本　三十三冊　存五種

360000－1901－0044391　603026
重刊宋本十三經注疏　附校勘記　(清)阮元撰　(清)盧宣旬摘錄　清同治十二年(1873)江西書局刻本　一百八十冊　存十三種

360000－1901－0044392　603029－1
重刊宋本十三經注疏　附校勘記　(清)阮元撰　(清)盧宣旬摘錄　清同治十二年(1873)江西書局刻本　三十冊　存三種

360000－1901－0044393　603030－1
重刊宋本十三經注疏　附校勘記　(清)阮元撰　(清)盧宣旬摘錄　清同治十二年(1873)江西書局刻本　三十一冊　存三種

360000－1901－0044394　801045
重刊宋本十三經注疏　附校勘記　(清)阮元撰　(清)盧宣旬摘錄　清同治十二年(1873)江西書局刻本　八冊　存一種

360000－1901－0044395　902348
重刊宋本十三經注疏　附校勘記　(清)阮元撰　(清)盧宣旬摘錄　清同治十二年(1873)江西書局刻本　一百五十三冊

360000－1901－0044396　902405
重刊宋本十三經注疏　附校勘記　(清)阮元撰　(清)盧宣旬摘錄　清同治十二年(1873)江西書局刻本　六十七冊　存八種

360000－1901－0044397　902408

重刊宋本十三經注疏　附校勘記　(清)阮元撰　(清)盧宣旬摘録　清同治十二年(1873)江西書局刻本　三十一册　存一種

360000－1901－0044398　902409

重刊宋本十三經注疏　附校勘記　(清)阮元撰　(清)盧宣旬摘録　清同治十二年(1873)江西書局刻本　四十八册　存四種

360000－1901－0044399　902418

重刊宋本十三經注疏　附校勘記　(清)阮元撰　(清)盧宣旬摘録　清同治十二年(1873)江西書局刻本　三十一册　存六種

360000－1901－0044400　902421

重刊宋本十三經注疏　附校勘記　(清)阮元撰　(清)盧宣旬摘録　清同治十二年(1873)江西書局刻本　六册　存一種

360000－1901－0044401　902424

重刊宋本十三經注疏　附校勘記　(清)阮元撰　(清)盧宣旬摘録　清同治十二年(1873)江西書局刻本　二十七册　存五種

360000－1901－0044402　902427

重刊宋本十三經注疏　附校勘記　(清)阮元撰　(清)盧宣旬摘録　清同治十二年(1873)江西書局刻本　二十五册　存二種

360000－1901－0044403　902430

重刊宋本十三經注疏　附校勘記　(清)阮元撰　(清)盧宣旬摘録　清同治十二年(1873)江西書局刻本　二十四册　存六種

360000－1901－0044404　902435

重刊宋本十三經注疏　附校勘記　(清)阮元撰　(清)盧宣旬摘録　清同治十二年(1873)江西書局刻本　七册　存二種

360000－1901－0044405　902435－1

重刊宋本十三經注疏　附校勘記　(清)阮元撰　(清)盧宣旬摘録　清同治十二年(1873)江西書局刻本　六册　存一種

360000－1901－0044406　411684

重刊宋本十三經注疏　附校勘記　(清)阮元撰　(清)盧宣旬摘録　清同治十年(1871)廣東書局刻本　八十七册　存十一種

360000－1901－0044407　120115

重刊文信國公全集十七卷首一卷　(宋)文天祥撰　清道光二十五年(1845)刻本　十二册

360000－1901－0044408　601057

重刊文信國公全集十七卷首一卷　(宋)文天祥撰　清道光二十五年(1845)刻本　十六册

360000－1901－0044409　601059

重刊文信國公全集十七卷首一卷　(宋)文天祥撰　清道光二十五年(1845)刻本　十四册　缺一卷(九)

360000－1901－0044410　413950

重刊五百家註音辯昌黎先生文集四十卷　(唐)韓愈撰　(宋)魏仲舉輯　清乾隆四十九年(1784)刻本　二十册

360000－1901－0044411　418497

重刊洗冤録彙纂補輯五卷　(清)李觀瀾輯　清道光二十四年(1844)刻三色套印本　一册　存一卷(五)

360000－1901－0044412　710673

重刊校正笠澤叢書四卷補遺詩一卷續補遺一卷　(唐)陸龜蒙撰　清大疊山房刻本　二册

360000－1901－0044413　710674

重刊校正笠澤叢書四卷補遺詩一卷續補遺一卷　(唐)陸龜蒙撰　清大疊山房刻本　二册

360000－1901－0044414　710675

重刊校正笠澤叢書四卷補遺詩一卷續補遺一卷　(唐)陸龜蒙撰　清大疊山房刻本　三册

360000－1901－0044415　710672

重刊校正笠澤叢書四卷補遺詩一卷續補遺一卷　(唐)陸龜蒙撰　清東山草堂刻本　二册

360000－1901－0044416　805229

重刊校正笠澤叢書四卷補遺詩一卷續補遺一卷　(唐)陸龜蒙撰　清東山草堂刻本　二册

360000－1901－0044417　805230

重刊校正笠澤叢書四卷補遺詩一卷續補遺一卷　(唐)陸龜蒙撰　清東山草堂刻本　二册

360000－1901－0044418　805231
重刊校正笠澤叢書四卷補遺詩一卷續補遺一卷　(唐)陸龜蒙撰　清東山草堂刻本　二册

360000－1901－0044419　805232
重刊校正笠澤叢書四卷補遺詩一卷續補遺一卷　(唐)陸龜蒙撰　清東山草堂刻本　二册

360000－1901－0044420　120828
孟子要略五卷附録一卷　(宋)朱熹撰　(清)劉傳瑩輯　(清)曾國藩按　清光緒二十八年(1902)廣雅書局刻本　一册

360000－1901－0044421　120829
孟子要略五卷附録一卷　(宋)朱熹撰　(清)劉傳瑩輯　(清)曾國藩按　清同治十三年(1874)傳忠書局刻曾文正公全集本　一册

360000－1901－0044422　304416
重刊校正笠澤叢書四卷補遺詩一卷續補遺一卷　(唐)陸龜蒙撰　清刻本　二册　存四卷(重刊校正笠澤叢書四卷)

360000－1901－0044423　120830
孟子要略五卷附録一卷　(宋)朱熹撰　(清)劉傳瑩輯　(清)曾國藩按　清同治十三年(1874)傳忠書局刻曾文正公全集本　一册

360000－1901－0044424　721821
民族小説洪秀全演義四集五十四回　(清)黄小配撰　清末上海廣益書局石印本　八册

360000－1901－0044425　601244
重刻朱文端公三傳　(清)朱軾　(清)蔡世遠輯　清古唐朱氏古懽齋刻本　八册　存二種

360000－1901－0044426　601245
重刻朱文端公三傳　(清)朱軾　(清)蔡世遠輯　清古唐朱氏古懽齋刻本　十六册

360000－1901－0044427　418520
重刻暗室燈註解二卷　(清)深山居士輯　清嘉慶二十四年(1819)刻本　一册

360000－1901－0044428　162975
重刻避邪歸正消災延壽立愿寶卷一卷　清同治八年(1869)蘇城元妙觀得見齋刻本　一册

360000－1901－0044429　416806
重刻純正蒙求讀本三卷　(元)胡炳文撰　清刻本　二册

360000－1901－0044430　240314
重刻黄文節山谷先生文集三十卷　(宋)黄庭堅撰　明末臨川王鳳翔光啓堂刻本　六册

360000－1901－0044431　240315
重刻黄文節山谷先生文集三十卷　(宋)黄庭堅撰　明末臨川王鳳翔光啓堂刻本　十二册

360000－1901－0044432　240312
重刻黄文節山谷先生文集三十卷外集十四卷別集二十卷　(宋)黄庭堅撰　**山谷先生年譜十五卷**　(宋)黄㽦撰　明萬曆三十一年至四十二年(1603－1614)方沆、周希令刻本　十二册

360000－1901－0044433　240313
重刻黄文節山谷先生文集三十卷外集十四卷別集二十卷　(宋)黄庭堅撰　**山谷先生年譜十五卷**　(宋)黄㽦撰　明萬曆三十一年至四十二年(1603－1614)方沆、周希令刻本　二册　存十八卷(重刻黄文節山谷先生文集十一至二十、別集六至十三)

360000－1901－0044434　404883
重刻勁節樓圖紀三卷首一卷末一卷　(清)徐德原輯　清光緒十年(1884)楓江徐氏刻本　二册

360000－1901－0044435　303419
重刻賴古堂尺牘新鈔三選結鄰集十六卷　(清)周在浚等輯　清道光十四年(1834)賴古堂刻本　六册

360000－1901－0044436　240644
重刻南谿先生集四卷　(明)鄧汝相撰　**首一卷附録一卷**　(明)陳薦等撰　明鄧兆祺繡椿堂刻本　四册

360000－1901－0044437　802295

重刻内府原板張閣老經筵四書直解指南二十七卷　(明)張居正撰　(明)焦竑增補　(明)湯賓尹訂正　明天啓元年(1621)長庚館刻本　一册　存四卷(十一至十四)

360000－1901－0044438　417244

重刻七巧圖不分卷　(□)□□輯　清嘉慶二十三年(1818)刻本　一册

360000－1901－0044439　709999

重刻山谷先生[黄庭堅]年譜十四卷　(宋)黄罃撰　清光緒二年(1876)敘郡刻本　二册

360000－1901－0044440　240485

重刻秫坡先生詩集八卷首一卷末一卷　(明)黎貞撰　清康熙二十五年(1686)黎翼之刻本　二册

360000－1901－0044441　301548

重刻秫坡先生詩集四卷文集四卷首一卷　(明)黎貞撰　清光緒元年(1875)刻本　四册

360000－1901－0044442　408432

重刻痰火點雪四卷　(明)龔居中輯　清嘉慶九年(1804)林星聚樓刻本　一册　存二卷(一至二)

360000－1901－0044443　120205

重刻天傭子全集十卷首一卷末一卷　(明)艾南英撰　清道光十六年(1836)刻本　十册

360000－1901－0044444　120206

重刻天傭子全集十卷首一卷末一卷　(明)艾南英撰　清道光十六年(1836)刻本　十册

360000－1901－0044445　120207

重刻天傭子全集十卷首一卷末一卷　(明)艾南英撰　清道光十六年(1836)刻本　十册

360000－1901－0044446　120208

重刻天傭子全集十卷首一卷末一卷　(明)艾南英撰　清光緒五年(1879)刻本　十册

360000－1901－0044447　120209

重刻天傭子全集十卷首一卷末一卷　(明)艾南英撰　清光緒五年(1879)刻本　十册

360000－1901－0044448　120210

重刻天傭子全集十卷首一卷末一卷　(明)艾南英撰　清光緒五年(1879)刻本　十册

360000－1901－0044449　414112

重刻天傭子全集十卷首一卷末一卷　(明)艾南英撰　清光緒五年(1879)刻本　十册

360000－1901－0044450　601101

重刻天傭子全集十卷首一卷末一卷　(明)艾南英撰　清光緒五年(1879)刻本　十册

360000－1901－0044451　804886

重刻萬元奇門遁甲句解煙波釣叟歌一卷　題(宋)趙普撰歌　(宋)羅通遁法　(明)池紀解編　清刻本　一册

360000－1901－0044452　240515

重刻襪線集二十卷　(明)蕭儀撰　**南行紀詠二卷**　(明)蕭儀　(明)陳艮撰　**節烈贈言一卷**　(明)董琰等撰　**孝行贈言一卷**　(明)黄陽等撰　**會試贈言一卷**　(明)何本等撰　**忠諫贈言一卷**　(明)謝輔等撰　清乾隆五年(1740)刻本　四册

360000－1901－0044453　316807

重刻吳淵穎集十二卷附録一卷　(明)吳萊撰　(明)宋濂編　(清)查遴輯　清康熙四十九年(1710)浦江吳氏豹文堂刻本　四册

360000－1901－0044454　804938

重刻西沱吳先生蠢遇録十五卷附録二卷　(明)吳世忠撰　(清)趙承恩編　清光緒十六年(1890)滸灣趙承恩刻本　一册　存四卷(一至四)

360000－1901－0044455　122654

重刻西沱吳先生蠢遇録十五卷附録二卷　(明)吳世忠撰　(清)趙承恩編　清光緒十六年(1890)刻本　三册

360000－1901－0044456　804937

重刻西沱吳先生蠢遇録十五卷附録二卷　(明)吳世忠撰　(清)趙承恩編　清刻本　一册　存十一卷(七至十五、附録二卷)

360000－1901－0044457　413351
重刻西沱吳先生蠢遇錄十五卷附錄二卷　(明)吳世忠撰　(清)趙承恩編　清同治二年(1863)麗澤書屋刻本　一冊　存六卷(一至六)

360000－1901－0044458　401112－1
重刻詳訂世史類編四十五卷首一卷　(明)李純卿草創　(明)謝遷補遺　(明)王守仁覆評　(明)王世貞會纂　(明)李槃增修　明毓秀齋刻本　十八冊　存三十三卷(一至十二、十五至十六、二十二至三十二、三十五至四十一,首一卷)

360000－1901－0044459　800918
重刻詳訂世史類編四十五卷首一卷　(明)李純卿草創　(明)謝遷補遺　(明)王守仁覆評　(明)王世貞會纂　(明)李槃增修　清刻本　一冊　存三卷(二十八至三十)

360000－1901－0044460　803037
重刻繡像說唐演義全傳十卷六十八回後傳五十回　(清)鴛湖漁叟撰　清末上海天寶書局石印本　一冊　存二十回(後傳一至二十)

360000－1901－0044461　412806
重刻虛菴先生言志詩集八卷　(明)習韶撰　清水東堂習氏木活字印本　一冊

360000－1901－0044462　407085
重刻選擇集要六卷　(明)黃一鳳編　清刻本　一冊

360000－1901－0044463　164135
重刻巽隱先生集四卷　(明)程本立撰　清刻本　一冊　存一卷(四)

360000－1901－0044464　400693
重刻剡川姚氏本戰國策劄記三卷　(清)黃丕烈撰　清光緒十三年(1887)蜚英館石印本　一冊

360000－1901－0044465　601795
重刻一峰先生集八卷首一卷補編一卷附錄二卷　(明)羅倫撰　清光緒二年(1876)木活字印本　六冊

360000－1901－0044466　601796
重刻一峰先生集八卷首一卷補編一卷附錄二卷　(明)羅倫撰　清光緒二年(1876)木活字印本　六冊

360000－1901－0044467　601797
重刻一峰先生集八卷首一卷補編一卷附錄二卷　(明)羅倫撰　清光緒二年(1876)木活字印本　五冊　存八卷(重刻一峰先生集八卷)

360000－1901－0044468　240474
重刻張來儀靜居集四卷　(明)張羽撰　清抄本　三冊　缺一卷(三)

360000－1901－0044469　409890
重刻朱文端公時文同研集三卷　(清)朱軾撰　清光緒十一年(1885)古唐朱舲古歡齋刻本　二冊

360000－1901－0044470　409891
重刻朱文端公時文同研集三卷　(清)朱軾撰　清光緒十一年(1885)古唐朱舲古歡齋刻本　二冊

360000－1901－0044471　409892
重刻朱文端公時文同研集三卷　(清)朱軾撰　清光緒十一年(1885)古唐朱舲古歡齋刻本　二冊

360000－1901－0044472　409893
重刻朱文端公時文同研集三卷　(清)朱軾撰　清光緒十一年(1885)古唐朱舲古歡齋刻本　二冊

360000－1901－0044473　162226
重刻字學舉隅一卷　(清)龍光甸　(清)龍啓瑞撰　清光緒十一年(1885)息訟軒刻本　一冊

360000－1901－0044474　162227
重刻字學舉隅一卷　(清)龍光甸　(清)龍啓瑞撰　清光緒十一年(1885)息訟軒刻本　一冊

360000－1901－0044475　408812
重樓玉鑰一卷　(清)鄭梅澗撰　清光緒刻本

一冊

360000－1901－0044476　313776
重論文齋筆錄十二卷　(清)王端履輯　清道光二十六年(1846)刻本　四冊

360000－1901－0044477　417199
重鍥神峯通考闢謬命理正宗大全六卷　(明)張楠撰　清刻本　一冊　存二卷(二至三)

360000－1901－0044478　417200
重鍥神峯通考闢謬命理正宗大全六卷　(明)張楠撰　清乾隆二十九年(1764)古吳三多齋刻本　一冊　存三卷(一至三)

360000－1901－0044479　150263
重校拜經樓叢書　(清)吳騫輯　(清)朱記榮補輯　清光緒二十年(1894)吳縣朱氏校經堂刻本　七冊　存七種

360000－1901－0044480　403929
重校初學玉玲瓏四卷　(清)徐瑄輯　清光緒十一年(1885)文成堂刻本(卷三至四配清刻本)　二冊

360000－1901－0044481　210135
重校古周禮六卷　(明)陳仁錫注　清初刻本　四冊

360000－1901－0044482　406564
重校古周禮六卷　(明)陳仁錫注　清初刻本　二冊

360000－1901－0044483　210134
重校古周禮六卷　(明)陳仁錫注　(明)艾南英訂訛　明刻本　一冊　存三卷(一至三)

360000－1901－0044484　303470
重校國語國策合編五十四卷　(漢)高誘　(三國吳)韋昭注　(清)黃丕烈輯　**札記四卷**　(清)黃丕烈撰　清光緒二十三年(1897)經綸元記刻本　十冊

360000－1901－0044485　309826
重校國語國策合編五十四卷　(漢)高誘　(三國吳)韋昭注　(清)黃丕烈輯　**札記四卷**　(清)黃丕烈撰　清光緒二十三年(1897)經綸元記刻本　五冊　存二十二卷(國語一至二十一、國語札記一)

360000－1901－0044486　164905
重校舊本湯頭歌訣一卷　(清)汪昂撰　清光緒三十三年(1907)刻本　一冊

360000－1901－0044487　902233
重校舊本湯頭歌訣一卷　(清)汪昂撰　**珍珠囊藥性賦醫方捷徑二卷**　(明)羅必煒訂　清末石印本　一冊

360000－1901－0044488　164162
重校聖濟總錄二百卷　清乾隆五十二年(1787)汪鳴珂燕遠堂刻本　三十二冊　存八十四卷(九十三至一百六、一百十至一百十一、一百十五至一百十八、一百二十二至一百五十三、一百五十六至一百六十八、一百七十五至一百七十七、一百八十至一百八十五、一百八十八至一百九十四、一百九十六至一百九十八)

360000－1901－0044489　416939
重校聖濟總錄二百卷　清乾隆五十四年(1789)汪鳴珂燕遠堂刻本　十九冊　存一百七卷(一、六至七、十一至十五、十九至二十四、二十九至三十三、五十四至七十、七十四至七十六、八十五至九十一、九十四至九十七、一百二至一百四、一百八至一百四十三、一百六十七至一百六十八、一百七十一至一百七十三、一百七十八至一百七十九、一百八十三至一百八十五、一百九十一至一百九十八)

360000－1901－0044490　902521
重校聖濟總錄二百卷　清乾隆五十四年(1789)汪鳴珂燕遠堂刻本　十二冊　存四十一卷(一百十四至一百三十一、一百三十九至一百四十三、一百六十七至一百六十九、一百七十一至一百七十三、一百七十八至一百七十九、一百八十三至一百八十五、一百九十一至一百九十二、一百九十四至一百九十八)

360000－1901－0044491　410602
明辨齋叢書　(清)余肇鈞輯　清咸豐同治長

沙余氏刻本　十一冊　存八種

360000－1901－0044492　241367

重校正唐文粹一百卷　（宋）姚鉉輯　明嘉靖三年（1524）徐焴刻本　二十四冊　缺二十五卷（四十三至四十五、六十至七十、七十八至八十四、九十七至一百）

360000－1901－0044493　241368

重校正唐文粹一百卷　（宋）姚鉉輯　明嘉靖三年（1524）徐焴刻本　七冊　缺二十八卷（一至十七、七十二至八十二）

360000－1901－0044494　803523

重校字學舉隅一卷　（清）龍光甸　（清）龍啓瑞撰　清刻本　一冊

360000－1901－0044495　301598

重修名法指掌圖四卷　（清）徐灝撰　清同治八年（1869）桂林節署刻本　四冊

360000－1901－0044496　301594

重修名法指掌圖四卷　（清）徐灝撰　清同治九年（1870）湖北崇文書局刻本　四冊

360000－1901－0044497　301595

重修名法指掌圖四卷　（清）徐灝撰　清同治九年（1870）湖北崇文書局刻本　四冊

360000－1901－0044498　406456

重修名法指掌圖四卷　（清）徐灝撰　清同治九年（1870）湖北崇文書局刻本　四冊

360000－1901－0044499　406457

重修名法指掌圖四卷　（清）徐灝撰　清同治九年（1870）湖北崇文書局刻本　四冊

360000－1901－0044500　604048

重修名法指掌圖四卷　（清）徐灝撰　清同治九年（1870）湖北崇文書局刻本　四冊

360000－1901－0044501　311752

重修南海普陀山志二十卷首一卷　（清）秦耀曾輯　清道光二十三年（1843）刻本　四冊

360000－1901－0044502　712778

重修黔北青雲試館不分卷　（清）□□撰　清同治四年（1865）木活字印本　一冊

360000－1901－0044503　901588

重修梯雲書院志六卷　（清）志局公撰　清木活字印本　一冊　存一卷（四）

360000－1901－0044504　500082

［湖南平江］重修天岳李氏族譜□□卷　（清）□□纂修　清嘉慶隴西堂木活字印本　一冊　存四卷（一至四）

360000－1901－0044505　230594

重修正文對音捷要真傳琴譜大全十卷　（明）楊表正撰　明萬曆十三年（1585）金陵富春堂刻本　十冊

360000－1901－0044506　230595

重修正文對音捷要真傳琴譜大全十卷　（明）楊表正撰　明萬曆十三年（1585）金陵富春堂刻本　十冊

360000－1901－0044507　308474

重學二十卷　（英國）艾約瑟口譯　（清）李善蘭筆述　清刻本　一冊　存四卷（十一至十四）

360000－1901－0044508　304800

重證三教合一新經十六卷　（清）譚玉青等撰　清光緒宣化文社刻本　十五冊

360000－1901－0044509　307638

重梓歸元直指集二卷　（明）釋宗本撰　（清）樸堂等重編　清光緒二年（1876）廬山海會寺刻本　二冊

360000－1901－0044510　306161

重梓薛文清公讀書録講義十二卷　（清）鄒昌熠撰　清光緒四年（1878）臨川喻杰刻本　三冊　存九卷（一至九）

360000－1901－0044511　308752

重梓薛文清公讀書録講義十二卷　（清）鄒昌熠撰　**文清公薛敬軒先生行實一卷**　（清）馬寬裕撰　清光緒六年（1880）岳陽勿又軒刻本　四冊

360000－1901－0044512　301589

舟車所至不分卷　（清）鄭光祖輯　清道光二

十三年(1843)琴川鄭光祖青玉山房刻本　六冊

360000－1901－0044513　123336
舟行雜詠不分卷　(清)許振禕撰　清光緒刻本　一冊

360000－1901－0044514　413614
舟行雜詠不分卷　(清)許振禕撰　清光緒刻本　一冊

360000－1901－0044515　413614－1
舟行雜詠不分卷　(清)許振禕撰　清光緒刻本　一冊

360000－1901－0044516　301905
州乘餘聞一卷　(清)宋弼撰　清光緒十四年(1888)養知堂刻本　一冊

360000－1901－0044517　301906
州縣提綱四卷　(宋)陳襄撰　清同治新建吳氏皖城刻本　一冊

360000－1901－0044518　417453
周髀算經二卷　(漢)趙君卿注　(北周)周甄鸞重述　(唐)李淳風釋　**音義一卷**　(宋)李籍撰　清木活字印本　二冊

360000－1901－0044519　314240
周公年表一卷　(清)牟庭撰　清同治十年(1871)刻本　一冊

360000－1901－0044520　240572
周恭肅公集十六卷　(明)周用撰　**附錄一卷**　(明)徐階等撰　明嘉靖二十八年(1549)周國南川上草堂刻本　六冊

360000－1901－0044521　240573
周恭肅公集十六卷　(明)周用撰　**附錄一卷**　(明)徐階等撰　明嘉靖二十八年(1549)周國南川上草堂刻本　六冊

360000－1901－0044522　210139
周官辨非一卷　(清)萬斯大撰　清乾隆二十六年(1761)萬福刻萬充宗先生經學五書本　一冊

360000－1901－0044523　210140
周官辨一卷　(清)方苞撰　清乾隆七年(1742)刻本　一冊

360000－1901－0044524　160570
周官參證二卷　(清)王寶仁輯　清同治十三年(1874)刻本　一冊

360000－1901－0044525　160569
周官故書考四卷附論語魯讀考一卷　(清)徐養源撰　清道光二年(1822)舊香居刻本　二冊

360000－1901－0044526　210131
周官集傳十六卷　(元)毛應龍撰　清抄本　四冊

360000－1901－0044527　160571
周官集注十二卷　(清)方苞撰　清抗希堂刻本　六冊

360000－1901－0044528　804673
周官精義十二卷　(清)連斗山輯　清抄本　二冊　存二卷(六、十)

360000－1901－0044529　407614
周官精義十二卷　(清)連斗山輯　清道光十四年(1834)裕元堂刻本　六冊

360000－1901－0044530　407615
周官精義十二卷　(清)連斗山輯　清道光十四年(1834)裕元堂刻本　六冊

360000－1901－0044531　721815
周官精義十二卷　(清)連斗山輯　清光緒十三年(1887)刻本　一冊　存二卷(一至二)

360000－1901－0044532　407616
周官精義十二卷　(清)連斗山輯　清嘉慶、道光刻本　五冊

360000－1901－0044533　406239
周官精義十二卷　(清)連斗山輯　清嘉慶二年(1797)文立堂刻本　六冊

360000－1901－0044534　406240
周官精義十二卷　(清)連斗山輯　清嘉慶二年(1797)文立堂刻本　五冊

360000－1901－0044535　406241
周官精義十二卷　(清)連斗山輯　清嘉慶二年(1797)文立堂刻本　四册

360000－1901－0044536　406242
周官精義十二卷　(清)連斗山輯　清嘉慶二年(1797)文立堂刻本　六册

360000－1901－0044537　406235
周官精義十二卷　(清)連斗山輯　清嘉慶二十二年(1817)刻本　六册

360000－1901－0044538　406234
周官精義十二卷　(清)連斗山輯　清嘉慶六年(1801)刻本　六册

360000－1901－0044539　406230
周官精義十二卷　(清)連斗山輯　清嘉慶七年(1802)刻本　六册

360000－1901－0044540　406231
周官精義十二卷　(清)連斗山輯　清嘉慶七年(1802)刻本　六册

360000－1901－0044541　407617
周官精義十二卷　(清)連斗山輯　清嘉慶四年(1799)文富堂刻本　五册　存九卷(一至八、十二)

360000－1901－0044542　406229
周官精義十二卷　(清)連斗山輯　清嘉慶五年(1800)刻本　四册

360000－1901－0044543　406236
周官精義十二卷　(清)連斗山輯　清嘉慶五年(1800)刻本　六册

360000－1901－0044544　406237
周官精義十二卷　(清)連斗山輯　清嘉慶五年(1800)刻本　四册

360000－1901－0044545　406238
周官精義十二卷　(清)連斗山輯　清嘉慶元年(1796)刻本　六册

360000－1901－0044546　406232
周官精義十二卷　(清)連斗山輯　清刻本　三册

360000－1901－0044547　406233
周官精義十二卷　(清)連斗山輯　清刻本　六册

360000－1901－0044548　407618
周官精義十二卷　(清)連斗山輯　清刻本　五册　存八卷(三至九、十二)

360000－1901－0044549　407619
周官精義十二卷　(清)連斗山輯　清刻本　四册　存六卷(三至七、十二)

360000－1901－0044550　603359－2
周官精義十二卷　(清)連斗山輯　清刻本　一册　存三卷(七至九)

360000－1901－0044551　603359－3
周官精義十二卷　(清)連斗山輯　清刻本　一册　存三卷(七至九)

360000－1901－0044552　306587
周官精義十二卷　(清)連斗山輯　清乾隆四十九年(1784)刻本　四册　存十卷(一至十)

360000－1901－0044553　210145
周官精義十二卷　(清)連斗山輯　清乾隆四十一年(1776)刻本　六册

360000－1901－0044554　603359
周官精義十二卷　(清)連斗山輯　清乾隆四十一年(1776)刻本　二册　存五卷(一至五)

360000－1901－0044555　603359－1
周官精義十二卷　(清)連斗山輯　清乾隆四十一年(1776)刻本　一册　存三卷(一至三)

360000－1901－0044556　406226
周官塾訓六卷　(清)魯鴻輯　清刻本　一册　存二卷(三至四)

360000－1901－0044557　406226－1
周官塾訓六卷　(清)魯鴻輯　清刻本　一册　存三卷(四至六)

360000－1901－0044558　406226－2
周官塾訓六卷　(清)魯鴻輯　清刻本　一册　存三卷(四至六)

360000－1901－0044559　210142
周官塾訓六卷　（清）魯鴻輯　清乾隆四十七年（1782）從之書屋刻本　六册

360000－1901－0044560　210146
周官塾訓摘要集解六卷　（清）梅照璧輯　清咸豐梅品瑄抄本　六册

360000－1901－0044561　406227
周官心解二十八卷　（清）蔣載庚撰　清嘉慶十一年（1806）經簏堂刻本　八册

360000－1901－0044562　404386
周行備覽六卷　（清）賴盛遠輯　清刻本　一册　存三卷（一至三）

360000－1901－0044563　404387
周行備覽六卷　（清）賴盛遠輯　清刻本　一册　存三卷（一至三）

360000－1901－0044564　404428
周行備覽六卷　（清）賴盛遠輯　清刻本　三册　存四卷（三至六）

360000－1901－0044565　304009
周季編略九卷　（清）黄式三撰　清同治十二年（1873）浙江書局刻儆居遺書本　四册

360000－1901－0044566　900633
周甲墨成新編不分卷　（清）王昶評選　清蘭泉書屋刻本　六册

360000－1901－0044567　901409
周甲墨成新編不分卷　（清）王昶評選　清蘭泉書屋刻本　一册

360000－1901－0044568　121028
周遽庵公全集　（清）周漢傑撰　清咸豐四年（1854）孝思堂刻本　四册

360000－1901－0044569　402361－1
周禮便讀六卷　（明）王一清撰　清刻本　一册

360000－1901－0044570　402362
周禮便讀六卷　（明）王一清撰　清刻本　一册

360000－1901－0044571　163761
明詩別裁集十二卷　（清）沈德潛　（清）周準輯　清乾隆刻本　六册

360000－1901－0044572　306105
明史三百三十二卷　（清）張廷玉等撰　清同治八年（1869）嶺南葄古堂刻武英殿本二十四史本　五十册　存一百七十八卷（一至三十八、七十三至一百一、一百三十四至二百十、二百四十四至二百七十七）

360000－1901－0044573　210144
周禮撮要二卷　（清）潘相撰　清乾隆十八年（1753）刻本　一册

360000－1901－0044574　403632
周禮讀本六卷　（清）周樽輯　清乾隆五十八年（1793）留餘堂刻本　三册　存四卷（一至四）

360000－1901－0044575　403633
周禮讀本六卷　（清）周樽輯　清咸豐三年（1853）竹橋齋刻本　一册　存二卷（一至二）

360000－1901－0044576　802680
周禮讀要六卷　（清）余崧撰　清抄本　一册

360000－1901－0044577　210136
周禮二十卷　（明）陳深批點　明淩杜若刻朱墨套印本　六册

360000－1901－0044578　160738
周禮古學考十一卷　（清）李滋然撰　清宣統元年（1909）鉛印本　三册

360000－1901－0044579　210143
周禮會通六卷　（清）胡翹元輯　清乾隆五十二年（1787）凝暉閣刻本　四册

360000－1901－0044580　403619
周禮集解節要六卷　（清）鄧愷輯　清大西齋刻本　一册

360000－1901－0044581　402654
周禮輯義十二卷　（清）姜兆錫撰　清雍正九年（1731）寅清樓刻九經補注本　一册　存二卷（七至八）

360000－1901－0044582　402655
周禮輯義十二卷　(清)姜兆錫撰　清雍正九年(1731)寅清樓刻九經補注本　四册

360000－1901－0044583　403614
周禮節釋十二卷　(清)鮑梁撰　清積秀堂刻本　二册

360000－1901－0044584　403604
周禮節釋十二卷　(清)鮑梁撰　清刻本　四册

360000－1901－0044585　403605
周禮節釋十二卷　(清)鮑梁撰　清刻本　四册

360000－1901－0044586　403606
周禮節釋十二卷　(清)鮑梁撰　清刻本　二册

360000－1901－0044587　403607
周禮節釋十二卷　(清)鮑梁撰　清刻本　二册　存八卷(一至八)

360000－1901－0044588　403608
周禮節釋十二卷　(清)鮑梁撰　清刻本　二册　存六卷(一至二、五至八)

360000－1901－0044589　403609
周禮節釋十二卷　(清)鮑梁撰　清刻本　二册　存七卷(一至二、四至五、七至九)

360000－1901－0044590　403611
周禮節釋十二卷　(清)鮑梁撰　清刻本　二册　存九卷(四至十二)

360000－1901－0044591　403612
周禮節釋十二卷　(清)鮑梁撰　清刻本　二册　存六卷(六至八、十至十二)

360000－1901－0044592　403615
周禮節釋十二卷　(清)鮑梁撰　清刻本　四册

360000－1901－0044593　403616
周禮節釋十二卷　(清)鮑梁撰　清刻本　四册

360000－1901－0044594　403618
周禮節釋十二卷　(清)鮑梁撰　清刻本　三册

360000－1901－0044595　721814
周禮節釋十二卷　(清)鮑梁撰　清刻本　二册　存六卷(一至三、七至九)

360000－1901－0044596　801706
周禮節釋十二卷　(清)鮑梁撰　清刻本　一册　存三卷(三至五)

360000－1901－0044597　403613
周禮節釋十二卷　(清)鮑梁撰　清務本堂刻本　二册

360000－1901－0044598　403617
周禮節釋十二卷　(清)鮑梁撰　清英德堂刻本　三册

360000－1901－0044599　403610
周禮節釋十二卷　(清)鮑梁撰　清漁古山房刻本　四册

360000－1901－0044600　403641
周禮節訓六卷　(清)黄叔琳輯　(清)姚培謙重訂　清光緒二十五年(1899)舊學山房刻本　二册

360000－1901－0044601　403645
周禮節訓六卷　(清)黄叔琳輯　(清)姚培謙重訂　清光緒三十四年(1908)兩儀堂刻本　一册　存三卷(一至三)

360000－1901－0044602　403645－1
周禮節訓六卷　(清)黄叔琳輯　(清)姚培謙重訂　清光緒三十四年(1908)兩儀堂刻本　一册　存三卷(一至三)

360000－1901－0044603　403654
周禮節訓六卷　(清)黄叔琳輯　(清)姚培謙重訂　清嘉慶十八年(1813)文德堂刻本　一册

360000－1901－0044604　403652
周禮節訓六卷　(清)黄叔琳輯　(清)姚培謙重訂　清嘉慶十八年(1813)英德堂刻本　二

册

360000－1901－0044605　403642－1
周禮節訓六卷　(清)黄叔琳輯　(清)姚培謙重訂　清刻本　一册　存四卷(三至六)

360000－1901－0044606　403655
周禮節訓六卷　(清)黄叔琳輯　(清)姚培謙重訂　清刻本　一册

360000－1901－0044607　403656－1
周禮節訓六卷　(清)黄叔琳輯　(清)姚培謙重訂　清刻本　一册　存五卷(一至五)

360000－1901－0044608　403657－1
周禮節訓六卷　(清)黄叔琳輯　(清)姚培謙重訂　清刻本　一册

360000－1901－0044609　403653
周禮節訓六卷　(清)黄叔琳輯　(清)姚培謙重訂　清刻本(卷一至二配清嘉慶十八年英德堂刻本)　二册

360000－1901－0044610　403642
周禮節訓六卷　(清)黄叔琳輯　(清)姚培謙重訂　清乾隆刻本　一册

360000－1901－0044611　403656
周禮節訓六卷　(清)黄叔琳輯　(清)姚培謙重訂　清乾隆三十二年(1767)刻本　一册

360000－1901－0044612　403644
周禮節訓六卷　(清)黄叔琳輯　(清)姚培謙重訂　清乾隆四十二年(1777)刻本　一册

360000－1901－0044613　403643
周禮節訓六卷　(清)黄叔琳輯　(清)姚培謙重訂　清乾隆四十三年(1778)刻本　二册

360000－1901－0044614　403657
周禮節訓六卷　(清)黄叔琳輯　(清)姚培謙重訂　清乾隆五十七年(1792)刻本　一册

360000－1901－0044615　801700
周禮節訓六卷　(清)黄叔琳輯　(清)姚培謙重訂　清嘉慶十八年(1813)刻本　一册　存二卷(一至二)

360000－1901－0044616　801702
周禮節訓六卷　(清)黄叔琳輯　(清)姚培謙重訂　清嘉慶十八年(1813)刻本　一册　存二卷(一至二)

360000－1901－0044617　707414
周禮節訓六卷　(清)黄叔琳輯　(清)姚培謙重訂　清刻本　一册　存四卷(三至六)

360000－1901－0044618　801698
周禮節訓六卷　(清)黄叔琳輯　(清)姚培謙重訂　清刻本　一册

360000－1901－0044619　801699
周禮節訓六卷　(清)黄叔琳輯　(清)姚培謙重訂　清刻本　一册

360000－1901－0044620　801701
周禮節訓六卷　(清)黄叔琳輯　(清)姚培謙重訂　清刻本　一册

360000－1901－0044621　801703
周禮節訓六卷　(清)黄叔琳輯　(清)姚培謙重訂　清刻本　一册　存四卷(三至六)

360000－1901－0044622　801704
周禮節訓六卷　(清)黄叔琳輯　(清)姚培謙重訂　清刻本　一册　存四卷(三至六)

360000－1901－0044623　801705
周禮節訓六卷　(清)黄叔琳輯　(清)姚培謙重訂　清刻本　一册　存三卷(四至六)

360000－1901－0044624　400128－1
明史三百三十二卷目録四卷　(清)張廷玉等撰　清刻本　十三册　存三十四卷(二百七十二至三百五)

360000－1901－0044625　210141
周禮節訓六卷　(清)黄叔琳輯　(清)姚培謙重訂　清乾隆三十一年(1766)刻本　二册

360000－1901－0044626　801697
周禮節訓六卷　(清)黄叔琳輯　(清)姚培謙重訂　清乾隆四十年(1775)刻本　一册　存二卷(一至二)

360000－1901－0044627　801443

周禮節要不分卷 (清)□□輯　清抄本　一冊

360000－1901－0044628　803931
周禮節要不分卷 (清)□□輯　清抄本　一冊

360000－1901－0044629　160752
周禮精華六卷 (清)陳龍標輯　清道光三年(1823)芥子園刻本　四冊

360000－1901－0044630　403600
周禮精華六卷 (清)陳龍標輯　清道光十二年(1832)姑蘇步月樓刻本　三冊

360000－1901－0044631　403599
周禮精華六卷 (清)陳龍標輯　清道光五年(1825)務本堂刻本　三冊　存五卷(一至五)

360000－1901－0044632　160751
周禮精華六卷 (清)陳龍標輯　清嘉慶二十三年(1818)經國堂刻本　六冊

360000－1901－0044633　703594
周禮精華六卷 (清)陳龍標輯　清嘉慶二十三年(1818)經國堂刻本　四冊

360000－1901－0044634　703595
周禮精華六卷 (清)陳龍標輯　清嘉慶二十三年(1818)經國堂刻本　四冊

360000－1901－0044635　703593
周禮精華六卷 (清)陳龍標輯　清嘉慶十六年(1811)五雲樓刻本　六冊

360000－1901－0044636　403602
周禮精華六卷 (清)陳龍標輯　清刻本　二冊　存三卷(一、三至四)

360000－1901－0044637　403603
周禮精華六卷 (清)陳龍標輯　清刻本　三冊

360000－1901－0044638　403601
周禮精華六卷 (清)陳龍標輯　清咸豐九年(1859)寶華樓刻本　三冊　存三卷(一、三至四)

360000－1901－0044639　801518
周禮精義六卷首一卷 (清)黄淦撰　清刻本　一冊　存四卷(三至六)

360000－1901－0044640　801519
周禮精義六卷首一卷 (清)黄淦撰　清刻本　一冊　存三卷(二至四)

360000－1901－0044641　803004
周禮精義六卷首一卷 (清)黄淦撰　清刻本　一冊　存三卷(一至三)

360000－1901－0044642　318117－5
周禮六卷　清抄本　一冊

360000－1901－0044643　800449
周禮六卷　清抄本　一冊

360000－1901－0044644　160731
周禮六卷 (漢)鄭玄注　(唐)陸德明音義　清光緒江南李光明莊刻本　五冊　存五卷(一至二、四至六)

360000－1901－0044645　405795
周禮六卷 (漢)鄭玄注　(唐)陸德明音義　清光緒六年(1880)山西濬文書局刻本　六冊

360000－1901－0044646　403577
周禮六卷 (漢)鄭玄注　(唐)陸德明音義　清嘉慶十一年(1806)張青選清芬閣刻本　六冊

360000－1901－0044647　403584
周禮六卷 (漢)鄭玄注　(唐)陸德明音義　清嘉慶十一年(1806)張青選清芬閣刻本　六冊

360000－1901－0044648　801712
周禮六卷 (漢)鄭玄注　(唐)陸德明音義　清刻本　一冊　存一卷(夏官司馬第四)

360000－1901－0044649　803322
周禮六卷 (漢)鄭玄注　(唐)陸德明音義　清書帶草堂抄本　一冊

360000－1901－0044650　160730
周禮六卷 (漢)鄭玄注　(唐)陸德明音義　清同治十三年(1874)湖南書局刻本　六冊

360000－1901－0044651　703578
周禮六卷　(漢)鄭玄注　(唐)陸德明音義　清同治十三年(1874)湖南書局刻本　六冊

360000－1901－0044652　160734
周禮六卷　(明)秦鏷訂正　清刻本　五冊　存五卷(二至六)

360000－1901－0044653　802284
周禮六卷　(明)秦鏷訂正　清刻本　一冊

360000－1901－0044654　164287
周禮旁訓六卷　(漢)鄭玄注　(明)余文熙輯　清刻本　一冊　存三卷(四至六)

360000－1901－0044655　210129
周禮十二卷　(漢)鄭玄注　明潘恩刻萬曆十六年(1588)潘允端印本　六冊

360000－1901－0044656　160732
周禮十二卷　(漢)鄭玄注　(唐)陸德明音義　清光緒十二年(1886)湖北官書處刻本　六冊

360000－1901－0044657　160733
周禮十二卷　(漢)鄭玄注　(唐)陸德明音義　清光緒十二年(1886)湖北官書處刻本　六冊

360000－1901－0044658　703576
周禮十二卷　(漢)鄭玄注　(唐)陸德明音義　清光緒十二年(1886)湖北官書處刻本　三冊　存六卷(七至十二)

360000－1901－0044659　414845
周禮釋文問答一卷　(清)辛紹業撰　清嘉慶十六年(1811)刻本　一冊

360000－1901－0044660　414845－1
周禮釋文問答一卷　(清)辛紹業撰　清嘉慶十六年(1811)刻本　一冊

360000－1901－0044661　414845－2
周禮釋文問答一卷　(清)辛紹業撰　清嘉慶十六年(1811)刻本　一冊

360000－1901－0044662　414845－3
周禮釋文問答一卷　(清)辛紹業撰　清嘉慶十六年(1811)刻本　一冊

360000－1901－0044663　414845－4
周禮釋文問答一卷　(清)辛紹業撰　清嘉慶十六年(1811)刻本　一冊

360000－1901－0044664　160761
周禮釋注二卷　(清)丁晏撰　清道光三年(1823)刻本　一冊

360000－1901－0044665　801696
周禮疏義六卷　(清)高紫超撰　清嘉慶七年(1802)文林堂刻本　一冊　存二卷(一至二)

360000－1901－0044666　160743
周禮述注二十四卷　(清)李光坡撰　清光緒三年(1877)刻本　六冊

360000－1901－0044667　160744
周禮述注二十四卷　(清)李光坡撰　清光緒三年(1877)刻本　四冊

360000－1901－0044668　413427
周禮學一卷　(清)沈夢蘭撰　清光緒十七年(1891)祁縣署刻本　一冊

360000－1901－0044669　210137
周禮訓雋二十卷　(明)陳深撰　明萬曆十七年(1589)刻本　三冊　缺四卷(十七至二十)

360000－1901－0044670　160763
周禮疑義舉要七卷儀禮釋例一卷　(清)江永撰　**儀禮釋宫一卷**　(宋)李如圭撰　清刻守山閣叢書本　六冊

360000－1901－0044671　402368
周禮約編六卷　(清)汪基撰　清嘉慶九年(1804)汪氏敬堂家塾刻三禮約編喈鳳本　一冊

360000－1901－0044672　402368－1
周禮約編六卷　(清)汪基撰　清嘉慶九年(1804)汪氏敬堂家塾刻三禮約編喈鳳本　一冊　存二卷(一至二)

360000－1901－0044673　801707
周禮折衷六卷　(清)胡興銓編　清刻本　一冊　存一卷(六)

360000－1901－0044674　160740
周禮折衷六卷　(清)胡興銓編　清尚德堂刻本　六册

360000－1901－0044675　160739
周禮折衷四卷　(宋)魏了翁撰　清盱眙吳氏望三益齋刻本　四册

360000－1901－0044676　403634
周禮正義八十六卷　(清)孫詒讓撰　清光緒三十一年(1905)鉛印本　十七册　缺五卷(八十二至八十六)

360000－1901－0044677　403625
周禮政要二卷　(清)孫詒讓撰　清刻本　二册

360000－1901－0044678　403624
周禮政要二卷　(清)孫詒讓撰　清光緒二十九年(1903)上海書局石印本　二册

360000－1901－0044679　160741
周禮政要四卷　(清)孫詒讓撰　清光緒貫吾齋石印本　四册

360000－1901－0044680　403621
周禮政要四卷　(清)孫詒讓撰　清光緒貫吾齋石印本　二册

360000－1901－0044681　403622
周禮政要四卷　(清)孫詒讓撰　清光緒貫吾齋石印本　二册

360000－1901－0044682　403623
周禮政要四卷　(清)孫詒讓撰　清光緒貫吾齋石印本　二册

360000－1901－0044683　801711
周禮政要四卷　(清)孫詒讓撰　清光緒二十八年(1902)瑞安普通學堂刻本　一册　存二卷(一至二)

360000－1901－0044684　801708
周禮政要四卷　(清)孫詒讓撰　清刻本　二册　存二卷(二、四)

360000－1901－0044685　801709
周禮政要四卷　(清)孫詒讓撰　清刻本　二册　存二卷(二、四)

360000－1901－0044686　801710
周禮政要四卷　(清)孫詒讓撰　清末石印本　一册　存一卷(二)

360000－1901－0044687　210133
周禮註疏刪翼三十卷　(明)王志長輯　明崇禎十二年(1639)刻本　十六册

360000－1901－0044688　403586
周禮註疏刪翼三十卷　(明)王志長撰　明末天德堂刻本　十二册　存二十五卷(一至十六、二十至二十六、二十九至三十)

360000－1901－0044689　403587
周禮註疏刪翼三十卷　(明)王志長撰　清芥子園刻本　十四册　存二十八卷(一至二十六、二十九至三十)

360000－1901－0044690　403585
周禮註疏刪翼三十卷　(明)王志長撰　清刻本　十二册

360000－1901－0044691　403589
周禮註疏刪翼三十卷　(明)王志長撰　清刻本　十四册　存二十四卷(一至四、八至十七、二十一至三十)

360000－1901－0044692　403590
周禮註疏刪翼三十卷　(明)王志長撰　清刻本　三册　存四卷(二至四、十四)

360000－1901－0044693　403588
周禮註疏刪翼三十卷　(明)王志長撰　清乾隆六十年(1795)醉墨齋刻本　十五册

360000－1901－0044694　403582
周禮註疏十八卷　(漢)鄭玄注　(唐)賈公彦疏　(明)張采訂　明末刻本　二册　存六卷(一至六)

360000－1901－0044695　403582－1
周禮註疏十八卷　(漢)鄭玄注　(唐)賈公彦疏　(明)張采訂　明末刻本　三册　存十一卷(一至七、十一至十四)

360000－1901－0044696　403583

周禮註疏十八卷　(漢)鄭玄注　(唐)賈公彦疏　(明)張采訂　明末刻本　三冊　存九卷(六至十四)

360000－1901－0044697　720814
周禮註疏四十二卷　(漢)鄭玄注　(唐)陸德明音義　(唐)賈公彦疏　明嘉靖李元陽福建刻十三經注疏本　一冊　存三卷(三十一至三十三)

360000－1901－0044698　160745
周禮註疏四十二卷　(漢)鄭玄注　(唐)陸德明音義　(唐)賈公彦疏　清光緒淮南書局刻本　十四冊

360000－1901－0044699　603036－2
周禮註疏四十二卷　(漢)鄭玄注　(唐)陸德明音義　(唐)賈公彦疏　清刻本　三冊　存十二卷(七至十八)

360000－1901－0044700　720815
周禮註疏四十二卷　(漢)鄭玄注　(唐)陸德明音義　(唐)賈公彦疏　清刻本　一冊　存三卷(二十八至三十)

360000－1901－0044701　722211
周禮註疏四十二卷　(漢)鄭玄注　(唐)陸德明音義　(唐)賈公彦疏　清刻本　一冊　存三卷(二十二至二十四)

360000－1901－0044702　722417
周禮註疏四十二卷　(漢)鄭玄注　(唐)陸德明音義　(唐)賈公彦疏　清刻本　一冊　存三卷(二十五至二十七)

360000－1901－0044703　801712－1
周禮纂訓二十一卷　(清)李鍾倫撰　清刻本　一冊　存四卷(十四至十七)

360000－1901－0044704　304012
周列士傳一卷　(清)顧壽楨撰　清同治五年(1866)見素抱樸齋刻本　一冊

360000－1901－0044705　150234
周孟侯先生全書　(清)周拱辰撰　清道光二十七年(1847)刻光緒元年(1875)補刻本　十二冊

360000－1901－0044706　405083
周憩亭集十卷首一卷末一卷　(清)周玉瓚撰　清光緒五年(1879)刻本　一冊　存一卷(首一卷)

360000－1901－0044707　304078
周氏冥通記五卷　(南朝梁)陶弘景撰　清刻本　一冊

360000－1901－0044708　300467
周氏止庵詞辨二卷　(清)周濟撰　(清)譚獻評　**介存齋論詞雜著一卷**　(清)周濟撰　(清)譚獻評　清光緒三多、徐珂、趙逢年刻本　一冊

360000－1901－0044709　718255
周書十卷　(清)朱右曾集訓校釋　**周書逸文一卷**　(清)朱右曾輯　清光緒三年(1877)湖北崇文書局刻崇文書局彙刻書本　一冊

360000－1901－0044710　718256
周書十卷　(清)朱右曾集訓校釋　**周書逸文一卷**　(清)朱右曾輯　清光緒三年(1877)湖北崇文書局刻崇文書局彙刻書本　一冊　存六卷(六至十、周書逸文一卷)

360000－1901－0044711　163954
周書五十卷　(唐)令狐德棻等撰　明崇禎五年(1632)毛氏汲古閣刻本　五冊

360000－1901－0044712　310670
周書五十卷　(唐)令狐德棻等撰　清光緒十年(1884)上海同文書局石印本　六冊　存四十卷(一至二十八、三十九至五十)

360000－1901－0044713　304045
周書五十卷　(唐)令狐德棻等撰　清同治十三年(1874)金陵書局刻二十四史本　四冊

360000－1901－0044714　308337
周書五十卷　(唐)令狐德棻等撰　清同治十三年(1874)金陵書局刻二十四史本　四冊

360000－1901－0044715　309155
周書五十卷　(唐)令狐德棻等撰　清同治十

三年(1874)金陵書局刻二十四史本　六冊

360000－1901－0044716　309185
周書五十卷　(唐)令狐德棻等撰　清同治十三年(1874)金陵書局刻二十四史本　四冊

360000－1901－0044717　310824
周書五十卷　(唐)令狐德棻等撰　清同治十三年(1874)金陵書局刻二十四史本　六冊

360000－1901－0044718　309069－1
周書五十卷附考證　(唐)令狐德棻等撰　清光緒同文書局石印本　二冊　存十四卷(九至二十二)

360000－1901－0044719　210035
周星詒刪補便蒙易注四卷　(清)周文郁注　清順治十六年(1659)刻本　三冊

360000－1901－0044720　162453
周宣靈王外科九十五簽不分卷　(宋)周繆宣撰　清刻本　一冊

360000－1901－0044721　411536
周易八卷　(宋)程頤傳　清同治五年(1866)刻本　三冊

360000－1901－0044722　160594
周易本義辯證五卷　(清)惠棟撰　清常熟蔣氏省吾堂刻本　三冊

360000－1901－0044723　160593
周易本義補四卷　(清)蘇文韓撰　清刻本　二冊

360000－1901－0044724　711513
周易本義補四卷圖說一卷　(清)蘇文韓撰　清嘉慶八年(1803)刻本　二冊

360000－1901－0044725　711510
周易本義補四卷圖說一卷　(清)蘇文韓撰　清嘉慶六年(1801)刻本　二冊

360000－1901－0044726　711511
周易本義補四卷圖說一卷　(清)蘇文韓撰　清嘉慶六年(1801)刻本　二冊

360000－1901－0044727　711514
周易本義補四卷圖說一卷　(清)蘇文韓撰　清刻本　二冊

360000－1901－0044728　711515
周易本義補四卷圖說一卷　(清)蘇文韓撰　清刻本　一冊　存三卷(二至四)

360000－1901－0044729　711516
周易本義補四卷圖說一卷　(清)蘇文韓撰　清刻本　一冊　存二卷(一、圖說一卷)

360000－1901－0044730　711512
周易本義補四卷圖說一卷　(清)蘇文韓撰　清書林楊居廣刻本　三冊

360000－1901－0044731　210016
周易本義啓蒙翼傳四卷　(元)胡一桂撰　明萬曆四十三年(1615)刻本　三冊　缺一卷(三)

360000－1901－0044732　210017
周易本義啓蒙翼傳四卷　(元)胡一桂撰　明萬曆四十三年(1615)刻本　一冊　存一卷(一)

360000－1901－0044733　411540
周易本義啓蒙翼傳四卷　(元)胡一桂撰　清嘉慶十七年(1812)刻本　四冊

360000－1901－0044734　411541
周易本義啓蒙翼傳四卷　(元)胡一桂撰　清嘉慶十七年(1812)刻本　四冊　存三卷(二至四)

360000－1901－0044735　120984
周易本義十二卷易圖一卷五贊一卷筮儀一卷　(宋)朱熹撰　清內府影宋刻本　二冊

360000－1901－0044736　406572
周易本義四卷　(宋)朱熹撰　清初刻本　一冊　存三卷(二至四)

360000－1901－0044737　164004
周易本義四卷　(宋)朱熹撰　清刻本　一冊　存二卷(二至三)

360000－1901－0044738　160592
周易本義四卷　(宋)朱熹撰　(明)成矩輯

清學涯堂刻本　二册

360000－1901－0044739　120985

周易本義四卷附筮儀一卷　（宋）朱熹撰　**附周易新增圖說一卷**　（清）萬青銓輯　**附讀易札記一卷**　（清）萬衣撰　清咸豐二年（1852）潯陽萬氏蓮峰書屋刻本　二册

360000－1901－0044740　411603

周易本義四卷附筮儀一卷卦歌一卷圖說一卷　（宋）朱熹撰　清大文堂刻本　二册

360000－1901－0044741　411604

周易本義四卷附筮儀一卷卦歌一卷圖說一卷　（宋）朱熹撰　清刻本　二册

360000－1901－0044742　411605

周易本義四卷附筮儀一卷卦歌一卷圖說一卷　（宋）朱熹撰　清刻本　二册

360000－1901－0044743　411606

周易本義四卷附筮儀一卷卦歌一卷圖說一卷　（宋）朱熹撰　清刻本　二册

360000－1901－0044744　411607

周易本義四卷附筮儀一卷卦歌一卷圖說一卷　（宋）朱熹撰　清刻本　二册

360000－1901－0044745　411608

周易本義四卷附筮儀一卷卦歌一卷圖說一卷　（宋）朱熹撰　清刻本　二册

360000－1901－0044746　421753

周易本義四卷附筮儀一卷卦歌一卷圖說一卷　（宋）朱熹撰　清乾隆十五年（1750）亦政堂刻本　一册　存四卷（一、筮儀一卷、卦歌一卷、圖說一卷）

360000－1901－0044747　802821

周易本義四卷附筮儀一卷卦歌一卷圖說一卷　（宋）朱熹撰　清乾隆十五年（1750）亦政堂刻本　一册　存四卷（一、筮儀一卷、卦歌一卷、圖說一卷）

360000－1901－0044748　802304

周易本義四卷附圖說一卷　（宋）朱熹撰　**周易字畫辨疑一卷新刻增訂易林衷旨四卷**　（清）汪士魁輯　（清）趙最　（清）趙昕增補　清康熙五年（1666）武林聖雨齋刻本　一册　存四卷（周易本義一、圖說一卷、周易字畫辨疑一卷、新刻增訂易林衷旨上經）

360000－1901－0044749　406559

周易本義四卷附圖說一卷卦歌一卷筮儀一卷　（宋）朱熹撰　清康熙元年（1662）醉畊堂刻本　二册

360000－1901－0044750　210018

周易本義通釋十二卷　（元）胡炳文撰　**附輯錄雲峰文集易義一卷**　（元）胡炳文撰　（明）胡珙輯　清康熙十九年（1680）刻通志堂經解本　四册

360000－1901－0044751　210041

周易便解六卷首一卷　（清）汪誥輯　清乾隆五十六年（1791）克復堂刻本　四册

360000－1901－0044752　411488

周易便解六卷首一卷　（清）汪誥輯　清乾隆五十六年（1791）克復堂刻本　三册

360000－1901－0044753　411489

周易便解六卷首一卷　（清）汪誥輯　清乾隆五十六年（1791）克復堂刻本　三册

360000－1901－0044754　411490

周易便解六卷首一卷　（清）汪誥輯　清乾隆五十六年（1791）克復堂刻本　一册　存三卷（一至二、首一卷）

360000－1901－0044755　411490－1

周易便解六卷首一卷　（清）汪誥輯　清乾隆五十六年（1791）克復堂刻本　一册　存一卷（二）

360000－1901－0044756　210037

周易辯二十四卷　（清）浦龍淵撰　清康熙十八年（1679）刻本　七册

360000－1901－0044757　160643

周易變通解六卷首一卷末一卷　（清）萬裕澐撰　清光緒元年（1875）刻本　六册

360000－1901－0044758　160642

周易變通解六卷首一卷末一卷　(清)萬裕澐撰　清同治十三年(1874)刻本　六冊

360000－1901－0044759　121014
周易撥易堂解二十卷首二卷末二卷　(清)劉斯組撰　清刻本　十二冊

360000－1901－0044760　122023
周易撥易堂解二十卷首二卷末二卷　(清)劉斯組撰　清刻本　十二冊

360000－1901－0044761　601382
周易撥易堂解二十卷首二卷末二卷　(清)劉斯組撰　清刻本　十二冊

360000－1901－0044762　122022
周易撥易堂解二十卷首二卷末二卷　(清)劉斯組撰　清乾隆裘磐刻本　二十四冊

360000－1901－0044763　160626
周易補義六卷　(清)史褒撰　清光緒十七年(1891)趙氏聚星堂刻本　二冊

360000－1901－0044764　803547
周易補注□卷首一卷　(□)□□輯　清抄本　一冊　存二卷(上經、首一卷)

360000－1901－0044765　801875
周易補註不分卷　(□)□□撰　清抄本　二冊

360000－1901－0044766　803715
周易不分卷　清抄本　一冊

360000－1901－0044767　411463
周易参同契分章註解三卷　(漢)魏伯陽撰　(元)陳致虛注解　(清)傅金銓批點　(清)綠野齋重訂　清道光三十年(1850)刻本　二冊

360000－1901－0044768　411462
周易参同契分章註解三卷　(漢)魏伯陽撰　(元)陳致虛注解　(清)傅金銓批點　(清)綠野齋重訂　清光緒二年(1876)敦仁堂刻本　二冊

360000－1901－0044769　121010
周易参同契集韻二卷末一卷　(清)紀大奎輯　清咸豐二年(1852)刻本　三冊

360000－1901－0044770　160618
周易参同契集韻六卷末一卷俞氏参同契發揮五言注摘錄一卷　(清)紀大奎輯　清咸豐二年(1852)刻本　五冊

360000－1901－0044771　160638
周易闡要四卷　(明)吳尚默撰　清嘉慶八年(1803)刻本　六冊

360000－1901－0044772　160639
周易闡真四卷　(清)劉一明輯　清刻本　三冊

360000－1901－0044773　210058
周易闡注三卷　(清)阮龍光撰　清抄本　三冊

360000－1901－0044774　160622
周易程傳八卷　(宋)程頤撰　清同治五年(1866)金陵書局刻本　三冊

360000－1901－0044775　312485
周易傳義大全二十四卷綱領一卷朱子圖說一卷　(明)胡廣等輯　**易經考異一卷**　(宋)王應麟撰　明崇禎詩瘦閣刻本　六冊

360000－1901－0044776　312568
周易傳義大全二十四卷上下篇義一卷朱子圖說一卷易五贊一卷筮儀一卷程朱易說綱領一卷　(明)胡廣等輯　明息齋余氏刻本　八冊

360000－1901－0044777　411461
周易傳義大全二十四卷上下篇義一卷朱子圖說一卷易五贊一卷筮儀一卷程朱易說綱領一卷　(明)胡廣等輯　清刻本　九冊　存十三卷(四、九、十二至十三、十六至二十四)

360000－1901－0044778　402754
周易傳義大全二十四卷上下篇義一卷朱子圖說一卷易五贊一卷筮儀一卷易說綱領一卷　(明)胡廣等輯　清刻本　五冊　存十九卷(一至十二、十八至二十,朱子圖說一卷,易五贊一卷,筮儀一卷,易說綱領一卷)

360000－1901－0044779　210019

周易傳義大全二十四卷上下篇義一卷朱子圖說一卷易五贊一卷筮儀一卷易說綱領一卷 (明)胡廣等輯 **易經考異一卷** (宋)王應麟撰 明刻本 二十六冊

360000－1901－0044780 210020
周易傳義大全二十四卷上下篇義一卷朱子圖說一卷易五贊一卷筮儀一卷易說綱領一卷 (明)胡廣等輯 **易經考異一卷** (宋)王應麟撰 明刻本 五冊 缺十三卷(十二至二十四)

360000－1901－0044781 410280
周易傳義合訂十二卷 (清)朱軾撰 清光緒二十三年(1897)朱衡等刻朱文端公藏書本 二冊 存四卷(八至九、十一至十二)

360000－1901－0044782 601380
周易傳義合訂十二卷 (清)朱軾撰 清刻本 二冊 存三卷(十至十二)

360000－1901－0044783 410282
周易傳義合訂十二卷 (清)朱軾撰 清乾隆刻本 四冊 存八卷(一至四、九至十二)

360000－1901－0044784 410283
周易傳義合訂十二卷 (清)朱軾撰 清乾隆刻本 五冊 存十卷(一至十)

360000－1901－0044785 410283－1
周易傳義合訂十二卷 (清)朱軾撰 清乾隆刻本 四冊 存七卷(六至十二)

360000－1901－0044786 410284
周易傳義合訂十二卷 (清)朱軾撰 清乾隆刻本 二冊 存六卷(一至三、十至十二)

360000－1901－0044787 410284－1
周易傳義合訂十二卷 (清)朱軾撰 清乾隆刻本 三冊 存六卷(一至三、十至十二)

360000－1901－0044788 210045
周易傳義合訂十二卷 (清)朱軾撰 清乾隆元年(1736)刻朱文端公藏書本 六冊

360000－1901－0044789 210046
周易傳義合訂十二卷 (清)朱軾撰 清乾隆元年(1736)刻朱文端公藏書本 四冊

360000－1901－0044790 160632
周易傳義音訓八卷 (宋)程頤傳 (宋)朱熹本義 (宋)吕祖謙音訓 **附朱子易學啟蒙一卷** (宋)朱熹撰 清光緒六年(1880)刻本 四冊

360000－1901－0044791 601381
周易傳義音訓八卷首一卷 (宋)程頤傳 (宋)朱熹本義 (宋)吕祖謙音訓 **附朱子易學啟蒙一卷** (宋)朱熹撰 清同治六年(1867)望三益齋刻本 三冊 存六卷(二至三、五至八)

360000－1901－0044792 210009
周易二十四卷 (宋)程頤傳 (宋)朱熹本義 **上下篇義一卷** (宋)程頤撰 **朱子圖說一卷筮儀一卷** (宋)朱熹撰 明崇禎十三年(1640)刻本 四冊

360000－1901－0044793 160619
周易費氏學八卷敘錄一卷 馬其昶撰 清光緒三十年(1904)集虛草堂刻本 三冊

360000－1901－0044794 160620
周易費氏學八卷敘錄一卷 馬其昶撰 清光緒三十年(1904)集虛草堂刻本 三冊

360000－1901－0044795 160640
周易觀象十二卷 (清)李光地撰 清嘉慶九年(1804)南城梅照壁刻本 四冊

360000－1901－0044796 160641
周易觀象十二卷 (清)李光地撰 清嘉慶九年(1804)南城梅照壁刻本 二冊 存六卷(一至六)

360000－1901－0044797 210033
周易廣義四卷 (清)鄭敷教撰 清康熙二十三年(1684)刻本 三冊

360000－1901－0044798 210034
周易廣義四卷 (清)鄭敷教撰 清康熙刻本 二冊 缺一卷(一)

360000－1901－0044799 411445

周易會歸不分卷　(清)鄧霽彙纂　(清)鄧嗣禹輯注　(清)鄧霖　(清)鄧霈編　清乾隆刻本　十册

360000－1901－0044800　411446
周易會歸不分卷　(清)鄧霽彙纂　(清)鄧嗣禹輯注　(清)鄧霖　(清)鄧霈編　清乾隆刻本　五册

360000－1901－0044801　411447
周易會歸不分卷　(清)鄧霽彙纂　(清)鄧嗣禹輯注　(清)鄧霖　(清)鄧霈編　清乾隆刻本　四册

360000－1901－0044802　411448
周易會歸不分卷　(清)鄧霽彙纂　(清)鄧嗣禹輯注　(清)鄧霖　(清)鄧霈編　清乾隆刻本　八册

360000－1901－0044803　210039
周易會歸不分卷　(清)鄧霽彙纂　(清)鄧嗣禹輯注　(清)鄧雲參補　清康熙五十一年(1712)龍南學署刻本　十册

360000－1901－0044804　210027
周易會通十二卷　(明)汪邦柱　(明)江柟撰　明萬曆四十五年(1617)江氏生生館刻本　三册　存三卷(三至五)

360000－1901－0044805　121011
周易集傳八卷補遺一卷考證一卷　(元)龍仁夫撰　(清)尹繼美輯　清同治七年(1868)鼎吉堂刻本　二册

360000－1901－0044806　121012
周易集傳八卷補遺一卷考證一卷　(元)龍仁夫撰　(清)尹繼美輯　清同治七年(1868)鼎吉堂刻本　二册

360000－1901－0044807　411494
周易集傳八卷補遺一卷考證一卷　(元)龍仁夫撰　(清)尹繼美録　清同治七年(1868)鼎吉堂刻本　四册

360000－1901－0044808　411495
周易集傳八卷補遺一卷考證一卷　(元)龍仁夫撰　(清)尹繼美録　清同治七年(1868)鼎吉堂刻本　二册　存八卷(周易集傳八卷)

360000－1901－0044809　411496
周易集傳八卷補遺一卷考證一卷　(元)龍仁夫撰　(清)尹繼美録　清同治七年(1868)鼎吉堂刻本　三册　存六卷(一至六)

360000－1901－0044810　160625
周易集注六卷首一卷　(清)張官德編　清光緒三年(1877)養源堂刻本　六册

360000－1901－0044811　603694
周易兼義九卷　(三國魏)王弼　(晉)韓康伯注　(唐)孔穎達正義　**音義一卷**　(唐)陸德明撰　**附注疏校勘記九卷釋文校勘記一卷**　(清)阮元撰　(清)盧宣旬摘録　清刻重刊宋本十三經注疏本　一册　存二卷(音義一卷、釋文校勘記一卷)

360000－1901－0044812　603698
周易兼義九卷　(三國魏)王弼　(晉)韓康伯注　(唐)孔穎達正義　**音義一卷**　(唐)陸德明撰　**附注疏校勘記九卷釋文校勘記一卷**　(清)阮元撰　(清)盧宣旬摘録　清刻重刊宋本十三經注疏本　一册　存二卷(音義一卷、釋文校勘記一卷)

360000－1901－0044813　805345
周易兼義九卷　(三國魏)王弼　(晉)韓康伯注　(唐)孔穎達正義　**音義一卷**　(唐)陸德明撰　**附注疏校勘記九卷釋文校勘記一卷**　(清)阮元撰　(清)盧宣旬摘録　清同治十二年(1873)江西書局刻重刊宋本十三經注疏本　五册　存十二卷(一至三、五至七,注疏校勘記一至三、五至七)

360000－1901－0044814　210006
周易兼義九卷　(三國魏)王弼　(晉)韓康伯注　(唐)孔穎達正義　**音義一卷**　(唐)陸德明撰　**略例一卷**　(三國魏)王弼撰　(唐)邢璹注　明萬曆十四年(1586)北京國子監刻十三經注疏本　四册

360000－1901－0044815　413015

周易見意四卷首一卷　(清)余慶遠撰　清嘉慶五年(1800)松雲樓刻本　三册　存三卷(三至四、首一卷)

360000－1901－0044816　803490
周易揭要三卷　(清)周蕙田輯　清刻本　一册　存二卷(二至三)

360000－1901－0044817　160630
周易解故一卷　(清)丁晏撰　清光緒十九年(1893)廣雅書局刻本　一册

360000－1901－0044818　210010
周易經傳傳義二十四卷　(宋)程頤傳　(宋)朱熹本義　**上下篇義一卷**　(宋)程頤撰　**圖説一卷易五贊一卷筮儀一卷**　(宋)朱熹撰　明嘉靖十一年(1532)建寧府刻本　三册　缺七卷(十八至二十四)

360000－1901－0044819　210011
周易經傳二十四卷　(宋)程頤傳　(宋)朱熹本義　明刻清乾隆厲翼翠微堂重修本　六册

360000－1901－0044820　121008
周易經義審七卷首一卷　(清)盧浙輯注　清嘉慶十七年(1812)三芝山房刻本　六册

360000－1901－0044821　411438
周易經義審七卷首一卷　(清)盧浙輯注　清嘉慶十七年(1812)三芝山房刻本　一册　存一卷(二)

360000－1901－0044822　804103
周易精義四卷首一卷　(清)黄淦撰　清刻本　一册　存三卷(二至四)

360000－1901－0044823　804119
周易精義四卷首一卷　(清)黄淦撰　清珊城三讓堂刻本　一册　存三卷(二至四)

360000－1901－0044824　160595
周易究四卷　(清)徐梅撰　清光緒三年(1877)刻本　四册

360000－1901－0044825　401370
周易九卷附考證　(三國魏)王弼　(晉)韓康伯注　(唐)陸德明音義　**畧例一卷**　(三國魏)王弼撰　(唐)邢璹注　清刻仿宋相臺五經本　三册

360000－1901－0044826　160637
周易舊注十二卷　(清)徐鼒撰　清光緒十二年(1886)扶桑使廨刻本　六册

360000－1901－0044827　411429
周易舊注十二卷　(清)徐鼒撰　清光緒十二年(1886)扶桑使廨刻本　七册

360000－1901－0044828　160582
周易孔義集説二十卷　(清)沈起元撰　清光緒三十一年(1905)江蘇書局刻本　八册

360000－1901－0044829　160614
周易理數貫四卷　(清)汪乙然撰　清同治六年(1867)汪氏敬讓堂刻本　四册

360000－1901－0044830　122981
周易理數貫四卷補説一卷　(清)汪乙然撰　清同治六年(1867)汪氏敬讓堂刻本　五册

360000－1901－0044831　160578
周易六卷　(宋)程頤撰　**附晦庵先生校正周易繫辭精義二卷**　(宋)吕祖謙撰　清光緒九年(1883)遵義黎氏日本東京使署影元刻古逸叢書本　二册

360000－1901－0044832　406573
周易六卷　(宋)程頤撰　**附晦庵先生校正周易繫辭精義二卷**　(宋)吕祖謙撰　清光緒九年(1883)遵義黎氏日本東京使署影元刻古逸叢書本　二册

360000－1901－0044833　121009
周易六十四卦象占解八卷首一卷末一卷　(清)左鳴球參訂　清同治元年(1862)占秀山房木活字印本　三册

360000－1901－0044834　160603
周易明報三卷首一卷末一卷　(清)陳懋侯輯　清光緒八年(1882)刻本　三册

360000－1901－0044835　121017
周易内傳十二卷　(清)金士升撰　清道光二年(1822)楊學烈退思堂刻本　六册

360000－1901－0044836　121018
周易内傳十二卷　(清)金士升撰　清道光二年(1822)楊學烈退思堂刻本　六册

360000－1901－0044837　411436
周易内傳十二卷　(清)金士升撰　清道光二年(1822)楊學烈退思堂刻本　五册　存八卷(一至八)

360000－1901－0044838　120894
周易篇第三卷首一卷易考二卷續考二卷　(清)李榮陛撰　清嘉慶二十年(1815)亙古齋刻李厚岡集本　三册

360000－1901－0044839　411537
周易平説二卷　(清)郭程先撰　(清)郭珠煩補注　清咸豐五年(1855)刻本　二册

360000－1901－0044840　411538
周易平説二卷　(清)郭程先撰　(清)郭珠煩補注　清咸豐五年(1855)刻本　三册

360000－1901－0044841　210500
周易乾鑿度二卷　(漢)鄭玄注　清乾隆二十一年(1756)德州盧氏刻雅雨堂叢書本　一册

360000－1901－0044842　121002
周易淺解三卷首一卷　(清)陳大文撰　清光緒十八年(1892)刻本　三册

360000－1901－0044843　121003
周易淺解三卷首一卷　(清)陳大文撰　清光緒十八年(1892)刻本　三册

360000－1901－0044844　121004
周易淺解三卷首一卷　(清)陳大文撰　清光緒十八年(1892)刻本　三册

360000－1901－0044845　601379
周易淺解三卷首一卷　(清)陳大文撰　清光緒十八年(1892)刻本　三册

360000－1901－0044846　121005
周易淺玩二卷　(清)李宗澳撰　清道光十四年(1834)結桂山房刻本　二册

360000－1901－0044847　121006
周易淺玩二卷　(清)李宗澳撰　清道光十四年(1834)結桂山房刻本　二册

360000－1901－0044848　210040
周易淺義四卷　(清)耿極撰　清康熙二十七年(1688)觀象軒刻本　三册　存二卷(一至二)

360000－1901－0044849　711525
周易三卷　(三國魏)王弼注　明刻本　一册　存一卷(一)

360000－1901－0044850　804300
周易上下篇義一卷　(宋)董楷輯　清濂溪書屋抄本　一册

360000－1901－0044851　411428
周易審鵠要解四卷　(清)林錫齡輯　清刻本　一册　存二卷(三至四)

360000－1901－0044852　411428－1
周易審鵠要解四卷　(清)林錫齡輯　清刻本　一册　存三卷(二至四)

360000－1901－0044853　210047
周易審鵠要解四卷　(清)林錫齡輯　清乾隆十年(1745)刻本　一册

360000－1901－0044854　411427
周易審鵠要解四卷　(清)林錫齡輯　清乾隆十年(1745)刻五經審鵠要解本　二册

360000－1901－0044855　413022
周易審義四卷　(清)張惠言撰　清咸豐七年(1857)文選樓刻本　四册

360000－1901－0044856　120994
周易十二卷附音訓十二卷　(宋)朱熹本義　(宋)呂祖謙音訓　清光緒十三年(1887)淮南書局刻本　二册

360000－1901－0044857　406569
周易十二卷首一卷　(宋)朱熹本義　清乾隆十五年(1750)務滋堂刻本　二册

360000－1901－0044858　406570
周易十二卷首一卷　(宋)朱熹本義　清乾隆十五年(1750)務滋堂刻本　二册　存七卷(一至六、首一卷)

360000－1901－0044859　210008
周易十卷　(宋)程頤傳　(宋)朱熹本義　**上下篇義一卷**　(宋)程頤撰　**易圖集錄一卷易五贊一卷筮儀一卷**　(宋)朱熹撰　明正統十二年(1447)司禮監刻本　十册

360000－1901－0044860　164003
周易十卷　(宋)程頤傳　(宋)朱熹本義　**上下篇義一卷**　(宋)程頤撰　**易五贊一卷筮儀一卷**　(宋)朱熹撰　明司禮監刻清遞修本　五册　缺一卷(一)

360000－1901－0044861　706126
周易拾遺十四卷　(清)徐文靖撰　清乾隆二十一年(1756)志寧堂刻本　一册　存六卷(一至六)

360000－1901－0044862　121016
周易說約一卷附筮策訂誤一卷邵子易卦橫圖辨一卷　(清)盧浙撰　清刻本　一册

360000－1901－0044863　411545－1
周易四卷　(宋)朱熹本義　清愛蓮堂刻本　二册

360000－1901－0044864　411661
周易四卷　(宋)朱熹本義　清愛蓮堂刻本　二册

360000－1901－0044865　411561
周易四卷　(宋)朱熹本義　清愛日堂刻本　二册

360000－1901－0044866　411559
周易四卷　(宋)朱熹本義　清春秀堂刻本　二册

360000－1901－0044867　411655
周易四卷　(宋)朱熹本義　清大文堂刻本　二册

360000－1901－0044868　413055
周易四卷　(宋)朱熹本義　清大西山房刻本　二册

360000－1901－0044869　411642
周易四卷　(宋)朱熹本義　清道光二十六年(1846)學源堂刻本　二册

360000－1901－0044870　411668
周易四卷　(宋)朱熹本義　清道光二十六年(1846)學源堂刻本　二册

360000－1901－0044871　411573
周易四卷　(宋)朱熹本義　清道光三十年(1850)刻本　二册

360000－1901－0044872　411669
周易四卷　(宋)朱熹本義　清道光三十年(1850)刻本　二册

360000－1901－0044873　411582
周易四卷　(宋)朱熹本義　清道光十二年(1832)掃葉山房刻本　二册

360000－1901－0044874　411583
周易四卷　(宋)朱熹本義　清道光十二年(1832)掃葉山房刻本　二册

360000－1901－0044875　411614
周易四卷　(宋)朱熹本義　清道光十年(1830)兩儀堂刻本　二册

360000－1901－0044876　411615
周易四卷　(宋)朱熹本義　清道光十年(1830)兩儀堂刻本　二册

360000－1901－0044877　411616
周易四卷　(宋)朱熹本義　清道光十年(1830)兩儀堂刻本　二册

360000－1901－0044878　411643
周易四卷　(宋)朱熹本義　清道光十四年(1834)聚德堂刻本　二册

360000－1901－0044879　413024
周易四卷　(宋)朱熹本義　清敦仁堂刻本　二册

360000－1901－0044880　411553
周易四卷　(宋)朱熹本義　清光緒二年(1876)衡陽魏家刻本　二册

360000－1901－0044881　413054
周易四卷　(宋)朱熹本義　清光緒二十二年

(1896)經綸柏記書局刻本　二册

360000－1901－0044882　411558
周易四卷　(宋)朱熹本義　清光緒刻本　二册

360000－1901－0044883　405792
周易四卷　(宋)朱熹本義　清光緒六年(1880)山西濬文書局刻本　二册

360000－1901－0044884　413025
周易四卷　(宋)朱熹本義　清光緒六年(1880)蘇州緑蔭堂刻本　二册

360000－1901－0044885　120993
周易四卷　(宋)朱熹本義　清光緒七年(1881)江蘇書局刻本　二册

360000－1901－0044886　603343
周易四卷　(宋)朱熹本義　清光緒四年(1878)掃葉山房刻本　二册

360000－1901－0044887　123243
周易四卷　(宋)朱熹本義　清光緒四年(1878)蘇州掃葉山房刻本　二册

360000－1901－0044888　413051
周易四卷　(宋)朱熹本義　清桂月樓刻本　二册

360000－1901－0044889　413048
周易四卷　(宋)朱熹本義　清嘉慶二十二年(1817)蕭山裕文堂刻本　二册

360000－1901－0044890　411580
周易四卷　(宋)朱熹本義　清嘉慶二十三年(1818)繡文堂刻本　一册

360000－1901－0044891　411581
周易四卷　(宋)朱熹本義　清嘉慶二十三年(1818)繡文堂刻本　二册

360000－1901－0044892　413050
周易四卷　(宋)朱熹本義　清嘉慶十九年(1814)桂月樓刻本　二册

360000－1901－0044893　120992
周易四卷　(宋)朱熹本義　清嘉慶十年(1805)刻本　二册

360000－1901－0044894　413052
周易四卷　(宋)朱熹本義　清嘉慶十七年(1812)山淵堂刻本　二册

360000－1901－0044895　411666
周易四卷　(宋)朱熹本義　清嘉慶十五年(1810)英秀堂刻本　二册

360000－1901－0044896　411548
周易四卷　(宋)朱熹本義　清嘉慶四年(1799)聚興堂刻本　一册

360000－1901－0044897　411550
周易四卷　(宋)朱熹本義　清嘉慶四年(1799)聚興堂刻本　二册

360000－1901－0044898　411551
周易四卷　(宋)朱熹本義　清嘉慶四年(1799)聚興堂刻本　二册

360000－1901－0044899　411552
周易四卷　(宋)朱熹本義　清嘉慶四年(1799)聚興堂刻本　二册

360000－1901－0044900　411547
周易四卷　(宋)朱熹本義　清姜文奎堂刻本　二册

360000－1901－0044901　706406
周易四卷　(宋)朱熹本義　清芥子園刻本　一册　存三卷(二至四)

360000－1901－0044902　411566
周易四卷　(宋)朱熹本義　清京都善成堂刻本　三册

360000－1901－0044903　411584
周易四卷　(宋)朱熹本義　清經國堂刻本　二册

360000－1901－0044904　411662
周易四卷　(宋)朱熹本義　清經元堂刻本　二册

360000－1901－0044905　411653
周易四卷　(宋)朱熹本義　清聚錦堂刻本

二册

360000－1901－0044906　411654
周易四卷　(宋)朱熹本義　清聚錦堂刻本　二册

360000－1901－0044907　411660
周易四卷　(宋)朱熹本義　清聚錦堂刻本　二册

360000－1901－0044908　411639
周易四卷　(宋)朱熹本義　清聚盛堂刻本　二册

360000－1901－0044909　411649
周易四卷　(宋)朱熹本義　清聚文堂刻本　二册

360000－1901－0044910　210013
周易四卷　(宋)朱熹本義　清康熙九年(1670)刻本　二册

360000－1901－0044911　411549
周易四卷　(宋)朱熹本義　清刻本　二册

360000－1901－0044912　411624
周易四卷　(宋)朱熹本義　清刻本　二册

360000－1901－0044913　411635
周易四卷　(宋)朱熹本義　清刻本　二册

360000－1901－0044914　411641
周易四卷　(宋)朱熹本義　清刻本　二册

360000－1901－0044915　411645
周易四卷　(宋)朱熹本義　清刻本　二册

360000－1901－0044916　411646
周易四卷　(宋)朱熹本義　清刻本　二册

360000－1901－0044917　411648
周易四卷　(宋)朱熹本義　清刻本　二册

360000－1901－0044918　411658
周易四卷　(宋)朱熹本義　清刻本　二册

360000－1901－0044919　413053
周易四卷　(宋)朱熹本義　清刻本　二册

360000－1901－0044920　413057
周易四卷　(宋)朱熹本義　清刻本　二册

360000－1901－0044921　603361
周易四卷　(宋)朱熹本義　清刻本　一册　存三卷(二至四)

360000－1901－0044922　706546
周易四卷　(宋)朱熹本義　清刻本　二册

360000－1901－0044923　706547
周易四卷　(宋)朱熹本義　清刻本　二册

360000－1901－0044924　706548
周易四卷　(宋)朱熹本義　清刻本　二册

360000－1901－0044925　706549
周易四卷　(宋)朱熹本義　清刻本　二册

360000－1901－0044926　706550
周易四卷　(宋)朱熹本義　清刻本　一册　存三卷(二至四)

360000－1901－0044927　713025
周易四卷　(宋)朱熹本義　清刻本　一册　存三卷(二至四)

360000－1901－0044928　713026
周易四卷　(宋)朱熹本義　清刻本　一册　存三卷(二至四)

360000－1901－0044929　713028
周易四卷　(宋)朱熹本義　清刻本　一册　存二卷(二至三)

360000－1901－0044930　713700
周易四卷　(宋)朱熹本義　清刻本　一册　存三卷(二至四)

360000－1901－0044931　801520
周易四卷　(宋)朱熹本義　清李光明家刻本　一册　存三卷(二至四)

360000－1901－0044932　411617
周易四卷　(宋)朱熹本義　清兩儀堂刻本　二册

360000－1901－0044933　411618
周易四卷　(宋)朱熹本義　清兩儀堂刻本　二册

360000－1901－0044934　411619
周易四卷　(宋)朱熹本義　清兩儀堂刻本　二冊

360000－1901－0044935　411620
周易四卷　(宋)朱熹本義　清兩儀堂刻本　二冊

360000－1901－0044936　411621
周易四卷　(宋)朱熹本義　清兩儀堂刻本　二冊

360000－1901－0044937　411622
周易四卷　(宋)朱熹本義　清兩儀堂刻本　二冊

360000－1901－0044938　411623
周易四卷　(宋)朱熹本義　清兩儀堂刻本　二冊

360000－1901－0044939　706521
周易四卷　(宋)朱熹本義　清末石印本　一冊　存一卷(一)

360000－1901－0044940　411659
周易四卷　(宋)朱熹本義　清乾隆四十一年(1776)菊園刻本　二冊

360000－1901－0044941　411664
周易四卷　(宋)朱熹本義　清乾隆四十一年(1776)菊園刻本　二冊

360000－1901－0044942　411592
周易四卷　(宋)朱熹本義　清乾隆五十九年(1794)刻本　二冊

360000－1901－0044943　411574
周易四卷　(宋)朱熹本義　清乾隆五十四年(1789)刻本　一冊

360000－1901－0044944　411575
周易四卷　(宋)朱熹本義　清乾隆五十四年(1789)刻本　二冊

360000－1901－0044945　411576
周易四卷　(宋)朱熹本義　清乾隆五十四年(1789)刻本　二冊

360000－1901－0044946　411577
周易四卷　(宋)朱熹本義　清乾隆五十四年(1789)刻本　二冊

360000－1901－0044947　411578
周易四卷　(宋)朱熹本義　清乾隆五十四年(1789)刻本　二冊

360000－1901－0044948　411579
周易四卷　(宋)朱熹本義　清乾隆五十四年(1789)刻本　一冊

360000－1901－0044949　411644
周易四卷　(宋)朱熹本義　清乾隆五十四年(1789)刻本　二冊

360000－1901－0044950　411647
周易四卷　(宋)朱熹本義　清乾隆五十四年(1789)學源堂刻本　二冊

360000－1901－0044951　210014
周易四卷　(宋)朱熹本義　清乾隆五十五年(1790)芥子園刻本　二冊

360000－1901－0044952　210015
周易四卷　(宋)朱熹本義　清乾隆五十五年(1790)芥子園刻五十八年(1793)五雲樓印本　二冊

360000－1901－0044953　411567
周易四卷　(宋)朱熹本義　清乾隆五十五年(1790)刻本　二冊

360000－1901－0044954　411568
周易四卷　(宋)朱熹本義　清乾隆五十五年(1790)刻本　二冊

360000－1901－0044955　413056
周易四卷　(宋)朱熹本義　清三槐堂刻本　二冊

360000－1901－0044956　411545
周易四卷　(宋)朱熹本義　清三讓堂刻本　二冊

360000－1901－0044957　411546
周易四卷　(宋)朱熹本義　清三讓堂刻本　二冊

360000－1901－0044958　411556
周易四卷　(宋)朱熹本義　清上海際園刻本　二冊

360000－1901－0044959　411557
周易四卷　(宋)朱熹本義　清上海際園刻本　二冊

360000－1901－0044960　411663
周易四卷　(宋)朱熹本義　清尚友堂刻本　二冊

360000－1901－0044961　411640
周易四卷　(宋)朱熹本義　清慎德堂刻本　二冊　存二卷(一至二)

360000－1901－0044962　411565
周易四卷　(宋)朱熹本義　清慎詒堂刻本　二冊

360000－1901－0044963　603340
周易四卷　(宋)朱熹本義　清慎詒堂刻本　二冊

360000－1901－0044964　120990
周易四卷　(宋)朱熹本義　清恕堂刻本　二冊

360000－1901－0044965　411625
周易四卷　(宋)朱熹本義　清松盛堂刻本　一冊

360000－1901－0044966　411626
周易四卷　(宋)朱熹本義　清松盛堂刻本　一冊

360000－1901－0044967　411627
周易四卷　(宋)朱熹本義　清松盛堂刻本　二冊

360000－1901－0044968　411628
周易四卷　(宋)朱熹本義　清松盛堂刻本　二冊

360000－1901－0044969　411629
周易四卷　(宋)朱熹本義　清松盛堂刻本　二冊

360000－1901－0044970　411630
周易四卷　(宋)朱熹本義　清松盛堂刻本　二冊

360000－1901－0044971　411631
周易四卷　(宋)朱熹本義　清松盛堂刻本　二冊

360000－1901－0044972　413049
周易四卷　(宋)朱熹本義　清天祿閣刻本　二冊

360000－1901－0044973　413016
周易四卷　(宋)朱熹本義　清同治六年(1867)青雲堂刻本　一冊　存一卷(一)

360000－1901－0044974　411569
周易四卷　(宋)朱熹本義　清同治三年(1864)浙江撫署刻本　二冊

360000－1901－0044975　411570
周易四卷　(宋)朱熹本義　清同治三年(1864)浙江撫署刻本　二冊

360000－1901－0044976　411571
周易四卷　(宋)朱熹本義　清同治三年(1864)浙江撫署刻本　二冊

360000－1901－0044977　120991
周易四卷　(宋)朱熹本義　清同治十三年(1874)湖南書局刻本　二冊

360000－1901－0044978　411560
周易四卷　(宋)朱熹本義　清同治十三年(1874)湖南書局刻本　二冊

360000－1901－0044979　120987
周易四卷　(宋)朱熹本義　清同治十三年(1874)江西書局刻本　二冊

360000－1901－0044980　120988
周易四卷　(宋)朱熹本義　清同治十三年(1874)江西書局刻本　二冊

360000－1901－0044981　120989
周易四卷　(宋)朱熹本義　清同治十三年(1874)江西書局刻本　二冊

360000－1901－0044982　411555
周易四卷　(宋)朱熹本義　清同治十三年(1874)江西書局刻本　二册

360000－1901－0044983　411555－1
周易四卷　(宋)朱熹本義　清同治十三年(1874)江西書局刻本　二册

360000－1901－0044984　603339
周易四卷　(宋)朱熹本義　清同治十三年(1874)江西書局刻本　二册

360000－1901－0044985　120986
周易四卷　(宋)朱熹本義　清同治十一年(1872)湖南尊經閣刻本　二册

360000－1901－0044986　411656
周易四卷　(宋)朱熹本義　清文大堂刻本　二册

360000－1901－0044987　411564
周易四卷　(宋)朱熹本義　清文德堂刻本　二册

360000－1901－0044988　411562
周易四卷　(宋)朱熹本義　清文富堂刻本　二册

360000－1901－0044989　411632
周易四卷　(宋)朱熹本義　清文富堂刻本　二册

360000－1901－0044990　411633
周易四卷　(宋)朱熹本義　清文富堂刻本　二册

360000－1901－0044991　411634
周易四卷　(宋)朱熹本義　清文富堂刻本　二册

360000－1901－0044992　411636
周易四卷　(宋)朱熹本義　清文富堂刻本　二册

360000－1901－0044993　411637
周易四卷　(宋)朱熹本義　清文奎堂刻本　二册

360000－1901－0044994　411657
周易四卷　(宋)朱熹本義　清文奎堂刻本　二册

360000－1901－0044995　411667
周易四卷　(宋)朱熹本義　清文淵堂刻本　二册

360000－1901－0044996　411593
周易四卷　(宋)朱熹本義　清務本堂刻本　二册

360000－1901－0044997　411609
周易四卷　(宋)朱熹本義　清務本堂刻本　二册

360000－1901－0044998　411610
周易四卷　(宋)朱熹本義　清務本堂刻本　二册

360000－1901－0044999　411611
周易四卷　(宋)朱熹本義　清務本堂刻本　二册

360000－1901－0045000　411612
周易四卷　(宋)朱熹本義　清務本堂刻本　二册

360000－1901－0045001　411613
周易四卷　(宋)朱熹本義　清務本堂刻本　二册

360000－1901－0045002　413026
周易四卷　(宋)朱熹本義　清務本堂刻本　二册

360000－1901－0045003　411670
周易四卷　(宋)朱熹本義　清咸豐六年(1856)刻本　二册

360000－1901－0045004　411665
周易四卷　(宋)朱熹本義　清修凝堂刻本　二册

360000－1901－0045005　411572
周易四卷　(宋)朱熹本義　清修凝齋刻本　二册

360000－1901－0045006　706519
周易四卷　(宋)朱熹本義　清宣統二年(1910)上海廣益書局石印本　二册

360000－1901－0045007　706520
周易四卷　(宋)朱熹本義　清宣統二年(1910)上海廣益書局石印本　一册

360000－1901－0045008　413047
周易四卷　(宋)朱熹本義　清怡蓮堂刻本　二册

360000－1901－0045009　411563
周易四卷　(宋)朱熹本義　清英德堂刻本　二册

360000－1901－0045010　411650
周易四卷　(宋)朱熹本義　清英德堂刻本　二册

360000－1901－0045011　411651
周易四卷　(宋)朱熹本義　清英德堂刻本　二册

360000－1901－0045012　411652
周易四卷　(宋)朱熹本義　清英德堂刻本　二册

360000－1901－0045013　411638
周易四卷　(宋)朱熹本義　清郁文堂刻本　二册

360000－1901－0045014　413045
周易四卷　(宋)朱熹本義　清郁文堂刻本　二册

360000－1901－0045015　122851
周易四卷　(宋)朱熹本義　**附周易新增圖説一卷**　(清)萬青銓輯　清同治七年(1868)崇文書局刻本　二册

360000－1901－0045016　713044
周易四卷卦歌一卷圖説一卷　(宋)朱熹本義　清刻本　二册

360000－1901－0045017　601373
周易四卷筮儀一卷卦歌一卷圖説一卷　(宋)朱熹本義　清道光十六年(1836)刻本　二册

360000－1901－0045018　713036
周易四卷筮儀一卷卦歌一卷圖説一卷　(宋)朱熹本義　清嘉慶十七年(1812)刻本　一册　存四卷(一、筮儀一卷、卦歌一卷、圖説一卷)

360000－1901－0045019　601378
周易四卷筮儀一卷卦歌一卷圖説一卷　(宋)朱熹本義　清經綸堂書屋刻本　二册

360000－1901－0045020　713042
周易四卷筮儀一卷卦歌一卷圖説一卷　(宋)朱熹本義　清聚文堂刻本　二册

360000－1901－0045021　603360
周易四卷筮儀一卷卦歌一卷圖説一卷　(宋)朱熹本義　清刻本　二册

360000－1901－0045022　713040
周易四卷筮儀一卷卦歌一卷圖説一卷　(宋)朱熹本義　清刻本　二册

360000－1901－0045023　713041
周易四卷筮儀一卷卦歌一卷圖説一卷　(宋)朱熹本義　清刻本　一册　存四卷(一、筮儀一卷、卦歌一卷、圖説一卷)

360000－1901－0045024　713043
周易四卷筮儀一卷卦歌一卷圖説一卷　(宋)朱熹本義　清刻本　二册

360000－1901－0045025　421915
周易四卷筮儀一卷卦歌一卷圖説一卷　(宋)朱熹本義　清兩宜堂刻本　一册　存二卷(二至三)

360000－1901－0045026　713038
周易四卷筮儀一卷卦歌一卷圖説一卷　(宋)朱熹本義　清兩儀堂刻本　一册　存四卷(一、筮儀一卷、卦歌一卷、圖説一卷)

360000－1901－0045027　713039
周易四卷筮儀一卷卦歌一卷圖説一卷　(宋)朱熹本義　清兩儀堂刻本　二册

360000－1901－0045028　601371
周易四卷筮儀一卷卦歌一卷圖説一卷　(宋)

朱熹本義　清同治八年(1869)掃葉山房刻本　二册

360000－1901－0045029　601374
周易四卷筮儀一卷卦歌一卷圖説一卷　(宋)朱熹本義　清同治三年(1864)浙江撫署刻本　二册

360000－1901－0045030　601372
周易四卷筮儀一卷卦歌一卷圖説一卷　(宋)朱熹本義　清同治十年(1871)刻本　二册

360000－1901－0045031　713034
周易四卷筮儀一卷圖説一卷　(宋)朱熹本義　清聚文堂刻本　二册

360000－1901－0045032　413046
周易四卷筮儀一卷圖説一卷　(宋)朱熹本義　清刻本　二册

360000－1901－0045033　713037
周易四卷圖説一卷　(宋)朱熹本義　清刻本　一册　存二卷(一、圖説一卷)

360000－1901－0045034　406528
周易四卷圖説一卷卦歌一卷　(宋)朱熹本義　清光緒二十九年(1903)寶慶大文書舍刻本　二册

360000－1901－0045035　406530
周易四卷圖説一卷卦歌一卷　(宋)朱熹本義　清刻本　三册

360000－1901－0045036　406502
周易四卷圖説一卷卦歌一卷　(宋)朱熹本義　清務本源刻本　二册

360000－1901－0045037　713027
周易四卷圖説一卷卦歌一卷　(宋)朱熹本義　清怡蓮堂刻本　一册　存三卷(一、圖説一卷、卦歌一卷)

360000－1901－0045038　406524
周易四卷圖説一卷卦歌一卷　(宋)朱熹本義　清狀元閣刻本　二册

360000－1901－0045039　406525
周易四卷圖説一卷卦歌一卷　(宋)朱熹本義　清狀元閣刻本　二册

360000－1901－0045040　406526
周易四卷圖説一卷卦歌一卷　(宋)朱熹本義　清狀元閣刻本　一册　存三卷(一、圖説一卷、卦歌一卷)

360000－1901－0045041　406527
周易四卷圖説一卷卦歌一卷　(宋)朱熹本義　清狀元閣刻本　一册　存三卷(一、圖説一卷、卦歌一卷)

360000－1901－0045042　406535
周易四卷圖説一卷卦歌一卷　(宋)朱熹本義　清狀元閣刻本　一册　存三卷(一、圖説一卷、卦歌一卷)

360000－1901－0045043　406556
周易四卷圖説一卷卦歌一卷筮儀一卷　(宋)朱熹本義　清大酉山房刻本(卷二至四配清刻本)　二册

360000－1901－0045044　406534
周易四卷圖説一卷卦歌一卷筮儀一卷　(宋)朱熹本義　清道光十三年(1833)刻本　一册　存四卷(一、圖説一卷、卦歌一卷、筮儀一卷)

360000－1901－0045045　406543
周易四卷圖説一卷卦歌一卷筮儀一卷　(宋)朱熹本義　清光緒四年(1878)蘇州掃葉山房刻本　二册

360000－1901－0045046　406536
周易四卷圖説一卷卦歌一卷筮儀一卷　(宋)朱熹本義　清會友堂刻本(卷二至四配清刻本)　二册

360000－1901－0045047　406529
周易四卷圖説一卷卦歌一卷筮儀一卷　(宋)朱熹本義　清聚興堂刻本(卷二至四配清刻本)　二册

360000－1901－0045048　406503
周易四卷圖説一卷卦歌一卷筮儀一卷　(宋)朱熹本義　清刻本　二册

360000－1901－0045049　406504
周易四卷圖説一卷卦歌一卷筮儀一卷　（宋）朱熹本義　清刻本　一冊

360000－1901－0045050　406505
周易四卷圖説一卷卦歌一卷筮儀一卷　（宋）朱熹本義　清刻本　二冊

360000－1901－0045051　406506
周易四卷圖説一卷卦歌一卷筮儀一卷　（宋）朱熹本義　清刻本　二冊

360000－1901－0045052　406507
周易四卷圖説一卷卦歌一卷筮儀一卷　（宋）朱熹本義　清刻本　二冊

360000－1901－0045053　406508
周易四卷圖説一卷卦歌一卷筮儀一卷　（宋）朱熹本義　清刻本　一冊　存四卷（一、圖説一卷、卦歌一卷、筮儀一卷）

360000－1901－0045054　406509
周易四卷圖説一卷卦歌一卷筮儀一卷　（宋）朱熹本義　清刻本　一冊　存四卷（一、圖説一卷、卦歌一卷、筮儀一卷）

360000－1901－0045055　406519
周易四卷圖説一卷卦歌一卷筮儀一卷　（宋）朱熹本義　清刻本　一冊　存三卷（二至四）

360000－1901－0045056　406521
周易四卷圖説一卷卦歌一卷筮儀一卷　（宋）朱熹本義　清刻本　一冊　存三卷（二至四）

360000－1901－0045057　406522
周易四卷圖説一卷卦歌一卷筮儀一卷　（宋）朱熹本義　清刻本　一冊　存三卷（二至四）

360000－1901－0045058　406523
周易四卷圖説一卷卦歌一卷筮儀一卷　（宋）朱熹本義　清刻本　二冊

360000－1901－0045059　406531
周易四卷圖説一卷卦歌一卷筮儀一卷　（宋）朱熹本義　清刻本　二冊

360000－1901－0045060　406532
周易四卷圖説一卷卦歌一卷筮儀一卷　（宋）朱熹本義　清刻本　二冊

360000－1901－0045061　406533
周易四卷圖説一卷卦歌一卷筮儀一卷　（宋）朱熹本義　清刻本　二冊

360000－1901－0045062　406539
周易四卷圖説一卷卦歌一卷筮儀一卷　（宋）朱熹本義　清刻本　二冊

360000－1901－0045063　406540
周易四卷圖説一卷卦歌一卷筮儀一卷　（宋）朱熹本義　清刻本　二冊

360000－1901－0045064　406542
周易四卷圖説一卷卦歌一卷筮儀一卷　（宋）朱熹本義　清刻本　二冊

360000－1901－0045065　406552
周易四卷圖説一卷卦歌一卷筮儀一卷　（宋）朱熹本義　清刻本　一冊　存三卷（二至四）

360000－1901－0045066　406553
周易四卷圖説一卷卦歌一卷筮儀一卷　（宋）朱熹本義　清刻本　一冊　存三卷（二至四）

360000－1901－0045067　406554
周易四卷圖説一卷卦歌一卷筮儀一卷　（宋）朱熹本義　清刻本　一冊　存三卷（二至四）

360000－1901－0045068　802280
周易四卷圖説一卷卦歌一卷筮儀一卷　（宋）朱熹本義　清刻本　一冊　存四卷（一、圖説一卷、卦歌一卷、筮儀一卷）

360000－1901－0045069　406541
周易四卷圖説一卷卦歌一卷筮儀一卷　（宋）朱熹本義　清兩儀堂刻本　二冊

360000－1901－0045070　804448
周易四卷圖説一卷卦歌一卷筮儀一卷　（宋）朱熹本義　清乾隆二十二年（1757）文雅堂刻本　一冊　存四卷（一、圖説一卷、卦歌一卷、筮儀一卷）

360000－1901－0045071　406557
周易四卷圖説一卷卦歌一卷筮儀一卷　（宋）朱熹本義　清乾隆五十四年（1789）刻本　二

册

360000－1901－0045072　406520
周易四卷圖説一卷卦歌一卷筮儀一卷　(宋)朱熹本義　清勝興堂刻本　一册　存三卷(二至四)

360000－1901－0045073　406555
周易四卷圖説一卷卦歌一卷筮儀一卷　(宋)朱熹本義　清松盛堂刻本(卷二至四配清刻本)　二册

360000－1901－0045074　406571
周易四卷圖説一卷卦歌一卷筮儀一卷　(宋)朱熹本義　清同治十三年(1874)刻本　一册　存四卷(一、圖説一卷、卦歌一卷、筮儀一卷)

360000－1901－0045075　406544
周易四卷圖説一卷卦歌一卷筮儀一卷　(宋)朱熹本義　清咸豐六年(1856)刻本　一册　存四卷(一、圖説一卷、卦歌一卷、筮儀一卷)

360000－1901－0045076　406518
周易四卷圖説一卷卦歌一卷筮儀一卷　(宋)朱熹本義　清宣統二年(1910)上海廣益書局石印本　一册　存四卷(一、圖説一卷、卦歌一卷、筮儀一卷)

360000－1901－0045077　406515
周易四卷圖説一卷卦歌一卷筮儀一卷　(宋)朱熹本義　清宣統二年(1910)上海會文堂石印本　二册

360000－1901－0045078　406516
周易四卷圖説一卷卦歌一卷筮儀一卷　(宋)朱熹本義　清宣統二年(1910)上海會文堂石印本　二册

360000－1901－0045079　406517
周易四卷圖説一卷卦歌一卷筮儀一卷　(宋)朱熹本義　清宣統二年(1910)上海會文堂書局石印本　一册

360000－1901－0045080　406537
周易四卷圖説一卷卦歌一卷筮儀一卷　(宋)朱熹本義　清學源堂刻本(卷二至四配清刻本)　二册

360000－1901－0045081　406538
周易四卷圖説一卷卦歌一卷筮儀一卷　(宋)朱熹本義　清學源堂刻本(卷二至四配清刻本)　二册

360000－1901－0045082　411449
周易通論四卷周易觀象十二卷　(清)李光地撰　清道光九年(1829)李維迪等刻本　五册　存十三卷(周易通論四卷、周易觀象一至九)

360000－1901－0045083　411450
周易通論四卷周易觀象十二卷　(清)李光地撰　清道光九年(1829)李維迪等刻本　三册　存八卷(周易通論一至二、周易觀象四至九)

360000－1901－0045084　210028
周易通略一卷　(明)黄俊撰　清抄本　一册

360000－1901－0045085　160617
周易通義十六卷　(清)莊忠棫撰　清光緒六年(1880)儀徵劉壽曾冶城山館刻本　一册　存八卷(一至八)

360000－1901－0045086　163913
明史三百三十二卷目錄四卷　(清)張廷玉等撰　清光緒三年(1877)湖北崇文書局刻二十四史本　四十九册

360000－1901－0045087　210053
周易外傳四卷　(清)盧金鏡撰　清乾隆五十一年(1786)高雲堂刻本　二册

360000－1901－0045088　411435
周易析義十卷首一卷　(清)劉伯允撰　清刻本　一册　存六卷(五至十)

360000－1901－0045089　160605
周易洗心十卷　(清)任啓運撰　清光緒八年(1882)刻本　八册

360000－1901－0045090　210051
周易洗心十卷　(清)任啓運撰　清乾隆三十

四年(1769)刻本　八冊

360000－1901－0045091　411452
周易洗心十卷　(清)任啓運撰　清乾隆四十七年(1782)刻本　六冊

360000－1901－0045092　411453
周易洗心十卷　(清)任啓運撰　清乾隆四十七年(1782)刻本　二冊　存五卷(一至五)

360000－1901－0045093　160624
周易象義集成三卷　(清)陳洪冠輯　清咸豐八年(1858)羣玉書屋刻本　三冊

360000－1901－0045094　411433
周易象義集成三卷　(清)陳洪冠輯　清咸豐八年(1858)羣玉書屋刻本　六冊

360000－1901－0045095　411437
周易象義十卷首一卷　(清)杜文亮集注　清同治刻本　二冊　存四卷(四至七)

360000－1901－0045096　411431
周易訓義七卷首一卷　(清)喻遜纂輯　清嘉慶刻本　五冊

360000－1901－0045097　411440
周易研幾一卷　(清)豫師撰　清同治八年(1869)刻本　一冊

360000－1901－0045098　411440－1
周易研幾一卷　(清)豫師撰　清同治八年(1869)刻本　一冊

360000－1901－0045099　160612
周易姚氏學十六卷首一卷　(清)姚配中撰　清光緒三年(1877)湖北崇文書局刻本　六冊

360000－1901－0045100　160613
周易姚氏學十六卷首一卷　(清)姚配中撰　清光緒三年(1877)湖北崇文書局刻本　六冊

360000－1901－0045101　600221－13
周易姚氏學十六卷首一卷　(清)姚配中撰　清光緒元年(1875)湖北崇文書局刻本　四冊

360000－1901－0045102　160607
周易要義十卷首一卷　(宋)魏了翁撰　清光緒十二年(1886)江蘇書局刻本　四冊

360000－1901－0045103　160608
周易要義十卷首一卷　(宋)魏了翁撰　清光緒十二年(1886)江蘇書局刻本　四冊

360000－1901－0045104　411542
周易疑參四卷首一卷末一卷　(清)孫占鰲撰　清刻本　二冊　存二卷(一至二)

360000－1901－0045105　411443
周易意十二卷圖一卷　(清)陳晝撰　清浦城官署刻本　六冊

360000－1901－0045106　411444
周易意十二卷圖一卷　(清)陳晝撰　清浦城官署刻本　六冊

360000－1901－0045107　210030
周易翼簡捷解十六卷首一卷末一卷拾遺一卷羣經輔易說一卷　(明)陳際泰撰　明崇禎四年(1631)刻本　三冊　存七卷(一至二、十六,首一卷,末一卷,拾遺一卷,羣經輔易說一卷)

360000－1901－0045108　160581
周易引經通釋十卷　(清)李鈞簡輯注　清嘉慶十九年(1814)鶴陰書屋刻本　十冊

360000－1901－0045109　411451
周易引經通釋十卷　(清)李鈞簡輯注　清嘉慶十九年(1814)鶴陰書屋刻本　十冊

360000－1901－0045110　160629
周易虞氏義九卷附虞氏消息二卷　(清)張惠言撰　清嘉慶八年(1803)揚州阮氏琅嬛僊館刻本　四冊

360000－1901－0045111　210057
周易摘要集解十二卷　(清)梅照璧輯　清咸豐二年(1852)梅品瑄抄本　十二冊

360000－1901－0045112　711509
周易直解十二卷　(清)陳枚輯　清順治十七年(1660)刻本　二冊　存八卷(一至八)

360000－1901－0045113　160611
周易指三十八卷易例一卷易圖五卷易斷辭一

卷易往來卦一篇八卦世位一篇卦侯一篇六日七分六十卦一篇逸象一篇 (清)端木國瑚撰 清刻本 二十二册 存四十五卷(周易指三十八卷、易例一卷、易圖五卷、易斷辭一卷)

360000-1901-0045114 713031
周易衷翼集解二十卷首一卷 (清)汪浩撰 清嘉慶九年(1804)汪氏獲經堂刻本 一册 存二卷(十七至十八)

360000-1901-0045115 120912
周易纂言十二卷 (元)吳澄撰 清刻本 十册

360000-1901-0045116 713033
周易纂言外翼八卷 (元)吳澄撰 清刻本 二册 存五卷(四至八)

360000-1901-0045117 240364
周益公全集二百八卷目錄三卷 (宋)周必大撰 清抄本 三十三册 缺三十六卷(一至二十七、一百十一至一百十三、一百八十五至一百八十九,目錄一)

360000-1901-0045118 121019
周益國文忠公集二百卷首一卷附錄五卷 (宋)周必大撰 清道光二十八年(1848)歐陽棨瀛塘別墅刻咸豐元年(1851)續刻本 十六册

360000-1901-0045119 121020
周益國文忠公集二百卷首一卷附錄五卷 (宋)周必大撰 清道光二十八年(1848)歐陽棨瀛塘別墅刻咸豐元年(1851)續刻本 四十册

360000-1901-0045120 121021
周益國文忠公集二百卷首一卷附錄五卷 (宋)周必大撰 清道光二十八年(1848)歐陽棨瀛塘別墅刻咸豐元年(1851)續刻本 四十册

360000-1901-0045121 121022
周益國文忠公集二百卷首一卷附錄五卷 (宋)周必大撰 清光緒二十五年(1899)周日新堂刻本 四十册

360000-1901-0045122 402208
周玉麟公墓誌銘一卷 (清)夏同善撰 清宣統二年(1910)石印本 一册

360000-1901-0045123 303904
周忠介公燼餘集三卷 (明)周順昌撰 **周吏部年譜一卷遺事一卷** (明)殷獻臣撰 清光緒二十九年(1903)唐文治刻本 三册

360000-1901-0045124 304008
周子通書講義一卷 (清)方宗誠撰 清光緒九年(1883)刻本 一册

360000-1901-0045125 404718
週年瞻禮公課三卷 (清)張亞鑒定 清光緒二十七年(1901)刻本 一册 存一卷(中)

360000-1901-0045126 304459
籀經堂類稿二十四卷齊陳氏韶舞樂亹通釋二卷 (清)陳慶鏞撰 清光緒九年(1883)刻本 十二册

360000-1901-0045127 801340
朱柏廬先生居家格言集說二卷 (清)朱用純撰 清刻本 一册

360000-1901-0045128 161528
朱柏廬先生治家格言一卷 (明)朱用純撰 (清)汪洵書 清光緒三十四年(1908)石印本 一册

360000-1901-0045129 250199
朱秉器全集 (明)朱孟震撰 明萬曆刻本 四册 存四種

360000-1901-0045130 163914
明史三百三十二卷目錄四卷 (清)張廷玉等撰 清光緒三年(1877)湖北崇文書局刻二十四史本 八十二册 缺三十七卷(二百六十七至三百三)

360000-1901-0045131 240681
朱秉器詩集四卷 (明)朱孟震撰 (明)吳國倫等輯 明萬曆濟美堂刻朱秉器全集本(卷四配清抄本) 二册 存二卷(一、四)

360000-1901-0045132 240680

朱秉器文集四卷　(明)朱孟震撰　(明)吳國倫等輯　明萬曆濟美堂刻清重修朱秉器全集本　四册

360000－1901－0045133　416575
朱程問答三卷附集一卷　(明)程資輯　清宣統二年(1910)木活字印本　一册

360000－1901－0045134　416575－1
朱程問答三卷附集一卷　(明)程資輯　清宣統二年(1910)木活字印本　一册

360000－1901－0045135　416575－2
朱程問答三卷附集一卷　(明)程資輯　清宣統二年(1910)木活字印本　一册

360000－1901－0045136　305265
朱杜溪集十一卷時文三卷評點東萊博議四卷　(清)朱書撰　清道光三十年(1850)刻本　十一册

360000－1901－0045137　305266
朱杜溪先生集七卷　(清)朱書撰　清光緒二十年(1894)宿松黃修礽刻本　三册

360000－1901－0045138　400885
朱夫子[熹]年譜一卷首二卷行狀一卷後錄二卷　(清)朱欽紳輯　清乾隆二年(1737)南昌楊雲服榮河郭錞刻本　二册　存四卷(朱夫子年譜一卷、首二卷、行狀一卷)

360000－1901－0045139　400885－1
朱夫子[熹]年譜一卷首二卷行狀一卷後錄二卷　(清)朱欽紳輯　清乾隆二年(1737)南昌楊雲服榮河郭錞刻本　一册　存二卷(朱夫子年譜一卷、行狀一卷)

360000－1901－0045140　400885－2
朱夫子[熹]年譜一卷首二卷行狀一卷後錄二卷　(清)朱欽紳輯　清乾隆二年(1737)南昌楊雲服榮河郭錞刻本　一册　存二卷(朱夫子年譜一卷、行狀一卷)

360000－1901－0045141　318118－17
朱夫子治家格言一卷　(清)朱用純撰　**文昌帝君陰騭文一卷歷代帝王歌一卷讀史論略一卷**　清抄本　一册

360000－1901－0045142　120570
朱晦庵先生四書義一卷　(宋)朱熹撰　**陸象山先生四書義一卷**　(宋)陸九淵撰　清映黎書局木活字印本　一册

360000－1901－0045143　163659
朱九江先生集十卷首四卷　(清)朱次琦撰　清光緒二十三年(1897)刻本　四册

360000－1901－0045144　601249
朱可亭[軾]行述一卷　(清)朱必堦等撰　清刻本　一册

360000－1901－0045145　401994
朱強甫集三卷　(清)朱克柔撰　清光緒三十二年(1906)武昌刻本　一册

360000－1901－0045146　230265
朱氏痘診全書一卷　(明)朱祿撰　**痘科類編釋意三卷**　(明)翟良撰　清雍正十一年(1733)三晉武鄉少尹署抄本　一册

360000－1901－0045147　401993
朱文定公集十卷　(清)朱士彥撰　**望雲山廬詩存一卷**　(清)朱百谷撰　清道光刻本　二册

360000－1901－0045148　305267
朱文定公集十卷　(清)朱士彥撰　**望雲山廬詩存一卷**　(清)朱百谷撰　清刻本　一册　存六卷(六至十、望雲山廬詩存一卷)

360000－1901－0045149　120609
朱文端公藏書(高安朱文端公校輯藏書)　(清)朱軾撰輯　清光緒二十三年(1897)朱衡等刻本　八十册

360000－1901－0045150　120610
朱文端公藏書(高安朱文端公校輯藏書)　(清)朱軾撰輯　清光緒二十三年(1897)朱衡等刻本　八十册

360000－1901－0045151　120611
朱文端公藏書(高安朱文端公校輯藏書)　(清)朱軾撰輯　清光緒二十三年(1897)朱衡

等刻本　八十冊

360000－1901－0045152　410281
朱文端公藏書(高安朱文端公校輯藏書)
(清)朱軾撰輯　清光緒二十三年(1897)朱衡等刻本　七十冊　存十二種

360000－1901－0045153　601235
朱文端公藏書(高安朱文端公校輯藏書)
(清)朱軾撰輯　清光緒二十三年(1897)朱衡等刻本　七十九冊　存十三種

360000－1901－0045154　710288
朱文端公藏書(高安朱文端公校輯藏書)
(清)朱軾撰輯　清光緒二十三年(1897)朱衡等刻本　六冊　存二種

360000－1901－0045155　409200
朱文端公藏書(高安朱文端公校輯藏書)
(清)朱軾撰輯　清康熙至乾隆刻彙印本　二十五冊　存三種

360000－1901－0045156　600375－1
朱文端公藏書(高安朱文端公校輯藏書)
(清)朱軾撰輯　清康熙至乾隆刻彙印本　十七冊　存三種

360000－1901－0045157　601840
朱文端公藏書(高安朱文端公校輯藏書)
(清)朱軾撰輯　清康熙至乾隆刻彙印本　二十七冊　存七種

360000－1901－0045158　410295
朱文端公藏書(高安朱文端公校輯藏書)
(清)朱軾撰輯　清刻本　五十冊　存十二種

360000－1901－0045159　601239
朱文端公藏書(高安朱文端公校輯藏書)
(清)朱軾撰輯　清光緒二十三年(1897)朱衡等刻本　三十六冊　存七種

360000－1901－0045160　601241
朱文端公藏書(高安朱文端公校輯藏書)
(清)朱軾撰輯　清光緒二十三年(1897)朱衡等刻本　十一冊　存五種

360000－1901－0045161　250170
朱文端公藏書(高安朱文端公校輯藏書)
(清)朱軾撰輯　清康熙至乾隆刻彙印本　九十冊

360000－1901－0045162　250171
朱文端公藏書(高安朱文端公校輯藏書)
(清)朱軾撰輯　清康熙至乾隆刻彙印本　七冊　存五種

360000－1901－0045163　250172
朱文端公藏書(高安朱文端公校輯藏書)
(清)朱軾撰輯　清康熙至乾隆刻彙印本　七十六冊

360000－1901－0045164　250173
朱文端公藏書(高安朱文端公校輯藏書)
(清)朱軾撰輯　清康熙至乾隆刻彙印本　八十冊

360000－1901－0045165　601237
朱文端公藏書(高安朱文端公校輯藏書)
(清)朱軾撰輯　清康熙至乾隆刻彙印本　五十八冊　存十二種

360000－1901－0045166　601238
朱文端公藏書(高安朱文端公校輯藏書)
(清)朱軾撰輯　清康熙至乾隆刻彙印本　四十九冊　存八種

360000－1901－0045167　601238－1
朱文端公藏書(高安朱文端公校輯藏書)
(清)朱軾撰輯　清康熙至乾隆刻彙印本　十冊　存二種

360000－1901－0045168　601240
朱文端公藏書(高安朱文端公校輯藏書)
(清)朱軾撰輯　清康熙至乾隆刻彙印本　四十四冊　存七種

360000－1901－0045169　601913
朱文端公藏書(高安朱文端公校輯藏書)
(清)朱軾撰輯　清康熙至乾隆刻彙印本　十四冊　存六種

360000－1901－0045170　802959
朱文端公時文三卷　(清)朱軾撰　清刻本

一册　存二卷(二至三)

360000－1901－0045171　240947

朱文端公文集四卷　(清)朱軾撰　清康熙六十年(1721)山西劉鎮初刻乾隆二年(1737)江西吳學濂續刻本　四册

360000－1901－0045172　601242

朱文端公文集四卷　(清)朱軾撰　清刻本　三册　存三卷(一至三)

360000－1901－0045173　601243

朱文端公文集四卷　(清)朱軾撰　清刻本　四册

360000－1901－0045174　601242－1

朱文端公文集四卷　(清)朱軾撰　清乾隆二年(1737)刻本　四册

360000－1901－0045175　409889

朱文端公文集四卷　(清)朱軾撰　清同治十年(1871)古唐朱舲古歡齋刻本　一册　存二卷(一至二)

360000－1901－0045176　120606

朱文端公文集四卷補編四卷　(清)朱軾撰　(清)朱舲編　**朱文端公年譜一卷**　(清)朱舲編　清同治十年(1871)古唐朱舲古歡齋刻本　六册

360000－1901－0045177　240108

朱文公校昌黎先生文集四十卷外集十卷遺文一卷　(唐)韓愈撰　(宋)朱熹考異　(宋)王伯大音釋　**傳一卷**　(宋)朱熹編　明萬曆朱崇沐刻本　十册

360000－1901－0045178　240109

朱文公校昌黎先生文集四十卷外集十卷遺文一卷　(唐)韓愈撰　(宋)朱熹考異　(宋)王伯大音釋　**傳一卷**　(宋)朱熹編　明萬曆朱崇沐刻本　十六册

360000－1901－0045179　240110

朱文公校昌黎先生文集四十卷外集十卷遺文一卷　(唐)韓愈撰　(宋)朱熹考異　(宋)王伯大音釋　**傳一卷**　(宋)朱熹編　明萬曆朱崇沐刻本　六册　缺十五卷(一至九、三十七至四十,遺文一卷,傳一卷)

360000－1901－0045180　240111

朱文公校昌黎先生文集四十卷外集十卷遺文一卷　(唐)韓愈撰　(宋)朱熹考異　(宋)王伯大音釋　**傳一卷**　(宋)朱熹編　明萬曆朱崇沐刻本　五册　缺二十四卷(一至六、十二至二十、二十五、三十三至四十)

360000－1901－0045181　240112

朱文公校昌黎先生文集四十卷外集十卷遺文一卷　(唐)韓愈撰　(宋)朱熹考異　(宋)王伯大音釋　**傳一卷**　(宋)朱熹編　明萬曆朱崇沐刻本　三册　存二十四卷(七至十、十七至二十四,外集十卷,遺文一卷,傳一卷)

360000－1901－0045182　240113

朱文公校昌黎先生文集四十卷外集十卷遺文一卷　(唐)韓愈撰　(宋)朱熹考異　(宋)王伯大音釋　**傳一卷**　(宋)朱熹編　明萬曆朱崇沐刻本　一册　存十卷(外集十卷)

360000－1901－0045183　316799

朱文公校昌黎先生文集四十卷外集十卷遺文一卷　(唐)韓愈撰　(宋)朱熹考異　(宋)王伯大音釋　**傳一卷**　(宋)朱熹編　清初天德堂刻本　十四册

360000－1901－0045184　240467

朱一齋先生文集前十卷後五卷廣遊文集一卷　(明)朱善撰　明成化二十二年(1486)朱維鑑刻本　二册　缺二卷(九至十)

360000－1901－0045185　402762

朱飲山千金譜二十九卷三韻易知十卷　(清)朱燮撰　清刻本　一册　存五卷(三韻易知一至五)

360000－1901－0045186　241533

朱飲山千金譜二十九卷三韻易知十卷　(清)朱燮撰　清乾隆五十五年(1790)治怒齋刻本　二册　存十二卷(一至十二)

360000－1901－0045187　402669

朱飲山千金譜二十九卷三韻易知十卷　(清)

朱夔撰　清乾隆五十五年(1790)治怒齋刻本　九册　存三十四卷(朱飲山千金譜二十九卷、三韻易知六至十)

360000－1901－0045188　402670
朱飲山千金譜二十九卷三韻易知十卷　(清)朱夔撰　清乾隆五十五年(1790)治怒齋刻本　八册　存二十九卷(朱飲山千金譜二十九卷)

360000－1901－0045189　402671
朱飲山千金譜二十九卷三韻易知十卷　(清)朱夔撰　清乾隆五十五年(1790)治怒齋刻本　八册　存二十九卷(朱飲山千金譜二十九卷)

360000－1901－0045190　402672
朱飲山千金譜二十九卷三韻易知十卷　(清)朱夔撰　清乾隆五十五年(1790)治怒齋刻本　五册　存十五卷(九至二十二、二十五)

360000－1901－0045191　402673
朱飲山千金譜二十九卷三韻易知十卷　(清)朱夔撰　清乾隆五十五年(1790)治怒齋刻本　四册　存十四卷(九至二十二)

360000－1901－0045192　402673－1
朱飲山千金譜二十九卷三韻易知十卷　(清)朱夔撰　清乾隆五十五年(1790)治怒齋刻本　一册　存二卷(二十一至二十二)

360000－1901－0045193　210461
朱飲山三韻易知十九卷　(清)朱夔撰　清乾隆三十七年(1772)刻本　二册

360000－1901－0045194　210462
朱飲山三韻易知十九卷　(清)朱夔撰　清乾隆三十七年(1772)刻本　二册

360000－1901－0045195　401910
朱止泉先生朱子聖學考畧十卷　(清)朱澤澐撰　(清)高斌輯　清抄本　一册　存一卷(六)

360000－1901－0045196　400888
朱子[熹]年譜綱目十二卷首一卷末一卷　(清)李元祿編　清嘉慶七年(1802)敬修齋刻本　三册　存四卷(九至十二)

360000－1901－0045197　220445
朱子[熹]年譜四卷考異四卷附錄朱子論學切要語二卷　(清)王懋竑撰並輯　清乾隆十七年(1752)寶應王氏白田草堂刻本　四册

360000－1901－0045198　220446
朱子[熹]年譜四卷考異四卷附錄朱子論學切要語二卷　(清)王懋竑撰並輯　清乾隆十七年(1752)寶應王氏白田草堂刻本　四册　缺一卷(朱子年譜一)

360000－1901－0045199　400886
朱子[熹]年譜四卷考異四卷附錄朱子論學切要語二卷　(清)王懋竑撰並輯　清乾隆十七年(1752)寶應王氏白田草堂刻本　二册　存八卷(三至四、考異四卷、附錄朱子論學切要語二卷)

360000－1901－0045200　400887
朱子[熹]年譜四卷考異四卷附錄朱子論學切要語二卷　(清)王懋竑撰並輯　清乾隆十七年(1752)寶應王氏白田草堂刻本　二册　存八卷(朱子年譜四卷、考異四卷)

360000－1901－0045201　220447
朱子[熹]年譜四卷考異四卷附錄朱子論學切要語二卷　(清)王懋竑撰並輯　清乾隆十七年(1752)寶應王氏白田草堂刻清末浙江書局補刻本　四册

360000－1901－0045202　120578
朱子白鹿洞講學錄六卷首一卷末一卷　(清)王岐瑞撰　(清)王鑾臯輯　清同治四年(1865)刻本　四册

360000－1901－0045203　801129
朱子白鹿洞講學錄六卷首一卷末一卷　(清)王岐瑞撰　(清)王鑾臯輯　清同治四年(1865)刻本　一册　存二卷(一、首一卷)

360000－1901－0045204　240370
朱子大全一百卷續集十卷別集十卷目錄二卷　(宋)朱熹撰　明天順四年(1460)賀俟、胡

緝刻本　佚名批校　八十册

360000－1901－0045205　416581
朱子讀書法四卷　(宋)朱熹撰　(宋)張洪　(宋)齊𤋮編　清光緒二十三年(1897)八旗書院刻本　一册　存一卷(二)

360000－1901－0045206　403486－1
朱子古文讀本六卷　(宋)朱熹撰　(清)周大璋輯　清寶旭齋刻本　一册　存一卷(六)

360000－1901－0045207　120577
朱子古文讀本六卷　(宋)朱熹撰　(清)周大璋輯　清道光十五年(1835)刻本　六册

360000－1901－0045208　240374
朱子古文讀本六卷　(宋)朱熹撰　(清)周大璋輯　清康熙五十六年(1717)寶旭齋刻本　六册

360000－1901－0045209　403486
朱子古文讀本六卷　(宋)朱熹撰　(清)周大璋輯　清康熙五十六年(1717)寶旭齋刻本　五册　存四卷(一至二、五至六)

360000－1901－0045210　120594
朱子集一百四卷目錄二卷補遺一卷　(宋)朱熹撰　清刻本　三十五册　存九十五卷(十至一百四)

360000－1901－0045211　122240
朱子集一百四卷目錄二卷補遺一卷　(宋)朱熹撰　清咸豐十年(1860)刻本　四十册

360000－1901－0045212　403482
朱子集一百四卷目錄二卷補遺一卷　(宋)朱熹撰　清咸豐十年(1860)紫霞洲祠堂刻本　四十册

360000－1901－0045213　210212
朱子家禮八卷首一卷　(明)丘濬輯　**附四禮初稿四卷**　(明)宋𤪎輯　**四禮約言四卷**　(明)呂維祺撰　清康熙四十年(1701)宋犖刻本　六册

360000－1901－0045214　210213
朱子家禮八卷首一卷　(明)丘濬輯　**附四禮初稿四卷**　(明)宋𤪎輯　**四禮約言四卷**　(明)呂維祺撰　清康熙四十年(1701)宋犖刻本　六册

360000－1901－0045215　210214
朱子家禮八卷首一卷　(明)丘濬輯　**附四禮初稿四卷**　(明)宋𤪎輯　**四禮約言四卷**　(明)呂維祺撰　清康熙四十年(1701)宋犖刻本　四册　存六卷(一、四至八)

360000－1901－0045216　416334
朱子家禮八卷首一卷　(宋)朱熹撰　(明)丘濬輯　清愛日堂刻本　八册

360000－1901－0045217　804208
朱子家禮八卷首一卷　(宋)朱熹撰　(明)丘濬輯　清刻本　一册　存二卷(一、首一卷)

360000－1901－0045218　804209
朱子家禮八卷首一卷　(宋)朱熹撰　(明)丘濬輯　清刻本　一册　存二卷(一、首一卷)

360000－1901－0045219　804210
朱子家禮八卷首一卷　(宋)朱熹撰　(明)丘濬輯　清刻本　一册　存二卷(二至三)

360000－1901－0045220　804211
朱子家禮八卷首一卷　(宋)朱熹撰　(明)丘濬輯　清刻本　一册　存二卷(四至五)

360000－1901－0045221　120590
朱子家禮五卷　(宋)朱熹撰　(清)郭嵩燾訂　清光緒十七年(1891)思賢講舍刻本　一册

360000－1901－0045222　230077
朱子節要十四卷　(明)高攀龍輯　明末刻清修本　一册

360000－1901－0045223　230033
朱子經濟文衡類編前集二十五卷後集二十五卷續集二十二卷　(宋)朱熹撰　(宋)滕珙輯　清乾隆四年(1739)刻本　二十四册

360000－1901－0045224　409310
朱子經濟文衡類編前集二十五卷後集二十五卷續集二十二卷　(宋)朱熹撰　(宋)滕珙輯　清乾隆四年(1739)刻本　一册　存二卷

（前集一至二）

360000－1901－0045225　160432
朱子論語集注訓詁攷二卷　（清）潘衍桐輯　清光緒十七年（1891）浙江書局刻本　一册

360000－1901－0045226　402003
朱子論語集注訓詁攷二卷　（清）潘衍桐輯　清光緒十七年（1891）浙江書局刻本　一册

360000－1901－0045227　402003－1
朱子論語集注訓詁攷二卷　（清）潘衍桐輯　清光緒十七年（1891）浙江書局刻本　一册

360000－1901－0045228　210350
朱子啓鑰十一卷　（清）郭學淮撰　清康熙五十四年（1715）九行堂刻本　六册

360000－1901－0045229　409307
朱子詩鈔不分卷　（宋）朱熹撰　（清）汪韶舉輯　清道光二十八年（1848）養正軒刻本　一册

360000－1901－0045230　409307－1
朱子詩鈔不分卷　（宋）朱熹撰　（清）汪韶舉輯　清道光二十八年（1848）養正軒刻本　一册

360000－1901－0045231　409307－2
朱子詩鈔不分卷　（宋）朱熹撰　（清）汪韶舉輯　清道光二十八年（1848）養正軒刻本　一册

360000－1901－0045232　403101－1
朱子四書或問三十九卷　（宋）朱熹撰　清刻本　二册　存二十卷（論語或問五至十、孟子或問一至十四）

360000－1901－0045233　403102
朱子四書或問三十九卷　（宋）朱熹撰　清刻本　二册　存五卷（大學或問一至二、中庸或問一至三）

360000－1901－0045234　403103
朱子四書或問三十九卷　（宋）朱熹撰　清刻本　七册　存三十六卷（大學或問一至二、論語或問一至二十、孟子或問一至十四）

360000－1901－0045235　403104
朱子四書或問三十九卷　（宋）朱熹撰　清刻本　三册　存二十四卷（論語或問五至二十、孟子或問一至八）

360000－1901－0045236　403101
朱子四書或問三十九卷　（宋）朱熹撰　清墨潤齋刻本　六册

360000－1901－0045237　403105
朱子四書或問三十九卷　（宋）朱熹撰　清墨潤齋刻本　二册　存十五卷（大學或問一至二、中庸或問一至三、論語或問十一至二十）

360000－1901－0045238　123217
朱子四書或問三十九卷附中庸輯略二卷　（宋）朱熹撰　清墨瀾齋刻本　四册

360000－1901－0045239　210318
朱子四書或問小注三十六卷　（宋）朱熹撰　（明）徐思廣增注　清康熙六十一年（1722）侯官鄭任鑰刻本　十四册

360000－1901－0045240　403487
朱子四書或問小注三十六卷　（宋）朱熹撰　（明）徐思廣增注　清康熙六十一年（1722）侯官鄭任鑰刻本　十册

360000－1901－0045241　230104
朱了晚年全論八卷　（清）李紱撰　清雍正十三年（1735）臨川李氏無怒軒刻本　六册

360000－1901－0045242　230105
朱子晚年全論八卷　（清）李紱撰　清雍正十三年（1735）臨川李氏無怒軒刻本　四册

360000－1901－0045243　230106
朱子晚年全論八卷　（清）李紱撰　清雍正十三年（1735）臨川李氏無怒軒刻本　四册

360000－1901－0045244　123143
朱子文集大全類編一百十卷首一卷　（宋）朱熹撰　（清）朱玉輯　清道光二十年（1840）刻本　五十五册　缺一卷（六册二十五）

360000－1901－0045245　403483
朱子文集大全類編一百十卷首一卷　（宋）朱

熹撰　(清)朱玉輯　清道光二十年(1840)刻本　二十三册　存九十七卷(一册一至二,二册一至十,三册一至二,四册一至十一,五册一至十四,六册一至七、十至三十五,七册一至十五,八册十二至二十一)

360000－1901－0045246　413289
朱子文集大全類編一百十卷首一卷　(宋)朱熹撰　(清)朱玉輯　清刻本　二册　存十一卷(序文一至十一)

360000－1901－0045247　120574
朱子文集十八卷目録一卷　(宋)朱熹撰　(清)張伯行編　清同治五年(1866)福州正誼書局刻正誼堂全書本　十三册

360000－1901－0045248　240373
朱子文集一卷　(宋)朱熹撰　清抄本　一册

360000－1901－0045249　210319
朱子文集纂三十二卷　(宋)朱熹撰　(清)陳鏦編　清康熙二十八年(1689)行恕堂刻本　六册

360000－1901－0045250　309952
朱子學的二卷　(明)丘濬撰　清咸豐十一年(1861)正誼堂刻本　二册

360000－1901－0045251　250186
朱子遺書　(宋)朱熹撰　清康熙禦兒呂氏寶誥堂刻本　三十二册

360000－1901－0045252　403157
朱子遺書　(宋)朱熹撰　清康熙禦兒呂氏寶誥堂刻本　四册　存四種

360000－1901－0045253　403157－1
朱子遺書　(宋)朱熹撰　清康熙禦兒呂氏寶誥堂刻本　六册　存二種

360000－1901－0045254　403159
朱子遺書　(宋)朱熹撰　清康熙禦兒呂氏寶誥堂刻本　二册　存二種

360000－1901－0045255　416335
朱子遺書　(宋)朱熹撰　清康熙禦兒呂氏寶誥堂刻本　一册　存二種

360000－1901－0045256　403158
朱子遺書　(宋)朱熹撰　清刻本　五册　存四種

360000－1901－0045257　403480
朱子遺書　(宋)朱熹撰　清刻本　十一册　存七種

360000－1901－0045258　403481
朱子遺書　(宋)朱熹撰　清刻本　二册　存二種

360000－1901－0045259　601234
朱子遺書　(宋)朱熹撰　清刻本　五册　存九種

360000－1901－0045260　403710
朱子儀禮經傳通解六十九卷　(宋)朱熹撰　(清)梁萬方考訂　清刻本　四册　存十三卷(二至八、二十三至二十六、五十五至五十六)

360000－1901－0045261　403709
朱子儀禮經傳通解六十九卷　(宋)朱熹撰　(清)梁萬方考訂　清乾隆刻本　三十一册　存五十一卷(四至七、九至十三、二十至三十、三十三至三十五、三十八、四十一至五十三、五十六至六十九)

360000－1901－0045262　320150
朱子語類日鈔五卷　(宋)朱熹撰　(清)陳澧編　清光緒二十六年(1900)廣雅書局刻本　一册

360000－1901－0045263　317572
朱子語類日鈔五卷　(宋)朱熹撰　(清)陳澧編　清刻本　一册

360000－1901－0045264　317573
朱子語類日鈔五卷　(宋)朱熹撰　(清)陳澧編　清刻本　一册

360000－1901－0045265　416574
朱子語類四纂五卷　(清)李光地輯　清道光九年(1829)李維迪刻榕村全書本　二册

360000－1901－0045266　416340
朱子語類一百四十卷　(宋)朱熹撰　(宋)黎

靖德輯　清刻本　一册　存六卷(二十七至三十二)

360000－1901－0045267　416341
朱子語類一百四十卷　(宋)朱熹撰　(宋)黎靖德輯　清刻本　十七册　存六十三卷(七十八至一百四十)

360000－1901－0045268　416342
朱子語類一百四十卷　(宋)朱熹撰　(宋)黎靖德輯　清刻本　六册　存二十三卷(九十至九十二、九十五至一百三、一百十六至一百二十六)

360000－1901－0045269　720964
朱子語類一百四十卷　(宋)朱熹撰　(宋)黎靖德輯　清刻本　十四册　存四十六卷(一至二十五、一百十三至一百二十、一百二十八至一百四十)

360000－1901－0045270　721768
朱子語類一百四十卷　(宋)朱熹撰　(宋)黎靖德輯　清刻本　三册　存八卷(七十四至八十一)

360000－1901－0045271　721816
朱子語類一百四十卷　(宋)朱熹撰　(宋)黎靖德輯　清刻本　一册　存三卷(六十五至六十七)

360000－1901－0045272　722019
朱子語類一百四十卷　(宋)朱熹撰　(宋)黎靖德輯　清刻本　十四册　存五十五卷(四十二至六十四、六十八至七十三、八十三至九十、九十五至一百十二)

360000－1901－0045273　803096
朱子語類一百四十卷　(宋)朱熹撰　(宋)黎靖德輯　清刻本　一册　存七卷(四十三至四十九)

360000－1901－0045274　712938－1
朱子語類一百四十卷　(宋)朱熹撰　(宋)黎靖德輯　清同治十一年(1872)應元書院刻本　五册　存十六卷(二十六至四十一)

360000－1901－0045275　120597
朱子語類一百四十卷　(宋)朱熹撰　(宋)黎靖德輯　**附正譌一卷記疑一卷**　(清)賀瑞麟輯　清光緒二年(1876)三原劉昇之刻劉氏傳經堂叢書本　四十八册

360000－1901－0045276　416339
朱子語類一百四十卷　(宋)朱熹撰　(宋)黎靖德輯　**附正譌一卷記疑一卷**　(清)賀瑞麟輯　清光緒二年(1876)三原劉昇之刻劉氏傳經堂叢書本　六册　存十九卷(三十一至三十三、三十六至三十八、八十九至九十二、九十五至九十九、一百三十九至一百四十,正譌一卷,記疑一卷)

360000－1901－0045277　601248
朱子語類一百四十卷　(宋)朱熹撰　(宋)黎靖德輯　**附正譌一卷記疑一卷**　(清)賀瑞麟輯　清刻本　四十三册　存一百二十八卷(十四至四十九、五十一至一百四十,正譌一卷,記疑一卷)

360000－1901－0045278　160479
朱子原編孟子要略五卷首一卷　(宋)朱熹撰　(清)孫光庭輯注　清光緒二十九年(1903)雲南官書局刻本　四册

360000－1901－0045279　120586
朱子原訂近思録集注十四卷　(清)江永撰　清嘉慶十九年(1814)江西藩署刻本　四册

360000－1901－0045280　121036
朱子原訂近思録集注十四卷　(清)江永撰　清嘉慶十九年(1814)江西藩署刻本　四册

360000－1901－0045281　121037
朱子原訂近思録集注十四卷　(清)江永撰　清嘉慶十九年(1814)江西藩署刻本　四册

360000－1901－0045282　121038
朱子原訂近思録集注十四卷　(清)江永撰　清嘉慶十九年(1814)江西藩署刻本　四册

360000－1901－0045283　416324
朱子原訂近思録集注十四卷　(清)江永撰　清嘉慶十九年(1814)江西藩署刻本　四册

360000－1901－0045284　416325
朱子原訂近思錄集注十四卷　(清)江永撰　清嘉慶十九年(1814)江西藩署刻本　四冊

360000－1901－0045285　416326
朱子原訂近思錄集注十四卷　(清)江永撰　清嘉慶十九年(1814)江西藩署刻本　四冊

360000－1901－0045286　416327
朱子原訂近思錄集注十四卷　(清)江永撰　清嘉慶十九年(1814)江西藩署刻本　四冊

360000－1901－0045287　416584
朱子原訂近思錄集注十四卷　(清)江永撰　清嘉慶十九年(1814)江西藩署刻本　一冊　存二卷(一至二)

360000－1901－0045288　121039
朱子原訂近思錄集注十四卷　(清)江永撰　清同治七年(1868)楚北崇文書局刻本　六冊

360000－1901－0045289　313723
朱子原訂近思錄集注十四卷　(清)江永撰　清同治七年(1868)楚北崇文書局刻本　四冊

360000－1901－0045290　416323
朱子原訂近思錄集注十四卷　(清)江永撰　清咸豐二年(1852)刻本　四冊

360000－1901－0045291　121035
朱子原訂近思錄集注十四卷考訂朱子世家一卷　(清)江永撰　清光緒十四年(1888)廣雅書局刻本　五冊

360000－1901－0045292　123368
朱子原訂近思錄集注十四卷考訂朱子世家一卷　(清)江永撰　清光緒十四年(1888)廣雅書局刻本　六冊

360000－1901－0045293　716701
朱子原訂近思錄集注十四卷考訂朱子世家一卷　(清)江永撰　清嘉慶十九年(1814)刻本　一冊　存四卷(一至四)

360000－1901－0045294　716986
朱子原訂近思錄集注十四卷考訂朱子世家一卷　(清)江永撰　清嘉慶十九年(1814)刻本　一冊　存四卷(一至四)

360000－1901－0045295　716987
朱子原訂近思錄集注十四卷考訂朱子世家一卷　(清)江永撰　清嘉慶十九年(1814)刻本　一冊　存三卷(一至三)

360000－1901－0045296　716988
朱子原訂近思錄集注十四卷考訂朱子世家一卷　(清)江永撰　清嘉慶十九年(1814)刻本　二冊　存七卷(三至四、十至十四)

360000－1901－0045297　716989
朱子原訂近思錄集注十四卷考訂朱子世家一卷　(清)江永撰　清嘉慶十九年(1814)刻本　一冊　存二卷(三至四)

360000－1901－0045298　716993－1
朱子原訂近思錄集注十四卷考訂朱子世家一卷　(清)江永撰　清刻本　一冊　存六卷(五至十)

360000－1901－0045299　416336
朱子原訂近思錄集注十四卷考訂朱子世家一卷　(清)江永撰　**校勘記一卷**　(清)王炳撰　清光緒十八年(1892)江西兩儀堂刻本　三冊　存十三卷(一至二、六至十四,考訂朱子世家一卷,校勘記一卷)

360000－1901－0045300　121032
朱子原訂近思錄集注十四卷考訂朱子世家一卷　(清)江永撰　**校勘記一卷**　(清)王炳撰　清光緒十一年(1885)江西書局刻本　四冊

360000－1901－0045301　121033
朱子原訂近思錄集注十四卷考訂朱子世家一卷　(清)江永撰　**校勘記一卷**　(清)王炳撰　清光緒十一年(1885)江西書局刻本　四冊

360000－1901－0045302　121034
朱子原訂近思錄集注十四卷考訂朱子世家一卷　(清)江永撰　**校勘記一卷**　(清)王炳撰　清光緒十一年(1885)江西書局刻本　一冊

360000－1901－0045303　416321
朱子原訂近思錄集注十四卷考訂朱子世家一

卷　(清)江永撰　**校勘記一卷**　(清)王炳撰　清光緒十一年(1885)江西書局刻本　四冊

360000－1901－0045304　416322
朱子原訂近思錄集注十四卷考訂朱子世家一卷　(清)江永撰　**校勘記一卷**　(清)王炳撰　清光緒十一年(1885)江西書局刻本　四冊

360000－1901－0045305　601359
朱子原訂近思錄集注十四卷考訂朱子世家一卷　(清)江永撰　**校勘記一卷**　(清)王炳撰　清光緒十一年(1885)江西書局刻本　三冊　存十二卷(三至十四)

360000－1901－0045306　601360
朱子原訂近思錄集注十四卷考訂朱子世家一卷　(清)江永撰　**校勘記一卷**　(清)王炳撰　清光緒十一年(1885)江西書局刻本　一冊　存四卷(三至六)

360000－1901－0045307　601361
朱子原訂近思錄集注十四卷考訂朱子世家一卷　(清)江永撰　**校勘記一卷**　(清)王炳撰　清光緒十一年(1885)江西書局刻本　四冊

360000－1901－0045308　716993－2
朱子原訂近思錄集注十四卷考訂朱子世家一卷　(清)江永撰　**校勘記一卷**　(清)王炳撰　清刻本　二冊　存七卷(三至五、十三至十四,考訂朱子世家一卷,校勘記一卷)

360000－1901－0045309　230632
朱子周易參同契考異一卷　(宋)朱熹撰　(宋)黃瑞節附錄　清康熙禦兒呂氏寶誥堂刻本　一冊

360000－1901－0045310　804785
朱子資治通鑑綱目五十九卷　(清)王應鯨注義　清刻本　一冊　存一卷(二十九)

360000－1901－0045311　800318
珠神真經二卷　(清)李德鴻撰　清抄本　一冊

360000－1901－0045312　801380
珠神真經二卷　(清)李德鴻撰　清抄本　一冊　存一卷(下)

360000－1901－0045313　803339
珠神真經二卷　(清)李德鴻撰　清抄本　二冊

360000－1901－0045314　416727
珠神真經二卷　(宋)吳景鸞撰　清道光二十六年(1846)刻本　二冊

360000－1901－0045315　417426－1
珠算速成課本不分卷　(清)抱吟居士編　清光緒三十年(1904)木活字印本　一冊

360000－1901－0045316　417426
珠算速成課本不分卷　(清)王子乾撰　清光緒三十年(1904)刻本　一冊

360000－1901－0045317　900217
硃批七家詩選箋註七卷　(清)張熙宇輯評　(清)張昶注釋　清刻朱墨套印本　二冊

360000－1901－0045318　900218
硃批七家詩選箋註七卷　(清)張熙宇輯評　(清)張昶注釋　清刻朱墨套印本　二冊

360000－1901－0045319　901301
硃批七家詩選箋註七卷　(清)張熙宇輯評　(清)張昶注釋　清刻朱墨套印本　四冊

360000－1901－0045320　901325
硃批七家詩選箋註七卷　(清)張熙宇輯評　(清)張昶注釋　清咸豐九年(1859)藻思堂刻本　二冊

360000－1901－0045321　305050
硃批諭旨不分卷　(清)世宗胤禛批　(清)鄂爾泰等編　清光緒十三年(1887)上海點石齋石印本　六十冊

360000－1901－0045322　305051
硃批諭旨不分卷　(清)世宗胤禛批　(清)鄂爾泰等編　清光緒十三年(1887)上海點石齋石印本　五十二冊

360000－1901－0045323　305052
硃批諭旨不分卷　(清)世宗胤禛批　(清)鄂爾泰等編　清光緒十三年(1887)上海點石齋

石印本　二十三册

360000－1901－0045324　900549
硃批諭旨不分卷　（清）世宗胤禛批　（清）鄂爾泰等編　清光緒十三年（1887）上海點石齋石印本　八册

360000－1901－0045325　220509
硃批諭旨不分卷　（清）世宗胤禛批　（清）鄂爾泰等編　清木活字朱墨套印本　一百十一册

360000－1901－0045326　401610
硃批諭旨不分卷　（清）世宗胤禛批　（清）鄂爾泰等編　清刻朱墨套印本　四十五册

360000－1901－0045327　401612
硃批諭旨不分卷　（清）世宗胤禛批　（清）鄂爾泰等編　清刻朱墨套印本　三册

360000－1901－0045328　401611
硃批諭旨不分卷　（清）世宗胤禛批　（清）鄂爾泰等編　清末鉛印本　四册

360000－1901－0045329　309130
硃批諭旨不分卷　（清）世宗胤禛批　（清）鄂爾泰等編　清雍正十年至乾隆三年（1732－1738）刻朱墨套印本　一百十二册

360000－1901－0045330　312153
硃批諭旨不分卷　（清）世宗胤禛批　（清）鄂爾泰等編　清雍正十年至乾隆三年（1732－1738）刻朱墨套印本　一百十二册

360000－1901－0045331　803884
硃批諭旨不分卷　（清）世宗胤禛批　（清）鄂爾泰等編　清雍正十年至乾隆三年（1732－1738）刻朱墨套印本　一册

360000－1901－0045332　220508
硃批諭旨不分卷　（清）世宗胤禛批　（清）鄂爾泰等編　清雍正十年至乾隆三年（1732－1738）内府刻朱墨套印本　二十二册

360000－1901－0045333　405447
硃評古文闡秘□□卷　（□）□□輯　清刻本　一册　存一卷（四）

360000－1901－0045334　310183
諸佛要集經二卷　（晉）釋竺法護譯　**佛説菩薩投身飼餓虎起塔因緣經一卷**　（北涼）釋法盛譯　**不思議光菩薩所説經一卷**　（後秦）釋鳩摩羅什譯　清光緒二十一年（1895）金陵經房刻本　一册

360000－1901－0045335　800380
諸葛丞相集四卷　（三國蜀）諸葛亮撰　（清）朱璘輯　清抄本　三册　存三卷（元、亨、利）

360000－1901－0045336　801168
諸葛丞相集四卷　（三國蜀）諸葛亮撰　（清）朱璘輯　清抄本　一册　存一卷（四）

360000－1901－0045337　163160
諸葛丞相集四卷　（三國蜀）諸葛亮撰　（清）朱璘輯　清光緒十八年（1892）刻本　八册

360000－1901－0045338　805394
諸葛武侯集四卷首一卷　（三國蜀）諸葛亮撰　清光緒二十三年（1897）湘南書局刻四忠遺集本　一册　存二卷（一、首一卷）

360000－1901－0045339　803937
諸葛武侯五星神課不分卷　（三國蜀）諸葛亮撰　清抄本　一册

360000－1901－0045340　802705
諸葛先生武侯靈感卦不分卷　（清）□□輯　清抄本　一册

360000－1901－0045341　416488
諸葛忠武侯兵法六卷首一卷　（三國蜀）諸葛亮撰　（清）張澍輯　清刻本　三册

360000－1901－0045342　315668
諸葛忠武侯全集二十卷首三卷　（三國蜀）諸葛亮撰　（清）胡昇猷輯　清光緒十四年（1888）岐山縣署刻本　十二册

360000－1901－0045343　300394
諸葛忠武侯文集六卷首一卷　（三國蜀）諸葛亮撰　清同治十二年（1873）三原劉質慧述荆堂刻本　四册

360000－1901－0045344　405751

諸葛忠武侯文集六卷首一卷 （三國蜀）諸葛亮撰　清同治十二年（1873）三原劉質慧述荆堂刻本　一册　存一卷（首一卷）

360000－1901－0045345　250095
諸經紀數十八卷 （明）徐鑒撰　明萬曆刻本　四册

360000－1901－0045346　162845
諸經日誦集要二卷 （明）釋袾宏輯　清光緒十九年（1893）金陵刻經處刻本　一册

360000－1901－0045347　122315
諸儒學案十卷 （明）劉元卿編　**附劉徵君年譜一卷** （明）洪雲蒸　（明）顔欲章編　清咸豐二年（1852）南溪劉氏刻本　四册

360000－1901－0045348　250096
諸史紀數十四卷 （明）徐鑒撰　明萬曆刻本　二册

360000－1901－0045349　164208
諸史考異十八卷 （清）洪頤煊撰　清光緒十五年（1889）廣雅書局刻本　三册

360000－1901－0045350　164207
諸史品節四十卷 （明）陳深輯　明刻本　六册　存十五卷（一至九、二十七至二十八、三十、三十七至三十九）

360000－1901－0045351　220275
諸史品節四十卷 （明）陳深輯　明萬曆刻本　七册　存十九卷（十至二十六、三十一至三十二）

360000－1901－0045352　164209
諸史拾遺五卷 （清）錢大昕撰　清光緒十七年（1891）廣雅書局刻本　一册

360000－1901－0045353　122314
諸子綱目類編八卷 （明）李元珍輯　清道光七年（1827）文升堂刻本　四册

360000－1901－0045354　230004
諸子彙函 （明）歸有光輯　（明）文震孟參訂　明天啓刻本　二十五册

360000－1901－0045355　230005
諸子彙函 （明）歸有光輯　（明）文震孟參訂　明天啓刻本　二十三册　存八十三種

360000－1901－0045356　230006
諸子彙函 （明）歸有光輯　（明）文震孟參訂　明天啓刻本　十二册　存七十二種

360000－1901－0045357　413143－2
諸子彙函二十六卷 （明）歸有光輯　（明）文震孟參訂　明刻本　二册　存二卷（十六、二十五）

360000－1901－0045358　164205
諸子彙函二十六卷 （明）歸有光輯　（明）文震孟參訂　明天啓刻本　十四册　存十二卷（一至十二）

360000－1901－0045359　413140
諸子彙函二十六卷 （明）歸有光輯　（明）文震孟參訂　明天啓刻本　十四册

360000－1901－0045360　413141
諸子彙函二十六卷 （明）歸有光輯　（明）文震孟參訂　明天啓刻本　十九册　存二十一卷（一至二十、二十五）

360000－1901－0045361　413142
諸子彙函二十六卷 （明）歸有光輯　（明）文震孟參訂　明天啓刻本　二十册　存二十二卷（二至十七、二十一至二十六）

360000－1901－0045362　413143
諸子彙函二十六卷 （明）歸有光輯　（明）文震孟參訂　明天啓刻本　七册　存八卷（三、七、九、十四、十九至二十二）

360000－1901－0045363　413143－1
諸子彙函二十六卷 （明）歸有光輯　（明）文震孟參訂　明天啓刻本　十一册　存十二卷（三至五、十五至十八、二十一至二十二、二十四至二十六）

360000－1901－0045364　418575
諸子彙函二十六卷 （明）歸有光輯　（明）文震孟參訂　明天啓刻本　四册　存三卷（四至五、八）

360000－1901－0045365　405768
諸子彙函二十六卷　（明）歸有光輯　（明）文震孟參訂　清刻本　一册　存一卷（六）

360000－1901－0045366　303315
諸子平議三十五卷　（清）俞樾撰　清同治八年（1869）刻本　八册

360000－1901－0045367　722226
諸子平議三十五卷　（清）俞樾撰　清同治十年（1871）江清驥署刻本　八册　存二十九卷（一至二十九）

360000－1901－0045368　164542
諸子奇賞前集五十一卷後集六十卷　（明）陳仁錫評選　明天啓六年（1626）刻本　十五册　存五十四卷（後集一至五十四）

360000－1901－0045369　230452
諸子奇賞前集五十一卷後集六十卷　（明）陳仁錫評選　明天啓三徑齋刻本　十册　存六十九卷（前集一至六、四十四至五十一，後集一至十八、二十四至六十）

360000－1901－0045370　230453
諸子奇賞前集五十一卷後集六十卷　（明）陳仁錫評選　明天啓三徑齋刻本　十四册　存四十六卷（前集七至十一、十七至五十一，後集五十五至六十）

360000－1901－0045371　150399
竹柏山房十五種附刻八種　（清）林春溥撰　清嘉慶、咸豐侯官林春溥竹柏山房刻本　十八册　存十四種

360000－1901－0045372　304436
竹窗隨筆一卷二筆一卷三筆一卷　（明）釋袾宏撰　清光緒二十四年（1898）金陵刻經處刻本　三册

360000－1901－0045373　310175
竹窗隨筆一卷二筆一卷三筆一卷　（明）釋袾宏撰　清光緒二十四年（1898）金陵刻經處刻本　三册

360000－1901－0045374　410986
竹郚集二十二卷　（清）劉自越撰　清宣統元年（1909）木活字印本　四册

360000－1901－0045375　413757
竹岡襍綴一卷　（清）趙敬襄撰　清刻竹岡齋九種本　一册

360000－1901－0045376　122119
竹岡齋九種附三種　（清）趙敬襄撰　清嘉慶、道光龔日省堂刻本　八册　存十種

360000－1901－0045377　601686
竹岡齋九種附三種　（清）趙敬襄撰　清嘉慶、道光刻本　一册　存二種

360000－1901－0045378　714851
竹居詩稿三卷　（清）胡功懋撰　清乾隆二十七年（1762）刻本　一册

360000－1901－0045379　304440
竹林答問一卷　（清）陳僅撰　清光緒十一年（1885）金峩山館刻本　一册

360000－1901－0045380　304431
竹林寺女科秘方一卷　（清）竹林寺僧撰　清光緒十三年（1887）刻本　一册

360000－1901－0045381　241483
竹爐圖詠四卷駐蹕惠山詩一卷　（清）吳鉞輯　清乾隆二十七年（1762）吳鉞刻本　三册　存三卷（亨、利、貞）

360000－1901－0045382　304435
竹譜一卷　（晉）戴凱之撰　清刻本　一册

360000－1901－0045383　405137
竹泉山房集□□卷　（清）胡光瑩撰　清刻本　二册　存四卷（四至七）

360000－1901－0045384　304442
竹書紀年辨正四卷　（清）韓怡撰　清嘉慶十二年（1807）木存堂刻本　四册

360000－1901－0045385　220132
竹書紀年二卷　題（南朝梁）沈約注　明吳琯刻古今逸史本　一册

360000－1901－0045386　402986

竹書紀年二卷　題(南朝梁)沈約注　清刻本　一册

360000－1901－0045387　402986－1
竹書紀年二卷　題(南朝梁)沈約注　清刻本　一册

360000－1901－0045388　402986－2
竹書紀年二卷　題(南朝梁)沈約注　清刻本　一册

360000－1901－0045389　402986－3
竹書紀年二卷　題(南朝梁)沈約注　清刻本　一册

360000－1901－0045390　402987
竹書紀年二卷　題(南朝梁)沈約注　清刻本　一册

360000－1901－0045391　603285
竹書紀年二卷　題(南朝梁)沈約注　清刻本　一册

360000－1901－0045392　304441
竹書紀年六卷　題(南朝梁)沈約注　(清)雷學淇校訂　**紀年辨誤一卷考證一卷曆法天象圖一卷地形都邑圖一卷世系名號圖二卷**　(清)雷學淇撰　清光緒九年(1883)潤身草堂刻本　四册

360000－1901－0045393　304439
竹書紀年六卷　題(南朝梁)沈約注　(清)雷學淇校訂　**紀年辨誤一卷考證一卷曆法天象圖一卷地形都邑圖一卷世系名號圖二卷**　(清)雷學淇撰　清亦囂囂齋刻本　二册　存十卷(竹書紀年六卷、紀年辨誤一卷、考證一卷、曆法天象圖一卷、地形都邑圖一卷)

360000－1901－0045394　402991
竹書紀年統箋十二卷前編一卷雜述一卷　題(南朝梁)沈約注　(清)徐文靖統箋　清光緒鉛印本　一册　存六卷(七至十二)

360000－1901－0045395　402991－1
竹書紀年統箋十二卷前編一卷雜述一卷　題(南朝梁)沈約注　(清)徐文靖統箋　清光緒鉛印本　一册　存六卷(七至十二)

360000－1901－0045396　161685
竹書紀年統箋十二卷前編一卷雜述一卷　題(南朝梁)沈約注　(清)徐文靖統箋　清光緒三年(1877)浙江書局刻本　四册

360000－1901－0045397　402988－3
竹書紀年統箋十二卷前編一卷雜述一卷　題(南朝梁)沈約注　(清)徐文靖統箋　清光緒十九年(1893)上海鴻文書局石印二十五子彙函本　一册

360000－1901－0045398　402993
竹書紀年統箋十二卷前編一卷雜述一卷　題(南朝梁)沈約注　(清)徐文靖統箋　清刻本　二册　存六卷(五至十)

360000－1901－0045399　402993－1
竹書紀年統箋十二卷前編一卷雜述一卷　題(南朝梁)沈約注　(清)徐文靖統箋　清刻本　一册　存三卷(四至六)

360000－1901－0045400　402994
竹書紀年統箋十二卷前編一卷雜述一卷　題(南朝梁)沈約注　(清)徐文靖統箋　清刻本　二册　存五卷(八至十二)

360000－1901－0045401　705750
竹書紀年統箋十二卷前編一卷雜述一卷　題(南朝梁)沈約注　(清)徐文靖統箋　清末育文書局石印本　一册　存六卷(七至十二)

360000－1901－0045402　421955
木屑三集　(清)伍兆鼇撰　清刻本　一册　存二種

360000－1901－0045403　413417
竹笑軒賦鈔初集一卷二集一卷　(清)孫清達編　清刻本　一册　存一卷(二集一卷)

360000－1901－0045404　413416
竹笑軒賦鈔初集一卷二集一卷　(清)孫清達編　清同治十三年(1874)文盛堂刻本　二册

360000－1901－0045405　413414
竹笑軒賦鈔初集一卷二集一卷　(清)孫清達

編　清同治五年(1866)紫貴堂刻本　四冊

360000－1901－0045406　413415
竹笑軒賦鈔初集一卷二集一卷　(清)孫清達編　清咸豐三年(1853)聚盛堂刻本　二冊

360000－1901－0045407　240994
竹嘯軒詩鈔十八卷　(清)沈德潛撰　清乾隆教忠堂刻本　二冊

360000－1901－0045408　412893
竹嘯軒詩鈔十八卷　(清)沈德潛撰　清乾隆刻本　二冊

360000－1901－0045409　417697
竹軒雜著六卷　(宋)林季仲撰　清光緒二年(1876)瑞安孫氏詒善祠塾刻永嘉叢書本　一冊

360000－1901－0045410　405140
竹葉庵文集三十三卷　(清)張塤撰　清乾隆五十一年(1786)吳縣張塤刻本　一冊　存六卷(十九至二十四)

360000－1901－0045411　304437
竹葉亭雜記八卷　(清)姚元之撰　清光緒十九年(1893)刻本　二冊

360000－1901－0045412　304496
竹葉亭雜記八卷　(清)姚元之撰　清光緒十九年(1893)刻本　一冊　存四卷(一至四)

360000－1901－0045413　417696
竹葉亭雜記八卷　(清)姚元之撰　清光緒十九年(1893)刻本　二冊

360000－1901－0045414　417695
竹葉亭雜記四卷　(清)姚元之撰　清宣統二年(1910)上海掃葉山房石印本　二冊

360000－1901－0045415　405138
竹友老人集古詩鈔四卷　(清)顧思虞撰　清嘉慶四年(1799)刻本　一冊

360000－1901－0045416　405138－1
竹友老人集古詩鈔四卷　(清)顧思虞撰　清嘉慶四年(1799)刻本　一冊

360000－1901－0045417　413216
竹雲題跋四卷　(清)王澍撰　清抄本　五冊

360000－1901－0045418　240392
竹齋先生詩集三卷附錄一卷　(宋)裘萬頃撰　清康熙四十八年(1709)裘奏刻本　二冊

360000－1901－0045419　240393
竹齋先生詩集三卷附錄一卷　(宋)裘萬頃撰　清康熙四十八年(1709)裘奏刻本　一冊

360000－1901－0045420　601253
竹齋先生詩集三卷附錄一卷　(宋)裘萬頃撰　清康熙四十八年(1709)裘奏刻本　一冊　存二卷(一至二)

360000－1901－0045421　802406
逐日流水(清光緒二十九年)　(清)□□輯　稿本　一冊

360000－1901－0045422　304998
燭湖集二十卷附編二卷　(宋)孫應時撰　(清)孫景洛等輯　清嘉慶八年(1803)孫氏靜遠軒刻本　四冊　存十七卷(六至二十、附編二卷)

360000－1901－0045423　305028
燭湖集二十卷附編二卷　(宋)孫應時撰　(清)孫景洛等輯　清嘉慶八年(1803)孫氏靜遠軒刻本　二冊　存五卷(一至五)

360000－1901－0045424　411303
主客圖一卷　(唐)張爲撰　**附圖考一卷道林寺考一卷**　(清)袁寧珍輯　清刻本　一冊

360000－1901－0045425　120303
主客圖一卷　(唐)張爲撰　**附圖考一卷道林寺考一卷**　(清)袁寧珍輯　清尋根書屋刻本　一冊

360000－1901－0045426　302020
渚宮舊事五卷補遺一卷　(唐)余知古撰　清嘉慶十九年(1814)刻本　一冊

360000－1901－0045427　408077
注解傷寒論十卷　(漢)張機撰　(晉)王叔和編　(金)成無已注　明新安吳勉學刻本　一

冊　存六卷(五至十)

360000－1901－0045428　408076

注解傷寒論十卷　(漢)張機撰　(晉)王叔和編　(金)成無己注　清光緒二十二年(1896)湖南書局刻本　二冊　存六卷(一、六至十)

360000－1901－0045429　603684

注解傷寒論十卷　(漢)張機撰　(晉)王叔和編　(金)成無己注　清刻本　一冊　存三卷(六至八)

360000－1901－0045430　800014

注解傷寒論十卷　(漢)張機撰　(晉)王叔和編　(金)成無己注　清刻本　一冊　存五卷(五至九)

360000－1901－0045431　408078

注解傷寒論十卷　(漢)張機撰　(晉)王叔和編　(金)成無己注　**傷寒明理論四卷**　(金)成無己撰　明新安吳勉學刻本　二冊

360000－1901－0045432　230206

注解傷寒論十卷圖解運氣圖一卷　(漢)張機撰　(晉)王叔和編　(金)成無己注　明萬曆二十九年(1601)新安吳勉學刻古今醫統正脈全書本　三冊　存五卷(一至五)

360000－1901－0045433　308192

註陸宣公奏議十五卷　(唐)陸贄撰　(宋)郎曄注　清光緒十一年(1885)淮南書局刻十二年(1886)增刻本　四冊

360000－1901－0045434　402053

註陸宣公奏議十五卷　(唐)陸贄撰　(宋)郎曄注　清光緒四年(1878)歸安陸氏刻十萬卷樓叢書本　二冊

360000－1901－0045435　150531－1

註陸宣公奏議十五卷　(唐)陸贄撰　(宋)郎曄注　清光緒四年(1878)歸安陸氏刻十萬卷樓叢書本　二冊

360000－1901－0045436　402054

註陸宣公奏議十五卷制誥十卷表一卷附校記二十五卷　(唐)陸贄撰　(宋)郎曄注　**附錄一卷年譜輯略一卷**　(清)江榕撰　清光緒十一年(1885)淮南書局刻十二年(1886)增刻本　四冊

360000－1901－0045437　402055

註陸宣公奏議十五卷制誥十卷表一卷附校記二十五卷　(唐)陸贄撰　(宋)郎曄注　**附錄一卷年譜輯略一卷**　(清)江榕撰　清光緒十一年(1885)淮南書局刻十二年(1886)增刻本　四冊

360000－1901－0045438　900659

注釋八銘塾鈔不分卷　(清)吳蘭陔編　清道光二十一年(1841)蘇州文秀堂刻本　八冊

360000－1901－0045439　900658

注釋八銘塾鈔初集五卷二集五卷　(清)吳蘭陔編　清光緒六年(1880)刻本　十冊

360000－1901－0045440　900657

注釋八銘塾鈔二集八卷　(清)吳蘭陔編　清刻本　一冊　存一卷(七)

360000－1901－0045441　900655

注釋八銘塾鈔二集不分卷　(清)吳蘭陔編　清刻本　一冊

360000－1901－0045442　210132

注釋古周禮五卷註釋考工記一卷　(明)郎兆玉撰　明天啓六年(1626)郎氏堂策檻刻本　六冊

360000－1901－0045443　220398

注釋評點古今名將傳十七卷附錄一卷　(明)陳元素評點　清初刻本　一冊　存三卷(六至八)

360000－1901－0045444　901311

注釋七家詩選　(清)張熙宇輯評　(清)張昶注釋　清愛蓮堂刻本　一冊　存四種

360000－1901－0045445　900962

注釋七家詩選　(清)張熙宇輯評　(清)張昶注釋　清刻本　一冊　存四種

360000－1901－0045446　803543

注釋千家詩四卷　(宋)謝枋得輯　(清)王相

注　清抄本　一册　存二卷（七絕、七律）

360000－1901－0045447　302092
祝人齋先生集一卷　（清）祝泠撰　清道光十四年（1834）太乙舟刻本　一册

360000－1901－0045448　408335
祝由科天醫十三科二卷　（□）□□撰　清刻本　一册

360000－1901－0045449　408629
著石堂新刻幼科直言六卷　（清）孟河撰　（清）孟莊輯　清嘉慶三年（1798）刻本　二册　存三卷（三至五）

360000－1901－0045450　414722
註釋成均課士詩二卷　（清）李日躋注釋　清嘉慶六年（1801）清和書屋刻本　一册

360000－1901－0045451　900955
註釋第六才子書八卷　（元）王德信　（元）關漢卿撰　（清）金人瑞評　清刻本　一册　存一卷（四）

360000－1901－0045452　900510
註釋典制文琳五集　（清）倪鑑等輯　清姑蘇聚文堂、崇德書院刻本　十三册

360000－1901－0045453　900511
註釋典制文琳五集　（清）倪鑑等輯　清嘉慶二十一年（1816）同文堂刻本　十五册

360000－1901－0045454　900509
註釋典制文琳五集　（清）倪鑑等輯　清嘉慶七年（1802）金陵致和堂、味經堂刻本　五册　存一集（二集）

360000－1901－0045455　704561
註釋古今賦體淩雲四卷　（清）李葵生輯　清康熙二十六年（1687）金閶存仁堂刻本　二册　存二卷（一至二）

360000－1901－0045456　404671
註釋花樣賦鈔□卷　（清）屈廛菴選　清道光二十九年（1849）英德堂刻本　一册　存一卷（下）

360000－1901－0045457　805046
註釋九家詩十一卷　（清）冒銘選注　**九家詩讀本一卷**　（清）李錫瓚評注　清道光十年（1830）文德堂刻本　三册

360000－1901－0045458　414608
註釋九家詩十一卷　（清）冒銘選注　**九家詩讀本一卷**　（清）李錫瓚評注　清道光十年（1830）文德堂刻本（讀本爲清嘉慶十七年刻本）　四册

360000－1901－0045459　414607
註釋九家詩十一卷　（清）冒銘選注　**九家詩讀本一卷**　（清）李錫瓚評注　清嘉慶十四年（1809）文德堂刻本　一册　存六卷（一至六）

360000－1901－0045460　414607－1
註釋九家詩十一卷　（清）冒銘選注　**九家詩讀本一卷**　（清）李錫瓚評注　清嘉慶十四年（1809）文德堂刻本　一册　存六卷（一至六）

360000－1901－0045461　805047
註釋九家詩十一卷　（清）冒銘選注　**九家詩讀本一卷**　（清）李錫瓚評注　清刻本　一册　存六卷（七至十一、九家詩讀本一卷）

360000－1901－0045462　805392
註釋九家詩十一卷　（清）魏茂林評注　**九家詩讀本一卷**　（清）李錫瓚評注　清嘉慶十四年（1809）刻本　三册　存九卷（一至六、十至十一，九家詩讀本一卷）

360000－1901－0045463　805433
註釋試帖紫雲仙琯初集八卷　（清）高敏輯　（清）梁瓊芳注　清刻本　八册

360000－1901－0045464　411253
註釋水竹居賦一卷　（清）盛觀潮撰　清道光二十八年（1848）聚錦堂刻本　二册

360000－1901－0045465　721833
註釋水竹居賦一卷　（清）盛觀潮撰　清刻本　一册

360000－1901－0045466　800169
註釋水竹居賦一卷　（清）盛觀潮撰　清刻本　一册

360000－1901－0045467　800546
註釋唐詩三百首不分卷　(清)孫洙輯　清抄本　一册

360000－1901－0045468　418695
註釋唐詩三百首不分卷　(清)孫洙輯　清光緒李光明莊刻本　二册

360000－1901－0045469　805222
註釋唐詩三百首不分卷　(清)孫洙輯　清李寶文堂刻本　一册

360000－1901－0045470　163375
註釋唐詩三百首不分卷　(清)孫洙輯　清同治十二年(1873)南京李光明莊刻本　二册

360000－1901－0045471　418750－1
註釋唐詩三百首不分卷　(清)孫洙輯　清郁文堂刻本　一册

360000－1901－0045472　418737
註釋唐詩三百首六卷　(清)孫洙輯　清道光五年(1825)英德堂刻本　二册

360000－1901－0045473　418735
註釋唐詩三百首六卷　(清)孫洙輯　清刻本　一册

360000－1901－0045474　418750－2
註釋唐詩三百首六卷　(清)孫洙輯　清刻本　一册　存二卷(五至六)

360000－1901－0045475　418726
註釋唐詩三百首六卷　(清)孫洙輯　(清)李盤根輯注　清文奎堂刻本　一册

360000－1901－0045476　418726－1
註釋唐詩三百首六卷　(清)孫洙輯　(清)李盤根輯注　清文奎堂刻本　一册　存三卷(四至六)

360000－1901－0045477　800689
註釋小品二集不分卷　(清)唐惟懋　(清)唐惟惠輯　(清)吳鳳儀注　清刻本　三册

360000－1901－0045478　309448
註心賦四卷　(宋)釋延壽述　清光緒三年(1877)金陵刻經處刻本　四册

360000－1901－0045479　310707
註心賦四卷　(宋)釋延壽述　清光緒三年(1877)金陵刻經處刻本　四册

360000－1901－0045480　404865
鑄六齋清夜鐘聲錄四卷　(清)陳志喆輯　清宣統元年(1909)成都鉛印本　一册　存一卷(一)

360000－1901－0045481　416399
鑄錢工藝三卷圖一卷　(英國)傅蘭雅　(清)鍾天緯譯　清光緒上海江南製造總局鉛印本　二册

360000－1901－0045482　401798
鑄史駢言十二卷　(清)孫玉田撰　清光緒二年(1876)鉛印本　四册

360000－1901－0045483　304517
鑄史駢言十二卷　(清)孫玉田撰　清光緒二年(1876)四明陳氏銀藤花館刻本　一册　存二卷(一至二)

360000－1901－0045484　401799
鑄史駢言十二卷　(清)孫玉田撰　清光緒三年(1877)刻本　二册　存六卷(一至二、六至九)

360000－1901－0045485　401799－1
鑄史駢言十二卷　(清)孫玉田撰　清光緒三年(1877)刻本　一册　存四卷(六至九)

360000－1901－0045486　401796
鑄史駢言十二卷　(清)孫玉田撰　清光緒十八年(1892)上海石印本　二册

360000－1901－0045487　401797
鑄史駢言十二卷　(清)孫玉田撰　清光緒石印本　一册　存六卷(七至十二)

360000－1901－0045488　164185
篆法偏旁點畫辨一卷　(明)陳紀書　(明)鄭漢音釋　清刻本　一册

360000－1901－0045489　313946
篆法偏旁正譌歌三卷　(明)李登訂　(清)胡正言篆　清初刻本　一册

360000－1901－0045490　412539
篆訣辨釋一卷　(明)陳鍾釐撰　清光緒八年(1882)常熟抱芳閣刻本　一冊

360000－1901－0045491　412111
篆訣四聲□□卷　(□)□□撰　清刻本　一冊　存二卷(五至六)

360000－1901－0045492　412111－1
篆訣四聲□□卷　(□)□□撰　清刻本　一冊　存二卷(五至六)

360000－1901－0045493　412651
篆刻鍼度八卷　(清)陳克恕撰　清末石印本　一冊　存四卷(五至八)

360000－1901－0045494　419350
篆文尚書集註音疏十二卷　(清)江聲撰　清乾隆五十八年(1793)刻本　十二冊

360000－1901－0045495　412571
篆文尚書一卷　(□)□□撰　清刻本　一冊

360000－1901－0045496　160840
篆文四書不分卷　(清)張照　(清)薄海篆　清光緒六年(1880)上海點石齋石印本　四冊

360000－1901－0045497　409585
篆學瑣著　(清)顧湘輯　清道光海虞顧湘刻本　八冊

360000－1901－0045498　313115
篆學瑣著　(清)顧湘輯　清光緒十四年(1888)虛山飛鴻延堂刻本　二冊　存十種

360000－1901－0045499　210448
篆字匯十二卷　(清)佟世男編　清康熙錫環堂刻本　十二冊

360000－1901－0045500　803729
篆字匯十二卷　(清)佟世男輯　清抄本　二冊　存二卷(寅集、酉集)

360000－1901－0045501　404764
轉蕙軒駢文稿不分卷　(清)謝質卿撰　清同治刻本　一冊

360000－1901－0045502　122468
轉蕙軒駢文稿不分卷　(清)謝質卿撰　清同治十一年(1872)刻本　一冊

360000－1901－0045503　240736
轉情集二卷　(明)費元祿撰　(清)吳士恒評　清康熙九年(1670)鉛山費氏甲秀園刻本　三冊

360000－1901－0045504　161301
轉注古義考一卷　(清)曹仁虎撰　清光緒十三年(1887)海寧許氏古均閣刻本　一冊

360000－1901－0045505　313525
莊騷讀本不分卷　(清)方人傑評輯　清乾隆三十七年(1772)錢樹本刻本　二冊

360000－1901－0045506　302743
莊子本義二卷　(清)梅沖撰　清道光元年(1821)刻本　一冊

360000－1901－0045507　230157
莊子獨見不分卷　(清)胡文英撰　清乾隆刻本　六冊

360000－1901－0045508　407142
莊子獨見三十三卷　(清)胡文英撰　清乾隆刻本　一冊　存三十二卷(一至十五、十七至三十三)

360000－1901－0045509　407139
莊子故八卷　馬其昶撰　清光緒二十七年(1901)遺經樓刻本　二冊

360000－1901－0045510　302748
莊子集解八卷　王先謙撰　清宣統元年(1909)湖南思賢書局刻本　三冊

360000－1901－0045511　302750
莊子集解八卷　王先謙撰　清宣統元年(1909)湖南思賢書局刻本　三冊

360000－1901－0045512　407107
莊子集解八卷　王先謙撰　清宣統元年(1909)湖南思賢書局刻本　三冊

360000－1901－0045513　407108
莊子集解八卷　王先謙撰　清宣統元年(1909)湖南思賢書局刻本　四冊

360000－1901－0045514　407109
莊子集解八卷　王先謙撰　清宣統元年(1909)湖南思賢書局刻本　四册

360000－1901－0045515　308765
莊子集解八卷　王先謙撰　清宣統元年(1909)上海掃葉山房石印本　二册

360000－1901－0045516　313817
莊子集釋十卷　(清)郭慶藩撰　清光緒思賢書局刻本　八册

360000－1901－0045517　407150
莊子集釋十卷　(清)郭慶藩撰　清光緒思賢書局刻本　一册　存二卷(九至十)

360000－1901－0045518　707135
莊子解十二卷　(清)吳世尚注評　清雍正四年(1726)吳世尚易老莊書屋刻本　一册　存一卷(一)

360000－1901－0045519　230144
莊子南華真經三卷　明萬曆刻本　一册　存一卷(一)

360000－1901－0045520　302747
莊子南華真經三卷　莊子闕誤一卷　(明)楊慎撰　清光緒元年(1875)湖北崇文書局刻本　二册

360000－1901－0045521　230147
莊子南華真經三卷　(宋)劉辰翁評點　明刻本　三册

360000－1901－0045522　407098
莊子南華真經十卷　(晉)郭象注　(唐)陸德明音義　清光緒十一年(1885)湖南傳忠書局刻本　六册

360000－1901－0045523　407099
莊子南華真經十卷　(晉)郭象注　(唐)陸德明音義　清光緒十一年(1885)湖南傳忠書局刻本　六册

360000－1901－0045524　405641
莊子南華真經十卷　(晉)郭象注　(唐)陸德明音義　清刻本　三册　存四卷(五至六、九至十)

360000－1901－0045525　405642
莊子南華真經四卷　(晉)郭象注　**音義四卷**　(唐)陸德明撰　明閔齊伋刻朱墨套印三子合刊本　四册

360000－1901－0045526　230146
莊子南華真經四卷　(晉)郭象注　**音義四卷**　(唐)陸德明撰　明閔齊伋刻朱墨套印三子合刊本　佚名評　八册

360000－1901－0045527　302749
莊子南華真經正義三卷附識餘三卷　(清)陳壽昌輯　清光緒十九年(1893)怡顏齋刻本　六册

360000－1901－0045528　302744
莊子内篇註四卷　(明)釋德清撰　清光緒十四年(1888)金陵刻經處刻本　二册

360000－1901－0045529　305099
莊子内篇註四卷　(明)釋德清撰　清光緒十四年(1888)金陵刻經處刻本　二册

360000－1901－0045530　230155
莊子旁注五卷　(清)吳承漸輯注　清康熙三十八年(1699)思訓堂刻本　五册

360000－1901－0045531　407141
莊子審音三十三卷　(清)席樹聲審定　清刻本　二册

360000－1901－0045532　405643
莊子十卷　(晉)郭象注　(唐)陸德明音義　明嘉靖三十九年(1560)浩然齋刻本　二册　存二卷(一至二)

360000－1901－0045533　416732
莊子十卷　(晉)郭象注　(唐)陸德明音義　清光緒二年(1876)浙江書局刻二十二子本　二册　存三卷(八至十)

360000－1901－0045534　803082
莊子十卷　(晉)郭象注　(唐)陸德明音義　清光緒二年(1876)浙江書局刻二十二子本　一册　存三卷(三至五)

360000－1901－0045535　302757
莊子十卷　(晉)郭象注　(唐)陸德明音義　清光緒二十三年(1897)上海圖書集成書局鉛印本　一册　存六卷(一至六)

360000－1901－0045536　407096
莊子十卷　(晉)郭象注　(唐)陸德明音義　清光緒二十三年(1897)新化三味書室刻本　四册

360000－1901－0045537　407096－1
莊子十卷　(晉)郭象注　(唐)陸德明音義　清光緒二十三年(1897)新化三味書室刻本　一册　存二卷(一至二)

360000－1901－0045538　803081
莊子十卷　(晉)郭象注　(唐)陸德明音義　清末鉛印本　一册　存四卷(七至十)

360000－1901－0045539　707134
莊子十卷　(清)吳汝綸點勘　清宣統元年(1909)鉛印本　二册

360000－1901－0045540　707134－1
莊子十卷　(清)吳汝綸點勘　清宣統元年(1909)鉛印本　一册　存四卷(七至十)

360000－1901－0045541　800921
莊子釋意不分卷　(明)歸有光批　(清)高秋月集說　(清)曹同春論正　清刻本　一册

360000－1901－0045542　230154
莊子釋意三卷　(明)歸有光批　(清)高秋月集說　(清)曹同春論正　清康熙二十九年(1690)曹同春刻曹家擁、曹鳳采重修莊騷合刻本　三册

360000－1901－0045543　409958
南薰殿圖像考二卷　(清)胡敬撰　清嘉慶二十一年(1816)刻本　二册

360000－1901－0045544　407140
莊子釋意三卷　(明)歸有光批　(清)高秋月集說　(清)曹同春論正　清康熙二十九年(1690)曹同春刻莊騷合刻本　三册

360000－1901－0045545　407140－1
莊子釋意三卷　(明)歸有光批　(清)高秋月集說　(清)曹同春論正　清康熙二十九年(1690)曹同春刻莊騷合刻本　一册　存一卷(一)

360000－1901－0045546　230156
莊子同壇二卷首一卷　(清)詹明章輯　清康熙三十三年(1694)兼山樓刻本　一册

360000－1901－0045547　316839
南畇詩稾十卷辛卯集二卷壬辰集一卷　(清)彭定求撰　清康熙刻本　二册　存七卷(一至四、辛卯集二卷、壬辰集一卷)

360000－1901－0045548　302746
莊子雪三卷　(清)陸樹芝輯注　清嘉慶四年(1799)刻本　三册

360000－1901－0045549　230148
莊子鬳齋口義十卷釋音一卷　(宋)林希逸撰　明嘉靖四年(1525)張士鎬刻三子口義本　五册

360000－1901－0045550　405639
莊子翼八卷　(明)焦竑編　明萬曆十六年(1588)王元貞刻本　三册　存六卷(一至六)

360000－1901－0045551　162668
莊子因六卷　(清)林雲銘撰　清康熙二年(1663)刻本　二册

360000－1901－0045552　162669
莊子因六卷　(清)林雲銘撰　清康熙二十七年(1688)刻本　四册

360000－1901－0045553　407115
莊子因六卷　(清)林雲銘撰　清康熙二十七年(1688)挹奎樓刻本　六册

360000－1901－0045554　407114
莊子因六卷　(清)林雲銘撰　清康熙刻本　六册

360000－1901－0045555　162670
莊子因六卷　(清)林雲銘撰　清康熙五十五年(1716)刻本　二册

360000－1901－0045556　407112

莊子因六卷 (清)林雲銘撰 清刻本 三册

360000－1901－0045557 803094
莊子因六卷 (清)林雲銘撰 清刻本 一册 存二卷(三至四)

360000－1901－0045558 407113
莊子因六卷 (清)林雲銘撰 清乾隆四十五年(1780)刻本 六册

360000－1901－0045559 721710
粧樓摘豔十卷首一卷 (清)錢三錫輯 清道光十三年(1833)香雨軒刻本 一册

360000－1901－0045560 301366
壯悔堂文集十卷遺稿一卷 (清)侯方域撰 清末上海啓蒙書室石印本 四册

360000－1901－0045561 240819
壯悔堂文集十卷遺稿一卷 (清)侯方域撰 清順治十三年(1656)刻本 四册

360000－1901－0045562 417512
壯悔堂文集十卷遺稿一卷 (清)侯方域撰 (清)賈開宗等評點 **年譜一卷** (清)侯洵輯 清光緒四年(1878)刻本 九册

360000－1901－0045563 417513
壯悔堂文集十卷遺稿一卷 (清)侯方域撰 (清)賈開宗等評點 **年譜一卷** (清)侯洵輯 清光緒四年(1878)刻本 三册 存九卷(三至十、遺稿一卷)

360000－1901－0045564 417513－1
壯悔堂文集十卷遺稿一卷 (清)侯方域撰 (清)賈開宗等評點 **年譜一卷** (清)侯洵輯 清光緒四年(1878)刻本 二册 存四卷(八至十、遺稿一卷)

360000－1901－0045565 417511
壯悔堂文集十卷遺稿一卷 (清)侯方域撰 (清)賈開宗等評點 **年譜一卷** (清)侯洵輯 清嘉慶十七年(1812)侯資燦刻本 四册

360000－1901－0045566 305247
壯悔堂文集十卷遺稿一卷 (清)侯方域撰 (清)賈開宗等評點 **年譜一卷** (清)侯洵輯 清刻本 一册 存三卷(三至五)

360000－1901－0045567 316573
壯悔堂文集十卷遺稿一卷 (清)侯方域撰 (清)賈開宗等評點 **年譜一卷** (清)侯洵輯 清刻本 八册

360000－1901－0045568 417536
壯悔堂文集十卷遺稿一卷 (清)侯方域撰 (清)賈開宗等評點 **年譜一卷** (清)侯洵輯 清同治十一年(1872)刻本 六册

360000－1901－0045569 417515
壯悔堂文集十卷遺稿一卷 (清)侯方域撰 (清)賈開宗等評點 **年譜一卷** (清)侯洵輯 清宣統二年(1910)掃葉山房石印本 三册 存九卷(三至十、遺稿一卷)

360000－1901－0045570 240818
壯悔堂文集十卷遺稿一卷四憶堂詩集六卷遺稿一卷 (清)侯方域撰 清順治十三年(1656)刻本 八册

360000－1901－0045571 307287－1
壯悔堂文錄二卷 (清)侯方域撰 (清)李祖陶輯 清刻國朝文錄本 一册

360000－1901－0045572 301418
壯學齋文集十二卷 (清)周樹槐撰 清咸豐二年(1852)刻本 四册

360000－1901－0045573 405224
壯遊草一卷 (清)崔繡撰 清刻本 一册

360000－1901－0045574 163041
壯游草一卷 (清)崔繡撰 清嘉慶十二年(1807)刻本 一册

360000－1901－0045575 301329
狀元策不分卷 (清)伯張議定 清光緒二十年(1894)刻本 十册

360000－1901－0045576 407657
狀元策不分卷(清道光癸未科、丙戌刻、己丑科) (清)林召棠等撰 清刻本 一册

360000－1901－0045577 711395
狀元閣十三經集字一卷 (清)李鴻藻輯 清

末李光明莊刻本　一册

360000－1901－0045578　711396
狀元閣十三經集字一卷　(清)李鴻藻輯　清末李光明莊刻本　一册

360000－1901－0045579　220496
追山案卷全錄一卷　(清)王秋帆輯　清同治十一年(1872)稿本　一册

360000－1901－0045580　302196
追昔游集三卷　(唐)李紳撰　清宣統二年(1910)上海著易堂石印本　一册

360000－1901－0045581　802175
綴白裘十二集四十八卷　(清)玩花主人輯　(清)錢德蒼增輯　清刻本　一册　存一集二卷(五集三至四)

360000－1901－0045582　803887
綴白裘十二集四十八卷　(清)玩花主人輯　(清)錢德蒼增輯　清刻本　一册　存一集二卷(七集三至四)

360000－1901－0045583　421516
綴白裘十二集四十八卷　(清)玩花主人輯　(清)錢德蒼增輯　清乾隆五十二年(1787)嘉興增利堂刻本　四十五册　存十二集四十五卷(一集一至四,二集一至四,三集一至四,四集一至四,五集一至三,六集二至四,七集一至二、四,八集一至四,九集一至四,十集一至四,十一集一至四,十二集一至四)

360000－1901－0045584　421519
綴白裘十二集四十八卷　(清)玩花主人輯　(清)錢德蒼增輯　清乾隆五十二年(1787)嘉興增利堂刻本　四册　存三集四卷(五集一、六集三至四、十集一)

360000－1901－0045585　411330
綴文六卷　(清)陳鱣撰　清嘉慶十二年(1807)陳氏士鄉堂刻本　一册

360000－1901－0045586　301646
綴學堂初稾四卷　陳漢章撰　清光緒十九年(1893)刻本　四册

360000－1901－0045587　164570
準齋雜説二卷　(宋)吴如愚撰　清抄本　一册

360000－1901－0045588　240523
拙庵集四卷　(明)李紹撰　明刻本　四册

360000－1901－0045589　150327
拙盦叢稿　(清)朱一新撰　清光緒二十二年(1896)葆真堂刻本　五册　存二種

360000－1901－0045590　150216
拙盦叢稿　(清)朱一新撰　清光緒二十二年(1896)順德龍氏葆真堂刻宣統抱經樓補刻本　十六册

360000－1901－0045591　413383
拙存堂文集八卷　(清)蔣衡撰　清乾隆刻本　三册　存二卷(七至八)

360000－1901－0045592　405251
拙公詩鈔二卷　(清)黄益增撰　清光緒十八年(1892)鉛印本　一册

360000－1901－0045593　705436
拙人藏稿四卷　(清)程精一撰　清咸豐十一年(1861)拙人堂刻本　一册　存一卷(一)

360000－1901－0045594　316495
拙修集十卷　(清)吴廷棟撰　清同治十年(1871)六安求我齋刻本　四册

360000－1901－0045595　303372
拙修集十卷　(清)吴廷棟撰　清同治十年(1871)六安求我齋刻本　四册

360000－1901－0045596　603010
廿二史劄記三十六卷補遺一卷　(清)趙翼撰　清光緒二十六年(1900)上海書局石印本　八册

360000－1901－0045597　240419
拙軒集六卷　(金)王寂撰　清乾隆四十一年(1776)刻武英殿聚珍版書本　一册

360000－1901－0045598　163740
拙尊園叢稿六卷　(清)黎庶昌撰　清光緒江南李光明莊刻本　四册

360000－1901－0045599　303375
拙尊園叢稿六卷　(清)黎庶昌撰　清光緒十九年(1893)上海醉六堂刻本　二册

360000－1901－0045600　120847
卓峰草堂詩鈔二十卷詩續鈔四卷卓峰草堂文鈔三卷萝梨雲館詩外編四卷　(清)符兆綸撰　清同治元年(1862)刻本　六册

360000－1901－0045601　122977
卓峰草堂詩鈔二十卷詩續鈔四卷卓峰草堂文鈔三卷萝梨雲館詩外編四卷　(清)符兆綸撰　清同治元年(1862)刻本　八册

360000－1901－0045602　120846
卓峰草堂詩鈔二十卷詩續鈔四卷卓峰草堂文鈔三卷萝梨雲館詩外編四卷　(清)符兆綸撰　清同治元年至五年(1862－1866)刻本　八册

360000－1901－0045603　120845
卓山詩集十二卷　(清)帥家相撰　清光緒十一年(1885)奉新帥氏綠滿窗刻本　六册

360000－1901－0045604　120842
卓山詩集十六卷　(清)帥家相撰　清嘉慶二年(1797)賜書堂刻本　八册

360000－1901－0045605　120843
卓山詩集十六卷　(清)帥家相撰　清嘉慶二年(1797)賜書堂刻本　八册

360000－1901－0045606　120844
卓山詩集十六卷　(清)帥家相撰　清嘉慶二年(1797)賜書堂刻本　八册

360000－1901－0045607　410523
卓山詩集十六卷　(清)帥家相撰　清嘉慶二年(1797)賜書堂刻本　六册　存十二卷(三至六、九至十六)

360000－1901－0045608　405603
卓山詩集十六卷　(清)帥家相撰　清嘉慶二年(1797)刻本　一册　存二卷(一至二)

360000－1901－0045609　709724
卓山詩集十六卷　(清)帥家相撰　清嘉慶二年(1797)帥煥三十乘書樓刻本　一册　存二卷(七至八)

360000－1901－0045610　410523－1
卓山詩集十六卷　(清)帥家相撰　清刻本　二册　存四卷(三至四、十五至十六)

360000－1901－0045611　164288
卓氏藻林八卷　(明)卓明卿撰　明萬曆八年(1580)玅香室刻本　二册　存二卷(一、七)

360000－1901－0045612　162429
卓氏藻林八卷　(明)卓明卿撰　清道光二十七年(1847)藝圃刻本　八册

360000－1901－0045613　405293
卓氏藻林八卷　(明)卓明卿撰　清刻本　四册　存四卷(二、五、七至八)

360000－1901－0045614　163843
酌雅齋四書遵註合講十九卷　(清)翁復編　清光緒十四年(1888)上海點石齋石印本　六册

360000－1901－0045615　403332－1
酌雅齋四書遵註合講十九卷　(清)翁復編　清刻本　一册　存五卷(論語一至五)

360000－1901－0045616　403332－2
酌雅齋四書遵註合講十九卷　(清)翁復編　清刻本　一册　存五卷(論語一至五)

360000－1901－0045617　802204
酌雅齋四書遵註合講十九卷　(清)翁復編　清刻本　一册　存五卷(論語一至五)

360000－1901－0045618　803474
酌雅齋四書遵註合講十九卷　(清)翁復編　清刻本　一册　存一卷(孟子二)

360000－1901－0045619　403321－1
酌雅齋四書遵註合講十九卷　(清)翁復編　清道光八年(1828)閩漳文瑞堂刻本　一册　存二卷(大學一卷、中庸一卷)

360000－1901－0045620　403307
酌雅齋四書遵註合講十九卷　(清)翁復編　清道光十三年(1833)掃葉山房刻本　六册

360000－1901－0045621　403307－1
酌雅齋四書遵註合講十九卷　（清）翁復編　清道光十三年（1833）掃葉山房刻本　一冊　存二卷（大學一卷、中庸一卷）

360000－1901－0045622　403309
酌雅齋四書遵註合講十九卷　（清）翁復編　清道光十三年（1833）掃葉山房刻本（論語卷六至十配清刻本）　六冊

360000－1901－0045623　403310
酌雅齋四書遵註合講十九卷　（清）翁復編　清嘉慶十一年（1806）酌雅齋刻本　六冊

360000－1901－0045624　403324
酌雅齋四書遵註合講十九卷　（清）翁復編　清刻本　六冊

360000－1901－0045625　902377
酌雅齋四書遵註合講十九卷　（清）翁復編　清刻本　二冊　存五卷（大學一卷、中庸一卷、孟子一至三）

360000－1901－0045626　902378
酌雅齋四書遵註合講十九卷　（清）翁復編　清刻本　二冊　存二卷（孟子四至五）

360000－1901－0045627　902379
酌雅齋四書遵註合講十九卷　（清）翁復編　清刻本　二冊　存五卷（孟子一至五）

360000－1901－0045628　403321－2
酌雅齋四書遵註合講十九卷　（清）翁復編　清閩漳文瑞堂刻本　一冊　存二卷（大學一卷、中庸一卷）

360000－1901－0045629　403308
酌雅齋四書遵註合講十九卷　（清）翁復編　清酌雅齋刻本　三冊　存十卷（論語一至五、孟子一至五）

360000－1901－0045630　403313
酌雅齋四書遵註合講十九卷　（清）翁復編　清酌雅齋刻本　六冊

360000－1901－0045631　403313－1
酌雅齋四書遵註合講十九卷　（清）翁復編　清酌雅齋刻本　一冊　存二卷（大學一卷、中庸一卷）

360000－1901－0045632　403319
酌雅齋四書遵註合講十九卷　（清）翁復編　清酌雅齋刻本　三冊　存十二卷（大學一卷、中庸一卷、論語十卷）

360000－1901－0045633　122440
濯舊稿一卷　（明）汪俊撰　清同治十年（1871）疊山書院刻本　一冊

360000－1901－0045634　705433
巇景留吟館贅草一卷　（清）許巨楫撰　清光緒鉛印本　一冊

360000－1901－0045635　302205
資生要術不分卷　（清）何剛德編　清光緒二十二年（1896）建昌府署刻本　一冊

360000－1901－0045636　302206
資生要術不分卷　（清）何剛德編　清光緒二十二年（1896）建昌府署刻本　一冊

360000－1901－0045637　303802
資生要術不分卷　（清）何剛德編　清光緒二十二年（1896）建昌府署刻本　一冊

360000－1901－0045638　303803
資生要術不分卷　（清）何剛德編　清光緒二十二年（1896）建昌府署刻本　一冊

360000－1901－0045639　303804
資生要術不分卷　（清）何剛德編　清光緒二十二年（1896）建昌府署刻本　一冊

360000－1901－0045640　303805
資生要術不分卷　（清）何剛德編　清光緒二十二年（1896）建昌府署刻本　一冊

360000－1901－0045641　401913
資生要術不分卷　（清）何剛德編　清光緒二十二年（1896）建昌府署刻本　一冊

360000－1901－0045642　220187
資治歷朝紀政綱目前編八卷正編四十卷續編二十六卷　（明）黄洪憲編纂　（明）許順義注補　明刻本　一冊　存二卷（正編六至七）

360000－1901－0045643　220186
資治歷朝紀政綱目前編八卷正編四十卷續編二十六卷　(明)黄洪憲編纂　(明)許順義注補　明萬曆建陽余彰德刻本　一冊　存四卷(正編二至五)

360000－1901－0045644　305623
資治通鑑補二百九十四卷　(明)嚴衍撰　清光緒二年(1876)武進盛氏思補樓木活字印本　七十九冊　存二百九十卷(一至一百八十四、一百八十九至二百九十四)

360000－1901－0045645　311793
資治通鑑補二百九十四卷　(明)嚴衍撰　清光緒二年(1876)武進盛氏思補樓木活字印本　八十冊

360000－1901－0045646　415595
資治通鑑補二百九十四卷　(明)嚴衍撰　清光緒二年(1876)武進盛氏思補樓木活字印本　三十五冊　存一百二十九卷(一百六十六至二百九十四)

360000－1901－0045647　715593
資治通鑑補二百九十四卷　(明)嚴衍撰　清光緒二年(1876)武進盛氏思補樓木活字印本　四十五冊

360000－1901－0045648　220126
資治通鑑大全　題(明)陳仁錫輯　明崇禎刻金閶大歡堂印本　一百十四冊　存五種

360000－1901－0045649　220127
資治通鑑大全　題(明)陳仁錫輯　明崇禎刻金閶大歡堂印本　十九冊　存三種

360000－1901－0045650　220124
資治通鑑大全　題(明)陳仁錫輯　明天啓至崇禎刻大歡堂印本　一百三十二冊　存六種

360000－1901－0045651　220125
資治通鑑大全　題(明)陳仁錫輯　明天啓至崇禎刻大歡堂印本　七十一冊　存六種

360000－1901－0045652　302165
資治通鑑地理今釋十六卷　(清)吴熙載撰　清光緒八年(1882)江蘇書局刻本　三冊

360000－1901－0045653　161877
資治通鑑地理今釋十六卷　(清)吴熙載撰　清末石印本　三冊

360000－1901－0045654　220136
資治通鑑二百九十四卷　(宋)司馬光撰　明嘉靖二十三年至二十四年(1544－1545)孔天胤刻本(卷一至十六、六十五、一百五十配清抄本)　一百冊

360000－1901－0045655　220137
資治通鑑二百九十四卷　(宋)司馬光撰　明嘉靖二十三年至二十四年(1544－1545)孔天胤刻萬曆十四年(1586)蘇濬重修本　八十冊

360000－1901－0045656　220138
資治通鑑二百九十四卷　(宋)司馬光撰　明嘉靖二十三年至二十四年(1544－1545)孔天胤刻萬曆十四年(1586)蘇濬重修本　七十四冊　缺二十二卷(七十二至七十四、一百二十八至一百三十一、一百四十二至一百四十五、一百六十二至一百六十五、一百八十六至一百八十九、二百二十四至二百二十六)

360000－1901－0045657　164304
資治通鑑二百九十四卷　(宋)司馬光撰　(元)胡三省音注　清初刻本　三冊　存九卷(一至三、二百八十九至二百九十四)

360000－1901－0045658　310031
資治通鑑二百九十四卷　(宋)司馬光撰　(元)胡三省音注　**通鑑釋文辯誤十二卷**　(元)胡三省撰　清嘉慶二十一年(1816)鄱陽胡克家影元刻本　八十七冊　存二百六十一卷(一至二百六十一)

360000－1901－0045659　310030
資治通鑑二百九十四卷　(宋)司馬光撰　(元)胡三省音注　清刻本　九十七冊

360000－1901－0045660　800102
資治通鑑二百九十四卷　(宋)司馬光撰　(元)胡三省音注　(明)陳仁錫評　**通鑑釋文辯誤十二卷**　(元)胡三省撰　明天啓五年

(1625)陳仁錫刻本　十册　存四十七卷(九至五十五)

360000－1901－0045661　220139
資治通鑑二百九十四卷　(宋)司馬光撰　(元)胡三省音注　**通鑑釋文辯誤十二卷**　(元)胡三省撰　明吴中珩刻本　佚名批　三十七册　存九十六卷(一百九十九至二百九十四)

360000－1901－0045662　310912
資治通鑑二百九十四卷　(宋)司馬光撰　(元)胡三省音注　**通鑑釋文辯誤十二卷**　(元)胡三省撰　清長沙佚老堂刻本　九十二册　存二百七十五卷(一至一百六十四、一百七十八至二百二十九、二百三十九至二百九十二,通鑑釋文辯誤三至七)

360000－1901－0045663　310712
資治通鑑二百九十四卷　(宋)司馬光撰　(元)胡三省音注　**通鑑釋文辯誤十二卷**　(元)胡三省撰　清光緒二十二年(1896)上海蜚英館石印本　三十六册

360000－1901－0045664　415583－1
資治通鑑二百九十四卷　(宋)司馬光撰　(元)胡三省音注　**通鑑釋文辯誤十二卷**　(元)胡三省撰　清光緒二十九年(1903)重慶廣學書局刻本　一册　存六卷(一百九十九至二百四)

360000－1901－0045665　415581
資治通鑑二百九十四卷　(宋)司馬光撰　(元)胡三省音注　**通鑑釋文辯誤十二卷**　(元)胡三省撰　清光緒二十六年(1900)圖書集成局鉛印本　十三册　存一百八十一卷(十四至二十七、四十三至五十七、七十四至一百三、一百二十至一百三十五、一百六十九至二百三十八、二百五十三至二百七十九、二百八十六至二百九十四)

360000－1901－0045666　415575
資治通鑑二百九十四卷　(宋)司馬光撰　(元)胡三省音注　**通鑑釋文辯誤十二卷**　(元)胡三省撰　清光緒二十四年(1898)上海積石山房石印本　三十一册

360000－1901－0045667　305613
資治通鑑二百九十四卷　(宋)司馬光撰　(元)胡三省音注　**通鑑釋文辯誤十二卷**　(元)胡三省撰　清嘉慶二十一年(1816)鄱陽胡克家影元刻本　三十五册　存八十四卷(一至八十四)

360000－1901－0045668　305614
資治通鑑二百九十四卷　(宋)司馬光撰　(元)胡三省音注　**通鑑釋文辯誤十二卷**　(元)胡三省撰　清嘉慶二十一年(1816)鄱陽胡克家影元刻本　九十六册　存二百九十一卷(十至二百九十四、通鑑釋文辯誤一至六)

360000－1901－0045669　305615
資治通鑑二百九十四卷　(宋)司馬光撰　(元)胡三省音注　**通鑑釋文辯誤十二卷**　(元)胡三省撰　清嘉慶二十一年(1816)鄱陽胡克家影元刻本　九十六册　存二百九十三卷(一至二、六至二十三、二十七至一百三十七、一百四十二至一百九十、一百九十四至二百九十四,通鑑釋文辯誤十二卷)

360000－1901－0045670　310865
資治通鑑二百九十四卷　(宋)司馬光撰　(元)胡三省音注　**通鑑釋文辯誤十二卷**　(元)胡三省撰　清嘉慶二十一年(1816)鄱陽胡克家影元刻本　一百二十册

360000－1901－0045671　310972
資治通鑑二百九十四卷　(宋)司馬光撰　(元)胡三省音注　**通鑑釋文辯誤十二卷**　(元)胡三省撰　清嘉慶二十一年(1816)鄱陽胡克家影元刻本　一百二十七册　存三百四卷(一至二百七十七、二百八十至二百九十四,通鑑釋文辯誤十二卷)

360000－1901－0045672　314617
資治通鑑二百九十四卷　(宋)司馬光撰　(元)胡三省音注　**通鑑釋文辯誤十二卷**　(元)胡三省撰　清嘉慶二十一年(1816)鄱陽胡克家影元刻本　九十七册　存二百九十七卷(一至五十八、六十二至一百五十四、一百

五十八至一百六十九、一百七十三至二百九十四,通鑑釋文辯誤十二卷)

360000－1901－0045673　415568
資治通鑑二百九十四卷　(宋)司馬光撰　(元)胡三省音注　**通鑑釋文辯誤十二卷**　(元)胡三省撰　清嘉慶二十一年(1816)鄱陽胡克家影元刻本　一百册　存二百五十三卷(一至一百四十八、一百六十八至二百十、二百十四至二百三十五、二百六十一至二百七十二、二百七十九至二百九十四,通鑑釋文辯誤十二卷)

360000－1901－0045674　415569
資治通鑑二百九十四卷　(宋)司馬光撰　(元)胡三省音注　**通鑑釋文辯誤十二卷**　(元)胡三省撰　清嘉慶二十一年(1816)鄱陽胡克家影元刻本　七十三册　存二百二十八卷(一至三十四、四十一至四十三、五十四至七十三、八十三至一百八十、一百九十九至二百三十、二百五十一至二百五十五、二百六十八至二百六十九、二百七十三至二百九十四,通鑑釋文辯誤十二卷)

360000－1901－0045675　415570
資治通鑑二百九十四卷　(宋)司馬光撰　(元)胡三省音注　**通鑑釋文辯誤十二卷**　(元)胡三省撰　清嘉慶二十一年(1816)鄱陽胡克家影元刻本　四十三册　存一百三十五卷(一至一百三十五)

360000－1901－0045676　415572
資治通鑑二百九十四卷　(宋)司馬光撰　(元)胡三省音注　**通鑑釋文辯誤十二卷**　(元)胡三省撰　清嘉慶二十一年(1816)鄱陽胡克家影元刻本　十六册　存四十五卷(一至八、十三至二十二、一百三十五至一百三十七、一百五十二至一百五十四、二百至二百四、二百十八至二百二十二、二百三十至二百三十二、二百五十四至二百五十五、二百七十二至二百七十七)

360000－1901－0045677　715570
資治通鑑二百九十四卷　(宋)司馬光撰　(元)胡三省音注　**通鑑釋文辯誤十二卷**　(元)胡三省撰　清嘉慶二十一年(1816)鄱陽胡克家影元刻本　三十三册　存九十九卷(一百四十二至一百六十二、一百八十四至二百十、二百四十四至二百九十四)

360000－1901－0045678　722022
資治通鑑二百九十四卷　(宋)司馬光撰　(元)胡三省音注　**通鑑釋文辯誤十二卷**　(元)胡三省撰　清嘉慶二十一年(1816)鄱陽胡克家影元刻本　二册　存六卷(二百十七至二百十九、二百四十一至二百四十三)

360000－1901－0045679　722067
資治通鑑二百九十四卷　(宋)司馬光撰　(元)胡三省音注　**通鑑釋文辯誤十二卷**　(元)胡三省撰　清嘉慶二十一年(1816)鄱陽胡克家影元刻本　五册　存十五卷(一百三十六至一百四十一、二百十一至二百十六、二百三十八至二百四十)

360000－1901－0045680　302157
資治通鑑二百九十四卷　(宋)司馬光撰　(元)胡三省音注　**通鑑釋文辯誤十二卷**　(元)胡三省撰　清嘉慶二十一年(1816)鄱陽胡克家影元刻同治八年(1869)江蘇書局重修本　一百册

360000－1901－0045681　310432
資治通鑑二百九十四卷　(宋)司馬光撰　(元)胡三省音注　**通鑑釋文辯誤十二卷**　(元)胡三省撰　清嘉慶二十一年(1816)鄱陽胡克家影元刻同治八年(1869)江蘇書局重修本　五十册　缺十二卷(通鑑釋文辯誤十二卷)

360000－1901－0045682　310907
資治通鑑二百九十四卷　(宋)司馬光撰　(元)胡三省音注　**通鑑釋文辯誤十二卷**　(元)胡三省撰　清嘉慶二十一年(1816)鄱陽胡克家影元刻同治八年(1869)江蘇書局重修本　九十九册　缺三卷(二百二十至二百二十二)

360000－1901－0045683　311091

資治通鑑二百九十四卷 (宋)司馬光撰 (元)胡三省音注 **通鑑釋文辯誤十二卷** (元)胡三省撰 清嘉慶二十一年(1816)鄱陽胡克家影元刻同治八年(1869)江蘇書局重修本 一百十二册

360000－1901－0045684 415571
資治通鑑二百九十四卷 (宋)司馬光撰 (元)胡三省音注 **通鑑釋文辯誤十二卷** (元)胡三省撰 清嘉慶二十一年(1816)鄱陽胡克家影元刻同治八年(1869)江蘇書局重修本 一百册

360000－1901－0045685 722020
資治通鑑二百九十四卷 (宋)司馬光撰 (元)胡三省音注 **通鑑釋文辯誤十二卷** (元)胡三省撰 清嘉慶二十一年(1816)鄱陽胡克家影元刻同治八年(1869)江蘇書局重修本 二册 存十二卷(通鑑釋文辯誤十二卷)

360000－1901－0045686 800453
資治通鑑二百九十四卷 (宋)司馬光撰 (元)胡三省音注 **通鑑釋文辯誤十二卷** (元)胡三省撰 清嘉慶二十一年(1816)鄱陽胡克家影元刻同治八年(1869)江蘇書局重修本 十四册 存四十二卷(二百二十九至二百七十)

360000－1901－0045687 305614－1
資治通鑑二百九十四卷 (宋)司馬光撰 (元)胡三省音注 **通鑑釋文辯誤十二卷** (元)胡三省撰 清刻本 二册 存五卷(二百五至二百九)

360000－1901－0045688 307986
資治通鑑二百九十四卷 (宋)司馬光撰 (元)胡三省音注 **通鑑釋文辯誤十二卷** (元)胡三省撰 清刻本 四十二册 存一百七卷(一百八十三至二百十五、二百十九至二百二十四、二百三十至二百五十、二百五十四至二百七十六、二百八十至二百九十四,通鑑釋文辯誤一至九)

360000－1901－0045689 308082
資治通鑑二百九十四卷 (宋)司馬光撰 (元)胡三省音注 **通鑑釋文辯誤十二卷** (元)胡三省撰 清刻本 三册 存九卷(一百三十七至一百三十九、二百六至二百八、二百二十七至二百二十九)

360000－1901－0045690 309270
資治通鑑二百九十四卷 (宋)司馬光撰 (元)胡三省音注 **通鑑釋文辯誤十二卷** (元)胡三省撰 清刻本 三十六册 存一百十四卷(一百六至一百五十、二百三十八至二百九十四,通鑑釋文辯誤十二卷)

360000－1901－0045691 309272
資治通鑑二百九十四卷 (宋)司馬光撰 (元)胡三省音注 **通鑑釋文辯誤十二卷** (元)胡三省撰 清刻本 八册 存二十二卷(二十五至四十、四十四至四十六,通鑑釋文辯誤十至十二)

360000－1901－0045692 309482
資治通鑑二百九十四卷 (宋)司馬光撰 (元)胡三省音注 **通鑑釋文辯誤十二卷** (元)胡三省撰 清刻本 四十六册 存一百四十三卷(二十五至四十四、四十八至五十六、六十至七十八、一百十至一百三十四、一百三十八至一百四十八、一百五十二至一百五十八、一百八十三至二百十八、二百二十二至二百二十八、二百五十三至二百五十四、二百六十七至二百六十九,通鑑釋文辯誤五至八)

360000－1901－0045693 309484
資治通鑑二百九十四卷 (宋)司馬光撰 (元)胡三省音注 **通鑑釋文辯誤十二卷** (元)胡三省撰 清刻本 五十二册 存一百二十四卷(一至二、九至十四、十八至二十五、二十九至三十、三十七至三十八、四十六至五十二、六十七至七十八、八十七至九十六、九十九至一百、一百八至一百十三、一百三十一至一百四十三、一百六十三至一百六十四、二百五至二百七、二百九至二百十一、二百十三至二百十四、二百十九至二百二十八、二百四十二至二百四十九、二百五十二至二百六十五、二百六十八至二百六十九、二百八十五至

二百八十九、二百九十三至二百九十四，通鑑釋文辯誤一、四至五）

360000－1901－0045694　309486
資治通鑑二百九十四卷　（宋）司馬光撰　（元）胡三省音注　**通鑑釋文辯誤十二卷**　（元）胡三省撰　清刻本　十三冊　存四十五卷（二百六十二至二百九十四、通鑑釋文辯誤十二卷）

360000－1901－0045695　310357
資治通鑑二百九十四卷　（宋）司馬光撰　（元）胡三省音注　**通鑑釋文辯誤十二卷**　（元）胡三省撰　清刻本　八十六冊　存二百六十四卷（一至二百二十八、二百七十一至二百九十四，通鑑釋文辯誤十二卷）

360000－1901－0045696　311009
資治通鑑二百九十四卷　（宋）司馬光撰　（元）胡三省音注　**通鑑釋文辯誤十二卷**　（元）胡三省撰　清刻本　一百四冊

360000－1901－0045697　415573
資治通鑑二百九十四卷　（宋）司馬光撰　（元）胡三省音注　**通鑑釋文辯誤十二卷**　（元）胡三省撰　清刻本　十三冊　存三十九卷（八十五至九十六、一百十二至一百十四、一百三十三至一百三十五、一百四十八至一百五十、一百六十七至一百六十九、二百十一至二百二十二、二百二十九至二百三十一）

360000－1901－0045698　604080
資治通鑑二百九十四卷　（宋）司馬光撰　（元）胡三省音注　**通鑑釋文辯誤十二卷**　（元）胡三省撰　清刻本　三十七冊　存一百十八卷（一至三、十三至十六、二十七至三十、四十三至八十八、一百二十二至一百二十四、一百二十八至一百八十二、二百七十七至二百七十九）

360000－1901－0045699　415583
資治通鑑二百九十四卷　（宋）司馬光撰　（元）胡三省音注　**通鑑釋文辯誤十二卷**　（元）胡三省撰　清末石印本　十八冊　存一百七十五卷（二至十、二十一至三十、四十一至八十、九十一至一百二十、一百三十一至一百四十、一百五十一至一百七十、一百七十九至一百八十四、二百三十一至二百五十、二百五十九至二百七十六，通鑑釋文辯誤十二卷）

360000－1901－0045700　603623
資治通鑑二百九十四卷　（宋）司馬光撰　（元）胡三省音注　**通鑑釋文辯誤十二卷**　（元）胡三省撰　清末石印本　一冊　存十六卷（一百五十三至一百六十八）

360000－1901－0045701　302147
資治通鑑二百九十四卷　（宋）司馬光撰　（元）胡三省音注　**通鑑釋文辯誤十二卷**　（元）胡三省撰　清同治十年（1871）湖北崇文書局刻本　一百四冊

360000－1901－0045702　310838
資治通鑑二百九十四卷　（宋）司馬光撰　（元）胡三省音注　**通鑑釋文辯誤十二卷**　（元）胡三省撰　清同治十年（1871）湖北崇文書局刻本　一百四冊

360000－1901－0045703　311042
資治通鑑二百九十四卷　（宋）司馬光撰　（元）胡三省音注　**通鑑釋文辯誤十二卷**　（元）胡三省撰　清同治十年（1871）湖北崇文書局刻本　一百三冊　存三百四卷（一至二百二、二百五至二百九十四，通鑑釋文辯誤十二卷）

360000－1901－0045704　415574
資治通鑑二百九十四卷　（宋）司馬光撰　（元）胡三省音注　**通鑑釋文辯誤十二卷**　（元）胡三省撰　清咸豐七年（1857）邛州伍氏刻本　二十五冊　存九十八卷（一至九十八）

360000－1901－0045705　415594
資治通鑑二百九十四卷　（宋）司馬光撰　（元）胡三省音注　**通鑑釋文辯誤十二卷**　（元）胡三省撰　清咸豐七年（1857）邛州伍氏刻本　五十五冊　存一百九十二卷（九十九至一百七十二、一百七十七至二百九十四）

360000－1901－0045706　220135

資治通鑑二百九十四卷 (宋)司馬光撰 (元)胡三省音注 **通鑑釋文辯誤十二卷** (元)胡三省撰 元刻本 佚名批注 一百五十三册

360000－1901－0045707 310681
資治通鑑二百九十四卷目録三十卷 (宋)司馬光撰 (元)胡三省音注 清光緒二十五年(1899)上海蜚英館石印本 五十册

360000－1901－0045708 415579
資治通鑑二百九十四卷目録三十卷 (宋)司馬光撰 (元)胡三省音注 清光緒十四年(1888)上海蜚英館石印本 四十册

360000－1901－0045709 308994
資治通鑑二百九十四卷目録三十卷 (宋)司馬光撰 (元)胡三省音注 **續資治通鑑二百二十卷** (清)畢沅撰 清光緒二十六年(1900)上海圖書集成局鉛印本 七十二册

360000－1901－0045710 305672
資治通鑑二百九十四卷目録三十卷考異三十卷釋例一卷 (宋)司馬光撰 (元)胡三省音注 **資治通鑑問疑一卷** (宋)劉羲仲撰 **資治通鑑釋文三十卷** (宋)史炤撰 **通鑑釋文辯誤十二卷** (元)胡三省撰 **新校資治通鑑敘録三卷** (清)胡元常輯 清光緒十六年(1890)長沙胡元常刻本 一百七册 缺五十六卷(一至十二、三十四至三十六、四十三至七十七,通鑑釋文辯誤七至十二)

360000－1901－0045711 220164
資治通鑑綱目發明五十九卷 (宋)尹起莘撰 清順治刻本 四册

360000－1901－0045712 302159
資治通鑑綱目前編二十五卷 (明)南軒撰 (明)陳仁錫評閲 清嘉慶八年(1803)大文堂刻本 十册

360000－1901－0045713 302170
資治通鑑綱目前編二十五卷 (明)南軒撰 (明)陳仁錫評閲 清嘉慶八年(1803)敬書堂刻本 十一册

360000－1901－0045714 800098
資治通鑑綱目前編二十五卷 (明)南軒撰 (明)陳仁錫評閲 **資治通鑑綱目續編二十七卷末一卷** (明)商輅撰 (明)陳仁錫評閲 **資治通鑑綱目正編五十九卷首一卷** (宋)朱熹撰 (明)陳仁錫評閲 清抄本 一册 存一卷(正編四十一)

360000－1901－0045715 415645
資治通鑑綱目前編二十五卷 (明)南軒撰 (明)陳仁錫評閲 **資治通鑑綱目續編二十七卷末一卷** (明)商輅撰 (明)陳仁錫評閲 **資治通鑑綱目正編五十九卷首一卷** (宋)朱熹撰 (明)陳仁錫評閲 清嘉慶八年(1803)敬書堂刻本 三十五册 存五十二卷(前編二至九;續編一至三、六至九、十四至十八,末一卷;正編一至三、八、十一至十二、十四至二十一、二十三至二十七、二十九至三十一、三十六至三十七、四十至四十一、四十六至四十八、五十五、五十九)

360000－1901－0045716 415647
資治通鑑綱目前編二十五卷 (明)南軒撰 (明)陳仁錫評閲 **資治通鑑綱目續編二十七卷末一卷** (明)商輅撰 (明)陳仁錫評閲 **資治通鑑綱目正編五十九卷首一卷** (宋)朱熹撰 (明)陳仁錫評閲 清嘉慶八年(1803)敬書堂刻本 二十三册 存二十三卷(續編三、十七、二十至二十一,正編一、四、七至十、十四、十七、二十一至二十二、二十五、三十六、三十九、四十二至四十五、五十四、五十八)

360000－1901－0045717 415646
資治通鑑綱目前編二十五卷 (明)南軒撰 (明)陳仁錫評閲 **資治通鑑綱目續編二十七卷末一卷** (明)商輅撰 (明)陳仁錫評閲 **資治通鑑綱目正編五十九卷首一卷** (宋)朱熹撰 (明)陳仁錫評閲 清嘉慶九年(1804)姑蘇聚文堂刻本 二十六册 存二十二卷(續編一至二、六、十一至十二,正編四至七、十至十一、二十、二十四、二十七、三十四、三十七、四十二、四十五、四十九至五十一、五十

三）

360000－1901－0045718　601573
資治通鑑綱目前編二十五卷　(明)南軒撰　(明)陳仁錫評閱　**資治通鑑綱目續編二十七卷末一卷**　(明)商輅撰　(明)陳仁錫評閱　**資治通鑑綱目正編五十九卷首一卷**　(宋)朱熹撰　(明)陳仁錫評閱　清嘉慶十三年(1808)刻本　一百二十八册　存八十六卷(前編二十五卷,續編一、五至十一、十七,正編一至三十八、四十至五十、五十七至五十九)

360000－1901－0045719　715632
資治通鑑綱目前編二十五卷　(明)南軒撰　(明)陳仁錫評閱　**資治通鑑綱目續編二十七卷末一卷**　(明)商輅撰　(明)陳仁錫評閱　**資治通鑑綱目正編五十九卷首一卷**　(宋)朱熹撰　(明)陳仁錫評閱　清嘉慶十三年(1808)刻本　九十九册　存九十五卷(前編二十五卷;續編一至九、十二、十九至二十二,末一卷;正編一至八、十三至五十九)

360000－1901－0045720　415652
資治通鑑綱目前編二十五卷　(明)南軒撰　(明)陳仁錫評閱　**資治通鑑綱目續編二十七卷末一卷**　(明)商輅撰　(明)陳仁錫評閱　**資治通鑑綱目正編五十九卷首一卷**　(宋)朱熹撰　(明)陳仁錫評閱　清康熙六十一年(1722)四喜堂刻本　一百二十册

360000－1901－0045721　415648
資治通鑑綱目前編二十五卷　(明)南軒撰　(明)陳仁錫評閱　**資治通鑑綱目續編二十七卷末一卷**　(明)商輅撰　(明)陳仁錫評閱　**資治通鑑綱目正編五十九卷首一卷**　(宋)朱熹撰　(明)陳仁錫評閱　清刻本　二十五册　存二十六卷(前編十五至十七,續編二、七至九、十三、十六至十七、二十一,正編三、九、二十五、三十、三十五、四十、四十三至四十五、四十八、五十一、五十四至五十七)

360000－1901－0045722　415649
資治通鑑綱目前編二十五卷　(明)南軒撰　(明)陳仁錫評閱　**資治通鑑綱目續編二十七卷末一卷**　(明)商輅撰　(明)陳仁錫評閱　**資治通鑑綱目正編五十九卷首一卷**　(宋)朱熹撰　(明)陳仁錫評閱　清刻本　十一册　存十一卷(續編二、五、十一、十五、二十二、二十五至二十六,正編三十五、五十至五十一、五十三)

360000－1901－0045723　415650
資治通鑑綱目前編二十五卷　(明)南軒撰　(明)陳仁錫評閱　**資治通鑑綱目續編二十七卷末一卷**　(明)商輅撰　(明)陳仁錫評閱　**資治通鑑綱目正編五十九卷首一卷**　(宋)朱熹撰　(明)陳仁錫評閱　清刻本　一百册　存七十五卷(前編二至四、十九至二十二、二十五,續編一至十三、末一卷,正編一、三至五、七至十九、二十一至三十七、三十九至五十七)

360000－1901－0045724　415651
資治通鑑綱目前編二十五卷　(明)南軒撰　(明)陳仁錫評閱　**資治通鑑綱目續編二十七卷末一卷**　(明)商輅撰　(明)陳仁錫評閱　**資治通鑑綱目正編五十九卷首一卷**　(宋)朱熹撰　(明)陳仁錫評閱　清刻本　五十二册　存五十一卷(續編一至十九、二十一至二十七,末一卷;正編二十八至三十三、三十五、三丨七至三丨八、四丨至四丨四、四丨六至五丨二、五十四、五十七、五十九)

360000－1901－0045725　603624
資治通鑑綱目前編二十五卷　(明)南軒撰　(明)陳仁錫評閱　**資治通鑑綱目續編二十七卷末一卷**　(明)商輅撰　(明)陳仁錫評閱　**資治通鑑綱目正編五十九卷首一卷**　(宋)朱熹撰　(明)陳仁錫評閱　清刻本　一册　存一卷(正編二十七)

360000－1901－0045726　715651
資治通鑑綱目前編二十五卷　(明)南軒撰　(明)陳仁錫評閱　**資治通鑑綱目續編二十七卷末一卷**　(明)商輅撰　(明)陳仁錫評閱　**資治通鑑綱目正編五十九卷首一卷**　(宋)朱熹撰　(明)陳仁錫評閱　清刻本　二十一册

存二十九卷（前編二至二十五、正編一至五）

360000－1901－0045727　123044
資治通鑑綱目前編二十五卷　（明）南軒撰　（明）陳仁錫評閲　**資治通鑑綱目續編二十七卷末一卷**　（明）商輅撰　（明）陳仁錫評閲　**資治通鑑綱目正編五十九卷首一卷**　（宋）朱熹撰　（明）陳仁錫評閲　清同治十二年（1873）大文堂刻本　一百二十八册

360000－1901－0045728　121871
資治通鑑綱目前編二十五卷　（明）南軒撰　（明）陳仁錫評閲　**資治通鑑綱目正編五十九卷首一卷**　（宋）朱熹撰　（明）陳仁錫評閲　**資治通鑑綱目續編二十七卷末一卷**　（明）商輅撰　（明）陳仁錫評閲　清嘉慶八年（1803）敬書堂刻本　一百十九册　缺二十八卷（正編首一卷、續編二十七卷）

360000－1901－0045729　121872
資治通鑑綱目前編二十五卷　（明）南軒撰　（明）陳仁錫評閲　**資治通鑑綱目正編五十九卷首一卷**　（宋）朱熹撰　（明）陳仁錫評閲　**資治通鑑綱目續編二十七卷末一卷**　（明）商輅撰　（明）陳仁錫評閲　清嘉慶八年（1803）敬書堂刻本　一百二十册

360000－1901－0045730　121873
資治通鑑綱目前編二十五卷　（明）南軒撰　（明）陳仁錫評閲　**資治通鑑綱目正編五十九卷首一卷**　（宋）朱熹撰　（明）陳仁錫評閲　**資治通鑑綱目續編二十七卷末一卷**　（明）商輅撰　（明）陳仁錫評閲　清嘉慶八年（1803）敬書堂刻本　一百五十四册

360000－1901－0045731　415639
資治通鑑綱目前編二十五卷　（明）南軒撰　（明）陳仁錫評閲　**資治通鑑綱目正編五十九卷首一卷**　（宋）朱熹撰　（明）陳仁錫評閲　**資治通鑑綱目續編二十七卷末一卷**　（明）商輅撰　（明）陳仁錫評閲　清嘉慶九年（1804）姑蘇聚文堂刻本　一百三十六册　存一百十一卷（前編二十五卷；正編一至三十三、三十五至五十九，末一卷；續編二十七卷）

360000－1901－0045732　150593
資治通鑑綱目前編二十五卷　（明）南軒撰　（明）陳仁錫評閲　**資治通鑑綱目正編五十九卷首一卷**　（宋）朱熹撰　（明）陳仁錫評閲　**資治通鑑綱目續編二十七卷末一卷**　（明）商輅撰　（明）陳仁錫評閲　清嘉慶十三年（1808）刻本　一百二十册

360000－1901－0045733　415644
資治通鑑綱目前編二十五卷　（明）南軒撰　（明）陳仁錫評閲　**資治通鑑綱目正編五十九卷首一卷**　（宋）朱熹撰　（明）陳仁錫評閲　**資治通鑑綱目續編二十七卷末一卷**　（明）商輅撰　（明）陳仁錫評閲　清刻本　三十七册

存三十一卷（前編五至六，正編一、四、六、九至十一、十四、十八、二十七、三十三、三十八至四十一、四十八、五十一、五十四至五十五、五十八，續編一至二、九、十二、十四至十五、十九、二十三至二十四、二十七）

360000－1901－0045734　415644－1
資治通鑑綱目前編二十五卷　（明）南軒撰　（明）陳仁錫評閲　**資治通鑑綱目正編五十九卷首一卷**　（宋）朱熹撰　（明）陳仁錫評閲　**資治通鑑綱目續編二十七卷末一卷**　（明）商輅撰　（明）陳仁錫評閲　清刻本　二册　存二卷（正編三十八、續編十八）

360000－1901－0045735　121874
資治通鑑綱目前編二十五卷　（明）南軒撰　（明）陳仁錫評閲　**資治通鑑綱目正編五十九卷首一卷**　（宋）朱熹撰　（明）陳仁錫評閲　**資治通鑑綱目續編二十七卷末一卷**　（明）商輅撰　（明）陳仁錫評閲　清同治三年（1864）刻本　一百二十册　缺二十六卷（續編一至二、四至二十六，末一卷）

360000－1901－0045736　415640
資治通鑑綱目前編二十五卷　（明）南軒撰　（明）陳仁錫評閲　**資治通鑑綱目正編五十九卷首一卷**　（宋）朱熹撰　（明）陳仁錫評閲　**資治通鑑綱目續編二十七卷末一卷**　（明）商

略撰　(明)陳仁錫評閱　清同治十二年(1873)刻本　一百十七册　存一百十一卷(前編二十五卷;正編一至三十三、三十五至五十九,首一卷;續編二十七卷)

360000－1901－0045737　415641
資治通鑑綱目前編二十五卷　(明)南軒撰　(明)陳仁錫評閱　**資治通鑑綱目正編五十九卷首一卷**　(宋)朱熹撰　(明)陳仁錫評閱　**資治通鑑綱目續編二十七卷末一卷**　(明)商輅撰　(明)陳仁錫評閱　清同治十二年(1873)刻本　三十三册　存九十六卷(前編一至二、五至六、十三至十四、十七至十八、二十一至二十五;正編一至十一、十四至五十九;續編一至五、八至二十七,末一卷)

360000－1901－0045738　415642
資治通鑑綱目前編二十五卷　(明)南軒撰　(明)陳仁錫評閱　**資治通鑑綱目正編五十九卷首一卷**　(宋)朱熹撰　(明)陳仁錫評閱　**資治通鑑綱目續編二十七卷末一卷**　(明)商輅撰　(明)陳仁錫評閱　清同治十二年(1873)刻本　三十七册　存三十卷(前編十二至十三,正編二十一至三十五、首一卷,續編一至五、十二、二十二至二十七)

360000－1901－0045739　415642－1
資治通鑑綱目前編二十五卷　(明)南軒撰　(明)陳仁錫評閱　**資治通鑑綱目正編五十九卷首一卷**　(宋)朱熹撰　(明)陳仁錫評閱　**資治通鑑綱目續編二十七卷末一卷**　(明)商輅撰　(明)陳仁錫評閱　清同治十二年(1873)刻本　三册　存三十一卷(正編十八至二十一、二十七至二十八、三十八、四十二、四十五、四十七、四十九至五十二、五十四至五十六;續編二、四至五、十至十一、十五至十七、十八至二十一、二十四,末一卷)

360000－1901－0045740　415643
資治通鑑綱目前編二十五卷　(明)南軒撰　(明)陳仁錫評閱　**資治通鑑綱目正編五十九卷首一卷**　(宋)朱熹撰　(明)陳仁錫評閱　**資治通鑑綱目續編二十七卷末一卷**　(明)商輅撰　(明)陳仁錫評閱　清同治十二年(1873)刻本　二十七册　存二十二卷(正編一至四、十四至十六、十八至十九、二十一至二十二、三十八至三十九、四十三至四十四、四十七、五十三至五十五、五十七,續編十四、十六)

360000－1901－0045741　220147
資治通鑑綱目五十九卷　(宋)朱熹撰　(明)陳仁錫評　**續編一卷**　(明)陳桱撰　(明)陳仁錫評　**資治通鑑綱目前編二十五卷**　(明)南軒撰　(明)陳仁錫評　**續資治通鑑綱目二十七卷**　(明)商輅等撰　(明)陳仁錫評　明崇禎三年(1630)刻本　一百册

360000－1901－0045742　220148
資治通鑑綱目五十九卷　(宋)朱熹撰　(明)陳仁錫評　**續編一卷**　(明)陳桱撰　(明)陳仁錫評　**資治通鑑綱目前編二十五卷**　(明)南軒撰　(明)陳仁錫評　**續資治通鑑綱目二十七卷**　(明)商輅等撰　(明)陳仁錫評　明崇禎三年(1630)刻本　一百五十三册

360000－1901－0045743　220149
資治通鑑綱目五十九卷　(宋)朱熹撰　(明)陳仁錫評　**續編一卷**　(明)陳桱撰　(明)陳仁錫評　**資治通鑑綱目前編二十五卷**　(明)南軒撰　(明)陳仁錫評　**續資治通鑑綱目二十七卷**　(明)商輅等撰　(明)陳仁錫評　明崇禎三年(1630)刻本　七十六册

360000－1901－0045744　220150
資治通鑑綱目五十九卷　(宋)朱熹撰　(明)陳仁錫評　**續編一卷**　(明)陳桱撰　(明)陳仁錫評　**資治通鑑綱目前編二十五卷**　(明)南軒撰　(明)陳仁錫評　**續資治通鑑綱目二十七卷**　(明)商輅等撰　(明)陳仁錫評　明崇禎三年(1630)刻本　九十三册　缺八卷(資治通鑑綱目五十,前編三至五、十至十一、二十四至二十五)

360000－1901－0045745　220151
資治通鑑綱目五十九卷　(宋)朱熹撰　(明)陳仁錫評　**續編一卷**　(明)陳桱撰　(明)陳仁錫評　**資治通鑑綱目前編二十五卷**　(明)

南軒撰 (明)陳仁錫評 **續資治通鑑綱目二十七卷** (明)商輅等撰 (明)陳仁錫評 明崇禎三年(1630)刻本 七十五册 缺三十九卷(資治通鑑綱目一上、十至十二、十四至十八、二十二至二十四、三十至三十一、三十九、四十二、四十五至四十六、四十九至五十一、五十九,前編一至十、二十一至二十五,續資治通鑑綱目十七、二十七)

360000－1901－0045746 220152
資治通鑑綱目五十九卷 (宋)朱熹撰 (明)陳仁錫評 **續編一卷** (明)陳桱撰 (明)陳仁錫評 **資治通鑑綱目前編二十五卷** (明)南軒撰 (明)陳仁錫評 **續資治通鑑綱目二十七卷** (明)商輅等撰 (明)陳仁錫評 明崇禎三年(1630)刻本 四十二册 存四十三卷(資治通鑑綱目二至六、十五、十七、二十一、二十三至二十五、二十七、三十三、三十五至三十八、四十一、四十三、四十六至四十七、五十二、五十四至五十五,前編十四至二十,續資治通鑑綱目二至三、五至八、十、十五、十八、二十一、二十五至二十六)

360000－1901－0045747 220153
資治通鑑綱目五十九卷 (宋)朱熹撰 (明)陳仁錫評 **續編一卷** (明)陳桱撰 (明)陳仁錫評 **資治通鑑綱目前編二十五卷** (明)南軒撰 (明)陳仁錫評 **續資治通鑑綱目二十七卷** (明)商輅等撰 (明)陳仁錫評 明崇禎三年(1630)刻本 五册 存五卷(資治通鑑綱目二下、二十五、三十六、三十八,續編一卷)

360000－1901－0045748 220154
資治通鑑綱目五十九卷 (宋)朱熹撰 (元)王幼學集覽 明刻本 七十二册

360000－1901－0045749 419282
資治通鑑綱目五十九卷首一卷 (宋)朱熹撰 (明)陳仁錫評閱 明弘治十一年(1498)慎獨齋刻本 一册 存三卷(五十七至五十九)

360000－1901－0045750 801427
資治通鑑綱目五十九卷首一卷 (宋)朱熹撰 (明)陳仁錫評閱 清抄本 一册 存一卷(三十六)

360000－1901－0045751 415634
資治通鑑綱目五十九卷首一卷 (宋)朱熹撰 (明)陳仁錫評閱 清光緒二年(1876)劉氏述荆堂刻本 七册 存十四卷(二至十三、十六至十七)

360000－1901－0045752 121728
資治通鑑綱目五十九卷首一卷 (宋)朱熹撰 (明)陳仁錫評閱 清刻本 三十三册 存十七卷(一至八、十二至二十)

360000－1901－0045753 415761－1
資治通鑑綱目五十九卷首一卷 (宋)朱熹撰 (明)陳仁錫評閱 清刻本 三册 存三卷(四十五至四十六、五十一)

360000－1901－0045754 603573
資治通鑑綱目五十九卷首一卷 (宋)朱熹撰 (明)陳仁錫評閱 清刻本 一册 存一卷(十五)

360000－1901－0045755 722306
資治通鑑綱目五十九卷首一卷 (宋)朱熹撰 (明)陳仁錫評閱 清刻本 十三册 存十一卷(九至十、十三、十五、十七、二十至二十一、二十三、二十五至二十七)

360000－1901－0045756 802306
資治通鑑綱目五十九卷首一卷 (宋)朱熹撰 (明)陳仁錫評閱 清刻本 一册 存一卷(四十五)

360000－1901－0045757 415632
資治通鑑綱目五十九卷首一卷 (宋)朱熹撰 (明)陳仁錫評閱 清乾隆十年(1745)崇正堂刻本 四十八册 存四十卷(四至十、十二至十九、二十六至二十七、三十至三十七、三十九、四十一、四十四至四十六、五十至五十九)

360000－1901－0045758 415633
資治通鑑綱目五十九卷首一卷 (宋)朱熹撰 (明)陳仁錫評閱 清乾隆十年(1745)崇正

堂刻本　十冊　存十卷(八至九、十二、十八、二十、三十、三十四、四十四至四十五、四十九)

360000－1901－0045759　220155

資治通鑑綱目五十九卷首一卷　(宋)朱熹撰　(宋)尹起莘發明　(元)劉友益書法　(元)汪克寬考異　(元)徐昭文考證　(元)王幼學集覽　(明)陳濟正誤　(明)馮智舒質實　明刻本　六十冊

360000－1901－0045760　220156

資治通鑑綱目五十九卷首一卷　(宋)朱熹撰　(宋)尹起莘發明　(元)劉友益書法　(元)汪克寬考異　(元)徐昭文考證　(元)王幼學集覽　(明)陳濟正誤　(明)馮智舒質實　明刻本　一冊　存一卷(四十七)

360000－1901－0045761　220157

資治通鑑綱目五十九卷首一卷　(宋)朱熹撰　(宋)尹起莘發明　(元)劉友益書法　(元)汪克寬考異　(元)徐昭文考證　(元)王幼學集覽　(明)陳濟正誤　(明)馮智舒質實　明刻本　六十七冊　缺二十卷(一至十九、首一卷)

360000－1901－0045762　220159

資治通鑑綱目五十九卷首一卷　(宋)朱熹撰　(宋)尹起莘發明　(元)劉友益書法　(元)汪克寬考異　(元)徐昭文考證　(元)王幼學集覽　(明)陳濟正誤　(明)馮智舒質實　明刻本　八冊　存七卷(五、十一、十五、二十四、四十三至四十四、五十五)

360000－1901－0045763　220160

資治通鑑綱目五十九卷首一卷　(宋)朱熹撰　(宋)尹起莘發明　(元)劉友益書法　(元)汪克寬考異　(元)徐昭文考證　(元)王幼學集覽　(明)陳濟正誤　(明)馮智舒質實　明刻本　六冊　存六卷(九、十二、二十九至三十、三十八、四十一)

360000－1901－0045764　220158

資治通鑑綱目五十九卷首一卷　(宋)朱熹撰　(宋)尹起莘發明　(元)劉友益書法　(元)汪克寬考異　(元)徐昭文考證　(元)王幼學集覽　(明)陳濟正誤　(明)馮智舒質實　明刻本(卷四十三至四十四配另一明刻本)　十冊　存十卷(一、十二至十三、十八至二十、四十二至四十四,首一卷)

360000－1901－0045765　220161

資治通鑑綱目五十九卷首一卷　(宋)朱熹撰　(宋)尹起莘發明　(元)劉友益書法　(元)汪克寬考異　(元)徐昭文考證　(元)王幼學集覽　(明)陳濟正誤　(明)馮智舒質實　**續資治通鑑綱目二十七卷**　(明)商輅等撰　(明)周禮發明　(明)張時泰廣義　明刻本　四十八冊　缺三十六卷(資治通鑑綱目四至七、十、十七、二十七、二十九至四十一、四十五、四十八、五十二至五十三、五十五,續資治通鑑綱目五、十四、十六、十九至二十五、二十七)

360000－1901－0045766　220162

資治通鑑綱目五十九卷首一卷　(宋)朱熹撰　(宋)尹起莘發明　(元)劉友益書法　(元)汪克寬考異　(元)徐昭文考證　(元)王幼學集覽　(明)陳濟正誤　(明)馮智舒質實　**續資治通鑑綱目二十七卷**　(明)商輅等撰　(明)周禮發明　(明)張時泰廣義　明刻本　十一冊　存六卷(資治通鑑綱目十四、四十二、五十,續資治通鑑綱日二、四、十三)

360000－1901－0045767　121870

資治通鑑綱目正編五十九卷首一卷　(宋)朱熹撰　(明)陳仁錫評閱　清嘉慶八年(1803)大文堂刻本　八十二冊

360000－1901－0045768　302173

資治通鑑後編校勘記十五卷　夏震武撰　清光緒二十四年(1898)刻本　四冊

360000－1901－0045769　311790

資治通鑑後編一百八十四卷　(清)徐乾學撰　清光緒二十四年(1898)富陽夏氏刻本　四十八冊

360000－1901－0045770　220169

資治通鑑節要續編三十卷　(明)張光啓撰

明正德九年(1514)司禮監刻本　十五冊　缺六卷(十一至十二、二十七至三十)

360000－1901－0045771　220145
資治通鑑刊本識誤三卷　(清)張敦仁撰　清道光七年(1827)抄本　三冊

360000－1901－0045772　220140
資治通鑑考異三十卷　(宋)司馬光撰　明嘉靖二十三年至二十四年(1544－1545)孔天胤刻本　八冊

360000－1901－0045773　220141
資治通鑑考異三十卷　(宋)司馬光撰　明嘉靖二十三年至二十四年(1544－1545)孔天胤刻本　八冊

360000－1901－0045774　311902
資治通鑑考異三十卷　(宋)司馬光撰　清光緒十年(1884)刻本　十六冊

360000－1901－0045775　305630
資治通鑑考異三十卷　(宋)司馬光撰　清刻本　六冊　存十二卷(五至十四、十七至十八)

360000－1901－0045776　305631
資治通鑑考異三十卷　(宋)司馬光撰　清刻本　十三冊　存二十五卷(五至二十四、二十六至三十)

360000－1901－0045777　415793
資治通鑑考異三十卷　(宋)司馬光撰　清刻本　一冊　存二卷(十至十一)

360000－1901－0045778　164151
資治通鑑攷異三十卷　(宋)司馬光撰　清光緒十九年(1893)廣雅書局刻本　十冊

360000－1901－0045779　220142
資治通鑑目錄三十卷　(宋)司馬光撰　明崇禎刻資治通鑑大全本　十二冊

360000－1901－0045780　415658
資治通鑑目錄三十卷　(宋)司馬光撰　清光緒二十六年(1900)圖書集成局鉛印本　二冊

360000－1901－0045781　415596－2
資治通鑑目錄三十卷　(宋)司馬光撰　清光緒十四年(1888)長沙楊氏刻本　一冊　存三卷(七至九)

360000－1901－0045782　415660
資治通鑑目錄三十卷　(宋)司馬光撰　清刻本　十冊　存十七卷(一至十七)

360000－1901－0045783　313428
資治通鑑目錄三十卷　(宋)司馬光撰　清末石印本　四冊

360000－1901－0045784　302155
資治通鑑目錄三十卷　(宋)司馬光撰　清同治八年(1869)江蘇書局刻本　十二冊

360000－1901－0045785　310358
資治通鑑目錄三十卷　(宋)司馬光撰　清同治八年(1869)江蘇書局刻本　十冊

360000－1901－0045786　310906
資治通鑑目錄三十卷　(宋)司馬光撰　清同治八年(1869)江蘇書局刻本　十冊

360000－1901－0045787　310914
資治通鑑目錄三十卷　(宋)司馬光撰　清同治八年(1869)江蘇書局刻本　十冊

360000－1901－0045788　415596
資治通鑑目錄三十卷　(宋)司馬光撰　清同治八年(1869)江蘇書局刻本　九冊

360000－1901－0045789　415596－1
資治通鑑目錄三十卷　(宋)司馬光撰　清同治八年(1869)江蘇書局刻本　一冊　存三卷(四至六)

360000－1901－0045790　415755
資治通鑑釋文三十卷　(宋)史炤撰　清光緒五年(1879)刻本　二冊　存十五卷(一至十五)

360000－1901－0045791　164150
資治通鑑釋文三十卷　(宋)史炤撰　清刻本　二冊　存十五卷(十六至三十)

360000－1901－0045792　415759
資治通鑑外紀十卷　(宋)劉恕撰　(清)胡克

家注補　清光緒二十八年(1902)上海積山書局石印本　一冊

360000－1901－0045793　415760
資治通鑑外紀十卷　(宋)劉恕撰　(清)胡克家注補　清光緒二十八年(1902)上海積山書局石印本　一冊

360000－1901－0045794　121865
資治通鑑外紀十卷　(宋)劉恕撰　(清)胡克家注補　清同治十年(1871)江蘇書局刻本　六冊

360000－1901－0045795　122862
資治通鑑外紀十卷目錄五卷　(清)劉恕撰　(清)胡克家注補　清嘉慶十六年(1811)刻本　十冊

360000－1901－0045796　121866
資治通鑑外紀十卷目錄五卷　(宋)劉恕撰　(清)胡克家注補　清同治十年(1871)江蘇書局刻本　十冊

360000－1901－0045797　302154
資治通鑑外紀十卷目錄五卷　(宋)劉恕撰　(清)胡克家注補　清同治十年(1871)江蘇書局刻本　八冊

360000－1901－0045798　415761
資治通鑑外紀十卷目錄五卷　(宋)劉恕撰　(清)胡克家注補　清同治十年(1871)江蘇書局刻本　十冊　存十一卷(一、三至十,目錄一至二)

360000－1901－0045799　318120－8
廿四山局一卷　(□)□□撰　清抄本　一冊

360000－1901－0045800　415773
資治新書初集十四卷首一卷二集二十卷　(清)李漁輯　清寶文堂刻本　十四冊

360000－1901－0045801　415775
資治新書初集十四卷首一卷二集二十卷　(清)李漁輯　清大文堂刻本　十九冊

360000－1901－0045802　415784
資治新書初集十四卷首一卷二集二十卷　(清)李漁輯　清帶月樓刻本　九冊　存十四卷(初集一、三、六至十四,首一卷;二集二、十九)

360000－1901－0045803　415785
資治新書初集十四卷首一卷二集二十卷　(清)李漁輯　清帶月樓刻本　八冊　缺五卷(二集十六至二十)

360000－1901－0045804　312853
資治新書初集十四卷首一卷二集二十卷　(清)李漁輯　清光緒二十年(1894)上海圖書集成印書局鉛印本　十二冊

360000－1901－0045805　415762
資治新書初集十四卷首一卷二集二十卷　(清)李漁輯　清芥子園刻本　二十冊

360000－1901－0045806　415763
資治新書初集十四卷首一卷二集二十卷　(清)李漁輯　清芥子園刻本　十八冊

360000－1901－0045807　415764
資治新書初集十四卷首一卷二集二十卷　(清)李漁輯　清芥子園刻本　十八冊

360000－1901－0045808　415765
資治新書初集十四卷首一卷二集二十卷　(清)李漁輯　清芥子園刻本　十六冊

360000－1901－0045809　415766
資治新書初集十四卷首一卷二集二十卷　(清)李漁輯　清芥子園刻本　九冊

360000－1901－0045810　415767
資治新書初集十四卷首一卷二集二十卷　(清)李漁輯　清芥子園刻本　十五冊　缺二卷(二集一至二)

360000－1901－0045811　603628
資治新書初集十四卷首一卷二集二十卷　(清)李漁輯　清芥子園刻本　一冊　存一卷(二集六)

360000－1901－0045812　715654
資治新書初集十四卷首一卷二集二十卷　(清)李漁輯　清芥子園刻本　十冊　存十八

卷(初集十一至十四,二集一、四至五、七至十、十四至二十)

360000－1901－0045813　715768
資治新書初集十四卷首一卷二集二十卷
(清)李漁輯　清芥子園刻本　十三冊　存二十卷(初集一至九,二集一至三、六至八、十一至十二、十七、十九至二十)

360000－1901－0045814　415776
資治新書初集十四卷首一卷二集二十卷
(清)李漁輯　清經綸堂刻本　二十三冊

360000－1901－0045815　415774
資治新書初集十四卷首一卷二集二十卷
(清)李漁輯　清刻本　十一冊

360000－1901－0045816　415778
資治新書初集十四卷首一卷二集二十卷
(清)李漁輯　清刻本　十三冊　存十七卷(初集二至四、十二,二集一至三、六至十二、十六、十九至二十)

360000－1901－0045817　415781
資治新書初集十四卷首一卷二集二十卷
(清)李漁輯　清刻本　十六冊　存二十三卷(初集二至五、七至八、十二至十四,二集一、三至四、六至十二、十四、十八至二十)

360000－1901－0045818　715654－1
資治新書初集十四卷首一卷二集二十卷
(清)李漁輯　清刻本　八冊　存十五卷(初集一至七,二集六、九至十四、十八)

360000－1901－0045819　715654－2
資治新書初集十四卷首一卷二集二十卷
(清)李漁輯　清刻本　六冊　存十三卷(初集九至十四,二集二至三、十二至十六)

360000－1901－0045820　421715
資治新書初集十四卷首一卷二集二十卷
(清)李漁輯　清同治五年(1866)翰寶樓刻本　十六冊

360000－1901－0045821　415777
資治新書初集十四卷首一卷二集二十卷
(清)李漁輯　清文奎堂刻本　十八冊

360000－1901－0045822　415770
資治新書初集十四卷首一卷二集二十卷
(清)李漁輯　清英德堂刻本　十六冊

360000－1901－0045823　415771
資治新書初集十四卷首一卷二集二十卷
(清)李漁輯　清英德堂刻本　二十冊

360000－1901－0045824　415780
資治新書初集十四卷首一卷二集二十卷
(清)李漁輯　清永業堂刻本　十八冊　缺三卷(八至十)

360000－1901－0045825　415783
資治新書二集二十卷　(清)李漁輯　清光緒二十年(1894)上海圖書集成書局鉛印本　一冊　存二卷(一至二)

360000－1901－0045826　415768
資治新書二集二十卷　(清)李漁輯　清芥子園刻本　六冊

360000－1901－0045827　415782
資治新書二集二十卷　(清)李漁輯　清芥子園刻本　八冊

360000－1901－0045828　220501
資治新書十四卷首一卷二集二十卷　(清)李漁輯　清康熙六年(1667)刻本　二十二冊　缺三卷(首一卷、二集十五至十六)

360000－1901－0045829　220502
資治新書十四卷首一卷二集二十卷　(清)李漁輯　清康熙元年至六年(1662－1667)芥子園刻本　十五冊　缺九卷(資治新書二至三、七至八,二集八至九、十五至十七)

360000－1901－0045830　163947
諮議局章程及選舉章程解釋彙鈔不分卷
(清)諮議局編　清光緒三十四年(1908)鉛印本　一冊

360000－1901－0045831　230326
子華子二卷　明刻本　一冊

360000－1901－0045832　416243

子華子十卷 (明)金之俊評 清雍正五年(1727)刻本 二冊

360000－1901－0045833 414761
子良詩存二十二卷 (清)馮詢撰 清道光二十一年(1841)覺園刻本 四冊 存九卷(一至二、十六至二十二)

360000－1901－0045834 414762
子良詩存二十二卷 (清)馮詢撰 清道光二十一年(1841)覺園刻本 十冊 存二十一卷(一至二十一)

360000－1901－0045835 414763
子良詩存二十二卷 (清)馮詢撰 清道光二十一年(1841)覺園刻本 六冊 存十二卷(三至六、九至十六)

360000－1901－0045836 414764
子良詩存二十二卷 (清)馮詢撰 清道光二十一年(1841)覺園刻本 九冊 存十八卷(一至十六、十九至二十)

360000－1901－0045837 305071
子良詩存二十二卷 (清)馮詢撰 清同治刻本 四冊 存九卷(七至八、十一至十五、二十一至二十二)

360000－1901－0045838 308057
子良詩存二十二卷 (清)馮詢撰 清同治十年(1871)番禺馮氏刻本 十冊

360000－1901－0045839 305070
子良詩存二十二卷子良試帖一卷 (清)馮詢撰 清同治刻本 十冊 存二十一卷(子良詩存三至二十二、子良試帖一卷)

360000－1901－0045840 305069
子良詩錄十卷 (清)馮詢撰 清同治十一年(1872)江西省寓刻本 三冊 存七卷(一至五、九至十)

360000－1901－0045841 414765
子良詩錄十卷 (清)馮詢撰 清同治十一年(1872)江西省寓刻本 二冊 存三卷(三至五)

360000－1901－0045842 220813
子略四卷目一卷 (宋)高似孫撰 清抄本 一冊

360000－1901－0045843 164541
子山雜錄不分卷 (□)□□撰 清抄本 二冊

360000－1901－0045844 714805
子笙賦鈔一卷 (清)江璧撰 清同治四年(1865)刻本 一冊

360000－1901－0045845 402154
子史輯要詩賦題彙聯四卷 (清)何本湛撰 (清)陳自湘補訂 (清)陳本忠參釋 清道光六年(1826)陳氏涵元山房刻本 二冊

360000－1901－0045846 402155
子史輯要詩賦題彙聯四卷 (清)何本湛撰 (清)陳自湘補訂 (清)陳本忠參釋 清道光六年(1826)陳氏涵元山房刻本 四冊

360000－1901－0045847 402156
子史輯要詩賦題彙聯四卷 (清)何本湛撰 (清)陳自湘補訂 (清)陳本忠參釋 清道光六年(1826)陳氏涵元山房刻本 二冊 存三卷(一至三)

360000－1901－0045848 402157
子史輯要詩賦題彙聯四卷 (清)何本湛撰 (清)陳自湘補訂 (清)陳本忠參釋 清道光六年(1826)陳氏涵元山房刻本 二冊 存二卷(二至三)

360000－1901－0045849 402158
子史輯要詩賦題彙聯四卷 (清)何本湛撰 (清)陳自湘補訂 (清)陳本忠參釋 清道光六年(1826)陳氏涵元山房刻本 一冊

360000－1901－0045850 402159
子史輯要詩賦題彙聯四卷 (清)何本湛撰 (清)陳自湘補訂 (清)陳本忠參釋 清道光六年(1826)陳氏涵元山房刻本 二冊

360000－1901－0045851 402160
子史輯要詩賦題彙聯四卷 (清)何本湛撰

(清)陳自湘補訂　(清)陳本忠參釋　清道光六年(1826)陳氏涵元山房刻本　二册

360000－1901－0045852　402161
子史輯要詩賦題彙聯四卷　(清)何本湛撰　(清)陳自湘補訂　(清)陳本忠參釋　清道光六年(1826)陳氏涵元山房刻本　三册

360000－1901－0045853　402162
子史輯要詩賦題彙聯四卷　(清)何本湛撰　(清)陳自湘補訂　(清)陳本忠參釋　清道光六年(1826)陳氏涵元山房刻本　二册

360000－1901－0045854　163463
子史輯要詩賦題解四卷　(清)胡本淵輯　清刻本　一册

360000－1901－0045855　402163
子史輯要詩賦題解四卷續編四卷　(清)胡本淵輯　清嘉慶十七年(1812)山淵堂刻本　一册

360000－1901－0045856　402164
子史輯要詩賦題解四卷續編四卷　(清)胡本淵輯　清刻本　一册

360000－1901－0045857　402165
子史輯要詩賦題解四卷續編四卷　(清)胡本淵輯　清刻本　三册

360000－1901－0045858　402166
子史輯要詩賦題解四卷續編四卷　(清)胡本淵輯　清刻本　二册

360000－1901－0045859　402167
子史輯要詩賦題解四卷續編四卷　(清)胡本淵輯　清刻本　一册

360000－1901－0045860　163464
子史輯要詩賦題解四卷續編四卷　(清)胡本淵輯　**附夏小正一卷**　(清)任兆麟注　清文光堂刻本　二册

360000－1901－0045861　802188
子史輯要題解合編四卷　(清)胡本淵輯　清刻本　一册　存一卷(二)

360000－1901－0045862　716277
子史精華一百六十卷　(清)吳士玉　(清)吳襄等纂　清光緒二十二年(1896)上海寶文書局石印本　七册　存一百四十卷(一至四十、六十一至一百六十)

360000－1901－0045863　307856
子史精華一百六十卷　(清)吳士玉　(清)吳襄等纂　清光緒十二年(1886)上海同文書局石印本　八册

360000－1901－0045864　416289
子史精華一百六十卷　(清)吳士玉　(清)吳襄等纂　清光緒十二年(1886)上海同文書局石印本　八册

360000－1901－0045865　416290
子史精華一百六十卷　(清)吳士玉　(清)吳襄等纂　清光緒十二年(1886)上海同文書局石印本　五册　存九十九卷(一至二十、六十一至一百二十、一百四十一至一百五十九)

360000－1901－0045866　716288
子史精華一百六十卷　(清)吳士玉　(清)吳襄等纂　清光緒十年(1884)上海同文書局石印本　三册　存六十卷(一至四十、一百二十一至一百四十)

360000－1901－0045867　305075
子史精華一百六十卷　(清)吳士玉　(清)吳襄等纂　清光緒十三年(1887)上海積山書局石印本　六册　存九十六卷(一至十六、六十五至八十、九十七至一百六十)

360000－1901－0045868　416291
子史精華一百六十卷　(清)吳士玉　(清)吳襄等纂　清光緒十三年(1887)上海積山書局石印本　八册

360000－1901－0045869　716292
子史精華一百六十卷　(清)吳士玉　(清)吳襄等纂　清光緒十三年(1887)上海積山書局石印本　七册　存一百十二卷(一至六十四、一百十三至一百六十)

360000－1901－0045870　722057
子史精華一百六十卷　(清)吳士玉　(清)吳

襄等纂　清光緒十三年(1887)上海積山書局石印本　八册

360000－1901－0045871　162128
子史精華一百六十卷　(清)吳士玉　(清)吳襄等纂　清聚錦堂刻本　三十二册

360000－1901－0045872　301123
子史精華一百六十卷　(清)吳士玉　(清)吳襄等纂　清刻本　四十八册

360000－1901－0045873　305079
子史精華一百六十卷　(清)吳士玉　(清)吳襄等纂　清刻本　二十六册　存一百七卷(四至三十、三十九至五十二、五十六至七十一、七十六至八十五、九十二至九十六、一百五至一百七、一百十一至一百十六、一百二十一至一百二十四、一百三十九至一百六十)

360000－1901－0045874　305080
子史精華一百六十卷　(清)吳士玉　(清)吳襄等纂　清刻本　三十六册　存一百四十五卷(四至八十八、九十二至一百四十二、一百五十二至一百六十)

360000－1901－0045875　307818
子史精華一百六十卷　(清)吳士玉　(清)吳襄等纂　清刻本　四十册　存一百二十八卷(三十三至一百六十)

360000－1901－0045876　308251
子史精華一百六十卷　(清)吳士玉　(清)吳襄等纂　清刻本　四十九册

360000－1901－0045877　309666－1
子史精華一百六十卷　(清)吳士玉　(清)吳襄等纂　清刻本　一册　存七卷(一百四十三至一百四十九)

360000－1901－0045878　416283
子史精華一百六十卷　(清)吳士玉　(清)吳襄等纂　清刻本　七册　存三十六卷(二十六至三十一、六十六至八十五、一百十一至一百十五、一百四十六至一百五十)

360000－1901－0045879　416283－1
子史精華一百六十卷　(清)吳士玉　(清)吳襄等纂　清刻本　二册　存八卷(八十五至九十二)

360000－1901－0045880　416284
子史精華一百六十卷　(清)吳士玉　(清)吳襄等纂　清刻本　三十三册　存一百三十四卷(一至三、九至七十、八十至九十四、一百一至一百十三、一百十六至一百三十三、一百三十八至一百六十)

360000－1901－0045881　416285
子史精華一百六十卷　(清)吳士玉　(清)吳襄等纂　清刻本　三十四册　存一百十七卷(二至十二、十六至四十一、四十五至五十八、六十二至七十一、八十四至八十九、九十四至一百四、一百十至一百十五、一百二十三至一百二十四、一百二十八至一百五十、一百五十三至一百六十)

360000－1901－0045882　416286
子史精華一百六十卷　(清)吳士玉　(清)吳襄等纂　清刻本　三十二册　存一百九卷(一至十、十五至十八、二十二至二十五、三十四至四十二、四十七至七十二、七十七至八十、八十四至八十七、九十六至九十九、一百三至一百十一、一百十四至一百二十二、一百二十六至一百二十八、一百三十二至一百三十四、一百三十八至一百四十九、一百五十三至一百六十)

360000－1901－0045883　416287
子史精華一百六十卷　(清)吳士玉　(清)吳襄等纂　清刻本　十六册　存八十四卷(二十四至三十、六十二至八十八、一百至一百十、一百十五至一百三十五、一百四十三至一百六十)

360000－1901－0045884　416287－1
子史精華一百六十卷　(清)吳士玉　(清)吳襄等纂　清刻本　六册　存二十一卷(四十至四十二、五十至五十三、五十七至七十)

360000－1901－0045885　716274
子史精華一百六十卷　(清)吳士玉　(清)吳

襄等纂　清刻本　十九册　存七十二卷(六十五至一百七、一百十五至一百三十九、一百五十三至一百五十六)

360000－1901－0045886　716275
子史精華一百六十卷　(清)吳士玉　(清)吳襄等纂　清刻本　九册　存四十卷(四至九、十九至二十二、一百二十七至一百五十一、一百五十六至一百六十)

360000－1901－0045887　716276
子史精華一百六十卷　(清)吳士玉　(清)吳襄等纂　清刻本　十一册　存四十六卷(一至四十六)

360000－1901－0045888　716278
子史精華一百六十卷　(清)吳士玉　(清)吳襄等纂　清刻本　一册　存四卷(六十八至七十一)

360000－1901－0045889　721770
子史精華一百六十卷　(清)吳士玉　(清)吳襄等纂　清刻本　八册　存三十二卷(二十八至四十、四十九至五十六、一百十六至一百二十六)

360000－1901－0045890　721771
子史精華一百六十卷　(清)吳士玉　(清)吳襄等纂　清刻本　四册　存十五卷(四十五至五十九)

360000－1901－0045891　722082
子史精華一百六十卷　(清)吳士玉　(清)吳襄等纂　清刻本　九册　存三十二卷(五十七至六十七、七十一至八十四、一百二至一百八)

360000－1901－0045892　722082－1
子史精華一百六十卷　(清)吳士玉　(清)吳襄等纂　清刻本　二册　存九卷(四十一至四十四、六十至六十四)

360000－1901－0045893　722301
子史精華一百六十卷　(清)吳士玉　(清)吳襄等纂　清刻本　三册　存十一卷(四十七至四十九、五十四至六十一)

360000－1901－0045894　716279
子史精華一百六十卷　(清)吳士玉　(清)吳襄等纂　清末石印本　一册　存十八卷(十三至三十)

360000－1901－0045895　716289
子史精華一百六十卷　(清)吳士玉　(清)吳襄等纂　清末石印本　六册　存一百二十卷(一至四十、八十一至一百六十)

360000－1901－0045896　716290
子史精華一百六十卷　(清)吳士玉　(清)吳襄等纂　清末石印本　五册　存九十六卷(十七至三十二、四十一至六十、一百一至一百六十)

360000－1901－0045897　716291
子史精華一百六十卷　(清)吳士玉　(清)吳襄等纂　清末石印本　九册　存一百四十四卷(十七至一百六十)

360000－1901－0045898　721828
子史精華一百六十卷　(清)吳士玉　(清)吳襄等纂　清末石印本　一册　存二十卷(四十一至六十)

360000－1901－0045899　722057－1
子史精華一百六十卷　(清)吳士玉　(清)吳襄等纂　清末石印本　一册　存十八卷(一百四十三至一百六十)

360000－1901－0045900　722245
子史精華一百六十卷　(清)吳士玉　(清)吳襄等纂　清末石印本　六册　存一百二十卷(四十一至一百六十)

360000－1901－0045901　162161
女範節訓六卷　(清)葉志詵編　清咸豐五年(1855)合成齋刻本　一册

360000－1901－0045902　250136
子史精華一百六十卷　(清)吳士玉　(清)吳襄等纂　清乾隆五十五年(1790)張松孫刻本　二十四册

360000－1901－0045903　716293

子史精華一百六十卷 （清）吳士玉 （清）吳襄等纂 清宣統元年(1909)上海集成圖書局石印本 七册 存一百四十二卷(一至一百四十二)

360000－1901－0045904 301118
子史精華一百六十卷 （清）吳士玉 （清）吳襄等纂 清雍正刻本 四十八册

360000－1901－0045905 409776－1
龐山學隱雙甲倡和集一卷 （清）李邦黻輯 清光緒三十四年(1908)鉛印本 一册

360000－1901－0045906 421951
七家詞鈔 （清）王世泰輯 清刻本 二册 存四種

360000－1901－0045907 314958
子史精華一百六十卷 （清）吳士玉 （清）吳襄等纂 清雍正五年(1727)刻本 四十八册

360000－1901－0045908 250123
子史精華一百六十卷 （清）吳士玉 （清）吳襄等纂 清雍正五年(1727)武英殿刻本 四十八册

360000－1901－0045909 250124
子史精華一百六十卷 （清）吳士玉 （清）吳襄等纂 清雍正五年(1727)武英殿刻本 四十册

360000－1901－0045910 250125
子史精華一百六十卷 （清）吳士玉 （清）吳襄等纂 清雍正五年(1727)武英殿刻本 四十册

360000－1901－0045911 250126
子史精華一百六十卷 （清）吳士玉 （清）吳襄等纂 清雍正五年(1727)武英殿刻本 三十六册

360000－1901－0045912 250127
子史精華一百六十卷 （清）吳士玉 （清）吳襄等纂 清雍正五年(1727)武英殿刻本 四十八册

360000－1901－0045913 250128
子史精華一百六十卷 （清）吳士玉 （清）吳襄等纂 清雍正五年(1727)武英殿刻本 四十册

360000－1901－0045914 250129
子史精華一百六十卷 （清）吳士玉 （清）吳襄等纂 清雍正五年(1727)武英殿刻本 四十八册

360000－1901－0045915 250130
子史精華一百六十卷 （清）吳士玉 （清）吳襄等纂 清雍正五年(1727)武英殿刻本 四十册

360000－1901－0045916 250131
子史精華一百六十卷 （清）吳士玉 （清）吳襄等纂 清雍正五年(1727)武英殿刻本 三十八册 缺三十一卷(五十六至五十八、七十五至八十三、九十至九十二、一百十一至一百十五、一百二十至一百二十四、一百五十一至一百五十六)

360000－1901－0045917 250132
子史精華一百六十卷 （清）吳士玉 （清）吳襄等纂 清雍正五年(1727)武英殿刻本 三十五册 缺四十三卷(六至三十二、三十六至四十一、一百十二至一百十四、一百四十三至一百四十九)

360000－1901－0045918 250133
子史精華一百六十卷 （清）吳士玉 （清）吳襄等纂 清雍正五年(1727)武英殿刻本 二十四册 缺五十七卷(二十三至三十七、七十二至八十、一百至一百四、一百十七至一百二十九、一百三十五至一百四十九)

360000－1901－0045919 250134
子史精華一百六十卷 （清）吳士玉 （清）吳襄等纂 清雍正五年(1727)武英殿刻本 二十三册 缺六十卷(五至九、五十六至七十九、一百三十至一百六十)

360000－1901－0045920 250135
子史精華一百六十卷 （清）吳士玉 （清）吳襄等纂 清雍正五年(1727)武英殿刻本 八

冊　存三十二卷(一至三十二)

360000－1901－0045921　416272
子史精華一百六十卷　(清)吳士玉　(清)吳襄等纂　清雍正五年(1727)武英殿刻本　三十五冊

360000－1901－0045922　416273
子史精華一百六十卷　(清)吳士玉　(清)吳襄等纂　清雍正五年(1727)武英殿刻本　四十冊

360000－1901－0045923　416274
子史精華一百六十卷　(清)吳士玉　(清)吳襄等纂　清雍正五年(1727)武英殿刻本　十八冊　存七十二卷(十至四十、六十二至六十五、六十九至七十四、一百七至一百十二、一百十六至一百十八、一百二十六至一百二十九、一百三十四至一百四十七、一百五十一至一百五十四)

360000－1901－0045924　416277
子史精華一百六十卷　(清)吳士玉　(清)吳襄等纂　清雍正五年(1727)武英殿刻本　三十冊　存一百十八卷(一至二十、三十五至四十一、四十六至四十八、五十六至六十三、六十八至七十九、八十五至一百四十四、一百四十八至一百五十五)

360000－1901－0045925　416278
子史精華一百六十卷　(清)吳士玉　(清)吳襄等纂　清雍正五年(1727)武英殿刻本　三十九冊　存一百五十七卷(一至八十六、九十至一百六十)

360000－1901－0045926　416279
子史精華一百六十卷　(清)吳士玉　(清)吳襄等纂　清雍正五年(1727)武英殿刻本　十八冊　存六十四卷(一至二十五、三十一至六十九)

360000－1901－0045927　416280
子史精華一百六十卷　(清)吳士玉　(清)吳襄等纂　清雍正五年(1727)武英殿刻本　十一冊　存五十三卷(十至十四、二十八至三十三、三十九至四十八、五十四至五十八、一百五至一百十三、一百三十三至一百四十二、一百四十七至一百五十、一百五十三至一百五十六)

360000－1901－0045928　416281
子史精華一百六十卷　(清)吳士玉　(清)吳襄等纂　清雍正五年(1727)武英殿刻本　三十五冊　存一百三十二卷(六至四十七、五十七至六十一、六十六至九十六、一百一至一百三、一百十至一百六十)

360000－1901－0045929　416281－1
子史精華一百六十卷　(清)吳士玉　(清)吳襄等纂　清雍正五年(1727)武英殿刻本　五冊　存二十卷(一百二十六至一百二十九、一百三十六至一百四十七、一百五十一至一百五十四)

360000－1901－0045930　416282
子史精華一百六十卷　(清)吳士玉　(清)吳襄等纂　清雍正五年(1727)武英殿刻本　十二冊　存二十九卷(五至七、十七至十九、三十三至四十四、五十至五十一、五十三至五十四、六十至六十二、一百八至一百九、一百五十五至一百五十六)

360000－1901－0045931　716328
子史切要表一卷　(清)沈兆禕撰　清光緒二十八年(1902)金陵明達書莊刻本　一冊

360000－1901－0045932　716329
子史切要表一卷　(清)沈兆禕撰　清光緒二十八年(1902)金陵明達書莊刻本　一冊

360000－1901－0045933　716330
子史切要表一卷　(清)沈兆禕撰　清光緒二十八年(1902)金陵明達書莊刻本　一冊

360000－1901－0045934　716331
子史切要表一卷　(清)沈兆禕撰　清光緒二十八年(1902)金陵明達書莊刻本　一冊

360000－1901－0045935　901751
子史試帖彙鈔十卷　(清)屈宗談編　清刻本　一冊　存三卷(八至十)

360000－1901－0045936　150118
子書百家　（清）崇文書局輯　清光緒元年（1875）湖北崇文書局刻本　一百十册

360000－1901－0045937　150119
子書百家　（清）崇文書局輯　清光緒元年（1875）湖北崇文書局刻本　一百十册

360000－1901－0045938　150120
子書百家　（清）崇文書局輯　清光緒元年（1875）湖北崇文書局刻本　一百九册

360000－1901－0045939　163800
子書百家　（清）崇文書局輯　清光緒元年（1875）湖北崇文書局刻本　一册　存三種

360000－1901－0045940　305090
子書百家　（清）崇文書局輯　清光緒元年（1875）湖北崇文書局刻本　三十一册　存三十六種

360000－1901－0045941　421708
子書百家　（清）崇文書局輯　清光緒元年（1875）湖北崇文書局刻本　一册　存二種

360000－1901－0045942　603617
子書百家　（清）崇文書局輯　清光緒元年（1875）湖北崇文書局刻本　一册　存二種

360000－1901－0045943　603622
子書百家　（清）崇文書局輯　清光緒元年（1875）湖北崇文書局刻本　一册　存三種

360000－1901－0045944　603770
子書百家　（清）崇文書局輯　清光緒元年（1875）湖北崇文書局刻本　五册　存三種

360000－1901－0045945　718258
子書百家　（清）崇文書局輯　清光緒元年（1875）湖北崇文書局刻本　四十二册　存四十三種

360000－1901－0045946　718259
子書百家　（清）崇文書局輯　清光緒元年（1875）湖北崇文書局刻本　二十一册　存十七種

360000－1901－0045947　718260
子書百家　（清）崇文書局輯　清光緒元年（1875）湖北崇文書局刻本　八册　存六種

360000－1901－0045948　803083
子書百家　（清）崇文書局輯　清光緒元年（1875）湖北崇文書局刻本　一册　存二種

360000－1901－0045949　805349
子書百家　（清）崇文書局輯　清光緒元年（1875）湖北崇文書局刻本　八十六册　存七十八種

360000－1901－0045950　805350
子書百家　（清）崇文書局輯　清光緒元年（1875）湖北崇文書局刻本　一百二册　存八十八種

360000－1901－0045951　805351
子書百家　（清）崇文書局輯　清光緒元年（1875）湖北崇文書局刻本　八十五册　存八十三種

360000－1901－0045952　805352
子書百家　（清）崇文書局輯　清光緒元年（1875）湖北崇文書局刻本　六十册　存六十六種

360000－1901－0045953　805353
子書百家　（清）崇文書局輯　清光緒元年（1875）湖北崇文書局刻本　一百册　存九十五種

360000－1901－0045954　805354
子書百家　（清）崇文書局輯　清光緒元年（1875）湖北崇文書局刻本　九十八册　存九十七種

360000－1901－0045955　805355
子書百家　（清）崇文書局輯　清光緒元年（1875）湖北崇文書局刻本　八十四册　存六十八種

360000－1901－0045956　805356
子書百家　（清）崇文書局輯　清光緒元年（1875）湖北崇文書局刻本　四十二册　存三十七種

360000－1901－0045957　805357
子書百家　(清)崇文書局輯　清光緒元年(1875)湖北崇文書局刻本　七册　存四種

360000－1901－0045958　805358
子書百家　(清)崇文書局輯　清光緒元年(1875)湖北崇文書局刻本　十四册　存十六種

360000－1901－0045959　805359
子書百家　(清)崇文書局輯　清光緒元年(1875)湖北崇文書局刻本　二册　存二種

360000－1901－0045960　805360
子書百家　(清)崇文書局輯　清光緒元年(1875)湖北崇文書局刻本　一册　存二種

360000－1901－0045961　805361
子書百家　(清)崇文書局輯　清光緒元年(1875)湖北崇文書局刻本　一册　存四種

360000－1901－0045962　805464
子書百家　(清)崇文書局輯　清光緒元年(1875)湖北崇文書局刻本　一册　存二種

360000－1901－0045963　801182
子書二十八種　(清)崇文書局輯　清宣統三年(1911)上海育文書局石印本　一册　存二種

360000－1901－0045964　150117
子書二十八種　(清)崇文書局輯　清宣統元年(1909)上海育文書局石印本　七册　存九種

360000－1901－0045965　416220
子書二十三種　(清)浙江書局輯　清光緒二十三年(1897)上海圖書集成局鉛印本　六册　存三種

360000－1901－0045966　150116
子書二十三種　(清)浙江書局輯　清光緒二十三年(1897)上海圖書集成局鉛印本(山海經配清刻本)　三十四册　存二十二種

360000－1901－0045967　150115
子書二十三種　(清)浙江書局輯　清光緒二十三年(1897)上海圖書集成局鉛印本(孫子配清末上海掃葉山房石印本)　四十四册

360000－1901－0045968　722039
子書二十五種　(清)鴻文書局輯　清光緒三十年(1904)上海育文書局石印本　二十六册　存二十一種

360000－1901－0045969　722039－1
子書二十五種　(清)鴻文書局輯　清光緒三十年(1904)上海育文書局石印本　七册　存八種

360000－1901－0045970　722039－2
子書二十五種　(清)鴻文書局輯　清光緒三十年(1904)上海育文書局石印本　二册　存二種

360000－1901－0045971　716222
子書二十五種　(清)鴻文書局輯　清光緒三十年(1904)上海育文書局石印本　五册　存四種

360000－1901－0045972　414598
子藥準則一卷　(清)丁友雲撰　清光緒十四年(1888)江南製造局鉛印本　一册

360000－1901－0045973　405153
子藥準則一卷　(清)丁友雲撰　清刻本　一册

360000－1901－0045974　800349
秄灣公詩稿一卷　(清)□□撰　清抄本　一册

360000－1901－0045975　162591
梓潼帝君陰騭文四卷　(清)何士瑗注　清刻本　四册

360000－1901－0045976　407231
梓潼帝君陰騭文四卷　(清)何士瑗注　清刻本　一册　存一卷(三)

360000－1901－0045977　250193
梓溪文鈔(舒文節公全集)　(明)舒芬撰　明萬曆四十八年(1620)舒瑔刻清修補本　十二册

360000－1901－0045978　250194
梓溪文鈔(舒文節公全集)　(明)舒芬撰　明萬曆四十八年(1620)舒琛刻清修補本　八册

360000－1901－0045979　250195
梓溪文鈔(舒文節公全集)　(明)舒芬撰　明萬曆四十八年(1620)舒琛刻清修補本　十二册

360000－1901－0045980　250196
梓溪文鈔(舒文節公全集)　(明)舒芬撰　明萬曆四十八年(1620)舒琛刻清修補本　十一册

360000－1901－0045981　250197
梓溪文鈔(舒文節公全集)　(明)舒芬撰　明萬曆四十八年(1620)舒琛刻清修補本　七册

360000－1901－0045982　250198
梓溪文鈔(舒文節公全集)　(明)舒芬撰　明萬曆四十八年(1620)舒琛刻清修補本　四册

360000－1901－0045983　418576
梓溪文鈔内集八卷外集十卷首一卷　(明)舒芬撰　明萬曆四十八年(1620)南昌舒琛刻清乾隆七年(1742)重修本　四册　存九卷(内集一至四、八,外集七至十)

360000－1901－0045984　805196
梓溪文鈔内集八卷外集十卷首一卷　(明)舒芬撰　清刻本　一册　存一卷(内集八)

360000－1901－0045985　407701
呰窳子三卷越俎巵言二卷呰窳子集證五卷　(清)江順詒撰　清同治刻本　二册

360000－1901－0045986　123378
紫釵記二卷　(明)湯顯祖撰　清臨川玉茗堂刻本　二册

360000－1901－0045987　241586
紫釵記二卷五十三齣　(明)湯顯祖撰　明刻本　二册　缺六齣(卷上一、二十七至三十,卷下三十一)

360000－1901－0045988　161517
紫光閣功臣小像並湘軍平定粤匪戰圖不分卷　(清)彭鴻年輯　清光緒二十七年(1901)上海點石齋石印本　一册

360000－1901－0045989　405444
紫筠軒詩畧五卷　(清)湯清玉撰　清道光十七年(1837)刻本　四册

360000－1901－0045990　301251
紫石泉山房文集十二卷附錄一卷　(清)吳定撰　清嘉慶元年(1796)刻本　四册

360000－1901－0045991　305139
紫石泉山房文集十二卷詩鈔三卷　(清)吳定撰　清光緒十三年(1887)黟縣李氏刻本　二册　存七卷(二至八)

360000－1901－0045992　405438
紫石泉山房文集十二卷詩鈔三卷　(清)吳定撰　清光緒十三年(1887)黟縣李氏刻本　五册

360000－1901－0045993　801933
紫藤花館吟稿一卷　(清)程鵬撰　清抄本　一册

360000－1901－0045994　150455
紫藤書屋叢刻　(清)陳□輯　清刻本　四册

360000－1901－0045995　417958
紫藤書屋叢刻　(清)陳□輯　清乾隆五十七年(1792)秀水陳氏刻本　一册　存四種

360000－1901－0045996　713079
紫薇花館集　(清)王廷鼎撰　清光緒十七年(1891)刻本　六册　存四種

360000－1901－0045997　901303－1
七家詩選七卷　(清)張熙宇輯評　清刻朱墨套印本　一册　存三卷(澹香齋試帖一卷、尚絅堂試帖一卷、桐雲閣試帖一卷)

360000－1901－0045998　121553
紫雯軒館課錄存五卷經義一卷　(清)帥方蔚撰　清同治元年(1862)奉新帥氏刻帥氏清芬集本　三册

360000－1901－0045999　410547
紫雯軒館課錄存五卷經義一卷　(清)帥方蔚

撰　清同治元年(1862)奉新帥氏刻帥氏清芬集本　二册

360000－1901－0046000　800601
紫陽祠年簿一卷　(清)□□撰　清抄本　一册

360000－1901－0046001　717636
紫陽方先生瀛奎律髓四十九卷　(元)方回輯　清康熙四十九年(1710)吴郡陳士泰刻本　三册　存八卷(十四至十六、二十三、四十三至四十六)

360000－1901－0046002　805184
紫陽課藝不分卷　(清)紫陽書院輯　清刻本　二册

360000－1901－0046003　901697
紫陽課藝不分卷　(清)紫陽書院輯　清末刻本　二册

360000－1901－0046004　415470－1
紫陽書院卷宗不分卷　(清)鄭國祥輯　清乾隆五十一年(1786)刻本　一册

360000－1901－0046005　901695
紫陽書院課藝續編一卷　(清)秦恩溥　(清)吴以同　(清)鄒在寅輯　清同治十年(1871)刻本　一册

360000－1901－0046006　901696
紫陽書院課藝續編一卷　(清)秦恩溥　(清)吴以同　(清)鄒在寅輯　清同治十年(1871)刻本　一册

360000－1901－0046007　901694
紫陽書院課藝續選一卷　(清)汪仲尹輯　清光緒十八年(1892)刻本　一册

360000－1901－0046008　901691
紫陽書院課藝一卷　(清)何家驄輯　清光緒三年(1877)刻本　一册

360000－1901－0046009　123035
紫陽書院課藝一卷　(清)許貞輯　清光緒二十年(1894)刻本　一册

360000－1901－0046010　901691－1
紫陽書院課藝一卷　(清)許貞輯　清光緒二十年(1894)刻本　一册

360000－1901－0046011　901691－2
紫陽書院課藝一卷　(清)許貞輯　清光緒二十年(1894)刻本　一册

360000－1901－0046012　901691－3
紫陽書院課藝一卷　(清)許貞輯　清光緒二十年(1894)刻本　一册

360000－1901－0046013　901692
紫陽書院課藝一卷　(清)紫陽書院輯　清光緒二十二年(1896)刻本　一册

360000－1901－0046014　901692－1
紫陽書院課藝一卷　(清)紫陽書院輯　清光緒二十二年(1896)刻本　一册

360000－1901－0046015　123036
紫陽書院課藝一卷　(清)紫陽書院輯　清光緒二十三年(1897)刻本　一册

360000－1901－0046016　901693
紫陽書院課藝一卷　(清)紫陽書院輯　清光緒二十四年(1898)刻本　一册

360000－1901－0046017　901693－1
紫陽書院課藝一卷　(清)紫陽書院輯　清光緒二十四年(1898)刻本　一册

360000－1901－0046018　901693－2
紫陽書院課藝一卷　(清)紫陽書院輯　清光緒二十四年(1898)刻本　一册

360000－1901－0046019　901693－3
紫陽書院課藝一卷　(清)紫陽書院輯　清光緒二十四年(1898)刻本　一册

360000－1901－0046020　901693－4
紫陽書院課藝一卷　(清)紫陽書院輯　清光緒二十四年(1898)刻本　一册

360000－1901－0046021　901693－5
紫陽書院課藝一卷　(清)紫陽書院輯　清光緒二十四年(1898)刻本　一册

360000－1901－0046022　901693－6

紫陽書院課藝一卷 （清）紫陽書院輯 清光緒二十四年（1898）刻本 一册

360000－1901－0046023 901693－7
紫陽書院課藝一卷 （清）紫陽書院輯 清光緒二十四年（1898）刻本 一册

360000－1901－0046024 801835
紫陽書院生童卷不分卷 （清）□□輯 稿本 二册

360000－1901－0046025 901690
紫陽書院小課不分卷 （清）沈秉鈺等撰 清光緒紫陽書院刻本 二册

360000－1901－0046026 901687
紫陽正誼兩書院課藝合選不分卷 （清）雪岑氏輯 清道光二十二年（1842）刻本 二册

360000－1901－0046027 901688
紫陽正誼兩書院課藝合選不分卷 （清）雪岑氏輯 清道光二十二年至二十三年（1842－1843）刻本 二册

360000－1901－0046028 901689
紫陽正誼兩書院課藝合選不分卷 （清）雪岑氏輯 清刻本 一册

360000－1901－0046029 240714
紫原文集十二卷 （明）羅大紘撰 明天啓集慶堂刻本 八册

360000－1901－0046030 240715
紫原文集十二卷 （明）羅大紘撰 明天啓集慶堂刻本（卷十一至十二配清抄本） 十八册

360000－1901－0046031 240716
紫原文集十二卷 （明）羅大紘撰 明天啓集慶堂刻清雍正六年（1728）重修本 九册

360000－1901－0046032 413704
紫雲峰唱和集一卷 江峰青等撰 清刻本 一册

360000－1901－0046033 407775－1
紫雲仙琯初集八卷 （清）高敏輯 清嘉慶二十五年（1820）刻本 一册 存二卷（一至二）

360000－1901－0046034 407778
紫雲仙琯初集八卷二集八卷三集八卷 （清）高敏輯 清道光四年至八年（1824－1828）刻本 四册 存十六卷（二集八卷、三集八卷）

360000－1901－0046035 407777
紫雲仙琯初集八卷二集八卷三集八卷 （清）高敏輯 清刻本 八册 存十六卷（二集八卷、三集八卷）

360000－1901－0046036 407776
紫雲仙琯初集八卷二集八卷三集八卷 （清）高敏輯 清令德堂刻本 四册 存十六卷（二集八卷、三集八卷）

360000－1901－0046037 407775
紫雲仙琯初集八卷二集八卷三集八卷 （清）高敏輯 清道光四年至八年（1824－1828）刻本 七册 存十四卷（二集八卷，三集一至二、五至八）

360000－1901－0046038 407779
紫雲仙琯二集八卷 （清）高敏輯 清道光四年（1824）刻本 二册

360000－1901－0046039 407779－1
紫雲仙琯二集八卷 （清）高敏輯 清道光四年（1824）刻本 一册 存四卷（一至四）

360000－1901－0046040 407775－2
紫雲仙琯三集八卷 （清）高敏輯 清道光八年（1828）刻本 一册 存四卷（一至四）

360000－1901－0046041 241036
紫竹山房文集二十卷詩集十二卷 （清）陳兆崙撰 **年譜一卷** （清）陳玉繩編 清乾隆刻本 九册 缺三卷（詩集七至九）

360000－1901－0046042 414132
紫竹山房文集二十卷詩集十二卷 （清）陳兆崙撰 **年譜一卷** （清）陳玉繩編 清乾隆刻本 十二册

360000－1901－0046043 721062－1
紫竹山房文集三卷 （清）陳兆崙撰 清道光十九年（1839）瑞州府鳳儀書院刻國朝文錄本

一册

360000－1901－0046044　803861
自備海錄□□卷　(清)趙士奇輯　清抄本　一册　存一卷(五)

360000－1901－0046045　303077
自朝鮮京城至義州沿途圖說一卷　(清)□□撰　清末石印本　一册

360000－1901－0046046　413386
自得齋吟草一卷　(清)徐槐廷撰　清光緒六年(1880)刻本　一册

360000－1901－0046047　801389
自記典書一卷　(□)□□撰　清抄本　一册

360000－1901－0046048　803826
自鳴集六卷　(宋)章甫撰　清抄本　二册

360000－1901－0046049　801394
自鳴小草不分卷　(清)□□撰　清抄本　一册

360000－1901－0046050　305281
自強軍西法類編十八卷　沈敦和輯　清光緒二十四年(1898)上海順成書局石印本　九册　存九卷(三至十一)

360000－1901－0046051　309704
自強軍西法類編十八卷自強軍創制公言二卷　沈敦和輯　清末石印本　十九册　存十九卷(自強軍西法類編二至十八、自強軍創制公言二卷)

360000－1901－0046052　902110
自強軍洋操□□卷　(□)□□撰　清刻本　一册　存二卷(九至十)

360000－1901－0046053　317221
自然好學齋詩鈔十卷　(清)汪端撰　清同治十三年(1874)刻本　三册

360000－1901－0046054　803368
自西徂東不分卷　(德國)花之安撰　清抄本　一册

360000－1901－0046055　405170
自怡軒初稿四卷　(清)陶渙悦撰　清刻本　一册　存二卷(一至二)

360000－1901－0046056　301453
自怡軒古文選十卷　(清)許寶善選　(清)杜綱輯　清乾隆五十六年(1791)崑山程郁文刻本　十册

360000－1901－0046057　705171
自怡吟草一卷　(清)戈培撰　清光緒二十年(1894)聽香仙館刻本　一册

360000－1901－0046058　405168
自怡吟初稿四卷　(清)謝元壽撰　清宣統三年(1911)石印本　一册　存二卷(一至二)

360000－1901－0046059　407853
自娱堂六草六卷　(清)盧從志撰　清雍正十二年(1734)刻本　一册　存二卷(越吟草一卷、依彭草一卷)

360000－1901－0046060　162597
自遠堂琴譜十二卷　(清)吳灴輯　清嘉慶六年(1801)自遠堂刻本　十二册

360000－1901－0046061　162598
自遠堂琴譜十二卷　(清)吳灴輯　清嘉慶六年(1801)自遠堂刻本　十二册

360000－1901－0046062　162599
自遠堂琴譜十二卷　(清)吳灴輯　清嘉慶六年(1801)自遠堂刻本　八册

360000－1901－0046063　304899
自遠堂琴譜十二卷　(清)吳灴輯　清嘉慶六年(1801)自遠堂刻本　五册　存八卷(一至三、七至十一)

360000－1901－0046064　405217
自遠堂琴譜十二卷　(清)吳灴輯　清嘉慶六年(1801)自遠堂刻本　九册　存九卷(二至八、十至十一)

360000－1901－0046065　415135
自遠堂琴譜十二卷　(清)吳灴輯　清嘉慶六年(1801)自遠堂刻本　十册

360000－1901－0046066　415136

自遠堂琴譜十二卷 （清）吳灴輯 清嘉慶六年（1801）自遠堂刻本 四冊 存四卷（九至十二）

360000－1901－0046067 805143

自遠堂琴譜十二卷 （清）吳灴輯 清嘉慶六年（1801）自遠堂刻本 八冊 存八卷（一至八）

360000－1901－0046068 406922

自知錄二卷 （明）釋袾宏輯並增删 **佛説十往生阿彌陀佛國經一卷** （□）□□譯 **净土知津一卷** （清）悟開撰 **净土之理一卷** （清）范古農講 **闢邪一卷** （□）□□輯 清刻本 一冊

360000－1901－0046069 413687

自知室文集四卷 （清）董桂敷撰 清道光十四年（1834）刻本 二冊

360000－1901－0046070 413688

自知室文集四卷 （清）董桂敷撰 清道光十四年（1834）刻本 二冊

360000－1901－0046071 120635

自知齋詩集十卷 （清）黄長森撰 清同治十三年（1874）刻本 二冊

360000－1901－0046072 413894

自知齋詩集十卷 （清）黄長森撰 清同治十三年（1874）刻本 一冊 存五卷（六至十）

360000－1901－0046073 416811

棋經一卷 （宋）張擬撰 明刻本 一冊

360000－1901－0046074 160413

字典考證十二集 （清）奕繪等輯 清光緒二年（1876）崇文書局刻本 六冊

360000－1901－0046075 401032

字彙十二集 （明）梅膺祚撰 清立德堂刻本 十二冊

360000－1901－0046076 603105

字彙十二集首一卷末一卷 （明）梅膺祚撰 清道光五年（1825）崇讓堂刻本 一冊 存一卷（首一卷）

360000－1901－0046077 403549

字彙十二集首一卷末一卷 （明）梅膺祚撰 清刻本 十二冊 缺一集（辰）

360000－1901－0046078 403551

字彙十二集首一卷末一卷 （明）梅膺祚撰 清刻本 六冊

360000－1901－0046079 403551－1

字彙十二集首一卷末一卷 （明）梅膺祚撰 清刻本 七冊 存四集（寅、午下、未上中、申上）

360000－1901－0046080 403551－2

字彙十二集首一卷末一卷 （明）梅膺祚撰 清刻本 一冊 存一集（午中）

360000－1901－0046081 711056

千金裘二十七卷 （清）蔣義彬輯 **二集二十六卷** （清）蔣義彬 （清）徐元麟輯 清道光二十年（1840）三徑山房刻本 一冊 存十一卷（二集一至十一）

360000－1901－0046082 711057

千金裘二十七卷 （清）蔣義彬輯 **二集二十六卷** （清）蔣義彬 （清）徐元麟輯 清刻本 三冊 存二十二卷（三至二十、二集六至九）

360000－1901－0046083 164701

千金翼方三十卷 （唐）孫思邈撰 清刻本 一冊 存二卷（十七至十八）

360000－1901－0046084 801188

字彙十二集首一卷末一卷 （明）梅膺祚撰 清刻本 一冊 存一集（辰）

360000－1901－0046085 403550

字彙十二集首一卷末一卷 （明）梅膺祚撰 清三畏堂刻本 三十四冊 缺三集（未下、申中下、亥上）

360000－1901－0046086 803731

字彙十二集首一卷末一卷韻法直圖一卷 （明）梅膺祚撰 **韻法横圖一卷** （明）李世澤撰 清抄本 一冊 存一卷（韻法直圖一卷）

360000－1901－0046087　401050
字彙十二集首一卷末一卷韻法直圖一卷
(明)梅膺祚撰　**韻法橫圖一卷**　(明)李世澤撰　清大文堂、文秀堂刻本　四冊　存八集(子、丑、辰、巳、午、未、戌、亥)

360000－1901－0046088　401033
字彙十二集首一卷末一卷韻法直圖一卷
(明)梅膺祚撰　**韻法橫圖一卷**　(明)李世澤撰　清嘉慶五年(1800)鋤經堂刻本　十四冊

360000－1901－0046089　401025
字彙十二集首一卷末一卷韻法直圖一卷
(明)梅膺祚撰　**韻法橫圖一卷**　(明)李世澤撰　清康熙刻本　十二冊　存十二集(字彙十二集)

360000－1901－0046090　401026
字彙十二集首一卷末一卷韻法直圖一卷
(明)梅膺祚撰　**韻法橫圖一卷**　(明)李世澤撰　清康熙刻本　十二冊　存十二集(字彙十二集)

360000－1901－0046091　401027
字彙十二集首一卷末一卷韻法直圖一卷
(明)梅膺祚撰　**韻法橫圖一卷**　(明)李世澤撰　清康熙三十八年(1699)刻本　四冊　存八集一卷(子、丑、辰、巳、午、未、戌、亥,首一卷)

360000－1901－0046092　401024
字彙十二集首一卷末一卷韻法直圖一卷
(明)梅膺祚撰　**韻法橫圖一卷**　(明)李世澤撰　清康熙四十三年(1704)刻本　十三冊　存十二集一卷(字彙十二集、首一卷)

360000－1901－0046093　401028
字彙十二集首一卷末一卷韻法直圖一卷
(明)梅膺祚撰　**韻法橫圖一卷**　(明)李世澤撰　清刻本　十二冊　存十二集(字彙十二集)

360000－1901－0046094　401031
字彙十二集首一卷末一卷韻法直圖一卷
(明)梅膺祚撰　**韻法橫圖一卷**　(明)李世澤撰　清刻本　七冊　存十二集一卷(字彙十二集、首一卷)

360000－1901－0046095　401034
字彙十二集首一卷末一卷韻法直圖一卷
(明)梅膺祚撰　**韻法橫圖一卷**　(明)李世澤撰　清刻本　十三冊　存十二集一卷(字彙十二集、首一卷)

360000－1901－0046096　401035
字彙十二集首一卷末一卷韻法直圖一卷
(明)梅膺祚撰　**韻法橫圖一卷**　(明)李世澤撰　清刻本　十二冊　存十二集(字彙十二集)

360000－1901－0046097　401036
字彙十二集首一卷末一卷韻法直圖一卷
(明)梅膺祚撰　**韻法橫圖一卷**　(明)李世澤撰　清刻本　十三冊　存十二集一卷(字彙十二集、首一卷)

360000－1901－0046098　401037
字彙十二集首一卷末一卷韻法直圖一卷
(明)梅膺祚撰　**韻法橫圖一卷**　(明)李世澤撰　清刻本　十三冊　存十二集一卷(字彙十二集、首一卷)

360000－1901－0046099　401038
字彙十二集首一卷末一卷韻法直圖一卷
(明)梅膺祚撰　**韻法橫圖一卷**　(明)李世澤撰　清刻本　六冊　存六集(子、寅、卯、巳、未、亥)

360000－1901－0046100　401039
字彙十二集首一卷末一卷韻法直圖一卷
(明)梅膺祚撰　**韻法橫圖一卷**　(明)李世澤撰　清刻本　三冊　存六集(丑、寅、卯、辰、巳、午)

360000－1901－0046101　401040
字彙十二集首一卷末一卷韻法直圖一卷
(明)梅膺祚撰　**韻法橫圖一卷**　(明)李世澤撰　清刻本　十三冊　存十二集二卷(字彙十二集、韻法直圖一卷、韻法橫圖一卷)

360000－1901－0046102　401041

字彙十二集首一卷末一卷韻法直圖一卷 (明)梅膺祚撰 **韻法横圖一卷** (明)李世澤撰 清刻本 七冊 存七集(子、寅、辰、未、申、戌、亥)

360000－1901－0046103 401043
字彙十二集首一卷末一卷韻法直圖一卷 (明)梅膺祚撰 **韻法横圖一卷** (明)李世澤撰 清刻本 十二冊 存十二集(字彙十二集)

360000－1901－0046104 401049
字彙十二集首一卷末一卷韻法直圖一卷 (明)梅膺祚撰 **韻法横圖一卷** (明)李世澤撰 清刻本 三冊 存六集(子、丑、午、未、申、酉)

360000－1901－0046105 401052
字彙十二集首一卷末一卷韻法直圖一卷 (明)梅膺祚撰 **韻法横圖一卷** (明)李世澤撰 清刻本 四冊 存五集(子、巳、午、未、戌)

360000－1901－0046106 401052－1
字彙十二集首一卷末一卷韻法直圖一卷 (明)梅膺祚撰 **韻法横圖一卷** (明)李世澤撰 清刻本 十一冊 存十集一卷(子、丑、寅、卯、辰、巳、午、未、酉、戌,首一卷)

360000－1901－0046107 401052－2
字彙十二集首一卷末一卷韻法直圖一卷 (明)梅膺祚撰 **韻法横圖一卷** (明)李世澤撰 清刻本 九冊 存九集(子、寅、卯、辰、巳、午、未、申、戌)

360000－1901－0046108 401052－3
字彙十二集首一卷末一卷韻法直圖一卷 (明)梅膺祚撰 **韻法横圖一卷** (明)李世澤撰 清刻本 一冊 存一集(戌)

360000－1901－0046109 801109
字彙十二集首一卷末一卷韻法直圖一卷 (明)梅膺祚撰 **韻法横圖一卷** (明)李世澤撰 清刻本 一冊 存一集(亥)

360000－1901－0046110 401029
字彙十二集首一卷末一卷韻法直圖一卷 (明)梅膺祚撰 **韻法横圖一卷** (明)李世澤撰 清刻本(卷一配清大文堂刻本) 十三冊 存十二集三卷(字彙十二集、首一卷、韻法直圖一卷、韻法横圖一卷)

360000－1901－0046111 401042
字彙十二集首一卷末一卷韻法直圖一卷 (明)梅膺祚撰 **韻法横圖一卷** (明)李世澤撰 清乾隆七年(1742)同文堂刻本 十三冊 存十二集一卷(字彙十二集、首一卷)

360000－1901－0046112 401051
字彙十二集首一卷末一卷韻法直圖一卷 (明)梅膺祚撰 **韻法横圖一卷** (明)李世澤撰 清文秀堂刻本 六冊 存六集(丑、卯、辰、未、酉、戌)

360000－1901－0046113 401030
字彙十二集首一卷末一卷韻法直圖一卷 (明)梅膺祚撰 **韻法横圖一卷** (明)李世澤撰 **字彙補十二卷拾遺一卷** (清)吳任臣輯 清康熙刻本(字彙補配清康熙五年彙賢齋刻本) 十四冊 存十二集四卷(字彙十二集、首一卷,字彙補戌、亥,拾遺一卷)

360000－1901－0046114 401054
字彙四集 (明)梅膺祚撰 (清)知足子編訂 清福省寶章堂刻本 四冊

360000－1901－0046115 401046
字彙四集 (明)梅膺祚撰 (清)知足子編訂 清光緒十五年(1889)泉州綺文居刻本 二冊 存二集(元、貞)

360000－1901－0046116 401044
字彙四集 (明)梅膺祚撰 (清)知足子編訂 清刻本 四冊

360000－1901－0046117 401048
字彙四集 (明)梅膺祚撰 (清)知足子編訂 清刻本 四冊

360000－1901－0046118 401055
字彙四集 (明)梅膺祚撰 (清)知足子編訂 清刻本 四冊

360000－1901－0046119　401057

字彙四集　（明）梅膺祚撰　（清）知足子編訂　清刻本　四册

360000－1901－0046120　401061

字彙四集　（明）梅膺祚撰　（清）知足子編訂　清刻本　二册　存二集（利、貞）

360000－1901－0046121　401062

字彙四集　（明）梅膺祚撰　（清）知足子編訂　清刻本　二册　存二集（亨、貞）

360000－1901－0046122　401056

字彙四集　（明）梅膺祚撰　（清）知足子編訂　清刻本（卷一配清兩儀堂刻本）　四册

360000－1901－0046123　401060

字彙四集　（明）梅膺祚撰　（清）知足子編訂　清刻本（卷一配清兩儀堂刻本）　三册　存三集（元、亨、貞）

360000－1901－0046124　401053

字彙四集　（明）梅膺祚撰　（清）知足子編訂　清乾隆五十一年（1786）讀書堂刻本　四册

360000－1901－0046125　401059

字彙四集　（明）梅膺祚撰　（清）知足子編訂　清同治十一年（1872）昆陵貫一齋刻本　四册

360000－1901－0046126　401045

字彙四集　（明）梅膺祚撰　（清）知足子編訂　清同治元年（1862）刻本　三册　存三集（元、利、貞）

360000－1901－0046127　603166

字彙四集　（明）梅膺祚撰　（清）知足子編訂　清咸豐五年（1855）刻本　二册　存二集（元、亨）

360000－1901－0046128　401047

字彙四集　（明）梅膺祚撰　（清）知足子編訂　清咸豐五年（1855）維揚德成堂汪氏刻本　四册

360000－1901－0046129　401058

字彙四集　（明）梅膺祚撰　（清）知足子編訂　清英德堂刻本　四册

360000－1901－0046130　801469

字彙一卷　（清）□□輯　清抄本　一册

360000－1901－0046131　801445

字彙一卷　（清）李曉普輯　清嘉慶元年（1796）抄本　一册

360000－1901－0046132　210441

字鑑五卷　（元）李文仲編　清康熙二十四年（1685）寶田齋刻本　四册

360000－1901－0046133　210442

字鑑五卷　（元）李文仲編　清康熙四十八年（1709）吴郡張士俊澤存堂刻澤存堂五種本　一册　缺一卷（五）

360000－1901－0046134　421970

乾坤正氣集五百七十四卷首一卷　（清）姚瑩　（清）顧沅　（清）潘錫恩輯　清刻本　十二册　存十五卷（五百八至五百二十、五百二十三至五百二十四）

360000－1901－0046135　160425

字類標韻六卷　（清）華綱輯　清光緒元年（1875）肆江王氏刻本　二册

360000－1901－0046136　406030

字類標韻六卷　（清）華綱輯　清末石印本　一册

360000－1901－0046137　160412

字林古今正俗異同通考四卷六書辨異二卷補遺一卷　（清）湯容焻輯　清嘉慶二年（1797）刻本　三册

360000－1901－0046138　160411

字林考逸八卷補一卷　（清）任大椿撰　清光緒十六年（1890）江蘇書局刻本　四册

360000－1901－0046139　901959

字米雙惜編不分卷　（清）李思中等撰　清同治六年（1867）刻本　一册

360000－1901－0046140　160419

字説一卷　（清）吳大澂撰　清光緒十九年（1893）思賢講舍刻本　一册

360000－1901－0046141　414729
字體辨訛一卷　（清）萬青銓撰　清道光十三年（1833）芋栗園刻本　一册

360000－1901－0046142　414729－1
字體辨訛一卷　（清）萬青銓撰　清道光十三年（1833）芋栗園刻本　一册

360000－1901－0046143　802613
字學□卷　（清）□□輯　清刻本　一册　存一卷（下）

360000－1901－0046144　409503
字學辨正集成四卷　（清）姚心舜輯　清咸豐六年（1856）求達書齋刻本　四册

360000－1901－0046145　409504
字學辨正集成四卷　（清）姚心舜輯　清咸豐六年（1856）求達書齋刻本　三册　存三卷（一至三）

360000－1901－0046146　162228
字學舉隅不分卷　（清）黄本驥　（清）龍啓瑞撰　清道光二十六年（1846）翰寶齋刻本　一册

360000－1901－0046147　401987
字學舉隅不分卷　（清）黄本驥　（清）龍啓瑞撰　清道光二十六年（1846）刻本　一册

360000－1901－0046148　401987－1
字學舉隅不分卷　（清）黄本驥　（清）龍啓瑞撰　清道光二十六年（1846）刻本　一册

360000－1901－0046149　401987－2
字學舉隅不分卷　（清）黄本驥　（清）龍啓瑞撰　清道光二十六年（1846）刻本　一册

360000－1901－0046150　401987－3
字學舉隅不分卷　（清）黄本驥　（清）龍啓瑞撰　清道光二十六年（1846）刻本　一册

360000－1901－0046151　401987－4
字學舉隅不分卷　（清）黄本驥　（清）龍啓瑞撰　清道光二十六年（1846）刻本　一册

360000－1901－0046152　401987－5
字學舉隅不分卷　（清）黄本驥　（清）龍啓瑞撰　清道光二十六年（1846）刻本　一册

360000－1901－0046153　401987－6
字學舉隅不分卷　（清）黄本驥　（清）龍啓瑞撰　清道光二十六年（1846）刻本　一册

360000－1901－0046154　401987－7
字學舉隅不分卷　（清）黄本驥　（清）龍啓瑞撰　清道光二十六年（1846）刻本　一册

360000－1901－0046155　603262
字學舉隅不分卷　（清）黄本驥　（清）龍啓瑞撰　清道光二十六年（1846）刻本　一册

360000－1901－0046156　603263
字學舉隅不分卷　（清）黄本驥　（清）龍啓瑞撰　清道光二十六年（1846）刻本　一册

360000－1901－0046157　603265
字學舉隅不分卷　（清）黄本驥　（清）龍啓瑞撰　清道光二十六年（1846）刻本　一册

360000－1901－0046158　401986－7
字學舉隅不分卷　（清）黄本驥　（清）龍啓瑞撰　清道光二十年（1840）刻本　一册

360000－1901－0046159　401987－8
字學舉隅不分卷　（清）黄本驥　（清）龍啓瑞撰　清道光刻本　一册

360000－1901－0046160　603264
字學舉隅不分卷　（清）黄本驥　（清）龍啓瑞撰　清光緒二年（1876）刻本　一册

360000－1901－0046161　162229
字學舉隅不分卷　（清）黄本驥　（清）龍啓瑞撰　清光緒二十二年（1896）慎記書莊刻本　一册

360000－1901－0046162　401978
字學舉隅不分卷　（清）黄本驥　（清）龍啓瑞撰　清光緒十九年（1893）兩儀堂刻本　一册

360000－1901－0046163　401985
字學舉隅不分卷　（清）黄本驥　（清）龍啓瑞撰　清光緒十三年（1887）上海鴻文書局石印本　一册

360000－1901－0046164　401982
字學舉隅不分卷　(清)黄本驥　(清)龍啓瑞撰　清光緒十一年(1885)息訟軒刻本　一册

360000－1901－0046165　401982－1
字學舉隅不分卷　(清)黄本驥　(清)龍啓瑞撰　清光緒十一年(1885)息訟軒刻本　一册

360000－1901－0046166　401982－2
字學舉隅不分卷　(清)黄本驥　(清)龍啓瑞撰　清光緒十一年(1885)息訟軒刻本　一册

360000－1901－0046167　401982－3
字學舉隅不分卷　(清)黄本驥　(清)龍啓瑞撰　清光緒十一年(1885)息訟軒刻本　一册

360000－1901－0046168　401982－4
字學舉隅不分卷　(清)黄本驥　(清)龍啓瑞撰　清光緒十一年(1885)息訟軒刻本　一册

360000－1901－0046169　401982－5
字學舉隅不分卷　(清)黄本驥　(清)龍啓瑞撰　清光緒十一年(1885)息訟軒刻本　一册

360000－1901－0046170　401982－6
字學舉隅不分卷　(清)黄本驥　(清)龍啓瑞撰　清光緒十一年(1885)息訟軒刻本　一册

360000－1901－0046171　401982－7
字學舉隅不分卷　(清)黄本驥　(清)龍啓瑞撰　清光緒十一年(1885)息訟軒刻本　一册

360000－1901－0046172　401982－8
字學舉隅不分卷　(清)黄本驥　(清)龍啓瑞撰　清光緒十一年(1885)息訟軒刻本　一册

360000－1901－0046173　401982－9
字學舉隅不分卷　(清)黄本驥　(清)龍啓瑞撰　清光緒十一年(1885)息訟軒刻本　一册

360000－1901－0046174　603266
字學舉隅不分卷　(清)黄本驥　(清)龍啓瑞撰　清光緒十一年(1885)息訟軒刻本　一册

360000－1901－0046175　603266－1
字學舉隅不分卷　(清)黄本驥　(清)龍啓瑞撰　清光緒十一年(1885)息訟軒刻本　一册

360000－1901－0046176　603271
字學舉隅不分卷　(清)黄本驥　(清)龍啓瑞撰　清光緒十一年(1885)息訟軒刻本　一册

360000－1901－0046177　805257
字學舉隅不分卷　(清)黄本驥　(清)龍啓瑞撰　清光緒十一年(1885)息訟軒刻本　一册

360000－1901－0046178　401981
字學舉隅不分卷　(清)黄本驥　(清)龍啓瑞撰　清光緒元年(1875)刻本　一册

360000－1901－0046179　401978－1
字學舉隅不分卷　(清)黄本驥　(清)龍啓瑞撰　清刻本　一册

360000－1901－0046180　401981－1
字學舉隅不分卷　(清)黄本驥　(清)龍啓瑞撰　清刻本　一册

360000－1901－0046181　401983
字學舉隅不分卷　(清)黄本驥　(清)龍啓瑞撰　清刻本　一册

360000－1901－0046182　401975
字學舉隅不分卷　(清)黄本驥　(清)龍啓瑞撰　清同治九年(1870)刻本　一册

360000－1901－0046183　401986－3
字學舉隅不分卷　(清)黄本驥　(清)龍啓瑞撰　清同治刻本　一册

360000－1901－0046184　401986－4
字學舉隅不分卷　(清)黄本驥　(清)龍啓瑞撰　清同治刻本　一册

360000－1901－0046185　401986－5
字學舉隅不分卷　(清)黄本驥　(清)龍啓瑞撰　清同治刻本　一册

360000－1901－0046186　401984
字學舉隅不分卷　(清)黄本驥　(清)龍啓瑞撰　清同治七年(1868)刻本　一册

360000－1901－0046187　401986
字學舉隅不分卷　(清)黄本驥　(清)龍啓瑞撰　清同治十年(1871)刻本　一册

360000－1901－0046188　401986－1
字學舉隅不分卷　(清)黄本驥　(清)龍啓瑞撰　清同治十年(1871)刻本　一册

360000－1901－0046189　401986－2
字學舉隅不分卷　(清)黄本驥　(清)龍啓瑞撰　清同治十年(1871)刻本　一册

360000－1901－0046190　603269
字學舉隅不分卷　(清)黄本驥　(清)龍啓瑞撰　清同治十三年(1874)湖北崇文書局刻本　一册

360000－1901－0046191　603270
字學舉隅不分卷　(清)黄本驥　(清)龍啓瑞撰　清同治十三年(1874)湖北崇文書局刻本　一册

360000－1901－0046192　401986－6
字學舉隅不分卷　(清)黄本驥　(清)龍啓瑞撰　清同治十一年(1872)江寧刻本　一册

360000－1901－0046193　401977
字學舉隅不分卷　(清)黄本驥　(清)龍啓瑞撰　清宣統元年(1909)石印本　一册

360000－1901－0046194　160423
字學舉隅不分卷續編不分卷　(清)黄本驥　(清)龍啓瑞撰　清光緒刻本　二册

360000－1901－0046195　160424
字學舉隅不分卷續編不分卷　(清)黄本驥　(清)龍啓瑞撰　清光緒八年(1882)刻本　二册

360000－1901－0046196　160422
字學舉隅不分卷續編不分卷　(清)黄本驥　(清)龍啓瑞撰　清光緒二年至八年(1876－1882)刻本　二册

360000－1901－0046197　401979－2
字學舉隅續編二卷　(清)汪敘疇輯　清光緒二年(1876)刻本　一册

360000－1901－0046198　409501
字學七種二卷　(清)李祕園撰　清道光六年(1826)臨川李秉綬刻本　二册

360000－1901－0046199　409500
字學七種二卷　(清)李祕園撰　清光緒十二年(1886)京師松竹齋刻本　一册

360000－1901－0046200　409500－1
字學七種二卷　(清)李祕園撰　清光緒十二年(1886)京師松竹齋刻本　一册

360000－1901－0046201　409502
字學三種　(清)傅雲龍輯　清同治十三年(1874)德清傅雲龍味腴山館刻本　一册

360000－1901－0046202　240806
字雲巢文稿不分卷　(清)盛大謨撰　清抄本　一册

360000－1901－0046203　601214
字雲巢文稿二十卷　(清)盛大謨撰　清刻本　四册

360000－1901－0046204　120509
字雲巢文稿二十卷　(清)盛大謨撰　清同治二年(1863)刻本　四册

360000－1901－0046205　601215
字雲巢文稿二十卷　(清)盛大謨撰　清同治二年(1863)刻本　四册

360000－1901－0046206　601216
字雲巢文稿二十卷　(清)盛大謨撰　清同治二年(1863)刻本　四册

360000－1901－0046207　162715
字韻辨字略不分卷　(清)朱□輯　清刻本　一册

360000－1901－0046208　310120
宗範八卷　(清)錢伊菴輯　清光緒十二年(1886)金陵刻經處刻本　三册

360000－1901－0046209　900271
宗聖公祠訂本不分卷　(清)□□輯　清同治十二年(1873)刻本　一册

360000－1901－0046210　161715
宗聖志二十卷　(清)曾國荃修　(清)王安定編　清光緒十六年(1890)刻本　六册

360000－1901－0046211　240666
宗子相集十二卷　(明)宗臣撰　明嘉靖吳國倫刻本　五冊

360000－1901－0046212　804663
總綱曲二卷　(□)□□輯　清抄本　一冊

360000－1901－0046213　802420
總理財源不分卷(清光緒三十二年)　潘焕輯　稿本　一冊

360000－1901－0046214　414937
總纂升菴合集二百四十卷　(明)楊慎撰　清刻本　四冊　存七卷(二百三十三至二百三十六、二百三十八至二百四十)

360000－1901－0046215　316509
總纂升菴合集二百四十卷　(明)楊慎撰　(清)鄭寶琛輯　(清)王文林編　清光緒八年(1882)新都王鴻文堂刻本　一百冊

360000－1901－0046216　240908
縱釣居文集八卷　(清)應是撰　清乾隆五年(1740)刻本　四冊

360000－1901－0046217　240616
鄒東廓先生詩集八卷　(明)鄒守益撰　明萬曆刻本　六冊

360000－1901－0046218　902191
鄒氏祠堂記不分卷　(清)□□輯　清木活字印本　一冊

360000－1901－0046219　230090
鄒氏學脈四卷　(明)鄒守益撰　清初刻本　二冊

360000－1901－0046220　500301
鄒氏族譜□□卷首一卷　(清)鄒運章纂修　清道光二十八年(1848)范陽堂木活字印本　二冊　存二卷(一、首一卷)

360000－1901－0046221　600314
鄒叔子遺書　(清)鄒漢勛撰　清光緒八年(1882)鄒代鈞刻本　三冊　存三種

360000－1901－0046222　240702
鄒太史文集八卷　(明)鄒德溥撰　明刻清安成紹恩堂印本　六冊

360000－1901－0046223　305325
鄒徵君存稿一卷　(清)鄒伯奇撰　**少廣縋鑿一卷**　(清)夏鸞翔撰　清同治十二年(1873)刻本　一冊

360000－1901－0046224　240711
鄒忠介公全集　(明)鄒元標撰　清乾隆十二年(1747)吉水鄒氏刻本　十六冊

360000－1901－0046225　240712
鄒忠介公全集　(明)鄒元標撰　清乾隆十二年(1747)吉水鄒氏刻本　十六冊

360000－1901－0046226　240705
鄒子願學集六卷　(明)鄒元標撰　(明)周汝登等編　明萬曆四十七年(1619)郭一鶚、龍遇奇刻本　六冊

360000－1901－0046227　162860
諏吉便覽不分卷　(清)俞榮寬輯　清嘉慶四年(1799)刻本　一冊

360000－1901－0046228　162861
諏吉便覽不分卷　(清)俞榮寬輯　清嘉慶四年(1799)刻本　一冊

360000－1901－0046229　805061
諏吉便覽不分卷　(清)俞榮寬輯　清嘉慶四年(1799)刻本　一冊

360000－1901－0046230　803054－1
諏吉便覽不分卷　(清)俞榮寬輯　清刻朱墨套印本　一冊

360000－1901－0046231　417383
諏吉便覽不分卷　(清)俞榮寬輯　清咸豐二年(1852)刻朱墨套印本　二冊

360000－1901－0046232　803051
諏吉便覽不分卷　(清)俞榮寬輯　**寶鏡圖一卷**　(三國蜀)諸葛亮撰　清嘉慶四年至八年(1799－1803)兩江總督衙署刻朱墨套印本　一冊

360000－1901－0046233　803054
諏吉便覽不分卷　(清)俞榮寬輯　**寶鏡圖一**

卷 (三國蜀)諸葛亮撰 清嘉慶四年至八年(1799－1803)兩江總督衙署刻朱墨套印本 一册

360000－1901－0046234 803053
諏吉便覽不分卷 (清)俞榮寬輯 **選擇備要一卷** (□)□□輯 清嘉慶二年(1797)錢溏費氏刻朱墨套印本 一册

360000－1901－0046235 803052
諏吉便覽不分卷 (清)俞榮寬輯 **選擇備要一卷** (□)□□輯 清刻朱墨套印本 一册

360000－1901－0046236 417371－3
諏吉便覽不分卷 (清)俞榮寬輯 **陽宅都天發用全書一卷** (清)瞿天賚校 清刻本 一册

360000－1901－0046237 417371
諏吉便覽不分卷附滾盤珠一卷 (清)俞榮寬輯 **寶鏡圖一卷** (三國蜀)諸葛亮撰 清大文堂刻朱墨套印本 二册

360000－1901－0046238 417371－1
諏吉便覽不分卷附滾盤珠一卷 (清)俞榮寬輯 **寶鏡圖一卷** (三國蜀)諸葛亮撰 清大文堂刻朱墨套印本 一册 存二卷(滾盤珠一卷、寶鏡圖一卷)

360000－1901－0046239 800234
諏吉摘要不分卷 (清)偷閒居士輯 清抄本 一册

360000－1901－0046240 421369
錢氏小兒藥證直訣三卷 (宋)錢乙撰 (宋)閻孝忠輯 清康熙五十八年(1719)影宋刻本 一册

360000－1901－0046241 161821
奏定城鎮鄉地方自治並選舉章程一卷 (清)民政部編 清宣統元年(1909)中國圖書公司鉛印本 一册

360000－1901－0046242 902478
奏定城鎮鄉地方自治並選舉章程一卷 (清)憲政編查館輯 清末中國圖書公司鉛印本 一册

360000－1901－0046243 902479
奏定城鎮鄉地方自治並選舉章程一卷 (清)憲政編查館輯 清末中國圖書公司鉛印本 一册

360000－1901－0046244 406470
奏定初等小學堂章程一卷 (清)鄧爲等撰 清光緒三十年(1904)安慶正誼書局木活字印本 一册

360000－1901－0046245 406470－1
奏定初等小學堂章程一卷 (清)鄧爲等撰 清光緒三十年(1904)安慶正誼書局木活字印本 一册

360000－1901－0046246 161773
奏定府廳州縣地方自治並選舉章程一卷 (清)民政部編 清宣統二年(1910)中國圖書公司鉛印本 一册

360000－1901－0046247 161774
奏定科舉章程一卷 (清)禮部編 清光緒二十八年(1902)婺源紫陽書院刻本 三册

360000－1901－0046248 406467
奏定科舉章程一卷 (清)禮部編 清光緒二十八年(1902)婺源紫陽書院刻本 一册

360000－1901－0046249 406467－1
奏定科舉章程一卷 (清)禮部編 清光緒二十八年(1902)婺源紫陽書院刻本 一册

360000－1901－0046250 406465
奏定陸軍學堂章程一卷 奕劻等撰 清光緒三十三年(1907)鉛印本 一册

360000－1901－0046251 304190
奏定陸軍營制餉章一卷 奕劻等撰 清光緒三十年(1904)刻本 一册

360000－1901－0046252 304191
奏定陸軍營制餉章一卷 奕劻等撰 清光緒三十年(1904)刻本 一册

360000－1901－0046253 406469
奏定女學堂章程二種附定例彙編一卷 (清)

□□編　清光緒三十三年(1907)江西學務公所木活字印本　一册

360000－1901－0046254　406464
奏定學堂章程　(清)張百熙等編　清光緒二十九年(1903)湖北官書處刻本　一册　存七種

360000－1901－0046255　306243
奏定學堂章程　(清)張百熙等編　清光緒二十九年(1903)湖北學務處刻本　五册

360000－1901－0046256　406462
奏定學堂章程　(清)張百熙等編　清光緒二十九年(1903)湖北學務處刻本　四册

360000－1901－0046257　406463
奏定學堂章程　(清)張百熙等編　清光緒二十九年(1903)湖北學務處刻本　四册

360000－1901－0046258　406458
奏定學堂章程　(清)張百熙等編　清光緒二十九年(1903)江西官書局石印本　五册

360000－1901－0046259　406459
奏定學堂章程　(清)張百熙等編　清光緒二十九年(1903)江西官書局石印本　一册

360000－1901－0046260　406459－1
奏定學堂章程　(清)張百熙等編　清光緒二十九年(1903)江西官書局石印本　二册　存八種

360000－1901－0046261　406461
奏定學堂章程　(清)張百熙等編　清光緒二十九年(1903)江西官書局石印本　二册　存二種

360000－1901－0046262　406461－1
奏定學堂章程　(清)張百熙等編　清光緒二十九年(1903)江西官書局石印本　一册　存一種

360000－1901－0046263　303236
奏定學堂章程　(清)張百熙等編　清光緒二十九年(1903)刻本　七册　存七種

360000－1901－0046264　406460
奏定學堂章程　(清)張百熙等編　清光緒刻本　一册　存七種

360000－1901－0046265　406468
奏定學堂章程　(清)張百熙等編　清光緒刻本　一册　存一種

360000－1901－0046266　161775
奏定學堂章程初等小學堂章程一卷蒙養院及家庭教育法章程一卷　(清)□□編　清末刻本　一册

360000－1901－0046267　220530
奏稿一卷　(清)許振禕撰　清光緒抄本　一册

360000－1901－0046268　802303
奏疏九卷　(明)朱東觀輯　明崇禎刻本　一册　存二卷(三至四)

360000－1901－0046269　304988
奏議初編十二卷　(清)張之洞撰　清光緒二十七年(1901)上海圖書集成印書局鉛印本　四册　存八卷(一至八)

360000－1901－0046270　306239
奏議初編十二卷　(清)張之洞撰　清光緒二十七年(1901)上海圖書集成印書局鉛印本　二册　存四卷(九至十二)

360000－1901－0046271　307914
奏議初編十二卷　(清)張之洞撰　清光緒二十七年(1901)上海圖書集成印書局鉛印本　五册　存十卷(一至十)

360000－1901－0046272　402119
奏議輯覽初編十六卷附錄一卷　(清)李宗棠輯　清光緒二十七年(1901)大興李氏刻本　十六册

360000－1901－0046273　402120
奏議輯覽初編十六卷附錄一卷　(清)李宗棠輯　清光緒二十七年(1901)大興李氏刻本　五册　存五卷(一、三至六)

360000－1901－0046274　413314
奏摺譜不分卷　(清)饒旬宣撰　清光緒九年

(1883)京都刻本　一册

360000－1901－0046275　803040

足本全圖綠牡丹全傳六卷六十四回　(清)□□撰　清末上海廣益書局石印本　一册　存一卷(五)九回(四十五至五十三)

360000－1901－0046276　803008

祖師常錄秘符□□卷　(清)果達撰　清嘉慶三年(1798)抄本　一册　存一卷(上)

360000－1901－0046277　407251

祖師常錄秘符一卷　(清)果達撰　清嘉慶三年(1798)抄本　一册

360000－1901－0046278　121400

組美園文集六卷　(清)盛贊韶撰　清光緒九年(1883)刻本　二册

360000－1901－0046279　800532

纂錄四書人名不分卷　(□)□□輯　清曉湖程成孚抄本　一册　存上論

360000－1901－0046280　800263

纂詩經摘錄不分卷　(□)□□輯　清抄本　一册

360000－1901－0046281　804680

纂述陽基集腋四卷　(清)趙允真撰　清刻本　一册　存二卷(三至四)

360000－1901－0046282　420379

纂修醫學入門六卷　(清)系屯子撰　(清)盧拱辰輯　清刻本　四册

360000－1901－0046283　420380

纂修醫學入門六卷　(清)系屯子撰　(清)盧拱辰輯　清刻本　六册

360000－1901－0046284　420381

纂修醫學入門六卷　(清)系屯子撰　(清)盧拱辰輯　清刻本　二册　存三卷(一至二、六)

360000－1901－0046285　420382

纂修醫學入門六卷　(清)系屯子撰　(清)盧拱辰輯　清刻本　二册　存五卷(一至四、六)

360000－1901－0046286　420382－1

纂修醫學入門六卷　(清)系屯子撰　(清)盧拱辰輯　清刻本　一册　存一卷(六)

360000－1901－0046287　420382－2

纂修醫學入門六卷　(清)系屯子撰　(清)盧拱辰輯　清刻本　一册　存一卷(六)

360000－1901－0046288　800019

纂修醫學入門六卷　(清)系屯子撰　(清)盧拱辰輯　清刻本　一册　存一卷(六)

360000－1901－0046289　420378

纂修醫學入門六卷　(清)系屯子撰　(清)盧拱辰輯　清乾隆四十年(1775)漱古軒刻本(卷二、五配清刻本)　六册

360000－1901－0046290　161909

最近支那史二卷　(日本)河野通之　(日本)石村貞一撰　清光緒二十四年(1898)上海振東室學社影印本　四册

360000－1901－0046291　900140

最新初等小學國文教科書不分卷　蔣維喬　莊俞編　清光緒三十三年至宣統元年(1907－1909)商務印書館鉛印本　二册

360000－1901－0046292　900141

最新初等小學堂國文教科書教授法不分卷　蔣維喬　莊俞編　清光緒三十一年(1905)商務印書館鉛印本　一册

360000－1901－0046293　800623

最新初等小學修身教科書教授法不分卷　蔣維喬　莊俞編　清光緒三十二年(1906)商務印書館鉛印本　一册

360000－1901－0046294　800625

最新初等小學修身教科書教授法不分卷　蔣維喬　莊俞編　清光緒三十二年(1906)商務印書館鉛印本　七册

360000－1901－0046295　902104

最新初等小學珠算入門二卷　杜就田編　清宣統三年(1911)商務印書館鉛印本　一册　存一卷(二)

360000－1901－0046296　901178
最新改良筆算數學三卷　(清)王瓚撰　清刻本　三册

360000－1901－0046297　901179
最新改良筆算數學三卷　(清)王瓚撰　清刻本　二册　存二卷(甲、乙)

360000－1901－0046298　902014
最新高等小學筆算教科書不分卷　杜亞泉等編　清光緒三十一年(1905)上海商務印書館鉛印本　一册

360000－1901－0046299　404480
最新海上名妓怡情手札二卷　(清)淚痕撰　清宣統元年(1909)石印本　二册

360000－1901－0046300　802235
最新繪圖女兒經一卷　(□)□□輯　清末劉德記書局石印本　一册

360000－1901－0046301　802134
最新商務尺牘教科書正集二卷　(清)□□輯　清宣統二年(1910)潘郁周抄本　一册　存一卷(二)

360000－1901－0046302　410706
最新楹聯新譜二卷　(清)□□輯　清光緒三十三年(1907)石印本　二册

360000－1901－0046303　308982－2
最新職官全錄四卷(清光緒三十四年夏季)　(清)□□編　清京都榮寶齋刻本　四册

360000－1901－0046304　800618
最新中國歷史教科書四卷　姚祖義編　清光緒三十四年(1908)商務印書館鉛印本　二册　存二卷(二、四)

360000－1901－0046305　800619
最新中國歷史教科書四卷　姚祖義編　清宣統二年(1910)商務印書館鉛印本　一册　存一卷(二)

360000－1901－0046306　901181
最新珠算教科書二卷　(清)江南商業學堂編　清刻本　一册　存一卷(下)

360000－1901－0046307　306611
最新注解筆算數學全草六卷　郁贊廷撰　清光緒三十二年(1906)書業公司石印本　四册　存四卷(一至二、五至六)

360000－1901－0046308　121744
最秀園稿不分卷　(清)辛炳喬撰　清嘉慶八年(1803)刻本　一册

360000－1901－0046309　311023
罪言存略不分卷　(清)郭嵩燾撰　清光緒五年(1879)養知書屋刻本　一册

360000－1901－0046310　300912
醉白堂文集四卷續集一卷　(清)謝良琦撰　清光緒十九年(1893)王鵬運刻本　二册

360000－1901－0046311　401862
醉經齋鄉黨備考二卷　(清)江月朗輯　清道光二十九年(1849)鵝湖醉經齋刻本　一册

360000－1901－0046312　123061
醉綠惜紅吟草一卷　江峰青撰　清光緒二十七年(1901)刻本　一册

360000－1901－0046313　123062
醉綠惜紅吟草一卷　江峰青撰　清光緒二十七年(1901)刻本　一册

360000－1901－0046314　413853
醉綠惜紅吟草一卷　江峰青撰　清光緒二十七年(1901)刻本　一册

360000－1901－0046315　413853－1
醉綠惜紅吟草一卷　江峰青撰　清光緒二十七年(1901)刻本　一册

360000－1901－0046316　307080
醉翁琴趣外篇六卷近體樂府三卷　(宋)歐陽修撰　清宣統三年(1911)刻朱印本　二册

360000－1901－0046317　900793
醉香居賦選不分卷　(清)王藝齋撰　清抄本　一册

360000－1901－0046318　900120
醉月樓試帖註釋初編四卷　(清)劉夢蓮撰　(清)傅高履　(清)劉披連注釋　(清)劉萬

瑚　(清)劉調元編　清刻本　一册

360000－1901－0046319　900121
醉芸窻試帖詳註四卷　(清)楊昌光撰　(清)楊延亮注　清刻本　一册　存一卷(四)

360000－1901－0046320　405742
檇李曹太史評鐫古今全史八卷首一卷　(明)舒弘諤輯　(清)曹勳評　清刻本　三册　存六卷(三至八)

360000－1901－0046321　405742－1
檇李曹太史評鐫古今全史八卷首一卷　(明)舒弘諤輯　(清)曹勳評　清刻本　一册　存三卷(四至六)

360000－1901－0046322　220278
檇李曹太史評鐫古今全史八卷首一卷　(明)舒弘諤輯　(清)曹勳評　清順治十八年(1661)刻本　一册　存三卷(一至二、首一卷)

360000－1901－0046323　800298
尊道堂集唐詩鈔一卷集杜詩鈔一卷集陸詩鈔一卷　(清)王材任輯　**松花菴集唐詩鈔一卷律古詩鈔一卷**　(清)吳鎮輯　清抄本　一册

360000－1901－0046324　123030
尊德性齋集三卷　(宋)程洵撰　清宣統二年(1910)刻本　一册

360000－1901－0046325　900156－1
尊經書院課藝七刻不分卷　(清)盧崟輯　清光緒十五年(1889)李光明莊刻本　二册

360000－1901－0046326　805098
尊經書院課藝七刻不分卷　(清)盧崟輯　清狀元閣李光明莊刻本　四册

360000－1901－0046327　900156
尊經書院課藝五刻不分卷六刻不分卷　(清)薛時雨輯　清刻本　五册

360000－1901－0046328　241557
尊前集二卷　(宋)□□輯　明海虞毛氏汲古閣刻詞苑英華本　一册

360000－1901－0046329　164137
尊前集二卷　(宋)□□輯　明末毛氏汲古閣刻詞苑英華本　一册

360000－1901－0046330　901218
尊聖善堂徵信錄不分卷　(清)楊□等撰　清光緒二十二年(1896)刻本　一册

360000－1901－0046331　901219
尊聖善堂徵信錄不分卷　(清)楊□等撰　清光緒二十二年(1896)刻本　二册

360000－1901－0046332　317747
尊天爵齋奕譜不分卷　(清)傅延燾等校訂　清末文瑞樓石印本　一册

360000－1901－0046333　123213
尊聞居士集八卷　(清)羅有高撰　清光緒八年(1882)刻本　四册

360000－1901－0046334　121628
尊聞居士集八卷遺稿一卷　(清)羅有高撰　清光緒七年(1881)刻本　二册

360000－1901－0046335　121629
尊聞居士集八卷遺稿一卷　(清)羅有高撰　清光緒七年(1881)刻本　四册

360000－1901－0046336　121630
尊聞居士集八卷遺稿一卷　(清)羅有高撰　清光緒七年(1881)刻本　四册

360000－1901－0046337　415025
尊聞錄初稿二卷　(清)王應昌撰　清同治七年(1868)刻本　一册　存一卷(上)

360000－1901－0046338　416819－1
青在堂梅譜二卷　(清)沈心友輯　(清)王質　(清)諸升繪　(清)王概等編　清刻本　一册

360000－1901－0046339　805348
重刊宋本十三經注疏　附校勘記　(清)阮元撰　(清)盧宣旬摘錄　清光緒二十九年(1903)上海點石齋石印本　十四册　存六種

360000－1901－0046340　902401
重刊宋本十三經注疏　附校勘記　(清)阮元撰　(清)盧宣旬摘錄　清光緒二十九年

(1903)上海點石齋石印本　十二冊　存七種

360000－1901－0046341　902400
重刊宋本十三經注疏　附校勘記　(清)阮元撰　(清)盧宣旬摘錄　清光緒二十三年(1897)上海點石齋石印本　三十一冊

360000－1901－0046342　414561
重刊宋本十三經注疏　附校勘記　(清)阮元撰　(清)盧宣旬摘錄　清光緒二十四年(1898)上海點石齋石印本　三十一冊

360000－1901－0046343　414562
重刊宋本十三經注疏　附校勘記　(清)阮元撰　(清)盧宣旬摘錄　清光緒二十四年(1898)上海點石齋石印本　十九冊

360000－1901－0046344　722122
重刊宋本十三經注疏　附校勘記　(清)阮元撰　(清)盧宣旬摘錄　清光緒十三年(1887)上海點石齋石印本　八冊　存五種

360000－1901－0046345　722123
重刊宋本十三經注疏　附校勘記　(清)阮元撰　(清)盧宣旬摘錄　清光緒十三年(1887)上海點石齋石印本　十三冊　存九種

360000－1901－0046346　722124
重刊宋本十三經注疏　附校勘記　(清)阮元撰　(清)盧宣旬摘錄　清光緒十三年(1887)上海點石齋石印本　四冊　存四種

360000－1901－0046347　240641
遵巖王先生文粹十六卷　(明)王慎中撰　明隆慶六年(1572)施觀民刻本　二冊

360000－1901－0046348　240639
遵巖先生文集二十五卷　(明)王慎中撰　明隆慶五年(1571)嚴鎡刻本　十冊

360000－1901－0046349　240640
遵巖先生文集四十二卷　(明)王慎中撰　(清)李光墺等編　清康熙五十年(1711)閩中同人社刻本　十九冊　缺一卷(四十二)

360000－1901－0046350　123068
遵章彙編一卷　(清)婺源縣公衆編　清光緒五年(1879)刻本　一冊

360000－1901－0046351　306523
昨非集四卷　(清)劉熙載撰　清光緒三年(1877)刻本　一冊　存二卷(一至二)

360000－1901－0046352　163988
昨非錄十二卷　(明)鄭誼明輯　清光緒十一年(1885)石印本　二冊

360000－1901－0046353　163989
昨非錄十二卷　(明)鄭誼明輯　清光緒十一年(1885)石印本　二冊

360000－1901－0046354　163990
昨非錄十二卷　(明)鄭誼明輯　清光緒十一年(1885)石印本　二冊

360000－1901－0046355　404890
昨非錄十二卷　(明)鄭誼明撰　清光緒十一年(1885)石印本　二冊

360000－1901－0046356　404891
昨非錄十二卷　(明)鄭誼明撰　清光緒十一年(1885)石印本　二冊

360000－1901－0046357　404892
昨非錄十二卷　(明)鄭誼明撰　清光緒十一年(1885)石印本　二冊

360000－1901－0046358　413467
昨非菴日纂二十卷　(明)鄭瑄輯　清西安義興堂刻本　六冊

360000－1901－0046359　402708
左傳便讀六卷　(清)魏承樾撰　清同治十年(1871)樹德堂刻本　六冊

360000－1901－0046360　416185
左傳不分卷　(清)俞長城評點　清康熙三十七年(1698)可儀堂刻本　六冊

360000－1901－0046361　402735
左傳鈔六卷　(清)高塘集評　清乾隆五十三年(1788)廣郡永邑培元堂楊氏刻高梅亭讀書叢鈔本　四冊　存四卷(二至五)

360000－1901－0046362　402735－1

左傳鈔六卷 (清)高嵣集評 清乾隆五十三年(1788)廣郡永邑培元堂楊氏刻高梅亭讀書叢鈔本 二册 存二卷(四至五)

360000－1901－0046363 210253
左傳鈔六卷 (清)高嵣集評 清乾隆五十三年(1788)刻本 五册 存二卷(三、五)

360000－1901－0046364 160297
左傳杜解補正三卷 (清)顧炎武撰 清刻本 一册

360000－1901－0046365 801025
左傳杜林合註五十卷 (晉)杜預 (宋)林堯叟注釋 (唐)陸德明音義 清刻本 一册 存三卷(三十一至三十三)

360000－1901－0046366 220226
左傳分國紀事本末二十二卷 (明)孫範撰 明崇禎十一年(1638)刻本 六册

360000－1901－0046367 220227
左傳分國紀事本末二十二卷 (明)孫範撰 明崇禎十一年(1638)刻本 八册

360000－1901－0046368 220228
左傳分國紀事本末二十二卷 (明)孫範撰 明崇禎十一年(1638)刻本 一册 存四卷(十一至十四)

360000－1901－0046369 402732
左傳分國摘要二十卷世系圖一卷 (清)史宗恒輯 清嘉慶十七年(1812)刻本 三册 存十四卷(一、九至二十,世系圖一卷)

360000－1901－0046370 402717
左傳紺珠八卷 (清)王武沂輯 (清)蕭士寧補輯 清嘉慶十八年(1813)刻初刻經典便覽四種本 一册

360000－1901－0046371 402718
左傳紺珠八卷 (清)王武沂輯 (清)蕭士寧補輯 清嘉慶十八年(1813)刻初刻經典便覽四種本 一册 存三卷(一至三)

360000－1901－0046372 402719
左傳紺珠二卷 (清)王武沂輯 (清)蕭士寧補輯 清刻本 一册

360000－1901－0046373 402719－1
左傳紺珠二卷 (清)王武沂輯 (清)蕭士寧補輯 清刻本 一册

360000－1901－0046374 313051
左傳集類提要四卷 (清)郭峻輯 清同治元年(1862)盱南三餘書屋刻本 四册

360000－1901－0046375 418417
左傳紀事本末五十三卷 (清)高士奇撰 清光緒二十八年(1902)上海捷記書局石印歷朝紀事本末本 三册

360000－1901－0046376 305720
左傳紀事本末五十三卷 (清)高士奇撰 清刻本 八册 存二十六卷(五至十五、十八至二十二、二十六至二十九、四十五至五十)

360000－1901－0046377 305721
左傳紀事本末五十三卷 (清)高士奇撰 清刻本 九册 存四十五卷(一至二十二、二十六至二十九、三十二至五十)

360000－1901－0046378 308023
左傳紀事本末五十三卷 (清)高士奇撰 清刻本 六册 存三十卷(十至三十九)

360000－1901－0046379 313134
左傳紀事本末五十三卷 (清)高士奇撰 清刻本 四册 存十四卷(四十至五十三)

360000－1901－0046380 418400
左傳紀事本末五十三卷 (清)高士奇撰 清刻本 一册 存八卷(十至十七)

360000－1901－0046381 604043－1
左傳紀事本末五十三卷 (清)高士奇撰 清刻本 一册 存一卷(五十一)

360000－1901－0046382 604044
左傳紀事本末五十三卷 (清)高士奇撰 清刻本 八册 存三十一卷(二十三至五十三)

360000－1901－0046383 604044－1
左傳紀事本末五十三卷 (清)高士奇撰 清刻本 一册 存三卷(五十一至五十三)

360000－1901－0046384　312276
左傳紀事本末五十三卷　(清)高士奇撰　清末石印本　一册　存十四卷(十二至二十五)

360000－1901－0046385　302295
左傳紀事本末五十三卷　(清)高士奇撰　清同治十二年(1873)江西書局刻紀事本末五種本　十二册

360000－1901－0046386　302296
左傳紀事本末五十三卷　(清)高士奇撰　清同治十二年(1873)江西書局刻紀事本末五種本　十二册

360000－1901－0046387　302297
左傳紀事本末五十三卷　(清)高士奇撰　清同治十二年(1873)江西書局刻紀事本末五種本　七册　存三十一卷(一至三十一)

360000－1901－0046388　302298
左傳紀事本末五十三卷　(清)高士奇撰　清同治十二年(1873)江西書局刻紀事本末五種本　十二册

360000－1901－0046389　305725
左傳紀事本末五十三卷　(清)高士奇撰　清同治十二年(1873)江西書局刻紀事本末五種本　七册　存三十一卷(一至九、三十二至五十三)

360000－1901－0046390　310637
左傳紀事本末五十三卷　(清)高士奇撰　清同治十二年(1873)江西書局刻紀事本末五種本　十二册

360000－1901－0046391　416026
左傳紀事本末五十三卷　(清)高士奇撰　清同治十二年(1873)江西書局刻紀事本末五種本　十二册

360000－1901－0046392　416027
左傳紀事本末五十三卷　(清)高士奇撰　清同治十二年(1873)江西書局刻紀事本末五種本　十二册

360000－1901－0046393　416028
左傳紀事本末五十三卷　(清)高士奇撰　清同治十二年(1873)江西書局刻紀事本末五種本　九册　存四十三卷(一至二十五、三十至四十四、四十八至五十)

360000－1901－0046394　604040
左傳紀事本末五十三卷　(清)高士奇撰　清同治十二年(1873)江西書局刻紀事本末五種本　十二册

360000－1901－0046395　604041
左傳紀事本末五十三卷　(清)高士奇撰　清同治十二年(1873)江西書局刻紀事本末五種本　十二册

360000－1901－0046396　604042
左傳紀事本末五十三卷　(清)高士奇撰　清同治十二年(1873)江西書局刻紀事本末五種本　十一册　存五十卷(一至五十)

360000－1901－0046397　604043
左傳紀事本末五十三卷　(清)高士奇撰　清同治十二年(1873)江西書局刻紀事本末五種本　十一册　存四十七卷(一至十六、二十三至五十三)

360000－1901－0046398　310847
左傳紀事本末五十三卷　(清)高士奇撰　清同治十二年(1873)江西書局刻紀事本末五種本　十二册

360000－1901－0046399　310852
左傳紀事本末五十三卷　(清)高士奇撰　清同治十二年(1873)江西書局刻紀事本末五種本　十二册

360000－1901－0046400　310853
左傳紀事本末五十三卷　(清)高士奇撰　清同治十二年(1873)江西書局刻紀事本末五種本　十二册

360000－1901－0046401　310859
左傳紀事本末五十三卷　(清)高士奇撰　清同治十二年(1873)江西書局刻紀事本末五種本　十二册

360000－1901－0046402　310900
左傳紀事本末五十三卷　(清)高士奇撰　清同治十二年(1873)江西書局刻紀事本末五種本　十二册

360000－1901－0046403　402724
左傳濟變錄二卷　(清)謝文洊撰　清道光三十年(1850)劉煜刻謝程山全書本　二册

360000－1901－0046404　120359
左傳經世鈔二十三卷　(清)魏禧評點　(清)彭家屏參訂　清光緒三十二年(1906)江西撫州府印書局鉛印本　二册　存六卷(一至二、六至九)

360000－1901－0046405　402729
左傳經世鈔二十三卷　(清)魏禧評點　(清)彭家屏參訂　清光緒三十二年(1906)江西撫州府印書局鉛印本　六册

360000－1901－0046406　210243
左傳經世鈔二十三卷　(清)魏禧評點　(清)彭家屏參訂　清乾隆十三年(1748)彭家屏聯墨齋刻本　八册

360000－1901－0046407　210244
左傳經世鈔二十三卷　(清)魏禧評點　(清)彭家屏參訂　清乾隆十三年(1748)彭家屏聯墨齋刻本　十二册

360000－1901－0046408　210245
左傳經世鈔二十三卷　(清)魏禧評點　(清)彭家屏參訂　清乾隆十三年(1748)彭家屏聯墨齋刻本　十二册

360000－1901－0046409　402730
左傳經世鈔二十三卷　(清)魏禧評點　(清)彭家屏參訂　清乾隆十三年(1748)彭家屏聯墨齋刻本　二册　存六卷(一至二、十六至十九)

360000－1901－0046410　402731
左傳經世鈔二十三卷　(清)魏禧評點　(清)彭家屏參訂　清乾隆十三年(1748)彭家屏聯墨齋刻本　五册　存八卷(八至十二、十七至十九)

360000－1901－0046411　603185
左傳經世鈔二十三卷　(清)魏禧評點　(清)彭家屏參訂　清乾隆十三年(1748)彭家屏聯墨齋刻本　一册　存一卷(一)

360000－1901－0046412　160304
左傳舊疏考正八卷　(清)劉文淇撰　清道光十八年(1838)劉氏青溪舊屋刻本　二册

360000－1901－0046413　600221－23
左傳舊疏考正八卷　(清)劉文淇撰　清光緒三年(1877)湖北崇文書局刻本　四册

360000－1901－0046414　600221－24
左傳舊疏考正八卷　(清)劉文淇撰　清光緒三年(1877)湖北崇文書局刻本　四册

360000－1901－0046415　402760
左傳咀華二十二卷　(清)唐符魯輯　清刻本　一册　存五卷(一至五)

360000－1901－0046416　405968－1
左傳句解□卷　(□)□□撰　清刻本　一册　存一卷(三)

360000－1901－0046417　405958
左傳類賦一卷附左傳類聯一卷　(宋)徐晉卿撰　清刻本　一册

360000－1901－0046418　210247
左傳拾遺二卷　(清)朱元英撰　清康熙四十三年(1704)刻本　一册

360000－1901－0046419　402721
左傳史論二卷　(清)高士奇撰　清刻本　二册

360000－1901－0046420　402722
左傳史論二卷　(清)高士奇撰　清刻本　一册

360000－1901－0046421　402723
左傳史論二卷　(清)高士奇撰　清刻本　一册

360000－1901－0046422　803511
左傳史論二卷　(清)高士奇撰　清刻本　一册　存一卷(二)

360000－1901－0046423　160298
左傳事緯十二卷　(清)馬驌撰　清道光二十六年(1846)刻本　十册

360000－1901－0046424　402725
左傳事緯十二卷　(清)馬驌撰　清刻本　五册　存六卷(六至九、十一至十二)

360000－1901－0046425　603183
左傳事緯十二卷　(清)馬驌撰　清刻本　二册　存四卷(七至十)

360000－1901－0046426　402726
左傳事緯十二卷　(清)馬驌撰　清同治七年(1868)朝宗書室木活字印本　十二册

360000－1901－0046427　210257
左傳事緯十二卷左傳字釋一卷　(清)馬驌撰　清乾隆四十九年(1784)仁和黄暹懷澄堂刻本　八册

360000－1901－0046428　402737
左傳統箋三十五卷　(清)姜希轍撰　清康熙十五年(1676)刻本　八册

360000－1901－0046429　418364
左傳文法讀本十二卷　劉培極　吳闓生撰　清宣統元年(1909)鉛印本　四册

360000－1901－0046430　418365
左傳文法讀本十二卷　劉培極　吳闓生撰　清宣統元年(1909)鉛印本　四册

360000－1901－0046431　210254
左傳選鈔讀本不分卷　(清)萬健庵編　清同治八年(1869)抄本　四册

360000－1901－0046432　402739－1
左傳選十四卷　(清)儲欣評　清二南堂刻本　四册　存九卷(六至十四)

360000－1901－0046433　402742－1
左傳選十四卷　(清)儲欣評　清嘉慶十八年(1813)靜遠堂刻古文七種本　一册　存二卷(十三至十四)

360000－1901－0046434　402742
左傳選十四卷　(清)儲欣評　清刻本　四册　存十卷(一至四、六至九、十一至十二)

360000－1901－0046435　405957
左傳選十四卷　(清)儲欣評　清刻本　四册

360000－1901－0046436　405957－1
左傳選十四卷　(清)儲欣評　清刻本　二册　存六卷(九至十四)

360000－1901－0046437　801101
左傳選十四卷　(清)儲欣評　清刻本　一册　存一卷(九)

360000－1901－0046438　801102
左傳選十四卷　(清)儲欣評　清刻本　一册　存三卷(十二至十四)

360000－1901－0046439　801103
左傳選十四卷　(清)儲欣評　清刻本　一册　存三卷(七至九)

360000－1901－0046440　210246
左傳選十四卷　(清)儲欣評　清乾隆刻本　四册　缺二卷(十三至十四)

360000－1901－0046441　402739
左傳選十四卷　(清)儲欣評　清乾隆三十一年(1766)刻本　一册　存五卷(一至五)

360000－1901－0046442　402741
左傳選十四卷　(清)儲欣評　清乾隆四十九年(1784)金閶書業堂刻重訂七種古文選本(卷三至八、十一配清刻本)　七册

360000－1901－0046443　402740
左傳選十四卷　(清)儲欣評　清乾隆四十五年(1780)武林三餘堂刻重訂七種古文選本　六册

360000－1901－0046444　405955
左傳選十四卷　(清)儲欣評　清雍正三年(1725)受祉堂刻本　八册

360000－1901－0046445　405956
左傳選十四卷　(清)儲欣評　清雍正三年(1725)受祉堂刻本　二册　存八卷(一至八)

360000－1901－0046446　402738

左傳易讀六卷　(清)司徒修輯　清道光十六年(1836)文選樓刻本　五冊　存五卷(一至三、五至六)

360000－1901－0046447　402720
左傳義法舉要一卷　(清)方苞述　(清)王兆符　(清)程崟錄　清雍正六年(1728)刻抗希堂十六種本　一冊

360000－1901－0046448　402712－1
左傳翼三十八卷　(清)周大璋輯評　清刻本　十一冊　存二十四卷(一至三、十七至三十七)

360000－1901－0046449　402709
左傳翼三十八卷　(清)周大璋輯評　清乾隆五年(1740)遂初堂刻本　十三冊

360000－1901－0046450　402710
左傳翼三十八卷　(清)周大璋輯評　清乾隆五年(1740)遂初堂刻本　三冊　存十二卷(一至八、十二至十五)

360000－1901－0046451　402711
左傳翼三十八卷　(清)周大璋輯評　清乾隆五年(1740)遂初堂刻本　八冊　存二十一卷(一至三、十八至三十四、三十六)

360000－1901－0046452　402712
左傳翼三十八卷　(清)周大璋輯評　清乾隆五年(1740)遂初堂刻本　六冊　存十四卷(十七至二十四、二十七至三十二)

360000－1901－0046453　406623
左傳翼三十八卷　(清)周大璋輯評　清乾隆五年(1740)遂初堂刻本　五冊　存十一卷(九至十一、十五至十六、二十一至二十二、三十至三十一、三十七至三十八)

360000－1901－0046454　160303
左傳翼三十八卷　(清)周大璋輯評　清務本堂刻本　十六冊

360000－1901－0046455　402871
左國類典詳注六卷　(清)吳模輯　清乾隆五十二年(1787)餘慶堂刻本　二冊　存二卷(一、四)

360000－1901－0046456　410522
左海交游錄一卷　(清)帥方蔚撰　清同治十年(1871)奉新帥氏刻本　一冊

360000－1901－0046457　410522－1
左海交游錄一卷　(清)帥方蔚撰　清同治十年(1871)奉新帥氏刻本　一冊

360000－1901－0046458　410522－2
左海交游錄一卷　(清)帥方蔚撰　清同治十年(1871)奉新帥氏刻本　一冊

360000－1901－0046459　410522－3
左海交游錄一卷　(清)帥方蔚撰　清同治十年(1871)奉新帥氏刻本　一冊

360000－1901－0046460　410522－4
左海交游錄一卷　(清)帥方蔚撰　清同治十年(1871)奉新帥氏刻本　一冊

360000－1901－0046461　410522－5
左海交游錄一卷　(清)帥方蔚撰　清同治十年(1871)奉新帥氏刻本　一冊

360000－1901－0046462　150534
左海全集　(清)陳壽祺撰　清嘉慶、道光三山陳氏刻本　二十三冊

360000－1901－0046463　150535
左海全集　(清)陳壽祺撰　清嘉慶、道光三山陳氏刻本　十八冊　存六種

360000－1901－0046464　402872
左海文集十卷　(清)陳壽祺撰　清道光五年(1825)刻本　八冊

360000－1901－0046465　900923
左海文集十卷　(清)陳壽祺撰　清刻本　一冊　存一卷(三)

360000－1901－0046466　210249
左鑒十卷附錄一卷　(清)楊潮觀撰　清乾隆三十七年(1772)刻本　二冊

360000－1901－0046467　311891
左恪靖伯奏稿三十八卷　(清)左宗棠撰　清

同治七年(1868)刻本　三十七册　缺一卷(二十八)

360000－1901－0046468　402260
左恪靖伯奏稿三十八卷　(清)左宗棠撰　清同治七年(1868)刻本　十四册　存二十六卷(一至四、七、十二至三十、三十六至三十七)

360000－1901－0046469　310433
左恪靖伯奏稿三十八卷　(清)左宗棠撰　清同治七年(1868)黔中羅大春刻本　三十二册

360000－1901－0046470　402258
左恪靖侯奏稿初編三十八卷續編七十六卷三編六卷　(清)左宗棠撰　清光緒刻本　四十七册

360000－1901－0046471　402259
左恪靖侯奏稿初編三十八卷續編七十六卷三編六卷　(清)左宗棠撰　清光緒刻本　四十八册

360000－1901－0046472　802655－1
左類編韻鄉音字彙釋義集要抄録四卷　(清)□□輯　清抄本　一册

360000－1901－0046473　160274
左氏辯例□卷　(清)馬驌撰　清刻本　一册　存一卷(下)

360000－1901－0046474　160273
左氏傳説二十卷首一卷　(宋)吕祖謙撰　清同治八年(1869)永康胡氏退補齋刻本　四册

360000－1901－0046475　406619
左氏春秋傳異文考六卷　(清)程履豐輯　清抄本　一册

360000－1901－0046476　418362
左氏春秋紀事本末十四卷　(清)熊爲霖撰　清心松書屋刻本　三册　存六卷(三至四、六至七、十至十一)

360000－1901－0046477　418363
左氏春秋紀事本末十四卷　(清)熊爲霖撰　清心松書屋刻本　四册　存六卷(五至七、十、十三至十四)

360000－1901－0046478　220229
左氏春秋紀事本末十四卷首一卷　(清)熊爲霖撰　清乾隆二十年(1755)心松書屋刻本　十六册

360000－1901－0046479　210283
左氏春秋鐫二卷春秋胡氏傳辨疑二卷　(明)陸粲撰　明嘉靖四十二年(1563)陸延枝刻本　一册

360000－1901－0046480　160275
左通補釋三十二卷　(清)梁履繩撰　清道光九年(1829)錢塘汪氏振綺堂刻光緒元年(1875)補刻本　十册

360000－1901－0046481　160276
左通補釋三十二卷　(清)梁履繩撰　清道光九年(1829)錢塘汪氏振綺堂刻光緒元年(1875)補刻本　十二册

360000－1901－0046482　402777
左通補釋三十二卷　(清)梁履繩撰　清道光九年(1829)錢塘汪氏振綺堂刻光緒元年(1875)補刻本　七册　存二十卷(五至九、十三至十五、十九至三十)

360000－1901－0046483　302291
左文襄公[宗棠]年譜十卷　(清)羅正鈞撰　清光緒二十三年(1897)長沙萃文堂刻本　十册

360000－1901－0046484　302292
左文襄公[宗棠]年譜十卷　(清)羅正鈞撰　清光緒二十三年(1897)長沙萃文堂刻本　十册

360000－1901－0046485　305719
左文襄公[宗棠]年譜十卷　(清)羅正鈞撰　清光緒二十三年(1897)湘陰左氏刻本　六册

360000－1901－0046486　305717
左文襄公批札七卷　(清)左宗棠撰　清光緒十八年(1892)刻本　五册　存五卷(三至七)

360000－1901－0046487　316632
左文襄公書牘節要二十六卷　(清)左宗棠撰

（清）楊道霖輯　清光緒二十八年(1902)刻本　十二册

360000－1901－0046488　302282
左文襄公書牘節要二十六卷　（清）左宗棠撰　（清）楊道霖輯　清末刻本　十二册

360000－1901－0046489　308031
左文襄公書牘十六卷批札二十六卷咨札一卷告示一卷謝摺二卷首一卷　（清）左宗棠撰　清光緒十八年(1892)刻本　三十七册　存三十八卷(左文襄公書牘十六卷,批札一至七、十七至二十六,咨札一卷,告示一卷,謝摺二卷,首一卷)

360000－1901－0046490　162582
清河書畫舫十二卷　（明）張丑輯　清乾隆二十七年至二十八年(1762－1763)仁和吳長元池北草堂刻本　十二册

360000－1901－0046491　302289
左文襄公文集五卷詩集一卷聯語一卷說帖一卷　（清）左宗棠撰　清光緒十八年(1892)刻本　二册

360000－1901－0046492　305715
左文襄公文集五卷詩集一卷聯語一卷藝學說帖一卷　（清）左宗棠撰　清光緒十八年(1892)刻本　二册

360000－1901－0046493　305716
左文襄公咨札二卷　（清）左宗棠撰　清光緒十八年(1892)刻本　一册

360000－1901－0046494　302286
左文襄公奏稿初編三十八卷續編七十六卷三編六卷　（清）左宗棠撰　清光緒二十八年(1902)上海古香閣石印本　四册　存三十八卷(左文襄公奏稿初編三十八卷)

360000－1901－0046495　302287
左文襄公奏稿初編三十八卷續編七十六卷三編六卷　（清）左宗棠撰　清光緒二十八年(1902)上海古香閣石印本　八册　存八十二卷(續編七十六卷、三編六卷)

360000－1901－0046496　402274
左文襄公奏稿初編三十八卷續編七十六卷三編六卷　（清）左宗棠撰　清光緒二十八年(1902)上海古香閣石印本　十一册　存一百七卷(左文襄公奏稿初編三十八卷,續編一至十四、二十八至七十六,三編六卷)

360000－1901－0046497　402275
左文襄公奏稿初編三十八卷續編七十六卷三編六卷　（清）左宗棠撰　清光緒二十八年(1902)上海古香閣石印本　八册　存七十七卷(左文襄公奏稿初編二十至三十八,續編一至八、二十一至七十)

360000－1901－0046498　308030
左文襄公奏稿六十四卷　（清）左宗棠撰　清光緒二十八年(1902)上海古香閣石印本　六十四册　存六十三卷(一至三十六、三十八至六十四)

360000－1901－0046499　308287
左文襄公奏稿六十四卷　（清）左宗棠撰　清光緒十六年(1890)刻本　五十册　存四十九卷(一至三十二、三十六至四十、五十三至六十四)

360000－1901－0046500　402261
左文襄公奏稿六十四卷　（清）左宗棠撰　清光緒十六年(1890)刻左文襄公全集本　四十七册　存四十九卷(一至三、五至九、十五至二十三、二十七、三十一至三十四、三十七至五十五、五十七至六十四)

360000－1901－0046501　305718
左文襄公奏稿六十四卷　（清）左宗棠撰　清刻本　一册　存一卷(四十一)

360000－1901－0046502　161619
左文襄公奏疏初編三十八卷續編七十六卷三編六卷　（清）左宗棠撰　清光緒十六年(1890)上海圖書集成局鉛印本　二十册

360000－1901－0046503　302283
左文襄公奏疏初編三十八卷續編七十六卷三編六卷　（清）左宗棠撰　清光緒十六年

(1890)上海圖書集成局鉛印本　二十册

360000－1901－0046504　305714

左文襄公奏疏初編三十八卷續編七十六卷三編六卷　(清)左宗棠撰　清光緒十六年(1890)上海圖書集成局鉛印本　十九册　存一百十四卷(左文襄公奏疏初編三十八卷,續編一至十六、二十三至七十六,三編六卷)

360000－1901－0046505　415905

左繡三十卷首一卷　(清)馮李驊　(清)陸浩評輯　清大文堂刻本　十二册

360000－1901－0046506　415911

左繡三十卷首一卷　(清)馮李驊　(清)陸浩評輯　清大文堂刻本　七册

360000－1901－0046507　418534

左繡三十卷首一卷　(清)馮李驊　(清)陸浩評輯　清大興堂刻本　十二册

360000－1901－0046508　418533

左繡三十卷首一卷　(清)馮李驊　(清)陸浩評輯　清大興堂刻本(卷十四至十九配清同人堂刻本,卷二十四至二十六、二十九至三十配清刻本,卷二十七至二十八配清華川書屋刻本)　十二册

360000－1901－0046509　415895

左繡三十卷首一卷　(清)馮李驊　(清)陸浩評輯　清道光二年(1822)敬書堂刻本　十二册

360000－1901－0046510　415896

左繡三十卷首一卷　(清)馮李驊　(清)陸浩評輯　清道光二年(1822)敬書堂刻本　十二册　存三十卷(左繡三十卷)

360000－1901－0046511　415904

左繡三十卷首一卷　(清)馮李驊　(清)陸浩評輯　清光緒二十八年(1902)新化三味書室刻本　十六册

360000－1901－0046512　415869

左繡三十卷首一卷　(清)馮李驊　(清)陸浩評輯　清華川書屋刻本　十一册　存二十一卷(一、五至二十一、二十七至二十八,首一卷)

360000－1901－0046513　415870

左繡三十卷首一卷　(清)馮李驊　(清)陸浩評輯　清華川書屋刻本　十四册

360000－1901－0046514　415871

左繡三十卷首一卷　(清)馮李驊　(清)陸浩評輯　清華川書屋刻本　十册

360000－1901－0046515　415872

左繡三十卷首一卷　(清)馮李驊　(清)陸浩評輯　清華川書屋刻本　十四册

360000－1901－0046516　415873

左繡三十卷首一卷　(清)馮李驊　(清)陸浩評輯　清華川書屋刻本　十册

360000－1901－0046517　415874

左繡三十卷首一卷　(清)馮李驊　(清)陸浩評輯　清華川書屋刻本　十四册

360000－1901－0046518　415875

左繡三十卷首一卷　(清)馮李驊　(清)陸浩評輯　清華川書屋刻本　十二册

360000－1901－0046519　415876

左繡三十卷首一卷　(清)馮李驊　(清)陸浩評輯　清華川書屋刻本　九册

360000－1901－0046520　415882

左繡三十卷首一卷　(清)馮李驊　(清)陸浩評輯　清華川書屋刻本　十一册　存二十三卷(一至三、五至十七、十九至二十二、二十七至二十八,首一卷)

360000－1901－0046521　415883

左繡三十卷首一卷　(清)馮李驊　(清)陸浩評輯　清華川書屋刻本　十册　存二十三卷(一、五至九、十二、十四至二十八,首一卷)

360000－1901－0046522　415888

左繡三十卷首一卷　(清)馮李驊　(清)陸浩評輯　清華川書屋刻本　三册　存八卷(一、六至七、十八至二十一,首一卷)

360000－1901－0046523　415889

左繡三十卷首一卷 （清）馮李驊 （清）陸浩評輯 清華川書屋刻本 二册 存五卷（一、七至九，首一卷）

360000－1901－0046524 415897
左繡三十卷首一卷 （清）馮李驊 （清）陸浩評輯 清華川書屋刻本 十六册

360000－1901－0046525 415898
左繡三十卷首一卷 （清）馮李驊 （清）陸浩評輯 清華川書屋刻本 十二册

360000－1901－0046526 415903
左繡三十卷首一卷 （清）馮李驊 （清）陸浩評輯 清華川書屋刻本 八册

360000－1901－0046527 415878
左繡三十卷首一卷 （清）馮李驊 （清）陸浩評輯 清華川書屋刻本（卷二十九至三十配清刻本） 十四册

360000－1901－0046528 415881
左繡三十卷首一卷 （清）馮李驊 （清）陸浩評輯 清華川書屋刻本（卷三、五至六、二十五至二十八配清刻本） 十三册 存二十七卷（一、三至九、十二至二十九，首一卷）

360000－1901－0046529 415880
左繡三十卷首一卷 （清）馮李驊 （清）陸浩評輯 清華川書屋刻本（卷三配清刻本、卷二十七至三十配清同人堂刻本） 十三册

360000－1901－0046530 415899
左繡三十卷首一卷 （清）馮李驊 （清）陸浩評輯 清華川書屋刻本（卷三至十一配清刻本） 十三册

360000－1901－0046531 415884
左繡三十卷首一卷 （清）馮李驊 （清）陸浩評輯 清華川書屋刻本（卷十八至二十配清刻本） 八册 存二十卷（一至三、五至七、十二、十四至二十二、二十六至二十八，首一卷）

360000－1901－0046532 415886
左繡三十卷首一卷 （清）馮李驊 （清）陸浩評輯 清華川書屋刻本（卷十九至二十配清刻本） 七册 存十六卷（一、三至八、十四至十六、十八至二十二，首一卷）

360000－1901－0046533 415885
左繡三十卷首一卷 （清）馮李驊 （清）陸浩評輯 清華川書屋刻本（卷十七至十九配清刻本） 六册 存十六卷（一、五至七、十五至二十二、二十八至三十，首一卷）

360000－1901－0046534 415877
左繡三十卷首一卷 （清）馮李驊 （清）陸浩評輯 清華川書屋刻本（卷十至十一配清刻本） 十二册

360000－1901－0046535 415890
左繡三十卷首一卷 （清）馮李驊 （清）陸浩評輯 清華川書屋刻本（卷一配清刻本） 三册 存六卷（一、六至七、二十至二十一，首一卷）

360000－1901－0046536 415879
左繡三十卷首一卷 （清）馮李驊 （清）陸浩評輯 清華川書屋刻本（卷一至二配清刻本） 九册

360000－1901－0046537 415893
左繡三十卷首一卷 （清）馮李驊 （清）陸浩評輯 清華川書屋刻本（卷一至三配清刻本） 十四册

360000－1901－0046538 415887
左繡三十卷首一卷 （清）馮李驊 （清）陸浩評輯 清華川書屋刻本（首一卷配清刻本） 四册 存七卷（五至六、十四至十五、十九至二十，首一卷）

360000－1901－0046539 415891
左繡三十卷首一卷 （清）馮李驊 （清）陸浩評輯 清華川書屋刻本（首一卷配清學源堂刻本） 三册 存六卷（七至九、二十至二十一，首一卷）

360000－1901－0046540 415892
左繡三十卷首一卷 （清）馮李驊 （清）陸浩評輯 清華川書屋刻文奎堂印本 十三册

360000－1901－0046541　603442
左繡三十卷首一卷　(清)馮李驊　(清)陸浩評輯　清康熙五十九年(1720)大文堂刻本　四册　存二十一卷(六至十一、十六至三十)

360000－1901－0046542　415901
左繡三十卷首一卷　(清)馮李驊　(清)陸浩評輯　清刻本　十二册

360000－1901－0046543　415902
左繡三十卷首一卷　(清)馮李驊　(清)陸浩評輯　清刻本　十二册

360000－1901－0046544　415906
左繡三十卷首一卷　(清)馮李驊　(清)陸浩評輯　清刻本　十册

360000－1901－0046545　415907
左繡三十卷首一卷　(清)馮李驊　(清)陸浩評輯　清刻本　十六册

360000－1901－0046546　415908
左繡三十卷首一卷　(清)馮李驊　(清)陸浩評輯　清刻本　十五册

360000－1901－0046547　415909
左繡三十卷首一卷　(清)馮李驊　(清)陸浩評輯　清刻本　十三册

360000－1901－0046548　415910
左繡三十卷首一卷　(清)馮李驊　(清)陸浩評輯　清刻本　十四册

360000－1901－0046549　415913
左繡三十卷首一卷　(清)馮李驊　(清)陸浩評輯　清刻本　九册

360000－1901－0046550　415914
左繡三十卷首一卷　(清)馮李驊　(清)陸浩評輯　清刻本　十四册

360000－1901－0046551　415915
左繡三十卷首一卷　(清)馮李驊　(清)陸浩評輯　清刻本　十四册

360000－1901－0046552　415916
左繡三十卷首一卷　(清)馮李驊　(清)陸浩評輯　清刻本　十四册　存三十卷(一至二十一、二十三至三十,首一卷)

360000－1901－0046553　415917
左繡三十卷首一卷　(清)馮李驊　(清)陸浩評輯　清刻本　十册　存二十九卷(一至十四、十六至二十六、二十八至三十,首一卷)

360000－1901－0046554　415918
左繡三十卷首一卷　(清)馮李驊　(清)陸浩評輯　清刻本　九册　存二十六卷(一至三、五至二十三、二十八至三十,首一卷)

360000－1901－0046555　415919
左繡三十卷首一卷　(清)馮李驊　(清)陸浩評輯　清刻本　十一册

360000－1901－0046556　415920
左繡三十卷首一卷　(清)馮李驊　(清)陸浩評輯　清刻本　十一册　存二十六卷(一至二十三、二十七至二十八,首一卷)

360000－1901－0046557　415921
左繡三十卷首一卷　(清)馮李驊　(清)陸浩評輯　清刻本　七册　存二十二卷(一至六、九至十三、十六至二十三、二十七至二十八,首一卷)

360000－1901－0046558　415922
左繡三十卷首一卷　(清)馮李驊　(清)陸浩評輯　清刻本　七册　存十六卷(一至五、八至九、十二至十三、十六至十九、二十二至二十三,首一卷)

360000－1901－0046559　415923
左繡三十卷首一卷　(清)馮李驊　(清)陸浩評輯　清刻本　六册　存十五卷(一至五、十二至十三、十六至十九、二十三至二十五,首一卷)

360000－1901－0046560　415924
左繡三十卷首一卷　(清)馮李驊　(清)陸浩評輯　清刻本　六册　存十五卷(一、五至七、九至十一、十三至十九,首一卷)

360000－1901－0046561　415925
左繡三十卷首一卷　(清)馮李驊　(清)陸浩

評輯　清刻本　四冊　存八卷(十三、十六至十七、十九至二十、二十三至二十四,首一卷)

360000－1901－0046562　418524
左繡三十卷首一卷　(清)馮李驊　(清)陸浩評輯　清刻本　十二冊

360000－1901－0046563　418525
左繡三十卷首一卷　(清)馮李驊　(清)陸浩評輯　清刻本　十三冊

360000－1901－0046564　418526
左繡三十卷首一卷　(清)馮李驊　(清)陸浩評輯　清刻本　十三冊

360000－1901－0046565　418527
左繡三十卷首一卷　(清)馮李驊　(清)陸浩評輯　清刻本　十冊

360000－1901－0046566　418528
左繡三十卷首一卷　(清)馮李驊　(清)陸浩評輯　清刻本　十一冊

360000－1901－0046567　603442－1
左繡三十卷首一卷　(清)馮李驊　(清)陸浩評輯　清刻本　一冊　存四卷(八至十一)

360000－1901－0046568　418531
左繡三十卷首一卷　(清)馮李驊　(清)陸浩評輯　清刻本(卷一、六至十配清嘉慶十三年敬書堂刻本,卷二至三、二十五至三十配清華川書屋刻本)　十五冊

360000－1901－0046569　418532
左繡三十卷首一卷　(清)馮李驊　(清)陸浩評輯　清刻本(卷一至二配清嘉慶十三年敬書堂刻本)　十冊

360000－1901－0046570　415900
左繡三十卷首一卷　(清)馮李驊　(清)陸浩評輯　清乾隆五十年(1785)刻本　十四冊

360000－1901－0046571　415912
左繡三十卷首一卷　(清)馮李驊　(清)陸浩評輯　清同人堂刻本　四冊　存十一卷(六至十一、十三至十五、二十九至三十)

360000－1901－0046572　415926
左繡三十卷首一卷　(清)馮李驊　(清)陸浩評輯　清同治九年(1870)玉軸樓刻本　十六冊

360000－1901－0046573　415927
左繡三十卷首一卷　(清)馮李驊　(清)陸浩評輯　清玉軸樓刻本　八冊　存二十卷(一至十九、首一卷)

360000－1901－0046574　415928
左繡三十卷首一卷　(清)馮李驊　(清)陸浩評輯　清玉軸樓刻本　七冊　存十七卷(二至三、十一至十二、十四至十五、十八至二十三、二十五至二十六、二十九至三十,首一卷)

360000－1901－0046575　415929
左繡三十卷首一卷　(清)馮李驊　(清)陸浩評輯　清玉軸樓刻本　六冊　存十五卷(三至五、九至十五、二十一至二十三、二十九至三十)

360000－1901－0046576　415930
左繡三十卷首一卷　(清)馮李驊　(清)陸浩評輯　清玉軸樓刻本　三冊　存八卷(八至十一、二十二至二十三、二十八至二十九)

360000－1901－0046577　415931
左繡三十卷首一卷　(清)馮李驊　(清)陸浩評輯　清玉軸樓刻本　三冊　存六卷(十至十一、二十二至二十五)

360000－1901－0046578　418530
左繡三十卷首一卷　(清)馮李驊　(清)陸浩評輯　清玉軸樓刻本　十冊

360000－1901－0046579　302293
左忠毅公[光斗]年譜二卷　(清)左宰撰　清刻本　二冊

360000－1901－0046580　402870
左宗棠挽聯不分卷　(清)李鴻章等撰　清光緒十一年(1885)刻本　一冊

360000－1901－0046581　230546
佐元直指圖解九卷首一卷　(明)劉基撰　清乾隆五十五年(1790)古歙汪元標樂真堂刻本

一冊

360000－1901－0046582　716975
佐元直指圖解九卷首一卷　(明)劉基撰　清乾隆五十五年(1790)古歙汪元標樂真堂刻本　一冊

360000－1901－0046583　301370
佐治藥言一卷續一卷　(清)汪輝祖撰　清道光五年(1825)刻本　一冊

360000－1901－0046584　401812
佐治藥言一卷續一卷　(清)汪輝祖撰　清嘉慶十八年(1813)刻本　一冊

360000－1901－0046585　401815
佐治藥言一卷續一卷　(清)汪輝祖撰　清同治五年(1866)刻本　一冊

360000－1901－0046586　401813
佐治藥言一卷續一卷　(清)汪輝祖撰　清咸豐二年(1852)刻本　一冊

360000－1901－0046587　401814
佐治藥言一卷續一卷　(清)汪輝祖撰　清咸豐二年(1852)刻本　一冊

360000－1901－0046588　310185
坐禪三昧法門經二卷　(後秦)釋鳩摩羅什譯　清光緒刻本　一冊

360000－1901－0046589　317421
坐花誌果八卷　(清)汪道鼎撰　清光緒十九年(1893)江右刻本　四冊

360000－1901－0046590　716996
坐花誌果八卷　(清)汪道鼎撰　清刻本　三冊　存六卷(三至八)

360000－1901－0046591　412607
座右銘不分卷　(清)徐郙書　清同治七年(1868)刻本　一冊

360000－1901－0046592　404634
座右銘贅語八卷　(清)彭世昌撰　清光緒十二年(1886)信好軒刻本　二冊

360000－1901－0046593　220352
[安徽]蘭陵蕭氏二書　(清)江永纂修　清乾隆十八年(1753)刻本　一冊

360000－1901－0046594　803938
[案牘]不分卷　(清)□□輯　清抄本　一冊

360000－1901－0046595　804021
[案牘]不分卷　(清)□□輯　清抄本　一冊

360000－1901－0046596　803961
[案牘]不分卷　(清)□□輯　清道光八年(1828)抄本　一冊

360000－1901－0046597　804804
[案卷]不分卷　(清)□□輯　清抄本　一冊

360000－1901－0046598　802457
[案卷節鈔]不分卷　(清)□□輯　清抄本　一冊

360000－1901－0046599　901211
[敖南]黃氏十三房大宗祠磋基誌三卷首一卷　(清)□□撰　清抄本　一冊

360000－1901－0046600　804029
[邦計論]不分卷　(□)□□輯　清刻本　一冊

360000－1901－0046601　802312
[報空真經]一卷　清抄本　一冊

360000－1901－0046602　800551
[北鄉戶業租價]一卷　(清)□□輯　清抄本　一冊

360000－1901－0046603　802336
[本草藥性]一卷　(清)□□輯　清抄本　一冊

360000－1901－0046604　802765
[本草藥性]一卷　(清)□□輯　清抄本　一冊

360000－1901－0046605　318118－12
[避凶趨吉]不分卷　(□)□□輯　清抄本　一冊

360000－1901－0046606　710148－1
邱邦士文集十八卷　(清)邱維屏撰　清光緒

元年(1875)周郁文刻本　四冊　存二卷(十四至十五)

360000－1901－0046607　402280
[變法奏議彙編]不分卷　清光緒石印本　一冊

360000－1901－0046608　803891
[表文格式]不分卷　(清)劉光永輯　清抄本　一冊

360000－1901－0046609　801979
[別集書目]一卷　(□)□□撰　清抄本　一冊

360000－1901－0046610　803262
[兵書鈔]不分卷　(□)□□輯　清抄本　一冊

360000－1901－0046611　802415
[稟案]不分卷　(清)□□輯　清抄本　一冊

360000－1901－0046612　802704
[稟案]不分卷　(清)□□輯　清末抄本　一冊

360000－1901－0046613　802349
[稟稿]一卷　(清)□□輯　清抄本　一冊

360000－1901－0046614　803564
[稟稿]一卷　(清)□□輯　清抄本　一冊

360000－1901－0046615　803817
[稟啓存稿]不分卷　(清)□□輯　清抄本　一冊

360000－1901－0046616　803843
[稟書]不分卷　(清)□□輯　清抄本　一冊

360000－1901－0046617　803558
[駁案成篇]不分卷　(□)□□輯　清抄本　一冊

360000－1901－0046618　402204
[蔡太孺人百歲榮壽詩]一卷　(清)陳賀椵(清)陳賀春輯　清咸豐二年(1852)羊城正文堂刻本　一冊

360000－1901－0046619　165113
[漕例備要]不分卷　(□)□□輯　清抄本　一冊

360000－1901－0046620　803990
[曾國藩往來書信]不分卷　(清)曾國藩等撰　清抄本　一冊

360000－1901－0046621　409218
[曾文正公集]　(清)曾國藩撰　清同治、光緒上海醉六堂刻本　二十冊　存四種

360000－1901－0046622　409219
[曾文正公集]　(清)曾國藩撰　清同治、光緒上海醉六堂刻本　十七冊　存四種

360000－1901－0046623　409220
[曾文正公集]　(清)曾國藩撰　清同治、光緒上海醉六堂刻本　十九冊　存六種

360000－1901－0046624　409221
[曾文正公集]　(清)曾國藩撰　清同治、光緒上海醉六堂刻本　六冊　存四種

360000－1901－0046625　800391
[曾文正公詩鈔]不分卷　(清)曾國藩撰　清抄本　二冊

360000－1901－0046626　802378
[尺牘]不分卷　(清)□□輯　清抄本　一冊

360000－1901－0046627　802709
[尺牘選]不分卷　(清)□□輯　清抄本　一冊

360000－1901－0046628　801167
[尺牘雜編]一卷　(□)□□輯　清抄本　一冊

360000－1901－0046629　801163
[尺牘雜鈔]不分卷　(□)□□輯　清抄本　一冊

360000－1901－0046630　803610
[崇祀堂賬簿](清同治九年至一九五〇年)　(□)□□輯　稿本　一冊

360000－1901－0046631　900001
[崇祀修建朱文公祠院歷紀]不分卷　(清)

□□輯　清刻本　一册

360000－1901－0046632　318118－13
[籌糧雜纂]不分卷　(清)□□輯　清抄本　一册

360000－1901－0046633　801162
[傳記文雜鈔]一卷　(□)□□輯　清抄本　一册

360000－1901－0046634　802740
[春秋]不分卷　清抄本　一册

360000－1901－0046635　802748
[春秋]不分卷　清抄本　一册

360000－1901－0046636　802640
[春秋]不分卷　清刻本　一册

360000－1901－0046637　803379
[春秋三傳]不分卷　清抄本　二册

360000－1901－0046638　802397
[春秋左傳]不分卷　清抄本　一册

360000－1901－0046639　803299
[春秋左傳]不分卷　清抄本　一册

360000－1901－0046640　803354
[春秋左傳]不分卷　清抄本　一册

360000－1901－0046641　803559
[春秋左傳]不分卷　清抄本　一册

360000－1901－0046642　804275
[春秋左傳]不分卷　清抄本　一册

360000－1901－0046643　110452
[淳熙]新安志十卷附録一卷　(宋)羅願纂　清光緒十四年(1888)刻本　四册

360000－1901－0046644　110757
[淳熙]新安志十卷附録一卷　(宋)羅願纂　清光緒十四年(1888)刻本　四册

360000－1901－0046645　220576
[淳熙]新安志十卷附録一卷　(宋)羅願纂　清康熙四十六年(1707)刻本　四册

360000－1901－0046646　220577
[淳熙]新安志十卷附録一卷　(宋)羅願纂　清康熙四十六年(1707)刻本　四册

360000－1901－0046647　803778
[詞賦鈔]不分卷　(清)□□輯　清抄本　一册

360000－1901－0046648　407710
[詞譜]不分卷　(清)□□輯　清抄本　一册

360000－1901－0046649　802065
[叢書目録彙鈔]不分卷　(□)□□輯　清抄本　六册

360000－1901－0046650　804603
[存取明細簿]不分卷(清光緒十三年)　(清)□□輯　稿本　一册

360000－1901－0046651　803609
[存心堂賬簿]不分卷(清道光元年至同治十一年)　(清)□□輯　稿本　一册

360000－1901－0046652　801405
[答問書]不分卷　(清)施璜撰　清抄本　一册

360000－1901－0046653　801355
[大清道光二十二年通書]不分卷　(清)羅傳糶等編　清道光二十二年(1842)崇道堂刻本　一册

360000－1901－0046654　804786－16
[大清道光二十二年通書]不分卷　(清)羅傳糶等編　清道光二十二年(1842)集福堂隆記刻本　一册

360000－1901－0046655　801352
[大清道光二十九年通書]不分卷　(清)羅傳糶等編　清道光二十九年(1849)崇道堂刻本　一册

360000－1901－0046656　801364
[大清道光二十六年通書]不分卷　(清)羅傳糶等編　清道光二十六年(1846)崇道堂刻本　一册

360000－1901－0046657　902146
[大清道光二十七年通書]不分卷　(清)羅傳

糨等編　清道光二十七年(1847)集福堂隆記刻本　一冊

360000－1901－0046658　803060－10
[大清道光二十三年通書]不分卷　(清)羅傳糨等編　清道光二十三年(1843)集福堂隆記刻本　一冊

360000－1901－0046659　902147－2
[大清道光二十五年通書]不分卷　(清)羅傳糨等編　清道光二十五年(1845)參化堂刻本　一冊

360000－1901－0046660　804833
[大清道光貳拾捌年通書]不分卷　(清)羅傳糨等編　清道光二十八年(1848)集福堂球記刻本　一冊

360000－1901－0046661　801356
[大清道光六年通書]不分卷　(清)羅傳糨等編　清道光六年(1826)崇道堂刻本　一冊

360000－1901－0046662　804786－17
[大清道光廿年通書]不分卷　(清)羅傳糨等編　清道光二十年(1840)集福堂隆記刻本　一冊

360000－1901－0046663　801354
[大清道光十年通書]不分卷　(清)羅傳糨等編　清道光十年(1830)崇道堂刻本　一冊

360000－1901－0046664　804753－16
[大清道光拾陸年通書]不分卷　(清)羅傳糨等編　清道光十六年(1836)集福堂隆記刻本　一冊

360000－1901－0046665　804786－10
[大清道光拾柒年通書]不分卷　(清)羅傳糨等編　清道光十七年(1837)集福堂隆記刻本　一冊

360000－1901－0046666　804786－8
[大清光緒貳拾伍年通書]不分卷　(清)羅傳糨等編　清光緒二十五年(1899)集福堂球記刻本　一冊

360000－1901－0046667　804753－4
[大清光緒十年通書]不分卷　(清)羅傳糨等編　清光緒十年(1884)集福堂貴記刻本　一冊

360000－1901－0046668　804786－4
[大清光緒拾陸年通書]不分卷　(清)羅傳糨等編　清光緒十六年(1890)集福堂球記刻本　一冊

360000－1901－0046669　804848
[大清光緒拾肆年通書]不分卷　(清)羅傳糨等編　清光緒十四年(1888)集福堂貴記刻本　一冊

360000－1901－0046670　804786－5
[大清光緒拾壹年通書]不分卷　(清)羅傳糨等編　清光緒十一年(1885)集福堂貴記刻本　一冊

360000－1901－0046671　804753－18
[大清嘉慶拾玖年通書]不分卷　(清)羅明遠等編　清嘉慶十九年(1814)茂應堂刻本　一冊

360000－1901－0046672　801365
[大清通書]不分卷　(清)羅傳糨等編　清集福堂鳳記刻本　一冊

360000－1901－0046673　801367
[大清通書]不分卷　(清)羅傳糨等編　清集福堂球記刻本　一冊

360000－1901－0046674　801368
[大清通書]不分卷　(清)羅傳糨等編　清集福堂球記刻本　一冊

360000－1901－0046675　804753－12
[大清同治叁年通書]不分卷　(清)羅傳糨等編　清同治三年(1864)集福堂昌記刻本　一冊

360000－1901－0046676　804753－3
[大清同治十年通書]不分卷　(清)羅傳糨等編　清同治十年(1871)集福堂刻本　一冊

360000－1901－0046677　902146－3
[大清咸豐八年通書]不分卷　(清)羅傳糨等

編　清咸豐八年(1858)集福堂刻本　一冊

360000－1901－0046678　902147
[大清咸豐八年通書]不分卷　(清)羅傳幹等編　清咸豐八年(1858)集福堂刻本　一冊

360000－1901－0046679　902146－4
[大清咸豐七年通書]不分卷　(清)羅傳幹等編　清咸豐七年(1857)崇道堂刻本　一冊

360000－1901－0046680　902146－1
[大清咸豐三年通書]不分卷　(清)羅傳幹等編　清咸豐三年(1853)集福堂刻本　一冊

360000－1901－0046681　902146－2
[大清咸豐三年通書]不分卷　(清)羅傳幹等編　清咸豐三年(1853)集福堂刻本　一冊

360000－1901－0046682　902147－1
[大清咸豐三年通書]不分卷　(清)羅傳幹等編　清咸豐三年(1853)集福堂刻本　一冊

360000－1901－0046683　304801
[丹國條約稅則]一卷　(清)外務部編　清末鉛印本　一冊

360000－1901－0046684　110566
[道光]安陸縣志四十卷首一卷　(清)蔣炯等纂修　(清)李廷錫增纂　清道光二十三年(1843)刻本　十二冊

360000－1901－0046685　115072
[道光]安仁縣志十卷首一卷　(清)陳天爵修　(清)趙玉蟾等纂　清道光四年(1824)刻本　十冊

360000－1901－0046686　115077
[道光]安遠縣志三十二卷首一卷　(清)黄文燮修　(清)徐必藻纂　清道光三年(1823)刻本　二冊　存八卷(一至六、二十,首一卷)

360000－1901－0046687　110470
[道光]承德府志六十卷首二十六卷　(清)海忠纂修　(清)廷杰　(清)李世寅重訂　清光緒十三年(1887)刻本　二十四冊

360000－1901－0046688　110471
[道光]承德府志六十卷首二十六卷　(清)海忠纂修　(清)廷杰　(清)李世寅重訂　清光緒十三年(1887)刻本　十九冊　存六十五卷(一至七、十五至十七、二十一至二十七、三十九至六十,首二十六卷)

360000－1901－0046689　110472
[道光]承德府志六十卷首二十六卷　(清)海忠纂修　(清)廷杰　(清)李世寅重訂　清光緒十三年(1887)刻本　五冊　存十七卷(四十九至五十二、五十九至六十,首一至四、十七至二十三)

360000－1901－0046690　164477
[道光]崇川咫聞録十二卷　(清)徐縉　(清)楊廷撰纂　清道光十年(1830)徐氏芸暉閣刻本　十二冊

360000－1901－0046691　110281
[道光]德興縣志十二卷首一卷末一卷　(清)蔣啓敭修　(清)余廷愷纂　清道光四年(1824)刻本　六冊　缺七卷(二、六、八至十二)

360000－1901－0046692　115281
[道光]德興縣志十二卷首一卷末一卷　(清)蔣啓敭修　(清)余廷愷纂　清道光四年(1824)刻本　十二冊

360000－1901－0046693　115092
[道光]定南廳志八卷　(清)賴勳等修　(清)黄錫光等纂　清道光五年(1825)刻本　八冊

360000－1901－0046694　420240
[道光]分湖小識六卷　(清)柳樹芳纂　清道光二十七年(1847)勝谿草堂柳氏刻本　二冊

360000－1901－0046695　115021
[道光]分宜縣志三十二卷首一卷　(清)龔笙修　(清)王欽纂　清道光二年(1822)刻本　十二冊

360000－1901－0046696　110309
[道光]豐城縣志二十四卷首一卷　(清)徐清選　(清)李培緒修　(清)毛輝鳳等纂　清道光五年(1825)刻本　九冊

360000－1901－0046697　115052
[道光]豐城縣志二十四卷首一卷　(清)徐清選　(清)李培緒修　(清)毛輝鳳等纂　清道光五年(1825)刻本　十二冊

360000－1901－0046698　421095
[道光]奉新縣志十二卷首一卷末一卷　(清)鄒山立修　(清)趙敬襄纂　清道光四年(1824)刻本　二冊　存三卷(九、十一至十二)

360000－1901－0046699　110089
[道光]奉新縣志十二卷首一卷末一卷　(清)鄒山立修　(清)趙敬襄纂　清道光四年(1824)刻六年(1826)沈鑒校刻本　十冊

360000－1901－0046700　110090
[道光]奉新縣志十二卷首一卷末一卷　(清)鄒山立修　(清)趙敬襄纂　清道光四年(1824)刻六年(1826)沈鑒校刻本　十冊

360000－1901－0046701　115100
[道光]奉新縣志十二卷首一卷末一卷　(清)鄒山立修　(清)趙敬襄纂　清道光四年(1824)刻六年(1826)沈鑒校刻本　十冊

360000－1901－0046702　602023
[道光]奉新縣志十二卷首一卷末一卷　(清)鄒山立修　(清)趙敬襄纂　清道光四年(1824)刻六年(1826)沈鑒校刻本　十冊

360000－1901－0046703　115151
[道光]浮梁縣志二十二卷首一卷　(清)喬溎修　(清)賀熙齡纂　(清)游際盛增補　清道光十二年(1832)刻本　十四冊

360000－1901－0046704　115238
[道光]贛州府志七十八卷首一卷　(清)李本仁修　(清)陳觀酉纂　清道光二十八年(1848)刻本　二十四冊

360000－1901－0046705　110146
[道光]高安縣志二十二卷首一卷　(清)高以本纂修　清道光四年(1824)刻本　十二冊

360000－1901－0046706　115153
[道光]高安縣志二十二卷首一卷　(清)高以本纂修　清道光四年(1824)刻本　十六冊

360000－1901－0046707　421100－1
[道光]高安縣志二十二卷首一卷　(清)高以本纂修　清道光四年(1824)刻本　一冊　存一卷(二十)

360000－1901－0046708　115260
[道光]廣東通志三百三十四卷首一卷　(清)阮元修　(清)陳昌齊等纂　清道光二年(1822)刻本　一百二十冊

360000－1901－0046709　110252
[道光]廣東通志三百三十四卷首一卷　(清)阮元修　(清)陳昌齊等纂　清同治三年(1864)刻本　一百二十冊

360000－1901－0046710　110253
[道光]廣東通志三百三十四卷首一卷　(清)阮元修　(清)陳昌齊等纂　清同治三年(1864)刻本　一百二十冊

360000－1901－0046711　110782
[道光]徽州府志十六卷首一卷　(清)馬步蟾纂修　清道光七年(1827)刻本　二十八冊　存十三卷(一至十、十三、十六,首一卷)

360000－1901－0046712　421166
[道光]徽州府志十六卷首一卷　(清)馬步蟾纂修　清道光七年(1827)刻本　一冊　存二卷(十四至十五)

360000－1901－0046713　115249
[道光]會昌縣志三十二卷　(清)蔣啓敭纂修　清道光十一年(1831)刻本　十冊　缺一卷(十七)

360000－1901－0046714　110064
[道光]吉水縣志三十二卷首一卷　(清)周樹槐纂修　清道光五年(1825)刻本　二十二冊

360000－1901－0046715　115082
[道光]吉水縣志三十二卷首一卷　(清)周樹槐纂修　清道光五年(1825)刻本　二十冊

360000－1901－0046716　110370

[道光]濟寧直隸州志十卷首一卷末一卷圖一卷　(清)徐宗幹修　(清)許瀚纂　清咸豐九年(1859)盧朝安刻本　二十册

360000－1901－0046717　115115
[道光]金谿縣志三十六卷首一卷末一卷　(清)吴柄權修　(清)鄧應臺纂　清道光二十八年(1848)刻本　十五册　缺四卷(三十四至三十六、末一卷)

360000－1901－0046718　115197
[道光]進賢縣志二十五卷首一卷　(清)朱楣修　(清)賀熙齡等纂　清道光三年(1823)刻本　十四册

360000－1901－0046719　110984
[道光]靖安縣續志二卷　(清)祁啓萼修　(清)舒化民纂　清道光二十八年(1848)刻本　一册　存一卷(下)

360000－1901－0046720　115218
[道光]靖安縣續志二卷　(清)祁啓萼修　(清)舒化民纂　清道光二十八年(1848)刻本　二册

360000－1901－0046721　110208
[道光]靖安縣志十六卷首一卷　(清)張國鈞修　(清)舒懋官纂　清道光五年(1825)刻本　五册　缺八卷(六至九、十三至十六)

360000－1901－0046722　115217
[道光]靖安縣志十六卷首一卷　(清)張國鈞修　(清)舒懋官纂　清道光五年(1825)刻本　八册

360000－1901－0046723　110385
[道光]夔州府志三十六卷首一卷　(清)恩成修　(清)劉德銓纂　清道光七年(1827)刻光緒十七年(1891)補刻本　二十四册

360000－1901－0046724　110634
[道光]昆明縣志十卷　(清)戴絅孫纂修　清光緒二十七年(1901)刻本　六册

360000－1901－0046725　220671
[道光]蓮花廳志八卷首一卷末一卷　(清)李其昌纂修　(清)李蔭樞續修　(清)李素珠續纂　清道光六年(1826)刻十七年(1837)增刻本　十册

360000－1901－0046726　220672
[道光]蓮花廳志八卷首一卷末一卷　(清)李其昌纂修　(清)李蔭樞續修　(清)李素珠續纂　清道光六年(1826)刻十七年(1837)增刻本　十册

360000－1901－0046727　110302
[道光]臨川縣志三十二卷　(清)劉繩武等修　(清)紀大奎纂　清道光三年(1823)刻本　二十册

360000－1901－0046728　115047
[道光]臨川縣志三十二卷　(清)劉繩武等修　(清)紀大奎纂　清道光三年(1823)刻本　二十一册

360000－1901－0046729　110286
[道光]龍南縣志八卷首一卷　(清)王所舉　(清)石家紹修　(清)徐思諫等纂　清道光六年(1826)刻本　十二册

360000－1901－0046730　115286
[道光]龍南縣志八卷首一卷　(清)王所舉　(清)石家紹修　(清)徐思諫等纂　清道光六年(1826)刻本　六册

360000－1901－0046731　110324
[道光]廬陵縣志四十八卷首一卷　(清)梅大鶴等修　(清)王錦芳等纂　清道光五年(1825)刻本　二十一册　存三十二卷(四至十五、二十五至二十七、三十二至四十八)

360000－1901－0046732　110784
[道光]廬陵縣志四十八卷首一卷　(清)梅大鶴等修　(清)王錦芳等纂　清道光五年(1825)刻本　二十八册

360000－1901－0046733　115107
[道光]廬陵縣志四十八卷首一卷　(清)梅大鶴等修　(清)王錦芳等纂　清道光五年(1825)刻本　二十八册

360000－1901－0046734　110114
［道光］南昌縣志三十九卷首一卷末一卷　(清)慶雲　(清)張賦林修　(清)吳啓楠　(清)姜曾纂　清道光二十九年(1849)刻本　三十三册　缺三卷(十七至十八、首一卷)

360000－1901－0046735　115126
［道光］南昌縣志三十九卷首一卷末一卷　(清)慶雲　(清)張賦林修　(清)吳啓楠　(清)姜曾纂　清道光二十九年(1849)刻本　三十六册

360000－1901－0046736　110112
［道光］南昌縣志四十卷首一卷末一卷　(清)阿應鱗等修　(清)彭良裔等纂　清道光六年(1826)刻本　三十二册

360000－1901－0046737　110113
［道光］南昌縣志四十卷首一卷末一卷　(清)阿應鱗等修　(清)彭良裔等纂　清道光六年(1826)刻本　十九册　存二十六卷(二、四至二十五、三十九至四十,末一卷)

360000－1901－0046738　115125
［道光］南昌縣志四十卷首一卷末一卷　(清)阿應鱗等修　(清)彭良裔等纂　清道光六年(1826)刻本　三十二册

360000－1901－0046739　110119
［道光］南城縣志三十二卷首一卷　(清)時式敷修　(清)廖連等纂　清道光六年(1826)刻本　十五册　缺一卷(三十二)

360000－1901－0046740　115130
［道光］南城縣志三十二卷首一卷　(清)時式敷修　(清)廖連等纂　清道光六年(1826)刻本　十六册

360000－1901－0046741　115132
［道光］南康縣志二十四卷首一卷　(清)劉繩武修　(清)賴相棟纂　清道光三年(1823)刻本　十一册　缺二卷(二十三至二十四)

360000－1901－0046742　110240
［道光］寧都直隸州志三十二卷首一卷補遺一卷　(清)黄永綸修　(清)楊錫齡等纂　清道光四年(1824)刻本　二十册

360000－1901－0046743　110241
［道光］寧都直隸州志三十二卷首一卷補遺一卷　(清)黄永綸修　(清)楊錫齡等纂　清道光四年(1824)刻本　十七册　存二十七卷(一至六、十至三十)

360000－1901－0046744　115243
［道光］寧都直隸州志三十二卷首一卷補遺一卷　(清)黄永綸修　(清)楊錫齡等纂　清道光四年(1824)刻本　二十册

360000－1901－0046745　110752
［道光］萍鄉縣志十六卷　(清)黄濬纂修　清道光三年(1823)刻本　四册

360000－1901－0046746　110753
［道光］萍鄉縣志十六卷　(清)黄濬纂修　清道光三年(1823)刻本　四册

360000－1901－0046747　115189
［道光］萍鄉縣志十六卷　(清)黄濬纂修　清道光三年(1823)刻本　四册

360000－1901－0046748　115270
［道光］鄱陽縣志三十二卷首一卷末一卷　(清)陳驤修　(清)張瓊英等纂　清道光四年(1824)刻本　十八册

360000－1901－0046749　115162
［道光］清江縣志二十八卷首一卷末一卷　(清)張湄修　(清)楊學光　(清)黄郁章纂　清道光四年(1824)刻本　十册

360000－1901－0046750　110219
［道光］瑞金縣志十六卷首一卷　(清)蔣方增纂修　清道光二年(1822)刻本　十六册

360000－1901－0046751　115225
［道光］瑞金縣志十六卷首一卷　(清)蔣方增纂修　清道光二年(1822)刻本　十六册

360000－1901－0046752　110545
［道光］嵊縣志十四卷首一卷末一卷　(清)李式圃修　(清)朱滏等纂　清道光八年(1828)刻本　一册　存二卷(四至五)

360000－1901－0046753　220677
［道光］石城縣志八卷圖一卷　（清）朱一慊修　（清）許瓊等纂　清光緒十五年（1889）抄本　八冊

360000－1901－0046754　804487
［道光］遂溪縣志十二卷　（清）喻炳榮修　（清）朱德華　（清）楊翊纂　清道光二十九年（1849）刻光緒二十一年（1895）重修本　一冊　存一卷（四）

360000－1901－0046755　110481
［道光］太康縣志八卷　（清）戴鳳翔修　（清）高崧　（清）江練纂　清道光八年（1828）刻本　六冊　存六卷（一至五、七）

360000－1901－0046756　110149
［道光］泰和縣志四十八卷首一卷　（清）楊訒纂修　清道光四年（1824）刻六年（1826）徐迪惠訂正補修本　十五冊　存三十三卷（四至三十六）

360000－1901－0046757　115155
［道光］泰和縣志四十八卷首一卷　（清）楊訒纂修　清道光四年（1824）刻六年（1826）徐迪惠訂正補修本　八冊　存二十一卷（一至三、八至十八、二十一至二十三、三十二、四十二至四十四）

360000－1901－0046758　421128
［道光］泰和縣志四十八卷首一卷　（清）楊訒纂修　清道光四年（1824）刻六年（1826）徐迪惠訂正補修本　五冊　存十一卷（十五至二十五）

360000－1901－0046759　421129
［道光］泰和縣志四十八卷首一卷　（清）楊訒纂修　清道光四年（1824）刻六年（1826）徐迪惠訂正補修本　九冊　存十七卷（十九至二十、二十四至三十一、三十三至三十八，首一卷）

360000－1901－0046760　110837
［道光］泰州志三十六卷首一卷　（清）王有慶等修　（清）陳世鎔等纂　清道光七年（1827）刻光緒三十四年（1908）補刻本　十二冊

360000－1901－0046761　115300
［道光］萬安縣志十二卷　（清）魏湘修　（清）張映宿纂　清道光四年（1824）刻本　二冊　存四卷（二至五）

360000－1901－0046762　721191
［道光］萬載縣土著志三十卷　（清）衛鵷鳴等修　（清）郭大經纂　（清）辛辰雲增訂　清道光二十九年（1849）刻本　一冊　存一卷（二十九）

360000－1901－0046763　110228
［道光］萬載縣土著志三十卷首一卷　（清）衛鵷鳴等修　（清）郭大經纂　（清）辛辰雲增訂　清道光二十九年（1849）刻本　十冊

360000－1901－0046764　110229
［道光］萬載縣土著志三十卷首一卷　（清）衛鵷鳴等修　（清）郭大經纂　（清）辛辰雲增訂　清道光二十九年（1849）刻本　二冊　存四卷（十八至二十、二十九）

360000－1901－0046765　115233
［道光］萬載縣土著志三十卷首一卷　（清）衛鵷鳴等修　（清）郭大經纂　（清）辛辰雲增訂　清道光二十九年（1849）刻本　八冊　缺七卷（二十三至二十九）

360000－1901－0046766　110759
［道光］萬載縣志三十卷首一卷　（清）衛鵷鳴修　（清）郭大經纂　清道光十二年（1832）刻本　十冊　缺四卷（一至四）

360000－1901－0046767　115234
［道光］萬載縣志三十卷首一卷　（清）衛鵷鳴修　（清）郭大經纂　清道光十二年（1832）刻本　十冊

360000－1901－0046768　110723
［道光］吳堡縣志四卷首一卷　（清）譚瑀纂修　清道光二十七年（1847）刻本　三冊

360000－1901－0046769　110405
［道光］武進陽湖縣合志三十六卷首一卷

（清）孫琬 （清）王德茂修 （清）李兆洛 （清）周儀暐纂 清道光二十三年（1843）刻光緒十二年（1886）木活字印本 二十九册 存三十六卷（一至十六、十八至三十六，首一卷）

360000－1901－0046770 115103

［道光］武寧縣志四十四卷首一卷 （清）陳雲章修 （清）張紹璣等纂 清道光四年（1824）刻本 十册 缺十五卷（二十五至三十、三十四至四十二）

360000－1901－0046771 115104

［道光］武寧縣志四十四卷首一卷 （清）陳雲章修 （清）張紹璣等纂 （清）李�續修 （清）陳世馨續纂 清道光四年（1824）刻二十八年（1848）增刻本 十六册

360000－1901－0046772 110750

［道光］婺源縣志三十九卷首一卷 （清）黄應昀 （清）朱元理纂修 清道光六年（1826）刻本 十四册

360000－1901－0046773 115185

［道光］婺源縣志三十九卷首一卷 （清）黄應昀 （清）朱元理纂修 清道光六年（1826）刻本 十六册

360000－1901－0046774 110755

［道光］象山縣志二十二卷首一卷 （清）童立成 （清）吳錫疇修 （清）馮登府等纂 清道光十四年（1834）刻本 六册 存十九卷（一至五、十至二十二，首一卷）

360000－1901－0046775 115214

［道光］新淦縣志三十二卷首一卷 （清）宋庚修 （清）陳化纂 清道光五年（1825）刻本 二十三册

360000－1901－0046776 421138

［道光］新淦縣志三十二卷首一卷 （清）宋庚修 （清）陳化纂 清道光五年（1825）刻本 二册 存二卷（二十、三十一）

360000－1901－0046777 115208

［道光］新建縣續志十一卷首一卷 （清）雷學淦修 （清）曹師曾纂 清道光十年（1830）刻本 十册

360000－1901－0046778 110199

［道光］新建縣志九十卷首一卷末一卷 （清）崔登鼇 （清）彭宗岱修 （清）涂蘭玉纂 清道光二十九年（1849）刻本 二十四册 缺三卷（一至三）

360000－1901－0046779 110811

［道光］新建縣志九十卷首一卷末一卷 （清）崔登鼇 （清）彭宗岱修 （清）涂蘭玉纂 清道光二十九年（1849）刻本 一册 存六卷（五十四至五十九）

360000－1901－0046780 115207

［道光］新建縣志九十卷首一卷末一卷 （清）崔登鼇 （清）彭宗岱修 （清）涂蘭玉纂 清道光二十九年（1849）刻本 三十八册

360000－1901－0046781 115206

［道光］新建縣志七十四卷首一卷末一卷 （清）雷學淦修 （清）曹師曾纂 清道光四年（1824）刻本 二十一册 缺十三卷（五十至五十五、六十九至七十四，末一卷）

360000－1901－0046782 421113

［道光］新喻縣志十四卷首一卷 （清）陸堯春纂修 **渝水詩存一卷文存一卷** 清道光五年（1825）刻本 二册 存三卷（十一、十三至十四）

360000－1901－0046783 115035

［道光］興安縣志三十二卷首一卷 （清）余成彪修 （清）饒元英纂 清道光四年（1824）刻本 四册

360000－1901－0046784 110295

［道光］興國縣志四十六卷首一卷 （清）蔣敘倫修 （清）蕭朗峰纂 清道光四年（1824）刻本 十册 缺八卷（五至九、二十至二十二）

360000－1901－0046785 115037

［道光］興國縣志四十六卷首一卷 （清）蔣敘倫修 （清）蕭朗峰纂 清道光四年（1824）刻本 十二册

360000－1901－0046786　110492
[道光]修武縣志十二卷首一卷　(清)馮繼照修　(清)金皐纂　(清)孔繼中續纂修　清道光十九年(1839)刻同治七年(1868)增刻本　八册　存八卷(二至五、七、九至十、十二)

360000－1901－0046787　110493
[道光]修武縣志十二卷首一卷　(清)馮繼照修　(清)金皐纂　(清)孔繼中續纂修　清道光十九年(1839)刻同治七年(1868)增刻本　五册　存六卷(三至四、七至十)

360000－1901－0046788　721150
[道光]續增高郵州志不分卷　(清)左輝春等纂修　清道光二十三年(1843)刻本　三册

360000－1901－0046789　115096
[道光]宜春縣圖册十四卷首一卷　(清)宜春縣衙編　清道光二十二年(1842)木活字印本　二册

360000－1901－0046790　900241
[道光]宜春縣圖册十四卷首一卷　(清)宜春縣衙編　清道光二十二年(1842)木活字印本　一册　存九卷(一至九)

360000－1901－0046791　900241－1
[道光]宜春縣圖册十四卷首一卷　(清)宜春縣衙編　清道光二十二年(1842)木活字印本　一册　存八卷(一至八)

360000－1901－0046792　110726
[道光]宜春縣志三十二卷首一卷末一卷　(清)程國觀等纂修　清道光三年(1823)刻本　十五册　缺二卷(三十二、末一卷)

360000－1901－0046793　421112
[道光]宜春縣志三十二卷首一卷末一卷　(清)程國觀等纂修　清道光三年(1823)刻本　四册　存六卷(十九至二十二、二十七至二十八)

360000－1901－0046794　421112－1
[道光]宜春縣志三十二卷首一卷末一卷　(清)程國觀等纂修　清道光三年(1823)刻本　三册　存七卷(二十至二十一、二十七至三十一)

360000－1901－0046795　115097
[道光]宜黄縣志三十二卷首一卷　(清)札隆阿等修　(清)程卓樑等纂　清道光五年(1825)刻本　十六册

360000－1901－0046796　110211
[道光]義寧州志三十二卷首三卷　(清)曾暉春修　(清)冷玉光　(清)查望洋纂　清道光四年(1824)刻本　十六册

360000－1901－0046797　110212
[道光]義寧州志三十二卷首三卷　(清)曾暉春修　(清)冷玉光　(清)查望洋纂　清道光四年(1824)刻本　十六册

360000－1901－0046798　115220
[道光]義寧州志三十二卷首三卷　(清)曾暉春修　(清)冷玉光　(清)查望洋纂　清道光四年(1824)刻本　十六册

360000－1901－0046799　110648
[道光]欽定新疆識略十二卷首一卷　(清)松筠纂修　清道光元年(1821)武英殿修書處刻本　六册　存六卷(一至二、五至六、十二,首一卷)

360000－1901－0046800　110646
[道光]欽定新疆識略十二卷首一卷　(清)松筠纂修　清光緒二十年(1894)上海積山書局石印本　十五册

360000－1901－0046801　220670
[道光]永寧縣志八卷首一卷　(清)孫承祖修　(清)黄節等纂　清抄本　六册

360000－1901－0046802　115028
[道光]永寧縣志八卷首一卷　(清)孫承祖修　(清)黄節纂　清道光二年(1822)刻本　四册

360000－1901－0046803　115166
[道光]雩都縣志三十二卷　(清)黄濬纂修　清道光十年(1830)刻本　十册

360000－1901－0046804　110298

[道光]餘干縣志二十三卷首一卷 (清)李暕修 (清)洪錫光纂 清道光三年(1823)刻本 七冊 缺三卷(八至十)

360000－1901－0046805 115039
[道光]餘干縣志二十三卷首一卷 (清)李暕修 (清)洪錫光纂 清道光三年(1823)刻本 八冊

360000－1901－0046806 110585
[道光]雲夢縣志畧十二卷首一卷末一卷 (清)呂錫麟修 (清)程懷璟纂 清道光二十年(1840)刻本 六冊

360000－1901－0046807 110586
[道光]雲夢縣志畧十二卷首一卷末一卷 (清)呂錫麟修 (清)程懷璟纂 清道光二十年(1840)刻本 一冊 存二卷(十二、末一卷)

360000－1901－0046808 110635
[道光]雲南備徵志二十一卷 (清)王崧纂 清宣統二年(1910)雲南官報局鉛印本 十六冊

360000－1901－0046809 421168
[道光]雲南通志稿二百十六卷首三卷 (清)阮元等修 (清)王崧 (清)李誠纂 清道光十五年(1835)刻本 十八冊 存三十六卷(一百十一至一百十二、一百十五至一百二十二、一百四十三至一百四十四、一百四十七至一百五十六、一百七十三至一百七十八、一百八十三至一百八十八、一百九十一至一百九十二)

360000－1901－0046810 421114
[道光]增修新喻縣志八卷 (清)黄之晉纂修 清道光二十九年(1849)刻本 二冊 存三卷(六至八)

360000－1901－0046811 110767
[道光]肇慶府志二十二卷首一卷 (清)屠英等修 (清)江藩等纂 清道光十三年(1833)刻本 十四冊 缺八卷(一、三至四、八、十、十四、十八至十九)

360000－1901－0046812 421179
[道光]重修寶應縣志二十八卷首一卷 (清)孟毓蘭修 (清)喬載繇等纂 清道光二十年(1840)寶應湯世勳沐華堂刻本 二冊 存七卷(六至九、二十六至二十八)

360000－1901－0046813 110361
[道光]重修膠州志四十卷 (清)張同聲修 (清)李圖等纂 清道光二十五年(1845)刻本 八冊

360000－1901－0046814 115009
[道光]重修上高縣志十二卷首一卷末一卷 (清)林元英修 (清)傅祖錫等纂 清道光七年(1827)木活字印本 十二冊

360000－1901－0046815 801067
[道光]重修上高縣志十二卷首一卷末一卷 (清)林元英修 (清)傅祖錫等纂 清道光七年(1827)木活字印本 三冊 存三卷(二、十一至十二)

360000－1901－0046816 801068
[道光]重修上高縣志十二卷首一卷末一卷 (清)林元英修 (清)傅祖錫等纂 清道光七年(1827)木活字印本 八冊 存九卷(二至五、七至八、十一至十二,末一卷)

360000－1901－0046817 110242
[道光]重纂福建通志二百七十八卷首六卷 (清)孫爾準等修 (清)陳壽祺纂 (清)程祖洛等續修 (清)魏敬中續纂 清同治七年至十年(1868－1871)正誼書院刻本 一百四十四冊

360000－1901－0046818 110243
[道光]重纂福建通志二百七十八卷首六卷 (清)孫爾準等修 (清)陳壽祺纂 (清)程祖洛等續修 (清)魏敬中續纂 清同治七年至十年(1868－1871)正誼書院刻本 一百十一冊 存二百二十六卷(一至七十二、七十五至八十、八十四至九十四、九十七至一百二十六、一百四十三至一百六十八、一百七十二至一百七十三、一百七十五至一百七十九、一百八十三至二百九、二百十九至二百二十、二百

二十三至二百二十七、二百三十至二百三十一、二百四十二至二百四十七、二百四十九至二百七十八，首五至六）

360000－1901－0046819　115247
［道光］重纂福建通志二百七十八卷首六卷　（清）孫爾準等修　（清）陳壽祺纂　（清）程祖洛等續修　（清）魏敬中續纂　清同治七年至十年（1868－1871）正誼書院刻本　一百八十冊

360000－1901－0046820　110766
［道光］重纂福建通志二百七十八卷首七卷　（清）孫爾準等修　（清）陳壽祺纂　（清）程祖洛等續修　（清）魏敬中續纂　清同治七年至十年（1868－1871）正誼書院刻本　一百五十二冊

360000－1901－0046821　110645
［道光］遵義府志四十八卷首一卷　（清）平翰等修　（清）鄭珍　（清）莫友芝纂　清道光二十一年（1841）刻本　一冊　存三卷（六至八）

360000－1901－0046822　803879
［道教表文］不分卷　（□）□□輯　清抄本　一冊

360000－1901－0046823　803815
［道教書鈔］不分卷　（清）□□輯　清抄本　一冊

360000－1901－0046824　804867
［道教文］不分卷　（□）□□輯　清刻朱印本　一冊

360000－1901－0046825　803373
［道教雜著］不分卷　（□）□□輯　清抄本　一冊

360000－1901－0046826　804875
［道經］不分卷　清刻本　一冊

360000－1901－0046827　802388
［道經］一卷　清抄本　一冊

360000－1901－0046828　803621
［燈會簿］不分卷（清光緒九年至一九五〇年）　（□）□□輯　稿本　一冊

360000－1901－0046829　405678
［鄧仲卿先生八十壽言］不分卷　（清）鄧九搏輯　清光緒木活字印本　一冊

360000－1901－0046830　802391
［地記］不分卷　（□）□□輯　清抄本　一冊

360000－1901－0046831　803436
［地理秘訣］不分卷　（□）□□輯　清抄本　一冊

360000－1901－0046832　803540
［地理秘訣］不分卷　（□）□□輯　清抄本　一冊

360000－1901－0046833　803838
［地理秘訣］不分卷　（清）□□輯　清抄本　一冊

360000－1901－0046834　803274
［地理真訣］不分卷　（□）□□輯　清抄本　一冊

360000－1901－0046835　803204
［地理至寶］不分卷　（□）□□輯　清光緒三十四年（1908）鍾雲抄本　一冊

360000－1901－0046836　230539
［地學叢鈔］　（□）□□輯　清抄本　一冊

360000－1901－0046837　803580
［跌打損傷藥方］不分卷　（清）□□輯　清抄本　一冊

360000－1901－0046838　802364
［跌打藥方］不分卷　（清）□□輯　清抄本　一冊

360000－1901－0046839　803613
［丁會經理收執］（清道光二十六年至同治七年）　（清）□□輯　稿本　一冊

360000－1901－0046840　802652
［東璧集印譜］一卷　（清）□□輯　清鈐印本　一冊

360000－1901－0046841　803676

[董氏田產簿]不分卷　(清)董緒湖輯　清抄本　一冊

360000－1901－0046842　803863
[痘科]二卷　(清)□□輯　清抄本　一冊

360000－1901－0046843　803841
[痘疹辨治]不分卷　(清)□□輯　清抄本　一冊

360000－1901－0046844　804271
[讀書筆記]不分卷　(□)□□輯　清抄本　一冊

360000－1901－0046845　802149
[對聯]不分卷　(□)□□輯　清抄本　一冊

360000－1901－0046846　803458
[對聯]不分卷　(□)□□輯　清抄本　一冊

360000－1901－0046847　803903
[對聯]不分卷　(□)□□輯　清抄本　一冊

360000－1901－0046848　803954
[對聯]不分卷　(□)□□輯　清抄本　一冊

360000－1901－0046849　230604
[對聯匯鈔]　□□輯　稿本　一冊

360000－1901－0046850　800588
[對聯類鈔]一卷　(□)□□輯　清抄本　一冊

360000－1901－0046851　803361
[爾雅節錄]一卷[顧復初先生春秋疆域論節錄]一卷[魯十二公時事畧]一卷　(□)□□輯　清抄本　一冊

360000－1901－0046852　801917
[方氏四書文]不分卷　(清)□□輯　清抄本　一冊

360000－1901－0046853　230252
[方書]一卷　(□)□□撰　清抄本　一冊

360000－1901－0046854　803149
[分詞摘句集錦]□□卷　(□)□□輯　清刻本　一冊　存一卷(二)

360000－1901－0046855　804234
[分類對語]□□卷　(□)□□輯　清末石印本　一冊　存一卷(五)

360000－1901－0046856　802795
[分類聯文]不分卷　(清)□□輯　清抄本　一冊

360000－1901－0046857　901220
[分宜]宜風興賢堂分修崇祀錄不分卷　(清)宋大寅等撰　清同治三年(1864)刻本　一冊

360000－1901－0046858　802163
[封奉政公棄養所遺鬮分]一卷　(清)作岐等撰　稿本　一冊

360000－1901－0046859　803618
[逢公祠肆房收執](清光緒八年至三十年)　(清)□□輯　稿本　一冊

360000－1901－0046860　801252
[奉新縣封員陳氏捐田租糧畝清冊]一卷　(清)陳世瑜　(清)陳世珂撰　清道光二年(1822)刻本　一冊

360000－1901－0046861　803377
[佛教文鈔]不分卷　(□)□□輯　清抄本　一冊

360000－1901－0046862　804285
[佛教文鈔]不分卷　(□)□□輯　清抄本　一冊

360000－1901－0046863　804286
[佛教文鈔]不分卷　(□)□□輯　清抄本　一冊

360000－1901－0046864　802155
[佛經]不分卷　清抄本　一冊

360000－1901－0046865　801450
[符術]一卷　(□)□□撰　清抄本　一冊

360000－1901－0046866　801275
[福建龍溪]龍溪章氏幼房支譜不分卷　(清)章聖新　(清)章聖誥修　(清)章舒錦纂　清嘉慶二年(1797)抄本　一冊

360000－1901－0046867　803918
[富記湯宏大收售用表申]不分卷(清光緒三十二年至宣統二年)　(清)□□輯　稿本　一冊

360000－1901－0046868　803969
[賦鈔]不分卷　(□)□□輯　清抄本　一冊

360000－1901－0046869　802315
[賦鈔]不分卷　(□)□□輯並評　清抄本　一冊

360000－1901－0046870　803643
[賦鈔]不分卷　(清)□□輯　清抄本　二冊

360000－1901－0046871　803648
[賦鈔]不分卷　(清)□□輯　清抄本　一冊

360000－1901－0046872　803970
[賦鈔]不分卷　(清)□□輯　清抄本　一冊

360000－1901－0046873　800972
[賦鈔]一卷　(清)沈淮等撰　清刻本　一冊

360000－1901－0046874　803802
[賦鈔]一卷[紀太史詩鈔]一卷　(清)□□輯　清抄本　一冊

360000－1901－0046875　803754
[賦詩鈔]不分卷　(清)□□輯　清抄本　一冊

360000－1901－0046876　803252
[賦選]不分卷　(□)□□輯　清抄本　一冊

360000－1901－0046877　803270
[賦選]不分卷　(□)□□輯　清抄本　一冊

360000－1901－0046878　803367
[賦選]不分卷　(□)□□輯　清抄本　一冊

360000－1901－0046879　803389
[賦選]不分卷　(□)□□輯　清抄本　一冊

360000－1901－0046880　803542
[賦選]不分卷　(□)□□輯　清抄本　一冊

360000－1901－0046881　802954
[賦選評]□□卷　(清)□□輯　清刻本　一冊　存一卷(三)

360000－1901－0046882　802365
[賦選評]不分卷　(清)□□輯　清抄本　一冊

360000－1901－0046883　802683
[賦選評]不分卷　(清)□□輯　清抄本　一冊

360000－1901－0046884　802755
[賦選評]不分卷　(清)□□輯　清抄本　一冊

360000－1901－0046885　802756
[賦選評]不分卷　(清)□□輯　清抄本　一冊

360000－1901－0046886　802791
[賦選評]不分卷　(清)□□輯　清抄本　一冊

360000－1901－0046887　803777
[賦選評]不分卷　(清)□□輯　清抄本　一冊

360000－1901－0046888　802090
[賦選評]不分卷　(清)程曉崧等輯並評　清抄本　一冊

360000－1901－0046889　304791
[贛省臨清三皇宮記]一卷　(清)羅志清等撰　清光緒三十二年(1906)臨清敦仁堂刻本　一冊

360000－1901－0046890　804612
[各處賬目總錄](清同治八年)　(清)□□輯　稿本　一冊

360000－1901－0046891　801183
[各國富強說]□□卷　(清)□□編　清末石印本　一冊　存一卷(四)

360000－1901－0046892　803080
[各省鄉試四書文]不分卷　(清)□□輯　清刻本　一冊

360000－1901－0046893　800549

[古禮考]一卷 (清)□□撰 清抄本 一册

360000－1901－0046894 801402
[古詩目]一卷 (□)□□輯 [唐詩目]一卷 (□)□□輯 清抄本 一册

360000－1901－0046895 803844
[古文讀本]不分卷 (清)□□輯 清抄本 一册

360000－1901－0046896 802744
[古文評選]不分卷 (清)□□輯 清抄本 一册

360000－1901－0046897 802760
[古文選]不分卷 (清)□□輯 清抄本 一册

360000－1901－0046898 802759
[古文選評]不分卷 (清)□□輯 清抄本 一册

360000－1901－0046899 801189
[古文約選]□□卷 (□)□□輯 清刻本 二册 存二卷(五、九)

360000－1901－0046900 318117－12
[詁訓雜鈔]不分卷 (清)□□輯 清抄本 一册

360000－1901－0046901 800599
[觀摩吟社律賦選評]一卷 (清)□□輯 清抄本 一册

360000－1901－0046902 110665
[光緒]北流縣志二十四卷 (清)徐作梅等修 (清)李士琨等纂 清光緒六年(1880)刻本 十二册

360000－1901－0046903 721157
[光緒]北流縣志二十四卷 (清)徐作梅等修 (清)李士琨等纂 清光緒六年(1880)刻本 一册 存二卷(一至二)

360000－1901－0046904 110101
[光緒]長寧縣志十六卷首一卷末一卷 (清)王衍曾 (清)程祖蔚修 (清)古有輝等纂 清光緒三十三年(1907)木活字印本 八册

360000－1901－0046905 115114
[光緒]長寧縣志十六卷首一卷末一卷 (清)王衍曾 (清)程祖蔚修 (清)古有輝等纂 清光緒三十三年(1907)木活字印本 八册

360000－1901－0046906 115112
[光緒]長寧縣志四卷首一卷末一卷 (清)沈鎔經 (清)黄光祥修 (清)劉德姚 (清)劉丕誠等纂 清光緒二年(1876)刻本 七册

360000－1901－0046907 115113
[光緒]長寧縣志四卷首一卷末一卷 (清)沈鎔經 (清)黄光祥修 (清)劉德姚 (清)劉丕誠等纂 清光緒二年(1876)刻本 八册

360000－1901－0046908 110100
[光緒]長寧縣志四卷首一卷末一卷 (清)沈鎔經 (清)黄光祥修 (清)劉德姚 (清)劉丕誠等纂 清光緒七年(1881)刻本 八册

360000－1901－0046909 110168
[光緒]崇義縣志八卷續增一卷 (清)廖鼎璋纂修 清光緒二十一年(1895)刻本 八册

360000－1901－0046910 110171
[光緒]崇義縣志八卷續增一卷 (清)廖鼎璋纂修 清光緒二十一年(1895)刻本 八册

360000－1901－0046911 110172
[光緒]崇義縣志八卷續增一卷 (清)廖鼎璋纂修 清光緒二十一年(1895)刻本 八册

360000－1901－0046912 115169
[光緒]崇義縣志八卷續增一卷 (清)廖鼎璋纂修 清光緒二十一年(1895)刻本 八册

360000－1901－0046913 110533
[光緒]處州府志三十卷首一卷末一卷 (清)潘紹詒修 (清)周榮椿等纂 清光緒三年(1877)刻本 二十八册

360000－1901－0046914 110388
[光緒]川沙廳志十四卷首一卷補遺一卷 (清)陳方瀛修 (清)俞樾纂 清光緒五年(1879)刻本 六册

360000－1901－0046915 110831

[光緒]丹徒縣志六十卷首四卷　(清)何紹章　(清)馮壽鏡修　(清)呂耀斗纂　清光緒五年(1879)刻本　三十三冊

360000－1901－0046916　110597
[光緒]德安府志二十卷首一卷補遺一卷　(清)賡音布修　(清)劉國光　(清)李春澤纂　清光緒十四年至十五年(1888－1889)刻本　二十冊

360000－1901－0046917　110598
[光緒]德安府志二十卷首一卷補遺一卷　(清)賡音布修　(清)劉國光　(清)李春澤纂　清光緒十四年至十五年(1888－1889)刻本　二十冊

360000－1901－0046918　110599
[光緒]德安府志二十卷首一卷補遺一卷　(清)賡音布修　(清)劉國光　(清)李春澤纂　清光緒十四年至十五年(1888－1889)刻本　十四冊　存十五卷(一至四、六至七、九至十一、十三至十四、十七、十九至二十,首一卷)

360000－1901－0046919　110360
[光緒]東平州志二十七卷圖一卷首編四卷　(清)左宜似等修　(清)盧崟等纂　清光緒七年(1881)刻本　九冊　存十五卷(一至三、八至九、十四至二十三)

360000－1901－0046920　115111
[光緒]東鄉縣鄉土志五卷　(清)吴煇漢纂　清光緒三十二年(1906)木活字印本　一冊

360000－1901－0046921　403686
[光緒]酆都縣志四卷首一卷附典禮備考八卷　(清)田秀栗　(清)徐濬鏞修　(清)徐昌緒纂　(清)蔣履泰增纂　清光緒十九年(1893)刻本　二冊　存八卷(典禮備考八卷)

360000－1901－0046922　110553
[光緒]佛坪廳志二卷首一卷　(清)劉瑛纂修　清光緒九年(1883)刻本　一冊

360000－1901－0046923　110264
[光緒]撫州府志八十六卷首一卷　(清)許應鑅　(清)朱澄瀾修　(清)謝煌等纂　清光緒二年(1876)刻本　三十五冊　缺二卷(一至二)

360000－1901－0046924　110265
[光緒]撫州府志八十六卷首一卷　(清)許應鑅　(清)朱澄瀾修　(清)謝煌等纂　清光緒二年(1876)刻本　二十六冊　存六十二卷(五至八、十至十六、二十五至二十六、三十至三十一、四十至八十六)

360000－1901－0046925　110774
[光緒]撫州府志八十六卷首一卷　(清)許應鑅　(清)朱澄瀾修　(清)謝煌等纂　清光緒二年(1876)刻本　二十四冊　存五十卷(三十至五十二、五十五至八十一)

360000－1901－0046926　115267
[光緒]撫州府志八十六卷首一卷　(清)許應鑅　(清)朱澄瀾修　(清)謝煌等纂　清光緒二年(1876)刻本　四十冊

360000－1901－0046927　602064
[光緒]撫州府志八十六卷首一卷　(清)許應鑅　(清)朱澄瀾修　(清)謝煌等纂　清光緒二年(1876)刻本　一冊　存四卷(七十六至七十九)

360000－1901－0046928　110535
[光緒]富陽縣志二十四卷首一卷　(清)汪文炳修　(清)蔣敬時　(清)何鎔纂　清光緒三十二年(1906)刻本　十六冊

360000－1901－0046929　110420
[光緒]高淳縣志二十八卷首一卷　(清)楊福鼎修　(清)陳嘉謀纂　清光緒七年(1881)學山書院刻本　四冊　存十卷(八至十、十七至十八、二十二至二十六)

360000－1901－0046930　110640
[光緒]古州廳志十卷首一卷　(清)余澤春修　(清)余嵩慶　(清)陸漸鴻纂　清光緒十四年(1888)刻本　六冊

360000－1901－0046931　110641
[光緒]古州廳志十卷首一卷　(清)余澤春修

(清)余嵩慶 (清)陸漸鴻纂 清光緒十四年(1888)刻本 六冊

360000－1901－0046932 110568
[光緒]光化縣志八卷首一卷 (清)鍾桐山修 (清)段映斗等纂 清光緒十年(1884)刻本 七冊

360000－1901－0046933 120468
[光緒]禾川書糾繆不分卷 (清)尹繼隆纂 清光緒五年(1879)移荆書屋刻本 一冊

360000－1901－0046934 110176
[光緒]湖南通志二百八十八卷首八卷末十九卷 (清)李瀚章等修 (清)曾國荃等纂 清光緒十一年(1885)刻本 一百三十一冊 存二百四十八卷(一至十六、十九至三十五、四十四至五十六、六十至七十二、七十七至一百十五、一百三十八至二百十八、二百二十三至二百二十七、二百二十九至二百四十六、二百四十九至二百八十一,首一、六至七,末十至十九)

360000－1901－0046935 110746
[光緒]湖南通志二百八十九卷首八卷末十九卷 (清)李瀚章等修 (清)曾國荃等纂 清光緒十一年(1885)刻本 八十九冊 存一百九十一卷(一至一百三十二、一百三十五至一百四十三、一百四十六至一百六十八,首八卷,末十九卷)

360000－1901－0046936 115177
[光緒]湖南通志二百八十九卷首八卷末十九卷 (清)李瀚章等修 (清)曾國荃等纂 清光緒十一年(1885)刻本 一百六十八冊

360000－1901－0046937 110589
[光緒]黃梅縣志四十卷首一卷 (清)覃瀚元 (清)袁瓚修 (清)宛名昌 (清)余邦士纂 清光緒二年(1876)刻本 一冊 存一卷(三十四)

360000－1901－0046938 110747
[光緒]黃梅縣志四十卷首一卷 (清)覃瀚元 (清)袁瓚修 (清)宛名昌 (清)余邦士纂 清光緒二年(1876)刻本 九冊 存二十八卷(八至三十五)

360000－1901－0046939 421164
[光緒]黃梅縣志四十卷首一卷 (清)覃瀚元 (清)袁瓚修 (清)宛名昌 (清)余邦士纂 清光緒二年(1876)刻本 二冊 存五卷(三十六至四十)

360000－1901－0046940 110588
[光緒]黃州府志四十卷 (清)英啓修 (清)鄧琛等纂 清光緒十年(1884)刻本 三十一冊 存三十三卷(一至二、四至八、十一至十二、十四至二十三、二十六至三十七、三十九至四十)

360000－1901－0046941 110285
[光緒]畿輔通志三百卷首一卷 (清)李鴻章等修 (清)黃彭年等纂 清光緒十年(1884)刻本 二百二十九冊 存二百八十七卷(一至五十五、六十九至一百四十一、一百四十三至三百,首一卷)

360000－1901－0046942 110068
[光緒]吉安府志五十三卷首一卷 (清)定祥 (清)特克坤布修 (清)劉繹 (清)周立瀛纂 清光緒二年(1876)刻本 四十冊

360000－1901－0046943 110069
[光緒]吉安府志五十三卷首一卷 (清)定祥 (清)特克坤布修 (清)劉繹 (清)周立瀛纂 清光緒二年(1876)刻本 三十六冊 存四十九卷(一至三十二、三十五至三十七、四十至五十三)

360000－1901－0046944 115085
[光緒]吉安府志五十三卷首一卷 (清)定祥 (清)特克坤布修 (清)劉繹 (清)周立瀛纂 清光緒二年(1876)刻本 四十冊

360000－1901－0046945 421117
[光緒]吉安府志五十三卷首一卷 (清)定祥 (清)特克坤布修 (清)劉繹 (清)周立瀛纂 清光緒二年(1876)刻本 十七冊 存二十卷(二十九至四十八)

360000－1901－0046946　421117－1
[光緒]吉安府志五十三卷首一卷　(清)定祥　(清)特克坤布修　(清)劉繹　(清)周立瀛纂　清光緒二年(1876)刻本　一冊　存一卷(四十三)

360000－1901－0046947　602111
[光緒]吉安府志五十三卷首一卷　(清)定祥　(清)特克坤布修　(清)劉繹　(清)周立瀛纂　清光緒二年(1876)刻本　一冊　存一卷(三)

360000－1901－0046948　110066
[光緒]吉水縣志六十六卷首一卷　(清)彭際盛等修　(清)胡宗元等纂　清光緒元年(1875)刻本　二十冊

360000－1901－0046949　110095
[光緒]吉水縣志六十六卷首一卷　(清)彭際盛等修　(清)胡宗元等纂　清光緒元年(1875)刻本　二十冊

360000－1901－0046950　115083
[光緒]吉水縣志六十六卷首一卷　(清)彭際盛等修　(清)胡宗元等纂　清光緒元年(1875)刻本　二十冊

360000－1901－0046951　421118
[光緒]吉水縣志六十六卷首一卷　(清)彭際盛等修　(清)胡宗元等纂　清光緒元年(1875)刻本　十一冊　存三十八卷(五至七、十二至二十二、三十一至三十五、三十九至四十四、四十九至五十一、五十四至五十五、五十九至六十六)

360000－1901－0046952　110065
[光緒]吉水縣志六十六卷首一卷　(清)彭際盛等修　(清)胡宗元等纂　清光緒元年(1875)刻三年(1877)補刻宣統三年(1911)增刻本　二十冊

360000－1901－0046953　721154
[光緒]嘉定縣志三十二卷首一卷補遺一卷　(清)程其珏修　(清)楊震福等纂　清光緒八年(1882)刻本　三冊　存五卷(二至三、九至十、十六)

360000－1901－0046954　110135
[光緒]建昌縣鄉土志十二卷首一卷　(清)譚鴻基修　(清)吳士仁纂　清光緒三十三年(1907)刻本　六冊

360000－1901－0046955　115140
[光緒]建昌縣鄉土志十二卷首一卷輿地圖二卷　(清)譚鴻基修　(清)吳士仁纂　清光緒三十三年(1907)刻本　六冊

360000－1901－0046956　110396
[光緒]江都縣續志三十卷首一卷　(清)謝延庚修　(清)劉壽曾纂　清光緒十年(1884)刻本　四冊　存九卷(一至五、七至九,首一卷)

360000－1901－0046957　721147
[光緒]江都縣續志三十卷首一卷　(清)謝延庚修　(清)劉壽曾纂　清光緒十年(1884)刻本　四冊　存二十一卷(十至三十)

360000－1901－0046958　110565
[光緒]江陵縣志六十五卷首一卷　(清)蒯正昌　(清)吳耀斗修　(清)胡九皋　(清)劉長謙纂　清光緒三年(1877)刻本　二十三冊

360000－1901－0046959　110049
[光緒]江西通志一百八十卷首五卷　(清)劉坤一等修　(清)劉繹等纂　清光緒六年至七年(1880－1881)刻本　一百二十冊

360000－1901－0046960　110050
[光緒]江西通志一百八十卷首五卷　(清)劉坤一等修　(清)劉繹等纂　清光緒六年至七年(1880－1881)刻本　一百二十冊

360000－1901－0046961　115056
[光緒]江西通志一百八十卷首五卷　(清)劉坤一等修　(清)劉繹等纂　清光緒六年至七年(1880－1881)刻本　一百二十冊

360000－1901－0046962　115057
[光緒]江西通志一百八十卷首五卷　(清)劉坤一等修　(清)劉繹等纂　清光緒六年至七年(1880－1881)刻本　一百二十冊

360000－1901－0046963　115058
[光緒]江西通志一百八十卷首五卷　(清)劉坤一等修　(清)劉繹等纂　清光緒六年至七年(1880－1881)刻本　一百二十三册

360000－1901－0046964　418085
[光緒]江西通志一百八十卷首五卷　(清)劉坤一等修　(清)劉繹等纂　清光緒六年至七年(1880－1881)刻本　六十二册　存一百卷(八十一至一百八十)

360000－1901－0046965　418086
[光緒]江西通志一百八十卷首五卷　(清)劉坤一等修　(清)劉繹等纂　清光緒六年至七年(1880－1881)刻本　二十六册　存三十九卷(六十至六十一、八十一、八十三至九十八、一百二十三至一百二十四、一百二十六至一百三十九、一百五十至一百五十一、一百六十一至一百六十二)

360000－1901－0046966　418086－1
[光緒]江西通志一百八十卷首五卷　(清)劉坤一等修　(清)劉繹等纂　清光緒六年至七年(1880－1881)刻本　二册　存三卷(一百二十九至一百三十一)

360000－1901－0046967　602103
[光緒]江西通志一百八十卷首五卷　(清)劉坤一等修　(清)劉繹等纂　清光緒六年至七年(1880－1881)刻本　一百二十册

360000－1901－0046968　602105
[光緒]江西通志一百八十卷首五卷　(清)劉坤一等修　(清)劉繹等纂　清光緒六年至七年(1880－1881)刻本　一百二十册

360000－1901－0046969　602106
[光緒]江西通志一百八十卷首五卷　(清)劉坤一等修　(清)劉繹等纂　清光緒六年至七年(1880－1881)刻本　一百十册　缺十一卷(三十三至三十五、七十九至八十二、一百二十九至一百三十二)

360000－1901－0046970　602108
[光緒]江西通志一百八十卷首五卷　(清)劉坤一等修　(清)劉繹等纂　清光緒六年至七年(1880－1881)刻本　一百二十册

360000－1901－0046971　602109
[光緒]江西通志一百八十卷首五卷　(清)劉坤一等修　(清)劉繹等纂　清光緒六年至七年(1880－1881)刻本　一百二十册

360000－1901－0046972　712779
[光緒]江西通志一百八十卷首五卷　(清)劉坤一等修　(清)劉繹等纂　清光緒六年至七年(1880－1881)刻本　一册　存二卷(二十三至二十四)

360000－1901－0046973　718085
[光緒]江西通志一百八十卷首五卷　(清)劉坤一等修　(清)劉繹等纂　清光緒六年至七年(1880－1881)刻本　三十二册　存五十四卷(一至二十二、三十三至五十九,首五卷)

360000－1901－0046974　721774
[光緒]江西通志一百八十卷首五卷　(清)劉坤一等修　(清)劉繹等纂　清光緒六年至七年(1880－1881)刻本　二十五册　存二十九卷(二十五至三十二、六十至八十)

360000－1901－0046975　802852
[光緒]江西通志一百八十卷首五卷　(清)劉坤一等修　(清)劉繹等纂　清光緒六年至七年(1880－1881)刻本　一册　存一卷(六十二)

360000－1901－0046976　110572
[光緒]京山縣志二十七卷首一卷　(清)沈星標修　(清)曾憲德　(清)秦有鍠纂　清光緒八年(1882)刻本　七册　存十三卷(十五至二十七)

360000－1901－0046977　110573
[光緒]京山縣志二十七卷首一卷　(清)沈星標修　(清)曾憲德　(清)秦有鍠纂　清光緒八年(1882)刻本　一册　存二卷(二十六至二十七)

360000－1901－0046978　110582
[光緒]荆州府志八十卷首一卷　(清)倪文蔚

（清）蔣銘勛修　（清）顧嘉蘅　（清）李廷鉽纂　清光緒六年（1880）刻本　三十二册

360000－1901－0046979　110583
［光緒］荆州府志八十卷首一卷　（清）倪文蔚　（清）蔣銘勛修　（清）顧嘉蘅　（清）李廷鉽纂　清光緒六年（1880）刻本　二十六册　存六十八卷（一至二十、二十二至三十九、四十二至四十三、四十七、五十一至六十一、六十四至六十六、六十九至八十，首一卷）

360000－1901－0046980　110584
［光緒］荆州府志八十卷首一卷　（清）倪文蔚　（清）蔣銘勛修　（清）顧嘉蘅　（清）李廷鉽纂　清光緒六年（1880）刻本　二册　存五卷（六十四、七十一至七十三，首一卷）

360000－1901－0046981　110841
［光緒］崑新兩縣續修合志五十二卷首一卷末一卷　（清）金吳瀾　（清）李福沂修　（清）汪堃　（清）朱成熙纂　清光緒六年（1880）刻本　二十四册

360000－1901－0046982　110287
［光緒］龍南縣志八卷首一卷　（清）孫瑞徵　（清）胡鴻澤修　（清）鍾益馭纂　清光緒二年（1876）刻本　八册

360000－1901－0046983　115287
［光緒］龍南縣志八卷首一卷　（清）孫瑞徵　（清）胡鴻澤修　（清）鍾益馭纂　清光緒二年（1876）刻本　八册

360000－1901－0046984　421177
［光緒］龍泉縣志十二卷首一卷　（清）顧國詔修　（清）張世堉纂　清光緒四年（1878）刻本　二册　存四卷（一、八至九，首一卷）

360000－1901－0046985　110569
［光緒］沔陽州志十二卷首一卷　（清）葛振元修　（清）楊鉅纂　清光緒二十年（1894）刻本　十六册

360000－1901－0046986　110105
［光緒］南安府志補正十二卷首一卷　（清）楊錞纂修　清光緒元年（1875）刻本　六册

360000－1901－0046987　110106
［光緒］南安府志補正十二卷首一卷　（清）楊錞纂修　清光緒元年（1875）刻本　六册

360000－1901－0046988　115301
［光緒］南安府志補正十二卷首一卷　（清）楊錞纂修　清光緒元年（1875）刻本　六册

360000－1901－0046989　110469
［光緒］南皮縣志十五卷首一卷末一卷　（清）殷樹森修　（清）汪寶樹　（清）傅金鑅纂　清光緒十四年（1888）刻本　八册

360000－1901－0046990　110606
［光緒］蘄州志三十卷　（清）封蔚礽修　（清）陳廷揚纂　清光緒八年（1882）麟山書院刻十年（1884）印本　十五册　存二十六卷（一至二、七至三十）

360000－1901－0046991　110596
［光緒］潛江縣志續二十卷首一卷　（清）史致謨修　（清）劉恭冕　（清）郭士元纂　清光緒五年（1879）傳經書院刻本　八册

360000－1901－0046992　110521
［光緒］青田縣志十八卷首一卷　（清）雷銑修　（清）王棻纂　清光緒二年（1876）刻本　十二册

360000－1901－0046993　110678
［光緒］曲江縣志十六卷　（清）張希京修　（清）歐樾華　（清）馮翼之纂　清光緒元年（1875）刻本　八册

360000－1901－0046994　110679
［光緒］曲江縣志十六卷　（清）張希京修　（清）歐樾華　（清）馮翼之纂　清光緒元年（1875）刻本　四册　存七卷（一至七）

360000－1901－0046995　902482
［光緒］曲江縣志十六卷　（清）張希京修　（清）歐樾華　（清）馮翼之纂　清光緒元年（1875）刻本　四册　存九卷（八至十六）

360000－1901－0046996　110912
［光緒］瑞金縣志十六卷首一卷　（清）張國英

修　（清）陳芳等纂　清光緒元年(1875)刻本　十六册

360000－1901－0046997　115226
[光緒]瑞金縣志十六卷首一卷　（清）張國英修　（清）陳芳等纂　清光緒元年(1875)刻本　十四册　存十五卷(一至十一、十三至十五,首一卷)

360000－1901－0046998　421899
[光緒]瑞金縣志十六卷首一卷　（清）張國英修　（清）陳芳等纂　清光緒元年(1875)刻本　一册　存一卷(十六)

360000－1901－0046999　110020
[光緒]山西通志一百八十四卷首一卷　（清）曾國荃　（清）張煦等修　（清）王軒　（清）楊篤等纂　清光緒十八年(1892)刻本　二十四册　存四十三卷(四至七、八十三至八十七、九十七至九十八、一百十二至一百二十九、一百三十二至一百四十、一百六十四至一百六十八)

360000－1901－0047000　115017
[光緒]山西通志一百八十四卷首一卷　（清）曾國荃　（清）張煦等修　（清）王軒　（清）楊篤等纂　清光緒十八年(1892)刻本　九十六册

360000－1901－0047001　110014
[光緒]上猶縣志十八卷首一卷　（清）葉滋瀾修　（清）李臨馴纂　清光緒十九年(1893)刻本　八册

360000－1901－0047002　110015
[光緒]上猶縣志十八卷首一卷　（清）葉滋瀾修　（清）李臨馴纂　清光緒十九年(1893)刻本　八册

360000－1901－0047003　115012
[光緒]上猶縣志十八卷首一卷　（清）葉滋瀾修　（清）李臨馴纂　清光緒十九年(1893)刻本　八册

360000－1901－0047004　110514
[光緒]上虞縣志四十八卷首一卷末一卷　（清）唐煦春修　（清）朱士黻纂　清光緒十六年至十七年(1890－1891)刻本　二十册

360000－1901－0047005　110714
[光緒]上虞縣志四十八卷首一卷末一卷　（清）唐煦春修　（清）朱士黻纂　清光緒十六年至十七年(1890－1891)刻本　二十册

360000－1901－0047006　110518
[光緒]石門縣志十一卷首一卷　（清）余麗元等纂修　清光緒五年(1879)刻本　十二册

360000－1901－0047007　110465
[光緒]順天府志一百三十卷附録一卷　（清）萬青黎　（清）周家楣修　（清）張之洞　繆荃孫纂　清光緒十年至十二年(1884－1886)刻本　六十四册

360000－1901－0047008　115252
[光緒]臺灣輿圖二卷　（清）夏獻綸撰　清光緒五年(1879)刻本　二册

360000－1901－0047009　110829
[光緒]通州直隸州志十六卷首一卷末一卷　（清）梁悦馨　（清）莫祥芝修　（清）季念詒　（清）沈鍠纂　清光緒元年(1875)刻本　十六册

360000－1901－0047010　110801
[光緒]無錫金匱縣志四十卷首一卷　（清）裴大中　（清）倪咸生修　（清）秦緗業等纂　清光緒七年(1881)刻本　十八册

360000－1901－0047011　110400
[光緒]武進陽湖縣志三十卷首一卷附武陽官書録二卷　（清）王其淦　（清）吴康壽修　（清）湯成烈等纂　清光緒五年(1879)刻本　十三册　存十六卷(十六至三十、首一卷)

360000－1901－0047012　802454
[光緒]婺源縣志節鈔　（清）吴鶚修　（清）汪正元纂　清光緒婺源程嘉謨抄本　一册

360000－1901－0047013　110182
[光緒]婺源縣志六十四卷首一卷　（清）吴鶚修　（清）汪正元纂　清光緒九年(1883)刻本

二十四冊

360000－1901－0047014　115186

[光緒]婺源縣志六十四卷首一卷　(清)吳鶚修　(清)汪正元纂　清光緒九年(1883)刻本　二十四冊

360000－1901－0047015　110749

[光緒]婺源鄉土志一卷　(清)董鍾琪(清)汪廷璋纂　清光緒三十四年(1908)木活字印本　一冊

360000－1901－0047016　110788

[光緒]婺源鄉土志一卷　(清)董鍾琪(清)汪廷璋纂　清光緒三十四年(1908)木活字印本　一冊

360000－1901－0047017　400973

[光緒]西藏圖考八卷首一卷　(清)黃沛翹纂　清光緒二十九年(1903)上海書局石印本　六冊

360000－1901－0047018　110787

[光緒]西藏圖考八卷首一卷　(清)黃沛翹纂　清光緒二十年(1894)刻本　四冊

360000－1901－0047019　110786

[光緒]西藏圖考八卷首一卷　(清)黃沛翹纂　清光緒十二年(1886)滇南李培榮刻本　四冊

360000－1901－0047020　110624

[光緒]湘潭縣志十二卷　(清)陳嘉榆等修　王闓運等纂　清光緒十五年(1889)刻本　十冊

360000－1901－0047021　110625

[光緒]湘潭縣志十二卷　(清)陳嘉榆等修　王闓運等纂　清光緒十五年(1889)刻本　十冊

360000－1901－0047022　110626

[光緒]湘潭縣志十二卷　(清)陳嘉榆等修　王闓運等纂　清光緒十五年(1889)刻本　九冊　存十一卷(二至十二)

360000－1901－0047023　110623

[光緒]湘陰縣圖志三十四卷首一卷末一卷　(清)郭嵩燾等纂修　清光緒六年(1880)縣志局刻本　十四冊

360000－1901－0047024　110571

[光緒]孝感縣志二十四卷續補志一卷　(清)朱希白修　(清)沈用增纂　清光緒九年(1883)刻本　九冊　存十八卷(一至九、十六至二十四)

360000－1901－0047025　110600

[光緒]興國州志三十六卷首一卷　(清)吳大訓等修　(清)陳光亨纂　(清)劉鳳綸(清)王鳳池續纂　清光緒十五年(1889)刻本　九冊　存十九卷(一至二、八至十三、二十至二十一、二十七至二十九、三十一至三十六)

360000－1901－0047026　110462

[光緒]續修廬州府志一百卷首一卷末一卷　(清)黃雲修　(清)林之望　(清)汪宗沂纂　清光緒十一年(1885)刻本　二十一冊　存四十六卷(一至二十六、三十九至四十六、六十二至六十六、七十二至七十四、八十八至八十九,首一卷,末一卷)

360000－1901－0047027　110739

[光緒]續修浦城縣志四十二卷首一卷　(清)翁天祜　(清)呂渭英修　(清)翁昭泰纂　清光緒二十六年(1900)南浦書院刻本　九冊　存二十二卷(一至二、六至十七、二十至二十六,首一卷)

360000－1901－0047028　110607

[光緒]續雲夢縣志畧十卷首一卷末一卷　(清)吳念椿修　(清)程壽昌　(清)曾廣浚纂　清光緒九年(1883)刻本　四冊

360000－1901－0047029　110608

[光緒]續雲夢縣志畧十卷首一卷末一卷　(清)吳念椿修　(清)程壽昌　(清)曾廣浚纂　清光緒九年(1883)刻本　二冊　存五卷(一至二、八至九,首一卷)

360000－1901－0047030　110177

[光緒]續雲南通志稿一百九十四卷首六卷　(清)王文韶　(清)魏光燾修　(清)唐炯等纂　清光緒二十七年(1901)四川岳池刻本　五十七冊　存一百十四卷(一至三、五至四十九、五十六至六十三、八十七至八十八、九十一至九十二、九十七至一百四、一百九至一百十二、一百十五至一百十六、一百三十三、一百四十二至一百五十九、一百六十五至一百六十六、一百七十三至一百八十、一百八十四至一百八十七、一百九十三至一百九十四,首二至六)

360000－1901－0047031　115179

[光緒]續雲南通志稿一百九十四卷首六卷　(清)王文韶　(清)魏光燾修　(清)唐炯等纂　清光緒二十七年(1901)四川岳池刻本　一百冊

360000－1901－0047032　110411

[光緒]續纂江寧府志十五卷首一卷　(清)蔣啓勳　(清)趙佑宸修　(清)汪士鐸等纂　清光緒六年(1880)刻本　十二冊

360000－1901－0047033　110438

[光緒]續纂江寧府志十五卷首一卷勘誤一卷　(清)蔣啓勳　(清)趙佑宸修　(清)汪士鐸等纂　清光緒六年(1880)刻七年(1881)印本　十冊　缺七卷(七至十三)

360000－1901－0047034　110439

[光緒]鹽城縣志十七卷首一卷　(清)劉崇照修　(清)陳玉樹　(清)龍繼棟纂　清光緒二十一年(1895)刻本　七冊　缺二卷(二至三)

360000－1901－0047035　900103

[光緒]楊橋西北樂泮堂志四卷　(清)鍾雲潤等纂修　清光緒二十五年(1899)刻本　一冊　存三卷(一至三)

360000－1901－0047036　900104

[光緒]楊橋西北樂泮堂志四卷　(清)鍾雲潤等纂修　清光緒二十五年(1899)刻本　一冊　存三卷(一至三)

360000－1901－0047037　110383

[光緒]越嶲廳全志十二卷　(清)馬忠良修　(清)馬湘等纂　(清)孫鏘等續修　清光緒三十二年(1906)鉛印本　四冊　缺三卷(四至六)

360000－1901－0047038　110740－1

[光緒]再續高郵州志八卷首一卷　(清)金元烺　(清)龔定瀛修　(清)夏子鐊纂　清光緒九年(1883)刻本　一冊　存一卷(二)

360000－1901－0047039　721151

[光緒]再續高郵州志八卷首一卷　(清)金元烺　(清)龔定瀛修　(清)夏子鐊纂　清光緒九年(1883)刻本　三冊　存三卷(四至五、七)

360000－1901－0047040　110368

[光緒]增修登州府志六十九卷首一卷　(清)方汝翼　(清)賈瑚修　(清)周悅讓　(清)慕榮幹纂　清光緒七年(1881)刻本　二十四冊

360000－1901－0047041　721152

[光緒]增修甘泉縣志二十四卷首一卷圖一卷　(清)徐成敟等修　(清)陳浩恩等纂　清光緒十一年(1885)刻本　二冊　存二卷(三、十)

360000－1901－0047042　110063

[光緒]重修安徽通志三百五十卷補遺十卷　(清)吳坤修等修　(清)何紹基　(清)楊沂孫纂　清光緒四年(1878)刻本　一百二十冊

360000－1901－0047043　115079

[光緒]重修安徽通志三百五十卷補遺十卷　(清)吳坤修等修　(清)何紹基　(清)楊沂孫纂　清光緒四年(1878)刻本　一百二十冊

360000－1901－0047044　421167

[光緒]重修安徽通志三百五十卷補遺十卷　(清)吳坤修等修　(清)何紹基　(清)楊沂孫纂　清光緒四年(1878)刻本　二十四冊　存六十卷(三十一至三十四、五十六至一百十一)

360000－1901－0047045　110414

[光緒]重修華亭縣志二十四卷首一卷末一卷　（清）楊開第修　（清）姚光發等纂　清光緒五年(1879)刻本　七冊　缺四卷(三至六)

360000－1901－0047046　110769
[光緒]重修嘉善縣志三十六卷首一卷　江峰青修　（清）顧福仁纂　清光緒二十年(1894)刻本　十六冊

360000－1901－0047047　110490
[光緒]重修靈寶縣志八卷　（清）周淦（清）方胙勛修　（清）高錦榮　（清）李鏡江纂　清光緒二年(1876)刻本　七冊　存七卷(二至八)

360000－1901－0047048　801961
[光緒丁亥年人丁會出入銀錢數簿]一卷　（清）□□輯　清光緒十三年(1887)抄本　一冊

360000－1901－0047049　301185
[光緒二十三年]爵秩全覽不分卷　（清）□□編　清光緒二十三年(1897)刻本　四冊

360000－1901－0047050　802444
[光緒癸卯恩科闈墨]不分卷　（清）□□輯　清光緒石印本　一冊

360000－1901－0047051　901736
[光緒癸卯恩科直省闈墨]不分卷　（清）□□輯　清光緒石印本　一冊

360000－1901－0047052　306441
[光緒甲辰恩科會墨]一卷　（清）□□輯　清光緒圖書集成局鉛印本　一冊

360000－1901－0047053　306442
[光緒甲辰恩科會墨]一卷　（清）□□輯　清光緒圖書集成局鉛印本　一冊

360000－1901－0047054　313982
[光緒七年夏季]爵秩全覽不分卷　（清）□□編　清光緒七年(1881)刻本　四冊

360000－1901－0047055　801963
[光緒壬辰年王裕後堂帳簿]不分卷　（清）□□輯　稿本　一冊

360000－1901－0047056　722106
[光緒壬寅鄉試闈墨]□□卷　（清）□□輯　清光緒石印本　三冊　存三卷(二至四)

360000－1901－0047057　803915
[光緒三十年賬簿]不分卷　（清）□□輯　稿本　一冊

360000－1901－0047058　800609
[光緒試藝彙編]不分卷　（清）□□輯　清光緒刻本　十六冊

360000－1901－0047059　800552
[光緒辛卯佃稅分莊]一卷　（清）□□輯　清抄本　一冊

360000－1901－0047060　803912
[光緒徵銀糧錄]不分卷　（清）□□輯　清光緒元年(1875)稿本　一冊

360000－1901－0047061　500096
[廣東平遠]平遠東石林氏族譜□□卷　（清）□□纂修　清道光濟南堂木活字印本　一冊　存一卷(十七)

360000－1901－0047062　500254
[福建寧化]義門陳氏族譜三卷首一卷　（清）陳萬洲等纂修　清道光四年(1824)潁川堂木活字印本　一冊　存一卷(首一卷)

360000－1901－0047063　803420
[規章制度]不分卷　(□)□□輯　清抄本　一冊

360000－1901－0047064　803625
[郭觀堂公祠進出總錄]不分卷(清光緒二十九年至一九五〇年)　（清）□□輯　稿本　一冊

360000－1901－0047065　803717
[國朝詩鈔]不分卷　（清）□□輯　清抄本　一冊

360000－1901－0047066　800687
[國朝詩文選]不分卷　（清）□□輯　清刻本　一冊

360000－1901－0047067　801492

[海戰論]一卷　(清)□□撰　清抄本　一册

360000－1901－0047068　802064
[函牘例舉]不分卷　(清)□□輯　清抄本　一册

360000－1901－0047069　803300
[韓溪程氏修墓記]不分卷　(清)□□輯　清抄本　一册

360000－1901－0047070　400059
[漢書校注]一卷　(清)惠棟撰　清抄本　一册

360000－1901－0047071　803258
[何暮庵田產](明萬曆十五年至清康熙三十七年)　(□)□□輯　清抄本　一册

360000－1901－0047072　800565
[賀稟]一卷　(清)□□輯　清抄本　一册

360000－1901－0047073　803638
[衡公手澤]不分卷　(清)□□輯　清抄本　一册

360000－1901－0047074　802066
[喉舌症狀]不分卷　(□)□□撰　清抄本　一册

360000－1901－0047075　802360
[喉證]不分卷　(清)□□輯　清抄本　一册

360000－1901－0047076　500306
[湖南平江]鄒氏族譜不分卷　(清)鄒光景纂修　清光緒十一年(1885)范陽堂木活字印本　一册

360000－1901－0047077　500244
[湖南攸縣]張氏倡修上世墳譜一卷　(清)張善欽等纂修　清道光五年(1825)木活字印本　一册

360000－1901－0047078　801871
[畫譜錄]一卷　(清)□□撰　稿本　一册

360000－1901－0047079　800029
[黃贊湯日記]不分卷(清咸豐六年至九年)　(清)黃贊湯撰　稿本　一册

360000－1901－0047080　802325
[會墨選]不分卷　(清)□□輯　清抄本　一册

360000－1901－0047081　802347
[會墨選]不分卷　(清)□□輯　清抄本　一册

360000－1901－0047082　800537
[會試闈墨]不分卷　(清)□□輯　清抄本　八册

360000－1901－0047083　802761
[會友錄]不分卷(清嘉慶七年至道光七年)　(清)□□撰　稿本　一册

360000－1901－0047084　801927
[會元硃卷]不分卷　(明)□□輯　清抄本　一册

360000－1901－0047085　802340
[婚禮]不分卷　(□)□□輯　清抄本　一册

360000－1901－0047086　801542
[活葉鈔本]不分卷　(清)□□抄　清抄本　一册

360000－1901－0047087　801384
[吉凶歌]不分卷　(□)□□撰　清抄本　一册

360000－1901－0047088　803344
[紀事詩]不分卷　(□)□□輯　清抄本　一册

360000－1901－0047089　801928
[祭文鈔]不分卷　(□)□□輯　清抄本　一册

360000－1901－0047090　804295
[祭文鈔]不分卷　(□)□□輯　清抄本　一册

360000－1901－0047091　801913
[祭文鈔]不分卷　(清)□□輯　清抄本　一册

360000－1901－0047092　802320

[祭文鈔]不分卷　(清)□□輯　清抄本　一冊

360000－1901－0047093　803352
[祭香山公衆事]不分卷　(清)□天喬撰　清同治九年(1870)抄本　一冊

360000－1901－0047094　803623
[祭祖堂賬簿]不分卷(清光緒三十四年至一九五〇年)　□□輯　稿本　一冊

360000－1901－0047095　803318
[濟南紀事]不分卷　(□)□□輯　清抄本　一冊

360000－1901－0047096　801171
[佳句集鈔]不分卷　(□)□□輯　清抄本　三冊

360000－1901－0047097　801813
[家藏書目]一卷　(清)□□輯　清抄本　一冊

360000－1901－0047098　803421
[家譜]不分卷　(□)□□纂　清抄本　一冊

360000－1901－0047099　803675
[家譜世系]不分卷　(清)□□纂　清抄本　一冊

360000－1901－0047100　804278
[家書]不分卷　(□)□□輯　清抄本　一冊

360000－1901－0047101　110525
[嘉定]剡錄十卷　(宋)史安之修　(宋)高似孫纂　清道光八年(1828)李式圃刻本　二冊

360000－1901－0047102　220614
[嘉靖]江西通志三十七卷　(明)林庭㭿　(明)周廣纂修　明嘉靖四年(1525)刻十七年(1538)增修三十八年(1559)遞修本　四十八冊

360000－1901－0047103　110529
[嘉慶]常山縣志十二卷首一卷　(清)陳珄修　(清)徐始搏纂　清嘉慶十八年(1813)刻道光二十八年(1848)重修本　十冊　存十卷(三至十二)

360000－1901－0047104　110194
[嘉慶]滇繫四十卷　(清)師範纂　清光緒十三年(1887)雲南通志局刻本　四十冊

360000－1901－0047105　110637
[嘉慶]滇繫四十卷　(清)師範纂　清光緒十三年(1887)雲南通志局刻本　四十冊

360000－1901－0047106　115202
[嘉慶]滇繫四十卷　(清)師範纂　清光緒十三年(1887)雲南通志局刻本　四十冊

360000－1901－0047107　110843
[嘉慶]東臺縣志四十卷　(清)周右修　(清)蔡復午等纂　清嘉慶二十二年(1817)刻道光十年(1830)增刻本　十冊

360000－1901－0047108　110308
[嘉慶]豐城縣志二十三卷首一卷　(清)鄭塏修　(清)丁猷駿纂　清嘉慶十三年(1808)刻本　十一冊　缺四卷(五至六、十四至十五)

360000－1901－0047109　115051
[嘉慶]豐城縣志二十三卷首一卷　(清)鄭塏修　(清)丁猷駿纂　清嘉慶十三年(1808)刻本　十六冊

360000－1901－0047110　421102
[嘉慶]豐城縣志二十三卷首一卷　(清)鄭塏修　(清)丁猷駿纂　清嘉慶十三年(1808)刻本　二冊　存三卷(十一至十二、首一卷)

360000－1901－0047111　721149
[嘉慶]高郵州志十二卷首一卷　(清)楊宜崙修　(清)夏之蓉　(清)沈之本纂　清道光二十五年(1845)刻本　三冊　存三卷(八至十)

360000－1901－0047112　110421
[嘉慶]高郵州志十二卷首一卷　(清)楊宜崙修　(清)夏之蓉　(清)沈之本纂　清乾隆四十八年(1783)刻嘉慶二十年(1815)增刻本　一冊　存一卷(十一)

360000－1901－0047113　110740
[嘉慶]高郵州志十二卷首一卷　(清)楊宜崙

修　(清)夏之蓉　(清)沈之木纂　清乾隆四十八年(1783)刻嘉慶二十年(1815)增刻本　九册　存十二卷(一至八、十至十二,首一卷)

360000－1901－0047114　115259
[嘉慶]廣西通志二百七十九卷首一卷　(清)謝啓昆修　(清)胡虔纂　清嘉慶六年(1801)刻本　八十册

360000－1901－0047115　110250
[嘉慶]廣西通志二百七十九卷首一卷　(清)謝啓昆修　(清)胡虔纂　清嘉慶六年(1801)刻同治四年(1865)補刻光緒十七年(1891)桂垣書局再補刻本　八十册

360000－1901－0047116　110251
[嘉慶]廣西通志二百七十九卷首一卷　(清)謝啓昆修　(清)胡虔纂　清嘉慶六年(1801)刻同治四年(1865)補刻光緒十七年(1891)桂垣書局再補刻本　七十八册

360000－1901－0047117　115192
[嘉慶]黑龍江外記八卷　(清)西清纂　清光緒二十年(1894)桐廬袁氏刻漸西村舍彙刊本　一册　存四卷(五至八)

360000－1901－0047118　110800
[嘉慶]黑龍江外記八卷　(清)西清纂　清光緒二十年(1894)桐廬袁氏刻漸西村舍彙刊本　二册

360000－1901－0047119　115174
[嘉慶]湖北通志一百卷首五卷　(清)吳熊光等修　(清)陳詩等纂　清嘉慶九年(1804)刻本　六十四册

360000－1901－0047120　110987
[嘉慶]湖口縣志十八卷首一卷　(清)宋庚　(清)李煦修　(清)洪宗訓　(清)蔡孔易纂　清嘉慶二十三年(1818)刻本　五册　存十二卷(二至三、五至七、九、十三至十八)

360000－1901－0047121　115171
[嘉慶]湖口縣志十八卷首一卷　(清)宋庚　(清)李煦修　(清)洪宗訓　(清)蔡孔易纂　清嘉慶二十三年(1818)刻本　十三册

360000－1901－0047122　115176
[嘉慶]湖南通志二百十九卷首三卷末六卷　(清)巴哈布等修　(清)王煦等纂　清嘉慶二十五年(1820)刻本　八十册

360000－1901－0047123　721788
[嘉慶]湖南通志二百十九卷首三卷末六卷　(清)巴哈布等修　(清)王煦等纂　清嘉慶二十五年(1820)刻本　一册　存一卷(湖南通志二)

360000－1901－0047124　110380
[嘉慶]夾江縣志十二卷首一卷　(清)王佐修　(清)涂崧纂　清嘉慶十八年(1813)刻本　三册　存十一卷(一至十、十二)

360000－1901－0047125　110395
[嘉慶]江都縣續志十二卷首一卷　(清)王逢源修　(清)李保泰纂　清光緒七年(1881)刻本　四册

360000－1901－0047126　110001
[嘉慶]九江府志三十卷首一卷　(清)朱棨修　(清)曹芸緗纂　清嘉慶二十三年(1818)刻本　二十册

360000－1901－0047127　115001
[嘉慶]九江府志三十卷首一卷　(清)朱棨修　(清)曹芸緗纂　清嘉慶二十三年(1818)刻本　二十册

360000－1901－0047128　110364
[嘉慶]莒州志十六卷首一卷　(清)許紹錦纂修　清嘉慶元年(1796)刻本　六册

360000－1901－0047129　110776
[嘉慶]黎里志十六卷首一卷　(清)徐達源纂　清嘉慶十年(1805)刻本　四册

360000－1901－0047130　115045
[嘉慶]臨川縣續志十二卷　(清)秦沆纂修　清嘉慶二十四年(1819)刻本　四册

360000－1901－0047131　115180
[嘉慶]彭澤縣志十五卷首一卷　(清)周巖修　(清)劉黻　(清)柯翹纂　清嘉慶二十四年

(1819)刻本　十六册

360000－1901－0047132　110404
[嘉慶]如皋縣志二十四卷　(清)楊受廷　(清)左元鎮修　(清)馬汝舟　(清)江大鍵纂　清嘉慶十三年(1808)刻本　九册　存二十二卷(三至二十四)

360000－1901－0047133　110718
[嘉慶]汝寧府志三十卷首一卷　(清)德昌修　(清)王增纂　清嘉慶元年(1796)刻本　五册　存十六卷(五至二十)

360000－1901－0047134　115008
[嘉慶]上高縣志十七卷首一卷末一卷　(清)劉丙修　(清)晏善澄纂　清嘉慶十六年(1811)刻本　七册　存十三卷(四至九、十一至十三、十六至十七,首一卷,末一卷)

360000－1901－0047135　801065
[嘉慶]上高縣志十七卷首一卷末一卷　(清)劉丙修　(清)晏善澄纂　清嘉慶十六年(1811)刻本　二册　存三卷(三至五)

360000－1901－0047136　801066
[嘉慶]上高縣志十七卷首一卷末一卷　(清)劉丙修　(清)晏善澄纂　清嘉慶十六年(1811)刻本　四册　存六卷(一至三、十、十四,首一卷)

360000－1901－0047137　801073
[嘉慶]上高縣志十七卷首一卷末一卷　(清)劉丙修　(清)晏善澄纂　清嘉慶十六年(1811)刻本　一册　存一卷(十三)

360000－1901－0047138　110772
[嘉慶]澠池縣志十六卷　(清)甘揚聲修　(清)劉文運纂　清嘉慶十五年(1810)刻本　七册　存十四卷(一至十二、十五至十六)

360000－1901－0047139　110036
[嘉慶]四川通志二百四卷首二十二卷　(清)常明等修　(清)楊芳燦等纂　清嘉慶二十一年(1816)刻本　一百六十册

360000－1901－0047140　115034
[嘉慶]四川通志二百四卷首二十二卷　(清)常明等修　(清)楊芳燦等纂　清嘉慶二十一年(1816)刻本　一百六十册

360000－1901－0047141　421175
[嘉慶]四川通志二百四卷首二十二卷　(清)常明等修　(清)楊芳燦等纂　清嘉慶二十一年(1816)刻本　一册　存一卷(四川通志二)

360000－1901－0047142　110037
[嘉慶]四川通志二百四卷首二十二卷　(清)常明修　(清)譚光祜纂　清嘉慶二十一年(1816)刻本　一百二十八册

360000－1901－0047143　110301
[嘉慶]衛藏通志十六卷首一卷　(清)和琳纂　**校字記一卷**　(清)袁昶撰　清光緒二十二年(1896)桐廬袁氏刻漸西村舍彙刊本　八册

360000－1901－0047144　115041
[嘉慶]衛藏通志十六卷首一卷　(清)和琳纂　**校字記一卷**　(清)袁昶撰　清光緒二十二年(1896)桐廬袁氏刻漸西村舍彙刊本　八册

360000－1901－0047145　110754
[嘉慶]無錫金匱縣志四十卷首一卷　(清)秦瀛纂　清嘉慶十八年(1813)刻本　十六册

360000－1901－0047146　110519
[嘉慶]西安縣志四十八卷首一卷　(清)姚寶煃修　(清)范崇楷等纂　清嘉慶十六年(1811)刻本　八册　存二十六卷(一至二十五、首一卷)

360000－1901－0047147　110520
[嘉慶]西安縣志四十八卷首一卷　(清)姚寶煃修　(清)范崇楷等纂　清嘉慶十六年(1811)刻本　一册　存五卷(九至十三)

360000－1901－0047148　110778
[嘉慶]續濟源縣志十二卷　(清)何荇芳修　(清)劉大觀纂　清嘉慶十八年(1813)刻本　一册　存三卷(四至六)

360000－1901－0047149　110433
[嘉慶]儀徵縣續志十卷　(清)顔希源

（清）邵光鈐纂修　清嘉慶十三年（1808）刻本　一册　存五卷（一至五）

360000－1901－0047150　110612
［嘉慶］沅江縣志三十卷　（清）唐古特修　（清）駱孔僎　（清）陶澍纂　清嘉慶十五年（1810）刻本　八册

360000－1901－0047151　721163
［嘉慶］樂山縣志十六卷首一卷　（清）龔傳黻纂修　清嘉慶十七年（1812）刻本　五册　存十三卷（一至三、八至十六，首一卷）

360000－1901－0047152　110409
［嘉慶］重刊江寧府志五十六卷　（清）吕燕昭修　（清）姚鼐纂　**附校勘記一卷**　清光緒六年（1880）刻本　十二册

360000－1901－0047153　110410
［嘉慶］重刊江寧府志五十六卷　（清）吕燕昭修　（清）姚鼐纂　**附校勘記一卷**　清光緒六年（1880）刻本　九册　存四十三卷（一至二十、二十四至三十、三十五至四十五、五十二至五十六）

360000－1901－0047154　110437
［嘉慶］重刊江寧府志五十六卷　（清）吕燕昭修　（清）姚鼐纂　**附校勘記一卷**　清光緒六年（1880）刻本　十二册

360000－1901－0047155　110412
［嘉慶］重修揚州府志七十二卷首一卷　（清）阿克當阿修　（清）姚文田等纂　清嘉慶十五年（1810）刻同治十三年（1874）補刻本　五十六册

360000－1901－0047156　110413
［嘉慶］重修揚州府志七十二卷首一卷　（清）阿克當阿修　（清）姚文田等纂　清嘉慶十五年（1810）刻同治十三年（1874）補刻本　五十二册

360000－1901－0047157　900277
［嘉慶二十三年］君陵黄氏仲雲祖脩祠入主簿不分卷　（清）□□輯　清木活字印本　一册

360000－1901－0047158　803750
［嘉兆雜鈔］不分卷　（清）嘉兆輯　清抄本　一册

360000－1901－0047159　802369
［檢字］一卷　（□）□□輯　清抄本　一册

360000－1901－0047160　804024－1
［江南鄉試硃卷彙編附履歷］　（清）□□輯　清同治、光緒刻本　一册

360000－1901－0047161　500120
［江蘇吴江］分湖柳氏家譜十卷　（清）柳樹芳纂修　清道光二十一年（1841）刻本　二册

360000－1901－0047162　500121
［江蘇吴江］分湖柳氏家譜十卷　（清）柳樹芳纂修　清道光二十一年（1841）刻本　二册

360000－1901－0047163　500122
［江蘇吴江］分湖柳氏家譜十卷　（清）柳樹芳纂修　清道光二十一年（1841）刻本　二册

360000－1901－0047164　500123
［江蘇吴江］分湖柳氏家譜十卷　（清）柳樹芳纂修　清道光二十一年（1841）刻本　二册

360000－1901－0047165　500124
［江蘇吴江］分湖柳氏家譜十卷　（清）柳樹芳纂修　清道光二十一年（1841）刻本　二册

360000－1901－0047166　500125
［江蘇吴江］分湖柳氏家譜十卷　（清）柳樹芳纂修　清道光二十一年（1841）刻本　二册

360000－1901－0047167　500126
［江蘇吴江］分湖柳氏家譜十卷　（清）柳樹芳纂修　清道光二十一年（1841）刻本　二册

360000－1901－0047168　500127
［江蘇吴江］分湖柳氏家譜十卷　（清）柳樹芳纂修　清道光二十一年（1841）刻本　二册

360000－1901－0047169　500128
［江蘇吴江］分湖柳氏家譜十卷　（清）柳樹芳纂修　清道光二十一年（1841）刻本　二册

360000－1901－0047170　500129

[江蘇吴江]分湖柳氏家譜十卷　(清)柳樹芳纂修　清道光二十一年(1841)刻本　二册

360000－1901－0047171　500130
[江蘇吴江]分湖柳氏家譜十卷　(清)柳樹芳纂修　清道光二十一年(1841)刻本　二册

360000－1901－0047172　500131
[江蘇吴江]分湖柳氏家譜十卷　(清)柳樹芳纂修　清道光二十一年(1841)刻本　二册

360000－1901－0047173　500132
[江蘇吴江]分湖柳氏家譜十卷　(清)柳樹芳纂修　清道光二十一年(1841)刻本　二册

360000－1901－0047174　500133
[江蘇吴江]分湖柳氏家譜十卷　(清)柳樹芳纂修　清道光二十一年(1841)刻本　二册

360000－1901－0047175　500134
[江蘇吴江]分湖柳氏重脩家譜十二卷　(清)柳兆薰　(清)柳以蕃纂修　清光緒七年(1881)刻本　四册

360000－1901－0047176　500135
[江蘇吴江]分湖柳氏重脩家譜十二卷　(清)柳兆薰　(清)柳以蕃纂修　清光緒七年(1881)刻本　四册

360000－1901－0047177　500136
[江蘇吴江]分湖柳氏重脩家譜十二卷　(清)柳兆薰　(清)柳以蕃纂修　清光緒七年(1881)刻本　四册

360000－1901－0047178　500137
[江蘇吴江]分湖柳氏重脩家譜十二卷　(清)柳兆薰　(清)柳以蕃纂修　清光緒七年(1881)刻本　四册

360000－1901－0047179　500138
[江蘇吴江]分湖柳氏重脩家譜十二卷　(清)柳兆薰　(清)柳以蕃纂修　清光緒七年(1881)刻本　四册

360000－1901－0047180　500139
[江蘇吴江]分湖柳氏重脩家譜十二卷　(清)柳兆薰　(清)柳以蕃纂修　清光緒七年(1881)刻本　四册

360000－1901－0047181　500140
[江蘇吴江]分湖柳氏重脩家譜十二卷　(清)柳兆薰　(清)柳以蕃纂修　清光緒七年(1881)刻本　四册

360000－1901－0047182　500141
[江蘇吴江]分湖柳氏重脩家譜十二卷　(清)柳兆薰　(清)柳以蕃纂修　清光緒七年(1881)刻本　四册

360000－1901－0047183　500142
[江蘇吴江]分湖柳氏重脩家譜十二卷　(清)柳兆薰　(清)柳以蕃纂修　清光緒七年(1881)刻本　四册

360000－1901－0047184　500143
[江蘇吴江]分湖柳氏重脩家譜十二卷　(清)柳兆薰　(清)柳以蕃纂修　清光緒七年(1881)刻本　四册

360000－1901－0047185　500144
[江蘇吴江]分湖柳氏重脩家譜十二卷　(清)柳兆薰　(清)柳以蕃纂修　清光緒七年(1881)刻本　四册

360000－1901－0047186　500145
[江蘇吴江]分湖柳氏重脩家譜十二卷　(清)柳兆薰　(清)柳以蕃纂修　清光緒七年(1881)刻本　四册

360000－1901－0047187　500146
[江蘇吴江]分湖柳氏重脩家譜十二卷　(清)柳兆薰　(清)柳以蕃纂修　清光緒七年(1881)刻本　四册

360000－1901－0047188　500147
[江蘇吴江]分湖柳氏重脩家譜十二卷　(清)柳兆薰　(清)柳以蕃纂修　清光緒七年(1881)刻本　四册

360000－1901－0047189　500148
[江蘇吴江]分湖柳氏重脩家譜十二卷　(清)柳兆薰　(清)柳以蕃纂修　清光緒七年(1881)刻本　四册

360000－1901－0047190　500149
[江蘇吴江]分湖柳氏重脩家譜十二卷　(清)柳兆薰　(清)柳以蕃纂修　清光緒七年(1881)刻本　四册

360000－1901－0047191　500150
[江蘇吴江]分湖柳氏重脩家譜十二卷　(清)柳兆薰　(清)柳以蕃纂修　清光緒七年(1881)刻二十三年(1897)增修本　四册

360000－1901－0047192　220363
[江西]曹氏宗譜□□卷首一卷　(清)□□纂修　清乾隆木活字印本　一册　存二卷(一、首一卷)

360000－1901－0047193　500256
[江西]陳氏重修族譜不分卷　(清)□□纂修　清道光穎川堂木活字印本　七册　存陳皮族譜源流世系、肇基支下、賢公支下、水澄支下、廣述支下、貴二郎、貴三郎、崇漢支下、大十二郎、應接支下、應端支下、德隆支下、聖一郎支下

360000－1901－0047194　500258
[江西]陳氏族譜□□卷　(清)陳雅懷纂修　清道光德星堂木活字印本　二册　存二卷(一、五)

360000－1901－0047195　500389
[江西]戴氏族譜八卷首一卷　(清)戴盛崑纂修　清光緒五年(1879)敦厚堂木活字印本　四册

360000－1901－0047196　220372
[江西]高奉涂氏宗譜□□卷　(清)涂泰紹等纂修　清乾隆十九年(1754)明倫堂木活字印本　一册　存三卷(一、九、十一)

360000－1901－0047197　500496
[江西]韓氏族譜□□卷　(清)□□纂修　清南陽堂木活字印本　一册　存一卷(一)

360000－1901－0047198　220369
[江西]黄氏大成族譜不分卷　(清)黄文禄等纂修　清乾隆十四年(1749)木活字印本　一册　存聯公位下世系

360000－1901－0047199　500209
[江西上猶]黄氏重修族譜□□卷　(清)□□纂修　清道光江夏堂木活字印本　四册　存四卷(二至三、七、十)

360000－1901－0047200　500204
[江西萬載]黄氏族譜□□卷　(清)黄陞洪纂修　清光緒元年(1875)江夏堂木活字印本　一册　存一卷(一)

360000－1901－0047201　500066
[江西]隴西李氏族譜二十七卷　(清)李培坤等纂修　清光緒二十四年(1898)篤慶祠木活字印本　十四册　存十四卷(三、五、七、九、十二、十四、十八至十九、二十一至二十四、二十六至二十七)

360000－1901－0047202　500067
[江西]隴西李氏族譜二十七卷　(清)李培坤等纂修　清光緒二十四年(1898)篤慶祠木活字印本　十四册　存十四卷(三、五、七、九、十二、十四、十八至十九、二十一至二十四、二十六至二十七)

360000－1901－0047203　500446
[江西宜豐]錢氏分房支譜□□卷　(清)錢氏合族纂修　清嘉慶十八年(1813)崇本堂木活字印本　一册　存一卷(一)

360000－1901－0047204　500108
[江西武寧]邱氏重修族譜□□卷首□卷　(清)邱見林修　(清)邱增南等纂　清道光十八年(1838)河南堂木活字印本　五册　存五卷(一、三、五、十,首下)

360000－1901－0047205　500109
[江西]邱氏重修族譜二十二卷首二卷　(清)邱兆炳等修　(清)邱運春等纂　清同治九年(1870)龍門金大堂木活字印本　二十册　存十九卷(一至十、十二、十四至十八、二十至二十二)

360000－1901－0047206　500304
[江西]省會鄒氏祠主錄一卷　(清)祠衆公纂修　清光緒八年(1882)木活字印本　一册

360000－1901－0047207　500152

[江西安義]帥氏族譜不分卷　(清)帥益旭等纂修　清嘉慶十九年(1814)平原堂木活字印本　一册　存讓下六世至二十五世系圖

360000－1901－0047208　500206

[江西萬載]潭溪黄祠信房族譜十六卷首一卷　(清)黄忠烈纂修　清同治元年(1862)江夏堂木活字印本　五册　存五卷(一至二、十五至十六,首一卷)

360000－1901－0047209　500205

[江西萬載]潭溪黄氏族譜□□卷首一卷　(清)黄道榮等纂修　清道光二十年(1840)江夏堂木活字印本　五册　存五卷(一、五至七,首一卷)

360000－1901－0047210　500394

[江西萬載]萬載昌田鍾氏族譜□□卷首一卷　(清)□□纂修　清嘉慶十三年(1808)穎川堂木活字印本　二册　存五卷(一至二、六、九,首一卷)

360000－1901－0047211　500058

[江西萬載]萬載辛氏覲房譜□□卷　(清)辛廷杰等纂修　清咸豐十一年(1861)木活字印本　三册　存一卷(四)

360000－1901－0047212　500053

[江西萬載]萬載辛氏幼房譜十卷首一卷　(清)辛守質等纂修　清光緒元年(1875)木活字印本　九册

360000－1901－0047213　500054

[江西萬載]萬載辛氏幼房譜十卷首一卷　(清)辛守質等纂修　清光緒元年(1875)木活字印本　三册　存三卷(一、九,首一卷)

360000－1901－0047214　500102

[江西萬載]萬載銀山周氏族譜□□卷　(清)□□纂修　清光緒三年(1877)濂溪堂木活字印本　一册　存二卷(一、五)

360000－1901－0047215　500272

[江西修水]溫氏族譜不分卷　(清)□□纂修　清道光忠武堂木活字印本　二册　存奉新藍田派、奉新上富湖溪派、奉新院口里派、武寧州下武山口派、武寧下南鄉長命派、義寧州上武小水陶家嶺派、義寧州上武小水皂角瑕派

360000－1901－0047216　500419

[江西]嚴氏八修族譜不分卷　(清)□□纂修　清木活字印本　一册　存隱三房、敘七房等支系録

360000－1901－0047217　500289

[江西]楊氏重修族譜不分卷　(清)楊如伯等纂修　清道光二十二年(1842)關西堂木活字印本　二册　存序、像圖、墳圖、仕宦、凡例、源流、世系

360000－1901－0047218　500266

[江西宜春]袁祠曾氏族譜四十三卷首二卷末一卷　(清)曾挺森等纂修　清同治元年(1862)魯國堂木活字印本　七册　存七卷(三、十二、十四至十六,首二卷)

360000－1901－0047219　500403

[江西宜春]韓祠主譜三卷　(清)韓修五(清)韓時髮纂修　清道光二十一年(1841)南陽堂木活字印本　三册

360000－1901－0047220　500348

[江西宜春]袁郡劉氏族譜三十卷　(清)劉士魁等纂修　清道光二十三年(1843)彭城堂木活字印本　十五册　存十五卷(一、六、八、十至十二、十三下、十六至十八、二十一至二十三、二十六至二十七)

360000－1901－0047221　500349

[江西宜春]袁郡劉氏族譜二十七卷　(清)劉義中修　(清)劉士魁等纂　清嘉慶二十二年(1817)彭城堂木活字印本　十二册　存十二卷(二至三、八、十一至十五、十七、二十三至二十五)

360000－1901－0047222　500094

[江西宜春]袁郡學前林氏族譜十六卷首二卷　(清)林杏宴等纂修　清光緒二十八年(1902)忠孝堂木活字印本　十三册　存十一

卷(一至六、十至十二,首二卷)

360000－1901－0047223　500236
[江西宜春]張氏族譜□□卷首一卷　(清)張福遠等纂修　清道光十八年(1838)孝友堂木活字印本　五册　存二卷(一、首一卷)

360000－1901－0047224　500398
[江西宜春]鍾氏重修支譜八卷首一卷　(清)鍾佑祥纂修　清同治十年(1871)潁川堂木活字印本　六册　存七卷(一至六、首一卷)

360000－1901－0047225　500457
[江西]朱氏弋陽支譜不分卷　(清)朱庶瀧等纂修　清道光九年(1829)光裕堂木活字印本　一册

360000－1901－0047226　500494
[江西]鄒氏族譜□□卷　(清)□□纂修　清范陽堂木活字印本　五册　存三卷(九至十一)

360000－1901－0047227　500302
[江西]鄒氏族譜□□卷　(清)□□纂修　清末范陽堂木活字印本　二册　存一卷(一)

360000－1901－0047228　500303
[江西]鄒氏族譜□□卷　(清)□□纂修　清末范陽堂木活字印本　一册　存一卷(五)

360000－1901－0047229　500300
[江西]鄒氏族譜□□卷　(清)鄒邦彦修　(清)鄒騰蛟纂　清道光二十五年(1845)范陽堂木活字印本　三册　存三卷(一至二、四)

360000－1901－0047230　500441
[江西安遠]謝氏族譜□□卷　(清)謝春榮等纂修　清道光九年(1829)奕安堂木活字印本　二册　存一卷(十一)

360000－1901－0047231　500440
[江西安遠]謝氏族譜□□卷首一卷　(清)謝春榮等纂修　清道光九年(1829)奕安堂木活字印本　六册　存六卷(五、七、十、十二至十三,首一卷)

360000－1901－0047232　500034
[江西豐城]豐城驪塘甘氏宗譜不分卷　(清)甘氏合族纂修　清末木活字印本　一册　存世系

360000－1901－0047233　220365
[江西豐城]豐城驪塘甘氏族譜□□卷　(清)甘時敬纂修　清乾隆四十四年(1779)木活字印本　九册　存十卷(藝文一至八、世系六至七)

360000－1901－0047234　220366
[江西豐城]豐城驪塘甘氏族譜□□卷　(清)甘時敬纂修　清乾隆四十四年(1779)木活字印本　一册　存一卷(世系六)

360000－1901－0047235　220367
[江西豐城]合修徐氏宗譜十九卷　(清)徐時傑等纂修　清乾隆十四年(1749)木活字印本　十二册　缺一卷(十二)

360000－1901－0047236　500033
[江西豐城]驪塘甘氏族譜不分卷　(清)甘氏合族纂修　清道光銀青堂木活字印本　一册　存世系

360000－1901－0047237　500179
[江西豐城]徐氏合修族譜二十四卷首一卷末一卷　(清)徐庚耀等纂修　清同治五年(1866)木活字印本　十七册　存十七卷(一至六、十三至十七、二十至二十四,末一卷)

360000－1901－0047238　500470
[江西豐城]徐氏族譜不分卷　(清)徐巨波纂修　清嘉慶二十二年(1817)敦倫堂木活字印本　三册　存序、傳、詩、仕宦、遺象、吊系、雁行

360000－1901－0047239　500471
[江西豐城]徐氏族譜不分卷　(清)徐巨波纂修　清嘉慶二十二年(1817)敦倫堂木活字印本　二册　存雁行

360000－1901－0047240　220364
[江西豐城]豫章熊氏九修族譜□□卷首一卷　(清)熊魁等纂修　清乾隆三十三年(1768)木活字印本　一册　存二卷(一、首一卷)

360000－1901－0047241　500171
[江西豐城]袁氏重修宗譜不分卷　(清)袁孔祿等纂修　清咸豐十年(1860)木活字印本　一冊　存序、世紀表

360000－1901－0047242　500172
[江西豐城]袁氏重修宗譜不分卷　(清)袁孔祿等纂修　清咸豐十年(1860)木活字印本　一冊　存序、世紀表

360000－1901－0047243　500173
[江西豐城]袁氏重修宗譜不分卷　(清)袁孔祿等纂修　清咸豐十年(1860)木活字印本　一冊　存序、世紀表

360000－1901－0047244　500169
[江西豐城]袁氏族譜不分卷　(清)袁秉訓等修　清嘉慶二年(1797)木活字印本　一冊　存序、世紀袁

360000－1901－0047245　500170
[江西豐城]袁氏族譜不分卷　(清)袁秉訓等修　清嘉慶二年(1797)木活字印本　一冊　存序、世紀袁

360000－1901－0047246　500329
[江西奉新]城南鄧氏四修族譜十卷首一卷　(清)鄧珏　(清)鄧維城纂修　清道光二十七年(1847)樹德堂木活字印本　五冊　存六卷(一、三、七至九,首一卷)

360000－1901－0047247　500330
[江西奉新]城南鄧遠齋公五修支譜四卷　(清)鄧長齡　(清)鄧祖璨纂修　清同治四年(1865)世德堂木活字印本　三冊　存三卷(一、三至四)

360000－1901－0047248　500031
[江西奉新]奉新甘氏重修族譜九卷　(清)甘常俊等纂修　清光緒二年(1876)木活字印本　十七冊　存八卷(二至九)

360000－1901－0047249　500180
[江西奉新]羅塘許氏宗譜十一卷　(清)許振禕等纂修　清末敦本堂木活字印本　二冊　存二卷(一、六)

360000－1901－0047250　500156
[江西奉新]南岡涂氏三修支譜□□卷　(清)□□纂修　清道光滋木堂木活字印本　一冊　存一卷(五)

360000－1901－0047251　500283
[江西奉新]彭蔡族譜世系不分卷　(清)□□纂修　清末木活字印本　一冊　存二十一至二十五世系

360000－1901－0047252　500153
[江西奉新]平原帥氏支譜□□卷　(清)帥生吉　(清)帥延年等纂修　清同治三年(1864)本源堂木活字印本　二冊　存四卷(一至四)

360000－1901－0047253　500341
[江西奉新]潭溪劉氏宗譜□□卷首一卷　(清)□□纂修　清光緒六年(1880)雍睦堂木活字印本　四冊　存二卷(十七、首一卷)

360000－1901－0047254　500011
[江西奉新]王氏宗譜二卷　(清)王斐文纂修　清嘉慶四年(1799)三槐堂木活字印本　二冊

360000－1901－0047255　500013
[江西奉新]新吴王氏四修宗譜四卷　(清)王宇煥等纂修　清光緒二年(1876)三槐堂木活字印本　四冊

360000－1901－0047256　500014
[江西奉新]新吴王氏五修宗譜四卷　(清)王宇崧等纂修　清宣統三年(1911)三槐堂木活字印本　三冊　存三卷(一至三)

360000－1901－0047257　500012
[江西奉新]新吴王氏宗譜二卷　(清)王林文等纂修　清道光二十一年(1841)三槐堂木活字印本　二冊

360000－1901－0047258　220368
[江西奉新]卓氏支譜不分卷　(清)□□纂修　稿本(記事至清光緒二十一年)　一冊

360000－1901－0047259　220370
[江西浮梁]浮邑方氏宗譜□□卷首一卷

(清)方玉先纂修　清乾隆四十八年(1783)木活字印本　一册　存四卷(一至三、首一卷)

360000－1901－0047260　220385
[江西吉安]臺溪前溪王氏重修族譜不分卷　(清)王日韶纂修　清乾隆四十二年(1777)木活字印本　二册

360000－1901－0047261　500197
[江西進賢]黄氏大成宗譜□□卷　(清)黄孔箕等纂修　清道光九年(1829)木活字印本　一册　存一卷(一)

360000－1901－0047262　500198
[江西進賢]黄氏大成宗譜□□卷　(清)黄永錦等纂修　清咸豐五年(1855)木活字印本　二册　存一卷(一)

360000－1901－0047263　500199
[江西進賢]黄氏大成宗譜不分卷　(清)黄孔楊等纂修　清光緒十四年(1888)木活字印本　一册　存蛟坑柱等吊圖、跋

360000－1901－0047264　500361
[江西進賢]同治九年重修劉氏宗譜□□卷　(清)劉振茂修　(清)劉振勝等纂　清同治九年(1870)木活字印本　一册　存一卷(一)

360000－1901－0047265　500110
[江西九江]邱氏族譜不分卷　(清)□□纂修　清末居士堂木活字印本　二册　存十六至五十世系

360000－1901－0047266　801270－1
[江西黎川]鄔氏埠頭國俊公支譜一卷　(清)鄔濟春纂修　清光緒三十一年(1905)抄本　一册

360000－1901－0047267　801274
[江西臨川]楊溪趙氏副譜一卷　(清)□□纂修　清同治四年(1865)抄本　一册

360000－1901－0047268　500192
[江西南昌]曹氏族譜□□卷　(清)□□纂修　清道光木活字印本　二册　存二卷(二至三)

360000－1901－0047269　500193
[江西南昌]曹氏族譜□□卷　(清)□□纂修　清末木活字印本　二册　存二卷(三、五)

360000－1901－0047270　500474
[江西新建]洪城永和四修張氏家譜四卷　(清)張氏合族纂修　清嘉慶十六年(1811)寶善堂木活字印本　一册　存三卷(一至三)

360000－1901－0047271　500475
[江西新建]洪城永和張氏五修家譜四卷　(清)張清翰等纂修　清光緒二十八年(1902)寶善堂木活字印本　五册

360000－1901－0047272　500264
[江西萍鄉]曾氏祠册不分卷　(清)曾元善等纂修　清光緒追遠堂木活字印本　一册

360000－1901－0047273　500296
[江西萍鄉]南門葉氏三修族譜八卷首一卷　(清)葉潤芳等纂修　清光緒二十八年(1902)令貽堂木活字印本　四册　存七卷(一至五、七,首一卷)

360000－1901－0047274　500196
[江西萍鄉]萍北梘田黄氏族譜□□卷　(清)□□纂修　清道光江夏堂木活字印本　一册　存二卷(三至四)

360000－1901－0047275　500079
[江西萍鄉]萍北石源李氏家譜□□卷末一卷　(清)李炳蓀　(清)李培瑩等纂修　清光緒三十四年(1908)報本堂木活字印本　五册　存八卷(二、四至九,末一卷)

360000－1901－0047276　500035
[江西萍鄉]萍北朱氏族譜四卷　(清)朱照璵等纂修　清光緒二十年(1894)沛國堂木活字印本　四册　存一卷(一)

360000－1901－0047277　500314
[江西萍鄉]萍南趙家源鄭氏族譜□□卷　(清)□□纂修　清末愛敬堂木活字印本　一册　存一卷(一)

360000－1901－0047278　500151

[江西萍鄉]萍鄉段氏族譜□□卷　(清)□□纂修　清末仁本堂木活字印本　二册　存五卷(六至十)

360000－1901－0047279　500275

[江西萍鄉]萍鄉古學前彭氏三修族譜不分卷　(清)彭棨纂修　清光緒二十四年(1898)木活字印本　二册　存生卒譜、墓圖、館記、祠記、家傳、墓誌銘等

360000－1901－0047280　500274

[江西萍鄉]萍鄉古學前彭氏續修族譜不分卷　(清)彭金鈺修　(清)彭涵嵡等纂　清咸豐三年(1853)隴西堂木活字印本　三册　存序、祠記、譜例、世系圖、世系

360000－1901－0047281　500263

[江西萍鄉]萍邑曾氏祠册不分卷　(清)曾元善等纂修　清光緒追遠堂木活字印本　一册

360000－1901－0047282　500010

[江西萍鄉]文氏族譜□□卷首□卷　(清)□□纂修　清末正氣堂木活字印本　一册　存一卷(首下)

360000－1901－0047283　500018

[江西萍鄉]小庫村王氏族譜□□卷　(清)小庫村王氏十四世裔孫纂修　清光緒二年(1876)三槐堂木活字印本　一册　存二卷(一至二)

360000－1901－0047284　500360

[江西瑞金]瑞金高嶺劉氏三修族譜不分卷　(清)劉德昌等纂修　清道光十四年(1834)木活字印本　二十六册　存世系、藝文

360000－1901－0047285　500063

[江西上高]敖南孝友李氏族譜□□卷　(清)□□纂修　清道光敦睦堂木活字印本　三册　存三卷(二至三、六)

360000－1901－0047286　500062

[江西上高]敖西李氏族譜□□卷　(清)□□纂修　清咸豐世德堂木活字印本　四册　存三卷(三至五)

360000－1901－0047287　500425

[江西上高]敖西羅氏六修族譜不分卷　(清)□□纂修　清末忠孝堂木活字印本　一册　存後藝文二

360000－1901－0047288　500247

[江西上高]敖陽陳氏族譜□□卷　(清)陳氏白沙洲合修　清光緒十五年(1889)德星堂木活字印本　五册　存五卷(八至九、十二至十四)

360000－1901－0047289　500270

[江西上高]敖陽蛇溪鄔氏族譜二卷首一卷附一卷　(清)鄔紹騰修　(清)鄔典雅　(清)鄔之富纂　清同治元年(1862)慎德堂木活字印本　一册　存二卷(一、首一卷)

360000－1901－0047290　500417

[江西上高]敖陽嚴氏四門族譜□□卷　(清)□□纂修　清光緒七年(1881)惇敘堂木活字印本　一册　存一卷(四)

360000－1901－0047291　901249

[江西上高]寬房垂裕堂册不分卷　(清)□□撰　清刻本　一册

360000－1901－0047292　901250

[江西上高]三區砧基不分卷　(清)□□撰　清道光三年(1823)刻本　一册

360000－1901－0047293　500060

[江西上高]上高東溪李氏東七房西三樓合譜□□卷　(清)□□纂修　清末敦敘堂木活字印本　一册　存二卷(八至九)

360000－1901－0047294　900223

[江西銅鼓]光記賓興志四卷　(清)吳書泰等纂修　清光緒六年(1880)光雲堂木活字印本　二册　存二卷(三至四)

360000－1901－0047295　900533

[江西銅鼓]光記賓興志四卷　(清)吳書泰等纂修　清光緒六年(1880)光雲堂木活字印本　四册

360000－1901－0047296　900534

[江西銅鼓]光記賓興志四卷　(清)吳書泰等纂修　清光緒六年(1880)光雲堂木活字印本　一冊　存一卷(一)

360000－1901－0047297　900535
[江西銅鼓]光記賓興志四卷　(清)吳書泰等纂修　清光緒六年(1880)光雲堂木活字印本　一冊　存一卷(一)

360000－1901－0047298　500426
[江西銅鼓]羅氏族譜□□卷　(清)□□纂修　清光緒三十三年(1907)豫章堂木活字印本　一冊　存一卷(六)

360000－1901－0047299　500442
[江西銅鼓]謝氏重修族譜□□卷首一卷　(清)謝竹林纂修　清光緒十五年(1889)陳留堂木活字印本　三冊　存三卷(十一至十二、首一卷)

360000－1901－0047300　500400
[江西銅鼓]鍾氏族譜□□卷　(清)鍾海瀾纂修　清同治四年(1865)穎川堂木活字印本　五冊　存七卷(一至七)

360000－1901－0047301　500071
[江西萬載]安仁坊李大祠神主冊□□卷　(清)□□纂修　清同治隴西堂木活字印本　一冊　存一卷(一)

360000－1901－0047302　500268
[江西萬載]北門巢氏族譜十卷首一卷末一卷　(清)巢方軒纂修　清光緒三年(1877)鳳來堂木活字印本　十二冊

360000－1901－0047303　500332
[江西萬載]鄧氏重修族譜□□卷　(清)□□纂修　清末南陽堂木活字印本　一冊　存一卷(四)

360000－1901－0047304　500340
[江西萬載]鄧氏族譜□□卷　(清)□□纂修　清末木活字印本　四冊　存五卷(三至四、六至七、十一)

360000－1901－0047305　500166
[江西萬載]東隅袁氏族譜二卷首一卷末一卷　(清)袁國奉纂修　清嘉慶十六年(1811)汝南堂木活字印本　三冊

360000－1901－0047306　500167
[江西萬載]東隅袁氏族譜三卷首一卷末一卷　(清)袁奠周纂修　清咸豐十年(1860)汝南堂木活字印本　三冊　存四卷(一至二、首一卷、末一卷)

360000－1901－0047307　500168
[江西萬載]東隅袁氏族譜三卷首一卷末一卷　(清)袁奠周纂修　清咸豐十年(1860)汝南堂木活字印本　一冊　存一卷(二)

360000－1901－0047308　500073
[江西萬載]高邨李氏和房祠主冊□□卷　(清)李世纓等纂修　清光緒三十二年(1906)禰祀堂木活字印本　一冊　存三卷(四至六)

360000－1901－0047309　500075
[江西萬載]高邨李氏譜東房　(清)□□纂修　清末種德堂木活字印本　一冊　存規訓

360000－1901－0047310　500074
[江西萬載]高邨李氏譜東房　(清)李其安等修　(清)李奠基等纂　清嘉慶二年(1797)種德堂木活字印本　一冊　存祠堂志、序、事蹟書例、書齋志、家集

360000－1901－0047311　500444
[江西萬載]觀溪盧氏族譜□□卷　(清)盧逢甲等修　(清)盧光燦等纂　清光緒三十二年(1906)木活字印本　一冊　存一卷(十一)

360000－1901－0047312　500443
[江西萬載]觀溪盧氏族譜□□卷末一卷　(清)盧逢甲等修　(清)盧光燦等纂　清光緒三十二年(1906)木活字印本　十一冊　存十卷(七、十一、十四、十八至二十二、二十五,末一卷)

360000－1901－0047313　500364
[江西萬載]觀溪盧氏族譜十六卷首四卷末一卷　(清)盧爾廉修　(清)盧及芝等纂　清道光二十八年(1848)木活字印本　二十冊　存

十九卷(一至四、六至十、十二至十六,首四卷,末一卷)

360000－1901－0047314　500365
[江西萬載]觀溪盧氏族譜十六卷首四卷末一卷　(清)盧爾廉修　(清)盧及芝等纂　清道光二十八年(1848)木活字印本　一冊　存一卷(十六)

360000－1901－0047315　500413
[江西萬載]韓氏榮公支譜□□卷首一卷　(清)□□纂修　清光緒十五年(1889)木活字印本　三冊　存三卷(五、七,首一卷)

360000－1901－0047316　220381
[江西萬載]韓氏世譜不分卷　(清)韓文禎　(清)韓文誠纂修　清康熙四十七年(1708)刻本(佚名增補至清雍正十二年)　一冊　存序、目錄、名賢實紀、續記、像、贊、世系源流

360000－1901－0047317　500416
[江西萬載]韓氏族譜□□卷　(清)□□纂修　清道光二十八年(1848)南陽堂木活字印本　一冊　存一卷(四十二)

360000－1901－0047318　500415
[江西萬載]韓氏族譜□□卷首一卷　(清)□□纂修　清嘉慶六年(1801)南陽堂木活字印本　一冊　存一卷(十八)

360000－1901－0047319　500077
[江西萬載]湖溪李氏支譜□卷首一卷　(清)李成菊纂修　**附萬載東隅李氏譜□□卷**　(清)□□纂修　清嘉慶五年(1800)敬德堂木活字印本　一冊　存三卷(湖溪李氏支譜下、首一卷,萬載東隅李氏譜卷首墳山圖)

360000－1901－0047320　500354
[江西萬載]黄茅劉房祖祠族譜□□卷　(清)□□纂修　清光緒彭城堂木活字印本　一冊　存一卷(五)

360000－1901－0047321　500412
[江西萬載]獲富韓焕先祠丁享譜四卷　(清)韓毓淇等纂修　清光緒二十三年(1897)南陽堂木活字印本　四冊

360000－1901－0047322　500411
[江西萬載]獲富韓焕先祠主譜□□卷　(清)□□纂修　清光緒二年(1876)南陽堂木活字印本　二冊　存二卷(二至三)

360000－1901－0047323　220382
[江西萬載]江塘龍氏族譜二十卷末一卷　(清)辛廷芝等纂修　清乾隆二十八年(1763)木活字印本　四冊　存五卷(二、十八至二十,末一卷)

360000－1901－0047324　500328
[江西萬載]江右鄧氏族譜□□卷　(清)□□纂修　清光緒南陽堂木活字印本　五冊　存五卷(三、八至九、十三至十四)

360000－1901－0047325　900938
[江西萬載]九仙宫真君十九堂冊不分卷　(清)□□撰　清光緒三十一年(1905)木活字印本　一冊

360000－1901－0047326　500384
[江西萬載]康樂坊龍氏族譜四卷　(清)龍氏合族纂修　清光緒四年(1878)紫府堂木活字印本　四冊

360000－1901－0047327　500385
[江西萬載]康樂坊龍氏族譜四卷　(清)龍氏合族纂修　清光緒四年(1878)紫府堂木活字印本　四冊

360000－1901－0047328　500386
[江西萬載]康樂坊龍氏族譜四卷　(清)龍氏合族纂修　清光緒四年(1878)紫府堂木活字印本　四冊

360000－1901－0047329　500065
[江西萬載]李氏族譜□□卷　(清)李福祥纂修　清道光隴西堂木活字印本　三冊　存二卷(一至二)

360000－1901－0047330　901215
[江西萬載]龍崗學堂冊□卷　(清)湯慶增等撰　清道光二十六年(1846)刻本　一冊　存一卷(一)

360000－1901－0047331　220378
[江西萬載]司背宋氏族譜□□卷　(清)□□纂修　清乾隆恩慶堂木活字印本(記事至清乾隆四十四年)　一册　存一卷(二)

360000－1901－0047332　500076
[江西萬載]潭溪李氏丁册祠記□□卷　(清)李清華纂修　清同治十一年(1872)德昌祠木活字印本　六册　存六卷(四、十一、十四、十九至二十、二十三)

360000－1901－0047333　500069
[江西萬載]田背李氏族譜□□卷　(清)李時松修　(清)李光炳纂　清道光十八年(1838)忠武堂木活字印本　一册　存一卷(二)

360000－1901－0047334　500088
[江西萬載]萬邑壇下何祠牌位譜一卷　(清)何鈞纂修　清道光十九年(1839)吉福堂木活字印本　一册

360000－1901－0047335　500089
[江西萬載]萬邑壇下何祠牌位譜一卷　(清)何鈞纂修　清道光十九年(1839)吉福堂木活字印本　一册

360000－1901－0047336　500424
[江西萬載]萬邑嚴祠牌册二卷首一卷　(清)嚴氏合族纂修　清同治二年(1863)天水堂木活字印本　一册　存一卷(首一卷)

360000－1901－0047337　500392
[江西萬載]萬邑鍾祠牌譜不分卷　(清)鍾華清等纂修　清光緒五年(1879)思孝堂木活字印本　三册

360000－1901－0047338　500393
[江西萬載]萬邑鍾祠牌譜不分卷　(清)鍾華清等纂修　清光緒五年(1879)思孝堂木活字印本　三册

360000－1901－0047339　500161
[江西萬載]萬載白良敖氏族譜不分卷　(清)敖焕章纂修　清光緒二十五年(1899)譙國堂木活字印本　五册　存序、圖、祖牌、龍城分派世系第一編、儒房肖馨公支系第六編、房肖智公支系第六編

360000－1901－0047340　500321
[江西萬載]萬載白水歐陽氏族譜□□卷　(清)□□纂修　清六一堂木活字印本　一册　存一卷(一之三至六)

360000－1901－0047341　500292
[江西萬載]萬載藏溪喻氏族譜□□卷　(清)□□纂修　清末木活字印本　一册　存一卷(五)

360000－1901－0047342　500246
[江西萬載]萬載大北門常氏族譜□□卷末一卷　(清)常德壽纂修　清光緒三年(1877)平原堂木活字印本　四册　存四卷(二、四、六，末一卷)

360000－1901－0047343　500447
[江西萬載]萬載福溪錢氏重修族譜□□卷尾卷一卷　(清)錢氏合族纂修　清同治七年(1868)若水堂木活字印本　二册　存二卷(四、尾卷一卷)

360000－1901－0047344　500090
[江西萬載]萬載何氏牌譜一卷　(清)何允祥等纂修　清同治六年(1867)廬江堂木活字印本　一册

360000－1901－0047345　500087
[江西萬載]萬載何氏族譜□□卷　(清)□□纂修　清光緒大山堂木活字印本　一册　存一卷(四)

360000－1901－0047346　500086
[江西萬載]萬載何氏族譜□□卷首一卷　(清)何亦洪纂修　清光緒三十一年(1905)廬江堂木活字印本　六册　存六卷(一至五、首一卷)

360000－1901－0047347　500085
[江西萬載]萬載何氏族譜八卷首一卷　(清)何允祥等修　(清)何定升　(清)何亦洪纂　清同治六年(1867)廬江堂木活字印本　六册　存六卷(二至四、六、八，首一卷)

360000－1901－0047348　500084

［江西萬載］萬載何氏族譜八卷首一卷末一卷　（清）何廷夔纂輯　清道光元年（1821）廬江堂木活字印本　八册　存八卷（一至二、四至五、七至八，首一卷，末一卷）

360000－1901－0047349　500312

［江西萬載］萬載湖源潘氏族譜三卷末一卷　（清）潘克升纂輯　（清）潘克紡等編修　清同治十年（1871）榮陽堂木活字印本　一册　存二卷（三、末一卷）

360000－1901－0047350　800490

［江西萬載］萬載黄茅周氏義門録一卷　（清）周金華纂修　清光緒二十三年（1897）愛蓮家塾木活字印本　一册

360000－1901－0047351　500234

［江西萬載］萬載茭湖張氏牌位譜二卷　（清）張高勝等纂修　清同治十三年（1874）孝友堂木活字印本　二册

360000－1901－0047352　500249

［江西萬載］萬載錦衣坊陳氏族譜□□卷提要卷首一卷　（清）□□纂修　清嘉慶考義堂木活字印本　一册　存一卷（提要卷首一卷）

360000－1901－0047353　500250

［江西萬載］萬載鏡山陳氏重修族譜□□卷　（清）陳錫鴻等纂修　清咸豐十一年（1861）木活字印本　一册　存一卷（六）

360000－1901－0047354　500251

［江西萬載］萬載鏡山陳氏重修族譜□□卷　（清）陳贊乾等纂修　清光緒二十五年（1899）德星堂木活字印本　一册　存一卷（七）

360000－1901－0047355　500078

［江西萬載］萬載李譜提要□卷　（清）李成菊等纂修　清嘉慶二年（1797）隴西堂木活字印本　一册　存一卷（下）

360000－1901－0047356　500064

［江西萬載］萬載李氏族譜二十一卷　（清）李呈芳　（清）李佩鑫纂修　清道光七年（1827）隴西堂木活字印本　十七册　存十七卷（一、三至八、十一至十八、二十至二十一）

360000－1901－0047357　500369

［江西萬載］萬載龍氏族譜□□卷　（清）龍起滄等纂修　清嘉慶十七年（1812）木活字印本　一册　存一卷（十三）

360000－1901－0047358　220383

［江西萬載］萬載龍氏族譜□□卷　（清）龍學川等纂修　清乾隆四十七年（1782）木活字印本　四册　存二卷（一至二）

360000－1901－0047359　220384

［江西萬載］萬載龍氏族譜□□卷　（清）龍學川等纂修　清乾隆四十七年（1782）木活字印本　二册　存二百十九葉（一百二十九至三百四十七）

360000－1901－0047360　500368

［江西萬載］萬載龍氏族譜□□卷末二卷（清）龍起滄等纂修　清嘉慶十七年（1812）木活字印本　十一册　存十二卷（十三至十四、十六、十八、二十至二十一、二十三、二十五至二十六、二十九，末二卷）

360000－1901－0047361　500370

［江西萬載］萬載龍氏族譜不分卷　（清）龍景嘉總修　（清）龍涌桃纂　清道光十九年（1839）木活字印本　六册

360000－1901－0047362　500371

［江西萬載］萬載龍氏族譜不分卷　（清）龍景嘉總修　（清）龍涌桃纂　清道光十九年（1839）木活字印本　二册　存序、目録、臨支、韶支、小府西房、鳳虞支、偉支、哲支、安仁等世系

360000－1901－0047363　500372

［江西萬載］萬載龍氏族譜不分卷　（清）龍貞修　（清）龍鳳斌纂　清光緒二年（1876）木活字印本　七册　存目録、善支、臨支、韶支、偉支、哲支、西房、東繼等世系

360000－1901－0047364　500373

［江西萬載］萬載龍氏族譜不分卷　（清）龍貞修　（清）龍鳳斌纂　清光緒二年（1876）木活

字印本　一册　存西房鳳虞支星公世系

360000－1901－0047365　500376

[江西萬載]萬載龍氏族譜二十卷首一卷　(清)龍景韶等纂修　清宣統二年(1910)木活字印民國十四年(1925)補修本　十九册　存十九卷(三至二十、首一卷)

360000－1901－0047366　500377

[江西萬載]萬載龍氏族譜二十卷首一卷　(清)龍景韶等纂修　清宣統二年(1910)木活字印民國十四年(1925)補修本　十三册　存十二卷(三至八、十三至十七、十九)

360000－1901－0047367　500378

[江西萬載]萬載龍氏族譜二十卷首一卷　(清)龍景韶等纂修　清宣統二年(1910)木活字印民國十四年(1925)修補本　十册　存十一卷(七至九、十一至十七、十九)

360000－1901－0047368　500379

[江西萬載]萬載龍氏族譜二十卷首一卷　(清)龍景韶等纂修　清宣統二年(1910)木活字印民國十四年(1925)修補本　三册　存三卷(七至八、萬載龍氏繼譜世系)

360000－1901－0047369　500374

[江西萬載]萬載龍氏族譜三十九卷首二卷末四卷　(清)龍友松等纂修　清光緒二十一年(1895)周瑤琳木活字印本　十一册　存十一卷(二、十八上、三十、三十二至三十五,首上,末一、三至四)

360000－1901－0047370　500375

[江西萬載]萬載龍氏族譜三十九卷首二卷末四卷　(清)龍友松等纂修　清光緒二十一年(1895)周瑤琳木活字印本　一册　存一卷(首上)

360000－1901－0047371　500355

[江西萬載]萬載龍田劉氏族譜□□卷　(清)□□纂修　清末彭城堂木活字印本　一册　存一卷(四)

360000－1901－0047372　500325

[江西萬載]萬載螺塘歐陽氏支譜□□卷　(清)□□纂修　清道光木活字印本　一册　存一卷(一)

360000－1901－0047373　500323

[江西萬載]萬載排江歐陽氏族譜四卷首一卷末一卷　(清)歐陽玉書等纂修　清同治十一年(1872)六一堂木活字印本　二册　存二卷(三、首一卷)

360000－1901－0047374　500322

[江西萬載]萬載排江歐陽氏族譜五卷首一卷　(清)歐陽韶仁修　(清)歐陽文纂　**附歐陽文忠公家譜源委一卷**　(清)歐陽韶仁修　(清)歐陽文纂　清嘉慶二十四年(1819)木活字印本　五册　存五卷(一至三、首一卷,歐陽文忠公家譜源委一卷)

360000－1901－0047375　500396

[江西萬載]萬載深塘鍾成公支譜□□卷　(清)□□纂修　清末穎川堂木活字印本　一册　存一卷(一)

360000－1901－0047376　500358

[江西萬載]萬載雙虹劉氏二房房譜首一卷末一卷　(清)劉師敞等纂修　清宣統元年(1909)墨莊堂木活字印本　二册

360000－1901－0047377　500356

[江西萬載]萬載雙虹劉氏重修族譜□□卷　(清)□□纂修　清道光墨莊堂木活字印本　一册　存二卷(一至二)

360000－1901－0047378　500357

[江西萬載]萬載雙虹劉氏重修族譜□□卷　(清)□□纂修　清末墨莊堂木活字印本　一册　存一卷(六)

360000－1901－0047379　500438

[江西萬載]萬載潭溪謝氏族譜□□卷　(清)□□纂修　清光緒寶樹堂木活字印本　一册　存二卷(一、二十)

360000－1901－0047380　500436

[江西萬載]萬載潭溪謝氏族譜□□卷　(清)□□纂修　清嘉慶寶樹堂木活字印本　四册　存四卷(七、九、十九至二十)

360000－1901－0047381　500437

[江西萬載]萬載潭溪謝氏族譜□□卷前編□□卷　(清)□□纂修　清咸豐寶樹堂木活字印本　一冊　存二卷(十七、前編二)

360000－1901－0047382　500177

[江西萬載]萬載潭溪徐氏族譜□□卷　(清)□□纂修　清同治東海堂木活字印本　一冊　存一卷(九)

360000－1901－0047383　500159

[江西萬載]萬載唐氏族譜七卷首一卷　(清)唐蕡纂修　清道光十六年(1836)晉陽堂木活字印本　七冊　存五卷(一至二、五至七)

360000－1901－0047384　500160

[江西萬載]萬載唐氏族譜十一卷首二卷　(清)唐景臯纂修　清光緒九年(1883)晉陽堂木活字印本　十四冊

360000－1901－0047385　500182

[江西萬載]萬載田下郭氏族譜□□卷　(清)郭光等修　(清)郭大曙纂　清道光四年(1824)木活字印本　一冊　存一卷(七)

360000－1901－0047386　500183

[江西萬載]萬載田下郭氏族譜□□卷　(清)郭治慶　(清)郭臻和等纂修　清咸豐四年(1854)木活字印本　一冊　存一卷(十)

360000－1901－0047387　500184

[江西萬載]萬載田下郭氏族譜十六卷首一卷末一卷　(清)郭備等修　(清)郭庚平等纂　清光緒十年(1884)木活字印本　五冊　存五卷(十至十一、十六,首一卷,末一卷)

360000－1901－0047388　500185

[江西萬載]萬載田下郭氏族譜十六卷首一卷末一卷　(清)郭備等修　(清)郭庚平等纂　清光緒十年(1884)木活字印本　五冊　存五卷(十至十一、十六,首一卷,末一卷)

360000－1901－0047389　500186

[江西萬載]萬載田下郭氏族譜十六卷首一卷末一卷　(清)郭備等修　(清)郭庚平等纂　清光緒十年(1884)木活字印本　二冊　存五卷(十至十一、十六,首一卷,末一卷)

360000－1901－0047390　800149

[江西萬載]萬載田心孫氏族譜八卷　(清)孫宸恩纂修　清光緒二十六年(1900)富春堂木活字印本　一冊　存一卷(一)

360000－1901－0047391　500176

[江西萬載]萬載田心孫氏族譜八卷　(清)孫翰閣修　(清)孫玉豐等纂　清光緒二十六年(1900)富春堂木活字印本　三冊　存三卷(五至六、八)

360000－1901－0047392　500175

[江西萬載]萬載田心孫氏族譜不分卷　(清)孫馨祖纂修　清道光二十九年(1849)富春堂木活字印本　一冊　存黼房世系

360000－1901－0047393　500041

[江西萬載]萬載汪氏族譜□□卷末一卷　(清)汪文傑等纂修　清道光十七年(1837)木活字印本　四冊　存四卷(六至七、九,末一卷)

360000－1901－0047394　500451

[江西萬載]萬載巫氏族譜□□卷　(清)□□纂修　清光緒木活字印本　二冊　存二卷(一、十四)

360000－1901－0047395　500068

[江西萬載]萬載小江西田背李氏族譜□□卷　(清)李世鋆　(清)李舒芬纂修　清光緒十一年(1885)忠武堂木活字印本　三冊　存二卷(一至二)

360000－1901－0047396　220375

[江西萬載]萬載辛氏族譜□□卷末一卷　(清)辛汝勷等纂修　清乾隆九年(1744)木活字印本　四冊　存七卷(世系第四圖三至四、七、十三,世系第五圖八、十四,末一卷)

360000－1901－0047397　800153

[江西萬載]萬載辛氏族譜二卷　(清)辛文彬等纂修　清乾隆四十四年(1779)木活字印本　一冊

360000－1901－0047398　220377
[江西萬載]萬載辛氏族譜九卷末一卷　(清)辛聚等纂修　清乾隆四十五年(1780)木活字印本　一册　存二卷(一至二)

360000－1901－0047399　220376
[江西萬載]萬載辛氏族譜九卷末一卷　(清)辛聚等纂修　清乾隆四十五年(1780)木活字印本(佚名增補至清嘉慶九年)　六册　缺三卷(四、七至八)

360000－1901－0047400　800150
[江西萬載]萬載辛氏族譜三十卷首一卷末一卷　(清)辛炳晟等纂修　清嘉慶十年(1805)木活字印本　十八册

360000－1901－0047401　800151
[江西萬載]萬載辛氏族譜三十卷首一卷末一卷　(清)辛炳晟等纂修　清嘉慶十年(1805)木活字印本　十册　存十九卷(五至八、十四至十六、十九至二十一、二十四至三十,首一卷,末一卷)

360000－1901－0047402　800152
[江西萬載]萬載辛氏族譜三十卷首一卷末一卷　(清)辛炳晟等纂修　清嘉慶十年(1805)木活字印本　三册　存七卷(二十四至三十)

360000－1901－0047403　800154
[江西萬載]萬載辛氏族譜十四卷首一卷末一卷　(清)辛汝勳等纂修　清乾隆九年(1744)木活字印本　二册　存四卷(一至二、首一卷、末一卷)

360000－1901－0047404　800155
[江西萬載]萬載辛氏族譜十四卷首一卷末一卷　(清)辛汝勳等纂修　清乾隆九年(1744)木活字印本　一册　存二卷(首一卷、末一卷)

360000－1901－0047405　500093
[江西萬載]萬載興仁林氏支譜□□卷首一卷末一卷　(清)林道衎　(清)林良茂纂修　清光緒八年(1882)西河堂木活字印本　一册　存二卷(首一卷、末一卷)

360000－1901－0047406　500165
[江西萬載]萬載袁氏族譜□□卷　(清)□□纂修　清光緒汝南堂木活字印本　一册　存一卷(一)

360000－1901－0047407　500164
[江西萬載]萬載袁氏族譜五卷首一卷　(清)袁芝秀等纂修　清道光二十一年(1841)汝南堂木活字印本　五册　存五卷(一、三至五,首一卷)

360000－1901－0047408　500240
[江西萬載]萬載雲峰張氏族譜十卷首一卷末一卷　(清)張士幹等纂修　清同治八年(1869)清河堂木活字印本　十册

360000－1901－0047409　500241
[江西萬載]萬載雲峰張氏族譜十三卷首一卷末一卷　(清)張逢都等纂修　清宣統元年(1909)清河堂木活字印本　九册　存十四卷(一至七、九至十三,首一卷,末一卷)

360000－1901－0047410　500242
[江西萬載]萬載雲峰張氏族譜十三卷首一卷末一卷　(清)張逢都等纂修　清宣統元年(1909)清河堂木活字印本　八册　存十三卷(一至四、六至七、九至十三,首一卷,末一卷)

360000－1901－0047411　500215
[江西萬載]萬載張氏六支合譜八卷　(清)張作翰修　(清)張作屏纂　清嘉慶十三年(1808)木活字印本　七册

360000－1901－0047412　500216
[江西萬載]萬載張氏六支合譜八卷　(清)張作翰修　(清)張作屏纂　清嘉慶十三年(1808)木活字印本　五册　存六卷(二至五、七至八)

360000－1901－0047413　162747
羣學肄言不分卷　(英國)斯賓塞爾撰　嚴復譯　清末樂羣社木活字印本　四册

360000－1901－0047414　220380
[江西萬載]萬載張氏六支譜□□卷　(清)□□纂修　清乾隆木活字印本　二册　存二

卷(三、傳文一)

360000－1901－0047415　220379
[江西萬載]萬載張氏六支譜□□卷　(清)張瓊　(清)張鏡等纂修　清乾隆八年(1743)文獻堂木活字印本(佚名增補至清乾隆五十五年)　三冊　存八卷(一至三、五至九)

360000－1901－0047416　500225
[江西萬載]萬載張氏六支族譜二卷首一卷　(清)張淡等纂修　清光緒三年(1877)木活字印本　十二冊　存卷上長房十一至三十三世,幼房六至二十七世、二十九至三十世;卷下一卷;首一卷

360000－1901－0047417　500226
[江西萬載]萬載張氏六支族譜二卷首一卷　(清)張淡等纂修　清光緒三年(1877)木活字印本　十一冊　存二卷(卷上長房六至三十世、幼房六至三十世,卷下一卷)

360000－1901－0047418　500227
[江西萬載]萬載張氏六支族譜二卷首一卷　(清)張淡等纂修　清光緒三年(1877)木活字印本　七冊　存卷上長房六至二十六世、幼房二十八至三十世,卷下一卷,首一卷

360000－1901－0047419　500228
[江西萬載]萬載張氏六支族譜二卷首一卷　(清)張淡等纂修　清光緒三年(1877)木活字印本　四冊　存二卷(卷上長房六至二十六世、幼房二十三至二十六世,卷下一卷)

360000－1901－0047420　500221
[江西萬載]萬載張氏六支族譜二卷首一卷　(清)張祿申等纂修　清光緒三十三年(1907)木活字印本　十四冊　存二卷(卷上長房六至三十四世、幼房六至三十二世,卷下一卷)

360000－1901－0047421　500222
[江西萬載]萬載張氏六支族譜二卷首一卷　(清)張祿申等纂修　清光緒三十三年(1907)木活字印本　十四冊　缺卷上第十二幼房三十一世

360000－1901－0047422　500223
[江西萬載]萬載張氏六支族譜二卷首一卷　(清)張祿申等纂修　清光緒三十三年(1907)木活字印本　七冊　存二卷(卷上長房六至二十七世、三十一至三十四世,幼房六至二十二世;卷下二十七世、三十世、三十二至三十四世)

360000－1901－0047423　500224
[江西萬載]萬載張氏六支族譜二卷首一卷　(清)張祿申等纂修　清光緒三十三年(1907)木活字印本　六冊　存卷上長房六至二十八世、三十世,幼房二十七世、二十九世;卷下一卷;首一卷

360000－1901－0047424　500491
[江西萬載]萬載張氏六支族譜二卷首一卷　(清)張祿申等纂修　清光緒三十三年(1907)木活字印本　一冊　存一卷(上)

360000－1901－0047425　500218
[江西萬載]萬載張氏六支族譜二卷首一卷　(清)張映笏等纂修　清道光二十二年(1842)木活字印本　十冊　存卷上長房六至二十六世、幼房六至三十二世,卷下一卷,首一卷

360000－1901－0047426　500219
[江西萬載]萬載張氏六支族譜二卷首一卷　(清)張映笏等纂修　清道光二十二年(1842)木活字印本　十冊　存二卷(卷上長房六至三十二世,幼房二十七世、二十九至三十二世;卷下一卷)

360000－1901－0047427　500220
[江西萬載]萬載張氏六支族譜二卷首一卷　(清)張映笏等纂修　清道光二十二年(1842)木活字印本　三冊　存一卷(卷上長房六至二十六世,幼房二十至二十七世、二十九世)

360000－1901－0047428　803213
[江西萬載]萬載株鎮巫氏重修支譜七卷首一卷末一卷　(清)巫禮熒等纂修　清嘉慶六年(1801)木活字印本　一冊　存一卷(首一卷)

360000－1901－0047429　900525
[江西萬載]汪樂育堂家塾冊不分卷　(清)汪

敷德等輯　清光緒七年(1881)木活字印本　一冊

360000－1901－0047430　900526
[江西萬載]汪樂育堂家塾冊不分卷　(清)汪敷德等輯　清光緒七年(1881)木活字印本　一冊

360000－1901－0047431　900527
[江西萬載]汪樂育堂家塾冊不分卷　(清)汪敷德等輯　清光緒七年(1881)木活字印本　一冊

360000－1901－0047432　900528
[江西萬載]汪樂育堂家塾冊不分卷　(清)汪敷德等輯　清光緒七年(1881)木活字印本　一冊

360000－1901－0047433　900529
[江西萬載]汪樂育堂家塾冊不分卷　(清)汪敷德等輯　清光緒七年(1881)木活字印本　一冊

360000－1901－0047434　900530
[江西萬載]汪樂育堂家塾冊不分卷　(清)汪敷德等輯　清光緒七年(1881)木活字印本　一冊

360000－1901－0047435　220374
[江西萬載]西平李氏族譜□□卷　(清)□□纂修　清康熙忠武堂木活字印本(記事至清康熙五年)　一冊　存一卷(三)

360000－1901－0047436　901055
[江西萬載]辛氏大祠公冊　(清)辛渤等撰　清光緒四年(1878)刻本　三冊

360000－1901－0047437　901056
[江西萬載]辛氏大祠公冊　(清)辛渤等撰　清光緒四年(1878)刻本　三冊

360000－1901－0047438　901057
[江西萬載]辛氏大祠公冊　(清)辛渤等撰　清光緒四年(1878)刻本　二冊

360000－1901－0047439　901058
[江西萬載]辛氏大祠公冊　(清)辛渤等撰　清光緒四年(1878)刻本　一冊

360000－1901－0047440　500055
[江西萬載]辛幼房祭先事件冊不分卷　(清)辛其章等纂修　清嘉慶二十年(1815)木活字印本　一冊

360000－1901－0047441　500422
[江西萬載]嚴氏牌譜二卷　(清)嚴祥科等纂修　清同治八年(1869)天水堂木活字印本　二冊

360000－1901－0047442　500423
[江西萬載]嚴氏主牌譜二卷　(清)嚴奕佑等纂修　清光緒三十三年(1907)天水堂木活字印本　二冊

360000－1901－0047443　900531
[江西萬載]以吾書院冊不分卷　(清)汪敷德等輯　清光緒十二年(1886)木活字印本　一冊

360000－1901－0047444　500235
[江西萬載]張氏族譜□□卷　(清)張朝忠等修　(清)張福逢等纂　清嘉慶十五年(1810)孝友堂木活字印本　一冊　存一卷(一)

360000－1901－0047445　500237
[江西萬載]張氏族譜五卷　(清)張家啓等纂修　清道光二十九年(1849)留候堂木活字印本　二冊　存二卷(一、四)

360000－1901－0047446　412274
[江西婺源][韓溪程氏世系錄]□□卷　(清)□□纂修　清木活字印本　一冊　存一卷(二)

360000－1901－0047447　802785
[江西婺源][胡氏家傳]不分卷　(清)□□纂修　清抄本　一冊

360000－1901－0047448　500117
[江西婺源]敦煌郡洪氏宗譜□□卷　(清)里村寶山書院纂修　清光緒木活字印本　一冊　存二卷(七至八)

360000－1901－0047449　800268

[江西婺源]燉煌洪氏譜□□卷　(清)洪鍾　(清)洪聲纂修　清同治八年(1869)抄本　一冊　存序、傳、跋

360000－1901－0047450　600327
榕村全書　(清)李光地撰　清刻本　十四冊　存二種

360000－1901－0047451　220359
[江西婺源]官源朱氏宗譜不分卷　(明)朱□纂修　明抄本(記事至萬曆三年)　一冊

360000－1901－0047452　500295
[江西婺源]韓溪程氏祠堂規約四卷首一卷　(清)程慊纂修　清宣統二年(1910)木活字印本(原缺卷四)　一冊

360000－1901－0047453　800409
[江西婺源]集錄本宗歷史一卷　(清)江□纂修　清抄本　一冊

360000－1901－0047454　500229
[江西婺源]甲道張氏宗譜□□卷　(清)□□纂修　清乾隆木活字印本　三冊　存三卷(三十四、三十七、四十)

360000－1901－0047455　123215
[江西婺源]考訂朱子世家一卷　(清)江永纂修　清同治六年(1867)刻本　一冊

360000－1901－0047456　220361
[江西婺源]里村[洪氏]派家紀譜系　(清)□□纂修　稿本(記事至清嘉慶十九年)　一冊　存信部

360000－1901－0047457　801272
[江西婺源]理田李氏世譜十六卷　(明)李寅賓　(明)李斌賢等纂修　明抄本　三冊　存十卷(一至十)

360000－1901－0047458　801273
[江西婺源]理田李氏宗譜□□卷　(明)□□纂修　明萬曆刻本　一冊　存一卷(六)

360000－1901－0047459　220360
[江西婺源]理田李氏宗譜六卷附二卷墓圖一卷　(明)李嗣堯等纂修　明萬曆四十年(1612)刻本(記事至明萬曆四十年)　二冊　存二卷(四至五)

360000－1901－0047460　800359
[江西婺源]龍溪俞氏家譜一卷　(清)□□纂修　清抄本　一冊

360000－1901－0047461　500042
[江西婺源]平陽汪氏宗譜五卷末一卷　(清)汪王仁等纂修　清光緒六年(1880)孝思堂木活字印本　二冊　存四卷(一至二、五,末一卷)

360000－1901－0047462　220357
[江西婺源]平盈方氏世譜五卷　(明)方元中　(明)方維禎纂修　明萬曆刻本(記事至明萬曆三十一年)　一冊　存一卷(五)

360000－1901－0047463　500002
[江西婺源]平盈方氏支譜五卷首一卷末一卷　(清)方鶴鳴纂修　清道光二十五年(1845)木活字印本　五冊　存五卷(二至五、末一卷)

360000－1901－0047464　803563
[江西婺源]清華胡仁德堂續修世譜二十七卷首一卷末一卷　(清)胡啓鬃等纂修　清抄本　一冊　存三卷(一至二、首一卷)

360000－1901－0047465　500119
[江西婺源]清華胡氏族譜十九卷首一卷　(清)胡焯　(清)胡元祿等纂修　清嘉慶六年(1801)木活字印本　二十冊

360000－1901－0047466　801143
[江西婺源]清華胡氏族譜一卷　(清)胡德泰等纂修　清抄本　一冊

360000－1901－0047467　500118
[江西婺源]仁里明經胡氏支譜八卷首一卷　(清)胡曰霄　(清)胡曰瀅纂修　清同治八年(1869)惇敘堂木活字印本　一冊　存一卷(首一卷)

360000－1901－0047468　805198
[江西婺源]雙杉王氏世譜□□卷　(清)王□

等纂修　清刻本　一册　存二卷(九至十)

360000－1901－0047469　220355

[江西婺源]**雙杉王氏世譜十卷首一卷**　(清)王居璠等纂修　清雍正十二年(1734)孝睦堂木活字印本　七册　缺一卷(十)

360000－1901－0047470　500016

[江西婺源]**雙杉王氏支譜□□卷**　(清)王肇基等纂修　清咸豐十年(1860)孝睦堂木活字印本　三册　存三卷(四、六、十一)

360000－1901－0047471　800313

[江西婺源]**桐川羅浮朱氏宗譜九卷**　(清)朱□纂修　清抄本　一册　存一卷(二)

360000－1901－0047472　220358

[江西婺源]**婺源尚書方氏宗譜□□卷首一卷末一卷**　(清)方有灝等纂修　清乾隆四十八年(1783)木活字印本　四册　存八卷(四至五、八至九、十六至十七,首一卷,末一卷)

360000－1901－0047473　220362

[江西婺源]**婺源桃溪潘氏族譜二十一卷**　(明)潘文僑纂修　明崇禎九年(1636)刻本　一册　存七卷(七至十三)

360000－1901－0047474　500293

[江西婺源]**新安程氏龍山玉堂宗譜□□卷**　(清)程起敬等纂修　清末木活字印本　一册　存一卷(三)

360000－1901－0047475　220356

[江西婺源]**新安武口王氏總譜十二集二百六十四卷**　(清)王文進等纂修　清乾隆四十五年(1780)刻本　六册　存五集三十四卷(首集一至四,甲集三十五至四十、五十五至七十,乙集十二至十六,丙集四之二,未集三至四)

360000－1901－0047476　500230

[江西婺源]**星源甲道張氏宗譜□□卷**　(清)□□纂修　清道光木活字印本　六册　存六卷(九、十八、四十一、五十四、五十六至五十七)

360000－1901－0047477　800398

[江西婺源]**學楷公本支家譜一卷**　(清)朱承鈺纂修　清道光二十六年(1846)抄本　一册

360000－1901－0047478　121329

[江西新城]**桃溪楊氏先德錄二卷**　(清)楊希閔輯　清咸豐三年(1853)江西新城楊氏刻本　一册

360000－1901－0047479　500294

[江西新建]**程氏宗譜不分卷**　(清)程逢露等修　(清)程新輛等纂　清咸豐七年(1857)木活字印本　十二册

360000－1901－0047480　500445

[江西新余]**馬陂錢氏重修族譜四卷首一卷**　(清)錢國瑞修　(清)錢林青纂　清光緒三十一年(1905)崇本堂木活字印本　四册

360000－1901－0047481　500284

[江西宜春]**北關楊氏族譜十卷首一卷**　(清)楊錫球纂修　清嘉慶十二年(1807)四知堂木活字印本　三册　存七卷(一至六、首一卷)

360000－1901－0047482　500257

[江西宜春]**陳氏族譜不分卷**　(清)□□纂修　清道光潁川堂木活字印本　一册　存德隆支、聖一支、宗堯支

360000－1901－0047483　500255

[江西萬載]**陳氏族譜不分卷**　(清)陳廷修等纂修　清道光德星堂木活字印本　一册　存中興公房廣述世系、中興公房分端清世系

360000－1901－0047484　500098

[江西宜春]**赤溪塘下易氏宗譜□□卷**　(清)□□纂修　清光緒元年(1875)重桂堂木活字印本　一册　存一卷(一)

360000－1901－0047485　500387

[江西宜春]**戴氏族譜四卷首一卷**　(清)戴祥光等纂修　清道光二十二年(1842)譙國堂木活字印本　一册　存一卷(首一卷)

360000－1901－0047486　500333

[江西宜春]**鄧氏家譜三卷**　(清)鄧俊瑚

（清）鄧俊瑞纂修　清道光五年（1825）南陽堂木活字印本　三冊

360000－1901－0047487　500334
［江西宜春］鄧氏家譜三卷　（清）鄧俊瑚（清）鄧俊瑞纂修　清道光五年（1825）南陽堂木活字印本　二冊

360000－1901－0047488　500335
［江西宜春］鄧氏家譜三卷　（清）鄧俊瑚（清）鄧俊瑞纂修　清道光五年（1825）南陽堂木活字印本　二冊

360000－1901－0047489　500336
［江西宜春］鄧氏家譜三卷　（清）鄧俊瑚（清）鄧俊瑞纂修　清道光五年（1825）南陽堂木活字印本　二冊

360000－1901－0047490　500337
［江西宜春］鄧氏家譜三卷　（清）鄧俊瑚（清）鄧俊瑞纂修　清道光五年（1825）南陽堂木活字印本　二冊

360000－1901－0047491　500338
［江西宜春］鄧氏家譜三卷　（清）鄧俊瑚（清）鄧俊瑞纂修　清道光五年（1825）南陽堂木活字印本　一冊　存一卷（一）

360000－1901－0047492　500339
［江西宜春］鄧氏重修族譜十卷　（清）鄧達上等纂修　清同治十三年（1874）南陽堂木活字印本　五冊　存五卷（一至四、六）

360000－1901－0047493　500410
［江西宜春］韓祠主譜三卷　（清）韓錦蓮等纂修　清同治七年（1868）南陽堂木活字印本　三冊

360000－1901－0047494　500405
［江西宜春］韓祠主譜三卷　（清）韓修五（清）韓時發纂修　清道光二十一年（1841）南陽堂木活字印本　三冊

360000－1901－0047495　500406
［江西宜春］韓祠主譜三卷　（清）韓修五（清）韓時發纂修　清道光二十一年（1841）南陽堂木活字印本　三冊

360000－1901－0047496　500407
［江西宜春］韓祠主譜三卷　（清）韓修五（清）韓時發纂修　清道光二十一年（1841）南陽堂木活字印本　三冊

360000－1901－0047497　500408
［江西宜春］韓祠主譜三卷　（清）韓修五（清）韓時發纂修　清道光二十一年（1841）南陽堂木活字印本　二冊　存二卷（一至二）

360000－1901－0047498　500409
［江西宜春］韓祠主譜三卷　（清）韓修五（清）韓時發纂修　清道光二十一年（1841）南陽堂木活字印本　二冊　存二卷（一至二）

360000－1901－0047499　500409－1
［江西宜春］韓祠主譜三卷　（清）韓修五（清）韓時發纂修　清道光二十一年（1841）南陽堂木活字印本　一冊

360000－1901－0047500　500409－2
［江西宜春］韓祠主譜三卷　（清）韓修五（清）韓時發纂修　清道光二十一年（1841）南陽堂木活字印本　一冊

360000－1901－0047501　500232
［江西宜春］環溪張氏族譜八卷末一卷　（清）張洪霓修　（清）張和璧纂　清光緒元年（1875）清河堂木活字印本　一冊　存二卷（八、末一卷）

360000－1901－0047502　500095
［江西宜春］洄溪林氏族譜□□卷　（清）□□纂修　清道光木活字印本　一冊　存一卷（一）

360000－1901－0047503　500363
［江西宜春］集溪盧氏族譜二卷　（清）盧森枝纂修　清道光五年（1825）范陽堂木活字印本　二冊

360000－1901－0047504　500316
［江西豐城］駱氏族譜不分卷　（清）□□纂修　清光緒內黃堂木活字印本　五冊

360000－1901－0047505　500317
［江西豐城］駱氏族譜不分卷　（清）□□纂修　清光緒内黄堂木活字印本　一冊　存子昌公世系

360000－1901－0047506　500395
［江西萬載］萬載昌田鍾氏族譜□□卷　（清）□□纂修　清孝思堂木活字印本　二冊　存二卷（一、十三）

360000－1901－0047507　500052
［江西萬載］萬載辛氏幼房譜十卷　（清）辛汝瑩等纂修　清道光十六年（1836）木活字印本　三冊　存四卷（一、六至七、十）

360000－1901－0047508　500048
［江西萬載］辛氏族譜□□卷　（清）□□纂修　清木活字印本　一冊　存一卷（順三房世系第三至五編）

360000－1901－0047509　500103
［江西宜春］嚴溪周氏宗譜　（清）周家欞主修　清道光五年（1825）文保堂木活字印本　一冊　存一卷（六）

360000－1901－0047510　500104
［江西宜春］嚴溪周氏宗譜六卷附三卷　（清）周縉主修　清道光二十三年（1843）文保堂木活字印本　六冊　存七卷（一至二、五至六，附三卷）

360000－1901－0047511　500286
［江西宜春］宜春北關五甲楊氏支譜八卷首一卷　（清）楊淑田修　（清）楊淑庶纂　清光緒三十二年（1906）道南堂木活字印本　六冊　存五卷（一至三、五，首一卷）

360000－1901－0047512　500287
［江西宜春］宜春北關五甲楊氏支譜八卷首一卷　（清）楊淑田修　（清）楊淑庶纂　清光緒三十二年（1906）道南堂木活字印本　一冊　存一卷（三）

360000－1901－0047513　500285
［江西宜春］宜春北關楊氏族譜八首一卷　（清）楊錫謨纂修　清道光二十九年（1849）道南堂木活字印本　二冊　存三卷（七至八、首一卷）

360000－1901－0047514　500231
［江西宜春］宜春東隅張氏族譜二卷首一卷　（清）□□纂修　清道光十八年（1838）百忍堂木活字印本　一冊

360000－1901－0047515　500163
［江西宜春］宜春袁氏族譜□□卷　（清）□□纂修　清光緒西山堂木活字印本　一冊　存一卷（二）

360000－1901－0047516　500162
［江西宜春］宜春袁氏族譜□□卷　（清）□□纂修　清同治西山堂木活字印本　一冊　存一卷（二）

360000－1901－0047517　500105
［江西宜春］宜邑柳溪周氏族譜二卷首一卷末一卷　（清）周吉臨修　（清）周人廉等纂　清道光十年（1830）濂溪堂木活字印本　四冊

360000－1901－0047518　500106
［江西宜春］宜邑柳溪周氏族譜二卷首一卷末一卷　（清）周吉臨修　（清）周人廉等纂　清道光十年（1830）濂溪堂木活字印本　一冊　存一卷（二）

360000－1901－0047519　500107
［江西宜春］宜邑柳溪周氏族譜二卷首一卷末一卷　（清）周吉臨修　（清）周人廉等纂　清道光十年（1830）濂溪堂木活字印本　一冊　存二卷（宜邑柳溪周氏族譜二卷）

360000－1901－0047520　721211
［江西宜春］袁郡藍祠主譜二卷　（清）藍元勳纂修　清道光十三年（1833）汝南堂木活字印本　二冊

360000－1901－0047521　721211－1
［江西宜春］袁郡藍祠主譜二卷　（清）藍元勳纂修　清道光十三年（1833）汝南堂木活字印本　二冊

360000－1901－0047522　721211－2

[江西宜春]袁郡藍祠主譜二卷　(清)藍元勳纂修　清道光十三年(1833)汝南堂木活字印本　一册　存一卷(一)

360000－1901－0047523　721211－3

[江西宜春]袁郡藍祠主譜二卷　(清)藍元勳纂修　清道光十三年(1833)汝南堂木活字印本　一册　存一卷(一)

360000－1901－0047524　500342

[江西宜春]袁郡衛前劉祠主譜二卷　(清)劉碩甫等纂修　清光緒十一年(1885)木活字印本　一册

360000－1901－0047525　500343

[江西宜春]袁郡衛前劉祠主譜二卷　(清)劉碩甫等纂修　清光緒十一年(1885)木活字印本　一册

360000－1901－0047526　500344

[江西宜春]袁郡衛前劉祠主譜二卷　(清)劉碩甫等纂修　清光緒十一年(1885)木活字印本　一册

360000－1901－0047527　500346

[江西宜春]袁郡衛前劉祠主譜二卷　(清)劉碩甫等纂修　清光緒十一年(1885)木活字印本　一册

360000－1901－0047528　500347

[江西宜春]袁郡衛前劉祠主譜二卷　(清)劉碩甫等纂修　清光緒十一年(1885)木活字印本　一册

360000－1901－0047529　500434

[江西宜春]袁郡謝公祠牌位册不分卷　(清)謝歷科等纂修　清光緒十五年(1889)陳留堂木活字印本　一册

360000－1901－0047530　500391

[江西宜春]袁郡鍾祠主譜不分卷　(清)鍾斯英等纂修　清道光七年(1827)潁川堂木活字印本　一册

360000－1901－0047531　500083

[江西宜豐]渤海吴氏族譜□□卷　(清)□□纂修　清光緒華封堂木活字印本　一册　存一卷(三)

360000－1901－0047532　900942

[江西宜豐]城東漆氏孝思堂崇祀録不分卷　(清)□□撰　清刻本　一册

360000－1901－0047533　900943

[江西宜豐]城東漆氏竹庵翁祠崇祀録不分卷　(清)□□撰　清刻本　一册

360000－1901－0047534　220373

[江西宜豐]龔氏譜略一卷　(清)龔自謙纂修　清乾隆三十一年(1766)澧溪忠孝堂木活字印本　一册

360000－1901－0047535　500433

[江西宜豐]龔氏三修族譜□□卷　(清)□□纂修　清乾隆木活字印本　一册　存一卷(十五)

360000－1901－0047536　500092

[江西宜豐]廬江況氏族譜□□卷　(清)□□纂修　清同治親睦堂木活字印本　一册　存一卷(四)

360000－1901－0047537　900939

[江西宜豐]漆氏附祭會録不分卷　(清)漆淑陶等撰　清道光二十五年(1845)木活字印本　一册

360000－1901－0047538　900940

[江西宜豐]漆氏附祭會録不分卷　(清)漆淑陶等撰　清道光二十五年(1845)木活字印本　一册

360000－1901－0047539　900941

[江西宜豐]漆氏附祭會録不分卷　(清)漆淑陶等撰　清道光二十五年(1845)木活字印本　一册

360000－1901－0047540　500307

[江西宜豐]漆氏族譜不分卷　(清)□□纂修　清道光木活字印本　一册　存曹溪慶旺公植下、曹溪慶順公植下

360000－1901－0047541　900522

[江西宜豐]三鄉大圖會記不分卷　(清)□□輯　清木活字印本　一册

360000－1901－0047542　900521
[江西宜豐]三鄉義倉譜二卷　(清)□□輯　清道光十年(1830)木活字印本　一册　存一卷(上)

360000－1901－0047543　500269
[江西宜豐]鄔氏族譜□□卷　(清)□□纂修　清光緒三十二年(1906)木活字印本　一册　存三卷(八至九、十三)

360000－1901－0047544　500158
[江西宜豐]五鹽棠浦席氏重修族譜□□卷　(清)席燊纂修　清光緒七年(1881)木活字印本　九册　存八卷(一至二、四、六至十)

360000－1901－0047545　901232
[江西宜豐]新昌興賢堂志不分卷　(清)宋大寅等撰　清同治七年(1868)刻本　一册

360000－1901－0047546　901230
[江西宜豐]新天興賢會續修崇祀錄不分卷　(清)宋大寅等撰　清光緒十七年(1891)刻本　一册

360000－1901－0047547　500309
[江西宜豐]熊氏秀翁植下支譜不分卷　(清)熊炳星等纂修　清道光四年(1824)木活字印本　一册　存序、遁軒翁墓志銘、世系圖

360000－1901－0047548　121515
[江西弋陽]陳文正公家乘四卷首一卷　(清)陳文典纂修　清道光三年(1823)弋陽陳氏祠堂刻本　二册

360000－1901－0047549　121516
[江西弋陽]陳文正公家乘四卷首一卷　(清)陳文典纂修　清道光三年(1823)弋陽陳氏祠堂刻本　一册　存三卷(一至三)

360000－1901－0047550　500201
[江西修水]黄氏課最堂重修祠志二卷　(清)黄文鳳　(清)黄紹堅等纂修　清光緒九年(1883)課最堂木活字印本　二册

360000－1901－0047551　500291
[江西永新]賀氏十一修族譜□□卷　(清)□□纂修　清末鏡湖堂木活字印本　三册　存四卷(一至四)

360000－1901－0047552　122199
[江西樂安]撫樂董氏續修鄉賢錄四卷　(清)董芝蘭編　清道光六年(1826)刻本　四册

360000－1901－0047553　500459
[江西樂安]西溪何氏拾貳修族譜不分卷　(清)何世任　(清)何元育纂修　清光緒五年(1879)木活字印本　一册　存舊序、文獻錄、記、祭文、條墩、修譜人名、世系

360000－1901－0047554　220371
[江西樂安]象峰元氏六修族譜不分卷　(清)□□纂修　清乾隆二十九年(1764)木活字印本(記事至清乾隆二十九年)　一册　存境跡、祠堂記、田畝、世系、廟記等

360000－1901－0047555　803720
[江西樂平]燉煌郡洪氏通宗譜不分卷　(清)洪氏族人纂修　清抄本　一册

360000－1901－0047556　800266
[江西樂平]燉煌郡洪氏統宗譜□□卷　(清)虹鍾坦輯　清抄本　三册　存十一卷(八至十二、二十八至三十三)

360000－1901－0047557　500202
[江西樟樹]窗前黄氏族譜不分卷　(清)黄登弟等纂修　清道光十五年(1835)積厚堂木活字印本　一册　存序、世系圖、源流等

360000－1901－0047558　500195
[江西樟樹]東里黄氏重修族譜十四卷　(清)黄振載修　清道光二十三年(1843)奉思堂木活字印本　二册　存二卷(一、十三)

360000－1901－0047559　500288
[江西樟樹]清江楊氏五修族譜二卷　(清)楊式坫　(清)楊能濟纂修　清光緒二十三年(1897)木活字印本　六册

360000－1901－0047560　123508

[江西諮議局報告]三種　(清)江西諮議局輯　清宣統二年(1910)鉛印本　四冊

360000－1901－0047561　805053
[江右龍脈鈐記]不分卷　(□)□□輯　清抄本　一冊

360000－1901－0047562　803684
[江右時文選評]不分卷　(清)曹文埴輯　清乾隆三十九年(1774)抄本　一冊

360000－1901－0047563　803295
[解字]□卷　(□)□□輯　清抄本　一冊　存一卷(二蕭)

360000－1901－0047564　801864
[進表]不分卷　(明)□□輯　清抄本　一冊

360000－1901－0047565　803634
[進出存付簿]不分卷(清咸豐四年至同治九年)　(清)□□輯　稿本　一冊

360000－1901－0047566　804280
[京劇劇目]二種　(□)□□輯　清抄本　一冊

360000－1901－0047567　800818
[經傳八股文摘抄]不分卷　(清)□□輯　清抄本　一冊

360000－1901－0047568　802661
[經典異文]不分卷　(□)□□輯　清抄本　一冊

360000－1901－0047569　801176
[經史雜鈔]不分卷　(□)□□輯　清抄本　一冊

360000－1901－0047570　800675
[經史雜談]二卷　(□)□□撰　清刻本　一冊

360000－1901－0047571　110427
[景定]建康志五十卷　(宋)馬光祖修　(宋)周應合纂　清嘉慶七年(1802)金陵孫忠愍祠刻本　十六冊　存三十一卷(一至三十一)

360000－1901－0047572　110703
[景定]嚴州續志十卷　(宋)錢可則修　(宋)鄭瑤　(宋)方仁榮纂　清光緒二十二年(1896)桐廬袁氏刻漸西村舍彙刊本　二冊

360000－1901－0047573　318118－14
[警句摘抄]不分卷　(□)□□輯　清抄本　一冊

360000－1901－0047574　803636
[敬宗堂賬簿]不分卷(清光緒七年至一九四九年)　(清)□□輯　稿本　一冊

360000－1901－0047575　802720
[捐例鈔]不分卷　(清)□□輯　清抄本　一冊

360000－1901－0047576　804289
[軍政策論文]不分卷　(□)□□輯　清抄本　一冊

360000－1901－0047577　803626
[軍家總簿]不分卷(清光緒二十七年至宣統二年)　(清)□□輯　稿本　一冊

360000－1901－0047578　802342
[堪輿]不分卷　(□)□□輯　清抄本　一冊

360000－1901－0047579　802344
[堪輿]不分卷　(□)□□輯　清抄本　一冊

360000－1901－0047580　802660
[堪輿]不分卷　(□)□□輯　清抄本　一冊

360000－1901－0047581　802764
[堪輿]不分卷　(□)□□輯　清抄本　一冊

360000－1901－0047582　803864
[堪輿]不分卷　(□)□□輯　清抄本　一冊

360000－1901－0047583　800561
[堪輿]一卷　(□)□□輯　清道光八年(1828)蔭泉抄本　一冊

360000－1901－0047584　800576
[堪輿]一卷　(□)□□撰　清抄本　一冊

360000－1901－0047585　800579
[堪輿]一卷　(□)□□撰　清抄本　一冊

360000－1901－0047586　800347
［堪輿］一卷　（清）黄亭邱撰　清抄本　一冊

360000－1901－0047587　230565
［堪輿便覽］□□卷　（□）□□撰　清抄本　二冊

360000－1901－0047588　803897
［堪輿書鈔］不分卷　（□）□□輯　清抄本　一冊

360000－1901－0047589　803900
［堪輿書鈔］不分卷　（□）□□輯　清抄本　一冊

360000－1901－0047590　801845
［堪輿圖］不分卷　（清）□□輯　清抄本　一冊

360000－1901－0047591　220629
［康熙］奉新縣志十四卷　（清）黄虞再修　（清）閔鉞等纂　清康熙元年（1662）刻本　八冊

360000－1901－0047592　220630
［康熙］奉新縣志十四卷　（清）黄虞再修　（清）閔鉞等纂　清康熙元年（1662）刻本　一冊　存二卷（十二、十四）

360000－1901－0047593　421094
［康熙］奉新縣志十四卷　（清）黄虞再修　（清）閔鉞纂　清康熙元年（1662）刻本　七冊　存十二卷（一、四至十四）

360000－1901－0047594　220651
［康熙］撫州府志三十五卷首一卷　（清）劉玉瓚修　（清）饒昌胤纂　清康熙四年（1665）刻本　十五冊　缺一卷（五）

360000－1901－0047595　220681
［康熙］鞏昌府志二十八卷　（明）楊恩原本　（清）紀元續修　清康熙二十七年（1688）刻本　四冊　存十四卷（一至十四）

360000－1901－0047596　721196
［康熙］鞏昌府志二十八卷　（明）楊恩纂修　（清）紀元續修　清康熙二十七年（1688）刻本　三冊　存七卷（十五至十九、二十一至二十二）

360000－1901－0047597　110680
［康熙］花縣志四卷　（清）王永名修　（清）黄士龍　（清）黄虞纂　清同治五年（1866）刻本　四冊

360000－1901－0047598　220643
［康熙］建昌府志二十六卷　（清）高天爵　（清）李丕先修　（清）吳挺之等纂　清康熙十二年（1673）刻本　三冊　存八卷（一、四至十）

360000－1901－0047599　220570
［康熙］江寧府志三十四卷　（清）陳開虞纂修　清康熙七年（1668）刻本　十二冊

360000－1901－0047600　220615
［康熙］江西通志五十四卷　（清）于成龍等修　（清）杜果等纂　清康熙二十二年（1683）刻本　三十九冊　缺一卷（十八）

360000－1901－0047601　220586
［康熙］開封府志四十卷　（清）管竭忠修　（清）張沐纂　清康熙三十四年（1695）刻本　六冊　缺十九卷（一至十四、三十六至四十）

360000－1901－0047602　110748
［康熙］開封府志四十卷　（清）管竭忠修　（清）張沐纂　清康熙三十四年（1695）刻同治二年（1863）補刻本　十冊　存三十四卷（三至九、十四至四十）

360000－1901－0047603　220686
［康熙］連陽八排風土記十卷　（清）李來章纂　清康熙四十七年（1708）刻本　四冊　缺三卷（八至十）

360000－1901－0047604　115164
［康熙］潋水志林二十六卷　（清）張尚瑗纂修　清同治木活字印本　八冊

360000－1901－0047605　220653
［康熙］臨江府志十六卷　（清）施閏章等修　（清）高詠等纂　清康熙七年（1668）刻十九年

(1680)增修本　六冊

360000－1901－0047606　220654
[康熙]臨江府志十六卷　(清)施閏章等修　(清)高詠等纂　清康熙七年(1668)刻十九年(1680)增修本　七冊

360000－1901－0047607　220566
[康熙]靈壽縣志十卷末一卷　(清)陸隴其修　(清)傅維橒纂　清康熙二十五年(1686)刻本　四冊

360000－1901－0047608　220621
[康熙]南昌郡乘五十五卷　(清)葉舟修　(清)陳弘緒纂　清康熙二年(1663)刻本　八冊　存十四卷(十六、十九、四十三至五十四)

360000－1901－0047609　110663
[康熙]寧化縣志七卷　(清)祝文郁修　(清)李世熊纂　清同治八年(1869)蔣澤沅刻本　八冊

360000－1901－0047610　110664
[康熙]寧化縣志七卷　(清)祝文郁修　(清)李世熊纂　清同治八年(1869)蔣澤沅刻本　三冊　存三卷(二、六至七)

360000－1901－0047611　110764
[康熙]寧化縣志七卷　(清)祝文郁修　(清)李世熊纂　清同治八年(1869)蔣澤沅刻本　七冊

360000－1901－0047612　110595
[康熙]潛江縣志二十卷首一卷　(清)劉煥修　(清)朱載震纂　清光緒五年(1879)傳經書院刻本　八冊

360000－1901－0047613　110548
[康熙]衢州府志四十卷首一卷　(清)楊廷望纂修　清光緒八年(1882)劉國光刻本　十二冊

360000－1901－0047614　110549
[康熙]衢州府志四十卷首一卷　(清)楊廷望纂修　清光緒八年(1882)劉國光刻本　十二冊

360000－1901－0047615　110550
[康熙]衢州府志四十卷首一卷　(清)楊廷望纂修　清光緒八年(1882)劉國光刻本　十二冊

360000－1901－0047616　220633
[康熙]饒州府志四十卷首一卷　(清)王澤洪修　(清)吳俊等纂　清康熙十一年(1672)刻二十三年(1684)黃家遴增刻本　十二冊

360000－1901－0047617　220634
[康熙]饒州府志四十卷首一卷　(清)王澤洪修　(清)吳俊等纂　清康熙十一年(1672)刻二十三年(1684)黃家遴增刻本　二十冊

360000－1901－0047618　220616
[康熙]西江志二百六卷圖一卷　(清)白潢修　(清)查慎行等纂　清康熙五十九年(1720)刻本　八十冊

360000－1901－0047619　220617
[康熙]西江志二百六卷圖一卷　(清)白潢修　(清)查慎行等纂　清康熙五十九年(1720)刻本　一百十八冊

360000－1901－0047620　220618
[康熙]西江志二百六卷圖一卷　(清)白潢修　(清)查慎行等纂　清康熙五十九年(1720)刻本　八十冊

360000－1901－0047621　418088
[康熙]西江志二百六卷圖一卷　(清)白潢修　(清)查慎行等纂　清康熙五十九年(1720)刻本　三十五冊　存六十七卷(一至四、十八至二十二、四十八至四十九、五十四至五十六、六十至六十九、八十七至九十二、一百二十六至一百二十七、一百三十四至一百三十六、一百三十八至一百三十九、一百四十五至一百四十六、一百五十至一百五十三、一百六十至一百六十一、一百六十八至一百七十七、一百八十至一百八十五、一百八十八至一百八十九、二百一至二百三,圖一卷)

360000－1901－0047622　418088－1
[康熙]西江志二百六卷圖一卷　(清)白潢修

（清）查慎行等纂　清康熙五十九年（1720）刻本　四册　存十卷（三至五、十二至十八）

360000－1901－0047623　421131
［康熙］新昌縣志六卷　（清）吉必兆修　（清）羅良鵬等纂　清康熙二十二年（1683）刻本　五册

360000－1901－0047624　220584
［康熙］新城縣志十四卷首一卷　（清）崔懋修　（清）嚴濂曾纂　**續志二卷**　（清）孫元衡修　（清）王啓涑纂　清康熙三十二年至三十六年（1693－1697）刻本　五册　缺四卷（三至六）

360000－1901－0047625　802394
［課藝］不分卷　（清）□□輯　清抄本　一册

360000－1901－0047626　803896
［課藝］六十課　（清）□□輯　清抄本　一册

360000－1901－0047627　803997
［課藝評］不分卷　（清）□□輯　清抄本　一册

360000－1901－0047628　801393
［課藝選］不分卷　（清）□□輯　清抄本　一册

360000－1901－0047629　803316
［課藝選］不分卷　（清）□□輯　清抄本　一册

360000－1901－0047630　803394
［課藝選］不分卷　（清）□□輯　清抄本　一册

360000－1901－0047631　803403
［課藝選］不分卷　（清）□□輯　清抄本　一册

360000－1901－0047632　803407
［課藝選］不分卷　（清）□□輯　清抄本　一册

360000－1901－0047633　803408
［課藝選］不分卷　（清）□□輯　清抄本　一册

360000－1901－0047634　803411
［課藝選］不分卷　（清）□□輯　清抄本　一册

360000－1901－0047635　803414
［課藝選］不分卷　（清）□□輯　清抄本　一册

360000－1901－0047636　803415
［課藝選］不分卷　（清）□□輯　清抄本　一册

360000－1901－0047637　803422
［課藝選］不分卷　（清）□□輯　清抄本　一册

360000－1901－0047638　803426
［課藝選］不分卷　（清）□□輯　清抄本　一册

360000－1901－0047639　803455
［課藝選］不分卷　（清）□□輯　清抄本　一册

360000－1901－0047640　803925
［課藝選］不分卷　（清）□□輯　清抄本　一册

360000－1901－0047641　803939
［課藝選］不分卷　（清）□□輯　清抄本　一册

360000－1901－0047642　803952
［課藝選］不分卷　（清）□□輯　清抄本　一册

360000－1901－0047643　803960
［課藝選］不分卷　（清）□□輯　清抄本　一册

360000－1901－0047644　803979
［課藝選］不分卷　（清）□□輯　清抄本　一册

360000－1901－0047645　803984
［課藝選］不分卷　（清）□□輯　清抄本　一册

360000－1901－0047646　407638
[空山堂四書文]不分卷　(清)牛運震撰　清刻本　一册

360000－1901－0047647　802681
[禮記]不分卷　(清)□□輯　清抄本　二册

360000－1901－0047648　804523
[禮記論]不分卷　(清)□□輯　清刻本　一册

360000－1901－0047649　804711
[禮記時文制藝]不分卷　(清)□□輯　清刻本　三册

360000－1901－0047650　802327
[禮記選抄]不分卷　(清)□□輯　清抄本　一册

360000－1901－0047651　800559
[禮書]□□卷　(清)□□撰　清抄本　一册　存三卷(三至五)

360000－1901－0047652　803348
[禮儀]不分卷　(清)□□輯　清抄本　一册

360000－1901－0047653　803975－1
[禮制]不分卷　(清)□□輯　清抄本　一册

360000－1901－0047654　408383
[痢科時疫雜疫幼科要錄]五卷　(清)李笏堂輯　清咸豐九年(1859)刻本　一册

360000－1901－0047655　164276
[歷朝總論]不分卷　(明)□□輯　明崇禎十五年(1642)文奎堂刻本　一册

360000－1901－0047656　802691
[歷代帝王傳]不分卷　(清)□□輯　清抄本　一册

360000－1901－0047657　800548
[歷代帝王紀要]不分卷　(□)□□撰　清抄本　一册

360000－1901－0047658　400622
[歷代干支編年]不分卷　(□)□□輯　清木活字印本　一册

360000－1901－0047659　901758－1
[歷科殿試策]不分卷　(清)□□輯　清末石印本　一册

360000－1901－0047660　804277
[歷史綱目]二卷　(□)□□輯　清抄本　一册　存一卷(上)

360000－1901－0047661　804859
[曆書]不分卷　(□)□□輯　清刻本　一册

360000－1901－0047662　802834
[曆書]不分卷　(清)□□輯　清刻本　一册

360000－1901－0047663　802363
[蓮溪氏詩文稿]不分卷　(清)蓮溪氏撰　稿本　一册

360000－1901－0047664　802355
[聯語]不分卷　(清)□□輯　清抄本　一册

360000－1901－0047665　802383
[聯語]不分卷　(清)□□輯　清抄本　一册

360000－1901－0047666　802393
[聯語]不分卷　(清)□□輯　清抄本　一册

360000－1901－0047667　802708
[聯語]不分卷　(清)□□輯　清抄本　二册

360000－1901－0047668　803807
[聯語]不分卷　(清)□□輯　清抄本　一册

360000－1901－0047669　318583
[臨川十寶]十卷　(清)李宗瀚輯　清光緒十九年(1893)蜚英館石印本　十册

360000－1901－0047670　804004
[流水簿]不分卷(清道光二十四年至同治五年)　(清)□□輯　稿本　一册

360000－1901－0047671　804015
[流水簿]不分卷(清道光二十一年至民國五年)　(清)□□輯　稿本　一册

360000－1901－0047672　803602
[流水簿]不分卷(清光緒二年至三年)　(清)□□輯　稿本　一册

360000－1901－0047673　803283
[流水簿]不分卷(清光緒二十一年至二十五年)　(清)□□輯　稿本　一冊

360000－1901－0047674　804005－1
[流水簿]不分卷(清光緒六年至二十五年)　(清)□□輯　稿本　一冊

360000－1901－0047675　804610
[流水簿]不分卷(清光緒十八年)　(清)□□輯　稿本　一冊

360000－1901－0047676　804609
[劉旭興行日記流水](清光緒十四年)　(清)□□輯　稿本　一冊

360000－1901－0047677　803690
[六壬書]不分卷　(清)□□輯　清抄本　一冊

360000－1901－0047678　803619
[龍朝公衆總錄](清光緒五年至一九五〇年)　□□輯　稿本　一冊

360000－1901－0047679　803430
[祿馬秘訣]不分卷　(清)□□輯　清抄本　一冊

360000－1901－0047680　800512
[論文雜鈔]一卷　(清)□□輯　清抄本　一冊

360000－1901－0047681　803652
[論語孟子釋義]不分卷　(清)□□輯　清抄本　一冊

360000－1901－0047682　801965
[論語釋論]不分卷　(□)□□輯　清抄本　一冊

360000－1901－0047683　803372
[論語釋文]不分卷　(清)□□輯　清抄本　一冊

360000－1901－0047684　805463
[履歷]不分卷[硃卷]不分卷　(清)□□輯　清光緒刻本　三冊

360000－1901－0047685　800593
[律賦選]一卷　(清)□□輯　清抄本　一冊

360000－1901－0047686　800595
[律賦選]一卷　(清)□□輯　清抄本　一冊

360000－1901－0047687　800598
[律賦選]一卷　(清)□□輯　清抄本　一冊

360000－1901－0047688　800600
[律賦選評]一卷　(清)□□輯　清抄本　一冊

360000－1901－0047689　803278
[律令]不分卷　(清)□□輯　清抄本　一冊

360000－1901－0047690　802368
[脈法]不分卷　(清)□□輯　清抄本　一冊

360000－1901－0047691　802365－1
[脈法傷寒彙鈔]不分卷　(清)□□輯　清抄本　一冊

360000－1901－0047692　162140
[蒙養書]　(清)□□輯　清末刻本　一冊　存十一種

360000－1901－0047693　404440
[謎賸]一卷　(清)鑑湖夢隱輯　清光緒二十三年(1897)刻本　一冊

360000－1901－0047694　803376
[秘訣]不分卷　(清)□□輯　清抄本　一冊

360000－1901－0047695　220628
[民國]豐城縣志三十六卷附例議一卷　任傳藻修　楊向時纂　民國三十七年(1948)稿本　二十六冊　缺二卷(一至二)

360000－1901－0047696　220657
[民國]鹽乘十二卷首一卷　胡思敬纂　稿本　八冊

360000－1901－0047697　802913
[名家制義]　(清)葉渟評選　清初裛竹堂刻本　三冊　存七種

360000－1901－0047698　803353
[名人傳]不分卷　(清)□□輯　清抄本　一

冊

360000－1901－0047699　803992
[名文選]不分卷　(清)□□輯　清抄本　一冊

360000－1901－0047700　800560
[名物考]一卷　(清)□□撰　清抄本　一冊

360000－1901－0047701　407772
[明清書院記]□□卷　(清)□□輯　清刻本　一冊　存五卷(四至八)

360000－1901－0047702　803785
[明文鈔]四卷　(清)□□輯　清抄本　一冊

360000－1901－0047703　802707
[命書]不分卷　(□)□□輯　清抄本　一冊

360000－1901－0047704　803418
[命書]不分卷　(□)□□輯　清抄本　一冊

360000－1901－0047705　901767
[墨選]不分卷　(清)□□輯　清刻本　一冊

360000－1901－0047706　802069
[墓旺所屬九星]不分卷　(□)□□輯　清抄本　一冊

360000－1901－0047707　800591
[内科妙方]一卷　(□)□□撰　清抄本　一冊

360000－1901－0047708　800713
[農書]一卷　(清)□□輯　清刻本　一冊

360000－1901－0047709　800714
[農書]一卷　(清)□□輯　清刻本　一冊

360000－1901－0047710　801421
[女科]不分卷　(□)□□撰　清抄本　一冊

360000－1901－0047711　802086
[歐陽修文鈔]不分卷[蘇洵文鈔]不分卷　(□)□□輯　清抄本　一冊

360000－1901－0047712　800545
[潘興德稟文]一卷　(清)□□輯　清抄本　一冊

360000－1901－0047713　801387
[判牘]不分卷　(清)□□輯　清抄本　一冊

360000－1901－0047714　801410
[判牘]不分卷　(清)□□輯　清抄本　一冊

360000－1901－0047715　900516
[萍鄉]文昌宫尚賓莊圖冊不分卷　(清)尚賓堂輯　清同治十年(1871)尚賓堂木活字印本　五冊

360000－1901－0047716　900517
[萍鄉]文昌宫圖冊不分卷　(清)萍鄉縣紳士輯　清道光元年(1821)刻本　四冊

360000－1901－0047717　900518
[萍鄉]文昌宫圖冊不分卷　(清)萍鄉縣紳士輯　清道光元年(1821)刻本　二冊

360000－1901－0047718　803607
[憑編立約簿]不分卷(清同治元年至光緒二十三年)　(清)□□輯　稿本　一冊

360000－1901－0047719　803605
[七房來享堂賬簿]不分卷(清道光十四年至光緒三十一年)　(清)□□輯　稿本　一冊

360000－1901－0047720　803620
[七支祠紗燈會賬簿]不分卷(清光緒九年至一九四九年)　□□輯　稿本　一冊

360000－1901－0047721　801894
[岐舌音韻]不分卷　(□)□□輯　清抄本　一冊

360000－1901－0047722　802319
[奇門遁甲]不分卷　(□)□□輯　清抄本　一冊

360000－1901－0047723　802353
[奇門遁甲]不分卷　(□)□□輯　清抄本　一冊

360000－1901－0047724　803247
[奇門遁甲]不分卷　(□)□□輯　清抄本　一冊

360000－1901－0047725　803898

[奇門六壬合鈔]二卷　(□)雲衣山人撰　清抄本　一册

360000－1901－0047726　414728
[杞菊齋藏書]　(清)黄煇輯　清嘉慶十八年(1813)刻本　一册　存二種

360000－1901－0047727　220669
[乾隆]安福縣志二十二卷首一卷　(清)高崇基等修　(清)王基　(清)劉映璧纂　清乾隆四十七年(1782)刻本　八册

360000－1901－0047728　110689
[乾隆]澳門記略二卷首一卷末一卷　(清)印光任　(清)張汝霖纂　清嘉慶五年(1800)刻本　二册

360000－1901－0047729　220610
[乾隆]成縣新志四卷　(清)黄泳修　(清)汪於雍等纂　清乾隆十七年(1752)刻本　三册　缺一卷(一)

360000－1901－0047730　220599
[乾隆]登封縣志三十二卷　(清)陸繼萼修　(清)洪亮吉纂　清乾隆五十二年(1787)刻本　七册　缺七卷(一至七)

360000－1901－0047731　110575
[乾隆]東湖縣志三十卷首一卷　(清)林有席修　(清)嚴思濬　(清)林有彬纂　清乾隆二十八年(1763)刻嘉慶五年(1800)補刻本　七册　缺四卷(十九至二十二)

360000－1901－0047732　220662
[乾隆]分宜縣志二十卷首一卷　(清)林邦珖　(清)黄維綱修　(清)歐陽星等纂　清乾隆四十二年(1777)刻本(卷九至十一配複印本)　八册

360000－1901－0047733　220631
[乾隆]奉新縣志二十八卷首一卷末一卷　(清)余潮修　(清)甘志道等纂　清乾隆十五年(1750)刻本　十册　缺四卷(一至二、首一卷、末一卷)

360000－1901－0047734　220685
[乾隆]佛山忠義鄉志十一卷　(清)毛維錡等修　(清)陳炎宗等纂　清乾隆十九年(1754)刻本　四册

360000－1901－0047735　220636
[乾隆]浮梁縣志十二卷首一卷　(清)程廷濟修　(清)淩汝錦纂　清末抄本　十六册

360000－1901－0047736　220682
[乾隆]福建通志七十八卷首五卷　(清)郝玉麟　(清)盧焯等修　(清)謝道承　(清)劉敬與等纂　清乾隆二年(1737)刻本　四册　存五卷(十七至十八、三十二、三十五、五十五)

360000－1901－0047737　115246
[乾隆]福建通志七十八卷首一卷　(清)郝玉麟　(清)盧焯等修　(清)謝道承　(清)劉敬與等纂　清乾隆二年(1737)刻本　六十四册

360000－1901－0047738　220683
[乾隆]福建續志九十二卷首四卷　(清)楊廷璋　(清)定長等修　(清)沈廷芳　(清)吴嗣富纂　清乾隆三十三年(1768)刻本　六册　存九卷(十六至十七、五十三至五十四、七十二、七十四至七十五、八十三至八十四)

360000－1901－0047739　220673
[乾隆]贛州府志四十四卷首一卷　(清)朱扆等修　(清)林有席纂　清乾隆四十三年(1778)修四十七年(1782)刻本　二十四册

360000－1901－0047740　220674
[乾隆]贛州府志四十四卷首一卷　(清)朱扆等修　(清)林有席纂　清乾隆四十三年(1778)修四十七年(1782)刻本　二十三册　缺二卷(十四至十五)

360000－1901－0047741　220656
[乾隆]高安縣志十二卷首一卷　(清)聶元善纂修　清乾隆十九年(1754)刻本　六册　存七卷(四至十)

360000－1901－0047742　421100
[乾隆]高安縣志十二卷首一卷　(清)聶元善

纂修　清乾隆十九年(1754)刻本　一册　存一卷(十一)

360000－1901－0047743　220574
[乾隆]高郵州志十二卷首一卷末一卷　(清)楊宜崙修　(清)夏之蓉　(清)沈之本纂　清乾隆四十八年(1783)刻本　十册

360000－1901－0047744　220606
[乾隆]古浪縣志一卷　(清)張紹美修　(清)趙璘　(清)郭建文纂　清乾隆十四年(1749)刻五涼考治六德集全志本　一册

360000－1901－0047745　220637
[乾隆]廣信府志二十六卷首一卷　(清)連柱等纂修　清乾隆四十八年(1783)刻本　二十二册

360000－1901－0047746　220638
[乾隆]廣信府志二十六卷首一卷　(清)連柱等纂修　清乾隆四十八年(1783)刻本　十册　存十三卷(一至十一、二十五,首一卷)

360000－1901－0047747　220641
[乾隆]貴溪縣志二十四卷　(清)華西植修　(清)黄炎等纂　清乾隆十六年(1751)刻本　十二册

360000－1901－0047748　220687
[乾隆]貴州通志四十六卷首一卷　(清)鄂爾泰　(清)張廣泗修　(清)靖道謨　(清)杜詮纂　清乾隆六年(1741)刻本　二十四册

360000－1901－0047749　115193
[乾隆]貴州通志四十六卷首一卷　(清)鄂爾泰等修　(清)靖道謨等纂　清乾隆六年(1741)刻本　二十四册

360000－1901－0047750　220567
[乾隆]邯鄲縣志十二卷首一卷　(清)王烔纂修　清乾隆二十一年(1756)刻本　六册

360000－1901－0047751　220585
[乾隆]河南府志一百十六卷首四卷　(清)施誠修　(清)童鈺　(清)裴希純纂　清乾隆四十四年(1779)刻本　八册　存四十卷(三至十、二十至三十二、四十五至四十八、六十一至六十九、八十六至八十八、九十一至九十三)

360000－1901－0047752　220568
[乾隆]衡水縣志十四卷　(清)陶淑纂修　清乾隆三十二年(1767)刻本　二册　存七卷(一至七)

360000－1901－0047753　220678
[乾隆]黄州府志二十卷　(清)王勍修　(清)靖道謨纂　清乾隆十四年(1749)刻本　六册　存九卷(三至九、十一至十二)

360000－1901－0047754　220597
[乾隆]獲嘉縣志十六卷首一卷　(清)吳喬齡修　(清)李棟纂　清乾隆二十一年(1756)刻本　二册　存五卷(一至四、首一卷)

360000－1901－0047755　220664
[乾隆]吉安府志七十四卷首一卷　(清)盧崧修　(清)朱承煦　(清)林有席纂　清乾隆四十一年(1776)刻道光二十二年(1842)李鎔經補刻本　二十八册

360000－1901－0047756　220665
[乾隆]吉安府志七十四卷首一卷　(清)盧崧修　(清)朱承煦　(清)林有席纂　清乾隆四十一年(1776)刻道光二十二年(1842)李鎔經補刻本　四十册

360000－1901－0047757　220666
[乾隆]吉安府志七十四卷首一卷　(清)盧崧修　(清)朱承煦　(清)林有席纂　清乾隆四十一年(1776)刻道光二十二年(1842)李鎔經補刻本　一册　存一卷(七十四)

360000－1901－0047758　421116
[乾隆]吉安府志七十四卷首一卷　(清)盧崧修　(清)朱承煦　(清)林有席纂　清乾隆四十一年(1776)刻道光二十二年(1842)李鎔經補刻本　一册　存二卷(五十六、五十九)

360000－1901－0047759　220668
[乾隆]吉水縣志四十二卷　(清)米嘉績修　(清)黄世成纂　清乾隆十五年(1750)刻本

十六册

360000－1901－0047760　421178
[乾隆]嘉應州志十二卷　(清)王之正等纂修　清乾隆十五年(1750)刻本　二册　存二卷(一、九)

360000－1901－0047761　220644
[乾隆]建昌府志一百卷首一卷　(清)姚文光修　(清)周宣猷等纂　清乾隆二十一年(1756)刻本　三十三册

360000－1901－0047762　220608
[乾隆]涇州志二卷　(清)張延福修　(清)李瑾纂　清乾隆十九年(1754)刻本　一册　存一卷(上)

360000－1901－0047763　220609
[乾隆]涇州志二卷　(清)張延福修　(清)李瑾纂　清乾隆十九年(1754)刻本　一册　存一卷(上)

360000－1901－0047764　220652
[乾隆]臨川縣志四十九卷　(清)李廷友修　(清)李紱纂　清乾隆五年(1740)刻七年(1742)沈顒文增修本　十六册

360000－1901－0047765　220604
[乾隆]臨潼縣志九卷圖一卷　(清)史傳遠纂修　清乾隆四十一年(1776)刻本　六册

360000－1901－0047766　220578
[乾隆]靈璧縣志略四卷首一卷附河防録一卷河渠原委三卷　(清)貢震纂修　清乾隆二十五年(1760)此君草堂刻本　六册

360000－1901－0047767　220571
[乾隆]婁縣志三十卷首二卷　(清)謝庭薰修　(清)陸錫熊纂　清乾隆五十三年(1788)刻本　六册

360000－1901－0047768　220667
[乾隆]廬陵縣志四十五卷首一卷　(清)平觀瀾修　(清)錢時雍　(清)黄有恒纂　清乾隆四十六年(1781)刻本　二十册

360000－1901－0047769　220649
[乾隆]瀘溪縣志十二卷首一卷末一卷　(清)朱崧修　(清)周立愛等纂　清乾隆十六年(1751)刻本　七册

360000－1901－0047770　220650
[乾隆]瀘溪縣志十二卷首一卷末一卷　(清)朱崧修　(清)周立愛等纂　清乾隆十六年(1751)刻本　八册

360000－1901－0047771　115117
[乾隆]南安府志二十二卷　(清)蔣有道　(清)朱文佩修　(清)史珥等纂　清道光十七年(1837)刻本　六册　缺五卷(十五至十九)

360000－1901－0047772　220622
[乾隆]南昌府志七十六卷首一卷末一卷　(清)陳蘭森修　(清)謝啓昆纂　清乾隆五十四年(1789)刻本　三十二册

360000－1901－0047773　220623
[乾隆]南昌府志七十六卷首一卷末一卷　(清)陳蘭森修　(清)謝啓昆纂　清乾隆五十四年(1789)刻本　三十六册

360000－1901－0047774　220624
[乾隆]南昌縣志七十卷首一卷　(清)顧錫鬯修　(清)蔡正笏等纂　清乾隆十六年(1751)刻本　二十册

360000－1901－0047775　220625
[乾隆]南昌縣志三十二卷首一卷末一卷　(清)徐午修　(清)萬廷蘭纂　清乾隆五十九年(1794)刻本　十四册

360000－1901－0047776　220645
[乾隆]南城縣志十卷首一卷　(清)范安治修　(清)梅廷對　(清)嚴潔纂　清乾隆十七年(1752)刻本　九册　缺二卷(一、首一卷)

360000－1901－0047777　220646
[乾隆]南城縣志十卷首一卷　(清)范安治修　(清)梅廷對　(清)嚴潔纂　清乾隆十七年(1752)刻嘉慶二十五年(1820)重修本　十册

360000－1901－0047778　220607
[乾隆]平番縣志一卷　(清)張紹美修

(清)曾鈞等纂　清乾隆十四年(1749)刻五涼考治六德集全志本　一冊

360000－1901－0047779　220613
[乾隆]平陽縣志二十卷首一卷　(清)徐恕修　(清)張南英　(清)孫謙纂　清乾隆二十五年(1760)刻本　十六冊

360000－1901－0047780　220583
[乾隆]平原縣志十卷首一卷　(清)黄懷祖修　(清)黄兆熊纂　清乾隆十四年(1749)刻本　四冊

360000－1901－0047781　220663
[乾隆]萍鄉縣志十二卷　(清)胥繩武修　(清)歐陽鶴鳴纂　清乾隆四十九年(1784)刻本　六冊　缺四卷(五至七、九)

360000－1901－0047782　421142
[乾隆]萍鄉縣志十二卷　(清)胥繩武修　(清)歐陽鶴鳴纂　清乾隆四十九年(1784)刻本　三冊　存四卷(一至二、十一至十二)

360000－1901－0047783　220588
[乾隆]杞縣志二十四卷　(清)周璣修　(清)朱璿纂　清乾隆五十三年(1788)刻本　十二冊

360000－1901－0047784　220589
[乾隆]杞縣志二十四卷　(清)周璣修　(清)朱璿纂　清乾隆五十三年(1788)刻本　一冊　存二卷(十七至十八)

360000－1901－0047785　110691
[乾隆]黔南識畧三十二卷　(清)愛必達纂修　清道光二十七年(1847)安化羅繞典刻本　四冊

360000－1901－0047786　220572
[乾隆]青浦縣志四十卷　(清)楊卓　(清)孫鳳鳴修　(清)王昶纂　清乾隆五十三年(1788)刻本　十一冊　缺九卷(二十三至二十五、二十九至三十一、三十八至四十)

360000－1901－0047787　421096
[乾隆]清江縣志三十二卷　(清)鄧廷輯修　(清)熊爲霖纂　清乾隆四十五年(1780)刻本　一冊　存三卷(二十八至三十)

360000－1901－0047788　220575
[乾隆]如皋縣志三十二卷附錄一卷　(清)鄭見龍修　(清)周植纂　清乾隆十五年(1750)刻本　五冊　缺十二卷(一至三、八至十、十六至二十,附錄一卷)

360000－1901－0047789　220580
[乾隆]山西志輯要十卷首一卷　(清)雅德修　(清)汪本直纂　清乾隆四十五年(1780)刻本　十冊

360000－1901－0047790　220639
[乾隆]上饒縣志十三卷　(清)程肇豐纂修　清乾隆四十九年(1784)刻本　六冊

360000－1901－0047791　220676
[乾隆]上猶縣志十三卷　(清)方求義等纂修　清乾隆十五年(1750)刻本　六冊

360000－1901－0047792　220684
[乾隆]邵武府志二十四卷　(清)張鳳孫等修　(清)鄭念禜等纂　清乾隆三十五年(1770)刻本　七冊　缺九卷(十至十五、二十二至二十四)

360000－1901－0047793　115196
[乾隆]盛京通志四十八卷首一卷　(清)宋筠等修　(清)魏樞等纂　清乾隆元年(1736)刻本　二十冊

360000－1901－0047794　110191
[乾隆]盛京通志四十八卷首一卷　(清)宋筠等修　(清)魏樞等纂　清乾隆元年(1736)刻咸豐二年(1852)雷以誠校補印本　二十冊

360000－1901－0047795　220569
[乾隆]盛京通志四十八卷首一卷　(清)宋筠等修　(清)魏樞纂　清乾隆元年(1736)刻本　二十冊

360000－1901－0047796　115297
[乾隆]始興縣志十六卷　(清)鄭炳修　(清)淩元駒纂　清乾隆二十年(1755)刻本

六冊　存八卷(一至四、十三至十六)

360000－1901－0047797　110650
[乾隆]汀州府志四十五卷首一卷　(清)曾日瑛等修　(清)李紱等纂　清同治六年(1867)延楷刻本　八冊　存十三卷(一至三、八至九、十一、十六至十八、四十一、四十四至四十五,首一卷)

360000－1901－0047798　110651
[乾隆]汀州府志四十五卷首一卷　(清)曾日瑛等修　(清)李紱等纂　清同治六年(1867)延楷刻本　二冊　存三卷(十六至十八)

360000－1901－0047799　421176
[乾隆]通許縣志十卷　(清)阮龍光修　(清)邵自祐纂　清乾隆三十五年(1770)刻本　三冊　存六卷(一至二、四至七)

360000－1901－0047800　421173
[乾隆]衛輝府志五十三卷首一卷末一卷　(清)德昌修　(清)徐郎齋纂　清乾隆五十三年(1788)刻本　五冊　存十三卷(一至四、二十八至三十一、三十七至三十八、四十八至五十)

360000－1901－0047801　110539
[乾隆]溫州府志三十卷首一卷　(清)李琬修　(清)齊召南　(清)汪沆纂　清乾隆二十七年(1762)刻同治四年(1865)補刻本　二十冊

360000－1901－0047802　220632
[乾隆]武寧縣志三十卷　(清)鄒應元修　(清)盛大謨等纂　清乾隆二十九年(1764)刻本　二冊　存八卷(一至八)

360000－1901－0047803　110661
[乾隆]僊遊縣志五十三卷首一卷　(清)胡啓植修　(清)王椿修　(清)葉和侃等纂　清同治十二年(1873)吳森刻本　十三冊　存四十卷(一至四、十三至十六、二十至五十,首一卷)

360000－1901－0047804　721158
[乾隆]祥符縣志二十二卷　(清)張淑載修　(清)魯曾煜纂　清乾隆四年(1739)刻本　九冊　存十五卷(三至十一、十三至十八)

360000－1901－0047805　721159
[乾隆]祥符縣志二十二卷　(清)張淑載修　(清)魯曾煜纂　清乾隆四年(1739)刻本　三冊　存七卷(四至七、九至十一)

360000－1901－0047806　220587
[乾隆]祥符縣志二十二卷　(清)張淑載修　(清)魯增煜纂　清乾隆四年(1739)刻本　十一冊

360000－1901－0047807　421130
[乾隆]新昌縣志二十五卷首一卷末一卷　(清)楊文峰　(清)徐炎修　(清)萬廷蘭纂　清乾隆五十七年(1792)刻本　六冊　存十四卷(一至九、十二至十三、十六至十七,首一卷)

360000－1901－0047808　804503
[乾隆]新昌縣志二十五卷首一卷末一卷　(清)楊文峰　(清)徐炎修　(清)萬廷蘭纂　清乾隆五十七年(1792)刻本　一冊　存三卷(一至二、首一卷)

360000－1901－0047809　220647
[乾隆]新城縣志十四卷首一卷　(清)方懋祿修　(清)夏之翰等纂　清乾隆十六年(1751)刻本　十四冊

360000－1901－0047810　220648
[乾隆]新城縣志十四卷首一卷　(清)方懋祿修　(清)夏之翰等纂　清乾隆十六年(1751)刻本　十四冊

360000－1901－0047811　115205
[乾隆]新建縣志七十四卷首一卷末一卷　(清)邱蘭標修　(清)曹秀先纂　清道光十年(1830)刻本　十四冊

360000－1901－0047812　220626
[乾隆]新建縣志七十四卷首一卷末一卷　(清)邱蘭標修　(清)曹秀先纂　清乾隆十五年(1750)刻本　二冊　存七卷(一至三、五十五至五十七,首一卷)

360000－1901－0047813　220627

[乾隆]新建縣志七十四卷首一卷末一卷　(清)邱蘭標修　(清)曹秀先纂　清乾隆十五年(1750)刻本　二十冊

360000－1901－0047814　115295

[乾隆]新疆撮要錄四卷　(清)七十一纂　(清)周有才輯　清光緒十六年(1890)弋陽愛蓮堂木活字印本　二冊

360000－1901－0047815　420114

[乾隆]新疆撮要錄四卷　(清)七十一纂　(清)周有才輯　清光緒十六年(1890)弋陽愛蓮堂木活字印本　一冊　存三卷(二至四)

360000－1901－0047816　115294

[乾隆]新疆外藩紀畧二卷　(清)七十一纂　清乾隆四十二年(1777)刻本　一冊

360000－1901－0047817　220596

[乾隆]新鄉縣志三十四卷首一卷　(清)趙開元修　(清)暢俊纂　清乾隆十二年(1747)刻本　二冊　存十二卷(一至六、十九至二十三,首一卷)

360000－1901－0047818　220655

[乾隆]新喻縣志三十卷首一卷　(清)暨用其纂修　清乾隆十五年(1750)刻本　十八冊

360000－1901－0047819　220675

[乾隆]信豐縣志十六卷　(清)游法珠修　(清)楊廷爲等纂　清乾隆十六年(1751)刻同治六年(1867)周之鏞補刻本　六冊

360000－1901－0047820　115091

[乾隆]續河南通志八十卷首四卷　(清)阿思哈　(清)嵩貴纂修　清乾隆三十二年(1767)刻本　三十二冊

360000－1901－0047821　110078

[乾隆]續河南通志八十卷首四卷　(清)阿思哈　(清)嵩貴纂修　清乾隆三十二年(1767)刻光緒二十八年(1902)補刻本　二十冊

360000－1901－0047822　110079

[乾隆]續河南通志八十卷首四卷　(清)阿思哈　(清)嵩貴纂修　清乾隆三十二年(1767)刻光緒二十八年(1902)補刻民國三年(1914)河南教育司印本　二十一冊

360000－1901－0047823　110245

[乾隆]續修臺灣府志二十六卷首一卷　(清)余文儀修　(清)黄佾纂　清乾隆三十九年(1774)刻同治十一年(1872)補刻本　十三冊　存二十五卷(一至四、七至二十六,首一卷)

360000－1901－0047824　421165

[乾隆]洵陽縣志十四卷　(清)鄧夢琴纂修　清乾隆四十八年(1783)刻同治九年(1870)增刻本　三冊　存十一卷(一至三、七至十四)

360000－1901－0047825　220598

[乾隆]偃師縣志三十卷首一卷　(清)湯毓倬修　(清)孫星衍　(清)武億纂　清乾隆五十四年(1789)刻本　四冊　存十一卷(二至三、十二至十九、二十五)

360000－1901－0047826　220593

[乾隆]陽武縣志十二卷　(清)談諟曾修　(清)楊仲震等纂　清乾隆十年(1745)刻本　五冊　缺二卷(三至四)

360000－1901－0047827　220594

[乾隆]陽武縣志十二卷　(清)談諟曾修　(清)楊仲震等纂　清乾隆十年(1745)刻本　三冊　存五卷(五至六、九至十一)

360000－1901－0047828　220595

[乾隆]陽武縣志十二卷　(清)談諟曾修　(清)楊仲震等纂　清乾隆十年(1745)刻本　一冊　存一卷(十一)

360000－1901－0047829　220640

[乾隆]弋陽縣志十三卷首一卷　(清)左方海纂修　清乾隆四十九年(1784)刻本　六冊

360000－1901－0047830　301483

[乾隆]欽定皇輿西域圖志四十八卷首四卷　(清)傅恒等修　(清)褚廷璋等纂　(清)英廉等續纂　清光緒十九年(1893)杭州便益書局石印本　十二冊

360000－1901－0047831　220612
[乾隆]鄞縣志三十卷首一卷　(清)錢維喬修　(清)錢大昕等纂　清乾隆五十三年(1788)刻本　十五册　缺二卷(二十六至二十七)

360000－1901－0047832　220590
[乾隆]滎澤縣志十四卷圖一卷　(清)崔淇修　(清)王博　(清)李維嶠纂　清乾隆十三年(1748)刻本　四册

360000－1901－0047833　220591
[乾隆]滎澤縣志十四卷圖一卷　(清)崔淇修　(清)王博　(清)李維嶠纂　清乾隆十三年(1748)刻本　三册　存五卷(十至十四)

360000－1901－0047834　220592
[乾隆]滎澤縣志十四卷圖一卷　(清)崔淇修　(清)王博　(清)李維嶠纂　清乾隆十三年(1748)刻本　三册　存五卷(十至十四)

360000－1901－0047835　220564
[乾隆]永清縣志二十五卷附文徵五卷　(清)周震榮修　(清)章學誠纂　清乾隆四十四年(1779)刻本　四册　缺三卷(一至三)

360000－1901－0047836　220679
[乾隆]沅州府志四十卷首一卷　(清)張官五等纂修　清乾隆五十五年(1790)刻本　十六册

360000－1901－0047837　220680
[乾隆]沅州府志四十卷首一卷　(清)張官五等纂修　清乾隆五十五年(1790)刻本　十四册　缺六卷(十九至二十二、二十五至二十六)

360000－1901－0047838　220658
[乾隆]袁州府志三十八卷首一卷　(清)陳廷枚修　(清)熊曰華　(清)魯鴻纂　清乾隆二十五年(1760)刻本　十六册

360000－1901－0047839　220659
[乾隆]袁州府志三十八卷首一卷　(清)陳廷枚修　(清)熊曰華　(清)魯鴻纂　清乾隆二十五年(1760)刻本　五册　缺十九卷(五至十、二十二至三十一、三十三至三十五)

360000－1901－0047840　220660
[乾隆]袁州府志三十八卷首一卷　(清)陳廷枚修　(清)熊曰華　(清)魯鴻纂　清乾隆二十五年(1760)刻本　一册　存三卷(十六至十八)

360000－1901－0047841　421105
[乾隆]袁州府志三十八卷首一卷　(清)陳廷枚修　(清)熊曰華　(清)魯鴻纂　清乾隆二十五年(1760)刻本　十四册　存三十七卷(一至七、十至三十八,首一卷)

360000－1901－0047842　421106
[乾隆]袁州府志三十八卷首一卷　(清)陳廷枚修　(清)熊曰華　(清)魯鴻纂　清乾隆二十五年(1760)刻本　六册　存二十五卷(一至十五、二十四至三十二,首一卷)

360000－1901－0047843　421106－1
[乾隆]袁州府志三十八卷首一卷　(清)陳廷枚修　(清)熊曰華　(清)魯鴻纂　清乾隆二十五年(1760)刻本　二册　存六卷(五至八、二十四至二十五)

360000－1901－0047844　421107
[乾隆]袁州府志三十八卷首一卷　(清)陳廷枚修　(清)熊曰華　(清)魯鴻纂　清乾隆二十五年(1760)刻本　四册　存十九卷(八至十五、二十五至三十五)

360000－1901－0047845　421108
[乾隆]袁州府志三十八卷首一卷　(清)陳廷枚修　(清)熊曰華　(清)魯鴻纂　清乾隆二十五年(1760)刻本　六册　存十五卷(五至九、十三至十五、十九至二十一、二十七至二十九、三十六)

360000－1901－0047846　421109
[乾隆]袁州府志三十八卷首一卷　(清)陳廷枚修　(清)熊曰華　(清)魯鴻纂　清乾隆二十五年(1760)刻本　十册　存十七卷(五至九、十九至二十一、二十七至二十九、三十二至三十三、三十五至三十八)

360000－1901－0047847　421109－1

[乾隆]袁州府志三十八卷首一卷 (清)陳廷枚修 (清)熊曰華 (清)魯鴻纂 清乾隆二十五年(1760)刻本 一冊 存二卷(五至六)

360000－1901－0047848 220661
[乾隆]袁州府志三十八卷首一卷 (清)陳廷枚修 (清)熊曰華 (清)魯鴻纂 清乾隆二十五年(1760)刻嘉慶八年(1803)補刻本 二冊 存八卷(五至八、三十五至三十八)

360000－1901－0047849 220635
[乾隆]樂平縣志三十二卷首一卷 (清)陳訥 (清)王猷修 (清)楊人傑 (清)歐陽聯纂 **續志四卷** (清)楊人傑纂 清乾隆十七年(1752)刻本 十冊

360000－1901－0047850 115178
[乾隆]雲南通志三十卷首一卷 (清)鄂爾泰 (清)尹繼善修 (清)靖道謨纂 清乾隆元年(1736)刻本 十五冊 存三十卷(一至二十九、首一卷)

360000－1901－0047851 220565
[乾隆]直隸通州志二十二卷 (清)王繼祖修 (清)夏之蓉等纂 清乾隆二十年(1755)刻本 十四冊 缺四卷(一至二、八至九)

360000－1901－0047852 721153
[乾隆]直隸通州志二十二卷 (清)王繼祖修 (清)夏之蓉等纂 清乾隆二十年(1755)刻本 四冊 存六卷(一至二、八至九、二十至二十一)

360000－1901－0047853 802520
[乾隆曆書]不分卷 (清)易周校正 清四知堂刻本 一冊

360000－1901－0047854 804623
[琴譜]不分卷 (清)潘毓秀輯 清乾隆二十七年(1762)抄本 一冊

360000－1901－0047855 803550
[清光緒二年分錢賬] (清)□□輯 稿本 一冊

360000－1901－0047856 803550－1
[清光緒二年分錢賬] (清)□□輯 稿本 一冊

360000－1901－0047857 803550－2
[清光緒二年分錢賬] (清)□□輯 稿本 一冊

360000－1901－0047858 803999
[清光緒碼部賬簿]不分卷 (清)□□輯 稿本 一冊

360000－1901－0047859 803060－2
[清光緒七年通書]不分卷 (清)羅傳䉁等編 清光緒七年(1881)集福堂球記刻本 一冊

360000－1901－0047860 804006
[清光緒三十年賬簿]不分卷 (清)□□輯 稿本 一冊

360000－1901－0047861 803047－6
[清光緒三十三年通書]不分卷 (清)羅傳䉁等編 清光緒三十三年(1907)集福堂隆記刻本 一冊

360000－1901－0047862 803557
[清光緒十二年流水簿]不分卷 (清)□□輯 稿本 一冊

360000－1901－0047863 803555
[清光緒十二年賬簿]不分卷 (清)□□輯 稿本 一冊

360000－1901－0047864 801164
[清光緒十二年賬簿]一卷 (清)□□輯 稿本 一冊

360000－1901－0047865 802402
[清光緒十五年王氏賬簿]不分卷 (清)□□輯 稿本 一冊

360000－1901－0047866 803047－11
[清光緒十一年通書]不分卷 (清)羅傳䉁等編 清光緒十一年(1885)集福堂貴記刻本 一冊

360000－1901－0047867 802421
[清光緒賬簿]不分卷 (清)□□輯 稿本 一冊

360000－1901－0047868　803998
[清光緒賬簿]不分卷　(清)□□輯　稿本　一册

360000－1901－0047869　801363
[清乾隆四十六年通書]不分卷　(清)羅傳轃等編　清乾隆四十六年(1781)集福堂刻本　一册

360000－1901－0047870　801360
[清同治六年通書]不分卷　(清)羅傳轃等編　清同治六年(1867)集福堂刻本　一册

360000－1901－0047871　801361
[清同治六年通書]不分卷　(清)羅傳轃等編　清同治六年(1867)集福堂刻本　一册

360000－1901－0047872　801350
[清同治十二年通書]不分卷　(清)羅傳轃等編　清同治十二年(1873)集福球記刻本　一册

360000－1901－0047873　801370
[清同治十二年通書]不分卷　(清)羅傳轃等編　清同治十二年(1873)集福堂貴記刻本　一册

360000－1901－0047874　803556
[清同治十三年流水簿]不分卷　(清)□□輯　稿本　一册

360000－1901－0047875　804002
[清同治十三年流水簿]不分卷　(清)□□輯　稿本　一册

360000－1901－0047876　801369
[清同治十三年通書]不分卷　(清)羅傳轃等編　清同治十三年(1874)集福堂貴記刻本　一册

360000－1901－0047877　801351
[清同治十三年通書]不分卷　(清)羅傳轃等編　清同治十三年(1874)集福堂刻本　一册

360000－1901－0047878　801358
[清同治十三年通書]不分卷　(清)羅傳轃等編　清同治十三年(1874)集福堂球記刻本　一册

360000－1901－0047879　902369
[請神文]　(清)□□輯　清抄本　一册

360000－1901－0047880　803631
[請壽字流水簿]不分卷　(清)□□輯　稿本　一册

360000－1901－0047881　803357－1
[求嗣渡孤疏]不分卷　(□)□□輯　清咸豐四年(1854)抄本　一册

360000－1901－0047882　802392
[曲詞曲調鈔]不分卷　(清)□□輯　清抄本　一册

360000－1901－0047883　803202
[曲譜]不分卷　(□)□□輯　清抄本　一册

360000－1901－0047884　803995
[曲譜]二卷　(清)□□輯　清抄本　一册

360000－1901－0047885　500273
曾氏族譜不分卷　(清)□□纂修　清嘉慶木活字印本　一册　存宗聖志、前敘、舊序、曾氏總圖、山東武城世系總圖、廣淵公、略公派、三十郎傳下室公派世系源流

360000－1901－0047886　500253
[江西萬載]陳氏族譜不分卷　(清)陳廷修纂修　清道光二十年(1840)德星堂木活字印本　九册　存譜、源流世系、佳興公派、中興公派、文公派、法通公、中興公房廣述世系、仲興公、概公支下聖一郎、千一郎、班公房世系

360000－1901－0047887　500390
戴氏族譜□□卷　(清)□□纂修　清譙國堂木活字印本　一册　存二卷(二、六)

360000－1901－0047888　500112
[江西萬載]邱氏族譜□□卷　(清)□□纂修　清末河南堂木活字印本　一册　存一卷(二十四)

360000－1901－0047889　400045
三國志六十五卷　(晉)陳壽撰　(南朝宋)裴松之注　清光緒七年(1881)文雅齋刻本　八

冊　存三十一卷(一至二、六至十一、十五至十八、二十二至二十五、四十一至四十九、六十至六十五)

360000－1901－0047890　500009

[江西婺源]尚書方氏宗譜□□卷　(清)□□纂修　清同治木活字印本　五冊　存十四卷(八至十、十三至二十三)

360000－1901－0047891　500006

[江西婺源]尚書方氏宗譜□□卷　(清)黄衣纂修　清嘉慶十七年(1812)木活字印本　四冊　存四卷(四至七)

360000－1901－0047892　500007

[江西婺源]尚書方氏宗譜八卷　(清)胡廷玉纂修　清道光二十二年(1842)木活字印本　六冊　存七卷(一至五、七至八)

360000－1901－0047893　500008

[江西婺源]尚書方氏宗譜八卷　(清)胡廷玉纂修　清道光二十二年(1842)木活字印本　一冊　存一卷(一)

360000－1901－0047894　500111

[江西修水]邱氏祠志不分卷　(清)邱必全纂修　清光緒七年(1881)忠實堂木活字印本　四冊

360000－1901－0047895　500049

[江西萬載]萬載辛氏六房譜二十四卷首一卷　(清)辛景舒等纂修　清光緒三十年(1904)木活字印本　十九冊　存十六卷(一、五至九、十二至十七、二十二至二十四,首一卷)

360000－1901－0047896　500050

[江西萬載]萬載辛氏六房譜二十四卷首一卷　(清)辛景舒等纂修　清光緒三十年(1904)木活字印本　一冊　存一卷(首一卷)

360000－1901－0047897　500056

[江西萬載]萬載辛氏順房譜五卷首一卷末一卷　(清)辛樹仁等纂修　清咸豐十一年(1861)木活字印本　四冊　存五卷(一至四、首一卷)

360000－1901－0047898　220353

[全國]王氏族譜不分卷　(清)□□纂修　清乾隆八年(1743)木活字印本　五冊　存南昌、潭岡、進賢土坊、瀝溪、臨川黄州、浙江錢塘岡下等世系

360000－1901－0047899　220354

[全國]王氏族譜不分卷　(清)□□纂修　清乾隆四十四年(1779)木活字印本　一冊　存浙江錢塘下房世系、黄埠世系

360000－1901－0047900　500271

[江西修水]武城曾氏重修族譜不分卷　(清)□□纂修　清同治木活字印本　一冊　存從殷房系、貞石文房系、貞石武房系等

360000－1901－0047901　500267

[江西修水]武城曾氏重修族譜不分卷　(清)曾照臨纂修　清道光二十三年(1843)木活字印本　二十八冊

360000－1901－0047902　500420

嚴氏族譜八卷首一卷　(清)嚴祥科纂修　清同治二年(1863)天水堂木活字印本　七冊　存八卷(一至二、四至八,首一卷)

360000－1901－0047903　500418

嚴氏族譜不分卷　(清)□□纂修　清天水堂木活字印本　一冊　存世系圖

360000－1901－0047904　500421

嚴氏族譜九卷首一卷　(清)嚴利珍纂修　清光緒三十二年(1906)天水堂木活字印本　八冊　存八卷(一、三至八,首一卷)

360000－1901－0047905　500029

[江西]袁郡古氏族譜七卷首一卷　(清)古誠澮修　(清)古學杰纂　清光緒三十三年(1907)湓元連堂木活字印本　七冊　存七卷(一、三至七,首一卷)

360000－1901－0047906　500233

[江西]張氏重修族譜十二卷　(清)張浩修　(清)張杰纂　清道光二十三年(1843)孝友堂木活字印本　十一冊　存十一卷(一、三至十二)

360000－1901－0047907　500402
[江西]鍾氏宗譜□□卷　(清)□□纂修　清光緒三十三年(1907)潁川堂木活字印本　十五冊　存十五卷(三至六、八至十八)

360000－1901－0047908　500298
[江西修水]鄒氏族譜□□卷首一卷　(清)鄒公瑞等纂修　清道光六年(1826)范陽堂木活字印本　十三冊　存十四卷(一至十一、十三至十四,首一卷)

360000－1901－0047909　500299
[江西奉新]鄒氏族譜十二卷首一卷　(清)鄒光繁等纂修　清同治二年(1863)范陽堂木活字印本　十冊

360000－1901－0047910　801339
[勸善]□□卷　(清)□□輯　清刻本　一冊　存一卷(三)

360000－1901－0047911　801144
[羣經聯語]不分卷　(□)□□撰　清抄本　一冊

360000－1901－0047912　804777
[羣經總論]□卷　(□)□□輯　清刻本　一冊　存二卷(二至三)

360000－1901－0047913　803527
[壬子稾]不分卷　(□)□□輯　清抄本　一冊

360000－1901－0047914　305130
[仁壽宮記]一卷　(清)□□撰　清末刻本　一冊

360000－1901－0047915　804611
[日記流水](清光緒元年至二年)　(清)□□輯　稿本　一冊

360000－1901－0047916　803012
[日用生活法式]□□卷　(□)□□輯　清末石印本　一冊　存一卷(三)

360000－1901－0047917　802401
[瑞姑出閣賀禮單](清宣統二年)　(清)□□輯　稿本　一冊

360000－1901－0047918　801154
[三教雜纂]一卷　(□)□□撰　清抄本　一冊

360000－1901－0047919　803456
[喪禮帖式彙編]不分卷　(□)□□撰　清抄本　一冊

360000－1901－0047920　800350
[喪禮雜編]一卷　(清)□□輯　清抄本　一冊

360000－1901－0047921　803454
[山田契抄白]不分卷　(清)□□輯　清抄本　一冊

360000－1901－0047922　404836
[陝西大荔]關西馬氏世行錄十四卷　(清)馬先登纂修　清同治七年(1868)刻本　八冊

360000－1901－0047923　801691
[傷寒]□□卷　(□)□□撰　清刻本　一冊　存一卷(三)

360000－1901－0047924　800575
[傷寒]一卷　(□)□□輯　清抄本　一冊

360000－1901－0047925　800577
[傷寒]一卷　(□)□□輯　清抄本　一冊

360000－1901－0047926　800535
[上諭]一卷(嘉慶四年春月)　清汪節文抄本　一冊

360000－1901－0047927　800570
[尚書]不分卷　(□)□□注　清抄本　一冊

360000－1901－0047928　800898
[尚書]不分卷　(清)□□輯解　清抄本　一冊

360000－1901－0047929　802667
[舌面指診]不分卷　(清)□□輯　清抄本　一冊

360000－1901－0047930　220451
[沈德潛]年譜一卷　(清)沈德潛撰　清乾隆二十九年(1764)教忠堂刻沈歸愚全集本　一

冊

360000－1901－0047931　801490
[詩草]不分卷　(清)□□撰　清抄本　一冊

360000－1901－0047932　318133
[詩鈔]不分卷　(□)□□撰　稿本　一冊

360000－1901－0047933　801452
[詩鈔]不分卷　(清)□□輯　清抄本　一冊

360000－1901－0047934　802322
[詩鈔]不分卷　(清)□□輯　清抄本　一冊

360000－1901－0047935　802334
[詩鈔]不分卷　(清)□□輯　清抄本　一冊

360000－1901－0047936　802389
[詩鈔]不分卷　(清)□□輯　清抄本　一冊

360000－1901－0047937　802416
[詩鈔]不分卷　(清)□□輯　清抄本　一冊

360000－1901－0047938　802706
[詩鈔]不分卷　(清)□□輯　清抄本　一冊

360000－1901－0047939　803644
[詩鈔]不分卷　(清)□□輯　清抄本　一冊

360000－1901－0047940　803653
[詩鈔]不分卷　(清)□□輯　清抄本　一冊

360000－1901－0047941　803665
[詩鈔]不分卷　(清)□□輯　清抄本　一冊

360000－1901－0047942　803671
[詩鈔]不分卷　(清)□□輯　清抄本　一冊

360000－1901－0047943　803672
[詩鈔]不分卷　(清)□□輯　清抄本　一冊

360000－1901－0047944　803673
[詩鈔]不分卷　(清)□□輯　清抄本　一冊

360000－1901－0047945　803687
[詩鈔]不分卷　(清)□□輯　清抄本　一冊

360000－1901－0047946　803761
[詩鈔]不分卷　(清)□□輯　清抄本　一冊

360000－1901－0047947　803763
[詩鈔]不分卷　(清)□□輯　清抄本　一冊

360000－1901－0047948　803766
[詩鈔]不分卷　(清)□□輯　清抄本　一冊

360000－1901－0047949　803862
[詩鈔]不分卷　(清)□□輯　清抄本　一冊

360000－1901－0047950　803958
[詩鈔]不分卷　(清)□□輯　清抄本　一冊

360000－1901－0047951　803975
[詩鈔]不分卷　(清)□□輯　清抄本　一冊

360000－1901－0047952　804279
[詩鈔]不分卷　(清)□□輯　清抄本　一冊

360000－1901－0047953　804290
[詩鈔]不分卷　(清)□□輯　清抄本　一冊

360000－1901－0047954　804621
[詩鈔]不分卷　(清)□□輯　清抄本　一冊

360000－1901－0047955　804652
[詩鈔]不分卷　(清)□□輯　清抄本　一冊

360000－1901－0047956　803753
[詩鈔]不分卷　(清)□□輯　清道光九年(1829)抄本　一冊

360000－1901－0047957　803689
[詩鈔]不分卷　(清)□□輯　清同治十年(1871)抄本　一冊

360000－1901－0047958　801160
[詩鈔]一卷　(清)□□輯　清抄本　一冊

360000－1901－0047959　801388
[詩鈔]一卷　(清)□□輯　清抄本　一冊

360000－1901－0047960　801854
[詩詞鈔]不分卷　(清)□□輯　清抄本　一冊

360000－1901－0047961　801184
[詩法類編]□卷　(清)□□編　清刻本　一冊　存一卷(下)

360000－1901－0047962　803667
[詩賦選鈔]不分卷　(清)□□輯　清抄本

一冊

360000－1901－0047963　801147
[詩賦雜鈔]不分卷　(清)□□輯　清抄本　一冊

360000－1901－0047964　318115
[詩稿]不分卷　(□)□□撰　稿本　一冊

360000－1901－0047965　318115－5
[詩稿]不分卷　(□)□□撰　稿本　一冊

360000－1901－0047966　801383
[詩集]不分卷　(□)□□撰　清抄本　一冊

360000－1901－0047967　801898
[詩集]不分卷　(□)□□撰　清抄本　一冊

360000－1901－0047968　801905
[詩集]不分卷　(□)□□撰　清抄本　一冊

360000－1901－0047969　803206
[詩集]不分卷　(清)□□輯　清抄本　一冊

360000－1901－0047970　803661
[詩集]不分卷　(清)□□輯　清抄本　一冊

360000－1901－0047971　803890
[詩集]不分卷　(清)□□輯　清抄本　一冊

360000－1901－0047972　804829
[詩集]不分卷　(清)□□輯　清末石印本　一冊

360000－1901－0047973　802117
[詩集]不分卷　(清)□□撰　清抄本　一冊

360000－1901－0047974　802441
[詩集]不分卷　(清)□□撰　清抄本　一冊

360000－1901－0047975　804707
[詩經時文制藝]不分卷　(清)□□輯　清刻本　一冊

360000－1901－0047976　802715
[詩經釋讀]不分卷　(清)□□輯　清抄本　四冊

360000－1901－0047977　803488
[詩料]□□卷　(□)□□輯　清刻本　一冊
存二卷(十蒸、十一尤)

360000－1901－0047978　802786
[詩律摘句]不分卷　(清)□□輯　清抄本　一冊

360000－1901－0047979　801444
[詩文鈔]八卷　(清)□□輯　清張重光抄本　一冊

360000－1901－0047980　803660
[詩文鈔]不分卷　(清)□□輯　清抄本　一冊

360000－1901－0047981　803786
[詩文鈔]不分卷　(清)□□輯　清抄本　一冊

360000－1901－0047982　803986
[詩文鈔]不分卷　(清)□□輯　清光緒抄本　一冊

360000－1901－0047983　804246
[詩文鈔]不分卷　(清)□□撰　清抄本　一冊

360000－1901－0047984　802362
[詩文集]不分卷　(清)□□撰　稿本　一冊

360000－1901－0047985　801499
[詩文選]不分卷　(清)□□輯　清抄本　一冊

360000－1901－0047986　801880
[詩文選]不分卷　(清)□□輯　清抄本　一冊

360000－1901－0047987　802758
[詩文選]不分卷　(清)□□輯　清抄本　一冊

360000－1901－0047988　803203
[詩文選]不分卷　(清)□□輯　清抄本　一冊

360000－1901－0047989　803230
[詩文選]不分卷　(清)□□輯　清抄本　二冊

360000－1901－0047990　803280
[詩文選]不分卷　(清)□□輯　清抄本　一冊

360000－1901－0047991　803303
[詩文選]不分卷　(清)□□輯　清抄本　一冊

360000－1901－0047992　803346
[詩文選]不分卷　(清)□□輯　清抄本　一冊

360000－1901－0047993　803417
[詩文選]不分卷　(清)□□輯　清抄本　一冊

360000－1901－0047994　803431
[詩文選]不分卷　(清)□□輯　清抄本　一冊

360000－1901－0047995　801278
[詩文選]不分卷　(清)□□輯　清刻本　四冊

360000－1901－0047996　421859
[詩文雜鈔]一卷　(清)□□輯　清抄本　一冊

360000－1901－0047997　803901
[詩序]二卷　(清)□□輯　清抄本　一冊

360000－1901－0047998　802668
[詩選]不分卷　(清)□□輯　清抄本　一冊

360000－1901－0047999　803235
[詩選]不分卷　(清)□□輯　清抄本　一冊

360000－1901－0048000　803275
[詩選]不分卷　(清)□□輯　清抄本　一冊

360000－1901－0048001　803321
[詩選]不分卷　(清)□□輯　清抄本　一冊

360000－1901－0048002　803412
[詩選]不分卷　(清)□□輯　清抄本　一冊

360000－1901－0048003　803423
[詩選]不分卷　(清)□□輯　清抄本　一冊

360000－1901－0048004　803461
[詩選]不分卷　(清)□□輯　清抄本　一冊

360000－1901－0048005　803679
[詩選]不分卷　(清)□□輯　清抄本　一冊

360000－1901－0048006　803327
[詩選]十五卷　(清)□□輯　清抄本　一冊

360000－1901－0048007　801455
[詩選]一卷　(清)□□輯　清抄本　一冊

360000－1901－0048008　801487
[詩選]一卷　(清)□□輯　清抄本　一冊

360000－1901－0048009　802431
[詩選評]不分卷　(清)□□輯　清抄本　一冊

360000－1901－0048010　800580
[詩選評]一卷　(□)□□輯　清抄本　一冊

360000－1901－0048011　800585
[詩選評]一卷　(清)□□輯　清抄本　一冊

360000－1901－0048012　120372
[石園集]　(清)余成教撰　清嘉慶刻本　十冊　存八種

360000－1901－0048013　801861
[時文鈔]不分卷　(清)□□輯　清抄本　一冊

360000－1901－0048014　801921
[時文鈔]不分卷　(清)□□輯　清抄本　一冊

360000－1901－0048015　801924
[時文鈔]不分卷　(清)□□輯　清抄本　一冊

360000－1901－0048016　803645
[時文鈔]不分卷　(清)□□輯　清抄本　十一冊

360000－1901－0048017　803678
[時文鈔]不分卷　(清)□□輯　清抄本　一冊

360000－1901－0048018　803735
[時文鈔]不分卷　(清)□□輯　清抄本　一冊

360000－1901－0048019　803736
[時文鈔]不分卷　(清)□□輯　清抄本　一冊

360000－1901－0048020　803751
[時文鈔]不分卷　(清)□□輯　清抄本　一冊

360000－1901－0048021　803805
[時文鈔]不分卷　(清)□□輯　清抄本　一冊

360000－1901－0048022　803819
[時文鈔]不分卷　(清)□□輯　清抄本　一冊

360000－1901－0048023　803866
[時文鈔]不分卷　(清)□□輯　清抄本　一冊

360000－1901－0048024　804653
[時文鈔]不分卷　(清)□□輯　清抄本　一冊

360000－1901－0048025　800291
[時文鈔]一卷　(清)翰臣等輯　清抄本　一冊

360000－1901－0048026　803572
[時文法宗]不分卷　(清)□□輯　清抄本　一冊

360000－1901－0048027　804245
[時文彙選]不分卷　(清)□□輯　清刻本　一冊

360000－1901－0048028　802061
[時文輯評]不分卷　(清)□□輯　清抄本　一冊

360000－1901－0048029　803219
[時文評]不分卷　(清)□□輯　清抄本　一冊

360000－1901－0048030　803267
[時文評]不分卷　(清)□□輯　清抄本　一冊

360000－1901－0048031　800540
[時文隨鈔]一卷　(清)福山書院輯　清抄本　一冊

360000－1901－0048032　318118－8
[時文選]不分卷　(清)□□輯　清抄本　一冊

360000－1901－0048033　801456
[時文選]不分卷　(清)□□輯　清抄本　一冊

360000－1901－0048034　801466
[時文選]不分卷　(清)□□輯　清抄本　一冊

360000－1901－0048035　801811
[時文選]不分卷　(清)□□輯　清抄本　一冊

360000－1901－0048036　801930
[時文選]不分卷　(清)□□輯　清抄本　一冊

360000－1901－0048037　802059
[時文選]不分卷　(清)□□輯　清抄本　一冊

360000－1901－0048038　802339
[時文選]不分卷　(清)□□輯　清抄本　一冊

360000－1901－0048039　802361
[時文選]不分卷　(清)□□輯　清抄本　一冊

360000－1901－0048040　802395
[時文選]不分卷　(清)□□輯　清抄本　一冊

360000－1901－0048041　802685
[時文選]不分卷　(清)□□輯　清抄本　一冊

360000－1901－0048042　803910
[時文選]不分卷　(清)□□輯　清抄本　一冊

360000－1901－0048043　801080
[時文選]不分卷　(清)□□輯　清刻本　一冊

360000－1901－0048044　803495
[時文選]不分卷　(清)□□輯　清刻本　一冊　存大學

360000－1901－0048045　802750
[時文選]不分卷　(清)□□輯並評　清抄本　一冊

360000－1901－0048046　801555
[時文選]不分卷二集不分卷三集不分卷　(清)□□輯　清刻本　三冊

360000－1901－0048047　800584
[時文選]一卷　(清)□□輯　清抄本　一冊

360000－1901－0048048　800594
[時文選鈔]一卷　(清)□□輯　清抄本　一冊

360000－1901－0048049　804284
[時文選鈔]一卷　(清)□□輯　清抄本　一冊

360000－1901－0048050　804297
[時文選鈔]一卷　(清)□□輯　清抄本　一冊

360000－1901－0048051　803948
[時文選錄]不分卷　(清)□□輯　清抄本　一冊

360000－1901－0048052　801142
[時文選評]不分卷　(清)□□輯　清抄本　一冊

360000－1901－0048053　802326
[時文選評]不分卷　(清)□□輯　清抄本　一冊

360000－1901－0048054　802328
[時文選評]不分卷　(清)□□輯　清抄本　一冊

360000－1901－0048055　802333
[時文選評]不分卷　(清)□□輯　清抄本　一冊

360000－1901－0048056　802335
[時文選評]不分卷　(清)□□輯　清抄本　一冊

360000－1901－0048057　802337
[時文選評]不分卷　(清)□□輯　清抄本　一冊

360000－1901－0048058　802338
[時文選評]不分卷　(清)□□輯　清抄本　一冊

360000－1901－0048059　802366
[時文選評]不分卷　(清)□□輯　清抄本　一冊

360000－1901－0048060　802396
[時文選評]不分卷　(清)□□輯　清抄本　一冊

360000－1901－0048061　802672
[時文選評]不分卷　(清)□□輯　清抄本　一冊

360000－1901－0048062　802687
[時文選評]不分卷　(清)□□輯　清抄本　一冊

360000－1901－0048063　803315
[時文選評]不分卷　(清)□□輯　清抄本　一冊

360000－1901－0048064　803384
[時文選評]不分卷　(清)□□輯　清抄本　一冊

360000－1901－0048065　803435
[時文選評]不分卷　(清)□□輯　清抄本　一冊

360000－1901－0048066　803640

[時文選評]不分卷　(清)□□輯　清抄本　一冊

360000－1901－0048067　803641
[時文選評]不分卷　(清)□□輯　清抄本　一冊

360000－1901－0048068　803659
[時文選評]不分卷　(清)□□輯　清抄本　一冊

360000－1901－0048069　803683
[時文選評]不分卷　(清)□□輯　清抄本　一冊

360000－1901－0048070　803760
[時文選評]不分卷　(清)□□輯　清抄本　一冊

360000－1901－0048071　803789
[時文選評]不分卷　(清)□□輯　清抄本　一冊

360000－1901－0048072　803825
[時文選評]不分卷　(清)□□輯　清抄本　一冊

360000－1901－0048073　802688
[時文選評]不分卷　(清)□□輯並評　清抄本　一冊

360000－1901－0048074　802700
[時文選評]不分卷　(清)□□輯並評　清抄本　一冊

360000－1901－0048075　802725
[時文選評]不分卷　(清)□□輯並評　清抄本　一冊

360000－1901－0048076　802749
[時文選評]不分卷　(清)□□輯並評　清抄本　一冊

360000－1901－0048077　802751
[時文選評]不分卷　(清)□□輯並評　清抄本　一冊

360000－1901－0048078　802752
[時文選評]不分卷　(清)□□輯並評　清抄本　一冊

360000－1901－0048079　802753
[時文選評]不分卷　(清)□□輯並評　清抄本　一冊

360000－1901－0048080　802754
[時文選評]不分卷　(清)□□輯並評　清抄本　一冊

360000－1901－0048081　802792
[時文選評]不分卷　(清)□□輯並評　清抄本　二冊

360000－1901－0048082　802796
[時文選評]不分卷　(清)□□輯並評　清抄本　一冊

360000－1901－0048083　802792－1
[時文選評]不分卷　(清)□□輯並評　清宗召抄本　一冊

360000－1901－0048084　800581
[時文選評]一卷　(清)□□輯　清抄本　一冊

360000－1901－0048085　800583
[時文選評]一卷　(清)□□輯　清抄本　一冊

360000－1901－0048086　800597
[時文選評]一卷　(清)□□輯　清抄本　一冊

360000－1901－0048087　900460
[時文選評]一卷　(清)□□輯　清刻本　一冊

360000－1901－0048088　804310
[時文約選]一卷　(清)□□輯　清抄本　一冊

360000－1901－0048089　803571
[史部目錄]不分卷　(清)□□輯　清抄本　一冊

360000－1901－0048090　165140

[史記選鈔]不分卷　(清)□□輯　清抄本　四冊

360000－1901－0048091　801279
[史志]□□卷　(清)□□輯　清末石印本　一冊　存一卷(二)

360000－1901－0048092　802772
[氏族譜]不分卷　(清)□□輯　清抄本　一冊

360000－1901－0048093　901624
[試律鈔]不分卷　(清)葛正華等撰　清刻本　一冊

360000－1901－0048094　901621
[試律賦]不分卷　(清)胡葆鍔等撰　清刻本　三冊

360000－1901－0048095　802719
[試帖鈔]不分卷　(清)□□輯　清抄本　一冊

360000－1901－0048096　803642
[試帖鈔]不分卷　(清)□□輯　清抄本　一冊

360000－1901－0048097　803646
[試帖鈔]不分卷　(清)□□輯　清抄本　一冊

360000－1901－0048098　803762
[試帖鈔]不分卷　(清)□□輯　清抄本　一冊

360000－1901－0048099　803816
[試帖鈔]不分卷　(清)□□輯　清抄本　一冊

360000－1901－0048100　803852
[試帖鈔]不分卷　(清)□□輯　清抄本　一冊

360000－1901－0048101　901916
[試帖鈔]不分卷　(清)□□輯　清刻本　一冊

360000－1901－0048102　902372
[試帖鈔]不分卷　(清)□□輯　清刻本　一冊

360000－1901－0048103　800970
[試帖賦]二卷　(清)徐軾等撰　清刻本　三冊

360000－1901－0048104　800970－1
[試帖賦]二卷　(清)俞嗣勳等撰　清刻本　二冊　存一卷(下)

360000－1901－0048105　801392
[試帖詩]不分卷　(清)□□輯　清抄本　一冊

360000－1901－0048106　900323
[試帖詩]不分卷　(清)□□輯　清刻本　四冊

360000－1901－0048107　803347
[試帖詩賦]不分卷　(清)□□輯　清抄本　一冊

360000－1901－0048108　803583
[試帖詩賦]不分卷　(清)□□輯　清抄本　一冊

360000－1901－0048109　800596
[試帖詩選評]一卷　(清)□□輯　清抄本　一冊

360000－1901－0048110　800971
[試帖文賦]一卷　(清)向紹先等撰　清刻本　一冊

360000－1901－0048111　900187
[試帖選]不分卷　(清)□□輯　清高錦文刻本　三冊

360000－1901－0048112　900201
[試帖選]不分卷　(清)□□輯　清刻本　一冊

360000－1901－0048113　803662
[試帖選鈔]不分卷　(清)□□輯　清抄本　一冊

360000－1901－0048114　803639

[試帖選評]不分卷　(清)□□輯　清抄本　一冊

360000－1901－0048115　804618
[收付簿]不分卷(清同治九年至十三年)　(清)□□輯　稿本　一冊

360000－1901－0048116　802412
[收付簿]不分卷(清同治五年至民國五年)　□□輯　稿本　四冊

360000－1901－0048117　803917
[收付紀數]不分卷(清光緒三十二年至三十四年)　(清)□□輯　稿本　一冊

360000－1901－0048118　803922
[收米簿]不分卷　(清)□□輯　稿本　一冊

360000－1901－0048119　804601
[收用簿]不分卷(清同治七年至九年)　(清)□□輯　稿本　一冊

360000－1901－0048120　804513
[書經]□□卷　(□)□□輯　清刻本　一冊　存二卷(五至六)

360000－1901－0048121　403843
[五經説鈔]不分卷　(清)易大彬輯　清抄本　一冊

360000－1901－0048122　802738
[書經訓解]不分卷　(清)□□輯　清抄本　一冊

360000－1901－0048123　803965
[書啓]不分卷　(清)□□輯　清抄本　一冊

360000－1901－0048124　804296
[書信]不分卷　(清)□□輯　清抄本　一冊

360000－1901－0048125　801974
[書院課藝]不分卷　(清)□□輯　清刻本　一冊

360000－1901－0048126　803966
[書札]不分卷　(清)□□輯　清抄本　一冊

360000－1901－0048127　800655
[雙蘭圖詠]一卷　(清)沈恕輯　清嘉慶十七年(1812)刻本　一冊

360000－1901－0048128　803888
[四時天地山水]五卷　(□)□□輯　清抄本　一冊

360000－1901－0048129　802985－1
[四書]□□卷　(□)□□輯　清刻本　一冊　存二卷(上論五至六)

360000－1901－0048130　802984－2
[四書]不分卷　(□)□□輯　清刻本　一冊

360000－1901－0048131　802984－3
[四書]不分卷　(□)□□輯　清刻本　一冊

360000－1901－0048132　802985
[四書]不分卷　(□)□□輯　清刻本　二冊

360000－1901－0048133　802984
[四書]不分卷　(□)□□輯　清末石印本　一冊

360000－1901－0048134　802984－1
[四書]不分卷　(□)□□輯　清末石印本　一冊

360000－1901－0048135　802470
[四書]不分卷　(清)□□輯　清抄本　一冊

360000－1901－0048136　803576
[四書]不分卷　(清)□□輯　清抄本　一冊

360000－1901－0048137　803248
[四書時文]不分卷　(□)□□撰　清抄本　一冊

360000－1901－0048138　803089
[四書文鈔]不分卷　(□)□□輯　清抄本　二冊

360000－1901－0048139　804235
[四書文通]不分卷　(□)□□輯　清抄本　一冊

360000－1901－0048140　801424
[笥河文鈔節選]不分卷　(清)朱筠撰　清抄本　一冊

360000－1901－0048141　802757
[宋大家文選]不分卷　(清)□□輯　清抄本　一冊

360000－1901－0048142　803268
[詺詞鈔]不分卷　(清)□□輯　清抄本　一冊

360000－1901－0048143　803832
[詺詞鈔]不分卷　(清)□□輯　清抄本　一冊

360000－1901－0048144　803757
[詺語選鈔]不分卷　(清)汪真甫輯　清抄本　一冊

360000－1901－0048145　803635
[誦芬堂賬簿]不分卷(清光緒二年至三年)　(清)□□輯　稿本　一冊

360000－1901－0048146　800562
[蘇東坡王陽明詩合鈔]不分卷　(清)□□輯　清龍思貽堂抄本　一冊

360000－1901－0048147　309091
[算學]　(清)朱熙撰　清刻本　五冊　存七種

360000－1901－0048148　803637
[所見叢鈔]不分卷　(清)慶雲輯　清抄本　一冊

360000－1901－0048149　902192
[泰和]信實學堂志一卷續志一卷　(清)□□輯　清木活字印本　一冊

360000－1901－0048150　902193
[泰和]信實學堂志一卷續志一卷　(清)□□輯　清木活字印本　一冊

360000－1901－0048151　405690
[唐百家詩選]　(□)□□輯　明刻本　四冊　存二十四種

360000－1901－0048152　803656
[唐詩鈔]不分卷　(清)□□輯　清抄本　一冊

360000－1901－0048153　802060
[唐詩選]不分卷　(清)□□輯　清抄本　一冊

360000－1901－0048154　300120
[唐四家集]　(清)□□輯　清光緒十年(1884)上海同文書局石印本　八冊

360000－1901－0048155　800572
[唐宋文選]一卷　(□)□□輯　清抄本　一冊

360000－1901－0048156　801403
[天象]不分卷　(□)□□撰　清抄本　一冊

360000－1901－0048157　800539
[天元玉曆]□□卷　(□)□□撰　清抄本　一冊　存二卷(三至四)

360000－1901－0048158　803002
[天主教經]□卷　(□)□□輯　清刻本　一冊　存一卷(上)

360000－1901－0048159　801185
[天主教義]□卷　(清)□□編　清刻本　一冊　存一卷(上)

360000－1901－0048160　800557
[田地清冊]不分卷　(清)□□輯　清抄本　一冊

360000－1901－0048161　801906
[田畝清冊]一卷　(清)□□輯　清光緒十七年(1891)抄本　一冊

360000－1901－0048162　800229
[帖式]不分卷　(清)□□輯　清抄本　一冊

360000－1901－0048163　804294
[帖式]不分卷　(清)□□輯　清抄本　一冊

360000－1901－0048164　900482
[通書]　(清)□□編　清經鉏堂刻朱墨套印本　一冊

360000－1901－0048165　804787－8
[通書]不分卷　(清)□□編　清刻本　一冊

360000－1901－0048166　804855

[通書]不分卷　(清)□□編　清刻本　一冊

360000－1901－0048167　803050
[通書]不分卷　(清)□□編　清末石印本　一冊

360000－1901－0048168　804849
[通書]不分卷　(清)羅傳㸌等編　清集福堂昌記刻本　一冊

360000－1901－0048169　804786－18
[通書]不分卷　(清)羅傳㸌等編　清集福堂琳記刻本　一冊

360000－1901－0048170　804832
[通書]不分卷　(清)羅傳㸌等編　清集福堂琳記刻本　一冊

360000－1901－0048171　804786
[通書]不分卷　(清)羅傳㸌等編　清刻本　一冊

360000－1901－0048172　804786－3
[通書]不分卷　(清)羅傳㸌等編　清刻本　一冊

360000－1901－0048173　804847
[通書]不分卷　(清)羅錫疇等編　清集福堂球記刻本　一冊

360000－1901－0048174　804846
[通書]不分卷　(清)羅錫璋等編　清集福堂崑記刻本　一冊

360000－1901－0048175　804845
[通書]不分卷　(清)羅錫璋等編　清集福堂球記刻本　一冊

360000－1901－0048176　803608
[同春會賬簿]不分卷(清道光十五年至光緒二十四年)　(清)□□輯　稿本　一冊

360000－1901－0048177　110088
[同治]宜黃縣志五十卷首一卷　(清)張興言等修　(清)謝煌等纂　清同治十年(1871)刻本　二十三冊　缺一卷(四十六)

360000－1901－0048178　110059
[同治]安福縣志十八卷首一卷末一卷　(清)姚濬昌修　(清)周立瀛等纂　清同治十一年(1872)刻本　十冊

360000－1901－0048179　110060
[同治]安福縣志十八卷首一卷末一卷　(清)姚濬昌修　(清)周立瀛等纂　清同治十一年(1872)刻本　十冊

360000－1901－0048180　115076
[同治]安福縣志十八卷首一卷末一卷　(清)姚濬昌修　(清)周立瀛等纂　清同治十一年(1872)刻本　十二冊

360000－1901－0048181　110051
[同治]安仁縣志三十六卷首一卷末一卷　(清)朱潼修　(清)徐彦楠　(清)劉兆杰纂　清同治十一年(1872)刻本　十冊

360000－1901－0048182　110053
[同治]安仁縣志三十六卷首一卷末一卷　(清)朱潼修　(清)徐彦楠　(清)劉兆杰纂　清同治十一年(1872)刻本　十冊

360000－1901－0048183　110054
[同治]安仁縣志三十六卷首一卷末一卷　(清)朱潼修　(清)徐彦楠　(清)劉兆杰纂　清同治十一年(1872)刻本　十冊

360000－1901－0048184　110055
[同治]安仁縣志三十六卷首一卷末一卷　(清)朱潼修　(清)徐彦楠　(清)劉兆杰纂　清同治十一年(1872)刻本　十冊

360000－1901－0048185　115073
[同治]安仁縣志三十六卷首一卷末一卷　(清)朱潼修　(清)徐彦楠　(清)劉兆杰纂　清同治十一年(1872)刻本　十冊

360000－1901－0048186　110611
[同治]安仁縣志十六卷首一卷末一卷　(清)張景垣修　(清)張鵬　(清)侯材驥纂　清同治八年(1869)刻本　十冊

360000－1901－0048187　110052
[同治]安義縣志十六卷首一卷末一卷　(清)

杜林修　(清)彭斗山　(清)熊寶善纂　清同治十年(1871)木活字印本　八冊

360000－1901－0048188　110056

[同治]安義縣志十六卷首一卷末一卷　(清)杜林修　(清)彭斗山　(清)熊寶善纂　清同治十年(1871)木活字印本　八冊

360000－1901－0048189　110057

[同治]安義縣志十六卷首一卷末一卷　(清)杜林修　(清)彭斗山　(清)熊寶善纂　清同治十年(1871)木活字印本　八冊

360000－1901－0048190　110058

[同治]安義縣志十六卷首一卷末一卷　(清)杜林修　(清)彭斗山　(清)熊寶善纂　清同治十年(1871)木活字印本　八冊

360000－1901－0048191　421103

[同治]安義縣志十六卷首一卷末一卷　(清)杜林修　(清)彭斗山　(清)熊寶善纂　清同治十年(1871)木活字印本　六冊　存十三卷(一至十二、首一卷)

360000－1901－0048192　110061

[同治]安遠縣志十卷首一卷　(清)黃瑞圖修　(清)歐陽鐸纂　清同治十一年(1872)刻本　八冊

360000－1901－0048193　110062

[同治]安遠縣志十卷首一卷　(清)黃瑞圖修　(清)歐陽鐸纂　清同治十一年(1872)刻本　八冊

360000－1901－0048194　115078

[同治]安遠縣志十卷首一卷　(清)黃瑞圖修　(清)歐陽鐸纂　清同治十一年(1872)刻本　八冊

360000－1901－0048195　110169

[同治]崇仁縣志十卷首一卷附編一卷　(清)盛銓等修　(清)黃炳奎纂　清同治十二年(1873)刻本　二十二冊

360000－1901－0048196　110170

[同治]崇仁縣志十卷首一卷附編一卷　(清)盛銓等修　(清)黃炳奎纂　清同治十二年(1873)刻本　二十二冊

360000－1901－0048197　421181

[同治]崇陽縣志十二卷首一卷　(清)高佐廷修　(清)傅燮鼎纂　清同治五年(1866)木活字印本　二冊　存二卷(四至五)

360000－1901－0048198　110561

[同治]大冶縣志十八卷首一卷　(清)胡復初修　(清)黃昺杰纂　清同治六年(1867)刻本　五冊　存十二卷(七至十八)

360000－1901－0048199　110007

[同治]大庾縣志二十六卷首一卷　(清)陳蔭昌修　(清)石景芬纂　清同治十三年(1874)刻本　十六冊

360000－1901－0048200　110008

[同治]大庾縣志二十六卷首一卷　(清)陳蔭昌修　(清)石景芬纂　清同治十三年(1874)刻本　十三冊　存二十三卷(三至十五、十七至二十六)

360000－1901－0048201　115006

[同治]大庾縣志二十六卷首一卷　(清)陳蔭昌修　(清)石景芬纂　清同治十三年(1874)刻本　十六冊

360000－1901－0048202　110280

[同治]德安縣志十五卷　(清)沈建勳修　(清)程景周等纂　清同治十年(1871)刻本　四冊　存八卷(四至五、八至九、十二至十五)

360000－1901－0048203　110854

[同治]德安縣志十五卷　(清)沈建勳修　(清)程景周等纂　清同治十年(1871)刻本　八冊

360000－1901－0048204　115278

[同治]德安縣志十五卷　(清)沈建勳修　(清)程景周等纂　清同治十年(1871)刻本　八冊

360000－1901－0048205　110278

[同治]德化縣志五十四卷首一卷　(清)陳鼒

修　(清)吳彬等纂　清同治十一年(1872)刻本　二十冊

360000－1901－0048206　110279
[同治]德化縣志五十四卷首一卷　(清)陳鼒修　(清)吳彬等纂　清同治十一年(1872)刻本　十六冊

360000－1901－0048207　115277
[同治]德化縣志五十四卷首一卷　(清)陳鼒修　(清)吳彬等纂　清同治十一年(1872)刻本　十六冊

360000－1901－0048208　110282
[同治]德興縣志十卷首一卷末一卷　(清)孟慶雲修　(清)楊重雅等纂　清同治十一年(1872)刻本　十二冊

360000－1901－0048209　115280
[同治]德興縣志十卷首一卷末一卷　(清)孟慶雲修　(清)楊重雅等纂　清同治十一年(1872)刻本　十二冊

360000－1901－0048210　110269
[同治]德興縣志十卷首一卷末一卷　(清)孟慶雲修　(清)楊重雅等纂　清同治十一年(1872)興賢書院刻光緒二十二年(1896)補刻本　八冊

360000－1901－0048211　110080
[同治]定南廳志八卷　(清)王大枚　(清)楊邦棟修　(清)黃正琅等纂　清同治十一年(1872)刻本　九冊　存七卷(一至七)

360000－1901－0048212　115093
[同治]定南廳志八卷　(清)王大枚　(清)楊邦棟修　(清)黃正琅等纂　清同治十一年(1872)刻本　十冊

360000－1901－0048213　110081
[同治]定南廳志八卷　(清)王大枚　(清)楊邦棟修　(清)黃正琅等纂　清同治十一年(1872)刻本(卷六、八配複印本)　九冊

360000－1901－0048214　110179
[同治]都昌縣志十六卷首一卷　(清)狄學耕修　(清)劉庭煇　(清)黃昌蕃纂　清同治十一年(1872)刻本　十冊

360000－1901－0048215　110180
[同治]都昌縣志十六卷首一卷　(清)狄學耕修　(清)劉庭煇　(清)黃昌蕃纂　(清)何慶朝增修　(清)秦鼎升等增纂　清同治十一年(1872)刻光緒二年(1876)增刻本　八冊

360000－1901－0048216　110181
[同治]都昌縣志十六卷首一卷　(清)狄學耕修　(清)劉庭煇　(清)黃昌蕃纂　(清)何慶朝增修　(清)秦鼎升等增纂　清同治十一年(1872)刻光緒二年(1876)增刻本　十冊

360000－1901－0048217　115183
[同治]都昌縣志十六卷首一卷　(清)狄學耕修　(清)劉庭煇　(清)黃昌蕃纂　(清)何慶朝增修　(清)秦鼎升等增纂　清同治十一年(1872)刻光緒二年(1876)增刻本　十冊

360000－1901－0048218　110574
[同治]房縣志十二卷首一卷　(清)楊延烈修　(清)郁方董　(清)劉元棟纂　清同治四年(1865)刻本　六冊

360000－1901－0048219　110022
[同治]分宜縣志十卷首一卷　(清)李寅清　(清)夏琮鼎修　(清)嚴升偉等纂　清同治十年(1871)刻本　十四冊

360000－1901－0048220　115022
[同治]分宜縣志十卷首一卷　(清)李寅清　(清)夏琮鼎修　(清)嚴升偉等纂　清同治十年(1871)刻本　十四冊

360000－1901－0048221　110310
[同治]豐城縣志二十八卷首一卷　(清)王家傑修　(清)周文鳳　(清)李庚纂　清同治十二年(1873)刻本　十六冊

360000－1901－0048222　115053
[同治]豐城縣志二十八卷首一卷　(清)王家傑修　(清)周文鳳　(清)李庚纂　清同治十二年(1873)刻本　十六冊

360000－1901－0048223　110091
[同治]奉新縣志十六卷首一卷末一卷　(清)呂懋先修　(清)帥方蔚纂　清同治十一年(1872)刻本　十二册

360000－1901－0048224　110092
[同治]奉新縣志十六卷首一卷末一卷　(清)呂懋先修　(清)帥方蔚纂　清同治十一年(1872)刻本　二十九册

360000－1901－0048225　115101
[同治]奉新縣志十六卷首一卷末一卷　(清)呂懋先修　(清)帥方蔚纂　清同治十一年(1872)刻本　十二册

360000－1901－0048226　421093
[同治]奉新縣志十六卷首一卷末一卷　(清)呂懋先修　(清)帥方蔚纂　清同治十一年(1872)刻本　四册　存四卷(三至四、七、十四)

360000－1901－0048227　110336
[同治]贛縣志五十四卷首一卷　(清)黄德溥　(清)崔國榜修　(清)褚景昕纂　清同治十一年(1872)刻本　二十册

360000－1901－0048228　115254
[同治]贛縣志五十四卷首一卷　(清)黄德溥　(清)崔國榜修　(清)褚景昕纂　清同治十一年(1872)刻本　十八册

360000－1901－0048229　110333
[同治]贛州府志七十八卷首一卷　(清)魏瀛修　(清)魯琪光　(清)鍾音鴻纂　清同治十二年(1873)刻本　二十四册

360000－1901－0048230　110334
[同治]贛州府志七十八卷首一卷　(清)魏瀛修　(清)魯琪光　(清)鍾音鴻纂　清同治十二年(1873)刻本　二十六册

360000－1901－0048231　115239
[同治]贛州府志七十八卷首一卷　(清)魏瀛修　(清)魯琪光　(清)鍾音鴻纂　清同治十二年(1873)刻本　四十册

360000－1901－0048232　115240
[同治]贛州府志七十八卷首一卷　(清)魏瀛修　(清)魯琪光　(清)鍾音鴻纂　清同治十二年(1873)刻本　二十六册

360000－1901－0048233　400432
三通考輯要七十六卷　湯壽潛輯　清光緒二十五年(1899)上海圖書集成局鉛印本　三十册

360000－1901－0048234　602099
[同治]贛州府志七十八卷首一卷　(清)魏瀛修　(清)魯琪光　(清)鍾音鴻纂　清同治十二年(1873)刻本　三十六册

360000－1901－0048235　110147
[同治]高安縣志二十八卷首一卷　(清)夏燮修　(清)熊松之纂　清同治十年(1871)刻本　二十册

360000－1901－0048236　110148
[同治]高安縣志二十八卷首一卷　(清)夏燮修　(清)熊松之纂　清同治十年(1871)刻本　二十册

360000－1901－0048237　110224
[同治]高安縣志二十八卷首一卷　(清)夏燮修　(清)熊松之纂　清同治十年(1871)刻本　二十册

360000－1901－0048238　115154
[同治]高安縣志二十八卷首一卷　(清)夏燮修　(清)熊松之纂　清同治十年(1871)刻本　二十册

360000－1901－0048239　421101
[同治]高安縣志二十八卷首一卷　(清)夏燮修　(清)熊松之纂　清同治十年(1871)刻本　八册　存十卷(七至八、十四、十七、二十至二十五)

360000－1901－0048240　110357
[同治]高平縣志八卷　(清)龍汝霖纂修　清同治六年(1867)刻本　四册

360000－1901－0048241　110562

[同治]公安縣志八卷首一卷　(清)周承弼修　(清)王慰纂　清同治十三年(1874)刻本　四册　存四卷(三至五、七)

360000－1901－0048242　110254
[同治]廣昌縣志十卷首一卷　(清)曾毓璋纂修　清同治六年(1867)刻本　十册

360000－1901－0048243　110255
[同治]廣昌縣志十卷首一卷　(清)曾毓璋纂修　清同治六年(1867)刻本　十册

360000－1901－0048244　115261
[同治]廣昌縣志十卷首一卷　(清)曾毓璋纂修　清同治六年(1867)刻本　十册

360000－1901－0048245　110259
[同治]廣豐縣志十卷首一卷　(清)雙全　(清)王麟書修　(清)顧蘭生等纂　清同治十一年(1872)刻本　十册

360000－1901－0048246　110260
[同治]廣豐縣志十卷首一卷　(清)雙全　(清)王麟書修　(清)顧蘭生等纂　清同治十一年(1872)刻本　十册

360000－1901－0048247　110261
[同治]廣豐縣志十卷首一卷　(清)雙全　(清)王麟書修　(清)顧蘭生等纂　清同治十一年(1872)刻本　十册

360000－1901－0048248　115264
[同治]廣豐縣志十卷首一卷　(清)雙全　(清)王麟書修　(清)顧蘭生等纂　清同治十一年(1872)刻本　十册

360000－1901－0048249　421124
[同治]廣豐縣志十卷首一卷　(清)雙全　(清)王麟書修　(清)顧蘭生等纂　清同治十一年(1872)刻本　二册　存三卷(一、七,首一卷)

360000－1901－0048250　602063
[同治]廣豐縣志十卷首一卷　(清)雙全　(清)王麟書修　(清)顧蘭生等纂　清同治十一年(1872)刻本　八册

360000－1901－0048251　414813－1
三字經訓詁一卷　(清)王相撰　清刻本　一册

360000－1901－0048252　110258
[同治]廣信府志十二卷首一卷　(清)蔣繼洙修　(清)李樹藩纂　清同治十二年(1873)刻本　三十册

360000－1901－0048253　115263
[同治]廣信府志十二卷首一卷　(清)蔣繼洙修　(清)李樹藩纂　清同治十二年(1873)刻本　三十册

360000－1901－0048254　110618
[同治]桂陽縣志二十二卷首一卷　(清)錢紹文　(清)孫光燮修　(清)朱炳元　(清)何俊纂　清同治六年(1867)木活字印本　五册　存五卷(十八至二十二)

360000－1901－0048255　110617
[同治]桂陽直隸州志二十七卷　(清)汪斅灝修　王闓運纂　清同治七年(1868)刻本　八册　存十三卷(一至十、十六、十九至二十)

360000－1901－0048256　110188
[同治]貴溪縣志十卷首一卷　(清)楊長杰修　(清)黄聯珏等纂　清同治十年(1871)刻本　十四册

360000－1901－0048257　110189
[同治]貴溪縣志十卷首一卷　(清)楊長杰修　(清)黄聯珏等纂　清同治十年(1871)刻本　十四册

360000－1901－0048258　115195
[同治]貴溪縣志十卷首一卷　(清)楊長杰修　(清)黄聯珏等纂　清同治十年(1871)刻本　十四册

360000－1901－0048259　602047
[同治]貴溪縣志十卷首一卷　(清)楊長杰修　(清)黄聯珏等纂　清同治十年(1871)刻本　十四册

360000－1901－0048260　110629

[同治]衡陽縣志十二卷　(清)羅慶薌修　(清)彭玉麟等纂　清同治十三年(1874)刻本　七冊

360000－1901－0048261　110630
[同治]衡陽縣志十二卷　(清)羅慶薌修　(清)彭玉麟等纂　清同治十三年(1874)刻本　七冊　存十一卷(二至十二)

360000－1901－0048262　110631
[同治]衡陽縣志十二卷　(清)羅慶薌修　(清)彭玉麟等纂　清同治十三年(1874)刻本　四冊　存三卷(六至八)

360000－1901－0048263　110173
[同治]湖口縣志十卷首一卷　(清)殷禮　(清)張興言修　(清)周謨等纂　清同治十三年(1874)刻本　十二冊

360000－1901－0048264　110174
[同治]湖口縣志十卷首一卷　(清)殷禮　(清)張興言修　(清)周謨等纂　清同治十三年(1874)刻本　十二冊

360000－1901－0048265　115172
[同治]湖口縣志十卷首一卷　(清)殷禮　(清)張興言修　(清)周謨等纂　清同治十三年(1874)刻本　十二冊

360000－1901－0048266　602044
[同治]湖口縣志十卷首一卷　(清)殷禮　(清)張興言修　(清)周謨等纂　清同治十三年(1874)刻本　十一冊

360000－1901－0048267　110756
[同治]滑縣志十二卷　(清)姚錕修　(清)徐光第纂　清同治六年(1867)刻本　七冊　存十卷(一至五、八至十二)

360000－1901－0048268　110365
[同治]黄縣志稿五卷首一卷　(清)尹繼美纂　清同治十二年(1873)刻本　一冊

360000－1901－0048269　110366
[同治]黄縣志稿五卷首一卷　(清)尹繼美纂　清同治十二年(1873)刻本　一冊

360000－1901－0048270　115250
[同治]會昌縣志三十二卷首一卷　(清)劉長景修　(清)陳良棟　(清)王驥纂　清同治十一年(1872)刻本　十二冊

360000－1901－0048271　115283
[同治]畿輔通志三百卷首一卷　(清)李鴻章等修　(清)黄彭年等纂　清宣統二年(1910)石印本　二百四十冊

360000－1901－0048272　110768
[同治]嘉定府志四十八卷首一卷　(清)文良等修　(清)陳堯采等纂　清同治三年(1864)刻本　五冊　存九卷(二十四至二十七、三十三至三十五、四十二至四十三)

360000－1901－0048273　721160
[同治]嘉定府志四十八卷首一卷　(清)文良等修　(清)陳堯采等纂　清同治三年(1864)刻本　五冊　存十五卷(二十八至三十二、三十六至四十一、四十三、四十六至四十八)

360000－1901－0048274　110593
[同治]監利縣志十二卷首一卷　(清)徐兆英　(清)林瑞枝修　(清)王柏心纂　清同治十一年(1872)刻本　八冊　存十一卷(一至三、六至十二,首一卷)

360000－1901－0048275　110130
[同治]建昌府志十卷首一卷　(清)邵子彝修　(清)魯琪光纂　清同治十一年(1872)刻光緒五年(1879)印本　二十四冊

360000－1901－0048276　110131
[同治]建昌府志十卷首一卷　(清)邵子彝修　(清)魯琪光纂　清同治十一年(1872)刻光緒五年(1879)印本　二十八冊

360000－1901－0048277　110132
[同治]建昌府志十卷首一卷　(清)邵子彝修　(清)魯琪光纂　清同治十一年(1872)刻光緒五年(1879)印本　二十六冊

360000－1901－0048278　115139
[同治]建昌府志十卷首一卷　(清)邵子彝修　(清)魯琪光纂　清同治十一年(1872)刻光

緒五年(1879)印本　二十八册

360000 - 1901 - 0048279　220642
[同治]建昌縣志十二卷首一卷　(清)陳惟清修　(清)閔芳言　(清)王士彬纂　清末抄本　八册

360000 - 1901 - 0048280　110133
[同治]建昌縣志十二卷首一卷　(清)陳惟清修　(清)閔芳言　(清)王士彬纂　清同治十年(1871)刻本　十册

360000 - 1901 - 0048281　110134
[同治]建昌縣志十二卷首一卷　(清)陳惟清修　(清)閔芳言　(清)王士彬纂　清同治十年(1871)刻本　九册

360000 - 1901 - 0048282　000985
[同治]江西東鄉縣志十六卷首一卷末一卷　(清)李士棻　(清)王維新修　(清)胡業恒纂　清同治八年(1869)刻本　三册　存三卷(十一至十三)

360000 - 1901 - 0048283　110097
[同治]江西東鄉縣志十六卷首一卷末一卷　(清)李士棻　(清)王維新修　(清)胡業恒纂　清同治八年(1869)刻本　七册

360000 - 1901 - 0048284　110098
[同治]江西東鄉縣志十六卷首一卷末一卷　(清)李士棻　(清)王維新修　(清)胡業恒纂　清同治八年(1869)刻本　十册

360000 - 1901 - 0048285　110099
[同治]江西東鄉縣志十六卷首一卷末一卷　(清)李士棻　(清)王維新修　(清)胡業恒纂　清同治八年(1869)刻本　十册

360000 - 1901 - 0048286　115110
[同治]江西東鄉縣志十六卷首一卷末一卷　(清)李士棻　(清)王維新修　(清)胡業恒纂　清同治八年(1869)刻本　十二册

360000 - 1901 - 0048287　110202
[同治]江西新城縣志十二卷首一卷末一卷　(清)劉昌嶽修　(清)鄧家祺纂　清同治十年(1871)刻本　十六册

360000 - 1901 - 0048288　115212
[同治]江西新城縣志十二卷首一卷末一卷　(清)劉昌嶽修　(清)鄧家祺纂　清同治十年(1871)刻本　十四册

360000 - 1901 - 0048289　110563
[同治]江夏縣志八卷首一卷　(清)王庭禎修　(清)彭崧毓纂　清同治八年(1869)刻本　九册

360000 - 1901 - 0048290　110564
[同治]江夏縣志八卷首一卷　(清)王庭禎修　(清)彭崧毓纂　清同治八年(1869)刻光緒七年(1881)增補本　八册

360000 - 1901 - 0048291　110102
[同治]金谿縣志三十六卷首一卷末一卷　(清)程芳修　(清)鄭浴脩等纂　清同治九年(1870)刻本　十七册

360000 - 1901 - 0048292　110103
[同治]金谿縣志三十六卷首一卷末一卷　(清)程芳修　(清)鄭浴脩等纂　清同治九年(1870)刻本　十五册

360000 - 1901 - 0048293　110262
[同治]金谿縣志三十六卷首一卷末一卷　(清)程芳修　(清)鄭浴脩等纂　清同治九年(1870)刻本　十六册

360000 - 1901 - 0048294　115116
[同治]金谿縣志三十六卷首一卷末一卷　(清)程芳修　(清)鄭浴脩等纂　清同治九年(1870)刻本　十六册

360000 - 1901 - 0048295　110192
[同治]進賢縣志二十五卷首一卷　(清)江璧等修　(清)胡景辰等纂　清同治十年(1871)刻本　十六册

360000 - 1901 - 0048296　115198
[同治]進賢縣志二十五卷首一卷　(清)江璧等修　(清)胡景辰等纂　清同治十年(1871)刻本　十六册

360000－1901－0048297　721089
[同治]進賢縣志二十五卷首一卷　(清)江璧等修　(清)胡景辰等纂　清同治十年(1871)刻本　一册　存二卷(二十一至二十二)

360000－1901－0048298　110193
[同治]進賢縣志二十五卷首一卷　(清)江璧等修　(清)胡景辰等纂　清同治十年(1871)刻光緒二十四年(1898)補刻本　十六册　缺一卷(十一)

360000－1901－0048299　414813－3
三字經訓詁一卷　(清)王相撰　清刻本　一册

360000－1901－0048300　110209
[同治]靖安縣志十六卷首一卷　(清)徐家瀛修　(清)舒孔恂纂　清同治九年(1870)木活字印本　七册

360000－1901－0048301　110002
[同治]九江府志五十四卷首一卷末一卷　(清)達春布修　(清)黄鳳樓　(清)歐陽燾纂　清同治十三年(1874)刻本　二十四册

360000－1901－0048302　110003
[同治]九江府志五十四卷首一卷末一卷　(清)達春布修　(清)黄鳳樓　(清)歐陽燾纂　清同治十三年(1874)刻本　二十四册

360000－1901－0048303　115002
[同治]九江府志五十四卷首一卷末一卷　(清)達春布修　(清)黄鳳樓　(清)歐陽燾纂　清同治十三年(1874)刻本　二十四册

360000－1901－0048304　110576
[同治]來鳳縣志三十二卷首一卷末一卷　(清)李勗修　(清)何遠鑒　(清)張鈞纂　清同治五年(1866)刻本　四册　存十四卷(五至十五、三十至三十二)

360000－1901－0048305　115269
[同治]蓮花廳志八卷首一卷末一卷　(清)李其昌纂修　(清)張樹萱增訂　清同治四年(1865)刻本　十册

360000－1901－0048306　110303
[同治]臨川縣志五十四卷首一卷末一卷　(清)童範儼修　(清)陳慶齡等纂　清同治九年(1870)刻本　二十四册

360000－1901－0048307　110304
[同治]臨川縣志五十四卷首一卷末一卷　(清)童範儼修　(清)陳慶齡等纂　清同治九年(1870)刻本　三十二册

360000－1901－0048308　115046
[同治]臨川縣志五十四卷首一卷末一卷　(清)童範儼修　(清)陳慶齡等纂　清同治九年(1870)刻本　二十四册

360000－1901－0048309　110306
[同治]臨江府志三十二卷首一卷　(清)德馨　(清)鮑孝光修　(清)朱孫詒　(清)陳錫麟纂　清同治十年(1871)刻本　六册

360000－1901－0048310　110307
[同治]臨江府志三十二卷首一卷　(清)德馨　(清)鮑孝光修　(清)朱孫詒　(清)陳錫麟纂　清同治十年(1871)刻本　六册

360000－1901－0048311　115049
[同治]臨江府志三十二卷首一卷　(清)德馨　(清)鮑孝光修　(清)朱孫詒　(清)陳錫麟纂　清同治十年(1871)刻本　六册

360000－1901－0048312　421140
[同治]臨江府志三十二卷首一卷　(清)德馨　(清)鮑孝光修　(清)朱孫詒　(清)陳錫麟纂　清同治十年(1871)刻本　五册　存二十九卷(一至十一、十六至三十二,首一卷)

360000－1901－0048313　421141
[同治]臨江府志三十二卷首一卷　(清)德馨　(清)鮑孝光修　(清)朱孫詒　(清)陳錫麟纂　清同治十年(1871)刻本　三册　存二十一卷(五至十一、十六至二十、二十四至三十二)

360000－1901－0048314　602072
[同治]臨江府志三十二卷首一卷　(清)德馨　(清)鮑孝光修　(清)朱孫詒　(清)陳錫

麟纂　清同治十年(1871)刻本　六冊

360000－1901－0048315　110289
[同治]龍泉縣志十八卷首一卷末一卷　(清)王肇渭修　(清)郭崇煇等纂　清同治十二年(1873)刻本　十二冊

360000－1901－0048316　110290
[同治]龍泉縣志十八卷首一卷末一卷　(清)王肇渭修　(清)郭崇煇等纂　清同治十二年(1873)刻本　十二冊

360000－1901－0048317　110291
[同治]龍泉縣志十八卷首一卷末一卷　(清)王肇渭修　(清)郭崇煇等纂　清同治十二年(1873)刻本　十二冊

360000－1901－0048318　115059
[同治]龍泉縣志十八卷首一卷末一卷　(清)王肇渭修　(清)郭崇煇等纂　清同治十二年(1873)刻本　十二冊

360000－1901－0048319　110325
[同治]廬陵縣志五十六卷首一卷附補編一卷　(清)陳汝禎等修　(清)匡汝諧等纂　清同治十二年(1873)刻本　二十四冊

360000－1901－0048320　115108
[同治]廬陵縣志五十六卷首一卷附補編一卷　(清)陳汝禎等修　(清)匡汝諧等纂　清同治十二年(1873)刻本　三十二冊

360000－1901－0048321　110312
[同治]瀘溪縣志十四卷首一卷　(清)楊松兆　(清)孫毓秀修　(清)彭鍾華等纂　清同治九年(1870)刻本　八冊

360000－1901－0048322　115071
[同治]瀘溪縣志十四卷首一卷　(清)楊松兆　(清)孫毓秀修　(清)彭鍾華等纂　清同治九年(1870)刻本　八冊

360000－1901－0048323　720185
[同治]洛陽龍門志不分卷　(清)路朝霖纂修　清光緒十三年(1887)刻本　一冊

360000－1901－0048324　110104
[同治]南安府志三十二卷首一卷　(清)黃鳴珂修　(清)石景芬　(清)徐福炘纂　清同治七年(1868)刻本　二十冊

360000－1901－0048325　110734
[同治]南安府志三十二卷首一卷　(清)黃鳴珂修　(清)石景芬　(清)徐福炘纂　清同治七年(1868)刻本　十三冊　存二十五卷(一至十一、十四至十七、二十至二十二、二十六至三十二)

360000－1901－0048326　110792
[同治]南安府志三十二卷首一卷　(清)黃鳴珂修　(清)石景芬　(清)徐福炘纂　清同治七年(1868)刻本　十八冊

360000－1901－0048327　110108
[同治]南昌府志六十六卷首一卷末一卷　(清)許應鑅　(清)王之藩修　(清)曾作舟　(清)杜防纂　清同治十二年(1873)刻本　四十冊

360000－1901－0048328　110109
[同治]南昌府志六十六卷首一卷末一卷　(清)許應鑅　(清)王之藩修　(清)曾作舟　(清)杜防纂　清同治十二年(1873)刻本　四十冊

360000－1901－0048329　115120
[同治]南昌府志六十六卷首一卷末一卷　(清)許應鑅　(清)王之藩修　(清)曾作舟　(清)杜防纂　清同治十二年(1873)刻本　四十冊

360000－1901－0048330　421135
[同治]南昌府志六十六卷首一卷末一卷　(清)許應鑅　(清)王之藩修　(清)曾作舟　(清)杜防纂　清同治十二年(1873)刻本　九冊　存八卷(十七、二十二、三十四至三十五、三十九、四十九至五十、六十二)

360000－1901－0048331　110115
[同治]南昌縣志三十六卷首一卷末一卷　(清)陳紀麟　(清)汪世澤修　(清)劉于潯　(清)曾作舟纂　清同治九年(1870)刻本

三十三册

360000－1901－0048332　110120
[同治]南城縣志十卷首一卷　(清)李人鏡修　(清)梅體萱纂　清同治十二年(1873)刻本　二十四册

360000－1901－0048333　110127
[同治]南豐縣志四十六卷首一卷末一卷　(清)柏春修　(清)魯琪光等纂　清同治十年(1871)刻本　二十八册

360000－1901－0048334　110128
[同治]南豐縣志四十六卷首一卷末一卷　(清)柏春修　(清)魯琪光等纂　清同治十年(1871)刻本　二十九册

360000－1901－0048335　115135
[同治]南豐縣志四十六卷首一卷末一卷　(清)柏春修　(清)魯琪光等纂　清同治十年(1871)刻本　二十八册

360000－1901－0048336　110121
[同治]南康府志二十四卷首一卷　(清)盛元等纂修　清同治十一年(1872)刻本　十二册

360000－1901－0048337　110122
[同治]南康府志二十四卷首一卷　(清)盛元等纂修　清同治十一年(1872)刻本　十六册

360000－1901－0048338　110123
[同治]南康府志二十四卷首一卷　(清)盛元等纂修　清同治十一年(1872)刻本　十二册

360000－1901－0048339　115131
[同治]南康府志二十四卷首一卷　(清)盛元等纂修　清同治十一年(1872)刻本　十二册

360000－1901－0048340　110124
[同治]南康縣志十四卷首一卷　(清)沈恩華修　(清)盧鼎峋纂　清同治十一年(1872)刻本　十二册

360000－1901－0048341　110125
[同治]南康縣志十四卷首一卷　(清)沈恩華修　(清)盧鼎峋纂　清同治十一年(1872)刻本　十二册

360000－1901－0048342　110712
[同治]南康縣志十四卷首一卷　(清)沈恩華修　(清)盧鼎峋纂　清同治十一年(1872)刻本　十二册

360000－1901－0048343　115133
[同治]南康縣志十四卷首一卷　(清)沈恩華修　(清)盧鼎峋纂　清同治十一年(1872)刻本　十二册

360000－1901－0048344　110577
[同治]南漳縣志集鈔二十六卷首一卷　(清)沈兆元修　(清)胡正楷纂　(清)胡心悦增纂　清嘉慶二十年(1815)刻同治四年(1865)東鶴山堂增刻本　七册　存二十二卷(一至二十一、首一卷)

360000－1901－0048345　110578
[同治]南漳縣志集鈔二十六卷首一卷　(清)沈兆元修　(清)胡正楷纂　(清)胡心悦增纂　清嘉慶二十年(1815)刻同治四年(1865)東鶴山堂增刻本　一册　存七卷(七至十三)

360000－1901－0048346　110183
[同治]萍鄉縣志十卷首一卷　(清)錫榮　(清)王明璠修　(清)劉坤一　(清)李文田纂　清同治十一年(1872)刻本　八册

360000－1901－0048347　110184
[同治]萍鄉縣志十卷首一卷　(清)錫榮　(清)王明璠修　(清)劉坤一　(清)李文田纂　清同治十一年(1872)刻本　八册

360000－1901－0048348　110185
[同治]萍鄉縣志十卷首一卷　(清)錫榮　(清)王明璠修　(清)劉坤一　(清)李文田纂　清同治十一年(1872)刻本　八册

360000－1901－0048349　115190
[同治]萍鄉縣志十卷首一卷　(清)錫榮　(清)王明璠修　(清)劉坤一　(清)李文田纂　清同治十一年(1872)刻本　十二册

360000－1901－0048350　602045
[同治]萍鄉縣志十卷首一卷　(清)錫榮　(清)王明璠修　(清)劉坤一　(清)李文田

纂　清同治十一年(1872)刻本　八册

360000－1901－0048351　110267
[同治]鄱陽縣志二十四卷首一卷末一卷附鄱陽縣忠烈録一卷　(清)陳志培修　(清)王廷鑑等纂　清同治十年(1871)刻本　十二册

360000－1901－0048352　110268
[同治]鄱陽縣志二十四卷首一卷末一卷附鄱陽縣忠烈録一卷　(清)陳志培修　(清)王廷鑑等纂　清同治十年(1871)刻本　十一册

360000－1901－0048353　115271
[同治]鄱陽縣志二十四卷首一卷末一卷附鄱陽縣忠烈録一卷　(清)陳志培修　(清)王廷鑑等纂　清同治十年(1871)刻本　十二册

360000－1901－0048354　110615
[同治]祁陽縣志二十四卷首一卷　(清)陳玉祥修　(清)劉希關等纂　清同治九年(1870)刻本　十六册

360000－1901－0048355　110236
[同治]鉛山縣志三十卷首一卷　(清)張廷珩修　(清)華祝三纂　清同治十二年(1873)刻本　十六册

360000－1901－0048356　110237
[同治]鉛山縣志三十卷首一卷　(清)張廷珩修　(清)華祝三纂　清同治十二年(1873)刻本　八册

360000－1901－0048357　115241
[同治]鉛山縣志三十卷首一卷　(清)張廷珩修　(清)華祝三纂　清同治十二年(1873)刻本　十六册

360000－1901－0048358　110163
[同治]清江縣志十卷首一卷　(清)潘懿(清)胡湛修　(清)朱孫詒等纂　清同治九年(1870)刻本　九册

360000－1901－0048359　115163
[同治]清江縣志十卷首一卷　(清)潘懿(清)胡湛修　(清)朱孫詒等纂　清同治九年(1870)刻本　十册

360000－1901－0048360　421097
[同治]清江縣志十卷首一卷　(清)潘懿(清)胡湛修　(清)朱孫詒等纂　清同治九年(1870)刻本　十册

360000－1901－0048361　421098
[同治]清江縣志十卷首一卷　(清)潘懿(清)胡湛修　(清)朱孫詒等纂　清同治九年(1870)刻本　十册

360000－1901－0048362　421099
[同治]清江縣志十卷首一卷　(清)潘懿(清)胡湛修　(清)朱孫詒等纂　清同治九年(1870)刻本　五册　存五卷(一至二、五至六、八)

360000－1901－0048363　421099－1
[同治]清江縣志十卷首一卷　(清)潘懿(清)胡湛修　(清)朱孫詒等纂　清同治九年(1870)刻本　二册　存一卷(八)

360000－1901－0048364　110328
[同治]饒州府志三十二卷首一卷　(清)錫德修　(清)石景芬等纂　清同治十一年(1872)刻本　十六册

360000－1901－0048365　110329
[同治]饒州府志三十二卷首一卷　(清)錫德修　(清)石景芬等纂　清同治十一年(1872)刻本　十六册

360000－1901－0048366　115258
[同治]饒州府志三十二卷首一卷　(清)錫德修　(清)石景芬等纂　清同治十一年(1872)刻本　十六册

360000－1901－0048367　110217
[同治]瑞昌縣志十卷首一卷　(清)姚暹修(清)馮士傑等纂　清同治十年(1871)刻本十二册

360000－1901－0048368　110218
[同治]瑞昌縣志十卷首一卷　(清)姚暹修(清)馮士傑等纂　清同治十年(1871)刻本十二册

360000－1901－0048369　115223

[同治]瑞昌縣志十卷首一卷　(清)姚暹修　(清)馮士傑等纂　清同治十年(1871)刻本　十二册

360000－1901－0048370　115224

[同治]瑞昌縣志十卷首一卷　(清)姚暹修　(清)馮士傑等纂　清同治十年(1871)刻民國四年(1915)增刻本　十二册

360000－1901－0048371　110214

[同治]瑞州府志二十四卷首一卷　(清)黄廷金修　(清)蕭浚蘭等纂　清同治十二年(1873)刻本　十四册

360000－1901－0048372　110215

[同治]瑞州府志二十四卷首一卷　(清)黄廷金修　(清)蕭浚蘭等纂　清同治十二年(1873)刻本　十四册

360000－1901－0048373　110216

[同治]瑞州府志二十四卷首一卷　(清)黄廷金修　(清)蕭浚蘭等纂　清同治十二年(1873)刻本　十四册

360000－1901－0048374　115222

[同治]瑞州府志二十四卷首一卷　(清)黄廷金修　(清)蕭浚蘭等纂　清同治十二年(1873)刻本　十四册

360000－1901－0048375　602052

[同治]瑞州府志二十四卷首一卷　(清)黄廷金修　(清)蕭浚蘭等纂　清同治十二年(1873)刻本　十四册

360000－1901－0048376　110551

[同治]三水縣志十二卷首一卷　(清)姜桐岡修　(清)郭四維纂　清同治十一年(1872)刻本　四册

360000－1901－0048377　110401

[同治]上海縣志三十二卷首一卷末一卷　(清)應寶時等修　(清)俞樾　(清)方宗誠纂　清同治十年(1871)吴門臬署刻本　十六册

360000－1901－0048378　110402

[同治]上海縣志三十二卷首一卷末一卷　(清)應寶時等修　(清)俞樾　(清)方宗誠纂　清同治十年(1871)吴門臬署刻本　十六册

360000－1901－0048379　110706

[同治]上海縣志三十二卷首一卷末一卷　(清)應寶時等修　(清)俞樾　(清)方宗誠纂　清同治十年(1871)吴門臬署刻十一年(1872)南園志局重校印本　十六册

360000－1901－0048380　110707

[同治]上海縣志三十二卷首一卷末一卷　(清)應寶時等修　(清)俞樾　(清)方宗誠纂　清同治十年(1871)吴門臬署刻十一年(1872)南園志局重校印本　十四册　缺十七卷(三至十九)

360000－1901－0048381　110399

[同治]上江兩縣志二十九卷首一卷　(清)莫祥芝　(清)甘紹盤修　(清)汪士鐸等纂　清同治十三年(1874)刻本　十二册

360000－1901－0048382　110398

[同治]上江兩縣志二十九卷首一卷　(清)莫祥芝　(清)甘紹盤修　(清)汪士鐸等纂　清同治十三年(1874)刻光緒二年(1876)印本　六册　存十七卷(一至十一、十五、二十至二十三,首一卷)

360000－1901－0048383　110016

[同治]上饒縣志二十六卷首一卷　(清)王恩溥　(清)邢德裕修　(清)李樹藩等纂　清同治十一年(1872)刻本　二十册

360000－1901－0048384　110017

[同治]上饒縣志二十六卷首一卷　(清)王恩溥　(清)邢德裕修　(清)李樹藩等纂　清同治十一年(1872)刻本　二十册

360000－1901－0048385　115014

[同治]上饒縣志二十六卷首一卷　(清)王恩溥　(清)邢德裕修　(清)李樹藩等纂　清同治十一年(1872)刻本　二十册

360000－1901－0048386　421119
[同治]上饒縣志二十六卷首一卷　(清)王恩溥　(清)邢德裕修　(清)李樹藩等纂　清同治十一年(1872)刻本　六冊　存八卷(一、六至七、十六、十八、二十一、二十三,首一卷)

360000－1901－0048387　110473
[同治]深州風土記二十二卷附表五卷　(清)吳汝綸纂　清光緒二十六年(1900)文瑞書院刻本　八冊

360000－1901－0048388　110474
[同治]深州風土記二十二卷附表五卷　(清)吳汝綸纂　清光緒二十六年(1900)文瑞書院刻本　八冊

360000－1901－0048389　110790
[同治]松潘記畧不分卷　(清)何遠慶纂修　清同治十二年(1873)刻本　一冊

360000－1901－0048390　110439－1
[同治]蘇州府志一百五十卷首三卷　(清)李銘皖　(清)譚鈞培修　(清)馮桂芬纂　清光緒八年(1882)江蘇書局刻本　三十二冊　存六十二卷(一至四、五十九至一百、一百十七至一百二十五、一百三十二至一百三十五,首三卷)

360000－1901－0048391　110150
[同治]泰和縣志三十卷首一卷　(清)宋瑛等修　(清)彭啓瑞等纂　(清)周之鏞續修　清光緒四年(1878)刻本　十六冊

360000－1901－0048392　110151
[同治]泰和縣志三十卷首一卷　(清)宋瑛等修　(清)彭啓瑞等纂　(清)周之鏞續修　清光緒四年(1878)刻本　十六冊

360000－1901－0048393　115156
[同治]泰和縣志三十卷首一卷　(清)宋瑛等修　(清)彭啓瑞等纂　(清)周之鏞續修　清光緒四年(1878)刻本　十六冊

360000－1901－0048394　110320
[同治]泰和縣志三十卷首一卷　(清)宋瑛等修　(清)彭啓瑞等纂　(清)周之鏞續纂修　清光緒四年(1878)刻本　十六冊

360000－1901－0048395　110526
[同治]泰順分疆錄十二卷首一卷　(清)林鶚纂　(清)林用霖續纂　清光緒五年(1879)林氏望山堂刻本　六冊

360000－1901－0048396　402848
[同治]泰順分疆錄十二卷首一卷　(清)林鶚纂　(清)林用霖續纂　清光緒五年(1879)林氏望山堂刻本　五冊　缺四卷(五至八)

360000－1901－0048397　115229
[同治]萬安縣志二十卷首一卷末一卷　(清)歐陽駿修　(清)周之鏞等纂　清同治十二年(1873)刻本　十二冊

360000－1901－0048398　110222
[同治]萬安縣志二十卷首一卷末一卷　(清)歐陽駿修　(清)周之鏞纂　清同治十二年(1873)刻本　十二冊

360000－1901－0048399　110223
[同治]萬安縣志二十卷首一卷末一卷　(清)歐陽駿修　(清)周之鏞纂　清同治十二年(1873)刻光緒三年(1877)增刻本　十冊

360000－1901－0048400　110226
[同治]萬年縣志十二卷首一卷　(清)項珂修　(清)劉馥桂等纂　清同治十年(1871)刻本　十二冊

360000－1901－0048401　110227
[同治]萬年縣志十二卷首一卷　(清)項珂修　(清)劉馥桂等纂　清同治十年(1871)刻本　八冊　缺四卷(四至五、八、十一)

360000－1901－0048402　115231
[同治]萬年縣志十二卷首一卷　(清)項珂修　(清)劉馥桂等纂　清同治十年(1871)刻本　十二冊

360000－1901－0048403　902512
[同治]萬載縣志都圖甲戶籍貫冊一卷　(清)□□纂修　清同治刻本　一冊

360000－1901－0048404　110760

[同治]萬載縣志三十卷首一卷　(清)金第　(清)杜紹斌纂修　清同治十一年(1872)刻本　十二冊

360000－1901－0048405　115235
[同治]萬載縣志三十卷首一卷　(清)金第　(清)杜紹斌纂修　清同治十一年(1872)刻本　十二冊

360000－1901－0048406　421104
[同治]萬載縣志三十卷首一卷　(清)金第　(清)杜紹斌纂修　清同治十一年(1872)刻本　十四冊

360000－1901－0048407　110093
[同治]武寧縣志四十四卷首一卷末一卷　(清)何慶朝纂修　清同治九年(1870)刻本　二十冊

360000－1901－0048408　110094
[同治]武寧縣志四十四卷首一卷末一卷　(清)何慶朝纂修　清同治九年(1870)刻本　二十冊

360000－1901－0048409　115105
[同治]武寧縣志四十四卷首一卷末一卷　(清)何慶朝纂修　清同治九年(1870)刻本　二十冊

360000－1901－0048410　110466
[同治]武邑縣志十卷首一卷　(清)彭美修　(清)龍文彬纂　清同治十一年(1872)刻本　四冊

360000－1901－0048411　110467
[同治]武邑縣志十卷首一卷　(清)彭美修　(清)龍文彬纂　清同治十一年(1872)刻本　四冊

360000－1901－0048412　110157
[同治]峽江縣志十卷首一卷　(清)暴大儒修　(清)廖其觀纂　清同治十年(1871)刻本　八冊

360000－1901－0048413　110158
[同治]峽江縣志十卷首一卷　(清)暴大儒修　(清)廖其觀纂　清同治十年(1871)刻本　八冊

360000－1901－0048414　110159
[同治]峽江縣志十卷首一卷　(清)暴大儒修　(清)廖其觀纂　清同治十年(1871)刻本　八冊

360000－1901－0048415　115161
[同治]峽江縣志十卷首一卷　(清)暴大儒修　(清)廖其觀纂　清同治十年(1871)刻本　八冊

360000－1901－0048416　110738
[同治]咸寧縣志十五卷首一卷　(清)陳怡等修　(清)雷以誠纂　清同治五年(1866)刻本　四冊　存八卷(三至五、十至十一、十四至十五,首一卷)

360000－1901－0048417　110195
[同治]新昌縣志三十二卷首一卷末一卷　(清)朱慶萼等纂修　清同治十一年(1872)木活字印本　二十冊

360000－1901－0048418　110196
[同治]新昌縣志三十二卷首一卷末一卷　(清)朱慶萼等纂修　清同治十一年(1872)木活字印本　二十冊

360000－1901－0048419　110197
[同治]新昌縣志三十二卷首一卷末一卷　(清)朱慶萼等纂修　清同治十一年(1872)木活字印本　二十冊

360000－1901－0048420　115203
[同治]新昌縣志三十二卷首一卷末一卷　(清)朱慶萼等纂修　清同治十一年(1872)木活字印本　二十冊

360000－1901－0048421　421132
[同治]新昌縣志三十二卷首一卷末一卷　(清)朱慶萼等纂修　清同治十一年(1872)木活字印本　十三冊　存二十一卷(一至二、五至十二、十五、二十、二十六至三十二,首一卷,末一卷)

360000－1901－0048422　421133
[同治]新昌縣志三十二卷首一卷末一卷　(清)朱慶萼等纂修　清同治十一年(1872)木活字印本　三册　存六卷(十二至十三、十六至十七、三十二,末一卷)

360000－1901－0048423　421133－1
[同治]新昌縣志三十二卷首一卷末一卷　(清)朱慶萼等纂修　清同治十一年(1872)木活字印本　一册　存二卷(三十二、末一卷)

360000－1901－0048424　602050
[同治]新昌縣志三十二卷首一卷末一卷　(清)朱慶萼等纂修　清同治十一年(1872)木活字印本　二十册

360000－1901－0048425　804503－1
[同治]新昌縣志三十二卷首一卷末一卷　(清)朱慶萼等纂修　清同治十一年(1872)木活字印本　二册　存三卷(十一至十二、二十八)

360000－1901－0048426　110203
[同治]新淦縣志十卷首一卷　(清)王肇賜修　(清)陳錫麟纂　清同治十二年(1873)木活字印本　十六册

360000－1901－0048427　110204
[同治]新淦縣志十卷首一卷　(清)王肇賜修　(清)陳錫麟纂　清同治十二年(1873)木活字印本　十六册

360000－1901－0048428　115213
[同治]新淦縣志十卷首一卷　(清)王肇賜修　(清)陳錫麟纂　清同治十二年(1873)木活字印本　十六册

360000－1901－0048429　421137
[同治]新淦縣志十卷首一卷　(清)王肇賜修　(清)陳錫麟纂　清同治十二年(1873)木活字印本　五册　存五卷(一至二、四至五、八)

360000－1901－0048430　421137－1
[同治]新淦縣志十卷首一卷　(清)王肇賜修　(清)陳錫麟纂　清同治十二年(1873)木活字印本　二册　存一卷(一)

360000－1901－0048431　421137－2
[同治]新淦縣志十卷首一卷　(清)王肇賜修　(清)陳錫麟纂　清同治十二年(1873)木活字印本　一册　存一卷(一)

360000－1901－0048432　110200
[同治]新建縣志九十九卷首一卷末一卷　(清)承霈修　(清)杜友棠　(清)楊兆崧纂　清同治十年(1871)刻本　三十八册　缺十一卷(五至九、十五至二十)

360000－1901－0048433　115209
[同治]新建縣志九十九卷首一卷末一卷　(清)承霈修　(清)杜友棠　(清)楊兆崧纂　清同治十年(1871)刻本　四十册

360000－1901－0048434　421087
[同治]新建縣志九十九卷首一卷末一卷　(清)承霈修　(清)杜友棠　(清)楊兆崧纂　清同治十年(1871)刻本　一册　存一卷(五十二)

360000－1901－0048435　110205
[同治]新喻縣志十六卷首一卷　(清)文聚奎　(清)祥安修　(清)吳增逵纂　清同治十二年(1873)刻本　十二册

360000－1901－0048436　110206
[同治]新喻縣志十六卷首一卷　(清)文聚奎　(清)祥安修　(清)吳增逵纂　清同治十二年(1873)刻本　十二册

360000－1901－0048437　110207
[同治]新喻縣志十六卷首一卷　(清)文聚奎　(清)祥安修　(清)吳增逵纂　清同治十二年(1873)刻本　十二册

360000－1901－0048438　115216
[同治]新喻縣志十六卷首一卷　(清)文聚奎　(清)祥安修　(清)吳增逵纂　清同治十二年(1873)刻本　十二册

360000－1901－0048439　602051
[同治]新喻縣志十六卷首一卷　(清)文聚奎　(清)祥安修　(清)吳增逵纂　清同治十二年(1873)刻本　十二册

360000－1901－0048440　110983
[同治]**信豐縣志續編八卷**　(清)李大觀修　劉杰光等纂　清同治九年(1870)刻本　一册

360000－1901－0048441　110139
[同治]**星子縣志十四卷首一卷**　(清)藍煦　(清)徐鳴臯修　(清)曹徵甲等纂　清同治十年(1871)刻本　十二册

360000－1901－0048442　110140
[同治]**星子縣志十四卷首一卷**　(清)藍煦　(清)徐鳴臯修　(清)曹徵甲等纂　清同治十年(1871)刻本　十二册

360000－1901－0048443　115143
[同治]**星子縣志十四卷首一卷**　(清)藍煦　(清)徐鳴臯修　(清)曹徵甲等纂　清同治十年(1871)刻本　十二册

360000－1901－0048444　110292
[同治]**興安縣志十六卷首一卷**　(清)李賓暘修　(清)趙桂林纂　清同治十年(1871)刻本　六册

360000－1901－0048445　602101
[同治]**興安縣志十六卷首一卷**　(清)李賓暘修　(清)趙桂林纂　清同治十年(1871)刻本　四册

360000－1901－0048446　110235
[同治]**興安縣志十六卷首一卷**　(清)李賓暘修　(清)趙桂林纂　清同治十年(1871)刻民國六年(1917)印本　六册

360000－1901－0048447　110293
[同治]**興安縣志十六卷首一卷**　(清)李賓暘修　(清)趙桂林纂　清同治十年(1871)刻民國六年(1917)印本　六册

360000－1901－0048448　110294
[同治]**興安縣志十六卷首一卷**　(清)李賓暘修　(清)趙桂林纂　清同治十年(1871)刻民國六年(1917)印本　六册

360000－1901－0048449　115036
[同治]**興安縣志十六卷首一卷**　(清)李賓暘修　(清)趙桂林纂　清同治十年(1871)刻民國六年(1917)印本　六册

360000－1901－0048450　115038
[同治]**興國縣志四十六卷首一卷**　(清)崔國榜修　(清)金益謙　(清)藍拔奇纂　清同治十一年(1872)刻本　十二册

360000－1901－0048451　110581
[同治]**續輯漢陽縣志二十八卷**　(清)黄式度等修　(清)王柏心纂　清同治七年(1868)刻本　七册　存十三卷(八至二十)

360000－1901－0048452　110609
[同治]**續輯漢陽縣志二十八卷**　(清)黄式度等修　(清)王柏心纂　清同治七年(1868)刻本　十二册　存二十一卷(二至二十、二十四、二十七)

360000－1901－0048453　110610
[同治]**續輯漢陽縣志二十八卷**　(清)黄式度等修　(清)王柏心纂　清同治七年(1868)刻本　二十册

360000－1901－0048454　110210
[同治]**續纂靖安縣志十卷首一卷**　(清)徐家瀛修　(清)舒孔恂纂　清同治九年(1870)木活字印本　八册

360000－1901－0048455　115219
[同治]**續纂靖安縣志十卷首一卷**　(清)徐家瀛修　(清)舒孔恂纂　清同治九年(1870)木活字印本　四册

360000－1901－0048456　110082
[同治]**宜春縣志十卷首一卷**　(清)路青雲修　(清)李佩琳　(清)陳瑜纂　清同治十年(1871)刻本　十二册

360000－1901－0048457　110083
[同治]**宜春縣志十卷首一卷**　(清)路青雲修　(清)李佩琳　(清)陳瑜纂　清同治十年(1871)刻本　十二册

360000－1901－0048458　110084
[同治]**宜春縣志十卷首一卷**　(清)路青雲修

（清）李佩琳　（清）陳瑜纂　清同治十年(1871)刻本　十二册

360000－1901－0048459　115094
［同治］宜春縣志十卷首一卷　（清）路青雲修（清）李佩琳　（清）陳瑜纂　清同治十年(1871)刻本　十二册

360000－1901－0048460　421111
［同治］宜春縣志十卷首一卷　（清）路青雲修（清）李佩琳　（清）陳瑜纂　清同治十年(1871)刻本　一册　存一卷(七)

360000－1901－0048461　110086
［同治］宜黄縣志五十卷首一卷　（清）張興言等修　（清）謝煌等纂　清同治十年(1871)刻本　二十四册

360000－1901－0048462　110087
［同治］宜黄縣志五十卷首一卷　（清）張興言等修　（清）謝煌等纂　清同治十年(1871)刻本　二十四册

360000－1901－0048463　115098
［同治］宜黄縣志五十卷首一卷　（清）張興言等修　（清）謝煌等纂　清同治十年(1871)刻本　二十四册

360000－1901－0048464　421145
［同治］宜黄縣志五十卷首一卷　（清）張興言等修　（清）謝煌等纂　清同治十年(1871)刻本　十八册　存四十一卷(一至三十九、四十五，首一卷)

360000－1901－0048465　721090
［同治］宜黄縣志五十卷首一卷　（清）張興言等修　（清）謝煌等纂　清同治十年(1871)刻本　三册　存一卷(四十五)

360000－1901－0048466　110004
［同治］弋陽縣志十四卷首一卷　（清）俞致中修　（清）汪炳熊等纂　清同治十年(1871)刻本　十册

360000－1901－0048467　115004
［同治］弋陽縣志十四卷首一卷　（清）俞致中修　（清）汪炳熊等纂　清同治十年(1871)刻本　十册

360000－1901－0048468　110213
［同治］義寧州志四十卷首一卷　（清）王維新等修　（清）涂家杰等纂　清同治十二年(1873)刻本　二十六册

360000－1901－0048469　115221
［同治］義寧州志四十卷首一卷　（清）王維新等修　（清）涂家杰等纂　清同治十二年(1873)刻本　二十六册

360000－1901－0048470　110029
［同治］永豐縣志四十卷　（清）雙貴　（清）王建中修　（清）劉繹等纂　清同治十三年(1874)刻本　十九册　缺一卷(三十七)

360000－1901－0048471　110030
［同治］永豐縣志四十卷　（清）雙貴　（清）王建中修　（清）劉繹等纂　清同治十三年(1874)刻本　十一册　存二十卷(二至五、十二至二十、二十七至三十三)

360000－1901－0048472　115030
［同治］永豐縣志四十卷　（清）雙貴　（清）王建中修　（清）劉繹等纂　清同治十三年(1874)刻本　二十册

360000－1901－0048473　110028
［同治］永寧縣志十卷首一卷　（清）楊輔宜修（清）肖應乾等纂　清同治十三年(1874)刻本　五册

360000－1901－0048474　115029
［同治］永寧縣志十卷首一卷　（清）楊輔宜修（清）肖應乾等纂　清同治十三年(1874)刻本　五册

360000－1901－0048475　110025
［同治］永新縣志二十六卷首一卷　（清）蕭玉春　（清）陳恩浩修　（清）李煒　（清）段夢龍纂　清同治十三年(1874)刻光緒元年(1875)補刻本　十二册

360000－1901－0048476　110026

[同治]永新縣志二十六卷首一卷 (清)蕭玉春 (清)陳恩浩修 (清)李煒 (清)段夢龍纂 清同治十三年(1874)刻光緒元年(1875)補刻本 十二冊

360000－1901－0048477 115025
[同治]永新縣志二十六卷首一卷 (清)蕭玉春 (清)陳恩浩修 (清)李煒 (清)段夢龍纂 清同治十三年(1874)刻光緒元年(1875)補刻本 十二冊

360000－1901－0048478 110027
[同治]永新縣志稿十卷 (清)尹繼隆纂修 清光緒五年(1879)刻本 五冊

360000－1901－0048479 115026
[同治]永新縣志稿十卷 (清)尹繼隆纂修 清光緒五年(1879)刻本 四冊

360000－1901－0048480 110614
[同治]攸縣志五十五卷首一卷 (清)趙勷 (清)萬在衡修 (清)陳之驎纂 (清)王元凱續修 (清)嚴鳴琦續纂 清同治十年(1871)刻本 七冊 存三十六卷(九至三十五、三十八至三十九、四十九至五十五)

360000－1901－0048481 110166
[同治]雩都縣志十六卷首一卷 (清)顏壽芝 (清)王穎修 (清)何戴仁 (清)洪霖纂 清同治十三年(1874)刻本 十二冊

360000－1901－0048482 110167
[同治]雩都縣志十六卷首一卷 (清)顏壽芝 (清)王穎修 (清)何戴仁 (清)洪霖纂 清同治十三年(1874)刻本 九冊 缺二卷(六至七)

360000－1901－0048483 115167
[同治]雩都縣志十六卷首一卷 (清)顏壽芝 (清)王穎修 (清)何戴仁 (清)洪霖纂 清同治十三年(1874)刻本 十冊

360000－1901－0048484 110299
[同治]餘干縣志二十卷首一卷末一卷 (清)區作霖 (清)馮蘭森修 (清)曾福善等纂 清同治十一年(1872)東山書院刻本 八冊

360000－1901－0048485 110300
[同治]餘干縣志二十卷首一卷末一卷 (清)區作霖 (清)馮蘭森修 (清)曾福善等纂 清同治十一年(1872)東山書院刻本 八冊 缺四卷(十七至二十)

360000－1901－0048486 115040
[同治]餘干縣志二十卷首一卷末一卷 (清)區作霖 (清)馮蘭森修 (清)曾福善等纂 清同治十一年(1872)東山書院刻本 八冊

360000－1901－0048487 110031
[同治]玉山縣志十卷首一卷附補遺一卷 (清)黃壽祺修 (清)吳華辰 (清)任廷槐纂 清同治十二年(1873)刻本 十冊

360000－1901－0048488 110032
[同治]玉山縣志十卷首一卷附補遺一卷 (清)黃壽祺修 (清)吳華辰 (清)任廷槐纂 清同治十二年(1873)刻本 十冊

360000－1901－0048489 115031
[同治]玉山縣志十卷首一卷附補遺一卷 (清)黃壽祺修 (清)吳華辰 (清)任廷槐纂 清同治十二年(1873)刻本 十冊

360000－1901－0048490 110613
[同治]沅陵縣志五十卷首一卷 (清)守忠等修 (清)許光曙等纂 清同治十二年(1873)刻光緒二十八年(1902)重修本 八冊 存三十三卷(一至十七、二十九至四十三,首一卷)

360000－1901－0048491 110153
[同治]袁州府志十卷首一卷 (清)駱敏 (清)黃恩浩修 (清)蕭玉銓等纂 清同治十三年(1874)刻本 二十冊

360000－1901－0048492 110154
[同治]袁州府志十卷首一卷 (清)駱敏 (清)黃恩浩修 (清)蕭玉銓等纂 清同治十三年(1874)刻本 十九冊 缺二卷(一至二)

360000－1901－0048493 110742
[同治]袁州府志十卷首一卷 (清)駱敏 (清)黃恩浩修 (清)蕭玉銓等纂 清同治十三年(1874)刻本 十五冊 缺二卷(三、十)

360000－1901－0048494　115158
[同治]袁州府志十卷首一卷　(清)駱敏(清)黄恩浩修　(清)蕭玉銓等纂　清同治十三年(1874)刻本　二十冊

360000－1901－0048495　421110
[同治]袁州府志十卷首一卷　(清)駱敏(清)黄恩浩修　(清)蕭玉銓等纂　清同治十三年(1874)刻本　九冊　存六卷(一、六至十)

360000－1901－0048496　110275
[同治]樂安縣志十一卷首一卷附兵難殉節錄二卷　(清)朱奎章修　(清)胡芳杏纂　清同治十年(1871)刻本　八冊

360000－1901－0048497　110276
[同治]樂安縣志十一卷首一卷附兵難殉節錄二卷　(清)朱奎章修　(清)胡芳杏纂　清同治十年(1871)刻本　八冊

360000－1901－0048498　110277
[同治]樂安縣志十一卷首一卷附兵難殉節錄二卷　(清)朱奎章修　(清)胡芳杏纂　清同治十年(1871)刻本　八冊

360000－1901－0048499　115276
[同治]樂安縣志十一卷首一卷附兵難殉節錄二卷　(清)朱奎章修　(清)胡芳杏纂　清同治十年(1871)刻本　八冊

360000－1901－0048500　602068
[同治]樂安縣志十一卷首一卷附兵難殉節錄二卷　(清)朱奎章修　(清)胡芳杏纂　清同治十年(1871)刻本　八冊

360000－1901－0048501　110272
[同治]樂平縣志十卷首一卷　(清)董萼榮(清)梅毓翰修　(清)汪元祥　(清)陳謨纂　清同治九年(1870)翥山書院刻本　十二冊

360000－1901－0048502　110273
[同治]樂平縣志十卷首一卷　(清)董萼榮(清)梅毓翰修　(清)汪元祥　(清)陳謨纂　清同治九年(1870)翥山書院刻本　十二冊

360000－1901－0048503　110274
[同治]樂平縣志十卷首一卷　(清)董萼榮(清)梅毓翰修　(清)汪元祥　(清)陳謨纂　清同治九年(1870)翥山書院刻本　十二冊

360000－1901－0048504　115274
[同治]樂平縣志十卷首一卷　(清)董萼榮(清)梅毓翰修　(清)汪元祥　(清)陳謨纂　清同治九年(1870)翥山書院刻本　十二冊

360000－1901－0048505　421125
[同治]樂平縣志十卷首一卷　(清)董萼榮(清)梅毓翰修　(清)汪元祥　(清)陳謨纂　清同治九年(1870)翥山書院刻本　一冊　存一卷(一)

360000－1901－0048506　110590
[同治]鄖陽志八卷首一卷　(清)吳葆儀修(清)王嚴恭纂　清同治九年(1870)刻本　十二冊

360000－1901－0048507　110591
[同治]鄖陽志八卷首一卷　(清)吳葆儀修(清)王嚴恭纂　清同治九年(1870)刻本　十冊

360000－1901－0048508　110592
[同治]鄖陽志八卷首一卷　(清)吳葆儀修(清)王嚴恭纂　清同治九年(1870)刻本　十冊　存七卷(一至六、首一卷)

360000－1901－0048509　110616
[同治]直隸澧州志二十六卷首三卷　(清)何玉棻修　(清)魏式曾纂　清同治八年(1869)刻本　十冊　存十二卷(一、三至六、十至十四、十六、二十六)

360000－1901－0048510　110604
[同治]鍾祥縣志二十卷補編二卷　(清)孫福海等纂修　清同治六年(1867)刻本　二冊　存二卷(十二、十八)

360000－1901－0048511　110011
[同治]重修上高縣志十四卷首一卷末一卷　(清)馮蘭森修　(清)陳卿雲等纂　清同治九年(1870)刻本　十四冊

360000－1901－0048512　110012
[同治]重修上高縣志十四卷首一卷末一卷
(清)馮蘭森修　(清)陳卿雲等纂　清同治九年(1870)刻本　十四册

360000－1901－0048513　110013
[同治]重修上高縣志十四卷首一卷末一卷
(清)馮蘭森修　(清)陳卿雲等纂　清同治九年(1870)刻本　十四册

360000－1901－0048514　110271
[同治]重修上高縣志十四卷首一卷末一卷
(清)馮蘭森修　(清)陳卿雲等纂　清同治九年(1870)刻本　十四册

360000－1901－0048515　115010
[同治]重修上高縣志十四卷首一卷末一卷
(清)馮蘭森修　(清)陳卿雲等纂　清同治九年(1870)刻本　十四册

360000－1901－0048516　721146
[同治]重修上高縣志十四卷首一卷末一卷
(清)馮蘭森修　(清)陳卿雲等纂　清同治九年(1870)刻本　十四册　存十五卷(重修上高縣志十四卷、首一卷)

360000－1901－0048517　721146－1
[同治]重修上高縣志十四卷首一卷末一卷
(清)馮蘭森修　(清)陳卿雲等纂　清同治九年(1870)刻本　一册　存一卷(十一)

360000－1901－0048518　800752
[同治]重修上高縣志十四卷首一卷末一卷
(清)馮蘭森修　(清)陳卿雲等纂　清同治九年(1870)刻本　二册　存二卷(三至四)

360000－1901－0048519　801061
[同治]重修上高縣志十四卷首一卷末一卷
(清)馮蘭森修　(清)陳卿雲等纂　清同治九年(1870)刻本　三册　存三卷(三、七、十二)

360000－1901－0048520　801062
[同治]重修上高縣志十四卷首一卷末一卷
(清)馮蘭森修　(清)陳卿雲等纂　清同治九年(1870)刻本　五册　存五卷(二、六、八、十、十四)

360000－1901－0048521　801063
[同治]重修上高縣志十四卷首一卷末一卷
(清)馮蘭森修　(清)陳卿雲等纂　清同治九年(1870)刻本　十册　存十一卷(一、五至十、十二至十四,首一卷)

360000－1901－0048522　801064
[同治]重修上高縣志十四卷首一卷末一卷
(清)馮蘭森修　(清)陳卿雲等纂　清同治九年(1870)刻本　八册　存九卷(一、五至六、八、十、十二至十四,首一卷)

360000－1901－0048523　804616
[同治九年各處賬目總錄]不分卷　(清)□□輯　稿本　一册

360000－1901－0048524　804613
[同治六年各處賬目總錄]不分卷　(清)□□輯　稿本　一册

360000－1901－0048525　803914
[同治十三年賬簿]不分卷　(清)□□輯　稿本　一册

360000－1901－0048526　405065
[同治試藝]不分卷　(清)□□輯　清刻本　一册

360000－1901－0048527　800610
[同治試藝彙編]不分卷　(清)□□輯　清刻本　五册

360000－1901－0048528　801844
[土地清册]不分卷　(清)□□輯　清抄本　一册

360000－1901－0048529　803413
[外科驗方]不分卷　(清)□□輯　清抄本　一册

360000－1901－0048530　803850
[外科藥書]不分卷　(清)□□輯　清抄本　一册

360000－1901－0048531　115024
[萬曆]永新縣志八卷首一卷　(明)龔錫爵修　(明)尹臺纂　清光緒十年(1884)刻本　四

冊

360000－1901－0048532　802530
[萬年曆]一卷　清光緒刻本　一冊

360000－1901－0048533　803350
[往來書信]不分卷　(清)□□輯　清抄本　一冊

360000－1901－0048534　801833
[往來通書]不分卷　(清)□□輯　清抄本　一冊

360000－1901－0048535　802410
[往來賬簿]　(清)□□輯　稿本　一冊

360000－1901－0048536　800558
[闈墨彙纂]不分卷　(清)□□輯　清抄本　一冊

360000－1901－0048537　404885
[文鈔]不分卷　(清)□□輯　清抄本　一冊

360000－1901－0048538　801463
[文鈔]不分卷　(清)□□輯　清抄本　一冊

360000－1901－0048539　801482
[文鈔]不分卷　(清)□□輯　清抄本　一冊

360000－1901－0048540　801805
[文鈔]不分卷　(清)□□輯　清抄本　一冊

360000－1901－0048541　801806
[文鈔]不分卷　(清)□□輯　清抄本　一冊

360000－1901－0048542　801874
[文鈔]不分卷　(清)□□輯　清抄本　一冊

360000－1901－0048543　801904
[文鈔]不分卷　(清)□□輯　清抄本　一冊

360000－1901－0048544　802390
[文鈔]不分卷　(清)□□輯　清抄本　一冊

360000－1901－0048545　803654
[文鈔]不分卷　(清)□□輯　清抄本　一冊

360000－1901－0048546　803658
[文鈔]不分卷　(清)□□輯　清抄本　一冊

360000－1901－0048547　803670
[文鈔]不分卷　(清)□□輯　清抄本　一冊

360000－1901－0048548　803674
[文鈔]不分卷　(清)□□輯　清抄本　一冊

360000－1901－0048549　803681
[文鈔]不分卷　(清)□□輯　清抄本　一冊

360000－1901－0048550　803772
[文鈔]不分卷　(清)□□輯　清抄本　一冊

360000－1901－0048551　803804
[文鈔]不分卷　(清)□□輯　清抄本　一冊

360000－1901－0048552　803924
[文鈔]不分卷　(清)□□輯　清抄本　一冊

360000－1901－0048553　803947
[文鈔]不分卷　(清)□□輯　清抄本　一冊

360000－1901－0048554　803967
[文鈔]不分卷　(清)□□輯　清抄本　一冊

360000－1901－0048555　803982
[文鈔]不分卷　(清)□□輯　清抄本　一冊

360000－1901－0048556　804301
[文鈔]不分卷　(清)□□輯　清抄本　一冊

360000－1901－0048557　804641
[文鈔]不分卷　(清)□□輯　清抄本　一冊

360000－1901－0048558　804658
[文鈔]不分卷　(清)□□輯　清抄本　一冊

360000－1901－0048559　801489
[文鈔]不分卷　(清)槑□公撰　(清)惠基公批改　清抄本　一冊

360000－1901－0048560　803651
[文鈔]不分卷　(清)汪澤霖輯　清抄本　一冊

360000－1901－0048561　800589
[文詞雜鈔]一卷　(□)□□輯　清抄本　一冊

360000－1901－0048562　802056
[文法]不分卷　(□)□□輯　清抄本　一冊

360000－1901－0048563　801899
[文集]不分卷　(□)□□撰　清抄本　一册

360000－1901－0048564　803238
[文集]不分卷　(□)□□撰　清抄本　一册

360000－1901－0048565　803401
[文集]不分卷　(□)□□撰　清抄本　一册

360000－1901－0048566　804699
[文集]不分卷　(□)□□撰　清抄本　一册

360000－1901－0048567　804803
[文集]不分卷　(□)□□撰　清抄本　一册

360000－1901－0048568　803657
[文集]不分卷　(清)□□輯　清抄本　一册

360000－1901－0048569　803345
[文論]不分卷　(□)□□撰　清抄本　一册

360000－1901－0048570　803290
[文評]不分卷　(□)□□輯　清抄本　一册

360000－1901－0048571　803253
[文濤詩文集]不分卷　(清)□□輯　清抄本　一册

360000－1901－0048572　801474
[文選]不分卷　(清)□□輯　清抄本　一册

360000－1901－0048573　801816
[文選]不分卷　(清)□□輯　清抄本　一册

360000－1901－0048574　801836
[文選]不分卷　(清)□□輯　清抄本　一册

360000－1901－0048575　801859
[文選]不分卷　(清)□□輯　清抄本　一册

360000－1901－0048576　801910
[文選]不分卷　(清)□□輯　清抄本　一册

360000－1901－0048577　801914
[文選]不分卷　(清)□□輯　清抄本　一册

360000－1901－0048578　802348
[文選]不分卷　(清)□□輯　清抄本　一册

360000－1901－0048579　802350
[文選]不分卷　(清)□□輯　清抄本　一册

360000－1901－0048580　802352
[文選]不分卷　(清)□□輯　清抄本　一册

360000－1901－0048581　802357
[文選]不分卷　(清)□□輯　清抄本　一册

360000－1901－0048582　802460
[文選]不分卷　(清)□□輯　清抄本　一册

360000－1901－0048583　802669
[文選]不分卷　(清)□□輯　清抄本　一册

360000－1901－0048584　802809
[文選]不分卷　(清)□□輯　清抄本　一册

360000－1901－0048585　802810
[文選]不分卷　(清)□□輯　清抄本　一册

360000－1901－0048586　803244
[文選]不分卷　(清)□□輯　清抄本　二册

360000－1901－0048587　803273
[文選]不分卷　(清)□□輯　清抄本　一册

360000－1901－0048588　804868
[文選]一卷　(清)□□輯　清抄本　一册

360000－1901－0048589　803680
[文選鈔]不分卷　(清)□□輯　清抄本　一册

360000－1901－0048590　803682
[文選評]不分卷　(清)□□輯　清抄本　一册

360000－1901－0048591　804309
[五行大要]不分卷　(□)□□輯　清抄本　一册

360000－1901－0048592　803311
[五行要義]不分卷　(□)□□輯　清抄本　一册

360000－1901－0048593　901787
[五經程墨]□□卷　(□)□□輯　清刻本　一册　存一卷(十)

360000－1901－0048594　802418

[五名堂進出總數]不分卷(清咸豐二年至同治十三年) (清)□□輯 稿本 一冊

360000－1901－0048595 803835
[五言勸善歌]不分卷 (清)王徵祥輯 清光緒四年(1878)抄本 一冊

360000－1901－0048596 802329
[五言詩選鈔]不分卷 (清)□□輯 清抄本 一冊

360000－1901－0048597 802702
[物產記]不分卷 (□)□□輯 清抄本 一冊

360000－1901－0048598 410996
[婺源縣河案稟]一卷 (清)□□輯 清刻本 一冊

360000－1901－0048599 800590
[西廂記]不分卷 (元)王德信撰 清抄本 二冊

360000－1901－0048600 801448
[西廂記選抄]不分卷 (元)王德信撰 清抄本 一冊

360000－1901－0048601 802316
[西廂記摘抄]不分卷 (元)王德信撰 清抄本 一冊

360000－1901－0048602 220602
[熙寧]長安志二十卷 (宋)宋敏求纂 圖三卷 (元)李好文繪 (□)張敏同校正 (清)畢沅校 清乾隆四十九年(1784)鎮洋畢氏靈巖山館刻經訓堂叢書本 六冊

360000－1901－0048603 220603
[熙寧]長安志二十卷 (宋)宋敏求纂 圖三卷 (元)李好文繪 (□)張敏同校正 (清)畢沅校 清乾隆四十九年(1784)鎮洋畢氏靈巖山館刻經訓堂叢書本 四冊 缺三卷(圖三卷)

360000－1901－0048604 110557
[熙寧]長安志二十卷圖三卷 (宋)宋敏求纂 (元)李好文繪 (清)畢沅校 清光緒十七年(1891)思賢講舍刻本 五冊

360000－1901－0048605 603331
[熙寧]長安志二十卷圖三卷 (宋)宋敏求纂 (元)李好文繪 (清)畢沅校 清刻本 一冊 存五卷(十六至二十)

360000－1901－0048606 802747
[戲劇] (□)□□輯 清抄本 一冊 存五種

360000－1901－0048607 803286
[戲劇] (□)□□輯 清抄本 一冊 存八種

360000－1901－0048608 804299
[戲劇] (□)□□輯 清抄本 一冊 存十二種

360000－1901－0048609 803088
[戲劇] (□)□□輯 清刻本 一冊 存五種

360000－1901－0048610 801901
[戲劇]不分卷 (□)□□輯 清抄本 一冊

360000－1901－0048611 801931
[戲劇]不分卷 (□)□□輯 清抄本 一冊

360000－1901－0048612 802372
[戲劇]不分卷 (□)□□輯 清抄本 四冊

360000－1901－0048613 802376
[戲劇]不分卷 (□)□□輯 清抄本 一冊

360000－1901－0048614 802664
[戲劇]不分卷 (□)□□輯 清抄本 一冊

360000－1901－0048615 802665
[戲劇]不分卷 (□)□□輯 清抄本 一冊

360000－1901－0048616 802718
[戲劇]不分卷 (□)□□輯 清抄本 一冊

360000－1901－0048617 804861
[戲劇]不分卷 (□)□□輯 清抄本 一冊

360000－1901－0048618 804862
[戲劇]不分卷 (□)□□輯 清抄本 一冊

360000－1901－0048619　804863
[戲劇]不分卷　(□)□□輯　清抄本　一册

360000－1901－0048620　802671
[戲劇]不分卷　(□)□□輯　清余鑑泉抄本　一册

360000－1901－0048621　801174
[戲劇]一卷　(□)□□輯　清抄本　一册

360000－1901－0048622　803441
[戲劇譜]不分卷　(□)□□輯　清抄本　一册

360000－1901－0048623　802313
[戲曲]不分卷　(□)□□輯　清抄本　一册

360000－1901－0048624　802442
[戲曲]不分卷　(□)□□輯　清抄本　一册

360000－1901－0048625　802673
[戲曲]不分卷　(□)□□輯　清抄本　一册

360000－1901－0048626　803899
[戲曲鈔]六卷　(□)□□輯　清抄本　一册

360000－1901－0048627　804298
[仙官]不分卷　(□)□□輯　清抄本　一册

360000－1901－0048628　803269
[先秦兩漢三國兩晉史]不分卷　(□)□□輯　清乾隆二十年(1755)姚啓彩抄本　一册

360000－1901－0048629　802085
[先天後天易占]不分卷　(□)□□撰　**羅經精一解二卷**　(□)□□撰　清抄本　一册

360000－1901－0048630　110390
[咸豐]甘棠小志四卷首一卷末一卷　(清)董醇纂　清咸豐五年(1855)甘棠董氏刻本　四册

360000－1901－0048631　110371
[咸豐]濟寧直隸州續志四卷　(清)盧朝安纂修　清咸豐九年(1859)刻本　四册

360000－1901－0048632　110407
[咸豐]邳州志二十卷首一卷　(清)董用威　(清)馬軼羣修　(清)魯一同纂　清咸豐元年(1851)刻本　四册

360000－1901－0048633　110408
[咸豐]邳州志二十卷首一卷　(清)董用威　(清)馬軼羣修　(清)魯一同纂　清咸豐元年(1851)刻本　三册　存十七卷(一至十六、首一卷)

360000－1901－0048634　110605
[咸豐]蘄州志二十六卷　(清)潘克溥纂修　清咸豐二年(1852)刻本　九册　存二十卷(一至二十)

360000－1901－0048635　110536
[咸豐]雲和縣志十六卷首一卷　(清)伍承吉修　(清)涂冠纘修　(清)王士鈖纂　清同治三年(1864)刻本　三册　存九卷(三至九、十五至十六)

360000－1901－0048636　110775
[咸豐]重修興化縣志十卷　(清)梁園棣修　(清)鄭之僑　(清)趙彦俞纂　清咸豐二年(1852)刻本　四册　存七卷(一、三至五、八至十)

360000－1901－0048637　110836
[咸豐]重修興化縣志十卷　(清)梁園棣修　(清)鄭之僑　(清)趙彦俞纂　清咸豐二年(1852)刻本　八册

360000－1901－0048638　802459
[縣試墨選]不分卷　(清)□□輯　清抄本　一册

360000－1901－0048639　803228
[縣署檔册]不分卷(清光緒四年至六年)　(清)□□輯　稿本　一册

360000－1901－0048640　803255
[縣署檔册]不分卷(清光緒四年至五年)　(清)□□輯　稿本　一册

360000－1901－0048641　803985
[相法]不分卷　(清)□□輯　清光緒三十三年(1907)鍾英逵抄本　一册

360000－1901－0048642　801808

[相法]一卷　(清)□□輯　清光緒抄本　一册

360000－1901－0048643　803573
[相宅寶書]不分卷　(□)□□輯　清抄本　一册

360000－1901－0048644　802666
[筱雲全稿賦選]不分卷　(清)余銓桂撰　(清)余南桂輯並評　清抄本　一册

360000－1901－0048645　803627
[辛漪堂公祠業產賬簿]不分卷(清光緒二十四年至一九四九年)　□□輯　稿本　一册

360000－1901－0048646　802676
[新安翼然亭漁梁壩新修捐啓]　(清)洪廷俊等撰　清光緒二十三年(1897)刻本　二葉

360000－1901－0048647　123522
[新城縣輿圖]不分卷　(清)□□繪　清刻本　一册

360000－1901－0048648　801378
[新選論策十六學]不分卷　(□)□□輯　清刻本　一册

360000－1901－0048649　801843
[信稿]不分卷　(清)□□撰　稿本　一册

360000－1901－0048650　803236
[信柬詩聯]不分卷　(清)□□輯　清嘉慶十一年(1806)李廷玉抄本　一册

360000－1901－0048651　800567
[信雜錄]一卷　(清)□□輯　清抄本　一册

360000－1901－0048652　804287
[信札]不分卷　(清)□□輯　清抄本　一册

360000－1901－0048653　801175
[信札詩文雜鈔]不分卷　(清)□□輯　清抄本　一册

360000－1901－0048654　416357
[性理彙鈔]不分卷　(□)□□輯　清抄本　一册

360000－1901－0048655　803611
[興宗堂賬薄]不分卷(清同治二年至一九四九年)　□□輯　稿本　一册

360000－1901－0048656　805249
[修道問答]不分卷　(□)□□輯　清抄本　一册

360000－1901－0048657　121379
[徐巨源全集]　(清)徐世溥撰　清嘉慶十七年(1812)刻本　九册　存四種

360000－1901－0048658　121380
[徐巨源全集]　(清)徐世溥撰　清嘉慶十七年(1812)刻本　八册　存三種

360000－1901－0048659　407887
[徐位山詩賦全集]不分卷　(清)徐文靖撰　(清)徐沓樞注　清乾隆志寧堂刻本　一册

360000－1901－0048660　120531
[宣統]吉林紀事詩四卷首一卷末一卷　(清)沈兆禔撰　清宣統三年(1911)金陵湯明林鉛印本　二册

360000－1901－0048661　110780
[宣統]臨安縣志八卷首一卷末一卷　(清)彭循堯修　(清)董運昌　(清)周鼎纂　清宣統二年(1910)木活字印本　六册

360000－1901－0048662　313981
[宣統三年春季]爵秩全覽不分卷　(清)□□編　清宣統三年(1911)刻本　六册

360000－1901－0048663　802379
[學事檢身訓道]不分卷　(清)□□輯　清抄本　一册

360000－1901－0048664　902503
[洋務策問]不分卷　(清)盧豫章等撰　清刻本　一册

360000－1901－0048665　803928
[陽宅經義]不分卷　(清)游邦基輯　清乾隆四十八年(1783)抄本　一册

360000－1901－0048666　803617
[楊祥亭賬簿]不分卷(清光緒十一年至十六年)　(清)□□輯　稿本　一册

360000－1901－0048667　800822
[養拙山房應試文鈔]一卷　(清)□□輯　清抄本　一冊

360000－1901－0048668　804634
[要語]不分卷　(□)□□輯　清抄本　一冊

360000－1901－0048669　803920
[藥材清冊]不分卷　(清)□□輯　稿本　一冊

360000－1901－0048670　803312
[藥方選]不分卷　(□)□□輯　清抄本　一冊

360000－1901－0048671　804001
[藥鋪流水簿]不分卷(清光緒六年、十一年、十八年)　(清)□□輯　稿本　三冊

360000－1901－0048672　801809
[藥書]不分卷　(清)□□輯　清抄本　一冊

360000－1901－0048673　420485
[藥性]不分卷　(清)□□輯　清抄本　一冊

360000－1901－0048674　802140
[醫法秘錄]不分卷　(□)□□撰　清抄本　一冊

360000－1901－0048675　801685
[醫方]不分卷　(清)□□輯　清抄本　一冊

360000－1901－0048676　801686
[醫方]不分卷　(清)□□輯　清抄本　一冊

360000－1901－0048677　801972
[醫方]不分卷　(清)□□輯　清抄本　一冊

360000－1901－0048678　805213
[醫方]不分卷　(清)□□輯　清抄本　一冊

360000－1901－0048679　900790
[醫方]不分卷　(清)□□輯　清抄本　一冊

360000－1901－0048680　802324
[醫方鈔]不分卷　(清)□□輯　清抄本　一冊

360000－1901－0048681　802351
[醫方鈔]不分卷　(清)□□輯　清抄本　一冊

360000－1901－0048682　802428
[醫方鈔]不分卷　(清)□□輯　清抄本　一冊

360000－1901－0048683　802456
[醫方鈔]不分卷　(清)□□輯　清抄本　一冊

360000－1901－0048684　802696
[醫方鈔]不分卷　(清)□□輯　清抄本　一冊

360000－1901－0048685　803112
[醫方鈔]不分卷　(清)□□輯　清抄本　一冊

360000－1901－0048686　803233
[醫方鈔]不分卷　(清)□□輯　清抄本　一冊

360000－1901－0048687　803256
[醫方鈔]不分卷　(清)□□輯　清抄本　一冊

360000－1901－0048688　803304
[醫方鈔]不分卷　(清)□□輯　清抄本　一冊

360000－1901－0048689　803314
[醫方鈔]不分卷　(清)□□輯　清抄本　一冊

360000－1901－0048690　803325
[醫方鈔]不分卷　(清)□□輯　清抄本　一冊

360000－1901－0048691　803404
[醫方鈔]不分卷　(清)□□輯　清抄本　一冊

360000－1901－0048692　803552
[醫方鈔]不分卷　(清)□□輯　清抄本　一冊

360000－1901－0048693　803649

[醫方鈔]不分卷　(清)□□輯　清抄本　一冊

360000－1901－0048694　803650
[醫方鈔]不分卷　(清)□□輯　清抄本　一冊

360000－1901－0048695　803655
[醫方鈔]不分卷　(清)□□輯　清抄本　一冊

360000－1901－0048696　803741
[醫方鈔]不分卷　(清)□□輯　清抄本　一冊

360000－1901－0048697　803743
[醫方鈔]不分卷　(清)□□輯　清抄本　一冊

360000－1901－0048698　803744
[醫方鈔]不分卷　(清)□□輯　清抄本　一冊

360000－1901－0048699　803767
[醫方鈔]不分卷　(清)□□輯　清抄本　一冊

360000－1901－0048700　803776
[醫方鈔]不分卷　(清)□□輯　清抄本　一冊

360000－1901－0048701　803795
[醫方鈔]不分卷　(清)□□輯　清抄本　一冊

360000－1901－0048702　803798
[醫方鈔]不分卷　(清)□□輯　清抄本　一冊

360000－1901－0048703　803833
[醫方鈔]不分卷　(清)□□輯　清抄本　一冊

360000－1901－0048704　803994
[醫方鈔]不分卷　(清)□□輯　清抄本　一冊

360000－1901－0048705　803971
[醫方鈔]不分卷　(清)□□輯　清胡耀唐抄本　一冊

360000－1901－0048706　802382
[醫方鈔]不分卷　(清)□□輯　清星江□□、新安古黟抄本　一冊

360000－1901－0048707　800587
[醫方鈔]一卷　(□)□□輯　清抄本　一冊

360000－1901－0048708　802354
[醫方雜錄]不分卷　(清)□□輯　清抄本　一冊

360000－1901－0048709　804649
[醫家格言]不分卷　(□)□□輯　清抄本　一冊

360000－1901－0048710　803285
[醫理]不分卷　(□)□□輯　清抄本　一冊

360000－1901－0048711　902250
[醫書]□□卷　(□)□□撰　清刻本　二冊　存二卷(五至六)

360000－1901－0048712　801404
[醫書]不分卷　(□)□□撰　清抄本　一冊

360000－1901－0048713　900796
[醫書]不分卷　(□)□□撰　清抄本　一冊

360000－1901－0048714　801479
[醫書]不分卷　(清)□□撰　清抄本　一冊

360000－1901－0048715　801839
[醫書]不分卷　(清)□□撰　清抄本　一冊

360000－1901－0048716　801639
[醫書]二卷　(□)□□撰　清刻本　一冊　存一卷(上)

360000－1901－0048717　801477
[醫書鈔]不分卷　(清)□□輯　清抄本　一冊

360000－1901－0048718　802343
[醫書鈔]不分卷　(清)□□輯　清抄本　一冊

360000－1901－0048719　802693
[醫書鈔]不分卷　(清)□□輯　清抄本　一冊

360000－1901－0048720　802694
[醫書鈔]不分卷　(清)□□輯　清抄本　一冊

360000－1901－0048721　802701
[醫書鈔]不分卷　(清)□□輯　清抄本　一冊

360000－1901－0048722　802734
[醫書鈔]不分卷　(清)□□輯　清抄本　一冊

360000－1901－0048723　802768
[醫書鈔]不分卷　(清)□□輯　清抄本　一冊

360000－1901－0048724　802769
[醫書鈔]不分卷　(清)□□輯　清抄本　一冊

360000－1901－0048725　803301
[醫書鈔]不分卷　(清)□□輯　清抄本　一冊

360000－1901－0048726　803340
[醫書鈔]不分卷　(清)□□輯　清抄本　一冊

360000－1901－0048727　803402
[醫書鈔]不分卷　(清)□□輯　清抄本　一冊

360000－1901－0048728　803416
[醫書鈔]不分卷　(清)□□輯　清抄本　一冊

360000－1901－0048729　803532
[醫書鈔]不分卷　(清)□□輯　清抄本　一冊

360000－1901－0048730　803587
[醫書鈔]不分卷　(清)□□輯　清抄本　一冊

360000－1901－0048731　803590
[醫書鈔]不分卷　(清)□□輯　清抄本　一冊

360000－1901－0048732　803691
[醫書鈔]不分卷　(清)□□輯　清抄本　一冊

360000－1901－0048733　803793
[醫書鈔]不分卷　(清)□□輯　清抄本　一冊

360000－1901－0048734　803800
[醫書鈔]不分卷　(清)□□輯　清抄本　一冊

360000－1901－0048735　803814
[醫書鈔]不分卷　(清)□□輯　清抄本　一冊

360000－1901－0048736　803865
[醫書鈔]不分卷　(清)□□輯　清抄本　一冊

360000－1901－0048737　803867
[醫書鈔]不分卷　(清)□□輯　清抄本　一冊

360000－1901－0048738　803911
[醫書鈔]不分卷　(清)□□輯　清抄本　一冊

360000－1901－0048739　803955
[醫書鈔]不分卷　(清)□□輯　清抄本　一冊

360000－1901－0048740　804620
[醫書鈔]不分卷　(清)□□輯　清抄本　一冊

360000－1901－0048741　802422
[醫書鈔]不分卷　(清)□□輯　清許仲奇抄本　一冊

360000－1901－0048742　803809
[醫書合鈔]不分卷　(清)□□輯　清抄本　一冊

360000－1901－0048743　803647
[醫書合鈔]不分卷　(清)施含川輯　清抄本　一册

360000－1901－0048744　804293
[醫書隨錄]不分卷　(清)□□輯　清抄本　一册

360000－1901－0048745　802073
[醫書雜鈔]不分卷　(清)□□輯　清抄本　一册

360000－1901－0048746　802767
[醫書雜鈔]不分卷　(清)□□輯　清抄本　一册

360000－1901－0048747　803663
[醫書雜鈔]不分卷　(清)□□輯　清抄本　一册

360000－1901－0048748　803788
[醫書雜鈔]不分卷　(清)□□輯　清抄本　一册

360000－1901－0048749　803831－1
[醫書雜鈔]不分卷　(清)□□輯　清抄本　一册

360000－1901－0048750　803853
[醫書雜鈔]不分卷　(清)□□輯　清抄本　一册

360000－1901－0048751　801497
[醫書摘錄]不分卷　(清)□□輯　清抄本　二册

360000－1901－0048752　803310
[儀禮節錄]不分卷　(清)□□輯　清抄本　一册

360000－1901－0048753　800571
[以賢房世系圖]不分卷　(清)□□纂修　清抄本　一册

360000－1901－0048754　802331
[易經鈔]不分卷　(清)□□輯　清抄本　一册

360000－1901－0048755　802346
[易經鈔]不分卷　(清)□□輯　清抄本　一册

360000－1901－0048756　803229
[易經鈔]不分卷　(清)□□輯　清抄本　一册

360000－1901－0048757　803383
[易經書經鈔]七卷　(清)□□輯　清聞星耀抄本　二册　存四卷(易經一卷、書經四至六)

360000－1901－0048758　802814
[易書試帖]不分卷　(清)□□輯　清刻本　二册

360000－1901－0048759　801895
[易占]不分卷　(□)□□輯　清抄本　一册

360000－1901－0048760　803633
[益志堂賬簿]不分卷(清嘉慶二十四年至咸豐六年)　(清)□□輯　稿本　一册

360000－1901－0048761　300247
[欽定吏部則例及職官名錄]不分卷　(清)□□編　清光緒刻本　二册

360000－1901－0048762　800592
[蟫藻閣摹印]不分卷　(清)□□輯　清鈐印本　二册

360000－1901－0048763　803886
[印譜]不分卷　(清)□□輯　清鈐印本　一册

360000－1901－0048764　800880
[印譜]一卷　(清)□□輯　清鈐印本　一册

360000－1901－0048765　803397
[英國地理]不分卷　(清)□□輯　清抄本　一册

360000－1901－0048766　804659
[楹聯備選]不分卷　(清)□□輯　清居士三省軒抄本　一册

360000－1901－0048767　801170

[楹聯類鈔]不分卷　(清)□□輯　清抄本　一册

360000－1901－0048768　804272
[應酬賀文集]不分卷　(清)□□輯　清光緒十八年(1892)抄本　一册

360000－1901－0048769　803279
[應用寶典]不分卷　(清)□□輯　清抄本　一册

360000－1901－0048770　115090
[雍正]河南通志八十卷　(清)田文鏡等修　(清)孫灝等纂　清雍正十三年(1735)刻道光六年(1826)補刻本　四十册

360000－1901－0048771　110077
[雍正]河南通志八十卷　(清)田文鏡等修　(清)孫灝等纂　清雍正十三年(1735)刻道光六年(1826)補刻同治八年(1869)再補刻光緒二十八年(1902)續補刻本　二十五册　存五十卷(一至十六、三十三、三十五至四十五、五十至五十五、五十八至五十九、六十四至七十三、七十七至八十)

360000－1901－0048772　110076
[雍正]河南通志八十卷　(清)田文鏡等修　(清)孫灝等纂　清雍正十三年(1735)刻道光六年(1826)補刻同治八年(1869)再補刻光緒二十八年(1902)續補刻民國三年(1914)河南教育司印本　三十七册

360000－1901－0048773　115282
[雍正]畿輔通志一百二十卷　(清)唐執玉　(清)李衛修　(清)陳儀　(清)田易纂　清雍正十三年(1735)刻本　四十八册

360000－1901－0048774　220563
[雍正]畿輔通志一百二十卷　(清)唐執玉　(清)李衛修　(清)陳儀　(清)田易纂　清雍正十三年(1735)刻本　六十四册

360000－1901－0048775　220619
[雍正]江西通志一百六十二卷首三卷　(清)謝旻等修　(清)陶成　(清)惲鶴生纂　清雍正十年(1732)刻本　九十七册

360000－1901－0048776　220620
[雍正]江西通志一百六十二卷首三卷　(清)謝旻等修　(清)陶成　(清)惲鶴生纂　清雍正十年(1732)刻本　六十四册

360000－1901－0048777　418087
[雍正]江西通志一百六十二卷首三卷　(清)謝旻等修　(清)陶成　(清)惲鶴生纂　清雍正十年(1732)刻本　十八册　存五十七卷(七十七至八十八、九十五至一百六、一百十一至一百二十三、一百二十七至一百三十二、一百四十一至一百四十二、一百四十七至一百五十、一百五十五至一百六十二)

360000－1901－0048778　418087－1
[雍正]江西通志一百六十二卷首三卷　(清)謝旻等修　(清)陶成　(清)惲鶴生纂　清雍正十年(1732)刻本　十四册　存三十四卷(四十、四十四至四十五、七十九至一百五、一百二十至一百二十一、一百二十五至一百二十六)

360000－1901－0048779　110543
[雍正]寧波府志三十六卷首一卷　(清)曹秉仁等修　(清)萬經等纂　清道光二十六年(1846)慈谿沈琛其介祉堂刻本　十八册

360000－1901－0048780　421180
[雍正]黔陽縣志十卷　(清)張扶翼纂修　(清)王光電增輯　清雍正十一年(1733)刻本　一册　存一卷(七)

360000－1901－0048781　115018
[雍正]山東通志三十六卷首一卷　(清)岳濬　(清)法敏修　(清)杜詔　(清)顧瀛纂　清乾隆元年(1736)刻本　四十二册

360000－1901－0048782　220582
[雍正]山東通志三十六卷首一卷　(清)岳濬　(清)法敏修　(清)杜詔　(清)顧瀛纂　清乾隆元年(1736)刻本　四十二册

360000－1901－0048783　115016
[雍正]山西通志二百三十卷　(清)覺羅石麟修　(清)儲大文纂　清雍正十二年(1734)刻

本　一百冊

360000－1901－0048784　220579
[雍正]山西通志二百三十卷　(清)覺羅石麟修　(清)儲大文纂　清雍正十二年(1734)刻本　九十九冊　缺一卷(四十三)

360000－1901－0048785　115160
[雍正]陝西通志一百卷首一卷　(清)劉於義修　(清)沈青崖纂　清雍正十三年(1735)刻本　一百冊

360000－1901－0048786　220600
[雍正]陝西通志一百卷首一卷　(清)劉於義修　(清)沈青崖纂　清雍正十三年(1735)刻本　一百冊

360000－1901－0048787　220601
[雍正]陝西通志一百卷首一卷　(清)劉於義修　(清)沈青崖纂　清雍正十三年(1735)刻本　十冊　存十一卷(一至十、首一卷)

360000－1901－0048788　220573
[雍正]揚州府志四十卷　(清)尹會一修　(清)程夢星等纂　清雍正十一年(1733)刻本　三十二冊

360000－1901－0048789　110144
[雍正]浙江通志二百八十卷首三卷　(清)李衛　(清)嵇曾筠等修　(清)沈翼機　(清)傅王露等纂　清光緒二十五年(1899)浙江書局刻本　一百二十冊

360000－1901－0048790　115148
[雍正]浙江通志二百八十卷首三卷　(清)李衛　(清)嵇曾筠等修　(清)沈翼機　(清)傅王露等纂　清光緒二十五年(1899)浙江書局刻本　一百二十冊

360000－1901－0048791　115147
[雍正]浙江通志二百八十卷首三卷　(清)李衛　(清)嵇曾筠等修　(清)沈翼機　(清)傅王露等纂　清乾隆元年(1736)刻本　一百冊

360000－1901－0048792　220611
[雍正]浙江通志二百八十卷首三卷　(清)李衛　(清)嵇曾筠等修　(清)沈翼機　(清)傅王露等纂　清乾隆元年(1736)刻本　六十八冊　缺一百十八卷(一、二十四至二十六、六十至六十三、七十七至八十四、九十六至一百一、一百七至一百十四、一百十七至一百二十七、一百三十至一百三十四、一百三十八至一百四十、一百五十一至一百五十七、一百九十四至一百九十九、二百四至二百四十、二百六十二、二百六十五至二百七十九,首三卷)

360000－1901－0048793　900483
[雍正乾隆曆書]不分卷　(清)易周等校正　清刻本　一冊

360000－1901－0048794　411345
[雍正新書]不分卷　(清)□□輯　清刻本　一冊

360000－1901－0048795　801860
[詠梅詩]一卷　(□)□□撰　清抄本　一冊

360000－1901－0048796　801382
[詠譚鈞培集]一卷　(清)□□輯　清刻本　一冊

360000－1901－0048797　801855
[用度日記]不分卷(清道光二十年至二十四年)　(清)樹人氏記　稿本　一冊

360000－1901－0048798　803860
[幼科醫書合鈔]不分卷　(清)□□輯　清抄本　一冊

360000－1901－0048799　802689
[余詠齋榮哀録]不分卷　(清)余顯周等撰　清光緒十九年(1893)抄本　一冊

360000－1901－0048800　803538
[魚鱗清冊]　(清)□□輯　清抄本　一冊

360000－1901－0048801　804009
[魚鱗清冊]　(清)□□輯　清抄本　一冊

360000－1901－0048802　804011
[魚鱗清冊]　(清)□□輯　清抄本　一冊

360000－1901－0048803　804012

[魚鱗清冊]　(清)□□輯　清抄本　一冊

360000－1901－0048804　804013
[魚鱗清冊]　(清)□□輯　清抄本　一冊

360000－1901－0048805　801960
[魚鱗清冊]不分卷　(清)□□輯　清抄本　一冊

360000－1901－0048806　802462
[餘廬詩文鈔]不分卷　(清)□□輯　清抄本　一冊

360000－1901－0048807　801892
[禹貢註]不分卷　(□)□□輯　清抄本　一冊

360000－1901－0048808　305290
[元豐]吴郡圖經續記三卷　(宋)朱長文纂修　清刻本　一冊

360000－1901－0048809　312145
[元豐]吴郡圖經續記三卷　(宋)朱長文纂修　清同治十二年(1873)江蘇書局刻本　一冊

360000－1901－0048810　800556
[袁了凡論文傳本]一卷　(清)□□輯　清雲川王廷賓種積山房抄本　一冊

360000－1901－0048811　801412
[袁州堪輿經]一卷　(□)□□撰　清抄本　一冊

360000－1901－0048812　803624
[源房祠賬簿]不分卷(清光緒三十三年至一九五〇年)　□□輯　稿本　一冊

360000－1901－0048813　802789
[樂調鈔]不分卷　(清)□□輯　清抄本　一冊

360000－1901－0048814　800529
[韻法韻圖]一卷　(□)□□輯　清抄本　一冊

360000－1901－0048815　800554
[韻書]□□卷　(清)□□輯　清抄本　一冊　存一卷(平聲)

360000－1901－0048816　800555
[韻書]不分卷　(清)□□輯　清抄本　一冊

360000－1901－0048817　801161
[韻書]不分卷　(清)□□輯　清抄本　一冊

360000－1901－0048818　801425
[韻書]不分卷　(清)□□輯　清抄本　一冊

360000－1901－0048819　802797
[韻書]不分卷　(清)□□輯　清抄本　一冊

360000－1901－0048820　803688
[韻書]不分卷　(清)□□輯　清抄本　二冊

360000－1901－0048821　803459
[雜鈔]不分卷　(□)□□輯　清抄本　一冊

360000－1901－0048822　801173
[雜鈔]不分卷　(清)□□輯　稿本　一冊

360000－1901－0048823　801169
[雜鈔]不分卷　(清)□□輯　清抄本　一冊

360000－1901－0048824　801178
[雜鈔]不分卷　(清)□□輯　清抄本　一冊

360000－1901－0048825　801903
[雜鈔]不分卷　(清)□□輯　清抄本　一冊

360000－1901－0048826　802055
[雜鈔]不分卷　(清)□□輯　清抄本　一冊

360000－1901－0048827　802413
[雜鈔]不分卷　(清)□□輯　清抄本　一冊

360000－1901－0048828　802423
[雜鈔]不分卷　(清)□□輯　清抄本　一冊

360000－1901－0048829　802771
[雜鈔]不分卷　(清)□□輯　清抄本　一冊

360000－1901－0048830　802794
[雜鈔]不分卷　(清)□□輯　清抄本　一冊

360000－1901－0048831　803009
[雜鈔]不分卷　(清)□□輯　清抄本　一冊

360000－1901－0048832　803220
[雜鈔]不分卷　(清)□□輯　清抄本　一冊

360000－1901－0048833　803410
[雜鈔]不分卷　(清)□□輯　清抄本　一冊

360000－1901－0048834　803554
[雜鈔]不分卷　(清)□□輯　清抄本　一冊

360000－1901－0048835　803668
[雜鈔]不分卷　(清)□□輯　清抄本　一冊

360000－1901－0048836　803723
[雜鈔]不分卷　(清)□□輯　清抄本　一冊

360000－1901－0048837　803791
[雜鈔]不分卷　(清)□□輯　清抄本　一冊

360000－1901－0048838　803801
[雜鈔]不分卷　(清)□□輯　清抄本　一冊

360000－1901－0048839　804631
[雜鈔]不分卷　(清)□□輯　清抄本　一冊

360000－1901－0048840　804644
[雜鈔]不分卷　(清)□□輯　清抄本　一冊

360000－1901－0048841　804646
[雜鈔]不分卷　(清)□□輯　清抄本　一冊

360000－1901－0048842　804647
[雜鈔]不分卷　(清)□□輯　清抄本　一冊

360000－1901－0048843　804656
[雜鈔]不分卷　(清)□□輯　清抄本　一冊

360000－1901－0048844　804697
[雜鈔]不分卷　(清)□□輯　清抄本　一冊

360000－1901－0048845　804642
[雜鈔]不分卷　(清)□□輯　清同治四年(1865)俞浩抄本　一冊

360000－1901－0048846　802674
[雜鈔雜記]不分卷　(清)□□輯　清抄本　一冊

360000－1901－0048847　800322
[雜稱雜記]不分卷　(□)□□輯　清抄本　一冊

360000－1901－0048848　803765
[雜劇]　(清)□□輯　清抄本　一冊　存十種

360000－1901－0048849　801433
[雜考]不分卷　(□)□□撰　清抄本　一冊

360000－1901－0048850　803437
[雜錄]不分卷　(□)□□撰　清抄本　一冊

360000－1901－0048851　803589
[雜錄]不分卷　(□)□□撰　清抄本　一冊

360000－1901－0048852　803664
[雜錄]不分卷　(□)□□撰　清抄本　一冊

360000－1901－0048853　803669
[雜錄]不分卷　(□)□□撰　清抄本　一冊

360000－1901－0048854　803737
[雜錄]不分卷　(□)□□撰　清抄本　一冊

360000－1901－0048855　803836
[雜錄]不分卷　(□)□□撰　清抄本　一冊

360000－1901－0048856　803848
[雜錄]不分卷　(□)□□撰　清抄本　一冊

360000－1901－0048857　803869
[雜錄]不分卷　(□)□□撰　清抄本　一冊

360000－1901－0048858　803870
[雜錄]不分卷　(□)□□撰　清抄本　一冊

360000－1901－0048859　803950
[雜錄]不分卷　(□)□□撰　清抄本　一冊

360000－1901－0048860　804292
[雜錄]不分卷　(□)□□撰　清抄本　一冊

360000－1901－0048861　800802
[雜錄]不分卷　(清)□□輯　清抄本　一冊

360000－1901－0048862　801856
[雜錄]一卷　(□)□□撰　清抄本　一冊

360000－1901－0048863　802692
[雜論]不分卷　(□)□□撰　清抄本　一冊

360000－1901－0048864　803209
[雜論]不分卷　(□)□□撰　清抄本　一冊

360000－1901－0048865　804247

[雜論]不分卷　(清)□□輯　清抄本　一册

360000－1901－0048866　803393
[雜論]不分卷　(清)□□撰　清抄本　一册

360000－1901－0048867　801441
[雜論]不分卷　(清)□□撰　清末抄本　一册

360000－1901－0048868　804657
[雜術書鈔]不分卷　(清)□□輯　清抄本　一册

360000－1901－0048869　902019－1
[雜問]不分卷　(□)□□撰　清朱墨抄本　一册

360000－1901－0048870　801911
[雜著]不分卷　(□)□□輯　清抄本　一册

360000－1901－0048871　801934
[雜著]不分卷　(□)□□撰　清抄本　一册

360000－1901－0048872　801401
[雜著]不分卷　(清)□□輯　清抄本　一册

360000－1901－0048873　801897
[雜著]不分卷　(清)□□輯　清仲和氏抄本　一册

360000－1901－0048874　804281
[雜著]一卷[雜體詩]一卷　(□)□□撰　清抄本　一册

360000－1901－0048875　165101
[雜組讀書筆錄]不分卷　(□)□□輯　清抄本　四册

360000－1901－0048876　404761－8
[雜纂]不分卷　(清)□□撰　清抄本　一册

360000－1901－0048877　803307
[臟腑證治全書]不分卷　(□)□□輯　清抄本　一册

360000－1901－0048878　803257
[擇吉寶書]不分卷　(清)□□輯　清抄本　一册

360000－1901－0048879　803266
[擇吉要書]不分卷　(清)□□輯　清抄本　二册

360000－1901－0048880　803842
[擇吉要言]不分卷　(清)□□輯　清抄本　一册

360000－1901－0048881　803201
[擇吉摘要]不分卷　(清)□□輯　清抄本　一册

360000－1901－0048882　803685
[劄記]不分卷　(□)□□輯　清抄本　二册

360000－1901－0048883　803755
[劄記]不分卷　(□)□□撰　清抄本　一册

360000－1901－0048884　804270
[劄記]不分卷　(□)□□撰　清宣統三年(1911)抄本　一册

360000－1901－0048885　803686
[占卜書]不分卷　(清)□□輯　清抄本　九册

360000－1901－0048886　802063
[占卜書鈔]不分卷　(清)□□輯　清抄本　一册

360000－1901－0048887　804291
[占卜書鈔]不分卷　(清)□□輯　清抄本　一册

360000－1901－0048888　803349
[占法釋文]不分卷　(□)□□輯　清抄本　一册

360000－1901－0048889　803207
[占候]不分卷　(□)□□輯　清抄本　一册

360000－1901－0048890　804671
[占候]不分卷　(□)□□輯　清抄本　四册

360000－1901－0048891　802356
[占經]不分卷　(□)□□輯　清抄本　一册

360000－1901－0048892　803450
[占經]不分卷　(□)□□輯　清抄本　一册

360000－1901－0048893　800527
[張蒼水詩]一卷　(明)張煌言撰　清鎮海胡壯抄本　一冊

360000－1901－0048894　803921
[丈量魚鱗清冊]不分卷　(清)□□輯　清抄本　一冊

360000－1901－0048895　801447
[帳冊]一卷　(清)□□輯　稿本　一冊

360000－1901－0048896　803629
[賬簿]不分卷　(清)□□輯　稿本　一冊

360000－1901－0048897　803919
[賬簿]不分卷　(清)□□輯　稿本　一冊

360000－1901－0048898　804007
[賬簿]不分卷　(清)□□輯　稿本　一冊

360000－1901－0048899　804604
[賬簿]不分卷　(清)□□輯　稿本　一冊

360000－1901－0048900　804608
[賬簿]不分卷　(清)□□輯　稿本　一冊

360000－1901－0048901　803628
[賬簿]不分卷(清光緒二年至四年)　(清)□□輯　稿本　一冊

360000－1901－0048902　802411
[賬簿]不分卷(清光緒二十一年至三十年)　(清)□□輯　稿本　一冊

360000－1901－0048903　803916
[賬簿]不分卷(清光緒三十三年至宣統三年)　(清)□□輯　稿本　一冊

360000－1901－0048904　803632
[賬簿]不分卷(清光緒五年至三十三年)　(清)□□輯　稿本　一冊

360000－1901－0048905　804617
[賬簿]不分卷(清嘉慶二十年至道光元年)　(清)□□輯　稿本　一冊

360000－1901－0048906　803630
[賬簿]不分卷(清清道光十三年至咸豐三年)　(清)□□輯　稿本　一冊

360000－1901－0048907　804615
[賬簿]不分卷(清同治九年)　(清)□□輯　稿本　一冊

360000－1901－0048908　804614
[賬簿]不分卷(清同治七年至八年)　(清)□□輯　稿本　一冊

360000－1901－0048909　804602
[賬簿]不分卷(清同治十年至十二年)　(清)□□輯　稿本　一冊

360000－1901－0048910　804607
[賬簿]不分卷(清宣統三年)　(清)□□輯　稿本　一冊

360000－1901－0048911　803287
[賬冊]不分卷　(清)□□輯　稿本　一冊

360000－1901－0048912　803562
[賬冊]不分卷(清嘉慶十三年至道光八年)　(清)□□輯　稿本　一冊

360000－1901－0048913　803284
[賬冊]不分卷(清咸豐四年至光緒十一年)　(清)□□輯　稿本　一冊

360000－1901－0048914　803288
[賬冊]不分卷(清宣統三年)　(清)□□輯　稿本　一冊

360000－1901－0048915　500462
[浙江杭州]王氏族譜十卷　(清)王調明等纂修　清光緒十一年(1885)龍澤堂木活字印本　六冊　存六卷(一、四至八)

360000－1901－0048916　500463
[浙江杭州]王氏族譜十卷　(清)王調明等纂修　清光緒十一年(1885)龍澤堂木活字印本　一冊　存一卷(八)

360000－1901－0048917　803697
[真空道經鈔]不分卷　(清)□□輯　清抄本　一冊

360000－1901－0048918　803837
[真空道經鈔]不分卷　(清)□□輯　清抄本　一冊

360000－1901－0048919　803612
[蒸嘗會賬簿]不分卷(清道光元年至二十四年)　(清)□□輯　稿本　一册

360000－1901－0048920　412977
[正草書法集]不分卷　(清)□□輯　清刻本　一册

360000－1901－0048921　220605
[正德]武功縣志三卷首一卷　(明)康海纂　(清)孫景烈評注　清乾隆二十六年(1761)瑪星阿刻本　一册

360000－1901－0048922　110555
[正德]武功縣志三卷首一卷　(明)康海纂　(清)孫景烈評注　清同治十二年(1873)湖北崇文書局刻本　一册

360000－1901－0048923　220581
[至元]齊乘六卷　(元)于欽纂　**釋音一卷**　(元)于潛撰　明嘉靖四十三年(1564)青州杜思刻本　六册

360000－1901－0048924　115245
[至元]齊乘六卷　(元)于欽纂　**釋音一卷**　(元)于潛撰　清乾隆四十六年(1781)刻本　四册

360000－1901－0048925　110429
[至正]崑山郡志六卷　(元)楊譓纂　清光緒二十年(1894)石埭徐氏刻觀自得齋叢書本　一册

360000－1901－0048926　804233
[志書鈔]不分卷　(□)□□輯　清抄本　一册

360000－1901－0048927　804817
[制度法奏議]不分卷　(清)□□輯　清末石印本　一册

360000－1901－0048928　803953
[制考]十一卷　(清)□□輯　清抄本　一册　存四卷(一至四)

360000－1901－0048929　802317
[制藝]□□卷　(□)□□撰　清抄本　一册　存一卷(上論二)

360000－1901－0048930　801912
[制藝]不分卷　(□)□□撰　清抄本　一册

360000－1901－0048931　901963
[制藝]不分卷　(□)□□撰　清刻本　一册

360000－1901－0048932　900778
[制藝選]不分卷　(清)□□撰　清刻本　一册

360000－1901－0048933　900452
[制藝選]不分卷　(清)牛樹梅撰　清刻本　一册

360000－1901－0048934　241489
[制藝選鈔]不分卷　(清)□□輯　清抄本　四册

360000－1901－0048935　801139
[制藝雜鈔]不分卷　(清)□□輯　清抄本　一册

360000－1901－0048936　800553
[辛卯順天鄉試要訣]一卷　(清)□□輯　清抄本　一册

360000－1901－0048937　801902
[治痘]不分卷　(□)□□撰　清抄本　一册

360000－1901－0048938　803305
[治痘良方]不分卷　(清)□□輯　清抄本　一册

360000－1901－0048939　803369
[治痘全書]不分卷　(清)□□輯　清抄本　一册

360000－1901－0048940　803406
[治癰疽法]不分卷　(清)□□輯　清抄本　一册

360000－1901－0048941　803150
[致世書]不分卷　(清)□□輯　清刻本　一册

360000－1901－0048942　804489
[中庸論]不分卷　(清)□□輯　清末鉛印本

一册

360000－1901－0048943　900268
[重建奉新縣學宮樂助名錄]不分卷　(清)甘立德等輯　清乾隆刻本　一册

360000－1901－0048944　800508
[周禮集説]一卷　(□)□□輯　清抄本　一册

360000－1901－0048945　801400
[周禮摘鈔]不分卷　(□)□□輯　清抄本　一册

360000－1901－0048946　803929
[硃卷集錄]不分卷　(清)□□輯　清抄本　一册

360000－1901－0048947　802722
[諸病總括]不分卷　(清)□□輯　清抄本　一册

360000－1901－0048948　804648
[諸穴歌]不分卷　(□)□□輯　清抄本　一册

360000－1901－0048949　801870
[祝禱文]不分卷　(清)□□輯　清抄本　一册

360000－1901－0048950　803351
[祝禱文]不分卷　(清)□□輯　清抄本　一册

360000－1901－0048951　802330
[祝胡衡可壽詩文]不分卷　(清)曹禾等撰　清抄本　一册

360000－1901－0048952　800278
[祝壽文]一卷　(清)□□撰　清抄本　一册

360000－1901－0048953　801922
[莊子選註]不分卷　(□)□□輯　清朱墨抄本　一册

360000－1901－0048954　803439
[子美全記]不分卷　(□)□□輯　清抄本　一册

360000－1901－0048955　901622
[紫陽書院課藝]不分卷　(清)汪汝綸輯　清光緒十九年(1893)刻本　一册

360000－1901－0048956　803425
[字典]不分卷　(清)□□輯　清抄本　一册

360000－1901－0048957　803692
[字典]不分卷　(清)□□輯　清抄本　一册

360000－1901－0048958　803693
[字典]不分卷　(清)□□輯　清抄本　一册

360000－1901－0048959　803694
[字典]不分卷　(清)□□輯　清抄本　一册

360000－1901－0048960　803696
[字典]不分卷　(清)□□輯　清抄本　一册

360000－1901－0048961　803695
[字典]不分卷　(清)潘殿邦輯　清抄本　一册

360000－1901－0048962　802443
[字彙]不分卷　(清)□□輯　清抄本　一册

360000－1901－0048963　803957
[字彙]四卷　(清)□□輯　清抄本　一册　存二卷(一至二)

360000－1901－0048964　801180
[字書]不分卷　(□)□□輯　清抄本　一册

360000－1901－0048965　801932
[字書]不分卷　(□)□□輯　清抄本　一册

360000－1901－0048966　803544
[字書]不分卷　(□)□□輯　清抄本　一册

360000－1901－0048967　803964
[字書]不分卷　(□)□□輯　清抄本　一册

360000－1901－0048968　803981
[字書]不分卷　(□)□□輯　清抄本　一册

360000－1901－0048969　804802
[字書]不分卷　(□)□□輯　清抄本　一册

360000－1901－0048970　801865
[字書]一卷　(清)□□輯　清抄本　一册

360000－1901－0048971　803333
[字學擇要]一卷附方字目次一卷　(□)□□輯　清抄本　一册

360000－1901－0048972　120508
[字雲巢全集]　(清)盛大謨撰　清同治二年至五年(1863－1866)刻本　十四册　存八種

360000－1901－0048973　120510
[字雲巢全集]　(清)盛大謨撰　清同治二年至五年(1863－1866)刻本　十册　存二種

360000－1901－0048974　802370
[奏表擬]不分卷　(清)□□輯　清抄本　一册

360000－1901－0048975　803677
[奏表書啓文鈔]不分卷　(清)□□輯　清抄本　一册

360000－1901－0048976　802387
[奏稿]不分卷　(清)□□輯　清抄本　一册

360000－1901－0048977　318385
[奏稿]一卷　(清)□□撰　稿本　六册

360000－1901－0048978　803324
[奏書集覽]不分卷　(清)□□輯　清抄本　一册

360000－1901－0048979　804866
[奏摺]不分卷　(清)□□輯　清抄本　一册

360000－1901－0048980　803575
[左傳典故]不分卷　(□)□□輯　清抄本　一册

360000－1901－0048981　801981
[左傳評林]不分卷　(□)□□輯　清抄本　二册

360000－1901－0048982　165149
[左傳選]不分卷　(□)□□輯　清抄本　五册

360000－1901－0048983　800536
[左傳選評]六卷　(清)□□輯　清抄本　二册　存二卷(四、六)

360000－1901－0048984　802545
□□便覽不分卷　(清)□□輯　清光緒石印本　一册

360000－1901－0048985　802419
□□存號來往總錄不分卷(清光緒九年至十一年)　旭興勝輯　稿本　一册

360000－1901－0048986　902139
□□通書不分卷　(清)□□編　清刻本　一册

360000－1901－0048987　902140
□□通書三卷　(清)□□編　清刻本　一册　存一卷(中)

360000－1901－0048988　801385
□劫要訣不分卷　(□)□□撰　清抄本　一册

360000－1901－0048989　804005
□折□總簿不分卷(清宣統二年至民國四年)　(清)□□輯　稿本　一册

360000－1901－0048990　804227
□珍詩韻集成□□卷　(□)□□撰　清刻本　一册　存一卷(三十二)

360000－1901－0048991　415329
佩文韻府一百六卷　(清)張玉書　(清)蔡升元等輯　**佩文韻府拾遺一百六卷**　(清)汪灝　(清)何焯等輯　清康熙刻本　五十七册　存七十五卷(二十五至九十三、一百一至一百六)

360000－1901－0048992　716154
批點春秋綱目左傳句解彙雋六卷　(清)韓菼重訂　清刻本　五册　存五卷(一至五)

360000－1901－0048993　716155
批點春秋綱目左傳句解彙雋六卷　(清)韓菼重訂　清刻本　五册　存五卷(一至五)

360000－1901－0048994　716156
批點春秋綱目左傳句解彙雋六卷　(清)韓菼重訂　清刻本　六册

360000－1901－0048995　716157

批點春秋綱目左傳句解彙雋六卷　(清)韓菼重訂　清刻本　五册　存五卷(一至五)

360000－1901－0048996　716158
批點春秋綱目左傳句解彙雋六卷　(清)韓菼重訂　清刻本　六册

360000－1901－0048997　716133
批點春秋綱目左傳句解彙雋六卷　(清)韓菼重訂　清務本堂刻本　六册

360000－1901－0048998　318342
駢體摘艷不分卷　(□)□□輯　清抄本　一册

360000－1901－0048999　120807
平園雜著内編十四卷　(清)林有席撰　清道光六年(1826)刻本　六册

360000－1901－0049000　716112
評點春秋綱目左傳句解彙雋六卷　(清)韓菼重訂　清刻本　六册

360000－1901－0049001　716121
評點春秋綱目左傳句解彙雋六卷　(清)韓菼重訂　清刻本　六册

360000－1901－0049002　716122
評點春秋綱目左傳句解彙雋六卷　(清)韓菼重訂　清刻本　六册

360000－1901－0049003　716140
評點春秋綱目左傳句解彙雋六卷　(清)韓菼重訂　清刻本　六册

360000－1901－0049004　716147
評點春秋綱目左傳句解彙雋六卷　(清)韓菼重訂　清三讓堂刻本　五册　存五卷(一至五)

360000－1901－0049005　716094
評點春秋綱目左傳句解彙雋六卷　(清)韓菼重訂　清光緒三十三年(1907)太和書室刻本　六册

360000－1901－0049006　716093
評點春秋綱目左傳句解彙雋六卷　(清)韓菼重訂　清友于堂刻本　六册

360000－1901－0049007　716105
評點春秋綱目左傳句解彙雋六卷　(清)韓菼重訂　清郁文堂刻本　四册

360000－1901－0049008　716102
評點春秋綱目左傳句解彙雋六卷　(清)韓菼重訂　清裕德堂刻本　五册

360000－1901－0049009　716152
評點春秋綱目左傳句解彙雋六卷　(清)韓菼重訂　清芸生堂刻本　五册　存五卷(一至五)

360000－1901－0049010　716153
評點春秋綱目左傳句解彙雋六卷　(清)韓菼重訂　清芸生堂刻本　五册　存五卷(一至五)

360000－1901－0049011　409991
山谷詩集注二十卷　(宋)黄庭堅撰　(宋)任淵注　**山谷外集詩註十七卷**　(宋)黄庭堅撰　(宋)史容注　**山谷别集詩註二卷**　(宋)黄庭堅撰　(宋)史季溫注　清光緒二十一年至二十六年(1895－1900)義寧陳三立刻本　三册　存六卷(山谷詩集注三至六、山谷外集詩註十四至十五)

360000－1901－0049012　412706
山海經箋疏十八卷圖讚一卷訂譌一卷敘錄一卷　(清)郝懿行撰　清嘉慶十四年(1809)阮氏琅嬛僊館刻本　一册　存三卷(二至四)

360000－1901－0049013　120685
杉湖酬唱詩略二卷　(清)李宗瀚撰　清道光二年(1822)刻本　一册

360000－1901－0049014　120836
尚約文鈔十二卷附錄一卷　(明)蕭鎡撰　清光緒三十一年(1905)蕭氏趣園刻本　六册

360000－1901－0049015　303075
聲調譜三卷談龍錄一卷　(清)趙執信撰　清乾隆二十四年(1759)雅雨堂刻本　一册

360000－1901－0049016　301079
聖武記十四卷　(清)魏源撰　清道光二十二

年(1842)古微堂刻本　六冊

360000－1901－0049017　163561
詩法火傳十六卷　(清)馬上巘輯　清初刻本　四冊

360000－1901－0049018　414843－1
詩管見七卷首一卷　(清)尹繼美撰　清刻本　一冊　存四卷(四至七)

360000－1901－0049019　419859
詩經集傳八卷　(宋)朱熹撰　清刻本(卷一至二配清文富堂刻本)　四冊

360000－1901－0049020　419807
詩經衷八卷　(清)張聖度輯　**詩經集傳八卷**　(宋)朱熹撰　清光裕堂刻本　一冊

360000－1901－0049021　414414－4
詩學含英十四卷　(清)劉文蔚輯　清刻本　一冊　存七卷(一至七)

360000－1901－0049022　404339－1
詩韻集成十卷附詞林典腋一卷　(清)余照輯　清刻本　一冊　存三卷(八至十)

360000－1901－0049023　305747
十朝聖訓九百二十二卷　(清)□□編　清光緒石印本　六十六冊　存六百二十三卷(聖祖仁皇帝聖訓一至三十、四十一至六十,世宗憲皇帝聖訓三十六卷,高宗純皇帝聖訓一至二十二、三十三至四十二、五十三至八十八、一百二十五至一百三十四、一百五十九至一百八十八、二百十至二百六十,仁宗睿皇帝聖訓一至四十六、五十五至七十、七十九至一百十,宣宗成皇帝聖訓七至十四、三十一至三十八、四十七至七十四、一百五至一百二十二,文宗顯皇帝聖訓一至九十八,穆宗毅皇帝聖訓七至九十四、一百二十五至一百六十)

360000－1901－0049024　305747－1
十朝聖訓九百二十二卷　(清)□□編　清光緒石印本　十九冊　存一百七十三卷(世宗憲皇帝聖訓一至十、二十三至三十六,高宗純皇帝聖訓一百五十九至一百六十八、二百十至二百二十二、二百三十一至二百四十,仁宗睿皇帝聖訓七至二十、五十五至七十、八十七至一百十,宣宗成皇帝聖訓六十三至六十八、一百五至一百十,文宗顯皇帝聖訓九至十八、四十一至五十二,穆宗毅皇帝聖訓十七至二十四、六十五至七十四、八十五至九十四)

360000－1901－0049025　305748
十朝聖訓九百二十二卷　(清)□□編　清刻本　一百七十二冊　存六百五十八卷(聖祖仁皇帝聖訓一至二十六、三十三至四十二、四十七至六十,世宗憲皇帝聖訓三十六卷,高宗純皇帝聖訓一至五十、七十二至一百五、一百十一至一百二十四、一百三十七至一百四十、一百五十至二百六、二百十至二百五十、二百五十五至二百六十二、二百六十七至三百,仁宗睿皇帝聖訓一至十、十四至六十五、七十至一百十,宣宗成皇帝聖訓一至八十三、八十八至一百二十一,文宗顯皇帝聖訓一百十卷)

360000－1901－0049026　901502－1
十家詩詳注七卷　(清)毛履謙　(清)吳涵一注　清刻本　一冊　存三卷(五至七)

360000－1901－0049027　123469
石鐘山志十六卷首一卷　(清)李成謀　(清)丁義方輯　清光緒九年(1883)聽濤眺雨軒刻本　八冊

360000－1901－0049028　416698
拾遺記十卷　題(後秦)王嘉撰　清刻本　一冊

360000－1901－0049029　416698－1
拾遺記十卷　題(後秦)王嘉撰　清刻本　一冊

360000－1901－0049030　416698－2
拾遺記十卷　題(後秦)王嘉撰　清刻本　一冊

360000－1901－0049031　306217
史事備題論藪二十卷首一卷　(清)代耕齋同人輯　清末石印本　一冊　存二卷(九至十)

360000－1901－0049032　900874
試帖詩集二十六卷　(清)彭元瑞輯　清刻本

一册　存目錄

360000－1901－0049033　304677
試帖紫雲仙琯八卷　(清)高敏輯　清刻本　一册　存二卷(五至六)

360000－1901－0049034　412707
釋教三字經參解註一卷　(明)釋廣真撰　(清)釋敏修注　(清)釋覺本參解　清抄本　一册

360000－1901－0049035　421943
壽世新編不分卷　(清)萬潛齋編　清光緒十八年(1892)道合山房刻本　一册

360000－1901－0049036　421944
壽世新編不分卷　(清)萬潛齋編　清光緒十八年(1892)道合山房刻本　一册

360000－1901－0049037　419470
書經集傳六卷　(宋)蔡沈撰　清嘉慶十年(1805)刻本　四册

360000－1901－0049038　123170
舒氏醫論六種　(清)舒詔撰　清刻本　一册

360000－1901－0049039　303432
數學理九卷附一卷　(英國)棣麽甘撰　(英國)傅蘭雅口譯　(清)趙元益筆述　清光緒刻本　四册

360000－1901－0049040　410529
樹人堂詩七卷多博唫一卷蒐遺一卷　(清)帥念祖撰　清光緒五年(1879)奉新帥氏綠窗刻帥氏清芬集本　二册

360000－1901－0049041　410530－1
樹人堂詩七卷多博唫一卷蒐遺一卷　(清)帥念祖撰　清光緒五年(1879)奉新帥氏綠窗刻帥氏清芬集本　一册　存四卷(一至四)

360000－1901－0049042　122536
雙佩齋文集四卷駢體文集一卷詩集八卷　(清)王友亮撰　**附補梅書屋詩草一卷**　(清)王麟生撰　清嘉慶十五年(1810)刻本　四册

360000－1901－0049043　720963
説郛續四十六弓　(明)陶珽輯　明末刻清順治三年(1646)李際期宛委山堂續刻彙印本　十二册

360000－1901－0049044　704624
説郛一百二十弓　(明)陶宗儀輯　明末刻清順治三年(1646)李際期宛委山堂續刻彙印本　二册　存十八種

360000－1901－0049045　722011
説郛一百二十弓　(明)陶宗儀輯　明末刻清順治三年(1646)李際期宛委山堂續刻彙印本　十一册　存六十種

360000－1901－0049046　804104－1
説鈴　(清)吳震方輯　清刻本　七册　存四種

360000－1901－0049047　318120－7
司馬頭陀水法不分卷　(□)□□撰　清抄本　一册

360000－1901－0049048　710179
四六法海十二卷　(明)王志堅輯　明天啓七年(1627)刻本　八册

360000－1901－0049049　415072－1
四書答問十二卷　(清)秦士顯撰　清壽昌講學堂刻本　一册　存一卷(十)

360000－1901－0049050　805186－3
四書合講十九卷圖説一卷　(清)翁復編　清末上海鑄記書局石印本　六册

360000－1901－0049051　805186－4
四書合講十九卷圖説一卷　(清)翁復編　清末上海鑄記書局石印本　六册

360000－1901－0049052　403409
四書集注十九卷　(宋)朱熹撰　(清)儲欣批　清臨桂毓蘭書屋謝氏家塾刻本　六册

360000－1901－0049053　603243
四書題鏡不分卷　(清)汪鯉翔撰　清刻本　五册　存大學,中庸,上論、下論,上孟

360000－1901－0049054　123120
四書正疑二十卷　(清)劉㪺撰　清嘉慶二十一年(1816)叢桂堂刻本　四册

360000－1901－0049055　403491
四書朱子大全精言四十一卷　(宋)朱熹撰　(清)周大璋輯　清寶旭齋刻本　五冊　存七卷(論語六、八至九、十五、十八至二十)

360000－1901－0049056　403001
四書註朱不分卷　(清)趙希濂撰　清刻本　九冊　缺大學

360000－1901－0049057　418579
宋林和靖先生詩集四卷　(宋)林逋撰　(明)何養純等輯　明萬曆四十一年(1613)何養純、諸時寶等刻本　一冊

360000－1901－0049058　305457
宋史紀事本末一百九卷　(明)馮琦撰　(明)陳邦瞻增訂　(明)張溥論正　明末刻本　三冊　存十四卷(六十七至七十一、八十二至九十)

360000－1901－0049059　312802
宋史四百九十六卷目錄三卷　(元)脱脱等撰　清光緒十年(1884)上海同文書局影印二十四史本　三冊　存十九卷(四百七十八至四百九十六)

360000－1901－0049060　410461－2
宋拓淳化閣帖十卷　(宋)王著輯　清宣統元年(1909)石印本　二冊　存二卷(一、九)

360000－1901－0049061　305442－1
宋元學案一百卷首一卷　(清)黄宗羲撰　(清)全祖望訂補　**考畧一卷**　(清)王梓材　(清)馮雲濠撰　清末上海文瑞樓石印本　二冊　存五卷(六十九至七十三)

360000－1901－0049062　405501
宋宗忠簡公文集四卷首一卷補遺一卷　(宋)宗澤撰　清同治十二年(1873)三原劉氏述荆堂刻本　一冊　存一卷(首一卷)

360000－1901－0049063　421967
蘇東坡詩集注三十二卷失編一卷　(宋)蘇軾撰　(宋)吕祖謙編　(宋)王十朋集注　**東坡先生年譜一卷**　(宋)王宗稷編　清康熙三十七年(1698)新安朱從延文蔚堂刻本　一冊　存九卷(二十三至三十一)

360000－1901－0049064　421968
蘇東坡詩集注三十二卷失編一卷　(宋)蘇軾撰　(宋)吕祖謙編　(宋)王十朋集注　**東坡先生年譜一卷**　(宋)王宗稷編　清康熙三十七年(1698)新安朱從延文蔚堂刻本　一冊　存四卷(二十九至三十二)

360000－1901－0049065　417406
算式集要四卷　(英國)哈司韋輯　(英國)傅蘭雅口譯　(清)江衡筆述　清光緒江南製造局刻本　一冊

360000－1901－0049066　306067
隋書八十五卷　(唐)魏徵　(唐)長孫無忌等撰　清末石印本　三冊　存五十卷(三十六至八十五)

360000－1901－0049067　414481－3
隨園女弟子詩選六卷　(清)袁枚輯　清一枝山房刻本　二冊

360000－1901－0049068　421950
隨園三十種　(清)袁枚撰　清刻本　十一冊　存八種

360000－1901－0049069　414481
隨園三十種　(清)袁枚撰　清刻本　三十七冊　存十種

360000－1901－0049070　414481－1
隨園三十種　(清)袁枚撰　清刻本　三十二冊　存九種

360000－1901－0049071　414481－2
隨園三十種　(清)袁枚撰　清刻本　四冊　存四種

360000－1901－0049072　414481－5
隨園三十種　(清)袁枚撰　清刻本　二冊　存二種

360000－1901－0049073　421948
隨園詩話十六卷補遺十卷　(清)袁枚撰　清刻本　十冊

360000－1901－0049074　421949

隨園詩話十六卷補遺十卷 （清）袁枚撰　清刻本　二册　存四卷（四至七）

360000－1901－0049075　315643
臺山且菴和尚語錄五卷 （清）釋本領等輯　**且菴和尚住此溪山居集一卷** （清）釋本領錄　**附刻一卷**　清刻本　一册

360000－1901－0049076　164891
太醫院增補青囊藥性賦直解十卷 （清）羅必煒訂　清刻本　二册

360000－1901－0049077　120232
太乙舟文集八卷 （清）陳用光撰　**附觀象居詩鈔二卷** （清）陳蘭瑞撰　清光緒二十一年（1895）長沙刻本　八册

360000－1901－0049078　413156
檀几叢書 （清）王晫　（清）張潮輯　清康熙新安張氏霞舉堂刻本　一册　存十一種

360000－1901－0049079　411052
唐百家詩 （明）朱警編　明刻本　一册　存五種

360000－1901－0049080　305217
唐荆川先生文集十八卷補遺一卷附錄一卷 （明）唐順之撰　清光緒二十一年（1895）武進盛氏思惠齋刻常州先哲遺書本　一册　存六卷（十五至十八、補遺一卷、附錄一卷）

360000－1901－0049081　800482
唐人五十家小集 （清）江標輯　清光緒二十一年（1895）元和江氏靈鶼閣刻本　三册　存九種

360000－1901－0049082　720001
唐詩三百首注疏六卷 （清）孫洙編　（清）章燮注　清道光二十四年（1844）培杏山房刻本　二册　存四卷（一至四）

360000－1901－0049083　410847
唐詩試帖課蒙詳解十卷首一卷 （清）王錫侯編釋　清乾隆二十三年（1758）刻本　二册　存七卷（一至六、首一卷）

360000－1901－0049084　410848
唐詩試帖課蒙詳解十卷首一卷 （清）王錫侯編釋　清乾隆二十三年（1758）刻本　二册　存七卷（一至六、首一卷）

360000－1901－0049085　306083
唐書二百二十五卷 （宋）歐陽修　（宋）宋祁等撰　**釋音二十五卷** （宋）董衝撰　清光緒上海同文書局影印本　三十二册　存一百四十一卷（一至九十一、一百三至一百五十二）

360000－1901－0049086　300115
唐賢三昧集三卷 （清）王士禛輯　（清）吳煊　（清）胡棠輯注　清康熙二十七年（1688）刻本　一册

360000－1901－0049087　300116
唐賢三昧集三卷 （清）王士禛輯　（清）吳煊　（清）胡棠輯注　清康熙二十七年（1688）刻本　一册

360000－1901－0049088　410624－1
陶靖節集八卷附錄一卷 （晉）陶潛撰　清光緒五年（1879）傳忠書局刻本　一册　存三卷（一至三）

360000－1901－0049089　421958
陶菴全集二十三卷首一卷末一卷 （明）黄淳耀撰　（清）陶應鯤輯　清乾隆二十六年（1761）寶山縣學刻本　一册　存四卷（文集補遺二卷、吾師錄一卷、自監錄一卷）

360000－1901－0049090　120200
天香全集 （清）舒夢蘭撰　清嘉慶十八年（1813）蓮根詩社刻本　十六册

360000－1901－0049091　421977
亭皋詩鈔四卷 （清）吳綺撰　清刻本　一册　存二卷（三至四）

360000－1901－0049092　162717
通學齋叢書 （清）鄒淩沅編　清光緒通學齋鉛印本　一册　存二種

360000－1901－0049093　400543
通雅五十二卷首三卷 （清）方以智撰　清康熙五年（1666）姚文燮刻本　十五册　存五十

二卷(通雅五十二卷)

360000－1901－0049094　600208
通志二百卷　(宋)鄭樵撰　清光緒二十八年(1902)貫吾齋石印本　二十四册

360000－1901－0049095　600209
通志二百卷　(宋)鄭樵撰　清末影印本　三册　存七卷(二十一至二十四、三十五至三十七)

360000－1901－0049096　600203
通志二百卷附考證三卷　(宋)鄭樵撰　清光緒二十八年(1902)上海鴻寶書局石印本　四十册

360000－1901－0049097　600204
通志二百卷附考證三卷　(宋)鄭樵撰　清光緒二十八年(1902)上海鴻寶書局石印本　四十册

360000－1901－0049098　600206
通志二百卷附考證三卷　(宋)鄭樵撰　清末鉛印本　四十六册　缺六卷(一至六)

360000－1901－0049099　600207
通志二百卷附考證三卷　(宋)鄭樵撰　清末鉛印本　一册　存三卷(三十五至三十七)

360000－1901－0049100　600205
通志二百卷附考證三卷　(宋)鄭樵撰　清末石印本　三十八册　缺十卷(一至五、一百七十七至一百八十一)

360000－1901－0049101　162572
同人灸法二卷首一卷　(清)釋本圓撰　清道光十二年(1832)刻本　一册　存一卷(首一卷)

360000－1901－0049102　409008
圖註脈訣辨真四卷脈訣附方一卷　(明)張世賢撰　清乾隆十七年(1752)刻本　二册　存四卷(圖註脈訣辨真四卷)

360000－1901－0049103　602058
萬年橋志八卷　(清)洪汝濂修　(清)謝寄雲等纂　清光緒二十二年(1896)刻本　四册

360000－1901－0049104　000995
萬僧問答景德傳燈全錄三十卷　(宋)釋道原撰　明新安汪士賢刻本　一册　存三卷(四至六)

360000－1901－0049105　408184
萬氏婦人科三卷　(明)萬全撰　清刻本　一册

360000－1901－0049106　120185
王會篇箋釋三卷　(清)何秋濤撰　清光緒十七年(1891)江蘇書局刻本　三册

360000－1901－0049107　402797
王先生十七史蒙求十六卷　(宋)王令撰　清道光二十八年(1848)大文堂刻本　六册

360000－1901－0049108　303007
王狀元集百家注編年杜陵詩史三十二卷　(唐)杜甫撰　(宋)魯訔編年　(宋)王十朋集注　清宣統三年(1911)貴池劉氏影宋刻玉海堂景宋元本叢書本　八册

360000－1901－0049109　120856
味經齋存稿四卷　(清)宋鳴璜撰　清嘉慶十七年(1812)世恩堂刻本　二册

360000－1901－0049110　412742－1
魏叔子文集外篇二十二卷日錄三卷詩集八卷　(清)魏禧撰　清刻本　一册　存一卷(魏叔子文集外篇一)

360000－1901－0049111　415363
文昌雜錄六卷補遺一卷　(宋)龐元英撰　清乾隆二十一年(1756)德州盧氏雅雨堂刻本　一册

360000－1901－0049112　121133－2
文敬胡先生集三卷　(明)胡居仁撰　清刻本　二册

360000－1901－0049113　600377
文獻通考詳節二十四卷　(元)馬端臨撰　(清)嚴虞惇輯　清光緒二十七年(1901)鴻寶齋書局石印本　一册　存八卷(一至八)

360000－1901－0049114　400452

文獻通考正續合纂四十四卷　（清）郎星等輯　清康熙三年（1664）金匱山房刻本　九冊　存二十卷（文獻通考纂一至十六、續文獻通考纂十三至十六）

360000－1901－0049115　400444
文獻通考纂要二卷首一卷續文獻通考纂要二卷首一卷　（清）彭蘊璨輯　清嘉慶二十四年（1819）耕硯田齋刻本　二冊

360000－1901－0049116　400445
文獻通考纂要二卷首一卷續文獻通考纂要二卷首一卷　（清）彭蘊璨輯　清嘉慶二十四年（1819）耕硯田齋刻本　一冊

360000－1901－0049117　410500
翁松禪楷書顧亭林詩一卷　（清）翁同龢書　清宣統元年（1909）上海神州國光社珂羅版印本　一冊

360000－1901－0049118　900680
吴氏醫學述第三種本草從新六卷　（清）吳儀洛輯　清刻本　一冊　存二卷（三至四中）

360000－1901－0049119　312609
五代史纂誤三卷　（宋）吳縝撰　清同治十三年（1874）江西書局刻武英殿聚珍版書本　一冊

360000－1901－0049120　900975－1
五經文府不分卷　（清）伊立勳輯　清末石印本　一冊　存易經

360000－1901－0049121　305440
五七言今體詩鈔十八卷　（清）姚鼐輯　清同治七年（1868）湘鄉曾氏刻本　三冊

360000－1901－0049122　716136
武場條例八卷首一卷　（清）兵部纂　清光緒十四年（1888）刻本　二冊

360000－1901－0049123　716137
武場條例八卷首一卷　（清）兵部纂　清光緒十四年（1888）刻本　二冊

360000－1901－0049124　716138
武場條例八卷首一卷　（清）兵部纂　清光緒十四年（1888）刻本　二冊

360000－1901－0049125　716139
武場條例八卷首一卷　（清）兵部纂　清光緒十四年（1888）刻本　二冊

360000－1901－0049126　421961
西漢文選四卷　（清）儲欣評選　清乾隆五十年（1785）二南堂刻本　一冊　存一卷（二）

360000－1901－0049127　310069
西山先生真文忠公文集五十五卷目錄二卷　（宋）真德秀撰　清同治四年（1865）拱極堂刻本　二十八冊

360000－1901－0049128　414575－1
西堂全集　（清）尤侗撰　清刻本　八冊　存三種

360000－1901－0049129　414575－2
西堂詩集　（清）尤侗撰　清刻本　一冊　存三種

360000－1901－0049130　414563
西堂雜組三集不分卷　（清）尤侗撰　清康熙二十三年（1684）金閶聚秀堂刻本　一冊

360000－1901－0049131　318257
西原全集十卷遺集一卷　（明）薛蕙撰　清抄本　三冊　存八卷（二至八、十）

360000－1901－0049132　318229－1
西原遺集一卷　（明）薛蕙撰　清抄本　一冊

360000－1901－0049133　410063
惜陰軒叢書　（清）李錫齡輯　清道光二十六年（1846）宏道書院刻續編咸豐八年（1858）刻本　九十二冊　存二十八種

360000－1901－0049134　418495
洗冤錄註疏二卷　（清）嚴曰敬編　清光緒二十二年（1896）木活字印本　一冊

360000－1901－0049135　410072
稧敘集言一卷　（清）唐仲冕書　（清）翟璜訂　清嘉慶十六年（1811）崇川官廨刻本　一冊

360000－1901－0049136　121046－1

狎鷗亭詩鈔八卷　(清)楊枝遠撰　清光緒十年(1884)木活字印本　三冊　存六卷(三至八)

360000－1901－0049137　408356－1
仙傳痘疹奇書三卷　(明)高如山撰　(明)高堯臣輯　清刻本　一冊

360000－1901－0049138　161849
顯考仙屏府君[許振禕]行述一卷　(清)許恩緝撰　清光緒刻本　一冊

360000－1901－0049139　402661
相臺書塾刊正九經三傳沿革例一卷　(宋)廖瑩中撰　(元)岳浚增補　清光緒元年(1875)湖北崇文書局刻崇文書局彙刻書本　一冊

360000－1901－0049140　413091
香艷叢書　(清)蟲天子輯　清宣統國學扶輪社鉛印本　七十四冊　存一百七十種

360000－1901－0049141　121600
湘畹詩鈔五卷　(清)劉芬撰　清道光刻本　一冊　存三卷(一至三)

360000－1901－0049142　413300－1
象山先生全集三十六卷　(宋)陸九淵撰　清末鉛印本　二冊　存六卷(六至十、三十五)

360000－1901－0049143　421947
小倉山房尺牘十卷　(清)袁枚撰　清刻本　一冊　存二卷(七至八)

360000－1901－0049144　414481－4
小倉山房四六八卷　(清)袁枚撰　清刻本　一冊　存二卷(七至八)

360000－1901－0049145　160060
小爾雅疏證五卷　(清)葛其仁撰　清道光十九年(1839)刻本　二冊

360000－1901－0049146　305468
小瑯嬛經義後編一卷　(清)王繩祖撰　清刻本　二冊

360000－1901－0049147　421945
小學考五十卷　(清)謝啓昆撰　清光緒十五年(1889)石印本　六冊

360000－1901－0049148　421946
小學考五十卷　(清)謝啓昆撰　清光緒十五年(1889)石印本　三冊　存二十六卷(一至七、三十二至五十)

360000－1901－0049149　412756－1
校邠廬抗議二卷　(清)馮桂芬撰　清光緒十年(1884)豫章刻本　一冊　存一卷(上)

360000－1901－0049150　402792
校刊史記集解索隱正義札記五卷　(清)張文虎撰　清同治十一年(1872)金陵書局刻本　二冊

360000－1901－0049151　316888
嘯亭雜錄十卷續錄二卷　(清)昭槤撰　清光緒六年(1880)九思堂刻本　十一冊　存十卷(嘯亭雜錄一至八、續錄二卷)

360000－1901－0049152　411270
嘯竹堂集十六卷　(清)王錫撰　(清)姜宸英評　清康熙刻本　三冊　存十卷(一至十)

360000－1901－0049153　405999－1
諧聲別部六卷　(清)王士禛撰　(清)喻端士輯　清刻本　一冊　存一卷(六)

360000－1901－0049154　304677－1
謝華啓秀八卷　(明)楊慎輯　清刻本　一冊　存四卷(一至四)

360000－1901－0049155　411487
新鐫增補周易備旨一見能解六卷上下篇義一卷易經圖考一卷朱子筮儀一卷　(明)黃淳耀撰　(清)嚴而寬增補　清懷遠堂刻本　三冊

360000－1901－0049156　411486
新鐫增補周易備旨一見能解六卷上下篇義一卷易經圖考一卷朱子筮儀一卷　(明)黃淳耀撰　(清)嚴而寬增補　清刻本　六冊

360000－1901－0049157　123604
新刊醫林狀元壽世保元十卷　(明)龔廷賢撰　清刻本　五冊

360000－1901－0049158　408304－1
新刊醫林狀元壽世保元十卷　(明)龔廷賢撰

清刻本　一冊　存二卷(七至八)

360000－1901－0049159　408304－2
新刊醫林狀元壽世保元十卷　(明)龔廷賢撰　清刻本　一冊　存二卷(七至八)

360000－1901－0049160　417183
新刻石函平砂玉尺經全書真機二卷　(元)劉秉忠撰　(明)劉基解　(清)賴從謙發揮　**新刊地理五經四書解義郭璞葬經一卷**　(明)吳徵刪定　(明)鄭謐注釋　清刻本　五冊

360000－1901－0049161　416237
新刻註釋孔子家語二卷　(明)夏允彝注釋　清余三傑旭日堂刻本　一冊

360000－1901－0049162　713779
新喻梁石門先生集十卷首一卷末一卷　(明)梁寅撰　清乾隆十五年(1750)崇安暨用其刻本　五冊　存十一卷(一至八、十,首一卷,末一卷)

360000－1901－0049163　301026
刑錢必覽十卷　(清)王又槐撰　清乾隆五十八年(1793)刻本　四冊

360000－1901－0049164　421973
性理大全書七十卷　(明)胡廣等撰　明刻本　二冊　存六卷(三十三至三十五、三十九至四十　)

360000－1901－0049165　421954
性命雙修萬神圭旨四卷　(□)□□撰　清末石印本　二冊　存二卷(利、貞)

360000－1901－0049166　401410
續紅樓夢四十卷四十回　(清)海圃主人撰　清尚友堂刻本　三冊　存十二卷(一至四、九至十二、二十五至二十八)十二回(一至四、九至十二、二十五至二十八)

360000－1901－0049167　122011－1
續刊經訓書院課藝四卷　(清)經訓書院輯　清光緒十九年(1893)江西書局刻本　二冊

360000－1901－0049168　164807
續名醫類案三十六卷　(清)魏之琇撰　清末石印本　九冊　存二十三卷(十至三十、三十四至三十五)

360000－1901－0049169　406421
續增科場條例不分卷(同治七年)　清同治七年(1868)刻本　一冊

360000－1901－0049170　314339
選集漢印分韻二卷　(清)袁日省輯　(清)謝雲生摹錄　清嘉慶二年(1797)漱藝堂刻本　二冊

360000－1901－0049171　408564－1
血證論八卷　(清)唐宗海撰　清末石印本　一冊　存三卷(六至八)

360000－1901－0049172　164802
血證論八卷　(清)唐宗海撰　清末石印中西匯通醫書五種本　一冊　存三卷(四至六)

360000－1901－0049173　318120－2
牙牌數不分卷　(清)□□輯　清抄本　一冊

360000－1901－0049174　600269
雅雨堂叢書　(清)盧見曾輯　清乾隆二十一年(1756)德州盧氏雅雨堂刻增修本　十六冊　存八種

360000－1901－0049175　400801
延平四先生年譜　(清)毛念恃輯　清乾隆十年(1745)刻本　一冊　存三種

360000－1901－0049176　310252
燕巢靈現般若波羅蜜多心經全卷一卷　(清)閔苕敷輯　清道光二十四年(1844)鵝湖書院刻本　一冊

360000－1901－0049177　404761
羊城候補樂府一卷　(清)羣玉山農撰　清刻本　一冊

360000－1901－0049178　318249
楊曾地理元文　題(唐)楊筠松撰　(清)端木國瑚注　清抄本　一冊　存三種

360000－1901－0049179　418456
養正書屋全集定本四十卷目錄四卷　(清)宣宗旻寧撰　清道光二年(1822)內府刻本　五

冊　存十卷(九至十八)

360000－1901－0049180　713642
野學堂聯存八卷　(清)江式撰　清刻本　一冊　存六卷(三至八)

360000－1901－0049181　123606
醫鈔類編二十四卷　(清)翁藻輯　清光緒二十一年(1895)奉新許振禕刻本　三冊　存三卷(十五、十七、二十四)

360000－1901－0049182　162695
醫貫六卷附殷九峰經驗方一卷宦邸千金異方一卷　(明)趙獻可撰　清三多齋刻本　二冊

360000－1901－0049183　408229－1
醫門法律六卷　(清)喻昌撰　清末上海廣益書局石印本　一冊　存二卷(五至六)

360000－1901－0049184　408229－2
醫門法律六卷　(清)喻昌撰　清末上海廣益書局石印本　一冊　存二卷(五至六)

360000－1901－0049185　408229－3
醫門法律六卷　(清)喻昌撰　清末上海校經山房石印本　二冊　存四卷(一至四)

360000－1901－0049186　162892
醫學心悟五卷附外科十法一卷　(清)程國彭撰　清刻本　五冊

360000－1901－0049187　402750－1
易經大全會解四卷　(清)來爾繩纂輯　**周易本義四卷**　(宋)朱熹撰　清刻本　一冊　存四卷(易經大全會解一、周易本義二至四)

360000－1901－0049188　413332
易堂十三子文選四卷　(清)王泉之輯　清道光八年(1828)政餘書屋刻本　一冊　存二卷(三至四)

360000－1901－0049189　416914－4
益智字圖一卷　(清)瑤華仙史梅君撰　清光緒十一年(1885)童葉庚刻本　一冊

360000－1901－0049190　417106
陰宅集要四卷　(清)姚廷鑾輯　清乾隆刻本　一冊　存一卷(四)

360000－1901－0049191　406420
欽定戶部則例九十九卷　(清)達林等纂　清道光二年(1822)刻本　一冊　存一卷(七十二)

360000－1901－0049192　163841
欽定四庫全書簡明目錄二十卷首一卷　(清)紀昀等撰　清刻本　二十冊

360000－1901－0049193　716125
欽定協紀辨方書三十六卷　(清)允祿等撰　清刻本　四冊　存四卷(二、四至六)

360000－1901－0049194　408392－1
引痘略一卷　(清)邱熺撰　清咸豐五年(1855)劉堃刻本　一冊

360000－1901－0049195　318287
櫻桃園一卷　(明)王澹翁撰　清抄本　一冊　存卷下

360000－1901－0049196　708905
應驗良方六卷　(清)辛用成輯　清嘉慶十五年(1810)萬載同善堂刻本　三冊　存三卷(一、三至四)

360000－1901－0049197　800992
應制詩賦題解四卷　(清)丁湘錦選注　清刻本　二冊　存二卷(二至三)

360000－1901－0049198　407902
庸菴詩鈔四卷　陳夔龍撰　清宣統二年(1910)鉛印本　一冊

360000－1901－0049199　407901
庸齋四言□□卷　(清)丁景運輯　清道光十二年(1832)刻本　五冊　存十卷(一至八、十一至十二)

360000－1901－0049200　409808
有正味齋賦稿二卷　(清)吳錫麒撰　(清)孫理評輯　(清)胡玉樹編注　清道光十年(1830)芸生堂刻本　一冊

360000－1901－0049201　409808－2
有正味齋賦稿二卷　(清)吳錫麒撰　(清)孫理評輯　(清)胡玉樹編注　清道光十年

(1830)芸生堂刻本　二冊

360000－1901－0049202　409808－3
有正味齋賦稿二卷　(清)吳錫麒撰　(清)孫理評輯　(清)胡玉樹編注　清道光十年(1830)芸生堂刻本　一冊

360000－1901－0049203　409855－2
有正味齋駢體文二十四卷　(清)吳錫麒撰　清嘉慶刻本　二冊　存九卷(一至九)

360000－1901－0049204　122782
幼學求源三十三卷　(明)程登吉撰　(清)鄒聖脈增補　(清)董成注　清道光二十二年(1842)經遺堂刻本　三冊　存十二卷(一至十二)

360000－1901－0049205　162748
虞美人十二章　(日本)宮崎來城撰　(清)詹憲慈譯　清末安雅書局鉛印安雅新小說本　一冊

360000－1901－0049206　318115－2
漁洋山人詩後集一卷　(清)王士禛撰　清抄本　一冊

360000－1901－0049207　603160
漁洋詩話二卷　(清)王士禛撰　清末上海同文圖書館石印本　一冊

360000－1901－0049208　122471
輿地廣記三十八卷　(宋)歐陽忞撰　**校勘輿地廣記札記二卷**　(清)黄丕烈撰　清光緒六年(1880)金陵書局刻本　四冊

360000－1901－0049209　406019
禹貢讀本二卷　(清)陳士翹輯　清刻本　一冊

360000－1901－0049210　406015
禹貢彙詮一卷廣蠶桑説一卷　(清)沈練撰　清同治元年(1862)平陵沈氏家塾刻本　一冊

360000－1901－0049211　406013
禹貢集解二卷　(宋)傅寅撰　清同治八年(1869)永康胡鳳丹退補齋刻本　一冊　存一卷(一)

360000－1901－0049212　406012
禹貢講義會纂一卷經解五卷　(清)黄成棠撰　清嘉慶十三年(1808)刻本　一冊

360000－1901－0049213　406016
禹貢翼傳便蒙一卷　(清)袁自超輯　清光緒五年(1879)金陵李光明家書莊刻本　一冊

360000－1901－0049214　406020
禹貢指南四卷　(宋)毛晃撰　清刻武英殿聚珍版書本　一冊

360000－1901－0049215　406017
禹貢錐指節要一卷附夏小正傳一卷　(清)胡渭撰　(清)汪獻玗節要　清同治九年(1870)羣玉齋木活字印本　一冊

360000－1901－0049216　402767－1
庾開府哀江南賦註一卷　(北周)庾信撰　(清)徐樹穀　(清)徐炯輯　清道光十三年(1833)吳江沈氏世楷堂刻昭代叢書本　一冊

360000－1901－0049217　407087
玉歷鈔傳警世不分卷　(清)許一純輯　清同治七年(1868)紅杏山房抄本　一冊

360000－1901－0049218　713292
玉茗堂四種傳奇八卷　(明)湯顯祖撰　清刻本　二冊　存二種二卷

360000－1901－0049219　713293
玉茗堂四種傳奇八卷　(明)湯顯祖撰　清刻本　三冊　存二種三卷

360000－1901－0049220　408215
喻氏醫書四種　(清)喻昌撰　清刻本　十冊

360000－1901－0049221　413010
御刻三希堂石渠寶笈法帖釋文十六卷　(清)梁詩正等輯　清光緒二十三年(1897)上海鴻寶齋石印本　四冊

360000－1901－0049222　413011
御刻三希堂石渠寶笈法帖釋文十六卷　(清)梁詩正等輯　清光緒二十三年(1897)上海鴻寶齋石印本　六冊

360000－1901－0049223　421971

御批歷代通鑑輯覽一百二十卷 (清)傅恒等撰 清刻本 十一冊 存二十一卷(一百至一百二十)

360000－1901－0049224 421979
御批歷代通鑑輯覽一百二十卷 (清)傅恒等撰 清末石印本 一冊 存九卷(十二至二十)

360000－1901－0049225 415707
御批歷代通鑑輯覽一百二十卷 (清)傅恒等撰 清宣統元年(1909)上海公記書局石印本 十一冊 存五十四卷(一至六、十四至十九、三十至三十四、四十六至五十四、五十九至六十七、七十二至七十五、九十至九十四、九十九至一百八)

360000－1901－0049226 411940
御批增補了凡綱鑑四十卷首一卷 (明)袁黄纂 **御撰資治通鑑綱目三編六卷** (清)張廷玉等撰 清光緒二十八年(1902)上海慎記書局石印本 十二冊

360000－1901－0049227 316890
御製圓明園詩二卷 (清)聖祖玄燁撰 (清)鄂爾泰等注 清光緒十三年(1887)天津石印書屋石印本 一冊 存一卷(上)

360000－1901－0049228 303117－1
御撰資治通鑑綱目三編二十卷 (清)張廷玉等撰 清刻本 一冊 存三卷(十五至十七)

360000－1901－0049229 411937－1
御撰資治通鑑綱目三編六卷 (清)張廷玉等撰 清光緒二十八年(1902)上海慎記書局石印本 二冊 存四卷(一至四)

360000－1901－0049230 417921－1
淵鑑類函四百五十卷目錄四卷 (清)張英(清)王世禛等輯 清康熙清吟堂刻本 十三冊 存四十四卷(五十七至五十八、六十六至六十七、九十五至九十八、一百二至一百八、一百五十至一百五十三、一百五十五至一百五十六、二百二十六至二百二十九、二百六十一至二百六十四、二百九十二至二百九十五、三百五十九至三百六十二、三百八十八至三百九十、四百十三至四百十六)

360000－1901－0049231 316913
袁文箋正十六卷補注一卷 (清)袁枚撰 (清)石韞玉箋 清嘉慶十七年(1812)鶴壽山堂刻本 四冊

360000－1901－0049232 418119
樂府詩集一百卷目錄二卷 (宋)郭茂倩輯 明崇禎海虞毛氏汲古閣本 一冊 存一卷(目錄上)

360000－1901－0049233 410226－1
嶽雲詩鈔四卷 (清)朱福田撰 清刻本 一冊 存二卷(三至四)

360000－1901－0049234 421966
再重訂傷寒集註十卷附五卷 (清)舒詔撰 清刻本 一冊 存五卷(附五卷)

360000－1901－0049235 421953
再重訂傷寒集註十卷附五卷 (清)舒詔撰 清三餘堂刻本 一冊 存二卷(一至二)

360000－1901－0049236 301448
增補註釋故事白眉十卷 (明)許以忠輯 清光緒二年(1876)經濟堂刻本 四冊

360000－1901－0049237 901013－1
增訂漢魏叢書 (清)王謨輯 清乾隆五十六年(1791)金谿王氏刻本 十六冊 存二十一種

360000－1901－0049238 400800
漳浦黃先生[道周]年譜二卷 (明)莊起儔編 清道光九年(1829)刻本 一冊

360000－1901－0049239 410849
昭萍賽神圖冊一卷 (清)□□編 清道光二十一年(1841)木活字印本 一冊

360000－1901－0049240 408329
鍼灸外治一卷 (清)張方必輯 清抄本 一冊

360000－1901－0049241 404761－7
正氣歌一卷 (宋)文天祥撰 清抄本 一冊

360000－1901－0049242　421980
證治要義十卷　(清)陳當務輯　清刻本　一冊　存二卷(七至八)

360000－1901－0049243　121549
陟屺集二卷附錄一卷　胡思敬等輯　民國問影樓抄本　一冊

360000－1901－0049244　710164
忠雅堂文集三十卷　(清)蔣士銓撰　清光緒十四年(1888)刻本　五冊　存十七卷(一至七、十六至十八、二十四至三十)

360000－1901－0049245　710162
忠雅堂文集十二卷　(清)蔣士銓撰　清刻本　三冊　存六卷(一至六)

360000－1901－0049246　710691
忠雅堂文集十二卷詩集二十七卷詩補遺二卷銅絃詞二卷　(清)蔣士銓撰　清道光二十三年(1843)刻本　十三冊　存三十七卷(忠雅堂文集七至十二、詩集二十七卷、詩補遺二卷、銅絃詞二卷)

360000－1901－0049247　408393
種痘新書十二卷　(清)張琰撰　清乾隆六年(1741)刻本　五冊

360000－1901－0049248　408469
種福堂公選溫熱論醫案四卷　(清)葉桂撰　清刻本　二冊

360000－1901－0049249　305822－1
重訂古文釋義新編八卷　(清)余誠評注　清末著易堂石印本　一冊　存二卷(七至八)

360000－1901－0049250　303094
重訂廣事類賦四十卷　(清)華希閔撰　清竹圃山房刻本　八冊

360000－1901－0049251　720612
重訂外科正宗十二卷　(明)陳實功撰　清刻本　五冊　存十卷(一至十)

360000－1901－0049252　411950－1
重訂王鳳洲先生綱鑑會纂四十六卷　(明)王世貞撰　清末石印本　二冊　存十卷(十八至二十三、二十五至二十八)

360000－1901－0049253　417135
重鐫官板地理天機會元正篇體用括要三十五卷　(唐)卜應天撰　(明)顧乃德輯　(明)徐之鏌重編　明刻本　一冊　存六卷(十一至十六)

360000－1901－0049254　421960
重鐫朱子註解小學六卷　(清)曹鼎望　(清)高暐編　清乾隆三十四年(1769)刻本　一冊　存四卷(一至四)

360000－1901－0049255　407018－1
重刊道藏輯要　(清)彭定求輯　(清)閻永和增　清光緒三十二年(1906)成都二仙庵刻本　一冊　存四種

360000－1901－0049256　150016
武英殿本二十四史附考證　清同治八年(1869)嶺南葄古堂刻本　八百五十冊

360000－1901－0049257　302790
重刊明成化本東坡七集一百十一卷　(宋)蘇軾撰　**東坡先生年譜一卷**　(宋)王宗稷撰　**東坡集校記二卷**　繆荃孫撰　清光緒三十四年至宣統元年(1908－1909)端方寶華盦刻本　四十八冊

360000－1901－0049258　710671
重刊校正笠澤叢書四卷補遺詩一卷續補遺一卷　(唐)陸龜蒙撰　清刻朱印本　一冊　存一卷(甲)

360000－1901－0049259　418031
重刻諸子彙函二十八卷　(明)佚應琛輯　明末刻本　七冊　存十四卷(三至四、七至八、十五至十六、十九至二十四、二十七至二十八)

360000－1901－0049260　406228
周官精義十二卷　(清)連斗山輯　清乾隆五十九年(1794)刻本　六冊

360000－1901－0049261　416819－2
朱邨文牘偶存一卷　蔣清瑞撰　清宣統二年

(1910)刻月河草堂叢書本　一册

360000－1901－0049262　601236

朱文端公藏書(高安朱文端公校輯藏書)　(清)朱軾撰輯　清康熙至乾隆刻彙印本　八十册

360000－1901－0049263　120576

朱子文集大全類編一百十一卷首一卷　(宋)朱熹撰　(清)朱玉輯　清刻本　六十三册

360000－1901－0049264　318120－5

珠算入門不分卷　(清)□□輯　清抄本　一册

360000－1901－0049265　601252

竹岡襍綴續一卷　(清)趙敬襄撰　(清)龔耀南編　清刻竹岡齋九種本　一册

360000－1901－0049266　413526

竹秋詩草四卷首一卷　(清)劉開元撰　清道光十九年(1839)刻本　一册　存三卷(一至二、首一卷)

360000－1901－0049267　320531－1

註釋唐詩三百首不分卷　(清)孫洙輯　清光緒李光明莊刻本　一册　存五律、七律、五絶、七絶

360000－1901－0049268　902380

酌雅齋四書遵註合講十九卷　(清)翁復編　清刻本　三册　存九卷(論語六至十、孟子四至七)

360000－1901－0049269　902380－1

酌雅齋四書遵註合講十九卷　(清)翁復編　清刻本　一册　存四卷(孟子四至七)

360000－1901－0049270　414595

子陽餘文四卷附稿二卷　(清)黄玫撰　清嘉慶二十四年(1819)刻本　三册

360000－1901－0049271　805184－1

紫陽課藝不分卷　(清)紫陽書院輯　清刻本　一册

360000－1901－0049272　413689

自知室文集四卷　(清)董桂敷撰　清道光十四年(1834)刻本　二册

360000－1901－0049273　120859

宗經齋易圖說四卷　(清)姚象申撰　清咸豐八年(1858)贛城集利文堂刻本　四册

360000－1901－0049274　318343

醉香花圃邱公内傳不分卷　(□)□□輯　清抄本　三册